도서출판 대장간은
쇠를 달구어 연장을 만들듯이
생각을 다듬어 기독교 가치관을
바르게 세우는 곳입니다.

대장간이란 이름에는
사라져가는 복음의 능력을 되살리고,
낡은 것을 새롭게 풀무질하며, 잘못된 것을
바로 세우겠다는 의지가 담겨져 있습니다.

www.daejanggan.org

누림강해시리즈❾
열왕기하 강해
이스라엘 역사 가운데 거하시는 하나님

지은이 곽면근
초판발행 2018년 7월 13일

펴낸이 배용하
본문디자인 박민서
등록 제364-2008-000013호
펴낸곳 도서출판 대장간
www.daejanggan.org
등록한곳 충남 논산시 매죽헌로 1176번길 8-54, 101호
대표전화 전화 (041)742-1424 전송 0303-0959-1424
분류 성서강해 | 구약 |

ISBN 978-89-7071-456-1
978-89-7071-261-1 04230(세트)
CIP제어번호 2018021366

값 18,000원

곽면근 목사의 누림강해 시리즈 ⑨

열왕기하 강해

이스라엘 역사 가운데 거하시는 하나님

곽면근

차례

서문

‘기독교는 역사의 종교다’라는 표현처럼 성경은 이스라엘의 역사에서 일어난 많은 사건을 포함하고 있습니다. 성경이 다루고 있는 역사는 단지 이스라엘만의 역사가 아니라 좁게는 고대 근동의 역사요, 확대하면 인류의 역사입니다. ‘열왕기’는 제목에 표현된 대로 이스라엘의 여러 왕의 이야기입니다. 다른 한편으로는 ‘열국기’ 즉, 여러 나라의 이야기입니다. 이스라엘은 홀로 존재하지 않고 언제나 여러 나라와 함께 존재했습니다. 하나님의 계시는 은밀한 곳에서가 아닌 글로벌한 세상 속에서 주어졌습니다. 하나님의 사역은 이스라엘만을 위해서가 아니라 모든 나라를 대상으로 전개되었습니다. 하나님의 은혜는 어느 한순간만이 아니라 역사의 모든 순간에 계속되었습니다. 그래서 열왕기하 강해의 부제목을 ‘이스라엘 역사 가운데 거하시는 하나님’으로 정했습니다.

열방들 가운데서 이스라엘의 역사는 왕이 세워지기 전과 왕이 세워진 이후로 구분됩니다. 이스라엘이 작은 부족 집단에 불과했을 때 즉 왕도 없고 국가가 아니었을때 주변에 강력한 제국들이 있었지만, 하나님의 백성이 되어 출애굽과 가나안 입성을 통해 열방에 하나님을 증거하는 제사장 나라의 역할을 감당했습니다. 이스라엘이 작고 약해도, 열방들이 크고 강해도 하나님의 계획이 이루어졌습니다. 이스라엘이 왕을 세우고 국가 되었을 때도 주변에는 여러 나라가 있었습니다. 왕정 제도로 인해 이전보다 더 강력한 리더십, 더 견고한 행정체계, 더 많은 군사력, 더 넓은 외교정책, 더 다양한 종교를 갖췄음에도 불구하고 열방들에게 패하여 이스라엘이 세운 왕도 사라지고, 이스라엘이 만든 나라도 사라지도, 이스라엘이 건축한 성전도 무너졌고 이스라엘의 계획이 모두 실패하였습니다.

열왕기는 세상 가운데, 역사 가운데 하나님의 백성 이스라엘이 어떠한 모습으로 존재해야 하는지, 어떠한 역할을 감당해야 하는지 보여주고 있습니다. 열방에서 하나님께 구별된 나라, 거룩한 제사장 나라였던 이스라엘을 포기하고 '다른 나라들같이'삼상 8:5, 20 되었기에 다른 나라들과 같은 결과를 맞이하게 되었습니다. 열왕기를 통해 하나님을 떠나면 이스라엘이든 이방이든, 부족이든 국가이든, 왕이든 제사장이든, 이 종교이든 저 종교이든 죄인들의 행태는 동일하고 하나님과 무관한 이스라엘의 행적이나 열방들의 행적은 '어찌하여 이방 나라들이 분노하며 민족들이 헛된 일을 꾸미는가'시 2:1, 행4:25임을 확인할 수 있었습니다. 땅의 모든 족속을 향한 하나님의 사역은 이스라엘의 실패로 중단되지 않고 열국들의 방해로 변경되지 않았습니다. 하나님은 역사를 인간의 손에 맡겨두지 않으시고 친히 역사 가운데 섭리하셔서 예언을 통해 새로운 시대, 새로운 존재를 위한 사역을 진행하셨습니다. 열왕기와 더불어 예언서를 함께 묵상할 때에 역사의 소망을 가질 수 있을 것입니다.

열왕기하를 강해하는 동안 함께 은혜를 나누었던 누림 성도님들께 감사드리며, 말로 행한 설교를 글로 된 책으로 만들어준 도서출판 대장간에 감사드리며, 열왕기상에 이어 열왕기하가 출판되도록 후원해 주신 정성옥, 홍성순 장로님 가정에 감사드립니다. 하나님 자녀의 삶을 멋지게 누리시기를 바랍니다.

2018년 7월

하나님의 은혜를 누리는 The누림교회에서 곽면근

1

하나님이 없어서?

열왕기하 1 : 1 ~ 18

1 아합이 죽은 후에 모압이 이스라엘을 배반하였더라 2 아하시야가 사마리아에 있는 그의
다락 난간에서 떨어져 병들매 사자를 보내며 그들에게 이르되 가서 에그론의 신 바알세붑
에게 이 병이 낫겠나 물어 보라 하니라 3 여호와의 사자가 디셉 사람 엘리야에게 이르되 너
는 일어나 올라가서 사마리아 왕의 사자를 만나 그에게 이르기를 이스라엘에 하나님이 없
어서 너희가 에그론의 신 바알세붑에게 물으러 가느냐 4 그러므로 여호와의 말씀이 네가 올
라간 침상에서 내려오지 못할지라 네가 반드시 죽으리라 하셨다 하라 엘리야가 이에 가니
라 5 사자들이 왕에게 돌아오니 왕이 그들에게 이르되 너희는 어찌하여 돌아왔느냐 하니 6
그들이 말하되 한 사람이 올라와서 우리를 만나 이르되 너희는 너희를 보낸 왕에게로 돌아
가서 그에게 고하기를 여호와의 말씀이 이스라엘에 하나님이 없어서 네가 에그론의 신 바
알세붑에게 물으려고 보내느냐 그러므로 네가 올라간 침상에서 내려오지 못할지라 네가 반
드시 죽으리라 하셨다 하라 하더이다 7 왕이 그들에게 이르되 올라와서 너희를 만나 이 말
을 너희에게 한 그 사람은 어떤 사람이더냐 8 그들이 그에게 대답하되 그는 털이 많은 사람
인데 허리에 가죽 띠를 띠었더이다 하니 왕이 이르되 그는 디셉 사람 엘리야로다 9 이에 오
십부장과 그의 군사 오십 명을 엘리야에게로 보내매 그가 엘리야에게로 올라가 본즉 산 꼭
대기에 앉아 있는지라 그가 엘리야에게 이르되 하나님의 사람이여 왕의 말씀이 내려오라 하
셨나이다 10 엘리야가 오십부장에게 대답하여 이르되 내가 만일 하나님의 사람이면 불이
하늘에서 내려와 너와 너의 오십 명을 사를지로다 하매 불이 곧 하늘에서 내려와 그와 그의
군사 오십 명을 살랐더라 11 왕이 다시 다른 오십부장과 그의 군사 오십 명을 엘리야에게로
보내니 그가 엘리야에게 말하여 이르되 하나님의 사람이여 왕의 말씀이 속히 내려오라 하셨
나이다 하니 12 엘리야가 그들에게 대답하여 이르되 내가 만일 하나님의 사람이면 불이 하
늘에서 내려와 너와 너의 오십 명을 사를지로다 하매 하나님의 불이 곧 하늘에서 내려와 그
와 그의 군사 오십 명을 살랐더라 13 왕이 세 번째 오십부장과 그의 군사 오십 명을 보낸지

라 셋째 오십부장이 올라가서 엘리야 앞에 이르러 그의 무릎을 꿇어 엎드려 간구하여 이르
되 하나님의 사람이여 원하건대 나의 생명과 당신의 종인 이 오십 명의 생명을 당신은 귀히
보소서 14 불이 하늘에서 내려와 전번의 오십부장 둘과 그의 군사 오십 명을 살랐거니와 나
의 생명을 당신은 귀히 보소서 하매 15 여호와의 사자가 엘리야에게 이르되 너는 그를 두려
워하지 말고 함께 내려가라 하신지라 엘리야가 곧 일어나 그와 함께 내려와 왕에게 이르러
16 말하되 여호와의 말씀이 네가 사자를 보내 에그론의 신 바알세붑에게 물으려 하니 이스
라엘에 그의 말을 물을 만한 하나님이 안 계심이냐 그러므로 네가 그 올라간 침상에서 내려
오지 못할지라 네가 반드시 죽으리라 하셨다 하니라 17 왕이 엘리야가 전한 여호와의 말씀
대로 죽고 그가 아들이 없으므로 여호람이 그를 대신하여 왕이 되니 유다 왕 여호사밧의 아
들 여호람의 둘째 해였더라 18 아하시야가 행한 그 남은 사적은 모두 이스라엘 왕 역대지략
에 기록되지 아니하였느냐

아합이 죽은 후에

아합

열왕기하에는 이스라엘의 많은 왕이 나오고, 후반부에는 이스라엘뿐만 아니라 주변의 여러 나라가 등장하고 그 나라의 왕 이름도 등장합니다. 1장 1절만 해도 "아합이 죽은 후에 모압이 이스라엘을 배반하였더라" 입니다. 한 절에 한 명의 왕과 두 나라가 나왔습니다. 물론 아합이 누구인지, 모압이 어떤 나라인지 모르고 지내도 특별히 생활하는데 불편함이 없고 천국에 가는데도 별로 방해받지 않습니다. 그러나 역사를 알고, 당시의 국제정세를 알고, 약간의 인물과 지리에 대한 정보를 가진다면 본문을 이해하는데 많은 도움이 될 것입니다. 그래서 조금만 설명을 드려보겠습니다.

'아합이 죽은 후에 모압이 이스라엘을 배반하였다'는 표현 속에 아합의 영향력이 소개되고 있습니다. 아합은 종교적으로는 대표적인 우상숭배자이지만 정치적으로나 군사적으로는 매우 탁월하고 이스라엘 역사에 혁혁한 공로를 세운 왕이었습니다. 성경에 기록된 내용들에 대한 고고학적 증거들이 별로 없어서 공적으로 인정을 받지 못하는 경우가 많은데 다행스럽게도 고대 근동의 비석 중에 아합 왕에 관한 기록이 있어서 비록 성경 내에

서는 비난을 받고 있지만 성경을 역사적으로 입증하는 중요한 역할을 해주는 왕으로서 이런 왕이 있었다는 것이 성서 고고학적으로 매우 고마운 일입니다.

아합이 정치, 외교, 군사적으로 맹위를 떨쳐서 주변의 나라들이 이스라엘에 조공을 바치고 있었습니다. 모압도 그러한 나라들 중의 하나였습니다. 열왕기하 3장 4절을 보시면 "모압 왕 메사는 양을 치는 자라 새끼 양 십만 마리의 털과 숫양 십만 마리의 털을 이스라엘 왕에게 바치더니 아합이 죽은 후에 모압 왕이 이스라엘 왕을 배반한지라" 입니다. 아합이 죽었다는 것은 이스라엘의 세력이 약화되었다는 것을 의미하고, 당연히 조공을 바치던 나라들이 배반 또는 독립을 하게 되었습니다.

모압

성경에 나오는 모압에 관한 내용을 순서대로 잠깐 정리해 보겠습니다. 창세기 19장에 의하면 아브람의 조카 롯이 소돔에 살았는데 그곳에 유황과 불이 내리게 되었고, 그때 롯과 두 딸이 겨우 도망을 쳐 소알 산의 굴에 머물렀고, 두 딸이 아버지로 말미암아 임신하여 아들을 낳았는데 큰 딸이 낳은 아들의 이름이 모압이고 작은 딸이 낳은 아들의 이름이 암몬이었습니다. 민수기 22장에 의하면 이스라엘이 출애굽하여 광야를 지날 때 모압 왕 발락이 유명한 술사 발람을 고용해 이스라엘을 저주하도록 요청하기도 했었습니다. 또 사사기 3장 12절 이하에 보면 모압 왕 에글론이 암몬과 아말렉 자손들을 모아 가지고 와서 이스라엘을 쳐서 이스라엘이 열여덟 해 동안 모압을 섬겼다고 나옵니다. 다행히 사사 에훗이 모압과의 전쟁에서 승리해서 그 후 팔십년간 평안을 누렸습니다.

사무엘하 8장 2절을 보면 다윗이 모압을 정복하고 모압은 다윗의 종들이 되어 조공을 드렸다고 합니다. 그 다음에 열왕기상 11장에 의하면 솔로몬이 많은 여인을 사랑하였는데 곧 모압과 암몬과 에돔과 시돈과 헷 여인이라고 소개되고, 7절에 솔로몬이 모압의 가증한 그모스를 위하여 예루살렘 앞산에 산당을 지었다고 소개됩니다. 다윗에 이어 솔로몬 시대까지 이스라엘이 팔레스타인 지역에서 강대국으로 위세를 떨치고 있을 때였으니 아마도 솔로몬이 조공을 바치고 있던 모압과 정략결혼을 통해 관계를 지속했던 것 같습니다. 그리고 모압이 등장하는 것이 열왕기하 1장 1절입니다. 아합은 위대한 왕이었는데 아합이 죽자마다 그때까지 조공을 바치던 모압이 배반을 했다는 것은 아합을 이어 왕이 된 아하시야가 대단히 무기력한 왕이었다는 증거가 되는 것입니다.

성경에서 아하시야는 아주 간단히, 그것도 매우 부정적으로 소개되고 사라집니다. 아하시야가 왕이 되는 것은 아버지 아합이 아람과의 전투에서 불행하게도 우연히 쏜 화살에 맞아 죽은 후에 엉겁결에 이루어졌습니다. 열왕기상 22장 40절에 "아합이 그의 조상들과 함께 자매 그의 아들 아하시야가 대신하여 왕이 되니라"고 나오고, 아하시야에 관한 내용은 본문 열왕기하 1장이 전부이고 17절에서 죽고 사라집니다. 저와 여러분이 영웅에 대해서도 배울 시간이 없는데 미련하고 무기력한 왕에 대해 자세히 배울 것이 별로 없습니다. 단지 얼마나 어리석었는지 만 확인해 보도록 하겠습니다.

하나님이 없어서?

난간에서 떨어져

2절은 "아하시야가 사마리아에 있는 그의 다락 난간에서 떨어져 병들매"입니다. 이런 표현이 성경이 재미있다는 것입니다. 용맹한 아버지 아합 왕과 비교하여 아하시야는 대단히 무기력했습니다. 이때 성경이 아하시야의 나약함을 소개하는 표현이 두 가지가 나오는데 하나는 여태 조공을 바치던 모압이 즉각 배반을 하였다는 것이고 다른 하나는 왕이나 된 사람이 자기 집 다락 난간에서 떨어져 병이 들었다는 것입니다. 딱 읽는 순간 좀 덜떨어지고 어리석다는 느낌이 드실 것입니다. 이렇게 어리석은 왕이라 가장 어리석게 행동하는 것이 2절 후반부 "사자를 보내며 그들에게 이르되 가서 에그론의 신 바알세붑에게 이 병이 낫겠나 물어 보라 하니라"입니다.

이것이 왜 어리석은 행동인지는 에그론이 어디인지를 아시면 이해가 되실 것입니다. 에그론은 블레셋의 대표적 다섯 도시들 중의 하나입니다. 블레셋은 사울과 다윗 왕 시대에 이스라엘과 날마다 전쟁하던 경쟁 국가였고, 한때 다윗이 블레셋으로 피난을 가서 의지할 정도로 강대국이었고, 다윗이 헤브론에서 칠년간 왕으로 있을 때만해도 블레셋의 속주로 취급당할 정도로 강력했습니다. 그러다가 다윗이 블레셋과의 전쟁에서 이겨 드디어 우위에 서게 되었고 열왕기상 4장 21절에 의하면 "솔로몬이 그 강에서부터 블레셋 사람의 땅에 이르기까지와 애굽 지경에 이르기까지의 모든 나라를 다스리므로 솔로몬이 사는 동안에 그 나라들이 조공을 바쳐 섬겼더라"입니다. 요약해보면 모압이나 블레셋이나 다윗 왕 이후부터는 이스라엘에게 조공을 바치던 나라들이었는데 아합이 죽은 후에 다른 표현으로 아하시야가 왕이 되자마자 모압은 배반하여 떨어져 나갔고, 아하시야는 다락 난간에서 떨어져서 병이 들자 자기에게 조공을 바치던 나라의 신을 찾아가서 병이 낫겠나 물어 보라고 지시한 것입니다.

고대 근동의 정치와 종교적 개념에 의하면 각 나라는 각자의 신을 섬기고 있고, 강대국의 신은 당연히 강력한 신으로 대접을 받고 있었습니다. 그런데 강대국의 왕이 조공을 바치는 나라의 신에게 자신의 안위를 물어보려고 사자를 보낸다는 것은 스스로 자신들의 신이 강한 신이 아니며, 자신들이 강한 나라가 아니라고 고백하는 것과 같은 행동이 되는 것입니다. 아하시야가 단지 무기력한 정도가 아니라 정치적 감각도 없으며 매우 미련하다는 것을 보여주는 장면입니다. 모압은 아합이 죽자 눈치 빠르게 배반을 했고, 아마 에그론을 포함한 블레셋도 언제 배반을 할까 정황을 살피고 있는데 아하시야가 스스로 자기들의 신을 찾아오는 등 약한 모습을 보여주므로 곧 독립을 시도할 것 같습니다. 물론 성경은 아하시야가 국제 정치의 감각이 있느냐 없느냐를 중요하게 다루지 않습니다. 성경은 아하시야의 행동에 대해 훨씬 더 본질적인 질문을 합니다. 과연 이스라엘이 하나님의 백성으로서 자신들의 정체성을 얼마나 망각하고, 하나님의 나라로서 자신들이 누려야 할 복락들을 얼마나 상실하고 있는지를 증거하고 있습니다.

하나님이 없어서

3절을 보면 "여호와의 사자가 디셉 사람 엘리야에게 이르되 너는 일어나 올라가서 사마리아 왕의 사자를 만나 그에게 이르기를 이스라엘에 하나님이 없어서 너희가 에그론의 신 바알세붑에게 물으러 가느냐" 입니다. 2절과 3절이 아주 극명하게 대조되고 있습니다. 단지 내용적으로만 '이스라엘에 하나님이 없어서 에그론의 신 바알세붑에게 물으려 가느냐' 고 지적하는 정도가 아니라 그 내용을 극대화시키기 위해서 본문에서는 다각도로 대조와 비교를 사용하고 있습니다. 첫 번째, 아하시야는 에그론의 신에게 자기의 사자를 보냈습니다. 즉 인간이 신에게 사자를 보낸 것입니다. 그것도 물어보려고 보냈습니다. 그런데 여호와도 사자를 보냅니다. 신이 인간에게 사자를 보낸 것입니다. 아하시야가 하는 행동은 전형적인 우상종교, 이방종교의 양식입니다. 우상종교는 언제나 필요한 인간이 신을 찾아가게 되어 있습니다. 신이 먼저 나서는 경우는 아예 없습니다. 신이 인간의 상황을 살피고 미리 은혜를 베푸는 경우는 원천적으로 존재하지 않습니다. 그런데 여호와는 인간이 묻지도 않은 곳에, 찾지도 않은 곳에 먼저 오시는 분입니다.

두 번째, 아하시야가 에그론의 '신 바알세붑' 에게 사자를 보냈기에 여호와의 사자도 '이스라엘에 하나님이 없어서' 라고 말합니다. 여기에 사용된 '하나님' 이라는 단어와 에그론의 '신' 에 사용된 단어가 같은 단어입니다. 그런데 이 말을 하고 있는 사람은 '여호와의 사자' 입니다. 여호와는 다른 우상 신들과는 원천적으로 비교가 되지 않습니다. 그런데 아하시야가 하도 어리석은 행동을 하니까 아하시야의 수준에 맞추어 비교가 되어 주는 것입니다. 그래서 '여호와의 사자'라고 선언을 해 놓고는 '이스라엘에 신이 없어서 너희가 에그론의 신 바알세붑에게 물으러 가느냐'고 '신神 vs 신神'으로 낮추어 비교하는 표현을 하고 있습니다. 제 아무리 낮추어 '신神 vs 신神'으로 비교해도 여호와가 절대로 밀리지 않는데 아하시야가 정말 미련하게 행동했다는 것입니다.

세 번째, 하나님은 알려주신다는 것입니다. 아하시야는 자신의 앞날을 물어보려고 신에게 사자를 보냈으나 아직 대답을 듣지 못했습니다. 그런데 하나님은 아예 묻기도 전에 그에게 되어 질 일을 통보하고 있습니다. 하나님의 말씀을 오해하시면 안 됩니다. 4절을 보면 "그러므로 여호와의 말씀이 네가 올라간 침상에서 내려오지 못할지라 네가 반드시 죽으리라 하셨다 하라"입니다. 이것은 하나님이 아하시야를 죽이기로 작정하셨다는 의미가 아닙니다. 또, 아하시야가 아무리 노력해도 이미 하나님이 결정하셨기 때문에 무조건 아하시야는 죽는다는 의미도 절대로 아닙니다. 17절에 "왕이 엘리야가 전한 여호와의 말씀대로 죽고"라고 나온다고 해서 여러분이 '아멘'을 하시면 안 되고, 과연 여호와가 죽이기로 하시매 죽었다고 생각하셔도 안 됩니다. 열왕기상 22장에서 아합의 죽음과 관련해서 설명 드렸듯이, 하나님의 말씀은 '반드시 죽으리라'고 저주하는 것이 아니라 이 말씀을 듣고 돌이키고, 하나님께 의지해서 살라고 하는 권고입니다. 이 말씀을 하시면서 제발 이 말씀대로 이루어지지 않기를 간절히 기대하시는 것입니다. 그래야 앞뒤가 맞습니다.

하나님의 하소연

3절에서 하나님은 "이스라엘이 하나님이 없어서 너희가 에그론의 신 바알세붑에게 물으러 가느냐"고 말씀하셨습니다. 이 말씀은 하나님의 진노가 아니고, 하나님의 저주가 아니고, 하나님이 화가 나서 소리치는 것이 아닙니다. 이 말씀은 하나님의 안타까움이요, 하나님의 하소연입니다. 4절에 '네가 반드시 죽으리라'가 나온다고 해서 이 말씀이 절대로 하나님의 저주가 아닙니다. 설명을 해 보겠습니다. 2절에서 아하시야가 에그론의 신에게 사자를 보냈습니다. 아하시야로서는 자기 병이 얼마나 중병인지도 모르고, 죽을지 살지도 모르기에 낫기를 기대하고 보냈을 것입니다. 그러나 하나님은 아하시야가 에그론의 신 바알세붑에게는 어떠한 도움도 받지 못할 것을 알고 계셨습니다. 우상 신, 거짓 신에게서 무슨 도움을 받고, 무슨 혜택을 받겠습니까! 아하시야는 이미 병이 들었고, 바알세붑에게는 아무런 도움을 받지 못할 것이 당연하고 그러면 결과적으로 아하시야는 죽게 되어 있습니다. 즉 하나님이 4절에서 '반드시 죽으리라'고 말씀하지 않아도 저절로 죽게 되어 있습니다.

어차피 죽을 것인데 어떻게든 살아보겠다고 바알세붑에게 의지하려고 하는데, 하나님이 성질을 내시며 아하시야를 죽이시겠습니까? 만약 그렇게 죽일 의도라면 '이스라엘에 하나님이 없어서'라는 말씀을 하실 수가 없습니다. 바알세붑에게 의지해도 도움을 받을 수 없는 것이 뻔하고, 반대로 이스라엘의 하나님께 물어보고 의지하면 살수 있다는 의미가 되어야 말이 됩니다. 그래서 3절과 4절은 화가 나신 하나님의 저주가 아니라 속상하고 안타까우신 하나님의 하소연입니다.

가장 대표적인 하나님의 하소연이 이사야 55장 2절입니다. "너희가 어찌하여 양식이 아닌 것을 위하여 은을 달아 주며 배부르게 하지 못할 것을 위하여 수고하느냐 내게 듣고 들을지어다 그리하면 너희가 좋은 것을 먹을 것이며 너희 자신들이 기름진 것으로 즐거움을 얻으리라"입니다. 하나님은 인간에게 무엇을 요구하는 분이 아닙니다. 신이라는 존엄과 권세를 명분으로 인간의 수고, 인간의 희생, 인간의 제물 등 그 어떤 것도 인간에게 내어놓으라고 명령하거나 협박하는 분이 절대로 아닙니다. 도리어 하나님은 주시는 분입니다. '이스라엘에 하나님이 없어서'는 '이스라엘에 하나님이 있다'는 것입니다. 도와주시는 하나님, 응답하시는 하나님, 베풀어 주시는 하나님, 주기를 좋아하시는 하나님, 그것도 모든 것을 값없이 오직 은혜로 주시는 하나님이 계시는데 왜 그 하나님께 구하지 않느냐는 하소연입니다. 하나님은 못주어서 안달이고, 가져가지 않는 인간들이 안타까운 것입니다.

5절에 보면 왕이 보낸 사자가 돌아와 버렸습니다. 당연히 왕이 어찌된 연유인지 물었고 그들의 대답이 6절인데 이미 3절과 4절에서 여호와의 사자 즉 엘리야가 한 말을 그대로 전달했습니다. 아하시야로서는 자기가 궁금해하던 것, 알고 싶어 하던 것을 들었습니다. 그리고 그 말을 한 사람이 엘리야라는 것도 알았습니다. 아하시야가 사자들의 설명을 듣고 그 사람이 엘리야라는 것을 알았다는 것은 이미 아하시야도 엘리야가 누구인지, 그 동안 어떤 일을 했는지 알고 있었다는 것입니다. 그렇다면 아하시야가 하나님 대신에 바알세붑에게 사신을 보낸 것은 실수가 아니라 다분히 의도적인 것이었습니다. 이미 그의 아버지 아합에게서 본 것과 동일한 경우입니다. 아합도 전쟁에 나갈 때에 다른 선지자 사백 명에게는 물어보았지만 여호와의 선지자에게는 일부러, 의도적으로 묻지 않았습니다. 아하시야도 이스라엘에 하나님이 계신 것도 알고 있고, 하나님의 선지자가 있는 것도 알고 있었지만 하나님을 찾지 않고 굳이 외교적 망신을 자초하면서까지 이방의 신에게 사람을 보냈던 것입니다.

죄인들의 욕심

이쯤 되면 저와 여러분은 과연 아합이나 아하시야는 왜 하나님을 피하고 이방 신을 스스로 섬기려고 했는지가 궁금하실 것입니다. 이 문제는 단지 아합과 아하시야만의 문제가 아니라 구약 내내 이스라엘과 더 나아가 인류의 역사 내내 죄인들이 행하는 동일한 종교 원리입니다. 인류는 차라리 우상을 섬기면 섬겼지 하나님을 믿지 않았습니다. 다양한 이유가 있지만 두 가지만 설명해 본다면 첫 번째는, 여호와의 형상이 없다는 것 또는 종교를 형식화 할 수 없다는 것을 수용할 수 없기 때문입니다. 고대에는 신이 형상이 없다는 것을 이해할 수 없었고, 현대에는 타종교도 신의 형상을 만들지 않는 경우가 있습니다. 그러나 고대든 현대든 타종교에서는 비록 신의 형상을 만들지 않을지라도 결국 신전을 세우고, 신을 위하여 종교 행위와 종교 양식은 만들었습니다. 그런데 여호와는 형상도 없고, 종교 양식도 없습니다. 죄인들은 이것을 견딜 수가 없습니다. 왜냐하면 형상이나 종교 양식이 없으면 신과 교통할 수가 없기 때문입니다. 죄인의 신개념, 죄인들의 종교 개념에는 신이 먼저 찾아오고, 신이 은혜를 준다는 개념 자체가 존재하지 않기 때문입니다. 죄의 원리로는 인간이 신을 찾아야 하는데, 형상이 없고 양식이 없다면 자신들이 필요할 때 신에게 호소할 수 없는 것입니다. 그런 종교를 수용할 수가 없는 것입니다.

두 번째, 창세기에서 아브람과 이삭과 야곱은 신의 형상도 없고 종교 양식도 없는데 하나님을 섬겼습니다. 그런데 이스라엘이 국가가 된 이후부터는 언제나 왕들이 먼저 하나님을 버립니다. 백성들이 우상을 섬기기 전에 왕들이 먼저 우상을 수입하고, 왕들이 먼저 신전을 세웁니다. 나라에 문제가 있을 때에 왕들이 먼저 하나님을 제외하고 우상 신들을 찾아가서 신의 뜻을 묻습니다. 왜 이럴까요? 그 이유는 여호와 신앙은 인간의 차등화를 인정하지 않기 때문입니다. 반대로 말하면 이방 신앙은 인간의 차등화를 인정했습니다. 이방의 신 자체에 계보가 있고 등급이 있고 역할이 있었기 때문에 당연히 신을 섬기는 사람들 중에도 높은 자가 있고, 권세자가 있고, 강한 자가 있었습니다. 그래서 왕이 물으면 왕에게 유익이 되는 응답을 해 줌으로 왕의 위신을 세워주었습니다.

하지만 여호와 신앙은 왕이라고 특별대우를 해주지 않습니다. 여호와 앞에서 왕이나 백성이 똑같습니다. 왕도 여호와의 계명을 따라야 하는 자이고, 백성도 여호와의 계명을 따라야 하는 자입니다. 그리고 왕이나 백성이나 여호와의 계명을 따를 때 따라오는 결과도 똑같습니다. 도무지 왕의 권위가 세워지지 않습니다. 그러니 왕과 권세자들이 여호와의 종교를 좋아할 리가 없습니다. 여호와 신앙은 죄의 종교와 본질적으로 어떤 차이가 있는지를 분별하셔야 합니다.

하나님의 사람이여

하나님의 사람이여

9절 이하에는 아하시야 왕이 보낸 오십 부장과 엘리야가 충돌하는 장면이 소개되어 있습니다. 성경을 읽을 때에는 절대로 한 단락을 따로 떼어서 생각하면 안 됩니다. 앞뒤 문맥을 통해 왜 이런 이야기가 등장하는지, 이 사건의 핵심이 무엇인지를 잘 분별해야 합니다. 열왕기하 1장 1절로 8절에는 이방 종교와 여호와의 종교가 대조되었습니다. 단지 내용적으로만 비교한 것이 아니라 이방 종교와 여호와의 종교가 충돌을 한 것입니다. 애초에 아하시야 왕이 작정하고 여호와를 버리고 의도적으로 이방 종교를 찾았고, 이에 대해 여호와께서는 일부러 사람을 보내 여호와 신앙을 알리셨습니다. 9절 이하는 그 충돌이 구체적으로 묘사된 것입니다.

9절을 읽어보면 "이에 오십 부장과 그의 군사 오십 명을 엘리야에게로 보내매 그가 엘리야에게로 올라가 본즉 산 꼭대기에 앉아 있는지라 그가 엘리야에게 이르되 하나님의 사람이여 왕의 말씀이 내려오라 하셨나이다"입니다. 8절에서 아하시야는 자기가 죽을 것이라고 말한 사람이 엘리야라는 것을 알았습니다. 아하시야는 바알세붑을 통해서건 여호와의 사자를 통해서건 자기 병이 어떻게 될 것인지를 알게 된 것으로 충분하지 않았습니다. 자기가 제외시킨 여호와의 사자가 자기에 대해 말하는 것이 싫었습니다. 게다가 자기가 반드시 죽을 것이라는 말에 매우 기분이 나빴습니다. 자기는 왕인데 자기보다 아랫사람인 엘리야, 기껏해야 신의 사자에 불과한 엘리야가 자신의 사자들에게 말을 전달하게 한 것이 왕으로서 너무나 불쾌했습니다.

그래서 오십 부장을 보내 엘리야를 죽이라고 명한 것입니다.

9절은 오십 부장이 엘리야를 왕궁으로 초청하는 뉘앙스가 절대로 아닙니다. 우선 호칭부터가 다릅니다. 아하시야가 바알세붑에게 보낸 사람들도 '사자'라는 표현을 썼습니다. 그런데 엘리야에게 온 오십 부장은 엘리야를 부를 때 '하나님의 사람이여'라고 합니다. 이 표현은 존경하는 경어가 아니라 낮추어 부르는 말, 일종의 조롱이요, 무시하는 말입니다. 여기서는 '하나님의 사람이여'가 아니라 그냥 단순하게 '신의 사람'이라고 번역해야 합니다. 엘리야가 여호와의 선지자라는 것도 인정하지 않고, 대리인이나 메신저라는 의미의 '사자'라는 신분도 인정하지 않으려고 그냥 '사람 또는 남자'라고 불러서 '신의 사람이여'가 된 것입니다. 왕에게서 파송 받은 오십 부장은, 자신은 적어도 왕의 사신으로서 엘리야 같은 사람에게 경의를 표한 것이 아니라 깔보면서 '신의 사람아'라고 불렀던 것입니다.

오십 부장이 엘리야를 부르고 한 말이 '왕의 말씀이 내려오라 하셨나이다'입니다. 이 말도 왕이 초청을 했다는 의미가 아닙니다. '내려오라'고 번역된 단어는 '던져지다, 떨어지다, 쓰러지다, 죽다, 무너지다, 함락하다'라는 뜻도 있습니다. 그래서 문맥상으로 풀어보면 '왕의 말씀이 너는 죽어라'입니다. 즉, 아하시야는 오십 부장과 오십 명의 군사들까지 동원해서 엘리야를 잡아 죽이라고 보낸 것입니다.

불이 내려와

1절로 8절까지가 종교의 원리적 대조였다면 9절로 14절은 무력충돌입니다. 아하시야는 애초에 여호와를 버렸고, 자기가 버린 여호와가 굳이 사자를 보내어 자신이 죽을 것이라는 예언을 하자 군사를 보내어 여호와의 사자를 '신의 사람아'라고 비하하면서 잡아 죽이려고 한 것입니다. 여호와가 하신 말씀이 자기를 죽이는 저주가 아니라 되어 질 일을 알려주심으로 여호와를 의지하여 병 고침을 받고 살라는 권고인 줄은 꿈에도 생각하지 못하는 것입니다. 9절 이하의 상황은 왕의 파송을 받은 오십 부장이 엘리야를 조롱하면서 왕이 '죽으라'고 했다고 말하고, 직접 잡아 죽이려고 하는 매우 살기등등한 장면이고 10절은 살해를 당할 위기에 처한 엘리야가 살아남으려고 몸부림치는 장면입니다.

10절을 읽어보면 "엘리야가 오십 부장에게 대답하여 이르되 내가 만일 하나님의 사람이면 불이 하늘에서 내려와 너와 너의 오십 명을 사를지로다 하매 불이 곧 하늘에서 내려와 그와 그의 군사 오십 명을 살랐더라"입니다. 대부분의 성도님들이 이 장면을 무력충돌이라고 생각하지 않습니다. 그러니 엘리야만 이상한 사람이 됩니다. 왕은 정중하게 초빙을 했고, 오십 부장은 왕의 명령을 받아 엘리야를 모시러 왔는데 엘리야는 느닷없이 불을 내려 오십 명을 죽여 버리는 망나니처럼 여겨집니다. 그래서 엘리야의 행동을 도무지 이해할 수 없다고 합니다. 모두 오해입니다. 여러분은 왕이 아니라 지금 아하시야 왕의 심정을 잘 이해하지 못하실 것입니다.

이 장면에서 아하시야 왕의 심정을 한 마디로 표현하라면 영화 '달콤한 인생'에서 조폭 대장이 자기 부하에게 한 유명한 대사 즉 '너는 나에게 모욕감을 주었어!'입니다. 오십 부장과 엘리야는 대화가 아니라 충돌이고, 협상이 아니라 누가 죽고 누가 사느냐는 혈투이고, 한쪽은 무장한 군사 오십 명을 거느린 오십 부장이고 다른 한쪽은 가진 것이라고는 여호와의 말을 전하는 입뿐인 엘리야입니다. 그래서 오십 부장은 무력으로 엘리야를 죽이려하고 엘리야는 어떻게든 살려고 하나님께 의지하여 불을 내려서 자신을 지키고 있는 것입니다. 외형적으로는 오십 부장과 엘리야의 대결이지만 실제적으로는 아하시야 왕과 엘리야의 대결이고, 더 확장하면 아하시야가 여호와를 버리고 대신 선택한 바알세붑과 여호와의 충돌인 것입니다. 그래서 아하시야의 입장에서는 물러날 수 없는 싸움으로 한 번 실패했다고 중단하는 것이 아니라 두 번, 세 번 계속해서 군사를 보내는 것입니다. 당연히 두 번째 오십 부장은 엘리야에게 더 강력하게 말을 합니다. 그것이 본문에는 '하나님의 사람이여 왕의 말씀이 속히 내려오라'로 되어있고 정확하게 표현하면 '당장 죽어라'가 되는 것입니다.

본문에 의하면 죄인은 참으로 불가사의한 사람들입니다. 아하시야는 왕으로서는 매우 무기력한 사람이고 미련한 사람처럼 보였습니다. 선대 왕 때 조공을 바치던 나라가 배반을 해도 아무런 조치도 취하지 못하고 심지어 자신이 병에 걸리자 외교적 굴욕마저도 감수하는 사람이었습니다. 그런데 이방인에게는 모든 굴욕을 다 당하면서 자기 백성 더 나아가 자기가 버린 여호와의 사자 엘리야의 권고는 견딜 수 없는 굴욕으로 여겨서 죽이려고 무리수를 두고 있습니다. 그럴 힘이 있으면 나라를 구하는데 써야 할 것 같은데 이것이 죄인의 어리석음입니다.

세 번째 오십 부장

본문에서 하나님의 의도를 알아차린 사람이 하나 있는데 바로 세 번째 파송된 오십 부장입니다. 13절 중간부터 보면 "셋째 오십 부장이 올라와서 엘리야 앞에 이르러 그의 무릎을 꿇어 엎드려 간구하여 이르되 하나님의 사람이여 원하건대 나의 생명과 당신의 종인 이 오십 명의 생명을 당신은 귀히 보소서"입니다. 이 사람은 엘리야를 죽이려고 달려들지 않았습니다. 자신이 먼저 엘리야의 생명을 귀히 여겼습니다. 그러면서 엘리야에게도 자신과 오십 명의 생명을 귀히 여겨달라고 했습니다. 결과는 너무나 당연하게 아무도 죽지 않았습니다. 왜냐하면 엘리야를 죽이려고 달려드는 것이 아니기에 엘리야가 죽일 이유가 없었기 때문입니다. 본문은 하나님께서 하나님을 의지하지 않는 사람들을 멸절시키는 내용이 절대로 아닙니다. 엘리야도 여호와의 선지자라는 권세로 마구 불을 내려서 사람들을 불태워 죽이는 것이 절대로 아닙니다.

이 충돌이 얼마나 살벌했고, 자기를 죽이러 오십 명의 군대가 계속해서 등장할 때 엘리야가 얼마나 불안했는지 보여주는 것이 15절입니다. "여호와의 사자가 엘리야에게 이르되 너는 그를 두려워하지 말고 함께 내려가라 하신지라"입니다. 아하시야가 오십 명을 보내면서 한 말과 여호와의 사자가 엘리야를 보내면서 하는 말이 참으로 절묘하게 대조가 됩니다. 왕은 오십 부장을 보내면서 '내려오라', '당장 내려오라'고 했습니다. 제가 번역하기를 '죽어라, 당장 죽어라'고 했습니다. 여호와의 사자가 엘리야를 보낼 때 하는 말이 '함께 내려가라'입니다. 왕이 한 말과 여호와의 사자가 한 말이 단어적으로는 같은 단어입니다. 그런데 내용적으로는 왕은 '죽어라'고 말했고, 여호와의 사자는 '내려가라'고 말한 것입니다.

처음부터 아하시야는 여호와를 버렸고, 여호와의 사자의 말을 들으려고 하지 않았기에 엘리야를 향하여 죽일 마음을 가졌습니다. 그러나 처음부터 여호와께서는 자기를 버린 아하시야에게 사람을 보냈고, 묻지도 않는 아하시야에게 장차 되어 질 일을 알려 주셨습니다. 아하시야가 여호와의 사람을 죽이려고 세 번이나 군사를 파견했지만 여호와께서는 또 엘리야를 아하시야 왕에게 보내어 하나님의 뜻을 알리라고 말씀하십니다. 하나님의 뜻은 절대로 사람을 죽이는 것이 아닙니다. 하나님을 버리고 떠난다고 해서 징계하는 것이 아닙니다. 어떻게든 사람을 살려주시는 것, 하나님을 알게 하시는 것이 하나님의 뜻입니다.

여호와의 말씀대로

열왕기하 1장은 전체 내용이 비극입니다. 17절 "왕이 엘리야가 전한 여호와의 말씀대로 죽고 그가 아들이 없으므로 여호람이 그를 대신하여 왕이 되니 유다 왕 여호사밧의 아들 여호람의 둘째 해였더라"입니다. 가장 큰 비극은 여호와의 말씀대로 되었다는 것입니다. 하나님이 그렇게 살길을 알려 주셨는데, 치유의 기회를 주시고, 회복할 수 있는 기회를 주셨는데, 기어코 죽고 말았다는 사실입니다. 즉 하나님의 말씀을 듣지 않았고, 하나님을 배우지 않았다는 것입니다. 어떻게든 아하시야에게 하나님을 알리려는 하나님의 의지가 본문에는 동일한 표현을 계속 반복하는 것으로 강조되고 있습니다. 하나님을 모르고, 하나님을 찾지 않고, 하나님을 의지하지 않는 것에 대한 안타까움에 대하여 3절 '이스라엘에 하나님이 없어서', 6절 '이스라엘에 하나님이 없어서', 16절 '이스라엘에 그의 말을 물을 만한 하나님이 안 계심이냐'라고 반복하고 있습니다.

일반적으로 종교는 신을 향하여 인간의 사정을 알리고 도움을 청하는 '하소연'으로 인식되고 있습니다. 그러나 열왕기하는 제일 먼저 '이스라엘에 하나님이 없어서'라는 하나님의 하소연이 등장합니다. 인간이 신을 향해 '하소연'을 털어놓기 전에 하나님이 인간을 향해 하시는 '하소연'을 들어보면 우리 신앙의 내용과 방법이 달라질 수 있을 것입니다. 부디 성경을 읽고 하나님을 아셔서 하나님이 베풀어주신 은혜와 복락을 풍성히 누리며 사시는 즐거운 신앙생활, 자유로운 교회생활, 행복한 믿음생활 되시기를 주님의 이름으로 축원합니다.

2

갑절이나

열왕기하 2 : 1 ~ 12

1 여호와께서 회오리 바람으로 엘리야를 하늘로 올리고자 하실 때에 엘리야가 엘리사와 더
불어 길갈에서 나가더니 2 엘리야가 엘리사에게 이르되 청하건대 너는 여기 머물라 여호와
께서 나를 벧엘로 보내시느니라 하니 엘리사가 이르되 여호와께서 살아 계심과 당신의 영
혼이 살아 있음을 두고 맹세하노니 내가 당신을 떠나지 아니하겠나이다 하는지라 이에 두
사람이 벧엘로 내려가니 3 벧엘에 있는 선지자의 제자들이 엘리사에게로 나아와 그에게 이
르되 여호와께서 오늘 당신의 선생을 당신의 머리 위로 데려가실 줄을 아시나이까 하니 이
르되 나도 또한 아노니 너희는 잠잠하라 하니라 4 엘리야가 그에게 이르되 엘리사야 청하
건대 너는 여기 머물라 여호와께서 나를 여리고로 보내시느니라 엘리사가 이르되 여호와께
서 살아 계심과 당신의 영혼이 살아 있음을 두고 맹세하노니 내가 당신을 떠나지 아니하겠
나이다 하니라 그들이 여리고에 이르매 5 여리고에 있는 선지자의 제자들이 엘리사에게 나
아와 이르되 여호와께서 오늘 당신의 선생을 당신의 머리 위로 데려가실 줄을 아시나이까
하니 엘리사가 이르되 나도 아노니 너희는 잠잠하라 6 엘리야가 또 엘리사에게 이르되 청하
건대 너는 여기 머물라 여호와께서 나를 요단으로 보내시느니라 하니 그가 이르되 여호와
께서 살아 계심과 당신의 영혼이 살아 있음을 두고 맹세하노니 내가 당신을 떠나지 아니하
겠나이다 하는지라 이에 두 사람이 가니라 7 선지자의 제자 오십 명이 가서 멀리 서서 바라
보매 그 두 사람이 요단 가에 서 있더니 8 엘리야가 겉옷을 가지고 말아 물을 치매 물이 이리
저리 갈라지고 두 사람이 마른 땅 위로 건너더라 9 건너매 엘리야가 엘리사에게 이르되 나
를 네게서 데려감을 당하기 전에 내가 네게 어떻게 할지를 구하라 엘리사가 이르되 당신의
성령이 하시는 역사가 갑절이나 내게 있게 하소서 하는지라 10 이르되 네가 어려운 일을 구
하는도다 그러나 나를 네게서 데려가시는 것을 네가 보면 그 일이 네게 이루어지려니와 그
렇지 아니하면 이루어지지 아니하리라 하고 11 두 사람이 길을 가며 말하더니 불수레와 불
말들이 두 사람을 갈라놓고 엘리야가 회오리 바람으로 하늘로 올라가더라 12 엘리사가 보

고 소리 지르되 내 아버지여 내 아버지여 이스라엘의 병거와 그 마병이여 하더니 다시 보이지 아니하는지라 이에 엘리사가 자기의 옷을 잡아 둘로 찢고

갑절이나

갑절이나

사람들이 일상에서 대화를 할 때에는 단지 '직문 직답'만 하는 것이 아니라 너무나 자연스럽게 조크도 하고, 완곡어법도 쓰고, 과장도 하고, 풍자도 합니다. 특별히 문학적 기법이나 수사학적 양식이라는 거창한 표현을 동원하지 않더라고 일상에 다양한 대화방법이 적용됩니다. 이러한 일상적인 대화패턴을 알지 못하는 외국인들은 종종 의아해하고, 어이없는 질문을 하거나, 의도하지 않은 실수를 하곤 합니다. 안타깝게도 많은 성도들이 성경을 읽을 때에도 성경의 대화법, 성경에 등장하는 사람들의 일상적인 표현을 알지 못해서 무의식중에 오해를 하거나 실수를 하는 경우가 자주 있습니다. 그런데 정말 안타까운 것은 성경에 대한 오해가 사소한 것이 아니라 중요한 것이라는 점입니다. 단지 실수라고하기에는 그 피해가 너무 심각하다는 점입니다. 대표적인 한 예가 바로 열왕기하 2장의 내용입니다. 그 중에서도 한 표현을 고르라면 9절에 나오는 "당신의 성령이 하시는 역사가 갑절이나 내게 있게 하소서"입니다.

'갑절이나'라는 표현은 너무 많은 사랑을 받았습니다. 성경을 잘 모르시는 분들도 이 표현을 아십니다. 심지어는 기독교인이 아닌 분들도 이 표현을 아십니다. 이 표현이 많은 사람에게 알려지고 사랑을 받았다는 것은 그만큼 이 표현이 오해되었다는 사실입니다. 그리고 이 표현이 오해되었다는 것은 사람들이 그 만큼 성경의 내용, 성경의 표현에 대해 성경이 의도하는 의미를 전혀 인식하지 못한다는 것, 다른 말로 하면 성경을 통해 사람들의 사고와 인식이 변화되는 것이 아니라 사람들의 사고와 인식으로 성경을 왜

곡하고 있다는 사실입니다. 분명히 9절에서 엘리사가 엘리야에게 '당신의 성령이 하시는 역사가 갑절이나 내게 있게 하소서'라고 말했습니다. 이 말은 '성령의 능력을 두 배를 주소서'의 의미가 아닙니다. 성령의 권능, 성령의 파워, 성령의 권세를 갑절, 두 배, 두 몫을 달라는 의미가 아닙니다. 전임자보다 더 강력한 자, 더 뛰어난 자, 더 우수한 자가 되기를 기대하는 의미가 전혀 아닙니다. 그런데 이 구절에 근거해서 너무나 당연하게 '두 배의 능력'을 말하거나 심지어는 '칠 배의 능력'을 달라고 기도하는 경우가 있기도 합니다. 완벽한 오해요 왜곡입니다.

엘리야의 행적

만약 '성령이 하시는 역사가 갑절이나 내게 있게 하소서'라는 표현이 능력의 분량, 능력의 정도를 의미한다면 우선 엘리야가 행한 것이 도대체 어느 정도였는지 확인하는 것이 순서일 것입니다. 엘리야가 어느 만큼의 능력이 있었는지를 알아야 엘리사가 요청하는 갑절이 얼만큼 인지 가늠해 볼 수 있기 때문입니다. 성경에 엘리야가 맨 처음 등장하는 것이 열왕기상 17장입니다. 엘리야에 대한 사전의 정보가 일체 없다가 느닷없이 17장 1절에 '길르앗에 우거하는 자 중에 디셉 사람 엘리야가 아합에게 말하되'라고 나옵니다. 그리고 엘리사가 엘리야를 처음 만난 것은 열왕기상 19장 19절입니다. 그렇다면 엘리야가 등장하고 엘리사가 엘리야를 만나는 시기까지 엘리야가 활동하는 내용이 열왕기상 17장 1절부터 19장 18절까지 해당됩니다. 엘리사가 엘리야를 만나기 전에는 엘리야를 몰랐거나 혹은 소문을 들었을 것입니다. 그런데 엘리사가 엘리야를 만나기 전에 엘리야는 특별히 엄청난 능력을 행한 것이 없습니다.

물론 17장부터 19장까지에 엘리야와 관계된 다양한 사건들이 나옵니다. 하지만 그 사건들은 엘리야가 능력을 행한 것이 아니라 하나님이 행한 것입니다. 엘리야는 단지 하나님의 능력의 대상이 되었을 뿐입니다. 엘리야가 까마귀에게 음식을 가져오게 하지도 않았고, 과부의 병에서 기름이 마르지 않게 하지도 않았고, 불을 내려오게 하지도 않았고, 세미한 음성가운데 계시는 하나님을 찾아내지도 않았습니다. 모든 것은 하나님이 하셨습니다. 그래서 소문이 났으면 하나님에 관한 소문이 났어야 합니다. 사람들이 엘리야를 존경하거나, 엘리야를 칭송하거나, 엘리야를 부러워해야 하는 이유가 전혀 없습니다. 엘리야의 소문을 듣고 엘리사가 스스로 엘리야의 제자가 되기 위해 찾아 나선 것도 아닙니다.

엘리사가 엘리야를 만난 다음에는 두 사람이 같이 다닌 것 같습니다. 여하튼 엘리사가 엘리야를 따르며 수종들었던 기간인 열왕기상 20장부터 열왕기하 2장까지를 확인해 봐도 엘리야가 특별히 엄청난 능력을 행한 것이 없습니다. 열왕기상 20장을 보면 이스라엘이 아람과 두 번에 걸쳐 전쟁을 해서 이겼는데 이 전쟁에는 엘리야가 전혀 나타나지 않습니다. 전쟁을 이길 수 있도록 공헌한 것이 없습니다. 전쟁이 끝난 후인 21장에 나봇의 포도원 사건이 나오는데 이때에도 엘리야는 모든 상황이 다 끝난 후에 아합 왕에게 나타나 그 집 사람들이 모두 죽을 것이라는 말만 합니다. 22장에 이스라엘과 아람의 세 번째 전쟁이 일어나는데 이때도 엘리야는 어디로 갔는지 전혀 등장하지 않습니다. 그리고 열왕기하 1장에서 아하시야 왕이 병이 들어 에그론의 신 바알세붑에게 사신을 보낼 때 엘리야가 등장하고, 왕이 보낸 오십 부장이 자신을 죽이려 할 때에 하나님께 부탁하여 겨우 살아날 뿐입니다. 엘리야는 능력을 행한 것이 없고, 엘리사는 엘리야의 능력을 본적이 없습니다. 엘리야가 행한 것이 없고, 엘리사가 본 것이 없기에 엘리사가 두 배의 권능, 갑절의 능력을 구했다는 것은 원천적으로 성립되지가 않습니다.

상속자

결론부터 말씀드리면, 엘리사가 '갑절을 달라'고 요청한 것은 능력이나 권세가 더 강해지기를 원해서가 아니라 이스라엘의 문화에서 아버지의 상속자 또는 전임자의 후계자로 인정받는 방법이었기 때문입니다. 신명기 21장 17절에 장자권 또는 상속자에 대한 말씀이 있습니다. "반드시 그 미움을 받는 자의 아들을 장자로 인정하여 자기의 소유에서 그에게는 두 몫을 줄 것이니 그는 자기의 기력의 시작이라 장자의 권리가 그에게 있음이니라" 입니다. 그러므로 엘리사는 엘리야보다 더 뛰어난 선지자, 더 능력 있는 선지자가 되려고 두 배의 능력, 갑절의 권세를 요청한 것이 아니라 아주 단순하게 자신을 엘리야의 후계자로 인정해 달라고 요청한 것입니다.

그럼 이 표현에 대한 오해를 풀은 것으로 문제가 해결되었느냐면 전혀 그렇지 않습니다. 왜냐하면 오늘날의 성도들은 엘리사가 말한 내용의 의미를 오해하였지만, 정작 이 말을 한 당사자인 엘리사도 하나님의 원리, 하나님의 의도, 하나님의 방식을 오해하였기 때문입니다. 엘리사가 이 말을 한 것 자체가 이미 하나님의 원리에 대하여 잘못 알고 있었고, 신명기의 하나님의 말씀을 잘못 적용하고 있었고, 하나님이 일하시는 원리를 잘못 요청하고 있었다는 것입니다. 저와 여러분이 풀어야 하는 오해는 엘리사의 표현을 잘못 적용하는 우리의 오해가 아니라 과연 엘리사가 무엇을 오해하였고, 무엇을 잘못 적용하고 있는지, 엘리사의 실수를 풀어야 하는 것입니다. 엘리사가 말한 의도, 엘리사가 말한 것이 어떤 실수인지를 확인하기 위해 엘리사의 등장부터 현재까지를 점검해 보겠습니다.

선지자들은 누구인가?

밭을 갈다가

엘리사는 열왕기상 19장에서 불쑥, 느닷없이 등장합니다. 예고 없이 등장하는 정도가 아니라 너무나 어이없게 등장합니다. 19절 이하에 "엘리야가 거기서 떠나 사밧의 아들 엘리사를 만나니 그가 열두 겨릿소를 앞세우고 밭을 가는데 자기는 열두째 겨릿소와 함께 있더라 엘리야가 그리로 건너

가서 겉옷을 그의 위에 던졌더니 그가 소를 버리고 엘리야에게로 달려가서 이르되 청하건대 나를 내 부모와 입 맞추게 하소서 그리한 후에 내가 당신을 따르리이다 엘리야가 그에게 이르되 돌아가라 내가 네게 어떻게 행하였느냐 하니라 엘리사가 그를 떠나 돌아가서 한 겨릿소를 가져다가 잡고 소의 기구를 불살라 그 고기를 삶아 백성에게 주어 먹게 하고 일어나 엘리야를 따르며 수종 들었더라" 입니다.

이 구절에 의하면 엘리사는 소를 몰며 밭을 갈다가 부름을 받았습니다. 어디에도 엘리사가 선지자가 되기를 소망했다는 암시도 없고, 엘리사가 선지가 되려고 준비를 하고 있었다는 설명도 없고, 엘리사가 선지자로 부름을 받을 만한 합당한 조건을 갖춘 것으로 보이는 힌트도 없습니다. 엘리야가 엘리사를 만난 다음에 그때부터 테스트를 해 본 것도 아닙니다. 이것이 성경의 방식, 하나님의 방식입니다. 즉 하나님의 일하심은 인간의 자격, 인간의 조건, 인간의 준비, 인간의 상태에 의해 달라지는 것이 아닙니다. 하나님은 적당한 사람을 찾는 것이 아니며, 합당한 사람을 선발하는 것이 아니며, 준비된 자를 쓰시는 것이 아닙니다. 정확하게 말하면 적당한 사람이 없고, 합당한 사람이 없고, 준비된 사람이 없습니다. 어떤 사람이 하나님께 선택되었다면 그것은 '하나님이 그 사람을 선택하였기 때문' 일뿐 그 사람이 선택받을 만한 조건을 갖추었던 것이 아닙니다. 어떤 사람이 하나님의 일에 동참되었다면 그것은 '하나님이 그 사람을 부르셨기 때문' 일뿐 그 사람의 능력과는 아무 상관이 없습니다. 그래서 늘 성경에 등장하는 사람은 느닷없이, 그 사람에 대한 사전의 정보 없이 등장합니다. 왜냐하면 하나님이 일하실 것이기 때문에 그 사람의 자격, 조건, 능력, 경력과 상관이 없기 때문입니다. 엘리야가 열왕기상 17장에서 갑자기 등장했고, 엘리사도 19장에서 밭에서 소 몰다가 등장했습니다.

여기서 점검하고 넘어가야 할 것이 하나 있습니다. 이렇게 엘리사가 부름을 받을 때에 하나님을 몰랐다는 사실입니다. 당시 시대적 상황으로 보나,

종교적 상황으로 보아도 이스라엘이 하나님을 잘 섬기고 있던 것이 아닙니다. 특별히 북 왕국의 상황은 단지 하나님을 멀리하는 정도가 아니라 아예 우상을 열성적으로 섬기고 있었고, 심지어 아합 왕 때에는 여호와의 선지자를 잡아 죽이기까지 했었습니다. 오죽하면 엘리야도 하나님의 말씀을 따라 행동하면서도 아합 왕 만나러 가기를 두려워했고 이세벨을 두려워하여 해외로 도망가기까지 했었습니다. 또 아합 왕이 죽은 후에도 아하시야는 자기에게 하나님의 말씀을 전해주는 엘리야를 잡아 죽이려 했고, 엘리야도 아하시야를 두려워하여 특별히 하나님께서 '그를 두려워하지 말라'고 위로하셔야 할 정도였습니다.

당연히 엘리사도 하나님을 모르고 있었습니다. 엘리사는 여러 선지자의 제자들 중에 가장 하나님을 잘 아는 출중한 영성 때문에 선출된 것이 절대로 아닙니다. 성경에 등장하는 사람은, 하나님이 선택한 사람은 하나님을 잘 알고 있었을 것이라는 생각, 이미 잘 준비가 되어있었을 것이라는 생각을 버리시기 바랍니다. 그런데 엘리사가 부름을 받는 장면에서 하나 독특한 것이 있습니다. 성경에서 하나님이 사람을 부르실 때에는 하나님이 직접 부르셨습니다. 물론 가끔 하나님이 하나님의 사람을 보내서 부르실 때도 있었습니다. 그럴 때에는 하나님의 사람이 기름을 붓는 경우도 있었고, 또는 일단 하나님이 부르신 후에 그 증거로 하나님의 말씀이 있거나, 하나님의 영이 임하거나, 예언을 하는 등의 현상이 있어서 하나님이 그 사람을 부르셨다는 것을 확인해 주셨습니다.

하지만 열왕기상 19장을 보면 엘리야가 엘리사를 불렀는데 지극히 평범합니다. 하나님께서 직접 나타나신 것도 아니고, 엘리야가 독단적으로 엘리사를 불렀을 리는 없을 테지만 하나님이 불렀다는 것을 확인해 줄 징표가 없습니다. 그 동안 성경에서 보았던 장면들과는 전혀 딴판으로 엘리야가 겉옷을 던지자 엘리사가 따랐다는 내용뿐입니다. 그 후로는 엘리사에 대한 내용이 없다가 드디어 등장하는 것이 열왕기하 2장입니다. 이런 배경을 아셔야 본문의 엘리사의 질문과 엘리야의 대답을 이해하기가 쉽습니다.

선지자의 제자들

또 하나 열왕기하 2장에는 이전에 없던 아주 독특한 집단이 등장합니다. 3절에 보면 '벧엘에 있는 선지자의 제자들이 엘리사에게로 나아와' 라고 되어있는데 바로 '선지자의 제자들'이라는 매우 희한한 사람들이 등장합니다. 동일한 집단이 2장 5절에, 7절에, 15절에 나오고, 4장 1절과 38절에, 5장 22절에, 6장 1절에, 9장 1절에 등장합니다. 얼핏 보면 '선지자의 제자들'이라는 표현이 매우 자주 등장하는 것 같은데 실제로는 열왕기하 이전에는 사용된 적이 없고, 열왕기하 9장 이후에는 성경에서 사라집니다. 결국 '선지자의 제자들'이라는 집단이 등장하는 것과 퇴장하는 것이 성경에서 매우 이례적임을 의미합니다. 그렇다면 이 '선지자의 제자들'이라는 집단이 누구냐는 것도 점검해 보아야 합니다. 아마 대부분의 성도님들은 '선지자'라는 표현이 나오면 무조건 하나님의 선지자라고 생각하실 것입니다. 과연 그럴까요?

열왕기서에는 바알의 선지자도 나오고 아세라의 선지자도 나옵니다. 특별히 열왕기서에는 여호와의 선지자는 가끔 겨우겨우 등장하고 대신 바알과 아세라의 선지자는 왕궁 주변에서 수백 명씩 단체로 등장하는 것을 볼 수 있습니다. 물론 '선지자의 제자들'이 바알이나 아세라의 선지자라는 명백한 증거가 없고, 동시에 하나님의 선지자라는 분명한 증거도 없습니다. 하지만 많은 사람들이 당연히 여호와의 선지자로 여기는 것을 수용하기에는 여러 가지 정황상 많은 어려움이 있습니다.

첫 번째 이유는, 시대적 상황이 맞지 않다는 것입니다. 열왕기하 2장만 보아도 3절에는 벧엘에 있는 선지자의 제자들, 5절에는 여리고에 있는 선지자의 제자들, 7절에는 요단에 있는 선지자의 제자들로 각 지역마다 선지자의 제자들이 있고, 7절과 15절에 오십 명으로 되어있어서 합치면 매우 많은 숫자입니다. 이스라엘이 남북으로 분열된 이후에 북 왕국에서는 초대 왕 여로보암 시절부터 의도적으로 여호와를 배제하는 경향이 있었고, 특별히 아합 왕 시절에는 여호와의 선지자들을 잡아 죽이기까지 했고 엘리야는 오직 자기만 남았다고 말하기도 했습니다. 물론 열왕기상 18장 4절에 의하면 하나님께서는 선지자 오바댜를 통해서 선지자 백 명을 각각 오십 명씩 굴에 숨겨주었다고 하고, 19장 18절에 의하면 바알에게 무릎을 꿇지 아니하고 입맞추지 아니한 사람 칠천 명을 남겨 두었다고 했습니다. 하지만 대부분 감추어져 있었지 이렇게 집단을 이루고, 공개적으로 활동하지 않았다는 것입니다.

두 번째 이유는, 성경에 하나님께서 특정한 집단, 특정한 직분을 양성하신 적이 없다는 것입니다. 하나님께서 족장 그룹을 양성하신 적이 없고, 사사 그룹을 육성하신 적이 없고, 왕자 그룹을 길러내신 적이 없고, 지혜자 그룹을 양육하신 적이 없고, 선지자 그룹을 직접 키우신 적이 없습니다. 왜냐하면 하나님과 이스라엘의 관계는 하나님은 이스라엘의 하나님이고, 이스라엘은 하나님의 백성이었기 때문입니다. 그 중간에 대리자, 위임자, 대행자, 중개자가 없습니다. 하나님의 권세를 인간에게 위임한 적이 없고, 하나님의 능력을 인간에게 증여하신 적이 없고, 하나님의 책임을 인간에게 떠넘긴 적이 없고, 하나님의 역할을 인간에게 대행시킨 적이 없습니다. 하나님께서 특별한 인물, 특별한 그룹을 양성해서 그들을 지도자로, 리더로 세우고 그들에게 영향력을 발휘하도록, 그들에게 하나님의 백성을 인도하도록 맡기신 적이 없습니다. 그런데 갑자기 유독 열왕기서에 '선지자의 제자들'이 등장하고, 그것도 열왕기하 2장부터 9장까지 잠깐만 등장하고 사라지는 이 집단을 '여호와의 선지자의 제자들'이라고 선뜻 수용하기가 매우 어렵습니다.

정리해 보겠습니다. 우선 엘리사가 선지자로 특별한 준비없이 느닷없이 등장을 했기에 성경의 다른 사람들처럼 당연히 하나님 잘 몰랐을 것은 분명합니다. 그리고 엘리야와 엘리사 주변에 선지자의 제자들이 등장하는데 여호와의 선지자의 제자들이라고 단정 짓기가 매우 어렵고 그렇다고 아예 바알의 선지자라고 단정 짓기도 쉽지 않지만 엘리사의 경우에서처럼 이 선지자의 제자들도 하나님을 잘 몰랐을 것입니다. 엘리사와 선지자의 제자들의 정황을 정리한 후에 본문에 등장하는 사건들과 엘리사의 행동, 엘리사가 말한 것의 의미를 파악해 보겠습니다.

엘리사의 의도

엘리사의 의도

2장 1절을 보시면 "여호와께서 회오리 바람으로 엘리야를 하늘로 올리고자 하실 때에 엘리야가 엘리사와 더불어 길갈에서 나가더니" 입니다. 하나님께서 엘리야를 데려가실 것을 알리셨습니다. 엘리야도 이 사실을 알고 있고, 엘리사도 이 사실을 알고 있고, 선지자의 제자들도 이 사실을 알고 있습니다. 이후부터는 동일한 사건이 엘리야와 선지자의 제자들과 엘리사 사이에 세 번 반복됩니다. 2절에서 엘리야가 하나님이 보내셔서 벧엘로 갈 때에 엘리사를 남으라고 말하고, 엘리사는 '여호와께서 살아계심과 당신의 영혼이 살아 있음을 두고 맹세하노니 내가 당신을 떠나지 아니하겠나이다' 라고 말하고, 3절에서 선지자의 제자들은 '여호와께서 오늘 당신의 선생을 당신의 머리 위로 데려가실 줄을 아시나이까' 라고 묻고, 엘리사는 '나도 아노니 너희는 잠잠하라' 고 합니다. 이것이 장소만 바꾸어서 4절과 5절에 반복되고, 또 6절에서 반복됩니다. 드디어 9절과 10절에서 엘리야와 엘리사 사이에 그 유명한 '갑절이나' 가 등장하는 대화가 이어집니다. 과연 이 대화가 왜 등장하고 그 의미가 무엇인지 밝힐 때가 되었습니다.

7절 끝에서부터 보면 "두 사람이 요단 가에 서 있더니 엘리야가 겉옷을 가지고 말아 물을 치매 물이 이리 저리 갈라지고 두 사람이 마른 땅 위로 건너더라 건너매 엘리야가 엘리사에게 이르되 나를 네게서 데려감을 당하기 전에 내가 네게 어떻게 할지를 구하라"입니다. 엘리야가 이 말을 하는 이유는 도대체 엘리사가 왜 절대로 자기와 떨어지지 않으려는지, 무엇을 원하는지 알고 싶은 것입니다. 엘리야는 자기가 무엇을 해 주겠다는 생각이 없습니다. 엄밀하게 말해서 해 줄 것도 없고, 해 줄 수 있는 능력도 없습니다. 그 동안 엘리야는 스스로 능력을 행한 적이 없습니다. 하나님께 어떤 능력을 위임받거나 어떤 권세를 물려받은 것도 없습니다. 그러니 여기서 엘리야가 엘리사에게 무슨 숨겨놓은 것이나 대단한 것을 넘겨줄 것이 없습니다. 이미 자기는 열왕기상 19장에서 엘리사를 불렀습니다. 그것으로 자기가 엘리사에게 할 일은 끝났습니다. 그래서 엘리사가 자기와 떨어지지 않는 이유와 원하는 것이 무엇인지가 궁금한 것입니다.

이때 엘리사의 대답이 "당신의 성령이 하시는 역사가 갑절이나 내게 있게 하소서 하는지라"입니다. 엘리사가 '갑절이나'라는 표현을 사용해가면서 요청한 것은 이미 말씀드린 것처럼 자신을 엘리야의 후계자로 인정해 달라는 것이었습니다. 중요한 것은 왜 엘리사가 자신을 후계자로 인정해 달라고 요청했느냐는 것입니다. 그리고 이것이 바로 엘리사가 하나님을 몰랐고, 하나님의 원리, 하나님의 방법을 몰랐다는 증거가 되는 것이고, 본문에 등장하는 '선지자의 제자들'도 여호와의 선지자가 아닐 가능성이 많으며, 하나님을 전혀 모르고 있었다는 증거가 되는 것입니다.

사람들의 원리

엘리사가 엘리야에게 자기를 후계자로 인정해 달라고 요청한 이유는 하나님이 자신을 불렀다는 사실을 확인할 수 없었기 때문입니다. 그 동안 엘리사가 알고 있는 방식은 여호와가 일하시는 방식과 완전히 달랐기 때문입니다. 그러니 자기가 알고 있는 방식으로는 자신은 아직 아무 것도 확증된 것이 없습니다. 만약 이대로 엘리야가 자신의 곁을 떠나가 버린다면 자신은 사역을 할 수 있는 어떤 근거도, 어떤 권위도 가질 수 없다고 생각한 것입니다. 엘리야가 떠나기 전에 엘리사에게 가장 시급한 것이 바로 자신이 선택받은 사람이라는 증거, 자신이 엘리야의 후계자라는 증명이 필요했던 것입니다. 왜냐하면 그것이 없으면 자신이 공식적으로 인정받을 수 없고, 함께하고 있는 다른 선지자의 제자들 가운데 리더쉽을 가질 수 없고, 영향력을 펼칠 수 없다고 생각한 것입니다. 이것이 죄인들의 가장 전형적인 원리입니다. 지금 엘리사는 하나님께 부름 받은 지 얼마 안 되는 신참 선지자로서 아직 하나님의 마음, 원리, 방식을 모르기에 전형적인 죄의 원리로 생각하고, 죄의 방식을 요구하고 있는 것입니다.

엘리사의 심정과 엘리사가 요구한 내용을 이해하는데 도움이 될 수 있는 비슷한 장면이 출애굽기 3장에 나오는 모세와 하나님의 대화입니다. 하나님은 이미 모세를 부르셨고, 모세를 애굽으로 보내신다고 선언하셨습니다. 그런데 모세가 하는 말은 전혀 딴판입니다. 출애굽기 4장 1절 "모세가 대답하여 이르되 그러나 그들이 나를 믿지 아니하며 내 말을 듣지 아니하고 이르기를 여호와께서 네게 나타나지 아니하셨다 하리이다" 입니다. 모세가 왜 이런 말을 할까요? 그 이유는 하나님께서 모세에게 사람들이 생각하는 공식 임명장을 주시지 않았기 때문입니다. 하나님에 의해 부름 받고 보냄을 받았다면 뭔가 그럴듯한 것이 있어야 합니다. 머리에 뿔이 나던가, 어깨에 날개가 나던가, 아니면 뭔가 신기해 보이는 지휘봉을 주던가, 그것도 아니라면 금박으로 새긴 임명장이라고 있어야 합니다. 그런데 아무 것도 없습니다. 모세로서는 자신도 스스로 선택을 받았다는 생각이 들지 않고, 더군다나 다른 사람에게 하나님으로부터 보냄을 받았다는 증거로 내세울 것도 없으니, 도대체 말을 할 수 있는 근거나 권위가 없다는 것입니다. 모세는 하나님이 부르셨고, 하나님이 일하신다는 생각이 없는 것입니다. 하나님이 부르셨고 보내신다면 이제부터 자신이 사역을 행해야 하는데, 그러면 뭔가 영향력이 있어 보이는 것, 권위가 설만한 것이 있어야 한다는 생각입니다. 엘리사도 똑같은 것입니다.

하나님의 원리

엘리사의 요청에 대한 엘리야의 대답이 10절 "이르되 네가 어려운 일을 구하는도다 그러나 나를 네게서 데려가시는 것을 네가 보면 그 일이 네게 이루어지려니와 그렇지 아니하면 이루어지지 아니하리라 하고"입니다. 우선 9절이 '영감을 갑절이나 달라'는 능력의 분량이나, 파워의 크기에 관한 내용이 아니라고 했습니다. 그렇다면 당연히 10절도 능력이니, 권세니, 갑절이니 이런 것과는 관계가 없는 내용입니다. 풀이해보면, 엘리사가 엘리야에게 자신을 후계자로 인정해 달라고, 공식적인 후계자로 세워달라고 요청을 했습니다. 이에 대해 엘리야는 바로 그것이 '어려운 일을 구하는 것'이라고 대답한 것입니다. 왜냐하면, 엘리사가 구하는 것은 하나님의 원리, 하나님의 방식에는 없는 것이기 때문입니다. 달리 말하면 이미 모든 것이 이루어졌기 때문입니다.

하나님의 방식에는 사람들이 요청하는, 누구라도 그것을 보면 딱 인정을 할 수 있는 공적인 인증제도가 없습니다. '하나님이 부르셨다'는 것 자체로서 모든 것이 결정된 것입니다. 그리고 모든 일도 하나님이 하실 것입니다. 엘리사는 다른 사람들에게 선지자라고 입증을 받을 필요가 없습니다. 자신이 후계자로 공식적으로 인증을 받는다고 해서 다른 선지자들의 제자들보다 높아지는 것도 아니며, 그들보다 권위가 서는 것도 아닙니다. 또 후계자로 인정을 받는 순간 엘리사에게 신기한 능력이 생기는 것도 아니고, 신출귀몰한 기적을 행할 수 있는 것도 아닙니다. 갑자기 율법의 말씀이 모두 이해되어서 유창하게 가르칠 수 있는 것도 아니고, 순간적으로 꿈도 꾸고 해석도 하는 영적인 사람이 되는 것도 아닙니다. 하나님이 사람을 선택하고 부르고 세운다고 해서 다른 사람과 비교하여 높인 적이 없으며, 특별히 하나님이 하실 일을 대행하도록 하기 위하여 권위를 이양하거나 능력의 일부를 맡겨주신 적이 없습니다. 하나님의 일은 언제나 하나님이 하셨습니다. 하나님이 사람을 불렀어도 그 사람을 통하여 하나님이 일하셨고, 하나님이 역사하셨습니다. 그래서 하나님께 부름 받은 사람 중에 더 훌륭한 사람, 더 탁월한 사람, 더 능력이 있는 사람, 더 뛰어난 일을 한 사람이라는 우열의 구별이 존재하지 않았습니다. 이것이 하나님의 방식이요, 하나님의 원리였습니다.

엘리야에게도 하나님의 사역자라는 공식적인 임명식이 없었습니다. 그저 하나님이 부르셨고, 하나님이 말씀을 주셨고, 하나님이 역사하신 것으로 충분했습니다. 하나님이 엘리야를 통해서 엘리사를 불렀습니다. 그것으로 충분합니다. 이제 필요할 때에 하나님이 말씀을 주실 것이고, 필요할 때에 하나님이 엘리사를 통해서 역사하실 것입니다. 하나님이 보증이요, 하나님이 인증입니다. 엘리야 자신도 그렇게 지내왔습니다. 그런데 지금 느닷없이 엘리사가 '공적인 후계자로 인정해 달라'고 요청하고 있습니다. 엘리야의 대답은 당연히 '네가 어려운 일을 구하는도다'입니다. 왜냐하면 엘리야가 할 수 있는 일이 아니기 때문입니다. 방법이 있는데 못하는 것이 아니라 아예 그런 개념자체가 없는데, 엘리사는 없는 개념, 없는 방법을 시행해 달라고 하니까 엘리야가 난감한 것입니다. 여러분 같으면 뭐라고 대답하시겠습니까?

하나님으로 충분하다

이때 엘리야가 할 수 있는 유일한 대답이 10절 '나를 네게서 데려가시는 것을 네가 보면 그 일이 네게 이루어지려니와 그렇지 아니하면 이루어지지 아니하리라'입니다. 이것은 엘리야가 조건을 제시한 것이 아닙니다. 엘리사의 요청이 옳다고 인정하고, 그 방법을 알려준 것이 아닙니다. 그냥 지극히 평범한 말을 해준 것입니다. 엘리사의 요청과 아무 상관이 없는 말을 해준 것입니다. 왜냐하면 하나님은 이미 엘리사를 불렀기 때문입니다. 하나님이 불렀다는 것이 이미 인증입니다. 엘리사가 요청한 대로 공식으로 후계자로 인정을 받는다고 해서 그동안 비공식 선지자였다가 순간에 공식 선지자로 신분이 바뀌는 것도 아니고, 엘리사가 요청한 것과는 다르게 공식으로 후계자로 인정받는 절차가 없다고 해서 하나님의 부르심이 취소되는 것도 아닙니다. 지금 엘리사만 자신을 부르신 하나님을 모르고, 자신이 부르심을 받았다는 것을 인정하지 않을 뿐입니다. 비록 엘리야가 10절처럼 말했지만 엘리사가 하나님께서 엘리야를 데리고 가는 것을 보아도 상관이 없고 안 보아도 상관이 없습니다.

하나님을 알면 하나님 한분으로 충분합니다. 그러나 하나님을 모르면 보장된 것이 아무 것도 없기에 어떻게든 객관적 증거물을 가지려고 몸부림을 칩니다. 그리고 그 객관적 증거물을 갖게 되는 순간 다른 사람과 비교하여 자신의 우월감을 드러내고, 권위를 주장하고, 권세를 부리려고 시도할 것입니다. 이것이 죄의 원리이고, 죄인들의 속성입니다. 하나님은 죄인들의 원리, 죄인들의 욕망과는 다르게 역사하십니다. 하나님이 옳으시고, 하나님의 원리와 방법이어야 인간이 더불어 행복한 삶을 누릴 수 있습니다. 바라기는 성경을 읽고, 배우시고, 하나님을 아셔서 하나님이 주신 자유와 평화와 안식과 일치를 풍성히 누리며 사시기를 주님의 이름으로 축원합니다.

3

대머리여 올라가라

열왕기하 2 : 12 ~ 25

12 엘리사가 보고 소리 지르되 내 아버지여 내 아버지여 이스라엘의 병거와 그 마병이여 하
더니 다시 보이지 아니하는지라 이에 엘리사가 자기의 옷을 잡아 둘로 찢고 13 엘리야의 몸
에서 떨어진 겉옷을 주워 가지고 돌아와 요단 언덕에 서서 14 엘리야의 몸에서 떨어진 그의
겉옷을 가지고 물을 치며 이르되 엘리야의 하나님 여호와는 어디 계시니이까 하고 그도 물
을 치매 물이 이리 저리 갈라지고 엘리사가 건너니라 15 맞은편 여리고에 있는 선지자의 제
자들이 그를 보며 말하기를 엘리야의 성령이 하시는 역사가 엘리사 위에 머물렀다 하고 가
서 그에게로 나아가 땅에 엎드려 그에게 경배하고 16 그에게 이르되 당신의 종들에게 용감
한 사람 오십 명이 있으니 청하건대 그들이 가서 당신의 주인을 찾게 하소서 염려하건대 여
호와의 성령이 그를 들고 가다가 어느 산에나 어느 골짜기에 던지셨을까 하나이다 하니라
엘리사가 이르되 보내지 말라 하나 17 무리가 그로 부끄러워하도록 강청하매 보내라 한지
라 그들이 오십 명을 보냈더니 사흘 동안을 찾되 발견하지 못하고 18 엘리사가 여리고에 머
무는 중에 무리가 그에게 돌아오니 엘리사가 그들에게 이르되 내가 가지 말라고 너희에게
이르지 아니하였느냐 하였더라 19 그 성읍 사람들이 엘리사에게 말하되 우리 주인께서 보
시는 바와 같이 이 성읍의 위치는 좋으나 물이 나쁘므로 토산이 익지 못하고 떨어지나이다
20 엘리사가 이르되 새 그릇에 소금을 담아 내게로 가져오라 하매 곧 가져온지라 21 엘리사
가 물 근원으로 나아가서 소금을 그 가운데에 던지며 이르되 여호와의 말씀이 내가 이 물을
고쳤으니 이로부터 다시는 죽음이나 열매 맺지 못함이 없을지니라 하셨느니라 하니 22 그
물이 엘리사가 한 말과 같이 고쳐져서 오늘에 이르렀더라 23 엘리사가 거기서 벧엘로 올라
가더니 그가 길에서 올라갈 때에 작은 아이들이 성읍에서 나와 그를 조롱하여 이르되 대머
리여 올라가라 대머리여 올라가라 하는지라 24 엘리사가 뒤로 돌이켜 그들을 보고 여호와
의 이름으로 저주하매 곧 수풀에서 암곰 둘이 나와서 아이들 중의 사십이 명을 찢었더라 25
엘리사가 거기서부터 갈멜 산으로 가고 거기서 사마리아로 돌아왔더라

하늘로 올라가더라

엇갈린 반응들

성경은 종종 비난을 받기도 하는데 그 비난의 내용이 때로는 정반대인 경우가 있습니다. 예를 들면, 한편으로 성경은 너무 평이하다는 비난을 받습니다. 기독교에서 성경은 인간의 말이 아니라 하나님의 말씀이라고 강조합니다. 그래서 일반적으로 사람들이 성경을 대할 때는 조금 신성한 마음, 경건한 태도, 진리를 사모하는 간절함을 가지고 성경을 읽습니다. 그런데 성경을 읽어보면 처음의 반응은 대체로 실망입니다. 왜냐하면 경전 같지 않기 때문입니다. 신성한 느낌이 들지 않기 때문입니다. 읽는 내용이 진리라고 생각되지 않기 때문입니다. 성경을 펼치면 순서상 구약부터 읽게 됩니다. 창세기를 읽어보니 아브람과 이삭과 야곱과 요셉이 등장하는데 이 사람들이 훌륭해 보이지도 않고, 명언을 쏟아놓지도 않고, 딱히 타의 모범이 되는 것 같지도 않습니다.

이쯤 되면 구약을 건너뛰고 신약으로 이동합니다. 마태복음을 읽기 시작합니다. 그런데 갑자기 족보가 등장합니다. 심지어는 아는 사람도 거의 없는 남의 나라, 남의 가문의 족보입니다. 인내심을 가지고 계속해서 읽어보니 산상수훈쯤에는 몇 가지 교훈이 될 만한 말씀도 나오고 예수가 했다고 알려진 명언도 등장합니다. 하지만 마태복음을 다 읽을 때쯤에는 허무감이 듭니다. 예수는 도무지 적극적으로 행동하지 않기 때문입니다. 무엇인가를 변화시키려는 의지도 약해보이고, 사람들을 이끌어갈 뚜렷한 이슈를 제시하지도 않고, 친히 선두에 서는 것 같지도 않습니다. 그리고 너무나 무기력하게 십자가에 달려 죽습니다. 주인공이 죽었으니 더 이상 읽을 필요가 없다고 생각해서 성경을 덮어버립니다. 이것이 첫 번째 반응으로, 성경이 너무 평범하다는 비난입니다.

다른 한편으로는 정반대로 성경이 평범하지 않고 너무 황당하다는 것입니다. 전혀 일상적이지 않고, 사람들의 평범한 삶과는 관계가 없다는 것입니다. 이런 반응은 성경을 조금 더 읽어본 분들이 하십니다. 성경에 나오는 이런 저런 이적과 기적이 비상식적이고, 비합리적이고, 비과학적이라는 비난입니다. 구약에서 보면 출애굽기에 기적이 한꺼번에 열 개가 시리즈로 이어지고 심지어는 바다가 갈라지기도 합니다. 우선은 쓸데없이 기적이 자주 등장한다는 것이고, 더 나아가 기적이 너무나 불공평하게 일방적으로 한쪽에만 유리하게 작용한다는 것입니다. 신약으로 가면 조금 말이 되는 것 같습니다. 예수께서 병자도 고치시고 귀신들린 자도 고치십니다. 이런 것은 어느 정도 납득이 가고, 어쨌거나 병들거나 귀신들린 약자를 도와주는 것이니까 설령 납득이 되지 않더라고 이런 일이 가능했으면 좋겠다는 생각이 들기도 합니다.

그런데 결정적으로 신약도 수용하기가 힘든 것이, 죽은 자가 너무 쉽게 살아난다는 것입니다. 방금 죽은 사람, 죽어서 실려 나가는 사람, 심지어는 이미 죽은 지 삼일이나 지난 사람도 '말 한마디'에 살아납니다. 그래놓고는 정작 예수 자신은 죽어버립니다. 도무지 성경이 어쩌자는 것인지 분간을 할 수가 없고, 어이없는 사건이 너무 자주 발생합니다. 실제로 한 사람이 살아가는 평생에 기적이 한번 올까말까 한데 성경에서는 어떤 상황을 너무나 간단하게 기적으로 해결을 해 버리니, 일반적으로 사람들이 성경의 삶을 기대하거나 소망하며 살 수가 없다는 것입니다. 혹시 여러분의 주변 분들이 이런 반응을 보이신다면 어떻게 설명하시겠습니까?

찾으러 가자

본문에도 사람들에게 다양한 반응을 불러일으킬만한 아주 독특한 사건이 등장합니다. 2장 1절을 보시면 "여호와께서 회오리바람으로 엘리야를 하늘로 올리고자 하실 때에"이고 11절을 보시면 "두 사람이 길을 가며 말하더니 불수레와 불말들이 두 사람을 갈라놓고 엘리야가 회오리바람으로 하늘로 올라가더라"입니다. 이게 무슨 말입니까? 아니면 이게 무슨 현상입니까? 일단은 본문에 표현된 대로만 이해를 하겠습니다. 엘리야가 회오리바람을 타고 하늘로 올라갔습니다. 이 현상에 대해 12절 이하에 두 가지 반응이 나옵니다. 하나의 반응이 15절 "그에게 이르되 당신의 종들에게 용감한 사람 오십 명이 있으니 청하건대 그들이 가서 당신의 주인을 찾게 하소서 염려하건대 여호와의 성령이 그를 들고 가다가 어느 산에나 어느 골짜기에 던지셨을까 하나이다 하니라"입니다. 또 하나의 반응이 그 뒤에 나오는 "엘리사가 이르되 보내지 말라"입니다.

두 가지 반응 중에 지극히 정상적인 반응은 바로 첫 번째, 즉 선지자의 제자들이 보인 반응입니다. 선지자의 제자들의 반응은 신앙이 부족했거나, 하나님의 일하심을 믿지 못한 것이 아니라 지극히 당연한 모습입니다. 이 사람들이 몇 살인지는 모르지만 평생에 불수레와 불말이 있다는 것을 들은 적이 없습니다. 혹시 수레가 불에 타고 있거나 말이 불에 타고 있을 수는 있습니다. 그러면 수레는 불에 타서 움직이지 않을 것이고 말은 불에 타서 죽을 것입니다. 그런데 불이 붙어 있는 수레와 말이 느닷없이 나타나고 멀쩡하게 움직인다는 사실에 황당했을 것입니다. 혹시 누가 그런 것을 보았다고 말했으면 믿지 않았을 것인데 자신들 앞에 나타났으니 안 믿을 수도 없고 그렇다고 이해가 되지도 않고 아주 난감했을 것입니다.

또 천문학적 지식이 부족했다고 할지라도 회오리바람을 타고 사람이 하늘로 올라갔다는 것을 도무지 납득할 수 없었을 것입니다. 우주선을 타고 지구 밖으로 나가보지 않았으니 하늘 위에 사람이 살만한 공간이 있는지 없는지 몰랐겠지만 그 동안 단 한명도 하늘로 이사를 간 사람이 없으니 이 현상을 수용할 수 없었을 것입니다. 물론 고대 근동에도 하늘이라는 개념이 있었습니다. 하지만 하늘은 인간의 영역이 아니라 신들의 영역이라고 생각되었었고, 혹시 인간이 하늘로 간다면 죽은 다음에 가는 것으로 생각되었었습니다. 사실 16절의 표현대로라면 선지자의 제자들은 신의 능력을 불신한 것이 아니라 나름대로 신의 능력을 인정한 것입니다. 왜냐하면 여호와의 영이 사람을 들고 갔고, 어느 산에나 어느 골짜기에 던졌을 것이라고 생각했기 때문입니다. 신은 그런 능력이 있다고 인정한 것입니다.

이 사람들의 표현에 근거해서 추측해보면 아마도 여호와가 엘리야에 대해 무슨 조치를 취한 것으로 이해한 것 같습니다. 이 지역에서 다른 지역으로 파송을 했거나, 아니면 엘리야에게 징계의 일종으로 엘리야를 집어 던진 것입니다. 이 사람들은 여호와의 영이 엘리야를 데리고 가다가 힘이 빠져서 놓치거나 떨어뜨렸다고 의심한 것이 아니라 여호와가 의도적으로 던졌다고 생각한 것입니다. 왜냐하면 하늘로 데리고 간다는 개념이 없었기 때문입니다. 그렇다면 이들이 취할 행동이 무엇이겠습니까? 당연히 찾으러 가는 것입니다. 인간이라면 당연히 찾으러 가야합니다. 엘리야가 어느 산에나 어느 골짜기에 던져졌으면 하늘로 날아 가다가 떨어졌으니 어쩌면 몸이 다쳤을지도 모르고, 그럼 혼자 오기가 어려웠을 것이고, 같은 동네 사람으로서 의리가 있다면 찾으러 가는 것이 당연합니다. 이 사람들은 정상적인 반응을 한 것입니다.

17절을 보시면 이 사람들이 대충한 것이 아니라는 것을 알 수 있습니다. 17절 "무리가 그로 부끄러워하도록 강청하매 보내라 한지라 그들이 오십 명을 보냈더니 사흘 동안을 찾되 발견하지 못하고 엘리사가 여리고에 머무는 중에 무리가 그에게 돌아오니 엘리사가 그들에게 이르되 내가 가지 말라고 너희에게 이르지 아니하였느냐 하였더라"입니다. 저는 이 사람들이 매우 감동이고 고맙습니다. 신자이든 불신자이든 인간이라면 최소한 이래야 합니다. 단지 엘리야를 찾아보겠다는 시늉만 한 것이 아니라 엘리사가 부끄러워할 정도로 강청했고, 실제로 자그마치 오십 명이나 동원되어서 사흘 동안이나 찾았습니다. 아마도 평지가 아니라 본인들 말대로 산에나 골짜기를 찾아 다녔을 테니 쉽지 않았을 것입니다. 정말 대단히 수고를 한 것입니다. 물론 결과는 안타깝게도 허탕, 헛수고였습니다.

엘리사의 행동

옷을 찢고

그럼 이제부터 엘리사의 반응을 점검해 보겠습니다. 엘리사의 행동은 삼 단계로 나누어 보아야 합니다. 첫 단계는 12절 "엘리사가 보고 소리 지르되 내 아버지여 내 아버지여 이스라엘의 병거와 그 마병이여 하더니 다시 보이지 아니하는지라 이에 엘리사가 자기의 옷을 잡아 둘로 찢고"입니다. 우선 엘리사가 한 말과 행동은 당시 애통하는 전형적인 모습입니다. '내 아버지여 내 아버지여'나, '이스라엘의 병거와 그 마병이여'는 존경의 말로 알려져 있고, 열왕기하 13장 14절에서 엘리사가 죽을 때 요아스 왕이 똑같은 표현을 사용합니다. 또 옷을 찢는 것은 이스라엘에서 슬픈 일이나 애통한 일을 당했을 때 '재를 뒤집어쓰는 것'과 함께 비통함을 나타내는 행동이었습니다.

두 번째 단계는 13, 14절 "엘리야의 몸에서 떨어진 겉옷을 주워 가지고 돌아와 요단 언덕에 서서 엘리야의 몸에서 떨어진 그의 겉옷을 가지고 물을 치며 이르되 엘리야의 하나님 여호와는 어디 계시니이까 하고 그도 물을 치매 물이 이리 저리 갈라지고 엘리사가 건너니라"입니다. 일반적으로 생각하면 엘리사의 행동은 쉽게 납득이 되지 않습니다. 자신이 존경하던 사람, 자신을 후계자로 인정해 달라고 간절히 요청하던 선임자가 사라졌습니다. 가장 먼저 찾으러 나서야 할 사람이 엘리사이어야 할 것입니다. 그런데 엘리사는 엘리야를 찾으려 하지 않고 13, 14절의 행동을 하고 있습니다. 앞서 말씀드린 것처럼 엘리사의 최대관심은 자신이 엘리야의 후계자로 인정받는 것이었습니다. 그런데 엘리야는 하늘로 올라가면서 엘리사를 후계자로 인정하는 어떤 말도, 어떤 조치도, 어떤 행동도 하지 않았습니다. 그냥 두 사람이 길을 가며 말을 하는데 갑자기 불수레와 불말들이 두 사람을 갈라놓았고 이어 엘리야는 회오리바람을 타고 하늘로 올라갔습니다.

이 순간 엘리사의 최대 관심은 여전히 자신이 후계자가 되었느냐는 것입니다. 엘리야는 자신을 후계자로 인정하는 어떤 조치도 행하지 않았지만 하늘로 올라가기 전에 이상한 말 즉 10절을 말했었습니다. "이르되 네가 어려운 일을 구하는도다 그러나 나를 네게서 데려가시는 것을 네가 보면 그 일이 네게 이루어지려니와 그렇지 아니하면 이루어지지 아니하리라 하고" 입니다. 엘리사가 처음 이 말을 들었을 때는 전혀 신경 쓰지 않았습니다. 왜냐하면 후계자 또는 상속자를 인정하는 방법에 이런 방법은 없었기 때문입니다. 이스라엘에 이런 전례가 있었던 것도 아니고, 엘리야가 이 말을 한 것을 다른 사람들도 함께 들은 것이 아니기 때문에 설령 이 말대로 이루어진다고 해도 엘리사가 엘리야의 후계자로 인정받았다는 것을 다른 사람이 알 수가 없습니다. 나중에 엘리사가 아무리 엘리야와 이런 말을 주고받았었고, 이런 방법으로 후계자로 확증하기로 했었다고 주장해도 사람들이 믿어줄 리가 없습니다. 그래서 엘리사로는 우선 애통했고, 바로 이어서 엘리야가 말할 때에도 전혀 신경 쓰지 않았던 10절의 말씀이 과연 실제로 이루어졌는지 스스로 확인해 보는 것이 가장 급한 것이었습니다. 그래서 13, 14절처럼 행동한 것입니다.

물을 치매

엘리사가 엘리야의 옷을 가지고 물을 쳐서 요단을 건너갔습니다. 지금 다른 급한 일이 없습니다. 당장 요단을 건너가서 처리해야 하는 막중한 일이 없습니다. 그런데 엘리야가 하늘로 올라간 후에 제일 먼저 한 일이 바로 엘리야의 겉옷을 가지고 물을 친 것입니다. 그리고 그때 한 말이 '엘리야의 하나님 여호와는 어디 계시니이까' 입니다. 이 말은 하나님이 어디 계시는지 장소나 위치를 묻는 것이 아닙니다. 과연 하나님께서 자신과 함께 하고 계신지, 엘리야가 말한 대로 자신이 후계자로 인정된 것이 맞는지, 과연 자신도 엘리야가 행한 대로 할 수 있는지를 확인하려는 호소입니다.

지난주에 말씀드린 것과 같이 엘리야는 특별히 이적을 행한 것이 없고 당연히 엘리사는 엘리야가 행한 이적을 본 것이 없습니다. 있다면 엘리야와 엘리사가 함께 있을 때, 그것도 엘리야가 하늘로 올라가기 바로 직전인 열왕기하 2장 8절에서 엘리야가 겉옷을 가지고 말아 물을 치매 물이 이리 저리 갈라지고 두 사람이 마른 땅 위로 건너간 것뿐입니다. 엘리야가 하늘로 올라간 순간 이제 엘리사만 남았는데, 과연 엘리사가 엘리야의 말대로 엘리야가 올라가는 것을 보았는데, 정말로 후계자가 되었는지를 확인할 수 있는 방법은 엘리야가 행한 것을 그대로 따라해 보는 것입니다. 그래서 가장 먼저, 급한 것도 없으면서 엘리사가 엘리야가 행한 것과 똑 같이 엘리야의 겉옷을 가지고 물을 쳐본 것입니다. 그때 물이 갈라졌고 엘리사가 물을 건너갔습니다.

본문에는 나오지 않았지만 이 순간 엘리사가 한 말이 무엇이었을까요? 아마도 '됐다!'였을 것입니다. 또 그 순간, 엘리사는 자신이 엘리야의 후계자가 되었다는 것을 확인함과 동시에 알게 된 것이 하나 더 있습니다. 그것은 바로 그 동안 엘리야가 했던 말이 모두 이루어졌다는 사실입니다. 자신이 후계자가 되는 방법에 관한 2장 10절의 말씀이 이루어졌을 뿐만 아니라, 엘리야의 거취에 관한 2장 1절의 예언과 11절의 사건이 모두 하나님의 말씀대로 이루어졌다는 것을 알게 되었습니다.

이렇게 첫 번째 단계와 두 번째 단계를 거쳐서 15절 이하의 세 번째 단계가 등장하는 것입니다. 15절에 등장하는 선지자의 제자들은 엘리야와 엘리사 사이에 무슨 말을 주고받았는지 전혀 알지 못합니다. 그들이 아는 것은 단지 엘리야가 회오리바람에 의해 하늘로 올라가다가 사라졌다는 사실 뿐입니다. 그러니 어딘가에 떨어졌을 것이 분명하기에 찾으러 가겠다는 열심을 보인 것입니다. 그러나 엘리사는 다른 것입니다. 엘리사가 감정이 메말라서가 아니고, 비인간적이어서가 아니고, 오직 자기가 후계자 되는 것에만 몰두되어 있었기 때문이 아닙니다. 엘리사는 이 모든 상황이 하나님의 말씀대로 이루어진 것을 알게 된 것입니다. 그러니 하나님께서 엘리야를 들고 가다가 어느 산에나 어느 골짜기에 던진 것이 아니라는 것을 아는 것입니다. 그래서 아무 것도 모르는 선지자의 제자들은 엘리야를 찾겠다는 헛된 열심을 낸 것이고 모든 내용을 아는 엘리사는 엘리야를 찾으러 갈 필요가 없다고 말할 수 있었던 것입니다.

엘리사 위에 머물렀다

그리고 15절에 아주 재미있는 장면이 하나 등장합니다. "맞은편 여리고에 있는 선지자의 제자들이 그를 보며 말하기를 엘리야의 성령이 하시는 역사가 엘리사 위에 머물렀다 하고 가서 그에게로 나아가 땅에 엎드려 그에게 경배하고" 입니다. 이것이 참 재미있는 것입니다. 여러분, 살다보면 조금 난처한 순간 또는 애매한 순간이 있습니다. 예를 들어 어떤 여자 청년 둘이 어떤 사진을 보고 있습니다. 서로 이 사람이 '안중근이냐 아니냐'를 가지고 논쟁을 하고 있습니다. 이때 지나가던 사람이 '이 사람은 안중근입니다'라고 알려주었습니다. 논쟁을 하던 두 여자 청년들이 '당신이 알아?'라는 표정을 짓고 있으면 자신을 뭐라고 소개해야 할지 약간 난처합니다. 바로 그때 지나가던 학생이 이 사람을 보더니 '선생님'이라고 부릅니다. 심지어는 굳이 '국사 선생님, 여기서 뭐하세요?'라고 불러줍니다. 그 순간 상황이 깔끔하게 정리됩니다. 이 사람은 국사 선생님으로서 논쟁하던 두 사람이 가지고 있던 사진 속의 인물이 '안중근'임을 확인해 줄 수 있는 공신력있는 사람이라는 것이 입증이 된 것입니다. 선생님을 부른 학생은 그 사진 속의 인물을 맞춘 것이 아니고, 어쩌면 안중근도 모르고 있을지도 모르지만, 선생님을 선생님으로 인정해준 귀한 일을 한 것입니다.

바로 15절에서 선지자의 제자들이 그 역할을 한 것입니다. 선지자의 제자들은 영성이 뛰어난 것도 아니고, 하나님의 뜻과 능력을 알아차린 것도 아니고, 어느 산에나 골짜기에 떨어진 엘리야를 찾은 것도 아닙니다. 도리어 하나님의 뜻과 일하심을 전혀 이해하지 못해서 삼일 동한 헛수고를 한 사람들로 등장합니다. 그런데 바로 그들의 입에서 엘리사로서는 가장 중요한 말, 즉 '엘리야의 성령이 하시는 역사가 엘리사 위에 머물렀다'를 말합니다. 엘리사가 이 말을 상대방에게 인정받으려고 하면 많은 설명을 해야 하고, 많은 것을 증명을 해야 합니다. 그런데 엘리사가 요청하지도 않았는데, 엘리사가 자신을 인정해달라고 부탁을 하지도 않았는데 스스로, 자기들이 먼저 엘리사에게 가장 필요했던 말을 정확하게 해 주고 있습니다. 이 순간 엘리사가 얼마나 섬뜩했겠습니까! 하나님의 일하심이 이렇게나 정교한 것을 깨닫고 얼마나 놀랐겠습니까! 참 절묘하지 않습니까! 아마도 엘리사는 '이렇게 쉬운 걸, 이렇게 간단히 해결될 것을 내가 괜히 마음을 졸였나보다!' 했을 것입니다.

대머리여 올라가라

여호와의 말씀이

이제 19절을 보실 차례입니 여러분은 19절 이전의 엘리사와 19절 이후의 엘리사를 구별하실 줄 알아야 합니다. 엘리사는 선지자로서 처음부터 신실했고, 처음부터 하나님의 선지자로 선택될 만큼 뛰어난 영성을 가졌고, 하나님께서 말씀만 하시면 무조건 충성했고, 이적과 기적을 자유자재로 행할 수 있었다고 생각하시면 큰 착각입니다. 세상에 그런 사람은 없습니다. 엘리사도 처음 등장할 때는 당연히 하나님을 모르는 사람이요, 다른 죄인들과 똑같은 마음, 원리, 기준, 방법을 가지고 있었습니다. 그때 하나님께서 이런 저런 경험을 주셔서 엘리사로 하여금 하나님을 알게 하시고, 하나님의 뜻과 일하심, 하나님의 원리와 방법을 알게 하십니다. 그 결과 저와 여러분이 알고 있는 선지자 엘리사가 성경에 소개되는 것이요, 그것이 19절 이하입니다. 지금부터 만나게 될 엘리사는 하나님께 은혜 받은 엘리사, 하나님을 알게 된 엘리사, 하나님께서 변화시킨 엘리사입니다. 이제부터 엘리사는 하나님의 마음과 뜻과 원리와 방법을 이스라엘에게와 저와 여러분에게 가르쳐주는 하나님의 선지자의 역할을 보여줄 것입니다.

19절은 "그 성읍 사람들이 엘리사에게 말하되 우리 주인께서 보시는 바와 같이 이 성읍의 위치는 좋으나 물이 나쁘므로 토산이 익지 못하고 떨어지나이다"입니다. 하나님의 이적은 결코 하나님의 능력을 과시하기 위한 것이 아닙니다. 우선은 인간의 삶에 유익이 되는 것이요 동시에 죄인들에게 하나님을 알리는 계시적 사건입니다. 19절에는 인간의 한계가 적나라하게 나타나 있습니다. 그들이 거주하는 곳은 '성읍의 위치는 좋으나'입니다. 모든 인간이 거주지를 찾는 가장 본질적인 내용입니다. 가능하면 살기 좋은 곳에 살려고 합니다. 그런데 상황은 '물이 나쁘므로 토산이 익지 못하고 떨어지나이다'입니다. 위치 좋은 곳을 택하자니 물이 나쁘고, 물이 좋은 곳을 택하자니 위치가 나쁘곤 합니다. 이 상황이 당시 이스라엘의 종교적 관점에서는 누구의 책임입니까? 바로 바알의 책임입니다. 그 지역을 담당하는 신이 바알이고, 풍요와 다산, 열매와 결실을 책임지는 신이 바로 바알입니다. 그리고 이스라엘은 바알을 열심히 섬기고 있습니다. 그런데 현실은 바알로부터 어떤 도움도 보호도 받지 못하고 있습니다. 하나님으로서는 모른 척하셔야 합니다. 고놈들 쌤통이라고 그냥 두셔야 합니다. 바알을 섬기더니 꼴좋다고 약을 올리셔야 합니다.

여러분은 이 장면이 앞에 있던 어떤 장면과 완전히 대조가 되고 있다는 것을 눈치 채셨어야 합니다. 열왕기하 1장 2절은 "아하시야가 사마리아에 있는 그의 다락 난간에서 떨어져 병들매 사자를 보내며 그들에게 이르되 가서 에그론의 신 바알세붑에게 이 병이 낫겠나 물어 보라 하니라"입니다. 한 나라의 왕이 여호와 대신 에그론의 신 바알세붑을 찾아갔습니다. 그런데 지금 19절에서는 왕도 아닌 단지 평범한 성읍 사람들이 여호와의 선지자에게 나아 왔습니다. 아하시야는 바알세붑에게 물으러 갔지만 아무런 도움을 받지 못하고 침상에서 내려오지 못하고 죽었습니다. 그런데 평민들은 여호와의 선지자인 엘리사의 도움을 받아 문제를 해결합니다. 도대체 누가 지혜로운 것입니까? 도대체 왕과 백성 중에 본이 되어야 할 자가 누구입니까? 성경의 구도, 성경의 배열, 성경의 묘사가 정말 신묘막측합니다.

엘리사도 정말 멋있는 사역의 원리를 보여줍니다. 21절 "엘리사가 물 근원으로 나아가서 소금을 그 가운데에 던지며 이르되 여호와의 말씀이 내가 이 물을 고쳤으니 이로부터 다시는 죽음이나 열매 맺지 못함이 없을지니라 하셨느니라 하니"입니다. 19절 이전에서 엘리사는 자신이 후계자로 인정받는 것에 집중했습니다. 그런데 지금은 자신이 행하는 것이 아니라 모든 것을 하나님이 하신다고 선언합니다. 그래서 21절에서 가장 중요한 것이 '여호와의 말씀이'입니다. 절대로 소금이 아닙니다. 이런 소금을 가지고 싶다고 생각하시면 안 됩니다. 성경에서 특정한 비법을 배우시면 안 되고 하나님을 배우셔야 합니다. 하나님은 이런 분이시구나, 하나님은 바알을 섬기는 나라의 백성들이 어려움에 처해도 응답하시는 분이라는 사실을 아셔야 합니다.

대머리여 올라가라

이제 마지막으로 아주 난해한 장면을 살펴보겠습니다. 23절 "엘리사가 거기서 벧엘로 올라가더니 그가 길에서 올라갈 때에 작은 아이들이 성읍에서 나와 그를 조롱하여 이르되 대머리여 올라가라 대머리여 올라가라 하는지라"입니다. 여기서는 장소가 중요합니다. 18절에 의하면 엘리사가 여리고에 머물렀고, 19절의 성읍 사람들도 정확한 지명은 나오지 않지만 문맥의 흐름상 여리고라고 추정할 수 있습니다. 그런데 23절에서 장소가 벧엘로 바뀌었습니다. 벧엘은 북 왕국에서 우상 숭배의 원조, 우상 숭배의 오리지널입니다. 북 왕국의 초대 왕 여로보암이 금송아지를 만들어 벧엘에 둔 이래로 이스라엘이 멸망할 때까지 벧엘은 우상 숭배의 본거지 역할을 했습니다.

그러한 우상 숭배의 본거지에 여호와의 선지자 엘리사가 올라간 것입니다.

물론 2장 2절에 엘리야와 엘리사가 올라간 적이 있습니다. 그때에는 엘리야가 살아있었고, 엘리야는 이스라엘에서 이미 유명한 사람이었습니다. 대신 엘리사는 단지 엘리야를 따라다니던 사람이었습니다. 그런데 지금 2장 23절에는 엘리야는 하늘로 올라갔고, 엘리사는 벧엘로 왔습니다. 이때 벧엘 사람들이 보인 반응이 바로 23절입니다. 23절에 나오는 '아이들'은 '어린이, 초딩들, 애들'이 아닙니다. 24절에 '아이들 중의 사십이 명을 찢었더라'에 나오는 아이들과 23절에 나오는 아이들이 단어가 서로 다릅니다. 23절의 '아이들'은 '젊은이들'입니다. 그래서 우상숭배의 본거지인 벧엘에 사는 젊은이들이 엘리사를 본 것입니다. 엘리야는 나름 이스라엘에 알려진 선지자인데 반해 엘리야를 좇아다니던 엘리사가, 엘리야가 하늘로 올라갔다는 소문이 난 후에 후계자가 되었다는 소문이 나돌던 그 엘리사가 자기 동네에 오자 엘리사를 조롱하는 것입니다.

조롱한 표현이 '대머리여 올라가라 대머리여 올라가라'입니다. '대머리여'라고 부른 것은 여러 가지 의견이 있습니다. 가장 단순하게 실제로 엘리사가 대머리였다는 의견이 있고요, 다른 한편으로는 엘리사가 여호와의 선지자가 된 것을 야유하는 표현이라는 의견입니다. 실제로 구약 성경에 대머리인 사람은 한 사람도 등장하지 않습니다. 반면에 레위기 21장 5절에 여호와의 제사장들은 머리털을 깎아 대머리 같게 되지 말라고 나오고, 예레미야 47장 5절과 48장 37절, 에스겔 7장 18절과 아모스 8장 10절, 미가 1장 16절 등에서는 하나님께 심판 받은 자, 징계 받는 모습으로 '대머리가 될 것'이라는 표현이 등장합니다. 그러니까 벧엘의 젊은이들은 엘리사가 엘리야의 후계자가 된 것을 인정하고 존경한 것이 아니라 정반대로 '너 같은 놈이 후계자가 되었냐?'라는 의미를 내포하여, 후계자는 고사하고 도리어 하나님께 벌 받은 사람 취급하여 '대머리'라고 불렀다는 것입니다.

그렇게 '저주받은 사람이여, 대머리여'라고 부른 다음, 더 한층 아예 엘리야까지 싸잡아 조롱하면서 하는 말이 '올라가라, 올라가라'였습니다. 벧엘에 사는 사람들도 엘리야가 하늘로 올라간 후에 찾으러 다니던 오십 명의 선지자의 제자들처럼 사람이 하늘로 올라간다는 개념을 전혀 이해하지 못했습니다. 그런데 엘리사의 스승 엘리야가 하늘로 올라간 후에 그것을 바라 본 엘리사가 엘리야의 후계자가 되었다고 하니 한껏 엘리사를 조롱하는 표현이 바로 '올라가라' 즉 '너도 네 스승처럼 올라가 봐라'이었습니다. 엘리야가 하늘로 '올라가더라'에 사용된 단어와 벧엘 사람들이 엘리사에게 '올라가라'고 한 단어가 같습니다. 그러므로 벧엘 사람들은 여호와도 싫고, 엘리야가 하늘로 올라갔다는 말도 다 뻥 같고, 그걸 바라본 엘리사가 후계자가 되었다는 사실도 어이가 없다고 생각해서 자신들이 할 수 있는 최대의 조롱과 야유와 비난을 다 섞어서 '하나님께 벌 받은 놈아, 너도 네 스승처럼 올라가봐!'라고 했던 것입니다.

사건의 의미

열왕기하 1장과 2장은 여러 면에서 대조가 됩니다. 이미 살펴본 대로 왕은 자신이 곤경에 처했을 때 바알세붑에게 물으러 사람을 보냈으나 아무런 도움을 받지 못했지만, 여리고 성읍의 사람들은 곤경에 처했을 때 여호와의 선지자에게 찾아와 문제를 해결 받았습니다. 또 아하시야는 엘리야 선지자가 전해주는 말을 듣지 않고 도리어 오십 부장을 파견하여 엘리야를 죽이려고 했다가 도리어 자신이 죽임을 당했습니다. 이와 유사한 장면이 바로 벧엘 사건입니다. 엘리야와 엘리사에게 일어난 일을 의미있게 받아들이지 않는 벧엘의 사람들이 도리어 엘리사를 조롱하였습니다. '조롱하다'는 단어는 '싫어하다'는 의미도 포함하고 있습니다. 조금 확장해 보면 엘리사를 조롱하고 싫어해서 받아들이지 않고 거부했으며, 마치 오십 부장이 엘리야를 죽이려고 한 것처럼 많은 젊은이들이 엘리사를 위협한 것입니다.

그러나 결과적으로 엘리야나 엘리사가 죽은 것이 아니라 본인들이 죽었습니다. 우상을 섬기는 사람들이 여호와의 선지자를 죽이려고 했으나 여호와께서는 자신의 선지자를 보호하셨고, 반대로 아하시야가 섬기던 바알세붑과 벧엘의 젊은이들이 섬기는 신들은 전혀 아하시야와 아이들을 보호하지 못했습니다. 열왕기하 1장과 2장은 왕으로부터 백성까지에 해당하는 두 번의 사건을 반복적으로 소개하면서 이스라엘의 우상 숭배가 얼마나 무익하고 어리석은 가를 보여주는 것입니다.

안타깝게도 오늘날은 하나님을 믿는 공동체가 조롱을 받는 정도가 아니라 아예 사회적 불신과 소통의 단절을 넘어 문제 세력의 상징이 되고 있습니다. 아하시야 같은 모습이기도 하고, 벧엘의 젊은이들 같은 모습이기도 합니다. 그러나 바라기는 성도님들은 하나님의 은혜를 받고 변화된 엘리사 같기를 원합니다. 하나님을 아는 자로서 본인이 먼저 하나님의 분복을 누리고 나아가 문제에 직면한 사람들과의 모든 관계 속에서 화해자, 치유자, 회복자의 삶을 구현하시기를 주님의 이름으로 축원합니다.

4

작은 일이라

열왕기하 3 : 1 ~ 27

1 유다의 여호사밧 왕 열여덟째 해에 아합의 아들 여호람이 사마리아에서 이스라엘을 열두
해 동안 다스리니라 2 그가 여호와 보시기에 악을 행하였으나 그의 부모와 같이 하지는 아
니하였으니 이는 그가 그의 아버지가 만든 바알의 주상을 없이하였음이라 3 그러나 그가 느
밧의 아들 여로보암이 이스라엘에게 범하게 한 그 죄를 따라 행하고 떠나지 아니하였더라 4
모압 왕 메사는 양을 치는 자라 새끼 양 십만 마리의 털과 숫양 십만 마리의 털을 이스라엘
왕에게 바치더니 5 아합이 죽은 후에 모압 왕이 이스라엘 왕을 배반한지라 6 그 때에 여호람
왕이 사마리아에서 나가 온 이스라엘을 둘러보고 7 또 가서 유다의 왕 여호사밧에게 사신을
보내 이르되 모압 왕이 나를 배반하였으니 당신은 나와 함께 가서 모압을 치시겠느냐 하니
그가 이르되 내가 올라가리이다 나는 당신과 같고 내 백성은 당신의 백성과 같고 내 말들도
당신의 말들과 같으니이다 하는지라 8 여호람이 이르되 우리가 어느 길로 올라가리이까 하
니 그가 대답하되 에돔 광야 길로니이다 하니라 9 이스라엘 왕과 유다 왕과 에돔 왕이 가더
니 길을 둘러 간 지 칠 일에 군사와 따라가는 가축을 먹일 물이 없는지라 10 이스라엘 왕이
이르되 슬프다 여호와께서 이 세 왕을 불러 모아 모압의 손에 넘기려 하시는도다 하니 11 여
호사밧이 이르되 우리가 여호와께 물을 만한 여호와의 선지자가 여기 없느냐 하는지라 이
스라엘 왕의 신하들 중의 한 사람이 대답하여 이르되 전에 엘리야의 손에 물을 붓던 사밧의
아들 엘리사가 여기 있나이다 하니 12 여호사밧이 이르되 여호와의 말씀이 그에게 있도다
하는지라 이에 이스라엘 왕과 여호사밧과 에돔 왕이 그에게로 내려가니라 13 엘리사가 이
스라엘 왕에게 이르되 내가 당신과 무슨 상관이 있나이까 당신의 부친의 선지자들과 당신
의 모친의 선지자들에게로 가소서 하니 이스라엘 왕이 그에게 이르되 그렇지 아니하니이다
여호와께서 이 세 왕을 불러 모아 모압의 손에 넘기려 하시나이다 하니라 14 엘리사가 이르
되 내가 섬기는 만군의 여호와께서 살아 계심을 두고 맹세하노니 내가 만일 유다의 왕 여호
사밧의 얼굴을 봄이 아니면 그 앞에서 당신을 향하지도 아니하고 보지도 아니하였으리이다

15 이제 내게로 거문고 탈 자를 불러오소서 하니라 거문고 타는 자가 거문고를 탈 때에 여호
와의 손이 엘리사 위에 있더니 16 그가 이르되 여호와의 말씀이 이 골짜기에 개천을 많이 파
라 하셨나이다 17 여호와께서 이르시기를 너희가 바람도 보지 못하고 비도 보지 못하되 이
골짜기에 물이 가득하여 너희와 너희 가축과 짐승이 마시리라 하셨나이다 18 이것은 여호
와께서 보시기에 작은 일이라 여호와께서 모압 사람도 당신의 손에 넘기시리니 19 당신들
이 모든 견고한 성읍과 모든 아름다운 성읍을 치고 모든 좋은 나무를 베고 모든 샘을 메우고
돌로 모든 좋은 밭을 헐리이다 하더니 20 아침이 되어 소제 드릴 때에 물이 에돔 쪽에서부터
흘러와 그 땅에 가득하였더라 21 모압의 모든 사람은 왕들이 올라와서 자기를 치려 한다 함
을 듣고 갑옷 입을 만한 자로부터 그 이상이 다 모여 그 경계에 서 있더라 22 아침에 모압 사
람이 일찍이 일어나서 해가 물에 비치므로 맞은편 물이 붉어 피와 같음을 보고 23 이르되 이
는 피라 틀림없이 저 왕들이 싸워 서로 죽인 것이로다 모압 사람들아 이제 노략하러 가자 하
고 24 이스라엘 진에 이르니 이스라엘 사람이 일어나 모압 사람을 쳐서 그들 앞에서 도망하
게 하고 그 지경에 들어가며 모압 사람을 치고 25 그 성읍들을 쳐서 헐고 각기 돌을 던져 모
든 좋은 밭에 가득하게 하고 모든 샘을 메우고 모든 좋은 나무를 베고 길하레셋의 돌들은 남
기고 물매꾼이 두루 다니며 치니라 26 모압 왕이 전세가 극렬하여 당하기 어려움을 보고 칼
찬 군사 칠백 명을 거느리고 돌파하여 지나서 에돔 왕에게로 가고자 하되 가지 못하고 27
이에 자기 왕위를 이어 왕이 될 맏아들을 데려와 성 위에서 번제를 드린지라 이스라엘에게
크게 격노함이 임하매 그들이 떠나 각기 고국으로 돌아갔더라

모압과의 전쟁

여호람

북 왕국이 주전 930년부터 722년까지 약 210년 동안 유지됩니다. 불과 210년 안에 왕조가 아홉 번 바뀌고 왕이 열아홉 명이 바뀝니다. 그 만큼 나라가 혼란스러웠다는 것입니다. 왕의 이름을 다 외우실 것까지는 없고 지금까지 살펴보면, 대표적으로 초대 왕조와 왕 여로보암을 기억하시고, 네 번째 왕조가 오므리 왕조인데 네 명의 왕이 계승되는데 대표적인 왕이 일곱 번째 아합 왕입니다. 아합 왕이 죽은 후에 그 아들 아하시야가 왕이 되었고, 아하시야가 죽을 때에 아들이 없어서 아합 왕의 다른 아들 즉 아하시야의 형제중의 한 사람인 여호람이 왕이 되었습니다. 여호람은 성경에 요람이라

는 다른 이름으로도 등장하는데 한 가지 특이한 것은 여호람 왕이 통치하던 시기가 성경에서 차지하는 분량이 매우 길다는 것입니다.

여호람이 등장하는 것은 열왕기하 1장 17절이고 죽는 것은 9장 24절로 자그마치 여덟 장이 할애되고 있습니다. 물론 여호람이 주인공은 아닙니다. 다만 이 시대에 엘리사가 활약을 합니다. 엘리사에 관한 내용이 많다보니 덩달아 그 시대에 왕으로 있던 여호람이 길게 다루어진 것입니다. 엘리야가 활약하던 시대는 아합 왕, 엘리사가 활약하던 시대는 여호람 왕으로 기억하시면 좋을 것 같습니다. 다만 한 가지 여러분이 조심하셔야 하는 것은 여호람은 북 왕국의 왕인데 비슷한 시기에 남 왕국의 왕도 여호람입니다. 거의 같은 시기에 북과 남에서 똑같은 이름을 가진 왕이 통치하고 있었던 것입니다. 그래서 성경을 읽으실 때 여호람을 만나시면 북 왕국의 왕인가, 남 왕국의 왕인가를 잘 구분하셔야 합니다.

본문에는 여호람의 행적이 자세히 설명되지 않고 단지 여호람에 대한 평가가 아주 요상하게 등장하고 있습니다. 2절과 3절을 보시면 "그가 여호와 보시기에 악을 행하였으나 그의 부모와 같이 하지는 아니하였으니 이는 그가 그의 아버지가 만든 바알의 주상을 없이 하였음이라 그러나 그가 느밧의 아들 여호보암이 이스라엘에게 범하게 한 그 죄를 따라 행하고 떠나지 아니하였더라" 입니다. 얼핏 읽어보면 선한 왕이었는지 악한 왕이었는지, 여호와를 섬겼다는 것인지 우상을 섬겼다는 것인지 조금 애매모호합니다. 이런 표현이 열왕기 상하에 자주 등장합니다. 이런 평가 방식을 분석해보면 우선 결론이 앞에 나오는 것입니다. 결론은 '여호와 보시기에 악했다' 입니다. 이런 평가를 받은 왕들은 여호와를 섬긴 것이 아니라 우상을 섬긴 것입니다.

그 다음에 나오는 설명들은 우상을 섬기는 정도를 묘사한 것입니다. 2절 후반부에 '이는 그가 그의 아버지가 만든 바알의 주상을 없이 하였음이라' 고 나옵니다. 그러나 열왕기하 10장 26절에 의하면 여호람이 죽은 후 예후

시대에 발생한 일인데 "바알의 신당 있는 성으로 가서 바알의 신당에서 목상들을 가져다가 불사르고 바알의 목상을 헐며 바알의 신당을 헐어서 변소를 만들었더니"라고 기록되어 있습니다. 여호람이 바알의 주상을 없앴다고 하였는데 바알의 신당이 여전이 이스라엘에 남아있었던 것입니다. 아마도 여호람이 바알의 주상을 일부만 없앴던 것 같고, 열왕기하 3장 3절에 의하면 "그가 느밧의 아들 여호보암이 이스라엘에게 범하게 한 그 죄를 따라 행하고 떠나지 아니하였더라"이므로 여전히 우상을 섬겼던 것으로 이해할 수 있습니다. 이러한 성경의 표현 양식, 왕들에 대한 평가 방식을 참조하시면 좋을 것 같습니다.

이스라엘의 전쟁

4절에 모압이 등장하는데 모압은 위치로는 이스라엘의 아래 쪽 동편에 있고, 종교적으로는 그모스를 섬겨오던 나라입니다. 그모스는 성경에 열왕기상 11장 5절과 사도행전 7장 43절에는 몰록으로, 레위기 18장 21절에는 몰렉으로, 열왕기상 11장 5절에는 밀곰으로, 예레미야 49장 1절에는 말감 등으로 나오는 신들과 같은 것으로 여겨지고 있습니다. 열왕기하 1장 1절과 3장 5절에 의하면 모압은 다윗 왕 시절부터 이스라엘에 조공을 바쳐왔었는데 아합 왕이 죽고 그 아들 아하시야가 왕이 되었을 때에 이스라엘을 배반하였습니다. 아하시야는 불과 2년 동안 통치했는데 본인이 다락 난간에서 떨어져 병들어 지내는 등 개인적으로나 국가적으로나 강력하지 못했던 것 같습니다. 아하시야 다음에 왕이 된 여호람은 성경에 기록된 첫 번째 사건으로, 배신한 모압을 다시 정복하려고 하는 것으로 보아 아하시야보다는 왕권과 강한 나라에 대한 의욕이 있었던 것 같습니다.

성경에는 참으로 많은 전쟁이야기가 나옵니다. 또 대부분의 전쟁에서 이스라엘이 이깁니다. 그래서 전쟁 이야기가 나오면 진부하다는 생각마저 들기도 합니다. 하지만 성경을 조금 의미있게 관찰하면 대단히 재미있는 내용이 많습니다. 전쟁이야기도 단순히 전쟁이야기가 아니라 그 전쟁들이 주로 어느 시기에 발생하는지를 알면 훨씬 다른 의미로 다가옵니다. 이스라엘이 가나안 지역에 정착한 이후만 살펴보겠습니다. 이스라엘에 전쟁이 많이 발생한 시기는 크게 두 시대입니다. 하나는 사사시대부터 다윗이 왕으로 등극하기 전입니다. 사사기 시대에는 딱히 전쟁이라고 표현하기가 민망할 정도입니다. 왜냐하면 이방이 쳐들어왔는데 이스라엘은 무방비이고 일방적으로 패해서 이방의 압제를 받기 때문입니다. 전투다운 전투를 해 본적이 없습니다.

이때 하나님께서 사사를 세우시고 이스라엘을 구원하십니다. 이때에도 이스라엘은 사사를 중심으로 전쟁에 승리할 만한 군대를 조직하고, 전략을 세우고, 무기를 마련해서 전투에 임하여 승리하는 것이 아닙니다. 옷니엘은 전쟁에서 그냥 이겼고, 에훗은 혼자 적진에 들어가 적장을 물리쳐 승리하고, 삼갈은 소 모는 막대기로 블레셋 사람 육백 명을 죽여서 승리하고, 드보라의 경우는 시스라 왕이 도망가서 잠이 들었을 때에 여인이 말뚝을 박아 죽여서 승리하고, 기드온은 칼이 아니라 나팔과 횃불을 들고 나서 승리합니다. 사울과 다윗의 초기에도 전쟁이 자주 일어났습니다. 사울과 다윗은 블레셋이라는 전통적 라이벌과 수차례 전쟁을 합니다. 이때에는 사사기와 대조적으로 전쟁이라고 할 만합니다. 이스라엘과 블레셋이 서로 군사를 동원하고 장수가 등장하고 서로 이기고 지고를 반복합니다. 그러다가 다윗이 왕으로 등극하면서 블레셋은 패퇴하고 이스라엘이 강국으로 등장합니다.

이스라엘에서 전쟁이 자주 발생하는 두 번째 시기는 나라가 남북으로 분열된 시대입니다. 다윗이 강력한 나라를 세웠을 때에는 주변 나라들을 정복해서 그들로부터 조공을 받았으니 당연히 전쟁이 거의 없었습니다. 하지만 열왕기상 11장에서 확인한 바와 같이 솔로몬 통치 말기부터 주변 나라들이 조금씩 이스라엘을 대적하기 시작하였고 나라가 분열된 후에는 나라들이 독립하기 위해 이스라엘을 배반하여 전쟁이 자주 발생하게 됩니다. 게다가 지금까지는 이스라엘이 주로 주변 이방국들과 전쟁을 했지만 이스라엘이 남과 북으로 갈라져서 서로 대치하는 순간부터는 안타깝게도 남과 북이 서로 전쟁을 시작합니다. 심지어는 북 왕국 내에서는 아홉 개 왕조가 등장하니 쿠데타가 여덟 번 등장했다는 것이고, 쿠데타에는 당연히 자국민끼리도 전쟁이 일어났다는 의미입니다. 당연히 열왕기상에도 전쟁이 많았습니다. 대표적으로 열왕기상 20장에 아합 왕과 아람의 벤하닷 왕 사이에 두 번의 전쟁이 있었고, 22장에 세 번째 전쟁이 있었고 그 전쟁에서 아합 왕이 죽었습니다. 그리고 열왕기하 3장에서는 여호람 왕이 모압의 메사 왕과 전쟁하는 이야기가 나옵니다.

성경의 기준

만약 성경이 아니라면 전쟁이 일어난 시기, 전쟁이 일어난 이유가 너무나 뻔합니다. 나라가 약했기 때문입니다. 사사시대에도 나라가 약했고, 분열왕국 시대에도 나라가 분열되었으니 당연히 나라가 약했기 때문에 주변 나라들이 이스라엘을 우습게 보고 전쟁을 일으킨 것입니다. 반대로 다윗과 솔로몬 시대에는 전쟁이 없었습니다. 이유는 나라가 강성했기 때문입니다. 하지만 지금 저와 여러분은 전쟁사를 살펴보는 것이 아니며, 제국의 역사를 살펴보는 것이 아니라 성경을 상고하고 있습니다. 과연 이스라엘에 전쟁이 일어난 시기와 전쟁이 일어나지 않은 시기를 성경은 어떻게 구분할까요? 일반적인 관점처럼 나라를 기준으로 나라가 약하면 전쟁이 일어나고 나라가 강성하면 전쟁이 일어나지 않는다고 구분할까요? 전혀 그렇지 않습니다.

성경은 하나님과의 관계, 신앙을 기준으로 전쟁을 구분합니다. 사사시대의 특징이 무엇입니까? 이스라엘이 하나님을 버리고 우상을 숭배하던 때입니다. 이스라엘은 나름대로 많은 고민을 했습니다. 과연 가나안에 정착을 했는데 여호와를 의지하며 사는 것이 평안할까 아니면 주변의 이방인들이 섬기는 우상을 섬기는 것이 평안할까? 자신들의 안위를 최우선으로 고려하여 결정한 것이 우상을 섬기는 것이었습니다. 그런데 그 시대에 전쟁이 가장 많이 발생하였고, 가장 많이 패하였고, 가장 많이 압제를 당했습니다. 자신들이 섬기던 우상들로부터 단 한 번도 보호를 받지 못했고, 구원을 받지 못했습니다. 그들의 고민, 그들의 결정, 그들의 전략이 모두 틀렸다는 증거입니다.

마찬가지로 나라가 분열된 후에 특히 북 왕국 이스라엘은 의도적으로 하나님을 제외시키고 우상을 섬겼습니다. 여로보암부터 아합 시대에 이르기까지 특히 바알과 아세라를 열성으로 섬겼습니다. 북 왕국은 특별히 전쟁을 선호하는 나라가 아니었고, 일부러 고난을 받기 위해 우상을 섬긴 것이 아니었습니다. 나름 고민에 고민을 거듭해서 주변 나라들과 조약을 맺고, 정략결혼을 하고, 이방의 신들을 의도적으로 수입하면서 까지 나라의 안정을 취하려고 우상을 섬겼습니다. 그런데 이 시대에도 전쟁이 줄어든 것이 아니라 도리어 전쟁이 늘어났습니다. 그리고 그 전쟁들에서 스스로 승리한 적이 별로 없습니다.

반대로 전쟁이 가장 없던 시대가 다윗이 나라를 통치하던 시대입니다. 다른 말로 하면 하나님께서 목동 다윗을 불러 친히 하나님을 가르치고, 다윗을 통해 백성들에게 하나님을 알게 하시던 시기, 그래서 다윗이 하나님을 의지하던 시기에는 전쟁이 거의 일어나지 않았습니다. 이게 무엇을 의미합니까? 성경은 인간이 생각하는 삶의 전략과 하나님이 알려주는 삶의 전략을 전쟁이라는 사건을 통해서 인간에게 가르쳐주는 것입니다. 전쟁은 인간이 상상할 수 있는 가장 극악한 상황입니다. 삶과 죽음이 극명하게 대조되는 순간입니다. 인간의 모든 지혜와 전략과 경험과 분석과 대안이 가장 정교하게 세워지는 것이 바로 전쟁입니다. 왜냐하면 패하는 순간 멸망이기 때문입니다.

이스라엘의 경우도 가장 고민을 많이 하고, 가장 계산을 많이 하고, 다양한 경험과 정보를 바탕으로 가장 인간적인 방법을 총동원하여 여호와를 버리고 우상을 섬기던 바로 그 시기가 이스라엘의 역사상 가장 고통을 당하고 어렵고 힘들던 시기가 되어버렸습니다. 인간 지혜의 어리석음을 보여주는 것입니다. 성경은 태초로부터 지금까지 계속하여 한 가지, 즉 여호와를 섬기라, 여호와의 마음과 심정과 원리를 가져라, 여호와의 권고대로, 여호와의 말씀대로, 여호와의 방법으로 행하라고 권면합니다. 그리고 이스라엘이 여호와를 섬기던 그 시절이 가장 태평성대하였습니다.

열왕기하 3장에서 이스라엘에 전쟁이 일어났습니다. 이것은 이미 그 시대가 여호와를 섬기지 않았다는 것을 의미합니다. 하나님은 전쟁이 일어날 때마다 이스라엘을 도와주십니다. 단지 전쟁을 이기게 하는 것이 목적이 아니라 전쟁을 통하여 하나님을 알게 하십니다. 그래서 성경에 나오는 전쟁은 무기로 승리하지 않고, 장수로 승리하지 않고, 전략으로 승리하지 않고 오직 여호와의 도움으로 승리합니다. 그리고 전쟁에 이겼다고 해서 패한 나라를 정복해 버리거나, 이스라엘이 영토를 확장하는 것이 아닙니다. 전쟁의 목적이 여호와를 알리는 것이기에, 전쟁의 결과는 정복이 아니라 여호와를 아는 것이고, 여호와를 알게 되었기에 이스라엘에 평화가 있는 것입니다. 본문도 그런 관점에서 상고해 볼 것입니다.

작은 일이라

여호사밧

본문을 통해 사건을 재구성해보겠습니다. 3장 6절을 보시면 "그 때에 여호람 왕이 사마리아에서 나가 온 이스라엘을 둘러보고 또 가서 유다의 왕 여호사밧에게 사신을 보내 이르되 모압 왕이 나를 배반하였으니 당신은 나와 함께 가서 모압을 치시겠느냐" 입니다. 여호람이 왕이 되면서 이스라엘의 위세를 다시 한 번 떨치려고 합니다. 우선 남 왕국의 여호사밧에게 사신을 보내 전쟁에 함께 나가자고 말합니다. 남 왕국과 북 왕국 중에는 여전히 북 왕국이 강국이기에 남 왕국의 왕이 거절하지 못할 것을 알고 군사 동원령을 내린 것입니다. 당연히 남 왕국의 왕이 7절 후반부처럼 군사를 동원했고 모압의 위치가 북 왕국보다는 아래 지방이기에 8절처럼 남 왕국의 왕에게 갈 길을 물어서 에돔 광야 길로 들어왔습니다.

지금까지는 모든 것이 여호람의 작전대로 되었습니다. 그런데 9절에서 문제가 발생했습니다. "이스라엘 왕과 유다 왕과 에돔 왕이 가더니 길을 둘러 간 지 칠 일에 군사와 따라가는 가축을 먹일 물이 없는지라"입니다. 이때 여호람 왕이 보인 반응이 10절 "이스라엘 왕이 이르되 슬프다 여호와께서 이 세 왕을 불러 모아 모압의 손에 넘기려 하시는도다 하니"입니다. 죄인들의 전형적인 모습입니다. 잘되면 자기 공로이고 못되면 남의 탓입니다. 전쟁을 시작하면서 여호와에게는 단 한 번도 묻지도 않았으면서 자기들이 곤경에 처하니까 모든 것을 여호와에게 뒤집어씌웁니다. 조금만 어려움이 생기면 '하나님이 치신다'고 변명하는 것은 적어도 삼천년 전부터 써먹던 수법인데 아직도 통용되고 있으니 죄인은 예나 지금이나 똑같은 것 같습니다. 열왕기상 20장과 22장에서 아합 왕은 아람과 세 번이나 전쟁을 치르면서도 여호와께 묻지 않았고, 열왕기하 1장에서 아히시야 왕은 병이 들었을 때 여호와 대신 에그론의 신 바알세붑에게 물었는데, 역시 같은 가문 출신의 여호람도 슬퍼하기만 할뿐, 여호와를 원망하기만 할뿐 절대로 여호와에게 묻지 않습니다. 죄인의 참으로 쓸데없는 고집이고, 죄인의 미련한 부전자전입니다.

본문에 여러분을 당황하게 하는 사람이 한 명 등장합니다. 바로 남 왕국의 여호사밧입니다. 11절 "여호사밧이 이르되 우리가 여호와께 물을 만한 여호와의 선지자가 여기 없느냐 하는지라"입니다. 이 순간 여러분은 열왕기상 22장 5절이 떠오르실 것입니다. 아합이 아람과 세 번째 전쟁을 할 때에 "여호사밧이 또 이스라엘의 왕에게 이르되 청하건대 먼저 여호와의 말씀이 어떠하신지 물어 보소서"라고 했었습니다. 이런 대사가 나오면 성도님들은 무조건 여호사밧은 여호와를 의지하는 신실한 왕이라고 생각하는 경향이 있습니다. 그렇지 않습니다. 여호사밧은 아합의 가문과는 악연입니다. 아합 왕 때에도 아람과 전쟁을 위해서 불려 나왔고 그 때에도 "나는 당신과 같고 내 백성은 당신의 백성과 같고 내 말들도 당신의 말들과 같으니이다"라고 완전히 굴복했는데 그 아들 여호람에게도 7절에서 똑같이 굴복하는 말을 했습니다. 한편으로는 이스라엘 왕에게 꼼짝 못하고, 다른 한편으로는 매사에 여호와께 물어보자고 합니다. 여호사밧이 엄청난 믿음의 소유자처럼 보이지만 성경은 여호사밧을 주인공으로 내세우지 않습니다.

무슨 상관이 있나이까

여하튼 여호사밧의 중재로 여호람 왕과 엘리사가 만나게 됩니다. 그런데 이 대화가 또 참 어이가 없습니다. 어이가 없는 이유는 엘리사가 본의 아닌 말을 하기 때문입니다. 그 동안은 이스라엘의 왕들이 여호와께 묻지 않은 것을 문제 삼았습니다. '이스라엘에 하나님이 없어서' 다른 신에게 가느냐고 따지기도 했습니다. 그랬으면 지금 세 왕이 모여서 여호와의 선지자를 찾아왔으면 일단 환영을 해야 할 것입니다. 곧바로 왔건, 둘러서 왔건 여호와의 선지자를 찾아왔다는 사실 만으로 칭찬해주고 격려해 주어야 할 것입니다. 그런데 엘리사는 돌직구를 날려 버립니다. 13절 "엘리사가 이스라엘 왕에게 이르되 내가 당신과 무슨 상관이 있나이까 당신의 부친의 선지자들과 당신의 모친의 선지자들에게로 가소서 하니"입니다. 목회자로서 아주 바람직하지 않은 대화 스타일입니다.

더 웃기는 것은 여호람 왕의 대답입니다. "이스라엘 왕이 그에게 이르되 그렇지 아니하니이다 여호와께서 이 세 왕을 불러 모아 모압의 손에 넘기려 하시나이다 하니라"입니다. 여호와를 의지하려면 여호와를 탓하지 말던가, 여호와를 탓하려면 여호와의 말을 듣지 말던가 해야 하는데 여호람은 한편으론 여호와를 탓하면서, 다른 한편으론 엘리사의 돌 직구를 다 받아주고 있습니다. 아마도 그만큼 절박했기 때문일 것입니다. 왕과 군사와 가축이 먹을 물이 없으니 아주 난감했을 것입니다. 달리 대안이 없으니 아무리 꼴 보기 싫어도 엘리사에게 도움을 청하려면 싫은 소리를 들어야 했을 것입니다. 엘리사는 여호람의 속을 긁는 말을 한 마디 더 합니다. 그것이 14절 "엘리사가 이르되 내가 만군의 여호와께서 살아 계심을 두고 맹세하노니 내가 만일 유다의 왕 여호사밧의 얼굴을 봄이 아니면 그 앞에서 당신을 향하지도 아니하고 보지도 아니하였으리이다"입니다. 이것이 참 심한 말입니다. 여호람 왕과 여호바삿 왕의 관계는 마치 상하관계 또는 종속관계입니다. 여호람 왕이 출정을 요구하자 여호사밧은 거절은 고사하고 불평 한마디 없이 따라 나온 상태입니다. 그런데 두 왕이 서 있는 면전에서 상관인 여호람에게는 돌 직구를 던지고, 아랫사람인 여호사밧이 아니면 전혀 관계하지 않을 것이라고 막말을 해 댑니다.

그리고 엘리사가 엉뚱한 행동을 하는 것이 하나 더 나오는데 바로 15절 "이제 내게로 거문고 탈자를 불러 오소서 하니라 거문고 타는 자가 거문고를 탈 때에 여호와의 손이 엘리사 위에 있더니"입니다. 물론 성경에 종종 악기 타는 자가 예언과 연결될 때가 있습니다. 그렇다고 하나님께서 말씀을 하실 때에는 꼭 악기를 타야하는 것은 아닙니다. 도리어 이런 구절이 있으면 마치 악기를 타는 것이 예언의 필수 요소처럼 오해될 수도 있습니다. 그런데 엘리사는 하지 않아도 되는 행동을 의도적으로 하고 있는 것입니다. 왜 이럴까요? 지금 엘리사는 이제 자기가 하려는 말, 즉 하나님의 말씀을 전달하려고 하는데 그 내용이 너무나 사람들의 예상과 다를 것이기 때문에 미리 연막을 치는 것입니다. 왜냐하면 사람들은 도움을 청하면서도 자신들의 방식대로만 생각하기 때문입니다. 엘리사가 거문고 탈 자를 불러 달라는 소리를 듣고는 아마도 이스라엘 왕은 자신들의 예언자들과 자신들의 신이 할 수 있는 일 정도를 기대했을 것입니다. 과연 그럴까요?

작은 일이라

이스라엘 왕과 유다 왕과 에돔 왕과 군사와 따라가는 가축이 모두 마실 물이 없는 상황에서 하나님께서 말씀하십니다. 참 하나님이 멋지십니다. 인간이 하나님께 도움을 구할 때 언제나 들어주십니다. 하나님은 인간에게 따지는 것도 없습니다. 짜증을 내거나 불평을 하지도 않습니다. 엘리사처럼 삐져서 다른데 가서 알아보라고 하지도 않습니다. 하나님께서 응답하신다는 사실이 인간에게는 너무나 귀합니다. 여호와의 말씀이 16절부터 19절인데 우선 16절과 17절을 보면 "그가 이르되 여호와의 말씀이 이 골짜기에 개천을 많이 파라 하셨나이다 여호와께서 이르시기를 너희가 바람도 보지 못하고 비도 보지 못하되 이 골짜기에 물이 가득하여 너희와 너희 가축과 짐승이 마시리라 하셨나이다"입니다. 하나님의 말씀이 사람들이 기대한 것보다 작은 것일까요, 큰 것일까요, 아니면 이상한 것일까요? 당연히 이상한 것입니다. 아마도 세 왕은 이런 일을 기대하지 못했을 것입니다.

가장 현실적으로 생각한다면 다른 길을 알려주는 것입니다. 여호사밧의 안내를 따라 길을 둘러서 왔는데 와보니 물이 없는 곳이었습니다. 그렇다면 당연한 수순이 물이 있는 곳으로 가는 것입니다. 현실보다 조금 더 기대를 했다면 아마도 비가 내리는 것이었을 것입니다. 전쟁을 하러 왔는데, 그것도 배반한 나라를 징벌하러 왔는데, 전략적으로 계산해서 왔는데 다른 곳으로 간다는 것은 물을 구할 수는 있지만 전쟁도 해보기 전에 후퇴하는 인상을 줄 수 있어 꺼림직 한데 비가 내리면 현 위치를 고수하면서 해갈할 수 있으니 최상일 것입니다. 아마 여기까지가 사람들이 기대하는 전부일 것입니다. 그런데 하나님은 누구도 예상하지 못한 말씀을 하셨습니다. '골짜기에 개천을 많이 파라'고 하십니다. 지금 세 왕에게 필요한 것은 농사지을 물이 아니라 그냥 마실 물입니다. 골짜기를 가득 채울만한 물이 아니라 그저 본인들이 마실 물과 예비로 물병을 채우고, 가축들에게 먹일 만한 물입니다.

이 순간에 비가 오는 것만도 이적이요, 기적입니다. 17절에서 여호와가 말씀하시지 않아도 '바람도 보지 못하고 비도 보지 못하기 때문에' 비가 오는 것을 기대하기도 힘든 상황입니다. 특히나 이스라엘의 왕은 여호와의 선지자에게 물으려고 하지도 않았었습니다. 왜냐하면 비를 담당하는 신은 바알이었기 때문입니다. 그런데 지금 비를 담당하는 신도 아니고, 솔직하게 말하면 어느 영역을 담당하는지, 어떤 기능을 담당하는지도 알려지지 않은 여호와에게 물을 달라고 하는 것 자체가 가능성이 없어보여서 아예 묻지도 않으려고 했었습니다. 16절과 17절을 듣는 순간 이스라엘의 왕은 모든 것이 허풍이라고 생각했을 것입니다. 혹시 할 수 있으면 하나만이라도 해 달라고 말을 건넸더니 느닷없이 열을 하겠다고 나서니 어이가 없었을 것입니다.

그때 하나님께서 이어서 하시는 말씀이 19절과 20절입니다. "이것은 여호와께서 보시기에 작은 일이라 여호와께서 모압 사람도 당신의 손에 넘기리니 당신들이 모든 견고한 성읍과 모든 아름다운 성읍을 치고 모든 좋은 나무를 베고 모든 샘을 메우고 돌로 만든 좋은 밭을 헐리이다 하더니" 입니다. 여호와의 말씀은 사람들의 생각, 사람들의 정수, 사람들의 속내를 정확하게 끄집어냅니다. 이스라엘의 왕이 여호와의 말씀을 허풍이라고 생각할 것을 뻔히 아시기에 여호와께서는 굳이 '이것은 여호와께서 보시기에 작은 일이라'고 말씀하시는 것입니다. 그리고 이런 표현을 한 그 다음에는 지금까지 하신 말씀보다 더 큰 일이 등장한다는 것을 의미합니다. 지금 사람들이 기대하는 것은 물을 마시는 것입니다. 사람들은 문제에 직면하면 가장 급한 것이 직면한 문제 해결이라고 생각합니다. 그래서 누군가에게 도움을 청해도 꼭 직면한 것만 해결해 달라고 부탁을 합니다.

모압 사람을 쳐서

지금 이스라엘은 왕부터 여호와를 잘 섬기지 않고 있습니다. 게다가 이스라엘의 왕은 전쟁에 나서면서도, 위기에 빠졌으면서도 여호와께 물으려고 하지 않았습니다. 유다의 왕의 요청에 마지못해서 여호와께 도움을 청하고 있을 뿐입니다. 그런데 하나님께서는 이스라엘의 왕이 요구하는 정도가 아니라 그가 상상도 못할 만큼 도움을 주십니다. 단지 마실 물을 제공하는 정도가 아닙니다. 아예 전쟁에서 승리하게 만들어 주시겠다고 선언하십니다. 그것도 있는 곳에서 겨우 적군을 막아내는 정도가 아니라 아예 모압의 모든 견고한 성읍과 모든 아름다운 성읍을 치고 모든 좋은 나무를 베고 모든 샘을 메우고 돌로 모든 좋은 밭을 헐 것이라고 합니다. 이정도면 상대를 초토화 만들어 버리는 것입니다. 인간이 기대하고 바라는 것은 언제나 직면한 문제입니다. 그러나 하나님이 해결해 주시는 것은 언제나 본질입니다.

아마 세 왕은 여호와의 말씀을 이해하지 못했을 것입니다. 20절이 이루어진 것만으로도 기뻐했을 것입니다. "아침이 되어 소제 드릴 때에 물이 에돔 쪽에서부터 흘러와 그 땅에 가득하였더라" 입니다. 이것만으로도 문제가 해결되었다고 생각했을 것입니다. 그 다음은 상상도 못했을 것입니다. 21절 이하가 이 스토리의 절정입니다. "모압의 모든 사람은 왕들이 올라와서 자기를 치려 한다 함을 듣고 갑옷 입을 만한 자로부터 그 이상이 다 모여 그 경계에 서 있더라" 입니다. 지극히 당연합니다. 그때 22절 "아침에 모압 사람이 일찍이 일어나서 해가 물에 비치므로 맞은 편 물이 붉어 피와 같음을 보고 이르되 이는 피라 틀림없이 저 왕들이 싸워 서로 죽인 것이로다 모압 사람들아 이제 노략하러 가자" 입니다. 지극히 정상입니다. 모압 사람들이 실수를 한 것이 아닙니다. 모압 사람들이 전략을 잘못 짠 것이 아닙니다. 모압 사람들이 전쟁에 주의를 기울이지 않은 것이 아닙니다. 모압으로서는 할 수 있는 최대한의 방비를 했고, 발생한 상황에 대한 나름대로 의미있는 분석과 판단을 했습니다. 어떻게 다른 판단과 다른 분석을 할 수 있습니까? 밤새 바람이 불지도 않았고 비가 오지도 않았습니다. 그런데 갑자기 개천이 생기고, 물이 가득했을 것이라고 어떻게 상상할 수 있습니까! 모압으로서는 최선이었습니다.

그런데 결과는 24절 "이스라엘 진에 이르니 이스라엘 사람이 일어나 모압 사람을 쳐서 그들 앞에서 도망하게 하고 그 지경에 들어가며 모압 사람을 치고 그 성읍들을 쳐서 헐고 각기 돌을 던져 모든 좋은 밭에 가득하게 하고 모든 샘을 메우고 모든 좋은 나무를 베고 길하레셋의 돌들은 남기고 물매 꾼이 두루 다니며 치니라" 입니다. 여호와께서 19절에 하신 말씀대로 모두 이루어졌습니다. 물론 이스라엘이 19절 말씀대로 행하자고 노력한 것이 아닙니다. 자신들은 그저 전쟁을 했을 뿐입니다. 그런데 그 결과는 여호와의 말씀대로 이루어진 것입니다. 이 사건이 왜 등장하고, 왜 이렇게 전개되는 것일까요? 바로 하나님을 알리시는 것입니다. 하나님을 알리려고 하시기에 이스라엘 왕이 생각하는 것과는 전혀 다른 방식으로 전개가 되는 것입니다.

성도가 받은 은혜

본문에서 하나님은 이스라엘 왕을 크게 도와주셨습니다. 왕이 구한 것보다 더 큰 은혜를 주셨습니다. 그러면 대부분의 성도님들은 '성경에는 많은 기적이 등장하는데 왜 나한테는 사소한 기적도 일어나지 않는가?'라고 궁금해 하시면서 '나는 큰 것까지는 바라지도 않는다. 단지 작은 소원 하나만 들어주었으면 좋겠다!'고 생각하십니다. 그러시면 안 됩니다. 저와 여러분은 구약을 거치고 신약의 복음서와 사도행전을 거쳐서 서신서 시대를 살고 있는 성도입니다. 단지 직면한 하나의 상황이 해결된 정도가 아니라 인간의 본질적 문제인 죄가 해결되신 분들입니다. 행복할 수 있는 조건이 마련된 정도가 아니라 아예 행복을 소유하신 분들입니다. 구약과 복음서의 모든 사람들이 저와 여러분처럼 되고 싶어서 부러워하고 있는데 반대로 성도가 구약의 한 사건과 복음서의 한 장면처럼 되고 싶어하면 정말 안 됩니다.

성도는 죄가 해결되신 분들입니다. 성도는 구약에서 하나님께서 그렇게 많은 사건들을 통해 하나님을 계시하셔도 알아듣지 못하고 배우지 못한 그 하나님을 아는 분들입니다. 그 결과 성도는 죄를 이기고 자유와 평화와 안식과 행복을 누리고 계시는 분들이십니다. 성도에게 가장 필요한 것, 언제나 알아야 할 것이 바로 내가 성도된 사실입니다. 예전에 죄인일 때의 나의 모습과 원리, 그리고 나를 구원하신 하나님과 예수 그리스도의 사역, 그래서 현재 성도의 성도됨이 무엇인지를 아는 것입니다. 하나님을 아시고, 성도됨을 아셔서 성도가 받은 분복, 성도에게 이루어진 삶을 실제로 날마다 가시는 곳마다, 만나는 사람마다, 하시는 일마다 적용하며 구현하며 사시기를 주님의 이름으로 축원합니다.

5

너를 위하여

열왕기하 4 : 1 ~ 7

1 선지자의 제자들의 아내 중의 한 여인이 엘리사에게 부르짖어 이르되 당신의 종 나의 남
편이 이미 죽었는데 당신의 종이 여호와를 경외한 줄은 당신이 아시는 바니이다 이제 빚 준
사람이 와서 나의 두 아이를 데려가 그의 종을 삼고자 하나이다 하니 2 엘리사가 그에게 이
르되 내가 너를 위하여 어떻게 하랴 네 집에 무엇이 있는지 내게 말하라 그가 이르되 계집종
의 집에 기름 한 그릇 외에는 아무것도 없나이다 하니 3 이르되 너는 밖에 나가서 모든 이웃
에게 그릇을 빌리라 빈 그릇을 빌리되 조금 빌리지 말고 4 너는 네 두 아들과 함께 들어가서
문을 닫고 그 모든 그릇에 기름을 부어서 차는 대로 옮겨 놓으라 하니라 5 여인이 물러가서
그의 두 아들과 함께 문을 닫은 후에 그들은 그릇을 그에게로 가져오고 그는 부었더니 6 그
릇에 다 찬지라 여인이 아들에게 이르되 또 그릇을 내게로 가져오라 하니 아들이 이르되 다
른 그릇이 없나이다 하니 기름이 곧 그쳤더라 7 그 여인이 하나님의 사람에게 나아가서 말
하니 그가 이르되 너는 가서 기름을 팔아 빚을 갚고 남은 것으로 너와 네 두 아들이 생활하
라 하였더라

기준과 존재

동상이몽

사람마다 각자의 기준이 다 있습니다. 그래서 어떤 상황, 사건, 행동에 대해 전혀 다른 의견이 공존합니다. 방송 예능프로그램에서 서로 다른 입

장을 보여주는 장면이 있습니다. 한쪽에서는 문제라고 인식해서 방송에까지 나와서 호소하는데 다른 한쪽에서는 이것이 왜 방송에 나와야 하는지 전혀 모르겠다고 딴청을 핍니다. 방송에 나오는 사람 중에 '잘못했다'고 사과하는 사람이 거의 없고, '반드시 고치겠다'고 다짐하는 사람이 거의 없습니다. 그나마 바람직한 경우는 '자신의 행동에 문제가 있는 것 같다'고 동의하는 정도이고, '고치도록 노력해보겠다'고 의향을 비추는 정도일 뿐입니다. 또한 그곳에 나온 관객들의 의견도 두 갈래로 나뉩니다. 한편에서는 문제라고 공감하는 표를 던지고 다른 한쪽은 문제될 것이 아니라고 의견을 냅니다. 물론 방송자체가 문제를 해결해 주어야 하는 의무가 있는 것도 아니고, 실제로 해결을 해 주려고 노력하지도 않습니다. 다만 드러나지 않은 상황을 대중적인 상황으로 바꾸어서 감추어지거나 폐쇄된 것을 들추어내고 주관적 판단에 어느 정도 객관적인 의견을 들어보게 하는 좋은 역할을 하고 있습니다.

이런 방송에서 가장 난감한 사람은 고통을 호소하는 사람입니다. 본인은 너무나 힘들어 하는데 상대방은 전혀 힘들어 하지 않고, 때로는 관객들조차도 문제가 아니라고 여기거나 심지어는 문제 삼는 사람이 문제인 것처럼 반응하면 정말 당황스러울 것입니다. 이때 늘 중요한 것이 기준입니다. 요사이 성폭력 및 성추행이 많이 일어나고 있습니다. 과연 어느 정도를 성추행이라고 할 수 있는가를 논할 때 기준은 바로 '성추행을 당했다고 말하는 사람의 마음'입니다. 즉 가해자의 입장이 아닌 피해자의 입장이라는 것입니다. 하지만 많은 사람들은 내가 의도하지 않았는데, 내 입장은 고려하지 않고 상대방의 입장을 기준으로 삼는 것은 불합리하다고 주장하기도 합니다. 인간의 기준은 내가 가해자일 경우에는 관대하기를 바라고, 내가 피해자일 경우에는 강력하기를 원합니다. 죄인의 사고방식에 어차피 공정한 기준이란 존재하지 않습니다.

사마리아인의 비유

성경에는 기준에 관한 내용이 등장하는 이야기가 하나 있습니다. 누가복음 10장 25절 이하에 등장하는 '선한 사마리아인의 비유'로 알려진 내용입니다. 이 예화는 어떤 율법교사가 찾아와서 '내가 무엇을 하여야 영생을 얻으리이까'라고 묻는 것으로 시작합니다. 그렇다면 이 비유는 '이것을 하면 된다'나 아니면 '행위로는 안 된다'는 결론이 나와야 합니다. 예수님과 율법사의 논쟁의 주제는 '이웃 사랑'에 관한 것이었고, 핵심은 '누가 이웃이냐'는 것이었습니다. 율법사는 '내 이웃이 누구니이까?'라고 질문했습니다. 이 비유에 등장하는 사건은 어떤 사람이 여리고로 가다가 강도를 만난 것입니다. 가해자인 강도는 사라지고 없고 피해자는 거의 죽은 것 같은 상태입니다. 이때 제사장도 그냥 지나가고, 레위인도 그냥 지나갔습니다. 드디어 이 장면과 가장 무관한 사람이 등장합니다. 그 사람은 우선 '사마리아 사람'입니다. 강도만난 사람이 예루살렘에서 여리고로 가던 길임을 감안한다면 유대인일 가능성이 많은데 이 사람은 사마리아 사람으로 서로 상극입니다. 게다가 제사장이나 레위인은 일상적인 길을 가던 중인데 비해 사마리아 사람은 여행을 하던 중이었습니다. 이 장면에 개입할 여지가 가장 적은 사람입니다. 그런데 이 사람이 여행 물품 중의 일부인 기름과 포도주를 상처에 붓고 여행을 중단하고 자기 짐승에 태워 주막으로 데려다 주고, 자기 경비 중에 일부를 비용으로 지불해 줍니다. 외지 여행자로서는 어마어마한 손해를 지불한 것입니다.

비유에서 예수님의 마지막 질문이 '누가 강도 만난 자의 이웃이 되겠느냐?'는 것이었습니다. 예수님의 질문이 율법사에게는 매우 이상한 질문이었고, 매우 낯 설은 질문이었습니다. 왜냐하면 율법사의 사고방식에서 기준은 '자기 자신'이었기 때문입니다. 그래서 '내 이웃이 누구니이까?'라고 물었는데 예수님은 상대방을 기준으로 삼았기에 질문이 '누가 강도만난 자의 이웃이 되겠느냐?'였습니다. 율법사는 이런 생각을 해본 적이 없습니다. 제사장이나 레위인이 그냥 지나간 것은 강도만난 자가 자기 이웃이 아니었기 때문입니다. 강도만난 사람은 그냥 낯선 사람일 뿐입니다. 예수님의 질문을 어색해 하며 당황하고 있는 율법사에게 예수님은 마지막 말씀을 하십니다. 예수님의 마지막 말씀은 '너도 이와 같이 하라' 였습니다.

종종 사람들은 예수님의 마지막 말씀이 율법사에게 실천을 권고하는 것으로 오해합니다. 전혀 그렇지 않습니다. 이 대화의 시작이 '내가 무엇을 하여야 영생을 얻으리이까' 였는데 끝이 '가서 너도 이와 같이 하라' 입니다. 그럼 결론이 '이렇게 이웃을 사랑하면 영생을 얻는다' 즉 '율법을 지키면 영생을 얻는다' 입니까? 전혀 그렇지 않습니다. '가서 너도 이와 같이 하라'는 말씀은 '가서 해봐라. 안 될거다' 라는 의미이고, 율법교사의 질문에 대한 예수님의 대답은 '인간이 무엇을 행하여서, 율법을 지켜서 영생을 얻는 것이 아니다' 입니다. 그러면 결국 인간이 자기를 기준으로 삼지 않고 상대방을 기준으로 삼는 것은 불가능한 것일까요? 예수님은 불가능한 일을 하라고 부탁한 것일까요? 세상에서도 '상대방의 입장' 을 강조하고 예수님도 '상대방의 입장' 을 고려한다는 측면에서 같은 것일까요? 그리고 상대방의 입장을 기준으로 삼는다는 것이 마음만 먹으면 가능한 일일까요?

존재의 문제

이 비유에는 예수님께 질문한 율법 교사가 어떤 반응을 보였는지, 집으로 돌아가서 어떤 행동을 했는지에 관해서는 언급하지 않습니다. 그러나 저와 여러분은 충분히 예상할 수 있습니다. 아마도 이 율법사는 예수님의 말씀대로 행하지 않았을 것입니다. 왜냐하면 우선 굳이 그럴 이유가 없었기 때문입니다. 예수님이란 분에 대해 하나님의 아들로 믿고 있는 것도 아니고, 진리를 말씀하는 분으로 인정하지도 않는 상태에서 굳이 자기 생각과 다르고, 너무나 힘들게 여겨지는 일을 할 이유가 없었을 것입니다. 혹시라도 이 사람이 예수님의 말씀을 귀담아 듣고 실천하려고 했다면 곧 다시 예수님께 돌아왔을 것입니다. 왜냐하면 할 수 없다는 것을 깨달을 것이기 때문입니다.

대부분의 사람들은 자신이 되고 싶은 소망이 있습니다. 자신의 목표, 자신의 계획이 있습니다. 더 나은 미래, 더 좋은 장래를 위해 온통 자신에게 집중해 있는데 '상대방의 입장'에서 생각하고 행동하는 것이 쉽지 않습니다. 물론 삼자의 입장에서, 객관적인 입장에서는 언제든지 좋은 말을 할 수 있지만 정작 본인이 당면한 문제에서 상대방의 입장을 고려하기란 죄인에게는 불가능한 일입니다. 저와 여러분이 엘리사를 통해서 상고하려는 것이 바로 이것입니다. 과연 성도는 어떤 기준을 가져야 하는 것이며, 만약 상대방의 유익을 배려하는 것이 기준이라면 어떻게 그 기준을 가질 수 있느냐는 것입니다. 본문뿐만 아니라 성경 전체를 통해, 큰 그림을 통해 확인해 보겠습니다.

엘리사의 기대와 사역

찾아 나온 사람은 없다

오늘날 기독교, 오늘날 교회, 오늘날 성도는 성경과 조금 다른 것 같습니다. 오늘날 교회에는 '하나님을 위해 헌신하겠다는 사람'들이 많습니다. '하나님을 위해서 살겠다', '하나님의 일꾼이 되겠다', '하나님에게 쓰임 받고 싶다'는 기도제목이나 소원을 가진 사람들이 많습니다. 그래서 '하나님께서는 준비된 사람을 쓰신다'는 말이 유행이고, 그 말에 따라서 쓰임 받으려면 준비를 해야 한다고 말하고, 이어서 그러면 무엇을 준비해야 하느냐에 대한 조언들도 아주 많습니다. 얼핏 생각하면 좋은 현상이고 바람직한 모습처럼 보이는데 찬찬히 생각하면 성경에는 그런 이야기가 거의 없다는 것입니다. 참고적으로 사람들은 좋은 말, 교훈적인 말, 격언을 들으면 성경에도 있는 줄로 착각하십니다. '하늘은 스스로 돕는 자를 돕는다'는 말은 성경에 없습니다. 마찬가지로 '하나님은 준비된 사람을 쓰신다'는 말도 성경에는 없습니다.

그래서 성경에 나오는 사람들 중에 하나님께 쓰임 받으려는 마음을 가진 사람, 쓰임 받으려고 준비한 사람이 한 명도 없습니다. 창세기에 나오는 족장들 중에 자신이 하나님께 선택받은 사람이 되려는 소망을 가진 사람도 선택을 받기 위한 노력을 한 사람이 한 명도 없습니다. 아브람도 갑자기 선택을 받았고, 이삭은 이복 형 이스마엘과의 경쟁에서 승리해서 선택된 것이 아니고, 쌍둥이 에서와 야곱은 아예 태어나기도 전에 선택이 결정되었고, 야곱의 열두 아들은 선택을 위한 갈등이 없었고, 그 중에 요셉은 처음부터 형들보다 뛰어나야겠다는 야망을 가졌거나 그 야망을 이루기 위해서는 하나님께 선택을 받아야겠다는 계획을 세운 적이 일체 없습니다.

출애굽기 이후에 나오는 사람들 중에 자신이 하나님의 일에 쓰임 받으려는 마음을 먹은 사람이 전혀 없습니다. 모세는 하나님께서 찾아와서 계속하여 말씀하여도 계속하여 애굽에 가지 않겠다고 버텼으며, 레위지파는 어떻게든 제사장 역할을 따내려고 하나님께 로비한 적이 없었고, 여호수아는 가나안에 입성할 때에 전쟁을 통해 공적을 쌓으려고 친히 하나님께 선두에 서게 해달라고 제안한 적이 없습니다. 사사시대 이후로도 동일합니다. 가나안에 사는 이스라엘이 이방의 압제를 받았습니다. 그때 이스라엘을 이방의 압제에서 건져내야겠다고 구국의 깃발을 들고 일어난 사람이 단 한명도 없었습니다. 하나님께 나를 보내달라고 요청한 사람이 없었고, 자신을 써달라고 간구한 사람이 없었습니다. 하나님께서 자신을 부르실 때를 기다리며 철저하게 전쟁에서 이길 준비를 한 사람도 없습니다. 사무엘도 스스로 자원하여 어머니를 떠나 성전으로 들어가 제사장 수업을 받은 것이 아닙니다. 사울은 밭에서 소를 몰고 오다가 여호와의 부름을 받았지 그 반대가 아니었습니다.

혹시 다윗은 달랐다고 생각하실 수 있습니다. 다윗은 자신이 먼저 골리앗과 싸우려고 나갔다고 생각하실 수 있습니다. 하지만 그것은 착각입니다. 그때는 이미 다윗이 사무엘에 의해 왕으로 기름부음을 받은 이후입니다. 다윗이 자기 발로 사무엘을 찾아가서 이스라엘의 왕이 되겠다고 자원한 것이 아니었습니다. 솔로몬은 위로 형들이 다섯 명이나 있었는데 형들과 치열한 왕권계승 다툼을 한 것이 아닙니다. 예언자들 중에도 자신이 예언자가 되거나 선지자가 되려고 늘 영성을 개발한 사람이 없고, 어떻게든 꿈을 꾸려고, 계시를 받으려고, 신의 말씀을 받으려고 금식을 하거나 방언을 하려고 노력을 하거나, 산에 올라가 기도한 사람이 없습니다.

신약으로 가도 마찬가지입니다. 예수가 등장했다는 소식을 듣고 침례 요한이 광야에서 예루살렘으로 뛰어와 제자가 되기를 자청하지 않았습니다. 예수가 갈릴리로 가시자 베드로와 요한이 먼저 그물을 버려두고 예수를 따르겠다고 뛰어나오지 않았습니다. 바울도 유대교 내에서는 더 이상 희망을 찾을 수가 없다고 새로운 꿈을 찾아 유대교를 버리고 예수님께로 나아온 것이 아니었습니다. 하나님의 사역에 준비된 사람이란 없고, 자원한 사람이란 없고, 합당한 사람이란 없습니다.

엘리사의 기대

열왕기하에서 자주 등장하는 사람이 엘리사인데 성경에서 엘리사는 매우 독특한 사람입니다. 왜냐하면 다른 사람은 '하나님의 사람', '하나님의 일꾼'이 되려고 기대하거나 도전한 적이 없는데 오직 엘리사만 그런 기대와 집념을 보였었기 때문입니다. 물론 엘리사도 처음에는 준비된 상태에서 부름을 받은 것이 아니었고, 본인이 부름을 받으려고 애쓰지도 않은 상태에서 부름을 받았습니다. 열왕기상 19장 19절에서 확인했던 것처럼 엘리사는 밭에서 소를 몰고 있는데 엘리야가 찾아와서 겉옷을 던지니까 당장에 소를 버리고 엘리사를 따르겠다고 선언했습니다. 그리고는 엘리사에 관한 이야기가 없다가 열왕기하 2장에서 엘리야가 하늘로 올라가려고 할 때에 엘리사가 후계자 직분에 집착하는 모습을 보였습니다. 엘리야가 세 번씩이나 엘리사를 떼어 놓으려고 했지만 엘리사는 무조건 엘리야를 따라갔고, 엘리야에게 구체적으로 '당신의 영이 하시는 역사가 갑절이나 내게 있게 하소서'라고 요구해서 엘리야를 난처하게 만들기까지 했습니다.

애초에 부름을 받기 전에나, 부름을 받은 후에도 이렇게까지 구체적으로 자신의 요구를 제시하며, 그것을 얻어내려고 애쓰는 모습은 성경에 거의 없습니다. 아예 없다고는 할 수 없고 굳이 비슷한 예를 찾아보자면 구약의 사울 왕이 있을 것입니다. 이미 사울은 왕이 되었습니다. 이스라엘 백성들이 스스로 왕을 구한 상태에서 부와 권력의 상징인 왕이 되었기에 이스라엘에서 존경도 받았고, 명성도 얻었고 권력도 얻었습니다. 누구나 부러워하는 왕의 자리이기에 사울은 왕에 집착했습니다. 아말렉 전투에서 하나님의 말씀과는 다르게 전리품을 챙긴 사건으로 책망을 받았지만 기념비를 세웠고, 이스라엘 백성들과 장로들 앞에서 자신을 높여달라고 요구하기까지 했습니다. 심지어는 사무엘이 다윗을 차기 왕으로 기름부었다는 것을 알고 있으면서도 왕권을 이양하지 않았고, 다윗을 죽이려고 하기까지 했습니다. 사울의 경우는 하나님의 직분에 집착한 것이 아니라 단지 왕이라는 권세에 집착한 것이니까 엘리사와는 경우가 다릅니다.

엘리사는 엘리야 선지자의 후계자로 인정받으려고 노력했습니다. 그런데 이것이 한편으로는 이해가 가고, 한편으로는 이해가 쉽지 않습니다. 우선 당시 엘리야는 여호와의 선지자로 인식되고 있었는데 여호와의 선지자라는 직분이 사람들에게 인정을 받는 직분이 아니었습니다. 엘리야가 활동하던 아합과 아하시야 시대부터, 엘리사가 활동하던 여호람 시대는 여호와의 선지자가 존경과 명성을 얻는 직분이 아니라 도리어 살해 위험을 당하던 시기입니다. 바알과 아세라의 선지자들은 왕과 왕비의 적극적인 지지를 받고 있었지만 여호와의 선지자는 왕들이 일부러 찾아서 죽이기도 했으며, 나라의 중요한 일이 있을 때 의견을 묻기는커녕 왕에게 불편한 예언만 한다고 의도적으로 거부하던 시기입니다. 굳이 엘리사 시대가 아니더라도 성경에서 선지자가 되어서 입신양명한 사람은 한 명도 없습니다. 누가 선지자가 되었다고 해서 '개천에서 용났다'고 칭찬하는 사람도 없고, 자기도 선지자가 되어야겠다는 소망을 가진 사람도 없습니다. 선지자 직분이 선망의 직업도 아니었고, 선지자 중에 특별히 백성들의 신임을 얻은 사람도 별로 없습니다. 그런데 엘리사는 선지자 직분에 집착했습니다. 왜 그랬을까요?

충분히 예상할 수 있는 답변은, 엘리사는 '여호와의 선지자'라는 직분이 아니라 그냥 '선지자'라는 직분에 관심이 있었다는 것입니다. 여호와의 선지자와 그냥 선지자는 완전히 다릅니다. 일반적으로 우상 종교나 이방 종교에서 선지자는 '신의 대언자'로 여겨집니다. 그래서 존재 자체가 신적인 권위를 가집니다. 신의 도움을 받고 싶어 하는 왕실의 후원을 받으니 당연히 부와 명예도 얻을 수 있습니다. 게다가 사람들은 신의 말씀을 두려워하고 신의 결정을 거부하지 못하니 신의 말을 전달하는 선지자도 덩달아 막강한 영향력을 행사할 수 있습니다. 여호와와 관련된 종교를 제외하면, 고대 근동시대에 종교와 관련된 사람은 신성한 사람으로 구별된 대접을 받았습니다. 엘리사도 여호와의 선지자가 아닌 일반적 선지자의 신분, 권세, 명예, 능력을 부러워했던 것입니다.

엘리사의 사역

엘리사는 엘리야를 따라다니면서 얻고자 했던 것을 마침내 얻었습니다. 비록 엘리야가 엘리사의 머리에 안수하는 행동을 하지도 않았고, 특별히 후계자로 인정받을 만한 기념물을 남겨주지도 않았습니다. 그러나 엘리야가 하늘로 올라가는 장면을 엘리사뿐만 아니라 함께한 선지자의 제자들이 같이 보았고, 이어서 엘리사가 엘리야가 떨어뜨린 옷으로 엘리야가 했던 것과 똑같이 요단 강의 물을 치매 물이 갈라지고 엘리사가 건너가는 것을 많은 사람이 보았습니다. 드디어 엘리사는 객관적으로 엘리야의 후계자가 된 것으로 인정받은 것입니다. 저와 여러분이 집중해야 할 부분이 지금부터입니다. 엘리사는 엘리야의 후계자가 된 이후에 무엇이 되었을까요? 백성들이 범접치 못할 권위를 가진 권세자가 되었을까요? 타의 추종을 불허하는 능력을 가진 신비가가 되었을까요? 사람들의 운명을 결정짓는 신탁을 전해주는 역할로 받은 예물로 부자가 되었을까요? 선지자의 후계자로 인정받았으니 공적인 리더십을 갖게 되어 지도자가 되었을까요?

성경의 인물들이 참으로 다양한 모습을 보여주는데 사역을 기준으로 구분을 해보면 특별한 사역을 행하는 사람들과 전혀 행하지 않는 사람으로 구분할 수 있습니다. 먼저 특별한 사역을 행한 사람의 예의 대표적 인물이 바로 엘리사입니다. 엘리사의 행적에 대해서는 엘리야의 후계자가 되기 전에는 거의 언급이 없습니다. 그래서 엘리사의 행적을 살피는 것 자체가 이미 엘리야의 후계자가 된 이후의 일입니다. 열왕기하에서만 대충 골라볼 텐데, 2장 13절 이하에 의하면, 엘리야에게서 떨어진 겉옷을 가지고 요단 강물을 치매 물이 이러 저리 갈라져서 엘리야가 건너갔습니다. 2장 19절 이하에 의하면, 성읍의 위치는 좋으나 물이 나빠서 토산이 익지 못하고 떨어진다는 이야기를 듣고 소금을 던져서 다시는 죽음이나 열매 맺지 못함이 없도록 고쳐주었습니다. 3장 16절 이하에 의하면 모압과 전쟁하러 출전한 세 명의 왕과 군사와 가축들이 물이 없을 때에 해갈 하는 정도가 아니라 아예 전쟁에서 이길 수 있는 전략을 알려주었습니다. 그리고 4장 1절에 의하면 남편이 죽고 홀로된 빚진 과부에게 기름병의 기름이 마르지 않게 해서 빚도 갚고 생활비도 마련할 수 있도록 해 주었습니다. 4장 16절에 의하면 자신에게 공궤하던 여인이 자식이 없는 것을 알고 다음 해에 아들이 있을 것을 알려주었습니다. 더 나아가 37절에 의하면 그 여인의 아들이 죽었을 때 친히 아이 위에 올라 엎드려서 아이를 살려냈습니다. 38절 이하에 의하면 사람들이 국을 끓였는데 독이 들어서 먹지 못할 때에 엘리사가 가루를 솥에 던져 독이 없어지게 만들어 주었습니다. 42절 이하에 의하면 보리 떡 이십 개와 자루에 담긴 채소로 백 명을 먹였습니다. 4장까지만 찾아봐도 이만큼입니다. 엘리사가 죽는 것이 열왕기하 13장이니까 앞으로 더 많은 행적들이 나올 것입니다. 참으로 많은 사역을 했습니다.

성경에 나오는 대부분의 사람들이 이렇게 독특한 일을, 이렇게 많이 행했을 것으로 착각하시면 안 됩니다. 엘리사에 관해 이렇게 많은 사역 내용이 기록되어 있다는 것 자체가 매우 독특합니다. 비교를 위해서 정반대로 거의 아무 일도 하지 않은 사람을 골라보면 대표가 아브람입니다. 아브람은 누군가의 병을 고쳐준 적이 없습니다. 아브람은 어떤 이적이나 기적도 행한 것이 없습니다. 아브람이 전혀 낯선 사람의 문제 해결을 위해 앞장 선 적이 없고, 그들을 위해 수고한 적이 없습니다. 굳이 한 사람을 더 고르라고 하면 사무엘입니다. 사무엘이 등장하는 사무엘상을 찬찬히 읽어보면 분명히 사무엘이 계속해서 등장합니다. 그러나 사무엘은 특별한 일을 행하는 적이 없습니다. 예언을 하지도 않고, 이적을 행하지도 않고, 병자를 고치거나 귀신들린 자를 치유해주지도 않습니다. 이런 사람들과 비교해 볼 때 엘리사의 사역이야기는 정말 많이 나옵니다. 정확하게 세어보지는 않았지만 거의 복음서에 등장하는 예수님에 관한 횟수만큼이나 많이 나옵니다. 엘리사에 관한 많은 이야기들이 무엇을 의미할까요?

너희를 위하여

너희를 위하여

선지자가 되기 전의 엘리사와 선지자가 되고 난 후의 엘리사의 행동은 참으로 많이 다릅니다. 앞에서 살펴본 대로 엘리사는 선지자의 후계자로 인정받고 싶어 했습니다. 모든 초점이 자기에게 맞추어져 있었습니다. 선한 사마리아인의 비유에 등장한 율법사도 어떻게 하면 자기가 영생을 얻을 수 있느냐고 물었습니다. 그 사람의 관심도 온통 자기에게 맞추어져 있었습니다. 이때 중요한 것은 엘리사의 경우 하나님도, 율법사의 경우 예수님도 그들의 자기 중심성을 전혀 책망하지 않았다는 것입니다. 하나님께서 엘리사에게 자기가 후계자로 인정받는 것에만 관심을 갖는 것은 악하다고 말하지 않았으며, 그런 목적이라면 후계자로 인정할 수 없다고 엘리사를 부르신 것을 취소하지도 않았습니다. 예수님도 율법사에게 '너 같이 이기적인 놈에게는 영생 얻는 방법을 알려주지 않겠다'고 모른척하지도 않았으며, '내가 십자가를 지더라도 너만은 제외시키겠다'고 예외를 두지도 않았습니다. 하나님은 엘리사를 엘리야의 후계자로 세워주셨고, 그에게 엘리야에게 주셨던 능력도 베풀어 주셨습니다. 예수님의 죄인을 위한 십자가 사역에 율법사도 포함되어 있는 것은 누구도 부인할 수 없습니다.

성경은 인간이 자기중심적인 것, 이기적인 것을 잘못된 것으로, 나쁜 것으로 취급하지 않습니다. 죄인이 어떻게 자기중심적이지 않을 수가 있습니까? 어떻게 이타적일 수가 있습니까? 사람들은 너무 쉽게 '이타적이 되라'고 말을 합니다. 그것은 성경도 하지 않는 말입니다. 하나님도 인간에게 단 한번도 '너를 위해 살지 말고 남을 위해 살라'고 말씀하신 적이 없습니다. 예수님께서 율법사에게 '상대방을 기준으로 삼는 것'을 말씀하시고 '너도 가서 그와 같이 하라'고 말씀하셨지만 그것이 죄인에게는 불가능하다는 것을 알고 계셨습니다. 그래서 실제적으로 예수님은 죄인에게 '상대방을 기준으로 삼고 행동하라'고 권면하신 것이 아닙니다. 인간은 너무나 인간을 모르기에 말도 안 되는 좋은 말만 해댑니다. 그러나 하나님은 너무나 인간을 잘 아시기에 인간에게 말이 되지 않는 말은 절대로 하지 않습니다. 그런데 사람들은 하나님도 하지 않은 말을, 마치 가능하기라도 한 듯, 노력하면 이룰 수 있는 것 처럼 멋있는 말로 권면하곤 합니다. 모두 어이없는 일들인데 하나님을 믿고 성경을 배우고 가르치는 기독교조차도 하나님의 뜻과 다른 이야기, 성경과 다른 이야기를 해대고 있으니 참으로 안타깝습니다.

엘리사가 엘리야의 후계자가 된 이후의 사역들을 살펴보면 한 가지 특징이 있습니다. 엘리사가 선지자의 후계자가 되려고 애쓰던 그 목적, 그 목표, 그 계획과는 전혀 다른 행동을 하고 있다는 것입니다. 자기 목표가 있던 사람, 자기 목적이 있던 사람, 자기 계획이 있던 사람은 그 후에도 온통 자기를 위한 일에 몰두하기 마련입니다. 그런데 엘리사가 행한 사역들을 찬찬히 살펴보면 자기를 위한 일들은 거의 없고 모두 주변 사람들을 위해 행한 사역들입니다. 원래 엘리사는 이런 사람이 아니었습니다. 엘리사는 온통 자기 자신에게 집중되어 있던 사람입니다. 자신을 위해 엘리야의 후계자가 되려고 애썼던 사람입니다. 그런데 여호와의 선지자가 되고난 후에는 완전히 달라졌습니다. 하는 일마다 모두 자신을 위한 일이 아니라 주변 사람들, 상대방을 위한 일들뿐입니다. 본문 열왕기하 4장 1절로 7절에서도 엘리사는 죽은 선지자의 아내, 빚 때문에 아들을 빼앗길 상황에 처한 여인을 위해 일을 합니다. 하나하나 살펴보면 모두 동일한 양상입니다.

엘리사가 사역을 행한 것으로 엘리사에게 유익이 된 것이 없습니다. 엘리사가 사역을 통하여 자기의 이득을 취한 것이 없습니다. 엘리사가 이적과 기적을 행함으로 엘리사가 나아진 것이 없습니다. 또 엘리사가 이렇게 백성들을 위한 사역을 행한 것에 대해 하나님께서 상을 내린 것도 없습니다. 성경 어디에도 엘리사의 선한 선지자 사역에 대해 하나님께서 칭찬을 하거나 복을 주시거나 면류관을 주셨다는 언급이 없습니다. 엘리사를 선지자들 중에 최고의 선지자로 선정하지도 않았고, 엘리사의 기념비를 세워주지도 않았고, 대대로 엘리사의 이름을 기억하라고 말씀하지도 않았습니다. 엘리사의 사역이 자신을 위한 것이 아니며, 사역을 통해 자신이 나아진 것이 없으며, 사역의 대가로 상을 받은 것도 없다면 진정 엘리사는 다른 사람들을 위해 사역한 것이 맞습니다. 이것이 어떻게 가능했을까요?

은혜 받은 사람

엘리사의 변화에 대해 상고하면 사람들은 엘리사에게 집중합니다. 그러나 엘리사에게 초점을 맞추면 엘리사의 변화를 이해할 수 없습니다. 성경은 엘리사가 변화하기 위해 어떤 목적을 가졌고, 어떤 노력을 했느냐는 것에 대해 일체 언급하지 않습니다. 대신 성경은 하나님의 일하심을 강조합니다. 하나님께서 엘리사를 받아주셨다는 것입니다. 하나님께서 엘리사에게 은혜를 주셨다는 것입니다. 하나님께서 엘리사를 엘리사 자신이 원한 것보다 더 새로운 존재로 변화시켜 주셨다는 것입니다. 처음에 엘리사는 엘리야가 하늘로 올라간 직후에 자신이 과연 후계자가 되었는지 궁금해서 전혀 필요하지 않은 이적, 자신이나 다른 사람에게도 전혀 유익이 되지 않는 이적인 요단 강을 가르는 행동을 했습니다. 자신이 그런 이적을 행할 수 있다는 사실에 자기 자신도 깜짝 놀랐을 것입니다.

그 후 성읍 사람들이 와서 성읍의 물이 나빠 토산이 익지 못하여 떨어진다는 호소를 들었습니다. 과연 엘리사는 그런 경우에는 새 그릇에 소금을 담아 가져와서 뿌리면 된다는 비법을 알고 있었을까요? 아닙니다. 아주 난감했을 것입니다. 그런데 엘리사가 그 물을 고쳤습니다. 어떻게요? 하나님께서 엘리사에게 말씀하여 주셨기 때문입니다. 그래서 엘리사는 '내가 고친다'고 말하지 않고 하나님이 말씀하신 그대로를 전달해 줍니다. 2장 21절 "여호와의 말씀이 내가 이 물을 고쳤으니 이로부터 다시는 죽음이나 열매 맺지 못함이 없을지니라 하셨느니라"입니다. 이런 과정을 통해 엘리사는 하나님께서 자신을 받아 주셨다는 사실, 하나님께서 자신을 도와주고 계시다는 사실, 자신이 하나님께 과분한 은혜를 받았다는 사실, 자신의 존재와 능력을 넘어서서 너무나 과분하게 하나님께 쓰임받고 있다는 사실을 깨닫게 되는 것입니다.

아주 중요한 것이 바로 이것입니다. 엘리사는 자신이 하나님께 의도한 것보다, 자신이 기대한 것보다, 자신이 계획한 것보다, 자신이 꿈꾸던 것 보다 더 큰 은혜를 받았다는 사실을 깨달았다는 것입니다. 세상 사람들은 온통 자신이 되어야 할 일에 집중하고 있습니다. 성도들조차도 온통 자신이 받을 은혜, 자신이 받을 축복, 자신이 받을 상급에만 집중하고 있습니다. 그런데 엘리사는 '이미' 하나님이 자신에게 과분한 은혜를 주셨고, 넘치는 축복을 받았고, 자신의 행위의 대가와는 비교할 수 없는 어마어마한 은총을 받았다는 것을 깨달은 것입니다. 그래서 더 이상 자기에게 집중하지 않을 수 있었습니다. 이미 자신은 은혜를 받았기 때문입니다. 또한 엘리사는 이적과 기적을 행할 때에 상대방에 대한 일체의 판단이 없고, 질문이 없고, 따지는 것이 없습니다. 본문에 등장하는 선지자의 아내에게도 '도대체 살림을 어떻게 했느냐?', '도와주면 잘 할 수 있느냐?'를 묻지 않습니다. 하나님께서 자신에게 행하신 것처럼 행할 뿐입니다.

새로운 존재

예수님께서 율법사에게 '누가 강도만난 자의 이웃이냐'고 상대방을 기준으로 한 질문을 하셨습니다. 당연히 죄인에게 불가능한 것임을 알고 계셨습니다. 그래서 예수님은 그 불가능을 가능한 것으로 만들기 위해 죄인을 위해 십자가를 지신 것입니다. 그래서 성도는 이미 예수님의 은혜를 받은 분들입니다. 이미 모든 인간의 수고와 노력과 열심을 총동원해도 결코 이루어낼 수 없는 엄청난 축복 즉 죄로부터의 해방과 하나님의 자녀됨, 하나님 나라의 기업을 잇는 자가 되었습니다. 이미 인간이 얻을 수 있는 것 이상의 과분한 은혜를 받았습니다. 동의하십니까? 이렇게 성도는 이미 하나님께 은혜받은 자라는 사실, 과분한 복을 받았다는 사실에 동의하셔야만 주변 사람을 돌아볼 수 있습니다.

기독교에서 '상대방의 기준을 갖는 것, 상대방을 배려하는 것, 남의 입장이 되어 주는 것'은 절대로 상대방을 불쌍히 여기라는 의미가 아닙니다. 만약 상대방을 불쌍히 여긴다면 그것은 매우 교만한 것입니다. 도리어 상대방을 멸시하는 것입니다. 성도는 상대방을 불쌍히 여기는 것이 아니라 자신을 과분하게 여기는 것입니다. 나의 나됨이 전적인 하나님의 은혜이고, 그 은혜가 너무 과분해서 감격하고, 받은 것이 너무 황송해서 어떻게든 주변 사람들에게 나누어 주는 것이 조금이라도 은혜 주신 분에 대한 감사의 표현 같아서 나눠주고 베풀어주는 삶이 가능해 지는 것입니다. 기독교는 앞뒤 없이 무조건 '자신을 버려라', '타인을 위해 살라'고 권면하지 않습니다. 기독교는 먼저 하나님께서 그 사람에게 과분한 은혜를 주십니다. 하나님의 은혜주심을 통하여, 예수 그리스도의 십자가 사역을 통해 죄인을 구원하여 성도로 세워주심을 통하여 드디어 성도가 성도답게 살 수 있는 모든 변화를 만들어 주신 후에 '성도답게 살라'고 권면하십니다.

그러므로 성도가 가장 먼저 알아야 할 것, 언제나 알아야 할 것은 '나를 받아주신 하나님, 나에게 은혜주신 하나님, 하나님의 은혜 받아 새로워진 나의 성도됨'입니다. 성도님들께서는 성경을 통해 하나님을 아시고, 본인의 성도됨을 아셔서, 세상 사람들은 도무지 흉내 낼 수 없는 거룩한 성도의 삶, 하나님의 자녀의 삶, 자유와 평화와 안식과 나눔과 베품의 삶을 풍성히 누려가시기를 주님의 이름으로 축원합니다.

6

평안이니이다

열왕기하 4 : 8 ~ 37

8 하루는 엘리사가 수넴에 이르렀더니 거기에 한 귀한 여인이 그를 간권하여 음식을 먹게
하였으므로 엘리사가 그 곳을 지날 때마다 음식을 먹으러 그리로 들어갔더라 9 여인이 그의
남편에게 이르되 항상 우리를 지나가는 이 사람은 하나님의 거룩한 사람인 줄을 내가 아노
니 10 청하건대 우리가 그를 위하여 작은 방을 담 위에 만들고 침상과 책상과 의자와 촛대를
두사이다 그가 우리에게 이르면 거기에 머물리이다 하였더라 11 하루는 엘리사가 거기에
이르러 그 방에 들어가 누웠더니 12 자기 사환 게하시에게 이르되 이 수넴 여인을 불러오라
하니 곧 여인을 부르매 여인이 그 앞에 선지라 13 엘리사가 자기 사환에게 이르되 너는 그에
게 이르라 네가 이같이 우리를 위하여 세심한 배려를 하는도다 내가 너를 위하여 무엇을 하
랴 왕에게나 사령관에게 무슨 구할 것이 있느냐 하니 여인이 이르되 나는 내 백성 중에 거주
하나이다 하니라 14 엘리사가 이르되 그러면 그를 위하여 무엇을 하여야 할까 하니 게하시
가 대답하되 참으로 이 여인은 아들이 없고 그 남편은 늙었나이다 하니 15 이르되 다시 부르
라 하여 부르매 여인이 문에 서니라 16 엘리사가 이르되 한 해가 지나 이 때쯤에 네가 아들
을 안으리라 하니 여인이 이르되 아니로소이다 내 주 하나님의 사람이여 당신의 계집종을
속이지 마옵소서 하니라 17 여인이 과연 잉태하여 한 해가 지나 이 때쯤에 엘리사가 여인에
게 말한 대로 아들을 낳았더라 18 그 아이가 자라매 하루는 추수꾼들에게 나가서 그의 아버
지에게 이르렀더니 19 그의 아버지에게 이르되 내 머리야 내 머리야 하는지라 그의 아버지
가 사환에게 말하여 그의 어머니에게로 데려가라 하매 20 곧 어머니에게로 데려갔더니 낮
까지 어머니의 무릎에 앉아 있다가 죽은지라 21 그의 어머니가 올라가서 아들을 하나님의
사람의 침상 위에 두고 문을 닫고 나와 22 그 남편을 불러 이르되 청하건대 사환 한 명과 나
귀 한 마리를 내게로 보내소서 내가 하나님의 사람에게 달려갔다가 돌아오리이다 하니 23
그 남편이 이르되 초하루도 아니요 안식일도 아니거늘 그대가 오늘 어찌하여 그에게 나아
가고자 하느냐 하는지라 여인이 이르되 평안을 비나이다 하니라 24 이에 나귀에 안장을 지

우고 자기 사환에게 이르되 몰고 가라 내가 말하지 아니하거든 나를 위하여 달려가기를 멈
추지 말라 하고 25 드디어 갈멜 산으로 가서 하나님의 사람에게로 나아가니라 하나님의 사
람이 멀리서 그를 보고 자기 사환 게하시에게 이르되 저기 수넴 여인이 있도다 26 너는 달려
가서 그를 맞아 이르기를 너는 평안하냐 네 남편이 평안하냐 아이가 평안하냐 하라 하였더
니 여인이 대답하되 평안하다 하고 27 산에 이르러 하나님의 사람에게 나아가서 그 발을 안
은지라 게하시가 가까이 와서 그를 물리치고자 하매 하나님의 사람이 이르되 가만 두라 그
의 영혼이 괴로워하지마는 여호와께서 내게 숨기시고 이르지 아니하셨도다 하니라 28 여인
이 이르되 내가 내 주께 아들을 구하더이까 나를 속이지 말라고 내가 말하지 아니하더이까
하니 29 엘리사가 게하시에게 이르되 네 허리를 묶고 내 지팡이를 손에 들고 가라 사람을 만
나거든 인사하지 말며 사람이 네게 인사할지라도 대답하지 말고 내 지팡이를 그 아이 얼굴
에 놓으라 하는지라 30 아이의 어머니가 이르되 여호와께서 살아 계심과 당신의 영혼이 살
아 계심을 두고 맹세하노니 내가 당신을 떠나지 아니하리이다 엘리사가 이에 일어나 여인을
따라가니라 31 게하시가 그들보다 앞서 가서 지팡이를 그 아이의 얼굴에 놓았으나 소리도
없고 듣지도 아니하는지라 돌아와서 엘리사를 맞아 그에게 말하여 아이가 깨지 아니하였나
이다 하니라 32 엘리사가 집에 들어가 보니 아이가 죽었는데 자기의 침상에 눕혔는지라 33
들어가서는 문을 닫으니 두 사람 뿐이라 엘리사가 여호와께 기도하고 34 아이 위에 올라 엎
드려 자기 입을 그의 입에, 자기 눈을 그의 눈에, 자기 손을 그의 손에 대고 그의 몸에 엎드
리니 아이의 살이 차차 따뜻하더라 35 엘리사가 내려서 집 안에서 한 번 이리 저리 다니고
다시 아이 위에 올라 엎드리니 아이가 일곱 번 재채기 하고 눈을 뜨는지라 36 엘리사가 게하
시를 불러 저 수넴 여인을 불러오라 하니 곧 부르매 여인이 들어가니 엘리사가 이르되 네 아
들을 데리고 가라 하니라 37 여인이 들어가서 엘리사의 발 앞에서 땅에 엎드려 절하고 아들
을 안고 나가니라

누구처럼 될 것인가

사람들의 생활

사람들은 누구처럼 되고 싶다는 로망을 가지고는 있지만 정작 그 사람의 생애 전체에 대해서 알기보다는 자신이 관심 갖고 있는 그 장면만 알고 있는 경우가 많습니다. 아브라함에 대해서는 이삭을 바친 사건을 알고 있습니다. 그래서 아브라함이 아들을 바칠 만큼 믿음이 좋았으니 처음부터 믿음이 좋은 줄로 착각하고, 그렇게 믿음이 좋아서 하나님께 선택되었다는 말도 안 되는 주장이 등장하게 되는 것입니다. 모세나 다윗에 대해서는 출

생에 관한 이야기부터 시작해서 죽는 모습까지 성경에 나옵니다. 그래서 그나마 그의 생애를 관찰할 수 있습니다. 그러나 대부분의 경우는 출생이나 성장과정이 없습니다. 어느 날 불쑥 그냥 하나님의 사람으로 등장합니다. 그가 어떤 사람이었는지, 믿음이 있었는지 없었는지 도무지 확인할 근거가 없는 경우가 태반입니다. 엘리사의 경우도 선지자가 되기 전에 어디 있었는지, 무엇을 했는지 전혀 알 수 없습니다. 선지자가 된 근거, 동기, 조건이 무엇인지 일체 언급이 없습니다.

또 하나 특이한 것은 성경에 나오는 유명한 사람들이 사역을 행한 대가로 상을 받은 적이 거의 없다는 것입니다. 모세가 출애굽을 행한 보상으로 가나안에 들어가거나, 가나안에서 가장 좋은 땅을 차지한 적이 없습니다. 여호수아가 가나안 정복 전쟁에서 세운 공로로 기념비를 세우거나 별도의 전리품을 부상으로 받은 적이 없습니다. 사람들은 다윗은 왕이 되었으니 엄청난 축복을 받은 것이 아니냐고 생각합니다. 전혀 아닙니다. 왜냐하면 다윗은 처음부터 왕이 될 것으로 기름부음을 받았습니다. 그러므로 다윗이 왕이 된 것은 상을 받은 것이 아니라 그냥 원래 부름 받은 대로 된 것뿐입니다. 왕이 된 것 말고는 다른 것이 없습니다. 도리어 다윗은 왕이 되는 과정이 흥미진진했지 정작 왕이 되고난 후에는 별로 평탄하지 않았습니다. 이복남매들 간에 간음사건이 발생하고, 그로인해 이복형제들 간에 살인사건이 발생하고, 심지어는 아들에 의해 반란이 일어나고, 아들이 아비의 후궁을 취하는 패륜적 사건이 일어나고, 본인도 남의 부인을 취했다가 호되게 고생하는 등 다윗의 말년은 도무지 복을 받은 사람의 삶이라고 표현할 수 없을 정도입니다.

엘리야와 엘리사의 삶도 마찬가지입니다. 우선 엘리야의 경우 다양한 활약상이 소개되어 있습니다. 그런데 그것뿐입니다. 다양한 활약을 한 결과 무슨 상을 받았다는 내용이 없습니다. 어떤 삶을 살았는지도 나오지 않습니다. 아내는 있었는지, 자식들은 있었는지, 집이라도 있었는지, 말년에는 은퇴해서 여유로운 시간을 보냈는지 알 수 없습니다. 물론 엘리야는 어느 날 회오리바람을 타고 하늘로 올라갔습니다. 여러분, 그 장면이 부러우십니까? 대부분의 사람은 부러워하지 않습니다. 성도님들은 엘리야는 좋겠다고 말하면서도 정작 본인도 오늘 당장 하늘로 올라가면 좋겠냐고 물어보면 선뜻 대답하지 않습니다. 천국이 좋다고, 하늘나라가 좋다고 말하면서도 예수님이 언제 재림하면 좋겠냐고 물어보면 천천히 오시면 좋겠다고 대답하는 사람이 많습니다.

하나님께서 상을 주는데 인색하다는 의미가 아니라, 하나님과 인간의 관계는 인간이 하나님의 일을 대행하거나, 하나님을 위해서 일을 하는 방식이 아니며, 응분의 보상이 필요한 거래가 아니라는 의미입니다. 죄인이 하나님과 함께 한다는 것 자체, 죄인이 하나님의 사역에 동참한다는 것 자체가 이미 영광이요 존귀함을 얻은 것입니다.

엘리사, 아합의 후손들

엘리사의 경우도 마찬가지입니다. 엘리사는 거의 과로수준에 해당할 만큼 사역을 많이 합니다. 엘리야의 후계자가 되는 2장부터 죽는 13장까지 거의 쉴 틈이 없습니다. 개인이면 개인, 나라면 나라의 많은 문제들을 해결해 주기 위해 엘리사는 말 그대로 불철주야 일을 했습니다. 여유롭고 편안한 시간을 보낼 수가 없었습니다. 게다가 13장 14절에 의하면 엘리사는 말년에 죽을 병에 걸립니다. 이렇게 화려한 사역을 행한 후 허망하게 죽을 바에야 저는 엘리사처럼 되기를 절대로 소망하지 않을 것입니다. 이런 말씀을 드리는 이유는 성경은 단지 '하나님께 충성하면 복 받는다, 하나님께 헌신하면 상 받는다, 하나님의 사역에 열심을 내면 면류관을 받는다'는 내용이 아니라는 것을 설명 드리려는 것입니다.

엘리사가 활동하던 시대의 왕이 여호람이었습니다. 여호람의 아버지는 아합입니다. 북 이스라엘에는 총 아홉 개 왕조가 등장하는데 네 번째 왕조가 오므리 왕조입니다. 쿠데타로 세워진 왕조입니다. 이스라엘의 네 번째 왕 엘라가 이년 동안 통치하는데 군 지휘관 시므리가 반란을 일으켜서 칠일 동안 왕으로 다스리고 있었습니다. 왕이 된지 불과 칠일 만에 백성들이 시므리를 모반하여 죽이고 군대 지휘관으로 있던 오므리를 왕으로 삼았습니다. 오므리는 남이 벌인 쿠데타를 통해 어부지리를 한 셈입니다. 오므리의 아들이 유명한 아합이고, 아합이 죽은 후에 아합의 아들 아하시야가 왕위에 올랐는데 이년 만에 병들어 죽었고, 아합의 다른 아들인 여호람이 왕위를 이어받았습니다. 지금 소개한 네 명 즉 오므리, 아합, 아하시야, 여호람이 오므리 왕조의 왕들입니다. 이 사람들은 여호와를 믿은 적도 없습니다. 여호와의 일에 충성한 적도 없습니다. 하나님께 상 받을 만한 일을 한 적도 없습니다. 그런데 왕이 되었고, 사대에 이어 왕권을 유지하고 총 48년간 이스라엘을 통치합니다.

오므리 왕조와 엘리야, 엘리사를 비교하면 이야기가 참 이상해집니다. 어부지리로 왕이 되어서, 의도적으로 하나님을 거부하고, 작심하고 바알과 아세라를 섬기는데도 나라가 부강하고 왕권이 강합니다. 심지어는 나라가 약해져서 아람과 모압과 전쟁을 치르게 될 때에도 한 번도 회개를 하거나 하나님께 구하지 않았는데 하나님께서는 자그마치 세 번, 네 번에 걸쳐서 전쟁에서 이기게 해 주십니다. 도대체 은혜 받을 만한 일을 한 적이 없고, 평범한 삶을 살기는커녕 작정하고 여호와의 선지자들을 찾아 죽이고, 하나님의 은혜를 받은 후에도 전혀 개선의 조짐이 보이지 않았는데도 하나님은 계속 도와주셨습니다. 여러분은 엘리야나 엘리사 하시겠습니까 아니면 오므리 왕조하시겠습니까?

열왕기하 4장에 엘리사의 활약이 소개되는데 이 시대에 아합의 부인이었던 이세벨이 살아있을까요 죽었을까요? 아합은 이미 전쟁터에서 어떤 궁수가 우연히 쏜 화살에 재수 없이 맞아 죽었습니다. 사실 이스라엘이 바알과 아세라를 섬기게 한 장본인은 아합이기보다는 아합의 부인 이세벨이었습니다. 그럼에도 불구하고 이세벨이 하나님께 벌 받은 것이 없습니다. 남편 아합이 죽었지만 이세벨은 멀쩡히 살아 있습니다. 심지어는 아합의 아들 아하시야도 병들어 죽었는데 이세벨은 여전히 살아있고, 다른 아들 여호람이 왕이 되었을 때에도 이세벨은 살아 있습니다. 어디에 살고 있습니까? 여전히 왕궁에 살면서 호의호식을 누리고 있습니다. 여러분은 엘리사의 부인하시겠습니까 아니면 아합의 부인하시겠습니까?

직면한 문제들

과부 이야기

열왕기하 4장에는 네 건의 기적이야기가 등장합니다. 네 건 모두 어떤 사람이 문제 상황에 직면해 있을 때 우리의 해결사 엘리사가 해결해준 이야기들입니다. 먼저 1절로 7절에는 선지자의 제자의 부인이야기가 나옵니다. 어떻게 된 일인지 남편이 죽었습니다. 그런데 더 황당한 것은 빚을 많이 져서 빚 준 사람이 두 아이를 데려다가 종 삼으려 한다는 것입니다. 이 과부가 엘리사를 찾아와서 도움을 청했고 엘리사는 아주 희한한 이야기를 합니다. 3절 "이르되 너는 밖에 나가서 모든 이웃에게 그릇을 빌리라 빈 그릇을 빌리되 조금 빌리지 말고"입니다. 이 순간 과부의 심정이 어떠했을 것 같습니까? 아마 빌리는 데는 넌더리가 난다고 했을 것입니다. 아들이 잡혀갈 정도로 빚을 졌다면 그 동안 이집에서 빌리고 저집에서 빌리고, 돈도 빌리고 양식도 빌리고 참 많이 빌렸을 것입니다. 요즘에는 왕창 빚을 지기도 하지만 예전에는 빚이라는 것이 어느 순간에 확지는 것이 아니라 조금 조금씩 쌓이는 것이었습니다.

다른 방법도 있었을 텐데 굳이 빌리라고 한 것이 조금 특이합니다. 여하튼 과부는 달리 대책이 없으니 엘리사가 시키는대로 그릇을 빌렸고, 빌린 그릇에 기름을 부어서 채웠습니다. 상황이 종료된 후에 7절 "그 여인이 하나님의 사람에게 나아가서 말하니 그가 이르되 너는 가서 기름을 팔아 빚을 갚고 남은 것으로 너와 네 두 아들이 생활하라 하였더라"입니다. 어떤 분들이 이 본문을 가지고 '순종'이라는 설교를 하기도 합니다. 여인이 듣기에 말도 안 되는 소리, 기름병에서 계속 기름이 나온다는 엉터리 같은 소리에도 불구하고 여인은 그저 선지자가 시키는 대로 했다는 것입니다. 이렇게 순종할 때 기적이 일어나고, 이렇게 순종할 때 역사가 일어난다고 말하기도 합니다. 이렇게 말이 안 되는 소리를 믿는 것이 진짜 믿음이라고 주장하기도 합니다. 그런 말이 진짜 말이 안 되는 말입니다.

그러면 이 여인이 빚을 진 것은 순종하지 않아서 진 것입니까? 그동안 믿음이 없고 순종하지 않아서 빚을 졌다가 갑자기 엘리사의 말을 듣는 순간 믿음이 용솟음치고 저절로 순종이 되는 변화가 일어난 것입니까? 과부의 이야기가 7절까지만 나오는데 그 다음엔 어떻게 되었을까요? 아마 기름을 팔아서 빚을 갚았을 것이고 남는 것으로 생활비에 보탰을 것입니다. 그 다음엔 어떻게 되었을까요? 기름 팔은 돈이 평생 먹고 살만큼 풍성했을까요? 설령 그렇게 돈이 많이 남았다고 하더라도 과연 그 과부와 두 아들은 더 이상은 아무런 문제없이 마냥 즐겁게 살았을까요?

선지자의 제자들 이야기

38절로 41절에는 길갈에 있는 선지자의 제자들에 관한 이야기가 나옵니다. 길갈이라는 지역에 흉년이 들었고 선지자의 제자들이 함께 모여 있을 때 한 사람이 들에서 들호박을 따와서 국 끓이는 솥에 넣어 끓여서 요리를 했습니다. 그런데 40절 "이에 퍼다가 무리에게 주어 먹게 하였더니 무리가 국을 먹다가 그들이 외쳐 이르되 하나님의 사람이여 솥에 죽음의 독이 있나이다 하고 능히 먹지 못하는지라"입니다. 이 사람들에게는 왜 이런 일이 생기는 것일까요? 일반인도 아니고 선지자의 제자들이고 특별히 악을 행하거나 불순종한 것 같지도 않습니다. 흉년이 들어서 먹을 것이 없다면 엘리사가 기름병을 가지고 이적을 일으키면 그것을 팔아서 식량을 사먹을 수 있을 것입니다. 과연 엘리사는 어떻게 했을까요? 41절 "엘리사가 이르되 그러면 가루를 가져오라 하여 솥에 던지고 이르되 퍼다가 무리에게 주어 먹게 하라 하매 이에 솥 가운데 독이 없어지니라"입니다. 어머? 그냥 이게 전부입니까? 이것도 기적이라고 해야 합니까? 메뉴를 바꿔준 것도 아니고, 양식이 늘어나게 해 준 것도 아니고 그냥 들호박 죽 그대로입니다.

만약 제가 그 자리에 있는 선지자의 제자들 중에 하나였다면 참으로 억울해 했을 것입니다. 먹을 수 없는 것을 먹게 해 주었으니 고맙기는 한데 기적이라고 하기에는 너무 허접합니다. 차라리 호박죽을 안 먹고 그 기적은 없었던 것으로 하고 다음에 조금 더 나은 기적을 해달라고 요청하고 싶습니다. 신앙생활하면서 그런 생각이 들은 적이 있습니다. 하나님께 은혜 받을 조커가 하나 있는데 하찮은 일에 사용되면 감사한 생각보다는 서운한 생각이 더 큰 경우가 있습니다. 제가 신앙생활하면서 이 본문을 가지고 순종하면 하나님께 복을 받는다고 설교하는 분을 못 봤습니다. 왜냐하면 못 먹는 국을 먹을 수 있게 된 것 정도로 복을 받았다고 말하기가 아무래도 너무 약하다고 여겼기 때문일 것입니다. 그 다음엔 어떻게 되었을까요? 이제부터는 먹고 생활하는데 별 어려움이 없었을까요? 그 땅에 흉년이 있었다고 했습니다. 한 끼 때운다고 다가 아닙니다. 호박죽을 팔아서 다음 끼니를 준비할 수 있는 것도 아닙니다. 곧바로 다음 끼니가 대책이 없었을 것입니다. 은혜 받은 즐거움이 한 나절도 못 갔을 것입니다.

42절로 44절에도 기적이야기가 등장합니다. 복음서에 오병이어와 칠병이어가 있다면 예언서에는 이 이야기가 있습니다. 42절 "한 사람이 바알 살리사에서부터 와서 처음 만든 떡 곧 보리떡 이십 개와 또 자루에 담은 채소를 하나님의 사람에게 드린지라 그가 이르되 무리에게 주어 먹게 하라 그 사환이 이르되 내가 어찌 이것을 백 명에게 주겠나이까 하나 엘리사는 또 이르되 무리에게 주어 먹게 하라 여호와의 말씀이 그들이 먹고 남으리라 하셨느니라 그가 그들 앞에 주었더니 여호와께서 말씀하신 대로 먹고 남았더라" 입니다. 보리떡 다섯 개와 물고기 두 마리를 '오병이어'라고 하고, 보리떡 일곱 개와 물고기 두 마리를 '칠병이어'라고 한다면 보리떡 이십 개와 채소 한 자루는 뭐라고 해야 합니까? '이십병 채한자'라고 해야 합니까?

이 사건이 바로 앞의 사건과 연결된 것인지 분리된 것인지는 알 수 없습니다. 만약 연결된 사건이라면 천만 다행으로 호박죽을 먹은 사람들에게 다음 끼니를 해결할 수 있도록 보리떡과 채소가 제공된 것입니다. 그 다음은 어떻게 되었을까요? 44절에 보면 '먹고 남았더라'로 되어 있으니 아마 남은 것으로 그 다음 끼니는 해결 했을 수도 있겠습니다. 그 다음은 어떻게 되었을까요? 저와 여러분이 관심을 갖는 것은 과연 성경은 당면한 문제를 해결하는 것에 초점이 맞추어져 있느냐는 것입니다. 그저 그때그때 당한 문제를 해결하면 되고, 그 해결 방법으로 성경이 순종이라고 가르치고 있느냐는 것입니다.

수넴 여인 이야기

8절부터 37절에는 수넴에 사는 여인의 이야기가 등장합니다. 이 여인이 나름 매우 바람직한 중년 여인이었던 것 같습니다. 8절에 '귀한 여인'이라고 소개를 하고, 엘리사가 요청하지 않았는데도 스스로 엘리사의 사정을 배려하여 자신의 집에 숙소를 마련하는 것으로 보아 형편이 어느 정도 여유가 있어 보입니다. 게다가 도움을 받은 엘리사가 필요한 것이 있으면 도와주겠다고 제안할 때에도 요청하는 것이 없습니다. 여인과 엘리사를 비교해 볼 때 어느 모양으로 봐도 여인이 조금 더 넉넉한 것 같습니다. 성경에 등장하는 사람이 대부분 힘들고 어려운데 수넴 여인은 보기 드문 경우입니다. 연령대도 중년이 분명합니다. 14절 끝에 '이 여인은 아들이 없고 그 남편은 늙었나이다'라고 소개가 되고 있고, 엘리사가 그 집에 아들이 있을 것을 예언하자 그 여인이 16절에서 '내 주 하나님의 사람이여 당신의 계집종을 속이지 마옵소서'라고 합니다. 본인도 자신이 자식을 얻을 수 없는 나이임을 분명하게 인정하고 있습니다. 여기까지가 성경이 이 여인에 대해 소개하는 내용입니다.

여인이 저와 여러분의 예상을 깨는 것이 있습니다. 대체적으로 삶의 형편은 괜찮은 것 같은데 결정적인 부족함이 하나 있는데 바로 자식이 없다는 것입니다. 지금도 그렇습니다만 특히 당시의 사고방식에 근거할 때 자식이 없다는 것은 매우 불행하다고 느낄 수 있는 요소입니다. 성경에 나오는 많은 여인들이 자식이 없는 것에 대해 매우 불평을 했고, 자식을 얻으려고 다양한 시도를 하는 것을 발견할 수 있습니다. 대표적으로 아브람의 부인 사라와 엘가나의 부인 한나입니다. 사라는 하나님께 아들을 얻을 것이라는 약속을 받았음에도 불구하고 자신이 점점 나이가 들어가면서 아들이 없자 스스로 후처를 들이기도 합니다. 자신의 경수가 끊어진 후에야 하나님께서 '다음 해에 아들을 얻는다'고 지명해서 말씀을 하시니까 하나님을 비웃기까지 했습니다.

한나는 아들을 얻기 위해서 집안의 분란을 불사했습니다. 또 다른 아내인 브닌나가 한나를 격분시키기도 했지만, 한나는 자식도 없으면서 분깃은 두 배로 받아서 브닌나를 불편하게 했고, 매일 울어대면서 남편을 힘들게 했습니다. 아이를 낳으면 아이를 하나님께 바치겠다고 남편의 의견도 묻지 않고, 아이의 의견을 묻지도 않고 일방적으로 서원을 해버리기도 했습니다. 이런 성격이었으니 자식없는 것에 대해 어지간히도 불평을 해대며 남편을 닦달을 하고 가정의 분란을 일으켰습니다. 그만큼 자식은 가정의 중요한 요소였던 것입니다.

그런데 이 수넴 여인은 집에 자식이 없음에도 불구하고 일체의 불만이 없습니다. 엘리사가 자식을 준다고 해도 썩 반가워하지 않습니다. 엘리사의 능력을 무시하는 것이 아니라 아들이 있어야만 한다고 생각하지 않는 것 같습니다. 이 여인은 다른 것이 다 갖추어졌지만 아들이 없어서 불행한 삶을 살고 있는 것이 아니라 사람들이 가장 중요시 여기는 아들이 없을지라도 전혀 불평불만을 하지 않으며 살아가고 있는 중입니다. 17절을 보면 "여인이 과연 잉태하여 한 해가 지나 이 때 쯤에 엘리사가 여인에게 말한 대로 아들을 낳았더라" 입니다. 기이하게도 정작 당사자는 간구하지도 않았는데 엘리사가 억지를 부려서 그 가정에 아들이 생겼습니다. 이런 아들을 늦둥이라고 하고 다른 말로 복덩이라고 합니다. 과정이야 어찌되었든 결론은 그 가정에 아들이 생겼습니다. 그럼 이제 그 가정은 어떻게 되었을까요? 원래도 부족함이 없는 가정이었는데 예상치도 못했던 아들이 생겼으니 그 가정은 날마다 웃음이 끊이지 않으며 행복했을까요?

평안하냐, 평안하냐, 평안하냐

평안하냐

세월이 흐르고 아이가 자랐습니다. 그리고 이 가정의 상황이 급변합니다. 중간 생략하고 20절에서 아이가 어머니의 무릎에서 죽습니다. 이런 것을 '청천벽력' 이라고 합니다. 자식이 없이도 평안히 살던 집이었습니다. 늦둥이가 생겨서 복덩이라고 생각했는데 마른하늘에 날벼락이 내리치는 것처럼 갑자기 아이가 죽었으니 그 실망과 좌절감은 가히 상상을 초월할 것입니다. 본문에 등장하는 아이의 어머니는 곧바로 엘리사를 찾아갑니다. 그런데 이 여인의 태도가 또 저와 여러분의 예상과 완전히 다릅니다. 여인은 울지도 않습니다. 왜 선지자를 찾아가느냐고 묻는 남편에게는 '평안입니다' 라고 대답을 하기 까지 합니다. 이 여인이 아들을 사랑하지 않는 것이 아닙니다. 감정이 메말라 있는 것도 아닙니다. 분명히 아들이 죽자마다 엘리사를 찾아가고, 이후에 엘리사를 만나서 절대로 엘리사로부터 떨어지지 않는 모습을 보면 분명히 아들을 살리려는 의지가 있습니다.

엘리사가 멀리서 여인이 오는 것을 보고 사환을 보내면서 26절 "너는 평안하냐 네 남편이 평안하냐 아이가 평안하냐"고 묻습니다. 이때에도 여인의 대답은 '평안하다'입니다. 아직 아이가 살아난 것이 아닙니다. 문제가 해결된 것이 아닙니다. 그런데 대답이 너무나 담대하게 '평안하다'입니다. 도대체 이 여인의 모습을 어떻게 설명해야 하고, 도대체 성경에 그것도 열왕기하 4장에, 그것도 앞과 뒤에 선지자의 제자들의 이야기가 나오는 그 중간에 왜 이 이야기가 기록되어 있을까요? 이 여인이 엘리사를 만나서 하는 말이 28절입니다. "여인이 이르되 내가 내 주께 아들을 구하더이까 나를 속이지 말라고 내가 말하지 아니하더이까 하니"입니다. 28절은 현재의 상황을 불평하는 것이 아니고, 엘리사를 원망하는 말이 아닙니다. 만약 이 장면이 불평이나 원망이라면 여인은 이렇게 초연한 태도로 엘리사를 찾아와서 말할 수 없습니다. 이미 아들이 죽는 순간부터 대성통곡을 하고, 자기 혼자 오는 것이 아니라 남편과 식구들을 총동원해서 왔을 것이고, 절대로 '평안'이라는 말을 입에 담지 않았을 것입니다.

그런데 여인은 집에서 출발 할 때부터 '평안이니이다'라고 말했고, 엘리사가 질문할 때에도 '평안하다'고 대답했습니다. 그렇게 대답을 하고 엘리사에게 도움을 청하는 것이 아니라 정당하게 요구하는 것입니다. 여인은, 자신은 원래 평안했다는 것입니다. 삶에 무엇인가가 부족하다고 느껴서 엘리사에게 도움을 청한 적이 없습니다. 도리어 엘리사가 아들을 준다고 말하는 것이 자신을 속이는 것이라고 말했었습니다. 엘리사가 아들을 줄 수 없으면서 아들을 줄 수 있을 것처럼 거짓말을 했다는 것이 아니라 여인의 삶이 아들이 없는 것보다 있는 것이 좋다는 식으로 말하는 것이 여인의 생각, 여인의 삶을 현혹시키는 것이라고 따졌던 것입니다. 그런데 그 가정에 아들이 생겼고 지금 그 아들이 죽었습니다. 만약 아들이 죽는 것으로 상황이 종료된다면 엘리사가 이 가정에 분란을 일으킨 것이요, 엘리사가 이 여인의 삶을 잘못 인도한 것이 된다고 주장하는 것입니다. 그러면서 자신은 평안하다고 말합니다. 무슨 말입니까?

여인과 남편은 이미 나이가 들어서 아이를 가질 수 없었습니다. 그런데 엘리사가 아들을 주겠다고 말을 했고, 엘리사의 말대로 아들이 생겼습니다. 이 가정에 아들이 생긴 것은 남편과 여인의 힘과 노력의 결과가 아닙니다. 전적으로 엘리사의 계획, 엘리사의 말대로 되었습니다. 그렇다면 자신들에게 없는 것을 줄 수 있었다면 지금 다시 자신들에게 없는 것을 있게 할 수 있다는 것입니다. 그렇게 할 수 있으니 그렇게 하라는 것입니다. 여인은 그것을 알고 있으니 '평안하다'라고 말할 수 있다는 것입니다. 그렇게 하지 않으면 엘리사가 자신을 속인 것이 된다는 주장입니다. 그리고 이야기의 끝은 과연 여인의 정당한 주장대로 이루어집니다. 그래서 아이는 살아나고 여인은 아들을 안고 유유히 사라집니다. 성경에는 이 여인에 대한 평가가 없어서 제가 예수님 흉내를 내 보겠습니다. '성경에서 이만한 믿음을 만나보지 못하였도다!' 입니다.

이야기의 배열

설교를 준비하면서 아주 어이없는 설명을 읽었습니다. 어떤 여인에게 아들이 있었는데 그 아들이 죽었다가 선지자에 의해서 살아나는 이야기는 열왕기상에도 있었습니다. 열왕기상 17장에 엘리야가 사르밧 과부의 집에 거할 때에 그 집의 아들이 죽었습니다. 엘리야가 그 아들을 살렸는데 성경에 기록되기를 21절에 "그 아이 위에 몸을 세 번 펴서 엎드리고 여호와께 부르짖어 이르되 내 하나님 여호와여 이 아이의 혼으로 그의 몸에 돌아오게 하옵소서" 입니다. 열왕기하 4장에서 엘리사를 공궤하던 여인의 아들도 죽었습니다. 이번에는 엘리사가 그 아이를 살렸는데 34절을 보면 '아이 위에 엎드리고' 35절에 '다시 아이 위에 올라 엎드리니'로 두 번 엎드렸더니 아이가 살아났습니다. 그래서 어떤 분이 설교하기를 엘리야는 세 번을 엎드려서 살렸는데 엘리사는 두 번을 엎드려서 살렸으니 과연 엘리사가 엘리야보다 영감을 갑절이나 받은 것이 분명하다고 했습니다. 이 정도 되면 어이가 없는 정도가 아니라 아예 뇌가 없는 수준입니다.

성경은 엘리야와 엘리사를 경쟁시키지 않습니다. 그렇다고 수넴의 여인을 믿음의 모범으로, 우리 신앙의 모델로 소개하는 것도 아닙니다. 성경이 저와 여러분에게 신앙에 대해 가르쳐 줄때에는 두 가지 유형이 있습니다. 시대에 따라 구분이 될 수 있습니다. 하나는, 하나님이 어떤 사람을 선택해서 그 사람을 통해 일하시는 모습을 보여주는 것입니다. 성경에 나오는 가장 전형적인 계시의 방법이고, 이런 장면은 주로 성경의 전반부에 나옵니다. 하나님을 아는 사람이 없을 때 샘플을 통해 알려주는 방식입니다. 다른 하나는 성경의 중간 이후부터 나오는 방식인데, 하나님을 이미 배웠으나 여전히 하나님을 잘 모르는 사람들에게 사용하는 방식입니다. 즉 충분히 하나님을 알 만한 사람들과 비교해서 하나님을 알지 못할 것으로 예상되는 사람들이 도리어 하나님을 아는 모습을 보여줌으로, 하나님을 알고 있어야 하는 사람들을 부끄럽게 만드는 방식입니다.

예를 들면, 요한복음 3장에 유대교 관원인 니고데모가 나와서 예수님과 대화를 하는데 거듭남에 대해서 전혀 알아듣지 못합니다. 그래서 예수님께서 대놓고 '너는 이스라엘의 선생으로서 이러한 것들을 알지 못하느냐'고 말씀하시기도 합니다. 그리고 이어서 요한복음 4장에는 사마리아에 사는 남편이 없는 여인이 등장해서 예수가 그리스도이심을 알아봅니다. 유대교 관원인 남자도 알아보지 못한 예수를 사마리아의 여인이 알아본 것입니다. 이렇게 해서 유대교의 신앙이 얼마나 어리석은가를 간접적으로 조롱하는 것입니다. 하나 더 말씀드리자면, 누가복음 18장에 부자 관리가 와서 무엇을 하여야 영생을 얻느냐고 묻습니다. 예수께서 계명을 지키라고 하자 본인은 어려서부터 율법을 다 지켰다고 합니다. 다시 예수께서 '네게 있는 것을 다 팔아 가난한 자들에게 나눠 주라'고 말씀하시자 그가 근심하여 갔습니다. 그리고 이어서 누가복음 19장에 사람들에게 비난받던 삭개오가 등장합니다. 예수께서 그 집에 유하겠다는 말씀을 듣자마다, 자원하여 '내 소유의 절반을 가난한 자들에게 주겠사오며 만일 누구의 것을 속여 빼앗은 일이 있으면 네 갑절이나 갚겠나이다'라고 합니다. 그러자 예수께서 '오늘 구원이 이 집에 이르렀도다'고 하십니다. 18장의 관리와 19장의 세리가 완벽하게 대조가 되면서, 유대교 관리의 신앙이 얼마나 엉터리이고, 그가 계명을 지켰다는 주장이 얼마나 허무맹랑한 말인가를 비웃는 것입니다.

이와 동일한 문학적 구조가 열왕기하 4장에도 적용되는 것입니다. 열왕기하 4장만 놓고 보면 총 네 건의 이적과 기적 사건이 나오는데 수넴 여인 이야기를 중앙에 놓고 앞에 여호와의 선지자의 부인 사건, 뒤에 여호와의 선지자의 제자들 사건을 배열해 놓았습니다. 여호와의 선지자의 제자들과 평범한 여인을 비교한다면 당연히 선지자의 제자들이 하나님을 잘 알고 믿음의 모습을 보여줄 것으로 기대가 됩니다. 그런데 실제로는 선지자의 제자들은 문제에 직면하여 믿음의 모습을 보여주지 못합니다. 반면에 전혀 예상치 못한 수넴 여인은 매우 신실한 믿음의 모습을 보여줍니다. 다음 장에서는 더욱 극명한 사례가 등장합니다. 열왕기하 5장을 살펴볼 텐데 이스라엘 사람도 아닌 이방인, 이방인 중에서도 나병환자가 와서 대단한 활약을 합니다.

삶의 문제

이제 마지막으로, 세 번의 사건을 설명하면서 계속 했던 질문으로 그 다음에는 문제가 없었느냐는 것이었습니다. 수넴 여인의 이야기에도 똑같은 질문을 던져야 합니다. 여인의 아들이 죽는 매우 난처한 상황을 맞이했었습니다. 다행스럽게도 엘리사를 통해 아이가 살아났고 여인은 아들을 안고 집으로 돌아갔습니다. 그 다음은 어떻게 되었을까요? 두 번 다시 아이가 아프지도 않고 죽지도 않았을까요? 그 집에는 늘 좋은 일만 있었을까요? 아마 그렇지 않았을 것입니다. 그렇다면 열왕기하 4장에 등장하는 모든 사건들은 무엇을 말하려고 하는 것일까요? 문제 상황을 타개하는 비법을 알려주는 것일까요? 선지자의 제자들처럼 순종하라고 강조하는 것일까요? 수넴 여인같은 담대함을 가지라고 권면하는 것일까요?

만약 성경의 이야기들이 직면한 문제들을 풀어주는 하나님의 이적을 소개하는 것이 전부라면 굳이 신약이 있을 이유가 없고, 예수님의 이야기도 필요가 없습니다. 구약의 허다한 이적 이야기가 있듯이, 복음서에서 예수님이 직문한 문제를 해결하는 많은 이적 이야기가 있습니다. 하지만 구약에서 하나님이나 복음서에서 예수님은 직면한 문제를 해결해 준 후에 '다 이루었다'고 말씀하시지 않았습니다. 왜냐하면 본질적인 문제가 남아있기 때문입니다. 그래서 예수님은 인간의 가장 본질적 문제인 죄를 해결하기 위해 십자가를 지셨고, 죄를 이기신 후에, 죄인을 구원하신 후에, 성도들을 향해 가장 먼저 질문하신 것이 '평안하냐?'였습니다. 즉 직면한 문제가 해결되면 평안한 것이 아니라 죄가 해결되어야 평안한 것입니다. 살다보면 이런 저런 일이 일어납니다. 그것은 고난이 아니고 시험이 아니고 문제가 아닙니다. 살아가는 모습이고, 하나님의 은혜를 체험할 수 있는 귀한 현장입니다.

성도는 상황을 바라보는 인식, 상황을 판단하는 인식이 죄의 기준이 아니라 하나님의 기준을 가진 사람이며, 이미 죄를 이긴 사람으로 어떤 상황에 처할지라도 기뻐하며 감사하며 하나님의 분복을 누릴 수 있는 사람이 된 것입니다. 한 주간도 하나님의 은혜를 만끽하는 신나고 즐겁고 행복한 삶 되시기를 주님의 이름으로 축원합니다.

7

내 생각에는

열왕기하 5 : 1 ~ 19

1 아람 왕의 군대 장관 나아만은 그의 주인 앞에서 크고 존귀한 자니 이는 여호와께서 전에
그에게 아람을 구원하게 하셨음이라 그는 큰 용사이나 나병환자더라 2 전에 아람 사람이 떼
를 지어 나가서 이스라엘 땅에서 어린 소녀 하나를 사로잡으매 그가 나아만의 아내에게 수
종들더니 3 그의 여주인에게 이르되 우리 주인이 사마리아에 계신 선지자 앞에 계셨으면 좋
겠나이다 그가 그 나병을 고치리이다 하는지라 4 나아만이 들어가서 그의 주인께 아뢰어 이
르되 이스라엘 땅에서 온 소녀의 말이 이러이러하더이다 하니 5 아람 왕이 이르되 갈지어다
이제 내가 이스라엘 왕에게 글을 보내리라 하더라 나아만이 곧 떠날새 은 십 달란트와 금 육
천 개와 의복 열 벌을 가지고 가서 6 이스라엘 왕에게 그 글을 전하니 일렀으되 내가 내 신하
나아만을 당신에게 보내오니 이 글이 당신에게 이르거든 당신은 그의 나병을 고쳐 주소서
하였더라 7 이스라엘 왕이 그 글을 읽고 자기 옷을 찢으며 이르되 내가 사람을 죽이고 살리
는 하나님이냐 그가 어찌하여 사람을 내게로 보내 그의 나병을 고치라 하느냐 너희는 깊이
생각하고 저 왕이 틈을 타서 나와 더불어 시비하려 함인줄 알라 하니라 8 하나님의 사람 엘
리사가 이스라엘 왕이 자기의 옷을 찢었다 함을 듣고 왕에게 보내 이르되 왕이 어찌하여 옷
을 찢었나이까 그 사람을 내게로 오게 하소서 그가 이스라엘 중에 선지자가 있는 줄을 알리
이다 하니라 9 나아만이 이에 말들과 병거들을 거느리고 이르러 엘리사의 집 문에 서니 10
엘리사가 사자를 그에게 보내 이르되 너는 가서 요단 강에 몸을 일곱 번 씻으라 네 살이 회
복되어 깨끗하리라 하는지라 11 나아만이 노하여 물러가며 이르되 내 생각에는 그가 내게
로 나와 서서 그의 하나님 여호와의 이름을 부르고 그의 손을 그 부위 위에 흔들어 나병을
고칠까 하였도다 12 다메섹 강 아바나와 바르발은 이스라엘 모든 강물보다 낫지 아니하냐
내가 거기서 몸을 씻으면 깨끗하게 되지 아니하랴 하고 몸을 돌려 분노하여 떠나니 13 그의
종들이 나아와서 말하여 이르되 내 아버지여 선지자가 당신에게 큰 일을 행하라 말하였더
면 행하지 아니하였으리이까 하물며 당신에게 이르기를 씻어 깨끗하게 하라 함이리이까 하

니 14 나아만이 이에 내려가서 하나님의 사람의 말대로 요단 강에 일곱 번 몸을 잠그니 그의
살이 어린 아이의 살 같이 회복되어 깨끗하게 되었더라 15 나아만이 모든 군대와 함께 하나
님의 사람에게로 도로 와서 그의 앞에 서서 이르되 내가 이제 이스라엘 외에는 온 천하에 신
이 없는 줄을 아나이다 청하건대 당신의 종에게서 예물을 받으소서 하니 16 이르되 내가 섬
기는 여호와께서 살아 계심을 두고 맹세하노니 내가 그 앞에서 받지 아니하리라 하였더라
나아만이 받으라고 강권하되 그가 거절하니라 17 나아만이 이르되 그러면 청하건대 노새
두 마리에 실을 흙을 당신의 종에게 주소서 이제부터는 종이 번제물과 다른 희생제사를 여
호와 외 다른 신에게는 드리지 아니하고 다만 여호와께 드리겠나이다 18 오직 한 가지 일이
있사오니 여호와께서 당신의 종을 용서하시기를 원하나이다 곧 내 주인께서 림몬의 신당에
들어가 거기서 경배하며 그가 내 손을 의지하시매 내가 림몬의 신당에서 몸을 굽히오니 내
가 림몬의 신당에서 몸을 굽힐 때에 여호와께서 이 일에 대하여 당신의 종을 용서하시기를
원하나이다 하니 19 엘리사가 이르되 너는 평안히 가라 하니라 그가 엘리사를 떠나 조금 가
니라

어린 소녀와 왕

나아만

열왕기하 5장에는 아주 재미있는 장면이 담겨있습니다. 이스라엘의 역사의 한 복판에, 하나님의 백성의 신앙의 정 중앙에, 정작 선택과 은혜를 받고 하나님을 배운 사람들은 우상을 섬기는 마당에, 이방나라인 아람의 군대장관, 신의 저주를 받은 것으로 여겨진 나병환자인 나아만이 등장하여 그 동안 이스라엘이 하지 않은 행동, 하지 않은 말들을 합니다. 직접 확인해 보시면 1절 "아람 왕의 군대 장관 나아만은 그의 주인 앞에서 크고 존귀한 자니 이는 여호와께서 전에 그에게 아람을 구원하게 하셨음이라 그는 큰 용사이나 나병환자더라 "입니다. 고대시대에 나병은 불치병이었습니다. 사람이 치료할 수 없는 병이다 보니 이것은 건강관리를 잘못해서 생긴 병이 아니라 하늘이 내린 형벌, 신이 내린 저주라고 치부해 버렸습니다.

이것도 엄청난 모순입니다. 어떤 사람이 치료할 수 없는 질병에 걸렸다면 그는 정말로 힘들고 어려운 생활을 하고 있는 것입니다. 그에게 가장 필요

한 것은 물론 치료이지만 치료가 불가능하니 그를 이해해주고 위로해주고 격려해 주어야 할 것입니다. 그런데 사람들은 이해나 위로를 해주기보다는 도리어 신의 저주라는 낙인을 찍어버립니다. 어떤 사람도 불치병에 걸리고 싶어하는 사람이 없습니다. 많은 경우에 건강관리를 잘했음에도 불구하고 원인도 모른 채 병에 걸리곤 합니다. 이미 병에 걸려 고생하고 있는데, 아마도 무슨 큰 잘못을 했는가보다고 수군거리고, 신의 진노, 형벌, 저주를 받았다고 비난하는 것은 그 환자를 더욱 살기 힘들게 만드는 일입니다.

나아만의 신분은 자체가 모순입니다. 분명히 나병환자인데 아람 왕의 군대장관이라고 합니다. 나병환자가 일반인들과 함께 생활한다는 것 자체가 매우 신기한 일입니다. 그런데 나아만은 같이 사는 정도가 아니라 한 나라의 군대장관입니다. 그것도 변방의 작은 부대의 장수가 아니라 왕의 군대장관입니다. 더 나아가 주인 앞에서 크고 존귀한 자입니다. 나병환자의 삶에 대해 성경에 아주 단편적인 소개가 열왕기하 7장에 나오는데 3절에 보면 '성문 어귀에 나병한자 네 사람이 있더니' 입니다. 대부분의 사람들은 성안에 사는데 나병환자는 성안에 살지 못하고 성 밖에서 살고 있습니다. 이런 사람들은 공로를 세울 수가 없습니다. 왜냐하면 애초에 공로를 세울 기회가 주어지지 않기 때문입니다. 그런데 나아만은 나병환자이면서 왕의 군대장관이 되었습니다. 어떻게 가능했을까요? 아마도 이미 군대장관이 된 후에 나병이 들었던 것 같습니다. 물론 성경에 자세한 이야기는 없지만 아주 간단하게 '여호와께서 전에 그에게 아람을 구원하게 하셨음이라' 고 설명하고 있습니다.

하나님의 일하심은 사람들의 생각과 완벽하게 대조되고 있습니다. 사람들은 나아만이 나병환자이기에 신의 저주를 받은 것으로 생각하고 있는데 하나님은 신의 저주를 받은 사람에게 아람을 구원하게 하는 은총을 내리셨습니다. 과연 나아만은 신의 저주를 받은 사람입니까 아니면 신의 축복을 받은 사람입니까? 아마 나아만이 아람을 구원한 후에 나병이 나았다면 사람들은 당장에 나아만은 신의 축복을 받았다고 말했을 것입니다. 그런데 비록 왕의 군대장관이 되었을지라도 여전히 나아만은 나병환자입니다. 신의 저주를 받았다고 하자니 왕의 군대장관이 되어있고, 신의 축복을 받았다고 하지나 아직도 나병환자인 상태이고 아마 백성들이 나아만을 보면서 뭐라고 말해야 할지 골치가 아팠을 것입니다.

어린 소녀

본문은 표현 하나하나, 등장인물 하나하나가 모두 대조이고, 반전에 반전입니다. 첫 번째가 나아만이라는 인물이었고, 그 다음이 2절에 등장합니다. "전에 아람 사람이 떼를 지어 나가서 이스라엘 땅에서 어린 소녀 하나를 사로 잡으매 그가 나아만의 아내에게 수종들더니 그의 여주인에게 이르되 우리 주인이 사마리아에 계신 선지자 앞에 계셨으면 좋겠나이다 그가 나병을 고치리이다 하는지라" 입니다. 나병환자인 나아만이 결혼도 한 것 같습니다. 이 장면에 또 다른 모순이 있습니다. 아람 사람이 떼를 지어 이스라엘에 와서 어린 소녀를 잡아갔습니다. 나라를 지키는 정책, 나라를 운영하는 결정은 언제나 지도자가 하는데 정작 모든 손해, 모든 피해는 늘 결정하지 않은 사람인 백성이 당합니다. 죄인들은 그것을 '권력의 힘'이라고 말합니다. 평상시에는 직분은 권세가 아니라 기능이고, 권력은 자기를 위해 사용하는 것이 아니라 백성들의 유익을 위해 사용하는 것이라고 떠벌이다가 정작 필요할 때에는 직분은 언제나 권세이고, 권력은 언제나 자기의 유익을 위해 사용합니다.

2절과 3절에 소녀와 소녀가 한 말과 대조가 되는 것은 6절과 7절의 왕과 왕이 한 말입니다. 사람들은 대조를 할 때 유사한 경우를 대조합니다. 그래서 라이벌이라고 합니다. 아예 격차가 많이 나면 대조의 효과가 적다고 생각합니다. 그러나 성경은 대조를 할 때 극과 극을 등장시킵니다. 일반적으로 사로잡혀온 소녀와 왕궁에 안전하게 있는 왕은 대조의 대상이 되지 않습니다. 그러나 성경은 이런 대조를 합니다. 나아만이라는 나병환자를 두고 소녀와 왕이 극명하게 대조됩니다. 소녀는 나아만 때문에 고민하지 않고, 고통당하지 않습니다. 그런데 왕은 나아만 때문에 고민하고 잠을 이루지 못합니다. 소녀는 나아만의 질병을 고칠 수 있는 제안을 합니다. 반면에 왕은 소녀의 제안 때문에 나병 보다 더 심각한 병을 앓습니다. 그것이 7절입니다. "이스라엘 왕이 그 글을 읽고 자기 옷을 찢으며 이르되 내가 사람을 죽이고 살리는 신이냐 그가 어찌하여 사람을 내게로 보내 그의 나병을 고치라 하느냐 너희는 깊이 생각하고 왕이 틈을 타서 나와 더불어 시비하려 함인줄 알라 하니라" 입니다.

이스라엘의 왕은 아마도 잡혀간 이스라엘의 어린 소녀가 나아만에게 이런 제안을 했다는 사실을 모를 것입니다. 제가 추측컨대 만약 그 사실을 알았다면 암살단을 아람에 보냈을 것입니다. 고쳐달라는 사람은 고치지도 못하면서 도리어 고침 받을 수 있는 방법을 알려준 멀쩡한 사람을 암살할 수도 있는 것이 죄인들입니다.

내 생각에는

선지자의 자세

만약 소녀가 암살을 당했다면 또 한명의 억울한 희생자가 되었을 것입니다. 왜냐하면 소녀는 왕을 언급한 적이 없기 때문입니다. 소녀는 3절에서 분명하게 "우리 주인이 사마리아에 계신 선지자 앞에 계셨으면 좋겠나이다 그가 그 나병을 고치리이다" 라고 말했습니다. 잡혀간 소녀는 선지자에 대해 알고 있는데 정작 왕은 자기 나라에 있는 사람, 열왕기하 3장에 나오는대로 이미 전쟁에서 여호람 왕이 물이 없어 죽을 뻔한 위기를 모면하게 하고 더 나아가 승리하는 예언을 해주기까지 했던 선지자에 대해서 모르고 있습니다. 소녀는 선지자를 알기에 선지자를 통해 유익을 얻는데 왕은 선지자를 모르기에 선지자를 옆에 두고도 전혀 유익을 얻지 못하고 있습니다. 옆에 있는 분이 얼마나 귀한 분인지 아시기 바랍니다.

나아만이 이스라엘에 왔고, 왕은 나아만 때문에 옷을 찢었고, 그 소식이 엘리사에게 들렸습니다. 왕은 엘리사 선지자를 찾지 않았고 도움을 요청하지도 않았는데 선지자가 먼저 왕의 사정을 듣고 왕에게 도움을 주려고 합니다. 8절 "하나님의 사람 엘리사가 이스라엘 왕이 자기의 옷을 찢었다 함을 듣고 왕에게 보내 이르되 왕이 어찌하여 옷을 찢었나이까 그 사람을 내게로 오게 하소서 그가 이스라엘 중에 선지자가 있는 줄을 알리이다 하니라"입니다. 하나님의 사람, 여호와의 선지자가 참 멋있습니다. 여호와를 섬기지 않는 여호람 왕, 의도적으로 하나님을 멀리하고 우상을 섬기는 이스라엘의 왕, 그 왕이 나병환자 때문에 골머리를 썩고 있다는 소식을 듣고 고소해 하지 않습니다. 쌤통이라고 조롱하지 않습니다. 한 번 당해보라고 저주하지 않습니다. 하나님을 멀리하더니 신에게 저주받은 사람 때문에 고통당하는 것이 참 비난하기 좋은 상황인데 전혀 그렇게 하지 않습니다.

자신을 무시하던 왕이 자기에게 나아와 제발 도와달라고 말할 때까지 기다릴 수도 있습니다. 그러면 완전히 상황이 역전되는 것입니다. 위세를 떨치던 왕은 낮아지고, 무시당하던 선지자는 기가 살 수 있습니다. 평생에 이런 기회가 몇 번 오지 않습니다. 그 동안 당한 것 모두 갚아줄 수 있는 절호의 찬스입니다. 죄인들은 그렇게 행동합니다. 죄의 마음을 가졌고, 죄의 방식을 따르기 때문입니다. 그러나 여호와의 선지자, 여호와의 마음을 가진 사람, 여호와의 심정을 가진 사람, 여호와의 원리를 가진 사람은 여호와가 행하시는 것처럼 행동하는 것입니다. 상대방을 위하는 마음, 상대방의 필요를 채워주는 마음, 내가 은혜를 베풀 때조차도 절대로 상대가 초라해지지 않도록 배려하는 마음, 절대로 상대가 무시당하지 않도록 조치하는 것입니다. 그래서 세상은 도와 달라고 하면 약자 취급해서 더욱 강팍하게 갑질을 해 대는 것이고, 하나님은 인간이 도움을 청하기 전에 먼저 도와주십니다. 그래서 하나님의 도움을 은혜라고 하고, 은혜는 하나님만이 행하시는 일입니다.

어느 강에서

엘리사가 내린 조치가 10절입니다. "엘리사가 사자를 그에게 보내 이르되 너는 가서 요단 강에 몸을 일곱 번 씻으라 네 살이 회복되어 깨끗하리라" 입니다. 여러분에게 질문해 보겠습니다. 왜 요단 강일까요? 왜 일곱 번 일까요? 정답은 '그냥' 입니다. 여기서 강조점은 요단강이나 일곱 번이 절대로 아닙니다. 엘리사의 말을 완벽하게 오해한 것이 나아만입니다. 그것을 보여주는 것이 11절입니다. "나아만이 노하여 물러가며 이르되 내 생각에는 그가 내게로 나와 서서 그의 하나님 여호와의 이름을 부르고 그의 손을 그 부위 위에 흔들어 나병을 고칠까 하였도다 다메섹 강 아바나와 바르발은 이스라엘 모든 강물보다 낫지 아니하냐 내가 거기서 몸을 씻으면 깨끗하게 되지 아니하랴 하고 몸을 돌려 분노하여 떠나니" 입니다. 나아만이 한 말 중에 가장 중요한 말이 '내 생각에는' 입니다. 성경은 '나아만의 생각'과 '엘리사의 생각'을 대조하고 있습니다. 즉 '죄인의 원리'와 '하나님의 원리'를 대조하는 것입니다.

나아만의 생각에는 '어떻게 하면 나을 수 있느냐'는 방법이 중요한 것입니다. '어떻게'가 중요하니까 '어디 가서 씻어야', '몇 번을 씻어야' 하느냐를 따지게 됩니다. 그러니 요단 강과 다메섹 강을 비교하는 것입니다. 참 어이가 없는 것이 나아만의 말대로 다메섹 강 아바나와 바르발이 이스라엘 모든 강물보다 나아서 거기서 몸을 씻으면 깨끗하게 될 것이면 그렇게 하지 왜 왔습니까? 나아만이 이렇게 반응하는 이유는 첫째, '어떻게 병을 고치느냐'에 집중했기 때문이고 둘째, 병을 고치면서도 자기 체면, 자기 위신을 고려하고 있기 때문입니다. 비록 병자일지라도 자기가 아람 왕의 군대장관이라는 것입니다. 이런 경우 대답해줄 말이 딱 한마디입니다. '아직 덜 아프

구만, 고생을 더해야겠네!' 입니다.

천만다행으로 나아만에게는 아주 똑똑한 종들이 있었습니다. 처음에는 이스라엘에서 잡혀온 아내의 종이 사마리아에 계신 선지자 이야기를 해 주었고, 이번에는 따라갔던 종들이 간청을 합니다. 종들이 하는 말이 13절 "그의 종들이 나아와서 말하여 이르되 내 아버지여 선지자가 당신에게 큰 일을 행하라 말하였더면 행하지 아니하였으리이까 하물며 당신에게 이르기를 씻어 깨끗하게 하라 함이리이까 하니 나아만이 이에 내려가서 하나님의 사람의 말대로 요단 강에 일곱 번 몸을 잠그니 그의 살이 어린 아이의 살 같이 회복되어 깨끗하게 되었더라" 입니다.

나아만의 실수는 '내 생각에는' 즉 자기 생각과 다른 것을 이해하지 못한 것입니다. 그렇게 자기 생각을 강조하니까 요단 강과 다메섹 강을 비교한 것입니다. 죄인들의 강조점은 '어떻게' 입니다. 이 본문에서 대부분의 성도님들도 나아만과 똑같은 실수를 합니다. 물론 성도님들은 요단 강도 멀고 다메섹 강도 머니까 '어느 강에서 씻어야 낫느냐' 를 생각하지 않습니다. 대신 '몇 번을 씻어야 낫느냐' 를 생각합니다. 그래서 이 본문을 가지고 설교하는 목사님들이나 큐티하는 성도님들이 이 본문에서 발견하는 교훈이 '순종' 입니다. 그것은 나아만이 한 실수와 똑같은 것입니다. 나아만도 '어떻게 하여야' 를 생각했기에 '어느 강에서' 를 따진 것이고 성도님들도 '어떻게 하여야' 를 생각했기에 '순종' 즉 '일곱 번 씻는 것' 을 따지게 되는 것입니다.

예를 들면, '나아만이 요단 강으로 갔습니다. 한번 씻었습니다. 치유가 되었나요? 두 번 씻었습니다. 치유가 되었나요? 아니요. 여섯 번 씻었습니다. 치유가 되었나요? 아니요. 만약 그때 그만두었으면 치유받지 못했습니다. 그런데 일곱 번 씻었을 때 치유가 되었습니다. 여러분 치유가 언제 일어나느냐, 역사가 언제 일어나느냐? 순종할 때 일어납니다. 순종을 할 때 어떻게 해야 합니까? 한번만 하나요? 내가 할 수 있을 때만 하나요? 아닙니다. 순종을 할 때는 끝까지 해야 합니다. 역사가 일어날 때까지 해야 하는 것입니다. 순종해서 큰 은혜 받으시기를 바랍니다'와 같은 것입니다. 아마 많이 들어보셨을 것입니다. 물론 순종을 강조하는 것은 좋습니다. 그러나 이런 주장은 본문의 강조점을 완벽하게 놓치는 것입니다. 나아만과 똑같은 생각, 나아만과 똑같은 주장일 뿐입니다. 만약 나아만의 말대로 다메섹 강에서 씻어서 치유되고, 설교대로 일곱 번 씻어서 즉 순종해서 치유가 되었다면 이 사람은 무엇을 배우겠습니까? 다메섹 강의 치유 효과, 다메섹 강물에 포함된 유기물들의 효능을 배울 것이고, 순종의 치유 효과, 순종의 능력에 대해서 배울 것입니다. 그렇다면 하나님은 어디 계시고, 하나님은 무엇을 하셨고, 이 사람은 하나님에 대해서 어떤 것을 배웠습니까? 이 사람이 하나님을 더 알아야 할 이유가 무엇입니까?

내 생각에는

성경은 나아만이 해야 하는 행동, 성도가 해야 하는 일을 강조하는 것이 아닙니다. 성경은 하나님을 가르치고 있습니다. 나아만이 '내 생각에는'이라고 자기의 생각을 말했는데 성경은 나아만의 생각이나 죄인의 생각과 전혀 다른 '하나님의 생각, 하나님의 능력' 더 나아가 '하나님'을 가르치고 있습니다. 나아만이 어떻게 치유를 받았습니까? 요단강에 씻어서요? 일곱 번 씻어서요? 모두 아닙니다. 정답은 '하나님이 치유하셨다'는 것입니다. 사람들은 '어떻게 치유를 받느냐'를 따질 때 성경은 '누가 치유하느냐'를 가르치고 있습니다. 사람들은 온통 수단과 방법만을 찾습니다. 그래서 이런 저런 별별 방법이 다 등장할 뿐 정작 하나님은 사라져버립니다.

대부분의 성도님들은 교회도 다니고, 봉사도 하고, 참으로 많은 일에 순종도 합니다. 종종 은혜도 받고 복도 받습니다. 그런데 하나님에 대해서는 거의 모릅니다. 성도님들은 '내가 더 순종해야 하는데'라는 고민은 하면서도 '하나님을 더 알아야 하는데'라는 고민을 하지 않습니다. 내가 기도를 안 한다, 성가대를 안 한다, 주일학교 교사를 안 한다는 회개는 하는데 하나님을 모른다, 하나님을 배우지 않는다는 회개를 하지 않습니다. 모두 '내가', '자기가' 할 일, 내가 어떻게 해야, 내가 무엇을 해야 하는가에만 몰두하고 있습니다. 그러나 하나님이 무엇을 하셨는가를 아셔야 합니다. 하나님을 알아야 합니다.

성도님들도 모두 성경에서 방법만 찾습니다. 출애굽할 때 열 번째 이적이 장자의 죽음입니다. 죽음의 사자가 애굽 진영과 이스라엘 진영에 임했습니다. 이스라엘이 어떻게 살아났습니까? 제가 이렇게 질문하면 모든 분들이 '피를 발라서'라고 대답합니다. 모두 방법에 집중하는 것입니다. 그럼 기념해야 할 것이 무엇입니까? '피'입니다. 만약 피가 중요하다면 피를 마당에 뿌리면 됩니까? 안됩니다. 그래서 어떤 분은 피를 '문설주에 발라서'라고 장소를 강조합니다. 그럼 기념해야 할 것이 무엇입니까? '문설주'입니다. 아마 피가 묻은 문설주를 박물관에 보관할 것입니다. 그러나 성경은 전혀 다르게 말합니다. 이 날을 기념하기 위해 유월절을 지킵니다. 그 사건을 모르는 후손들이 묻습니다. 그때 뭐라고 대답해야 합니까? 출애굽기 12장 26절과 27절에 정답이 나옵니다. "이 후에 너희의 자녀가 묻기를 이 예식이 무슨 뜻이냐 하거든 너희는 이르기를 이는 여호와의 유월절 제사라 여호와께서 애굽사람에게 재앙을 내리실 때에 애굽에 있는 이스라엘 자손의 집을 넘으사 우리의 집을 구원하셨느니라 하라"입니다. 강조점이 무엇입니까? '여호와가 구원하셨다'입니다. 절대로 피가 아니고, 문설주가 아닙니다. 나아만의 경우 절대로 요단강이 아니고 일곱 번이 아닙니다.

방법이 아니다

성경에는 참으로 다양한 방법이 등장합니다. 다른 표현으로 하면 특별한 비법이 없다는 것입니다. 그 많은 방법을 다 따라해 보실 것입니까? 엘리사의 경우만 해도 여러 차례 이적이 있었습니다. 그런데 각각의 경우가 다 다릅니다. 2장 14절 이하에 요단 강을 건널 때에는 옷을 들어 물을 쳤고, 19절

이하에 물이 나쁠 때는 새 그릇에 소금을 담아 가져와 물에 던졌고, 4장 32절 이하에 아이가 죽었을 때에는 아이 위에 올라 누웠고, 38절 이하에 길갈에서 국에 독이 있을 때에는 가루를 가져와 솥에 던졌습니다.

또 6장 1절 이하에는 쇠도끼가 물에 빠지자 이번에는 나뭇가지를 던져서 쇠도끼가 떠오르게 했습니다. 이대로 해 보시겠습니까? 아마 안 될 겁니다. 그러면 또 그때 사용하던 소금이 아니고, 그 지역의 가루가 아니고, 그 동네의 나무가 아니었기 때문이라고 우길 것입니다. 그러면 곧 이어 어떤 사람이 여리고 근처에서 엘리사의 소금을 발견했다고, 엘리사가 던진 나무가 무화과 나무였다는 사실이 밝혀졌다고 말할 것이고, 엘리사 소금과 엘리사 나무가 상품으로 나올 것입니다. 그러면 사람들이 또 그걸 비싼 값을 주고 살 것입니다. 모두 성경의 강조점을 오해하는 것입니다.

평안히 가라

나아만의 신앙

14절 끝에 나오는 대로 나아만이 '그의 살이 어린 아이의 살 같이 회복되어 깨끗하게' 되었습니다. 어떻게요? 하나님이 치유하셨습니다. 본문은 나아만의 행동, 나아만의 순종을 칭찬하지 않습니다. 제발 하나님은 온데간데없고 온통 사람 이야기가 교훈으로 남게 하시면 안 됩니다. 치유를 받은 나아만의 반응이 15절 이하에 나옵니다. 들어보면 나아만은 오늘날의 그리스도인들보다 나은 것 같습니다. "나아만이 모든 군대와 함께 하나님의 사람에게로 도로 와서 그의 앞에 서서 이르되 내가 이제 이스라엘 외에는 온 천하에 신이 없는 줄을 아나이다"입니다. 최소 이정도입니다. 옆 사람 붙잡고 '내가 나병 고치는 방법을 알아'라고 말하지 않았고, '내가 나병을 고칠 줄 아는 아주 영력있는 선지자를 아는데 가봅시다'라고 말하지 않았습니다. 하나님의 말씀이 자기 생각과 달랐다는 것을 깨달았기에 나아만은 자기의 행동이나 특정한 장소, 특정한 비법을 운운하지 않았습니다. 하나님이 하셨다는 것을 알았습니다.

일단 나아만은 아주 모범적인 반응을 했습니다. 하나님이 치유하셨다는 것을 알았습니다. 그렇다고 이 순간 나아만의 종교, 나아만의 인식, 나아만의 사고방식이 죄의 인식에서 하나님의 방식으로 완전히 변화되었을까요? 그렇지 않습니다. 비록 은혜를 받았지만, 여호와를 알기는 했지만 여전히 죄의 방식, 죄적 종교의 방식이 그대로 남아 있습니다. 그것을 보여주는 것이 17절 이하입니다. 나아만이 엘리사에게 두 가지를 요청합니다. 첫 번째가 17절 "나아만이 이르되 그러면 청하건대 노새 두 마리에 실을 흙을 당신의 종에게 주소서 이제부터는 종이 번제물과 다른 희생 제사를 여호와 외 다른 신에게는 드리지 아니하겠고 다만 여호와께 드리겠나이다"입니다. 이 말은 이제 나아만이 유일신 여호와만을 섬기겠다는 표현이 아닙니다. 그 시대에 죄인들에게는 유일신이라는 개념이 없습니다. 조금 전까지 온통 우상 종교식으로 생각하다가 강에 일곱 번 들어갔다 나와서 갑자기 종교 인식, 사고방식이 완벽하게 교체되지 않습니다. 우리도 기도원에서 은혜 받아서 결단하지만 일상으로 돌아오면 원래 자리로 돌아간 수많은 경험이 있습니다.

나아만의 말은 여호와께 드릴 제사를 다른 신에게 드리지 않겠다는 말입니다. 그래서 여호와께 제사를 드리려면 여호와의 영역을 상징하는 흙이 필요했던 것입니다. 고대 종교의 신개념에는 신들에게 계보가 있고, 신의 영역이 있고, 신의 기능이 있었습니다. 지금 나아만은 이스라엘에서 여호와라는 신의 은총을 입었습니다. 그런데 자기는 이스라엘을 떠나서 아람으로 돌아가야 합니다. 그러면 여호와가 활동하는 영역을 떠나는 것이고, 다른 영역에서는 여호와께 제사를 드릴 수 없습니다. 해결책으로 생각해낸 것이 여호와가 활동하는 영역의 흙을 가져가는 것입니다. 그래서 여호와께 제사 드릴 때에는 여호와의 흙을 펴놓고 여호와께 제사드리겠다는 의미입니다.

여전히 이방종교의 사고를 벗어나지 못한 것입니다. 15절에서 나아만이 했던 말을 자세히 살펴보면 '하나님'에 대한 고백이 아닙니다. '내가 이제 이스라엘 외에는 온 천하에 신이 없는 줄을 아나이다' 입니다. 엄밀하게 말하면 하나님이라는 분에 대한 고백이 아니라 이스라엘이라는 지역의 신에 대한 고백입니다.

나아만이 요구한 두 번째가 18절입니다. 주인과 함께 림몬 신전에 들어가 제사하는 것을 용서해 달라는 것입니다. 그냥 아주 단순하게 질문해 보겠습니다. 지금 나아만은 치유를 받았는데 여호와가 유일한 신이라는 것을 알았다면 굳이 돌아갈 이유가 있습니까? 굳이 림몬 신을 섬기는 것을 용서해 달라고까지 하면서 돌아가야만 합니까? 도리어 가족을 데리고 오면 안됩니까? 나아만은 여전히 아람이 좋은 것이고, 아람에서 가지고 있는 자기의 신분과 지위가 좋은 것입니다. 아람 왕에게 용서를 구하고 이스라엘로 이민 올 생각은 추호도 하지 않고 도리어 하나님께 용서를 구하고 아람으로, 림몬 신전으로 돌아간다는 것입니다. 죄인은 절대 쉽게 변하지 않습니다. 본문은 나아만을 칭찬하거나 신앙의 모델로 세워주는 것이 전혀 아닙니다.

엘리사의 신앙

본문은 나아만을 칭찬하지 않으며, 그렇다고 엘리사를 칭찬하지도 않습니다. 본문에서 엘리사는 하는 것이 없습니다. 1절로 19절까지를 읽어보면 엘리사는 행동을 하지 않고 오직 '말'만 합니다. 그것도 많은 말이 아니라 아주 짧게 간단하게 말만 합니다. 8절에 왕에게 사람을 보내 나아만을 자기에게 오라고 했고, 10절에 나아만에게 요단강으로 가서 씻으라고 말했습니다. 16절에서는 나아만이 바치는 예물을 받지 않겠다는 말을 했고, 나아만이 17절과 18절에서 길게 이야기를 하자 엘리사는 19절에서 아주 간단하게 '너는 평안히 가라' 고 말할 뿐입니다. 요약하면 엘리사가 한 말은 10절 '너는 가서 요단 강에 몸을 일곱 번 씻으라 네 살이 회복되어 깨끗하리라'와 19절 '너는 평안히 가라'가 전부입니다. 그러니 엘리사의 수고, 엘리사의 충성, 엘리사의 헌신, 엘리사의 믿음 등 엘리사에 대해 언급할 내용이 없습니다.

본문이 보여주려는 것은 여호와의 사역, 여호와 신앙입니다. 여호와는 죄인들의 연약함을 모두 받아주십니다. 나아만이 이전에 하나님을 향한 일도 하지 않았고, 하나님을 위한 예물을 드린 일도 없는 사람임에도 나병을 고쳐달라는 요구를 온전히 받아주십니다. 중간에 다메섹 강과 요단 강을 비교하며 거부하는 것도, 림몬의 신전에 들어가는 것도 모두 받아주십니다. 단 한마디도 나아만을 책망하지 않습니다. 할 수 없는 것을 하라고 하지 않으며, 하면 상주고 안 하면 벌 준다고 협박하지도 않습니다. 본문에 여호와 신앙의 본질이 정확하게 드러나 있습니다. 여호와 신앙은 정죄하는 것이 아니라 치유하는 것이며, 통제하는 것이 아니라 자유를 주는 것이며, 신이 영광을 받는 것이 아니라 인간이 행복을 누리는 것입니다. 하나님 때문에 즐겁고 신나고 행복한 삶을 누리시기를 주님의 이름으로 축원합니다.

8

지금이 받을 때이냐

열왕기하 5 : 20 ~ 27

20 하나님의 사람 엘리사의 사환 게하시가 스스로 이르되 내 주인이 이 아람 사람 나아만에
게 면하여 주고 그가 가지고 온 것을 그의 손에서 받지 아니하였도다 여호와께서 살아 계심
을 두고 맹세하노니 내가 그를 쫓아가서 무엇이든지 그에게서 받으리라 하고 21 나아만의
뒤를 쫓아가니 나아만이 자기 뒤에 달려옴을 보고 수레에서 내려 맞이하여 이르되 평안이
냐 하니 22 그가 이르되 평안하나이다 우리 주인께서 나를 보내시며 말씀하시기를 지금 선
지자의 제자 중에 두 청년이 에브라임 산지에서부터 내게로 왔으니 청하건대 당신은 그들
에게 은 한 달란트와 옷 두 벌을 주라 하시더이다 23 나아만이 이르되 바라건대 두 달란트를
받으라 하고 그를 강권하여 은 두 달란트를 두 전대에 넣어 매고 옷 두 벌을 아울러 두 사환
에게 지우매 그들이 게하시 앞에서 지고 가니라 24 언덕에 이르러서는 게하시가 그 물건을
두 사환의 손에서 받아 집에 감추고 그들을 보내 가게 한 후 25 들어가 그의 주인 앞에 서니
엘리사가 이르되 게하시야 네가 어디서 오느냐 하니 대답하되 당신의 종이 아무데도 가지
아니하였나이다 하니라 26 엘리사가 이르되 한 사람이 수레에서 내려 너를 맞이할 때에 내
마음이 함께 가지 아니하였느냐 지금이 어찌 은을 받으며 옷을 받으며 감람원이나 포도원
이나 양이나 소나 남종이나 여종을 받을 때이냐 27 그러므로 나아만의 나병이 네게 들어 네
자손에게 미쳐 영원토록 이르리라 하니 게하시가 그 앞에서 물러나오매 나병이 발하여 눈
같이 되었더라

이방인 이야기

열왕기서의 위치

기독교의 구원에 관해 '예수 믿어야 구원받는다'고 말을 하면 꼭 나오는 반론이 있습니다. '아주 착한 사람인데 예수를 안 믿는 사람과 아주 나쁜 사람인데 예수 믿는 사람' 중에 누가 구원을 받느냐는 질문입니다. 이런 질문에는 대답을 하면 안 됩니다. 왜냐하면 서로 기준이 다르고, 개념이 다르기 때문입니다. '예수 믿어야 구원받는다'는 말에서 구원의 기준이 '신앙'입니다. 반면에 사람들의 질문에서 구원의 기준은 '선하게 사는 것'입니다. 기독교는 정말 말을 잘해야 합니다. 믿음을 강조하기 위해서 '착하게 살아도 구원받지 못한다, 오직 예수를 믿어야만 한다'고 말하기도 합니다. 그런데 엄밀하게 판단하면 이 말은 틀린 말입니다. 기독교는 착하게 살아도 구원받지 못한다고 주장하지 않습니다. 아무리 선하게 살아도, 법 없이 살아도, 구제와 봉사를 많이 해도 소용없다고 말하지 않습니다. 기독교는 선한 행실과 믿음 중에 믿음을 선호하는 것이 절대로 아닙니다. 선한 행실을 운운할 때 세상 사람들이 말하는 선한 행실과 기독교가 말하는 선한 행실은 기준이 다릅니다. 세상 사람들이 말하는 선한 행실은 주로 법을 지키는 것, 양심을 따르는 것을 의미합니다. 그러나 기독교는 하나님과의 관계성을 의미합니다.

하나님을 떠난 사람을 죄인이라고 부릅니다. 죄인은 이미 존재가 죄인이요, 삶의 원리와 기준과 가치와 방법이 죄에 속한 사람, 죄를 따르는 사람이기에 원천적으로 선한 행실을 할 수가 없습니다. 그러므로 기독교에는 선한 행실을 하는 사람, 의로운 사람, 거룩한 사람은 없다고 선언합니다. 선한 행실을 하는 사람이 원천적으로 존재하지 않기에 선한 행실이 구원의 조건이나 자격으로 언급된 적이 없습니다. 선한 행실을 해도 예수를 안 믿으면 구원 못 받는다는 것이 아니라 죄인은 선한 행실을 할 수 없고, 죄인 중에는 선한 행실을 하는 사람이 없다는 것입니다. 그러므로 기독교에서 예수를 믿어야 한다고 말하는 것은 구원의 조건에서 선한 행실을 제외시키는 것이 아니라 정반대로 전혀 구원받을 방법이 없는 사람들에게 구원의 길을 열어주는 것을 의미합니다. 하나님을 떠난 죄인이라는 존재와 죄인이 행하는 행실을 잘 분별하셔야 합니다.

구약에서 확인을 하면 이스라엘은 사사기 이후에 스스로 하나님의 백성이기를 포기했습니다. 하나님은 이스라엘을 선택하셔서 '이방인들과는 구별되게' 즉 하나님을 배운 자들, 하나님의 은혜를 받은 자들, 하나님의 백성으로 삼아주시고, 하나님의 백성답게 살아가기를 기대하셨습니다. 그런데 이스라엘은 하나님을 부인했고, 하나님을 버렸고, 하나님의 백성이라는 정체성을 거부하고 하나님께 '우리도 다른 나라와 같이' 되게 해달라고 요청했습니다. 하나님은 '다른 나라들과 구별되게' 즉 '거룩하라'고 요청하셨는데 이스라엘은 굳이 '다른 나라와 같이 되기를' 선택하였습니다. 왕이신 하나님, 책임자요 보호자요 주관자이신 하나님을 거부하고 다른 나라와 같이 왕을 세웠습니다. 그러므로 이스라엘에 왕이 존재하는 한 이스라엘은 하나님을 떠나 있는 상태, 하나님을 부인한 상태입니다. 이스라엘 스스로는 왕이 자신들의 대표라고 생각하겠지만 하나님의 관점에서는 이스라엘의 왕은 하나님을 부인한 상징, 이스라엘이 하나님의 백성이 아니라 다른 나라와 똑같은 나라라는 상징적 존재입니다. 이미 이스라엘이 하나님을 부인하고 다른 나라와 같아진 상태에서 어떤 왕이 조금 신실했느냐 안했느냐, 제사를 드렸느냐 안 드렸느냐가 아무런 의미가 없습니다. 열왕기상, 하를 읽으실 때 이미 이 시대는 하나님을 인정하지 않는 시대라는 것을 기억하고 계셔야 합니다. 그 중에 누가 조금 선하게, 조금 신실하게, 조금 거룩하게, 조금 착하게 행동하는 것이 아무런 의미가 없습니다.

나아만의 이야기

열왕기하 5장에는 나아만이 등장합니다. 그렇다고 나아만이 이야기의 핵심이 아니고, 나아만을 치유하는 엘리사가 이야기의 핵심이 아니고, 나아만에게서 뇌물을 받아 챙기는 게하시가 이야기의 주인공이 아닙니다. 성경을 전반적으로 관찰해보면 하나님이 사역을 행하는 대상은 당연히 이스라엘입니다. 종종 이스라엘과 관련된 주변 인물이나 주변 나라들이 등장할 때도 있습니다. 이때 핵심은 이스라엘이고 주변 인물이나 나라들은 주로 이스라엘을 괴롭히거나 방해하거나 압제하는 모습입니다. 그래서 하나님께서 이스라엘의 대적자들을 물리치는 과정을 통해 이스라엘에게 하나님을 가르치고 계시하는 패턴이 반복됩니다. 그런데 아주 가끔 이방인이나 이방 나라들이 대적자가 아니라, 악을 행하는 자가 아니라 이스라엘보다 낫게 등장하는 경우가 있습니다. 분명히 성경의 흐름, 성경의 맥락에서 보면 성경의 일탈입니다. 이것은 이방 사람을 칭찬하려는 의미가 아니며, 이방 나라가 거룩하다는 의미가 전혀 아닙니다.

물론 원칙적으로는 이스라엘이나 이방나라나 모두 죄인들입니다. 그 중에 하나님이 아무 자격 없는 이스라엘을 선택하셨습니다. 이스라엘만을 축복하기 위해서가 아니라 이스라엘을 샘플로 모든 나라도 이스라엘과 같이 되게 하기 위한 하나님의 조치였습니다. 그렇다면 이스라엘은 다른 나라들보다 먼저 하나님을 배우고 있는 과정입니다. 그런 이스라엘이 하나님을 배우지 못하고, 하나님의 뜻대로 살지 못한다면 이방인이나 이방 나라가 하나님을 배우고 하나님의 뜻대로 살 가능성은 전무합니다. 정작 은혜를 받는 이스라엘도 하나님을 알지 못하는데, 하나님의 은혜도 받지 못하고, 하나님의 역사를 경험하지도 않은 이방인이 하나님을 알게 된다면 하나님은 이스라엘을 선택할 필요도 없고, 계시를 행할 이유도 없습니다. 그러므로 성경에서 이방인이나 이방 나라가 조금이라도 긍정적인 모습으로 등장한다면 그 이유는 오직하나 '이스라엘을 부끄럽게 하기 위한 것'입니다. 성경은 선택받은 이스라엘도 신앙의 모범으로 추켜세우지 않는데 이방인이나 이방 나라를 신앙의 모델로 인정하고, 본받으라고 말하지 않습니다.

열왕기하 5장에 나아만이 아주 바람직한 모습으로 등장합니다. 한 나라의 군대 장관이면서도 그 집의 어린 하녀가 제안하는 것도 잘 받아줍니다. 엘리사의 말에 잠시 화를 내기도 했지만 얼마나 온유하고 경청하기를 잘 하는지 신하들이 설득하자 곧바로 고집을 꺾고 신하들이 추천하는 대로 행동합니다. 나아만이 과연 지시하고 다스리는 장군이요 지도자인지 아니면 남이 시키는대로 따라하는 종인지 구분이 안 될 정도입니다. 그리고는 결정적 멘트 '내가 이제 이스라엘 외에는 온 천하에 신이 없는 줄을 아나이다'를 말합니다. 이방인인 나아만 이야기의 메시지가 무엇입니까? 은혜를 한 번 받은 이방인이 이 정도 반응을 보일 정도면 수십 번 은혜를 받고, 아예 하나님의 백성이 되는 선택과 계속되는 은혜를 받은 이스라엘은 이 사람보다는 나아야 하는데 그렇지 못하다는 안타까움입니다. 이방인이 이렇게 하나님께 나아와 치유를 받고 회복을 받았다면, 하나님의 백성인 이스라엘이 하나님께 나아오기만 하면 더 풍성한 복락을 누릴 수 있을 텐데 그것을 하지 않는 이스라엘에 대한 하나님의 속상함입니다.

하나님의 기대

아마 제가 이 정도 설명을 드리면 여러분은 금새 성경에 긍정적으로 등장하는 이방인들의 공통적인 특징을 눈치 채셨을 것입니다. 그 사람들은 모두 하나님을 아는 모습 또는 하나님을 인정하는 고백을 한다는 사실입니다. 창세기 21장 22절을 보면, 아브람과 경쟁하던 아비멜렉은 아브람을 찾아와서 '네가 무슨 일을 하든지 하나님이 너와 함께 계시도다'라고 합니다. 아직 아브라함이 '내가 무슨 일을 하든지 하나님이 나와 함께 계시도다'라는 고백을 한 적이 없습니다. 그런데 아브라함도 하지 않은 고백을 아비멜렉이 와서 합니다. 이삭의 경우에도 창세기 26장 26절 이하에 아비멜렉과 아홋삿과 군대장관 비골이 찾아와서 '여호와께서 너와 함께 계심을 우리가 분명히 보았으므로', '너는 여호와께 복을 받은 자니라'고 말합니다. 아직 이삭이 '나는 여호와께 복을 받은 자니라'고 고백하지 않았을 때입니다. 여호수아 2장에는 가나안 여자 라합이 등장합니다. 9절에 그녀가 말하기를 "여호와께서 이 땅을 너희에게 주신 줄을 내가 아노라"입니다. 정작 이스라엘은 여호와께서 가나안 땅을 자신들에게 주신 줄을 모르고 있는데 가나안 여인이 이런 고백을 합니다.

또 대표적인 한 사람이 있습니다. 바로 다니엘 시대의 느부갓네살 왕입니다. 다니엘 3장 47절에 "너희 하나님은 참으로 모든 신들의 신이시오 모든 왕의 주재시로다"입니다. 정작 이스라엘은 이런 하나님을 몰랐고, 도리어 하나님을 부인하고 떠나서 나라가 망하고 이방 나라에 포로가 잡혀간 상태입니다. 물론 이방 사람들이 이러한 고백을 한 후에 완전히 삶이 변하여 신실한 하나님의 백성의 삶을 살았다는 의미가 아닙니다. 이런 고백을 한 후에는 성경에서 사라지고, 거의 두 번 다시 나타나지 않습니다. 그 이후로 어떻게 살아가는지 전혀 확인되지 않습니다. 왜냐하면 이 사람들이 등장하는 이유가 이 사람들을 신앙의 모범으로 내세우려는 것이 아니기 때문입니다.

성경은 나아만의 이야기도 아니고, 엘리사의 이야기도 아닙니다. 성경은 언제나 하나님의 이야기입니다. 성경이 나아만 사건을 등장시키는 이유도 하나님을 계시하기 위해서입니다. 하나님의 백성이면서도 전혀 하나님을 알지 못하고 은혜도 누리지 못하는 이스라엘의 참담한 현실을 안타까워하시는 하나님의 이야기입니다. 이방인도 수용해주시고, 치유받겠다고 나아온 나병환자도 어떤 조건이나 제한없이 오직 은혜로, 오직 긍휼로 치유해주시는 사랑의 하나님을 가르치는 것입니다. 이방신의 개념을 벗어나지 못하고, 도리어 하나님께 자신의 이방적 개념을 이해해달라는 억지같은 요청도 넉넉히 받아주시며 '평안히 가라'고 품어주시는 자비의 하나님을 가르치는 것입니다.

지금이 받을 때이냐?

사역의 특징

성경에 긍정적으로 등장하는 이방인들의 특징을 파악하셨다면 동시에 성경에 긍정적으로 등장하는 이스라엘 백성의 특징도 파악하셨을 것입니다. 성경은 사람의 행동, 사람의 수고, 사람의 업적, 사람의 공로를 거의 언급하지 않는다는 것입니다. 성경에서 일하는 분은 언제나 하나님이십니다. 성경에서 수고하는 존재는 언제나 하나님이십니다. 성경에서 희생하고 헌신하는 분은 언제나 하나님이십니다. 사람들은 종종 하나님과 인간이 동역을 한다는 주장을 하기도 합니다. 전혀 그렇지 않습니다. 하나님도 사람이 없이는 일을 하지 못하신다는 주장을 하기도 합니다. 전혀 그렇지 않습니다. 하나님은 사람 없이도 충분히 일을 하실 수 있습니다. 하나님은 사람이 있어야 일을 하실 수 있기에 사람을 부르시고 세우시는 것이 절대로 아닙니다. 가장 대표적인 장면이 하나님의 창조와 예수님의 십자가 사역입니다. 엄밀하게 말하면 사람이 개입되지 않으면 하나님은 일을 매우 쉽게, 아주 간단하게, 더욱 깔끔하게 해 내실 수 있습니다. 사람 때문에 하나님이 일하시는데 도움이 된 것이 없고, 사람이 하나님의 사역에 보탬이 된 적이 없습니다. 물론 사람이 하나님을 위해서 일을 한 적도 전혀 없습니다.

하나님께서 사역을 행하심에 사람을 세우시는 유일한 이유는 하나님을 알아야 하는 대상, 하나님의 사역의 결과를 누려야 하는 대상이 바로 사람이기 때문입니다. 즉 사람은 하나님의 일꾼으로 동원되는 것이 아니라 하나님의 영광, 하나님의 존귀에 초청되는 것입니다. 그래서 하나님을 위해 자신의 소유나 목숨이나 재능을 바친 사람이 없고 언제나 하나님으로 인해 소유나 목숨이나 달란트를 받은 사람만 있는 것입니다. 기독교의 방식, 하나님의 방식은 세상의 그 어떤 방식과 유사하지 않습니다. 세상에는 아예 하나님의 방식이란 없습니다. 세상의 방식에 근거하여 하나님과 교제하려고 한다면 가장 미련한 것입니다. 기독교의 방식이 워낙 독특하고, 무조건 인간에게 유리하고, 무조건 인간에게 좋기에 기독교의 방식, 기독교의 내용을 '복음'이라고 부르는 것입니다.

예를 든다면, 기독교는 나중에 결과가 밝혀지는 종교가 아닙니다. 일단은 일을 하고, 결과는 말 그대로 시간이 흐르고, 일이 진행된 후에 순서에 따라 결과가 결정되는 것이 아닙니다. 혹시 이런 방식이 세상에도 있다고 말할 수 있습니다. 주로 스카웃을 할 때에는 나중의 결과와 관계없이 일을 시작할 때 결론을 정해놓고, 합당한 대우를 보장하고 일을 시작하는 경우가 있다고 말할 수 있습니다. 네 맞습니다. 세상에도 일을 시작하기 전에 이미 결과를 정해놓고 일하는 방식이 있습니다. 그런데 세상에서 이런 방식이 적용되는 것에는 반드시 조건이 있습니다. 이 일에 부름받는 사람이 능력자이어야 한다는 것입니다. 어느 정도의 능력이 아니라 아예 탁월한 능력, 타의 추종을 불허하는 능력, 그래서 그 스스로 결과를 보장할 수 있을 정도의 능력이 있는 사람에게만 적용됩니다. 어중간한 사람, 부족한 사람, 연약한 사람에게는 전혀 적용되지 않습니다. 바로 이점이 세상과 기독교의 차이점입니다. 하나님은 사람의 조건, 사람의 능력, 사람의 실력, 사람의 자격을 전혀 언급하지 않습니다. 다른 사람과 비교하지도 않고, 탁월하고 우월한 일정한 재능이나, 그가 물불을 가리지 않고 수고하고 애써야 할 것을 요구하지 않습니다. 그래서 세상의 방식은 '성과급'이라고 하고 하나님의 방식은 '은혜'라고 합니다.

등장 인물

나아만 장군이 이스라엘에 왔고 치유를 받았습니다. 분명히 이스라엘에 올 때에는 나병환자였는데 돌아갈 때에는 그의 살이 어린 아이의 살 같이 회복되어 깨끗하게 되었습니다. 누가 치유했습니까? 당연히 하나님이 치유하셨습니다. 그런데 열왕기하 5장에는 하나님이 등장하지 않습니다. 모세에게 나타나실 때처럼 타지 않은 떨기나무 불꽃도 없고, 이사벨을 피해 도망가던 엘리야에게 나타나실 때처럼 크고 강한 바람이 산을 가르고 바위를 부수고, 지진이 있고, 불이 있지도 않았습니다. 요셉이나 솔로몬에게 나타나실 때처럼 꿈이나 환상이 있지도 않았습니다. 심지어는 구약 성경에서 가장 흔하게 나타나는 하나님의 말씀도 한 마디가 없습니다. 만약 불신자가 열왕기하 5장을 읽고 하나님이 등장하기는커녕 아예 언급조차 되지도 않는데 도대체 어떻게 하나님이 나아만을 치유하셨다고 주장할 수가 있느냐고 따진다면 대답하기가 매우 난감할 정도로 하나님의 그림자조차 없습니다.

등장인물은 온통 사람들뿐입니다. 본문에서 한 마디라도 하는 사람만 골라보겠습니다. 나병환자인 나아만, 나아만에게 사마리아의 선지자 앞에 섰으면 좋겠다고 제안하는 어린 소녀, 나아만을 이스라엘로 보내주는 아람의 왕, 나아만의 요청을 듣고 옷을 찢은 이스라엘의 왕, 그리고 나아만을 요단강으로 보내는 엘리사, 나아만을 설득하는 나아만의 신하들, 나아만으로부터 예물을 받아오는 게하시입니다. 이렇게 등장인물이 많은데 하나님은 없습니다. 아무리 하나님이 등장하지 않을지라도 저는 나아만을 치유하신 분은 하나님이라고 굳게 믿습니다. 하나님의 사역에서 사람의 역할을 강조하는 분들은 아마도 엘리사의 역할을 강조하고 싶어 하실 것입니다. 그렇다면 본문에서 과연 엘리사는 무엇을 하고 있는지, 어떤 일을 하는지 나아만과 엘리사의 행적을 확인해 보겠습니다.

아람의 군대장관이 아람 왕의 친서를 가지고 이스라엘을 찾아왔습니다. 외교 관례상 당연히 이스라엘의 왕을 찾아갑니다. 물론 정중하게 풍성한 예물도 가지고 왔습니다. 이스라엘 왕은 나아만의 요청에 할 말을 잃어 옷을 찢고 난감해 합니다. 드디어 엘리사가 움직입니다. 그런데 왕궁으로 나아만을 찾아가지 않고 도리어 나아만을 자기 집으로 오게 합니다. 아람의 군대장관이 찾아왔으면 일반적으로는 의전 서열로 보나 외교 관례로 보아도 그리고 엘리사가 회복되는 길을 알려줄 것 같으면 나아만을 직접 찾아가서 만났을 것 같습니다. 하지만 엘리사는 꼼짝도 하지 않고 나아만을 자기에게 오게 합니다. 그 정도가 아닙니다. 엘리사는 자기 집에 찾아 온 나아만의 일행을 만나지도 않고 그냥 사자를 보내어 요단 강에 가서 씻으라고 합니다.

나아만의 굴욕

나아만이 어떤 심정이었겠습니까? 11절을 보면 '나아만이 노하였다'고 합니다. 단지 요단 강으로 가라고 해서가 아닙니다. 자기가 이런 대접을 받을 줄을 전혀 예상하지 못했기 때문입니다. 나아만이 이스라엘로 와서 우선 왕을 찾아가기는 했지만 아마 처음부터 엘리사를 생각하고 있었을 것입니다. 왜냐하면 고향에 있을 때 자기 부인의 여종이 '우리 주인이 사라마리아에 계신 선지자 앞에 계셨으면 좋겠나이다'라고 말했었기 때문입니다. 나아만은 왕이 자기를 고칠 것이라고 예상한 것이 아닙니다. 왕은 의전상 찾아갔을 뿐입니다. 그렇게 왕을 찾아가면 당연히 왕이 선지자를 불러 올 것으로 예상했습니다. 이스라엘에서 잡혀 온 어린 소녀도 알고 있는 선지자를 왕이 모를 것으로는 전혀 생각하지 않았을 것입니다. 아람의 왕이 써준 글을 읽고 난 후 당장에 신하들을 시켜서 엘리사를 불러 오라고 지시할 것을 기대했을 것입니다.

그런데 나아만이 왕 앞에서 일차 굴욕을 당합니다. 왕은 옷을 찢고 이상한 행동만 할뿐 선지자를 부르지 않습니다. 잠시 후 왕이 선지자를 불러서 선지자가 도착한 것이 아니라 반대로 선지자가 보낸 사람이 왕에게 와서 자기를 선지자의 집으로 오라는 말을 전합니다. 아람이나 이스라엘에서 자기를 이렇게 대접할 사람이란 없습니다. 왕의 친서를 가지고 온 자신이 이런 대접을 받는다는 것을 도저히 용납하기 힘들지만 우선은 자신의 치유가 절박하기에 굴욕을 참고 엘리사의 집으로 갑니다. 여기서 나아만이 이차 굴욕을 당합니다. 당연히 엘리사가 문 앞에 나와서 기다리고 있었어야 합니다. 그런데 엘리사는 얼굴도 비추지 않습니다. 달랑 선지자의 사자가 나와서 말을 전해줄 뿐입니다. 더 이상 나아만은 참을 수가 없었습니다. 그리고 하는 말이 11절 "나아만이 노하여 물러가며 이르되 내 생각에는 그가 내게로 나와 서서 그의 하나님 여호와의 이름을 부르고 그의 손을 그 부위 위에 흔들어 나병을 고칠까 하였도다"입니다. 이 말이 당연합니다. 아람에서부터 사마리아에 있는 선지자를 고대하고 왔지 선지자의 사자의 말을 들으려고 온 것이 아닙니다. 선지자가 능력이 있다는 생각은 해봤지만 선지자의 종, 선지자의 일꾼, 선지자의 심부름꾼이 능력이 있다는 말은 듣지도 못했고 생각해본 적도 없습니다.

심지어 선지자의 사자가 하는 말은 어이가 없어도 너무 없습니다. 환자가 왔는데 만나지도 않고, 치유하기 위해서는 신을 불러야 하는데 신을 부르지도 않고, 아니 신의 도움이 없어도 본인이 치유할 수 있으면 병든 부위 위에 손을 얹든가 아니면 어떠한 치료하는 행위를 해야 하는데 아무 것도 하지 않습니다. 더 기가 막힌 것은 자신은 환자인데 정작 병을 고쳐야 하는 선지자는 아무것도 하지 않고 환자인 자기에게 요단 강에 들어가라고 합니다. 만약 자기가 요단 강에 들어가서 병이 나으면 엘리사가 고친 것입니까 아니면 자기가 고친 것입니까? 이게 도대체가 하나부터 열까지 말이 되지가 않습니다. 당연히 분노하고 화가 치밀어 오를 것입니다. 당장 돌아가겠다는 소리가 나올 만도 합니다. 아마 돌아갔다면 그것으로 끝나지 않고 바로 이어서 군대를 몰고 와서 자기를 모욕한 선지자와 왕에게 갚아주겠다고 열을 올렸을 것입니다.

엘리사의 의도

저와 여러분이 주목하는 것은 엘리사가 일하는 방식입니다. 엘리사는 사이코가 아닙니다. 의전도 모르고 예의도 모르는 망나니가 아닙니다. 자기가 치유할 수 없어서 해괴한 광기를 발하는 것이 아닙니다. 나아만을 대하는 엘리사의 태도는 다분히 의도적입니다. 나아만과 관련해서 엘리사가 행한 것이란 오직 '말'뿐입니다. 달랑 '말'뿐입니다. 나아만의 생각처럼, 나아만에게 나오지도 않았고, 그의 하나님 여호와의 이름을 부르지도 않았고, 그의 손을 그 부위 위에 흔들지도 않았습니다. 치유를 위한 그 어떤 조치도 행한 것이 없습니다. 그가 한 것이란 단지 '말'뿐입니다. 엘리사가 나아만을 치유할 수 없었기 때문이 아닙니다. 만약 치유할 수 없었다면 아예 이 일에 나서지도 않았을 것입니다. 이 일은 왕이 시켜서 벌어진 것이 아니라 엘리사가 직접 왕에게 사람을 보내 나아만을 자기에게 보내라고 해서 발생한 일입니다. 분명히 엘리사가 나아만을 치유하는 방법을 알고 있었고, 그것을 알려 주었습니다. 그런데 엘리사는 나아만을 만나지 않았고 단지 일꾼을 보내어 '말'을 했을 뿐입니다. 왜 이렇게 했을까요? 이 이유를 알아야 본문의 사건, 즉 엘리사의 사환 게하시가 행동한 것과 엘리사의 반응이 이해될 수 있습니다.

엘리사는 일부러, 의도적으로, 계획적으로 나아만을 만나지 않았고, 어떤 행동도 하지 않고 단지 '말'만했습니다. 왜냐하면 만약 엘리사가 나아만을 만나고, 직접 요단강으로 데리고 가서 씻겨주었으면 나아만은 '하나님이 치유하셨다'고 하지 않고 '엘리사가 치유했다'고 했을 것이 뻔하기 때문입니다. 나아만이 '내가 이제 이스라엘 외에는 온 천하에 신이 없는 줄을 아니이다'라는 고백을 절대로 하지 않았을 것입니다. 엘리사가 어떤 행동을 했다면 '내가 이제 엘리사가 최고요, 엘리사의 치료방식이 최고인줄 아나이다'라고 했을 것입니다. 엘리사는 죄인의 그러한 속성을 너무나 잘 알기에 나아만이 자기를 주목할 것을 원천적으로 차단한 것입니다.

엘리사는 신을 부르지 않았고 당연히 나아만은 엘리사가 신을 부르는 것을 보지 못했습니다. 그런데도 불구하고 나아만은 엘리사를 치켜세우지 않고 '이스라엘 외에는 온 천하에 신이 없는 줄 아나이다'라고 말했습니다. 왜 이렇게 말했을까요? 엘리사에게 공로를 돌리고 싶어도 엘리사가 행한 것이 없기 때문입니다. 엘리사가 한 일이란 단지 '말'뿐입니다. 말로 병을 고칠 수 있다는 말은 들어본 적이 없고, 심지어 말로 신의 저주를 받은 것으로 알려진 나병을 고쳤다는 말은 들어보지도 생각해보지도 못했습니다. 그래서 그가 할 수 있는 반응이란 단 하나 '신이 고쳤다'고 고백하는 것뿐이었습니다. 엘리사가 나아만으로 하여금 이런 반응이 나올 수밖에 없도록 일을 한 것입니다. 엘리사는 자기의 역할이 단순히 병자의 병을 고치는 것이나, 하나님의 일을 대행하는 것이 아니라 죄인들에게 하나님을 알게 하는 것임을 정확하게 알고 있었습니다. 엘리사가 이렇게 계획하고 행동했기 때문에 나아만이 치유의 대가로 예물을 내어 놓을 때 절대로 받지 않았던 것입니다. 왜냐하면 만약 자기가 예물을 받으면 자신이 치유한 것처럼 되기 때문입니다.

지금이 받을 때이냐

엘리사뿐만 아니라 성경에 등장하는 대부분의 하나님의 사람들이 사역을 행하는 방식은 주로 '말'입니다. 세상에서 '말'이 어떤 방법이나 수단으로 여겨지는 경우는 없습니다. 도리어 '말'만 한다고 비난을 받을 뿐입니다. 그래서 성경에서 하나님의 일을 하는 사람들은 주로 '말'만 합니다. 즉 그 사람이 그 일을 이루어낸 것이 아니라는 것입니다. 그럼 누가 했습니까? 하나님이 하셨습니다. 그 사람이 수고한 것이 아니고, 그 사람이 일을 이루어 낸 것이 아니라면 그 사람이 보상을 받고, 대가를 받아야 할 이유가 없고 명분이 없습니다. 그래서 성경에 하나님의 사람이 하나님의 일을 한 대가로 보상을 받은 적이 없습니다. 그것을 성경에서는 '전리품을 가지지 말라'고 표현하고 있습니다.

죄인들은 이러한 성경의 원리, 하나님의 방식을 거의 이해하지 못합니다. 심지어는 선지자의 사환도 이해를 못합니다. 그 대표가 바로 게하시입니다. 게하시의 생각, 게하시의 행동이 20절 이하에 기록되어 있습니다. 어떤 분이 게하시를 충분히 이해할 만하다고 말하기도 합니다. 어떤 분들은, 선지자는 말만 할 뿐이고 정작 선지자를 보좌하고 선지자를 부양하는 역할을 한 사람은 선지자의 사환이니까 살림을 맡은 사환으로서는 이럴 수도 있다고 말하기도 합니다. 26절에 게하시의 행동에 대한 엘리사의 판단, 엘리사의 생각이 나오는데 저와 여러분의 예상과 다릅니다. 우선 본문을 보겠습니다. "엘리사가 이르되 한 사람이 수레에서 내려 너를 맞이할 때에 내 마음이 함께 가지 아니하였느냐 지금이 어찌 은을 받으며 옷을 받으며 감람원이나 포도원이나 양이나 소나 남종이나 여종을 받을 때이냐" 입니다. 얼핏 들으면 '그걸 준다고 받았냐?' 고 온건하게 나무라는 듯합니다. '거절을 해야지 왜 받았느냐?' 고 꾸중하는 듯합니다. 그러나 전혀 그런 뜻이 아닙니다.

엘리사가 말한 '받을 때이냐' 의 '받을' 은 상대방이 주니까 받는 것을 의미하지 않습니다. 여기에 사용된 단어는 수동적으로 '받다' 라는 의미가 아니라 능동적으로 '취하다' 라는 의미가 강합니다. 다윗이 우리아의 아내 밧세바를 '취했을' 때에도 이 단어가 사용되었고, 이스라엘에 왕이 세워지면 왕이 백성의 아들들을 '취하여' 병거를 몰게 하고, 딸들을 '취하여' 집안 일과 주방 일을 시키고, 밭과 포도원과 감람원을 '취하여' 신하들에게 주어 결국은 종이 되게 한다고 지적할 때에도 이 단어가 사용되었습니다. 단순히 받는 것이 아니라 의도적으로 취하는 것, 좀 더 심하게 말하면 빼앗는 것, 약탈하는 것, 자신의 것이 아님에도 불구하고 억지로 가지는 것을 의미합니다.

엘리사는 게하시의 행동을 자격 없는 사람이 오직 힘과 권세에 의하여 폭력적으로 상대방으로부터 빼앗는 것으로 간주하고 있습니다. 왜냐하면 게하시가 나아만의 병을 치유한 것이 아니고, 엘리사가 나아만의 병을 치유한 것이 아니기 때문입니다. 게하시나 엘리사는 나아만에게서 어떤 것도 취할 자격과 명분이 전혀 없습니다. 나아만을 누가 치유했습니까? 하나님이 치유하셨습니다. 엘리사는 무엇을 하였습니까? 하나님의 위대한 사역에 동참하는 엄청난 은혜를 받았습니다.

오늘날 기독교에서 가장 안타까운 현실은 엘리사처럼 하나님이 하셨음을 고백하는 사람이 별로 없고, 게하시처럼 정작 자신이 하지 않았음에도 불구하고, 하나님이 하신 일마저 마치 자신이 한 것처럼 대가를 요구하고, 심지어는 자기가 직접 대가를 챙기고 빼앗아가는 일이 허다하다는 사실입니다. 그럼에도 불구하고 게하시처럼 나병이 생기지 않은 것만도 천만 다행입니다. 아무쪼록 성도님들은 이미 받은 은혜를 아시고, 받은 은혜를 족한 줄로 아시고, 매사에 하나님을 인정하며, 하나님께 받은 분복을 풍성히 누리며 사시기를 주님의 이름으로 축원합니다.

9

눈을 열어서

열왕기하 6 : 8 ~ 23

8 그 때에 아람 왕이 이스라엘과 더불어 싸우며 그의 신복들과 의논하여 이르기를 우리가
아무데 아무데 진을 치리라 하였더니 9 하나님의 사람이 이스라엘 왕에게 보내 이르되 왕은
삼가 아무 곳으로 지나가지 마소서 아람 사람이 그 곳으로 나오나이다 하는지라 10 이스라
엘 왕이 하나님의 사람이 자기에게 말하여 경계한 곳으로 사람을 보내 방비하기가 한두 번
이 아닌지라 11 이러므로 아람 왕의 마음이 불안하여 그 신복들을 불러 이르되 우리 중에 누
가 이스라엘 왕과 내통하는 것을 내게 말하지 아니하느냐 하니 12 그 신복 중의 한 사람이
이르되 우리 주 왕이여 아니로소이다 오직 이스라엘 선지자 엘리사가 왕이 침실에서 하신
말씀을 이스라엘의 왕에게 고하나이다 하는지라 13 왕이 이르되 너희는 가서 엘리사가 어
디 있나 보라 내가 사람을 보내어 그를 잡으리라 왕에게 아뢰어 이르되 보라 그가 도단에 있
도다 하나이다 14 왕이 이에 말과 병거와 많은 군사를 보내매 그들이 밤에 가서 그 성읍을
에워쌌더라 15 하나님의 사람의 사환이 일찍이 일어나서 나가보니 군사와 말과 병거가 성
읍을 에워쌌는지라 그의 사환이 엘리사에게 말하되 아아, 내 주여 우리가 어찌하리이까 하
니 16 대답하되 두려워하지 말라 우리와 함께 한 자가 그들과 함께 한 자보다 많으니라 하
고 17 기도하여 이르되 여호와여 원하건대 그의 눈을 열어서 보게 하옵소서 하니 여호와께
서 그 청년의 눈을 여시매 그가 보니 불말과 불병거가 산에 가득하여 엘리사를 둘렀더라 18
아람 사람이 엘리사에게 내려오매 엘리사가 여호와께 기도하여 이르되 원하건대 저 무리의
눈을 어둡게 하옵소서 하매 엘리사의 말대로 그들의 눈을 어둡게 하신지라 19 엘리사가 그
들에게 이르되 이는 그 길이 아니요 이는 그 성읍도 아니니 나를 따라 오라 내가 너희를 인
도하여 너희가 찾는 사람에게로 나아가리라 하고 그들을 인도하여 사마리아에 이르니라
20 사마리아에 들어갈 때에 엘리사가 이르되 여호와여 이 무리의 눈을 열어서 보게 하옵소
서 하니 여호와께서 그들의 눈을 여시매 그들이 보니 자기들이 사마리아 가운데에 있더라
21 이스라엘 왕이 그들을 보고 엘리사에게 이르되 내 아버지여 내가 치리이까 내가 치리이

까 하니 22 대답하되 치지 마소서 칼과 활로 사로잡은 자인들 어찌 치리이까 떡과 물을 그들 앞에 두어 먹고 마시게 하고 그들의 주인에게로 돌려보내소서 하는지라 23 왕이 위하여 음식을 많이 베풀고 그들이 먹고 마시매 놓아보내니 그들이 그들의 주인에게로 돌아가니라 이로부터 아람 군사의 부대가 다시는 이스라엘 땅에 들어오지 못하니라

이스라엘과 아람의 관계

이스라엘의 왕조

열왕기하 6장 8절을 보시면 '그 때에 아람 왕이 이스라엘과 더불어 싸우며'이고, 9절을 보시면 '하나님의 사람이 이스라엘 왕에게 보내 이르되'입니다. 성경을 처음보시는 분들은 본문의 아람 왕이 누구인지, 이스라엘 왕이 누구인지 전혀 알 길이 없습니다. 앞으로 신앙생활 안하실 분들 즉 성경을 아예 읽지도 않을 것이고, 성경의 내용에는 일말의 눈길도 주지 않으실 분들은 이 왕들이 누구인지 신경 쓰지 않으셔도 됩니다. 그러나 그 외의 분들, 앞으로도 교회를 출석하실 것이고, 설교를 들으실 분들, 하나님께서 무슨 말씀을 하시는지 알고 싶어 하시는 분들은 조금 관심을 가지셔야 합니다. 지금 알고 계신 성경의 내용도 처음에는 몰랐지만 신앙생활하시는 동안 수십, 수백 번 들어서 알게 된 것입니다. 그렇다면 열왕기의 내용도 수십, 수백 번 들으시면 나름 왕조에 대한 이해, 왕들의 이름이나 주변 나라들과의 관계에 대해 익숙해지실 것입니다. 저는 여러분께서 앞으로도 계속 신앙생활을 하실 것임을 전제하고, 앞으로 열왕기나 역대기 본문이 낯설지 않도록 해드려야 한다는 역사적 사명을 다할 것입니다.

이스라엘이 남과 북으로 분열된 후에 북쪽에는 총 아홉 개의 왕조가 등장합니다. 아홉 개 중에 여러분은 우선 세 개 정도를 아시면 됩니다. 첫 번째가 여로보암 왕조입니다. 너무나 당연한 것이지만 왕조의 맨 앞에 나오는 사람이 그 왕조의 시조이고 자녀들이 왕을 세습해서 왕조를 이어갑니다. 여로보암 왕조에 대해서는 아주 간단히 여로보암만 기억하시면 됩니다. 그 다

음 중요한 왕조가 오므로 왕조입니다. 오므리 왕조에는 총 네 명의 왕이 등장하고 44년간 통치합니다. 오므리의 아들이 아합이고, 아합의 아들이 아하시야와 여호람입니다. 엘리야가 활동하던 시기의 왕이 아합이고, 엘리사가 활동하던 시기의 왕이 여호람입니다. 오므리 왕조는 이스라엘의 왕권 또는 국권이 가장 강력했던 시대요, 아합과 이세벨이 바알과 아세라를 가장 열심히 섬겼던 시대로 기억하시면 됩니다.

그 다음 중요한 왕조가 열왕기하 9장부터 등장하는 예후 왕조입니다. 예후부터 시작해서 총 다섯 명의 왕이 등장하고 자그마치 89년간 통치합니다. 이스라엘의 아홉 개 왕조 중에 짧게는 칠일짜리 왕조도 있고, 기껏해야 10년, 12년, 20년 정도 통치했을 뿐인데 가장 오래 동안 통치한 왕조가 바로 예후 왕조입니다. 엘리야는 오므리 왕조시대에만 해당되고, 엘리사는 오므리 왕조부터 예후 왕조에 걸쳐 맹활약을 합니다. 본문은 오므리 왕조의 여호람 왕 때의 일입니다.

주변 나라들

성경에 이스라엘과 관련되어 나오는 이방나라들이 많이 있습니다. 대표적으로는 가장 먼저 애굽입니다. 창세기와 출애굽기 시대에는 가장 강력한 제국이었지만 세력이 약화되어 한동안 등장하지 않다가 이스라엘이 패망할 때쯤 다시 등장합니다. 사울과 다윗 시대에는 블레셋이 경쟁 국가였습니다. 엄밀하게는 블레셋이 이스라엘보다 조금 빨리 국가의 형태를 갖추고 강대국으로 군림했었는데 다윗 시대부터 전세가 역전되어서 솔로몬 시대까지 조공을 바쳤고, 이스라엘이 분열된 이후로는 이스라엘이나 블레셋이나 서로 별 볼 일 없는 약소국으로 전락해서 동병상련을 나누는 관계가 됩니다.

분열된 이스라엘의 가장 골칫거리는 아람이었습니다. 엘리야, 엘리사가 등장하는 전쟁이야기는 모두 아람과의 전쟁입니다. 전쟁을 치르면 한쪽이 완전히 이기고 상대방이 완전히 패해야 이긴 나라는 강대국이 되고 패한 나라는 역사에서 사라집니다. 그런데 두 나라가 세력이 균등해서 어느 한쪽도 확실하게 이기지 못하고 전쟁을 계속하면 결국 두 나라 모두 전쟁의 후유증으로 세력이 약해지고 느닷없이 다른 나라가 불쑥 등장하곤 합니다. 바로 이스라엘과 아람이 딱 그 경우입니다. 그래서 새롭게 등장하는 나라가 앗수르 또는 앗시리아입니다.

지금까지는 거의 언급도 되지 않던 앗수르가 열왕기하 15장부터 등장하고 17장에서 이스라엘이 앗수르에게 패망합니다. 한동안 앗수르가 제국의 위세를 떨치고 얼마 후에 열왕기하 17장부터 바벨론이 등장하고 20장부터 유다의 백성들이 바벨론의 포로로 잡혀가기 시작하고 24장에서 유다는 바벨론에게 패망당하고 칠십년간 포로생활을 합니다. 여기서 재미있는 것은 유다왕국은 바벨론에 칠십년간 포로생활을 하는데 정작 바벨론은 백년도 지탱하지 못하고 바사에게 망해 버린다는 것입니다. 유다왕국으로서는 백년도 안 되는 바벨론의 역사 중에 칠십년을 포로생활을 했으니 운이 없어도 억세게 없었습니다. 제가 이방 나라의 왕들의 이름을 외우라고 부탁드리지도 않을 것이고 성경의 사건이 일어난 연도를 외우라고도 하지 않을 것입니다. 그냥 제가 자꾸 말씀드릴 때에 지겨워하지만 마시고, 자꾸 들으셔서 기억이 되실 때 일부러 기억을 지우려고만 하지 않으시면 되겠습니다. 제가 기대하는 것은 매우 작은 것입니다. 저는 절대로 여러분을 힘들게 하지 않습니다.

아람의 왕

역사 공부 하나만 더 하시면, 열왕기하 6장에 등장하는 이스라엘의 왕은 오므리 왕조의 네 번째 왕인 여호람입니다. 아합의 아들인데, 아버지 아합은 아람과의 전쟁에서 어떤 병사가 우연히 쏜 화살에 맞아 죽었고, 어머니 이세벨은 아직 멀쩡히 살아있고, 아마도 형이었던 아하시야는 왕이 된 후

병이 들어서 불과 이년 만 통치하고 죽어서 여호람이 왕으로 다스리고 있습니다. 북 왕국 이스라엘과 아람은 계속하여 전쟁을 했는데 이스라엘에서는 오므리 왕조가 등장하고 아람에서는 벤하닷 왕조가 등장합니다. 벤하닷 왕조에 대해 열왕기서에 나오는 것만 확인해 보면 첫 번째가, 열왕기상 20장 1절에 "아람의 벤하닷 왕이 그의 군대를 모으니 왕 삼십이 명이 그와 함께 있고 또 말과 병거들이 있더라 이에 올라가서 사마리아를 에워싸고 그곳을 치며" 입니다. 이 전쟁에서 하나님께서 도우셔서 이스라엘이 승리했습니다. 두 번째가 열왕기상 20장 26절에 "해가 바뀌니 벤하닷이 아람 사람을 소집하고 아벡으로 올라와서 이스라엘과 싸우려 하매" 입니다. 이 전쟁에서도 하나님이 도우셔서 이스라엘 즉 아합 왕이 승리합니다. 이 두 번은 아람이 쳐들어왔다가 패한 경우입니다. 세 번째가 열왕기상 22장 29절 이하에 나오는 대로 북 왕국 아합과 남 왕국 여호사밧이 연합해서 아람을 쳐들어가는 전쟁인데, 공교롭게도 이번에도 쳐들어가는 나라가 패하고 아합은 죽고, 여호사밧은 겨우 목숨을 건집니다.

열왕기하 3장에도 전쟁이야기가 나오는데 모압과의 전쟁이니까 넘어가고, 아람과의 네 번째 전쟁이 열왕기하 6장 8절부터 "그 때에 아람 왕이 이스라엘와 더불어 싸우며" 이고, 다섯 번째가 24절에 "이후에 아람 왕 벤하닷이 그의 온 군대를 모아 올라와서 사마리아를 에워싸니" 입니다. 그 후에도 소소한 전쟁이 몇 번 더 있는데 그때 가서 설명드리겠습니다. 대표적으로 다섯 번 정도의 전쟁이 있었는데 공교롭게도 침략해 온 나라, 전쟁을 일으킨 나라가 모두 패합니다. 열왕기하 6장과 7장에 걸쳐 두 번의 전쟁이 일어나는데 모두 아람이 쳐들어오고 결과적으로 아람이 두 번 모두 패합니다. 이스라엘과 아람이 다섯 번을 전쟁을 하는데 첫 번째부터 세 번째까지 이스라엘의 왕은 아합이고, 네 번째와 다섯 번째 전쟁을 하는 이스라엘의 왕은 여호람입니다.

그런데 아람은 다섯 번 중에 세 번은 왕의 이름이 소개되고 두 번은 왕의 이름이 없습니다. 첫 번째 전쟁을 하는 왕이 벤하닷이고, 두 번째 전쟁을 하는 왕도 벤하닷이고, 세 번째와 네 번째는 이름이 없고, 다섯 번째 전쟁을 하는 왕이 또 벤하닷입니다. 이름만 들으면 벤하닷이 무지 오래 살았고, 그것도 왕으로서 계속 통치하였고, 계속 전쟁에 나올 만큼 건강했던 것으로 오해할 수 있습니다. 여러분이 예상하시듯이 세 사람은 동일인물은 아닙니다. 다만 성경이 아람의 왕들을 자세하게 설명하지 않고 벤하닷 왕조를 모두 벤하닷 왕이라고 표현을 하고 있는 것으로 알려지고 있습니다. 여러분도 편안하게 아람의 왕은 '벤하닷'이었다고만 기억하시면 되겠습니다. 몰라도 신앙생활에 아무 지장이 없습니다. 대신 기억을 하시면 다음에 성경을 읽으시거나 설교를 들으실 때 도움이 될 것입니다.

아재 개그

하나님의 은혜

성경은 이스라엘의 역사책이 아니고, 인간이 경험을 통해 축적한 지혜의 책이 아니고, 어떤 사람의 성공사례를 소개하는 영웅전이 아니고, 각 사람에게 더 나은 삶을 만들어낼 수 있도록 권면하는 자기계발서가 아닙니다. 성경은 인간의 문제가 죄임을 밝혀주고, 죄를 이길 수 있도록 하나님을 알게 하는 계시가 나타나고, 결국 하나님을 배운 인간이 계시로 죄를 이겨 행복을 누리게 하는 복음입니다. 그래서 성경의 이야기는 전개방식이 매우 특이하고, 결과도 매우 독특합니다.

열왕기하 6장에서 이스라엘을 다스리고 있는 왕은 여호람입니다. 아합 왕의 아들이고, 어머니 이세벨은 여전히 살아있기에 여호람 왕에 대한 평가는 다분히 부정적입니다. 열왕기하 3장 2절 이하에 "그가 여호와 보시기에 악을 행하였으나 그의 부모와 같이 하지는 아니하였으니 이는 그가 그의 아버지가 만든 바알의 주상을 없이 하였음이라 그러나 그가 느밧의 아들 여로보암이 이스라엘에게 범하게 한 그 죄를 따라 행하고 떠나지 아니하였더라" 입니다. 아버지 아합은 우상 숭배의 주범이었고, 형제이었던 선대 왕 아하시야는 병이 들었을 때 여호와께 묻는 대신 에그론의 신 바알세붑에게 병이 낫겠나 물어보러 사람을 보냈으나 결국 올라간 침상에서 내려오지 못하고 죽었습니다. 결국 아합의 통치와 아히시야의 통치에 이어 여호람의 통치 때까지 이스라엘은 하나님을 섬기지 않았고, 하나님의 말씀을 따라 살지 않았습니다. 왕이 회개했다는 표현이 없고, 이스라엘이 하나님께로 돌아섰다는 기록도 없습니다. 그런데도 하나님은 이스라엘을 도와주십니다. 뭘 잘했다고 도와주죠? 뭐가 예쁘다고 도와주죠?

하나님은 잘해야 도와주시거나 예뻐야 도와주시는 분이 아닙니다. 제발 하나님께 죄인의 원리를 적용하지 마시기 바랍니다. 하나님이 유능한 사람을 골라서 선택하는 것처럼, 하나님도 조건에 맞추어 인간과 거래하시는 것처럼 오해하시면 안 됩니다. 죄의 원리를 한 마디로 표현한다면 '인과응보'라고 하거나 '자업자득'이라고 하거나 '행한대로 받는다'고 합니다. 얼핏 들으면 공정한 것 같습니다만 이것을 다른 말로 표현하면 '부익부 빈익빈'입니다. 잘하는 사람에게는 상을 주고 못하는 사람에게는 벌을 주니까 잘하는 사람은 계속 잘되고 못하는 사람은 더욱 못하게 되는 구조입니다. 요즘 사회는 잘하는 사람에게는 '성과급'이 주어지고, 못하는 사람에게는 '저성과자'라는 타이틀이 붙여지고 있습니다. 절대로 인간이 행복하게 살 수 없는 원리입니다. 세상에서 너무나 당연하게 여겨진다고 할지라도 하나님께서는 전혀 사용하지 않으시는 원리이고, 당연히 교회에서는 운용되지 않는 원리입니다. 하나님께서 인간에게 배푸시는 은혜를 인간의 행위에 상응하는 '상'으로 생각하시면 안 됩니다. 기독교는 상이나 면류관을 운운하는 종교가 아니라 철저하게 은혜를 강조하는 종교입니다.

하나님의 방법

열왕기하 3장에서 여호람 왕이 모압과 전쟁을 했습니다. 이길 수 있는 상황이 아니었습니다. 전쟁에 출전을 했지만 싸움을 시작하기도 전에 왕과 군사와 말들이 마실 물이 없어서 죽을 지경이었습니다. 그렇게 절박한 상황에서도 여호람은 하나님의 도움을 구하지도 않았습니다. 그런데도 하나님은 하나님을 믿지도 않는 사람에게, 도움을 청하지도 않는 사람에게 은혜를 주셨습니다. 이때 하나님께서 은혜를 주시는 과정과 내용, 결말이 일반적이지 않습니다. 결과적으로는 전쟁에서 승리하게 하셨습니다. 어떻게요? 삽질해서 이겼습니다. 하나님께서 지시 하신 것이 '골짜기에 개천을 많이 파라'이었습니다. 실제로 전쟁에 나온 이스라엘이 행한 일이란 딱 하나 '골짜기에 개천을 많이 판 것'뿐입니다. 막말로 '밤에 삽질 한 것'뿐입니다. 아침에 보니 개천에 물이 흘러들어왔고, 모압 군사들이 해가 물에 비친 것을 보고 이스라엘이 서로 싸운 것으로 착각했고, 스스로 무방비로 이스라엘의 진에 들어왔습니다. 아예 승리를 이스라엘의 눈앞에 갖다 바친 것입니다. 이스라엘이 차려진 밥상을 대하듯 모압을 치자 모압이 도망하였고, 자연스럽게 이스라엘은 모압 진영으로 쳐들어가서 승리했습니다.

전쟁이 끝나고 평가회를 한다고 가정해 보겠습니다. 이스라엘이 전쟁에서 이겼는데 승리요인이 무엇이라고 해야 합니까? 이번 전쟁을 통해 얻은 교훈이 무엇이라고 해야 합니까? 다음에도 전쟁에서 승리하려면 무엇을, 어떻게 준비해야 한다고 말해야 합니까? 아무 할 말이 없습니다. '승리의 요인, 삽질을 한 것! 다음 전쟁의 준비물, 삽!'은 말이 되지 않습니다. 아람의 군대는 뭐라고 분석을 해야 합니까? '전쟁에서 패한 원인, 해가 물이 비친 것을 피로 착각한 것! 다음 전쟁의 준비물, 피인지 물인지 정확하게 분별할 수 있는 수질 분석기!'는 말이 되지 않습니다. 하나님은 이스라엘에게 전쟁에서 승리하는 방법을 가르쳐 주신 것이 아닙니다. 유비무환의 교훈을 주신 것도 아닙니다. 전쟁의 승리를 통하여 경제적 번영을 주신 것도 아닙니다. 여호람 왕에게 왕권의 강화를 주신 것도 아닙니다.

실제로 모압과의 전쟁을 통해 이스라엘이 달라진 것이 별로 없습니다. 물론 전쟁에서 패했으면 이스라엘의 삶의 훨씬 더 피폐해졌겠지만 이겼다고 해서 썩 나아진 것이 없습니다. 모압과의 전쟁이야기가 열왕기하 3장에 나오는데, 바로 이어 4장 1절로 7절에는 선지자의 제자가 빚을 진 이야기, 그래서 아들들이 종으로 팔려갈 뻔한 이야기가 나옵니다. 또 4장의 후반부인 38절로 40절에는 선지자의 제자들이 먹을 것이 없어서 들에서 들호박을 따다 끓여먹는 이야기가 나오고, 42절로 44절에는 사람들이 먹을 것이 없어서 보리떡 이십 개와 채소 한 자루로 백 명을 먹이는 이야기가 나옵니다. 한 마디로 이스라엘의 상황이 매우 핍절하고, 곤궁하고, 궁핍합니다. 그리고 이어진 내용이 5장의 나아만 이야기였습니다. 모압과 전쟁을 치루었는데 엎친데덮친 격으로 아람의 군대장관까지 와서 나병을 고쳐내라고 하니 이스라엘의 왕이 미칠 지경이었습니다.

모압과의 전쟁이야기가 이스라엘에게 전쟁에서 승리하는 방법을 알려주는 것이 아니었고, 나아만 장군의 치유이야기가 모든 병자들에게 나병을 고치는 방법을 알려주는 것이 아니었습니다. 성경에 등장하는 모든 사건은 죄인들에게 하나님을 계시하는 것입니다. 하나님을 알아서 전쟁을 이기라는 것이 아니라 죄를 이기라는 것이며, 하나님을 알아서 병을 이기라는 것이 아니라 죄를 이기라는 것입니다. 왜냐하면 죄를 이겨야 인간이 행복하기 때문입니다.

아재 개그

아람 왕이 전쟁하러 이스라엘에 온 것을 보면 나아만이 이스라엘에서 나병을 치유했음에도 불구하고 본국에 돌아가서 아람의 왕을 설득하지 못했나봅니다. 실제적으로 5장과 6장 사이에 시간이 얼마나 흘렀는지 모르고, 아람의 왕이 동일한 인물인지도 모르고, 아람의 군대를 이끌고 온 장군이 나아만인지도 모릅니다. 여하튼 아람의 왕이 이스라엘과 싸우려고 왔습니다. 이번에도 전쟁이야기가 아주 엉뚱하게 전개됩니다. 이번에도 이스라엘의 왕이나 백성 중에 어느 누구도 하나님을 언급하지 않고, 선지자를 찾지도 않습니다. 또 하나님이 먼저 도와주십니다. 엘리사가 오지랖이 넓은 것 같습니다. 아람 왕이 아무데 진을 치려고 할 때 엘리사가 여호람 왕에게 아람 왕의 전략을 모두 알려줍니다. 그래서 10절 "이스라엘 왕이 하나님의 사람이 자기에게 말하여 경계한 곳으로 사람을 보내 방비하기가 한두 번이 아닌지라" 입니다.

아람 왕으로서는 매우 당황스러웠던 것 같습니다. 11절에서 아람 왕은 자기 부대에 첩자가 있는지 의심을 하자 12절에서 "그 신복 중의 한 사람이 이르되 우리 주 왕이여 아니로소이다 오직 이스라엘 선지자 엘리사가 왕이 침실에서 하신 말씀을 이스라엘의 왕에게 고하나이다" 라고 알려줍니다. 이때 13절은 전형적인 '아재개그' 입니다. 아재개그가 이렇게 오래전부터 있었는지 이번에 알았습니다. 13절 "왕이 이르되 너희는 가서 엘리사가 어디 있나 보라 내가 사람을 보내어 그를 잡으리라" 입니다. 아재개그 맞죠? 아람 왕이 진을 치는 곳마다 엘리사가 알고 미리 방비하게 한다는 소식을 듣고 아람 왕은 사람을 보내 엘리사를 잡아 오라고 합니다. 진을 치는 곳도 다 알아내는 엘리사가 자기를 잡으러 오는 군대를 알지 못할 줄로 생각하나 봅니다. 이러니까 아재개그가 맞습니다.

그런데 더 재미있는 것은 그 다음입니다. 그 동안 아람 왕이 어디에 진을 치는지 엘리사가 다 알았습니다. 그렇다면 이번에도 알 것입니다. 특히나 이번은 자기를 잡으러 오는 것이니까 어느 때보다 정확히 알아야 합니다. 지금까지 해 오던 대로 하면 미리 다른 곳으로 피하면 됩니다. 그러면 아람의 왕이나 군대는 절대로 엘리사를 잡을 수 없습니다. 하지만 엘리사는 피하여 다른 곳으로 가지 않고 그냥 그대로 머물러 있어서 14절에 포위가 됩니다. 왜 이러는 걸까요? 그 동안 잘도 피해 다니더니 이번에는 왜 피하지 않습니까? 이런 장면에서 저와 여러분은 이 사건의 목적은 단지 전쟁에서 승리하는 것이 아니라는 것을 확인할 수 있습니다. 엘리사가 머물고 있는 도단 성을 포위 한 아람 왕이 어떻게 생각했겠습니까? 'OK, 잡았다!'고 할 것입니다. 과연 그럴까요?

눈을 열어서

어찌하리이까?

본문의 하이라이트가 15절 이하 "하나님의 사람의 사환이 일찍이 일어나서 나가보니 군사와 말과 병거가 성읍을 에워쌌는지라 그의 사환이 엘리사에게 말하되 아아, 내 주여 우리가 어찌하리이까 하니"입니다. 아람 왕이 엘리사를 잡아오라고 한 것이 아재개그 1탄이라면, 사환의 탄식이 아재개그 2탄입니다. 이 사환이 그 동안 엘리사와 따로 있었던 것이 아닙니다. 이 사환이 그 동안 엘리사의 말과 행동을 모르고 있었던 것이 아닙니다. 아마도 그 동안 아람 왕이 진을 치는 것을 엘리사가 미리 이스라엘 왕에게 알려줄 때 엘리사의 말을 전달한 사람일 것입니다. 남이 위험에 처한 상황은 다 대비시켜주었는데 정작 자신의 위험은 알지도 못하고 대처도 못한 모양새가 되었습니다. 어제 밤에 멀쩡히 잠을 잘 잤는데 아침에 일어나 보니 자신들이 포위되어 있으니 놀랄 만도 합니다. 일반인도 놀랄 것이 당연한데 엘리사의 사환으로서 재난을 미리미리 대비하던 사환의 경우는 훨씬 더 놀랐을 것입니다. 이 사환이 왜곡된 종교의 전형적인 모습입니다. 오늘날 성도님들의 완벽한 모델입니다. 왜냐하면 하나님의 은혜를 늘 체험하면서도 전혀 하나님을 배우지 못하기 때문입니다.

16절은 "대답하되 두려워하지 말라 우리와 함께 한 자가 그들과 함께 한 자보다 많으니라 하고"입니다. 동일한 상황에 대해 엘리사의 반응과 사환의 반응이 정반대입니다. 엘리사는 대담하고 사환은 소심한 것이 아닙니다. 과연 이러니 엘리사는 지도자이고 사환은 기껏해야 사환밖에 되지 못하는 것이 아닙니다. 엘리사와 사환의 차이를 만들어 내는 것은 오직 하나 '하나님을 아는 것'입니다. 하나님을 아는 엘리사와 하나님을 알지 못하는 엘리사의 사환은 상황을 맞이하는 태도와 인식이 완전히 다른 것입니다. 그동안 엘리사는 하나님의 일하심을 직접 경험하며, 하나님의 말씀을 사람들에게 알려주기도 했습니다. 그 과정에서 엘리사는 수단을 배운 것이 아니고, 방법을 터득한 것이 아니고, 상황을 개선시킨 것이 아니라 하나님의 성품, 하나님의 마음, 하나님의 능력, 하나님의 원리 즉 하나님을 알게 되었습니다.

하나님께서 자기 백성 삼으신 이스라엘을 늘 마음에 두고 계시다는 것, 하나님은 이스라엘에게 경제적 번성이나 영토적 확장이 아니라 죄를 이기도록 다양한 계시를 펼치신다는 것을 알았습니다. 전쟁은 군사의 다수, 무기의 성능, 선지자의 유무에 따라 승패가 달라 지는 것이 아니라는 것을 알았습니다. 그래서 이번에는 자신이 포위되어 있어도 전여 두려워하지 않습니다. 하나님을 알고, 하나님의 일하심을 알기 때문입니다. 반면에 엘리사의 사환은 엘리사의 일을 도우면서도 단지 일만 보았고, 엘리사가 행하는 수단과 방법만 보았습니다. 하나님을 배우지 않았으니, 지금 직면한 상황은 그동안 만나보지 못한 상황이고, 이 상황에서는 어떤 수단이나 방법을 써야할지 모르기 때문에 두려워하는 것입니다. 사환에게는 하나님에 대한 인식, 하나님의 일하심에 대한 인식이 전혀 없습니다.

눈을 열어서

엘리사의 처방은 너무나 간단합니다. 17절 "기도하여 이르되 여호와여 원하건대 그의 눈을 열어서 보게 하옵소서 하니 여호와께서 그 청년의 눈을 여시매 그가 보니 불말과 불병거가 산에 가득하여 엘리사를 둘렀더라" 입니다. 핵심은 '기도하여'가 아니라 '눈을 열어서'입니다. 눈을 여니 보이는 것입니다. 15절에서 사환은 오직 '아람의 군사와 말과 병거가 성읍을 에워싼 것'만 보였습니다. 당연히 두렵습니다. 그런데 17절에서 눈을 떠보니 '불말과 불병거가 산에 가득하여 엘리사를 둘러선 것'이 보였습니다. 당연히 두려움이 사라집니다. 다른 표현으로 하면, 하나님을 모르면 오직 상황만 눈에 들어옵니다. 어떤 사람이 문제에 직면하면 당황하고 두렵고 떨리는 것이 당연합니다. 그때에는 '두려워하지 말라, 담대하라'는 말이 아무 소용이 없습니다. 그러나 동일한 상황에서 '해결책'이 보이면, 하나님을 알면 두려워할 이유가 없습니다. 엘리사와 사환의 경우에 눈이 감겨있는 사환과 눈이 열려있는 엘리사가 극명하게 대조되고 있습니다. 사환은 위기에 처해있고, 엘리사는 평안한 상황이 아닙니다. 둘이 똑같은 상황인데 전혀 반응이 다릅니다.

이 순간 사환은 무슨 생각을 했을까요? 본문에는 없는데 아마도 당장에 저 불말과 불병거를 출동시켜서 아람의 군대를 박살내려고 했을 것입니다. 누가복음 9장에 예수님께서 사마리아 지역에 가셨는데 사람들이 영접하지 않는 것을 보고 제자들이 한 말이 있습니다. 54절 "제자 야고보와 요한이 이를 보고 이르되 주여 우리가 불을 명하여 하늘로부터 내려 저들을 멸하라 하기를 원하시나이까"입니다. 하나님의 능력과 권세를 수단과 방법으로만 생각하는 모습입니다. 하나님의 뜻, 하나님의 마음, 하나님의 원리가 무엇인지는 전혀 생각하지 않는 사람들의 전형적인 모습입니다. 엘리사의 사환에게 중요한 것은 이 상황을 벗어나는 것이고, 전쟁에서 이기는 것입니다. 그러나 하나님에게 중요한 것은 엘리사의 사환과 이스라엘과 아람의 군대들 모두 즉 죄인들이 하나님을 배우는 것입니다. 그래서 사건 전개가 전혀 다르게 펼쳐집니다.

18절부터 20절까지 읽어보면 "아람 사람이 엘리사에게 내려오매 엘리사가 여호와께 기도하여 이르되 원하건대 저 무리의 눈을 어둡게 하옵소서 하매 엘리사의 말대로 그들의 눈을 어둡게 하신지라 엘리사가 그들에게 이르되 이는 그 길이 아니요 그 성읍도 아니니 나를 따라 오라 내가 너희를 인도하여 너희가 찾는 사람에게로 나아가리라 하고 그들을 인도하여 사마리아에 이르니라 사마리아에 들어갈 때에 엘리사가 이르되 여호와여 이 무리의 눈을 열어서 보게 하옵소서 하니 여호와께서 그들의 눈을 여시매 그들이 보니 자기들이 사마리아 가운데에 있더라"입니다. 이 사람들의 정신이 오락가락 했을 것입니다. 눈이 어두워졌다 열렸다 정신이 없었을 것입니다. 전쟁하러 왔는데 이리저리 진을 쳤지만 모두가 허탕이었고, 엘리사를 잡으러 와서 포위를 했는데 눈을 떠보니 포위했던 자신들이 포위되어 있는 상황이 되었으니 아마 이들도 사환이 했던 것처럼 '아아, 내 장군이여, 우리가 어찌하리이까'라고 했을 것입니다.

놓아 보내니

본문에 왜곡된 신앙의 전형적인 패턴을 보여주는 두 번째 사람이 등장합니다. 바로 21절의 이스라엘 왕입니다. "이스라엘 왕이 그들을 보고 엘리사에게 이르되 내 아버지여 내가 치리이까 내가 치리이까 하니"입니다. 이 왕이 열왕기하 3장부터 등장하는 여호람 왕이었습니다. 3장에서 모압과의 전투에서 하나님의 도우심으로 승리했습니다. 하나님의 일하심을 경험한 사람입니다. 그런데 하나님을 배우지 않습니다. 그러니 5장에서 나아만 장군이 왔을 때 당황하고 놀래서 옷을 찢고 소란을 피웁니다. 이스라엘에 하나님이 계시고, 하나님의 선지자가 있다는 것을 전혀 인식하지 못하는 행동입니다. 그때에도 하나님께서 나아만의 병을 치유시켜 주고 평안히 아람으로 돌아가게 하셨습니다. 여호람 왕으로서는 자신이 위기라고 여겼던 상황을 하나님께서 해결해 주신 것입니다. 그러나 이번에도 여호람은 문제가 해결된 것에만 안도 할뿐 전혀 하나님을 배우지 못합니다.

6장에서도 마찬가지입니다. 아람의 군대가 쳐들어왔습니다. 이때에도 하나님은 엘리사를 통하여 아람군대가 진 치는 것을 모두 알고 대비하게 하셨습니다. 지속적으로 하나님의 은혜를 입고, 하나님의 일하심을 직접 체험한 것입니다. 그런데 상황이 나아지는 것만 좋아할 뿐 하나님을 배우지 못합니다. 여호람 왕이 관심 갖는 것은 오직 하나 전쟁에서 이기는 것뿐입니다. 하나님의 목적이 전쟁에서 이기는 것뿐이라면 굳이 아람의 군대를 도단에서부터 사마리아까지 저들의 눈을 어둡게 하면서까지 인도해 올 필요가 없습니다. 하나님의 목적은 단순히 전쟁에서 승리하는 것이 아니라 엘리사의 사환, 여호람 왕, 이스라엘 백성, 아람의 군사들 모두에게 하나님을 알게 하는 것입니다. 하나님의 조치가 22절과 23절입니다. "대답하되 치지 마소서 칼과 활로 사로잡은 자인들 어찌 치리이까 떡과 물을 그들 앞에 두어 먹고 마시게 하고 그들의 주인에게로 돌려 보내소서 하는지라 왕이 위하여 음식을 많이 베풀고 그들이 먹고 마시매 놓아 보내니 그들이 그들의 주인에게로 돌아가니라"입니다. 이게 전쟁입니까? 누가 이긴 것입니까?

성경에 많은 전쟁이야기가 나옵니다. 대부분 이스라엘이 승리합니다. 하나님께서 이스라엘로 이기게 하십니다. 그렇다고 결론을 '하나님은 전쟁의 하나님'이라고 내리면 안 됩니다. '하나님이 함께 하시면 모든 전쟁에서 이긴다'고 주장하면 안 됩니다. 하나님의 목적은 절대로 전쟁에서 승리하는 것이 아닙니다. 하나님의 목적은 전쟁에서 이길 수 있는 특별한 수단이나 방법을 전수하는 것이 아닙니다. 그래서 전쟁 때마다 하나님이 이기게 하는 방식이 다 다릅니다. 사사기에서는 이 사람, 저 사람을 세워서 전쟁에서 이기게 하십니다. 그랬더니 결론이 '사사같은 지도자가 있어야 한다'고 합니다. 참 바보같은 주장입니다. 통일 왕국 시대에는 왕 다윗을 통해 전쟁에서 이기게 하십니다. 그랬더니 결론이 '다윗같은 문무를 겸비한 왕이 통치해야 한다'고, 다윗같은 지도자를 세워달라고 합니다. 참 미련한 기도입니다. 엘리야와 엘리사 시대에는 직접 전쟁을 하기 보다는 선지자를 통해 승리를 하게 하십니다. 그랬더니 '선지자가 시대의 소망이다, 영성있는 선지자 후보생들을 길러야 한다'고 교회들마다 이런 학교, 저런 학교를 세우고 난리들을 칩니다. 참 한심한 행동들입니다. 골짜기에 개천을 파서 전쟁을 이기면 '삽질을 잘하는 청년들을 만들자'고 헬스를 시키거나, '좋은 삽을 준비하자'고 철공소를 만드는 것과 뭐가 다릅니까?

하나님을 배워야

하나님이 다양하게 사역을 행하신다는 것은 어떤 사역을 특별한 비법으로 전수할 수 없음을 의미하기도 합니다. 하나님의 일하심을 통해 수단이나 방법을 배우는 것이 아니라 하나님의 마음, 하나님의 속성, 하나님의 원리 즉 하나님을 배워야 합니다. 누가 배워야 합니까? 모든 죄인들이 배워야 합니다. 그래서 하나님은 아람의 군대를 굳이 이스라엘의 수도인 사마리아까지 인도해 오신 것입니다. 엘리사가 머물던 도단에서 그냥 쫓아냈으면 전쟁에서는 승리했을지 모르지만 이스라엘의 왕은 하나님을 배우지 못했을 것입니다. 하지만 적군이 자기 눈앞에 있고, 그 적군을 살육하는 것이 아니라 친히 음식을 많이 베풀어 먹고 마시게 하고 놓아 보내는 과정을 통해 하나님의 뜻, 하나님의 목적을 배우게 하시는 것입니다.

성도님들께서 하나님을 풍성히 알아 가시기 바랍니다. 그래서 문제를 바라보는 인식이 달라지고, 상황을 판단하는 기준이 달라지고, 삶을 살아가는 원리가 하나님의 마음에 따라 변화되기를 소망합니다. 한 주간도 하나님의 마음과 심정과 방법으로 행하셔서 하나님의 복락을 풍성히 누리며 사시기를 주님의 이름으로 축원합니다.

10

나병환자들

열왕기하 6 : 24 ~ 7 : 20

24 이 후에 아람 왕 벤하닷이 그의 온 군대를 모아 올라와서 사마리아를 에워싸니 25 아람
사람이 사마리아를 에워싸므로 성중이 크게 주려서 나귀 머리 하나에 은 팔십 세겔이요 비
둘기 똥 사분의 일 갑에 은 다섯 세겔이라 하니 26 이스라엘 왕이 성 위로 지나갈 때에 한 여
인이 외쳐 이르되 나의 주 왕이여 도우소서 27 왕이 이르되 여호와께서 너를 돕지 아니하시
면 내가 무엇으로 너를 도우랴 타작 마당으로 말미암아 하겠느냐 포도주 틀로 말미암아 하
겠느냐 하니라 28 또 이르되 무슨 일이냐 하니 여인이 대답하되 이 여인이 내게 이르기를 네
아들을 내놓아라 우리가 오늘 먹고 내일은 내 아들을 먹자 하매 29 우리가 드디어 내 아들
을 삶아 먹었더니 이튿날에 내가 그 여인에게 이르되 네 아들을 내놓아라 우리가 먹으리라
하나 그가 그의 아들을 숨겼나이다 하는지라 30 왕이 그 여인의 말을 듣고 자기 옷을 찢으
니라 그가 성 위로 지나갈 때에 백성이 본즉 그의 속살에 굵은 베를 입었더라 31 왕이 이르
되 사밧의 아들 엘리사의 머리가 오늘 그 몸에 붙어 있으면 하나님이 내게 벌 위에 벌을 내리
실지로다 하니라 32 그 때에 엘리사가 그의 집에 앉아 있고 장로들이 그와 함께 앉아 있는데
왕이 자기 처소에서 사람을 보냈더니 그 사자가 이르기 전에 엘리사가 장로들에게 이르되
너희는 이 살인한 자의 아들이 내 머리를 베려고 사람을 보내는 것을 보느냐 너희는 보다가
사자가 오거든 문을 닫고 문 안에 들이지 말라 그의 주인의 발소리가 그의 뒤에서 나지 아니
하느냐 하고 33 무리와 말을 할 때에 그 사자가 그에게 이르니라 왕이 이르되 이 재앙이 여
호와께로부터 나왔으니 어찌 더 여호와를 기다리리요 1 엘리사가 이르되 여호와의 말씀을
들을지어다 여호와께서 이르시되 내일 이맘때에 사마리아 성문에서 고운 밀가루 한 스아
를 한 세겔로 매매하고 보리 두 스아를 한 세겔로 매매하리라 하셨느니라 2 그 때에 왕이 그
의 손에 의지하는 자 곧 한 장관이 하나님의 사람에게 대답하여 이르되 여호와께서 하늘에
창을 내신들 어찌 이런 일이 있으리요 하더라 엘리사가 이르되 네가 네 눈으로 보리라 그러
나 그것을 먹지는 못하리라 하니라 3 성문 어귀에 나병환자 네 사람이 있더니 그 친구에게

서로 말하되 우리가 어찌하여 여기 앉아서 죽기를 기다리랴 4 만일 우리가 성읍으로 가자
고 말한다면 성읍에는 굶주림이 있으니 우리가 거기서 죽을 것이요 만일 우리가 여기서 머
무르면 역시 우리가 죽을 것이라 그런즉 우리가 가서 아람 군대에게 항복하자 그들이 우리
를 살려 두면 살 것이요 우리를 죽이면 죽을 것이라 하고 5 아람 진으로 가려 하여 해 질 무
렵에 일어나 아람 진영 끝에 이르러서 본즉 그 곳에 한 사람도 없으니 6 이는 주께서 아람 군
대로 병거 소리와 말 소리와 큰 군대의 소리를 듣게 하셨으므로 아람 사람이 서로 말하기를
이스라엘 왕이 우리를 치려하여 헷 사람의 왕들과 애굽 왕들에게 값을 주고 그들을 우리에
게 오게 하였다 하고 7 해질 무렵에 일어나서 도망하되 그 장막과 말과 나귀를 버리고 진영
을 그대로 두고 목숨을 위하여 도망하였음이라 8 그 나병환자들이 진영 끝에 이르자 한 장
막에 들어가서 먹고 마시고 거기서 은과 금과 의복을 가지고 가서 감추고 다시 와서 다른 장
막에 들어가 거기서도 가지고 가서 감추니라 9 나병환자들이 그 친구에게 서로 말하되 우
리가 이렇게 해서는 아니되겠도다 오늘은 아름다운 소식이 있는 날이거늘 우리가 침묵하
고 있도다 만일 밝은 아침까지 기다리면 벌이 우리에게 미칠지니 이제 떠나 왕궁에 가서 알
리자 하고 10 가서 성읍 문지기를 불러 그들에게 말하여 이르되 우리가 아람 진에 이르러서
보니 거기에 한 사람도 없고 사람의 소리도 없고 오직 말과 나귀만 매여 있고 장막들이 그대
로 있더이다 하는지라 11 그가 문지기들을 부르매 그들이 왕궁에 있는 자에게 말하니 12 왕
이 밤에 일어나 그의 신복들에게 이르되 아람 사람이 우리에게 행한 것을 내가 너희에게 알
게 하노니 그들이 우리가 주린 것을 알고 있으므로 그 진영을 떠나서 들에 매복하고 스스로
이르기를 그들이 성읍에서 나오거든 우리가 사로잡고 성읍에 들어가겠다 한 것이니라 하니
13 그의 신하 중 한 사람이 대답하여 이르되 청하건대 아직 성중에 남아 있는 말 다섯 마리
를 취하고 사람을 보내 정탐하게 하소서 그것들이 성중에 남아 있는 이스라엘 온 무리 곧 멸
망한 이스라엘 온 무리와 같으니이다 하고 14 그들이 병거 둘과 그 말들을 취한지라 왕이 아
람 군대 뒤로 보내며 가서 정탐하라 하였더니 15 그들이 그들의 뒤를 따라 요단에 이른즉 아
람 사람이 급히 도망하느라고 버린 의복과 병기가 길에 가득하였더라 사자가 돌아와서 왕
에게 알리니 16 백성들이 나가서 아람 사람의 진영을 노략한지라 이에 고운 밀가루 한 스아
에 한 세겔이 되고 보리 두 스아가 한 세겔이 되니 여호와의 말씀과 같이 되었고 17 왕이 그
의 손에 의지하였던 그의 장관을 세워 성문을 지키게 하였더니 백성이 성문에서 그를 밟으
매 하나님의 사람의 말대로 죽었으니 곧 왕이 내려왔을 때에 그가 말한 대로라 18 하나님의
사람이 왕에게 말한 바와 같으니 이르기를 내일 이맘 때에 사마리아 성문에서 보리 두 스아
를 한 세겔로 매매하고 고운 밀가루 한 스아를 한 세겔로 매매하리라 한즉 19 그 때에 이 장
관이 하나님의 사람에게 대답하여 이르되 여호와께서 하늘에 창을 내신들 어찌 이 일이 있
으랴 하매 대답하기를 네가 네 눈으로 보리라 그러나 그것을 먹지는 못하리라 하였더니 20
그의 장관에게 그대로 이루어졌으니 곧 백성이 성문에서 그를 밟으매 죽었더라

전쟁 이야기

아람과의 전쟁

열왕기서에 이스라엘과 아람의 전쟁이 총 다섯 번 기록되어 있습니다. 다섯 번 중에 네 번은 아람이 쳐들어왔고, 당연히 아람이 이길만한 상황이었습니다. 어떤 측면에서는 전쟁이라고 표현하기 어려울 정도였습니다. 막상막하도 아니고, 백중세도 아니고 일방적으로 아람이 우세했고, 이스라엘은 어떻게든 버텨보려고 몸부림치는 수준이었습니다. 아람의 '백전백승'이 뻔해 보이는 전세였습니다. 그런데 이스라엘이 네 번이나 승리를 합니다. 누가 봐도 패할 것 같은 상황에서 승리를 했으니 그 승리는 당연한 것이 아니라 매우 드라마틱합니다. 도무지 일반적 상식으로는 설명이 되지 않는 승리입니다.

첫 번째에는 아람의 서른 두 명의 왕이 쳐들어왔는데 이스라엘에서는 장군이 아니라 각 지방의 고관의 청년들이 싸우러 나가서 승리합니다. 두 번째에는 아람은 '그 땅에 가득하였다'고 묘사되고 이스라엘은 '두 무리의 적은 염소 떼와 같다'고 묘사되어 있습니다. 게다가 아람은 여호와가 산의 신이므로 이번에는 자신들에게 유리한 평지에서 싸우는 전략을 짰습니다. 그런데 결과는 이스라엘 자손이 하루에 아람 보병 십만 명을 죽이고, 벤하닷 왕까지 생포하는 대승을 거둡니다. 네 번째가 열왕기하 6장 8절 이하에 나오는 말도 안 되는 승리입니다. 아람의 왕이 진을 치면 엘리사가 모두 피해 갈 수 있게 해 주었습니다. 아람 왕이 엘리사를 잡으러 왔을 때에는 모든 군사의 눈이 어두워져서 사마리아로 끌려와 포위를 당하기까지 했습니다. 칼 한번 휘둘러보지도 않고, 화살하나 쏘지도 않고 아주 간단하게 승리했습니다.

그런데 저와 여러분은 이 전쟁이야기가 매우 이상하다는 것을 눈치 채셔야 합니다. 전쟁을 이겼으면 당연히 상대방의 재물을 노획해야 합니다. 더 나아가 상대방의 영토를 빼앗아야 하고 가능하다면 아예 상대방의 나라를 멸망시켜야 합니다. 하지만 성경에 나타난 전쟁이야기에는 세상에서 너무나 당연하게 여기는 패턴이 없습니다. 예를 들면, 패할 것 같았던 전쟁에서 가까스로 승리했다면 바로 이어서 당연히 장군을 양성하고 군대를 육성해야 합니다. 무너진 성읍도 건축하여 요새를 만들고, 나라의 행정체계도 전시체제 또는 전쟁에 즉각 반응할 수 있는 체제로 전환해야 합니다. 나라에서는 계속 '유비무환'이라는 표어를 강조해야 하고, 국민들에게는 '뭉치면 살고 흩어지면 죽는다'고 호소해야 하고, 젊은이들에게는 '군대를 다녀오면 가산점을 준다'고 혜택을 발표해야 합니다. 모든 시대, 모든 나라들의 전형적인 패턴입니다. 그런데 하나님은 단 한 번도 이런 말씀, 이런 주장, 이런 요구를 하신 적이 없습니다.

하나님의 전쟁

이스라엘이 출애굽 할 때 사백 년간 철저한 준비를 해서 애굽도 당황할만한 허다한 백성과 탁월한 지도자를 통해 출애굽을 한 것이 아닙니다. 이스라엘은 하나님의 약속을 기억도 하지 못했고, 하나님은 약속을 기억하셨지만 하나님이 이스라엘을 강력한 나라로 준비시키신 적이 없습니다. 가나안에 입성할 때도 동일합니다. 여호수아라는 군대장관이 있기는 했습니다. 그런데 이스라엘은 전쟁 같은 전쟁을 해본 적이 없습니다. 가장 대표적인 여리고성 전투도 표현상 전투라고는 하지만 전혀 전투가 아닙니다. 백성들이 성을 뱅뱅 돌기만 합니다. 전쟁이라고 할 만한 내용이 아예 없습니다. 유일하게 아이성을 정복할 때는 전쟁 같은 상황이 있기는 했습니다. 작전도 있었고 매복도 있었습니다. 하지만 이것도 독립된 전쟁이야기로 볼 것이 아니라 여리고성 정복의 연장선상에서 그 의미를 파악해야 합니다.

사사시대에도 마찬가지입니다. 이스라엘이 수차례 이방민족에게 압제를 받았고 하나님께서 구원자를 통해 이스라엘을 회복시켜 주셨습니다. 하지만 단 한 번도 하나님은 사사의 후계자를 양성하지 않았고, 압제를 받은 경험이 있는 이스라엘에게 군사적 훈련을 주문하신 적이 없습니다. 매번 이스라엘이 곤경에 처할 때마다 하나님만 몸이 달으셨고, 하나님만 바쁘셨습니다. 사사기에서 하나님께서 사사를 통해 이스라엘을 구원하신 사건이 사사의 숫자에 따르면 최소 열두 번입니다. 열두 번이나 이스라엘에게 승리를 주시면서 '유비무환'의 교훈을 강조하신 적이 없고, '인재양성' 프로그램을 운영하신 적이 없습니다.

승리의 결과도 세상과 비교할 때 매우 이상합니다. 출애굽 할 때에는 애굽의 경제가 초토화되었고, 애굽의 각 집안의 장자가 죽어서 사기가 저하되었고, 심지어는 애굽의 최정예 군대가 홍해에서 몰살되었습니다. 애굽은 군사적으로, 경제적으로, 인구적으로 황폐해진 상태입니다. 그런데 하나님은 이스라엘로 하여금 애굽을 정복하게 하신 것이 아니라 그냥 그곳을 떠나게 하셨습니다. 싸움에서 이겨놓고도 이긴 자의 모습이 없습니다. 승리의 대가가 없습니다. 사사기에서도 마찬가지라는 것을 아실 것입니다. 단 한 번도 승리하는 여세를 몰아 이방으로 쳐들어가는 적이 없습니다. 여러 차례 압제를 받았으면 한번이라도 상대방을 압제해서 본 떼를 보여줄 수도 있는데 전혀 그렇게 하지 않으십니다. 구약에 가장 대표적인 사건이 전쟁인데, 전쟁의 준비도, 전쟁의 승리도 전혀 일반적이지 않습니다. 하나님의 목적은 전혀 전쟁에서의 승리, 전쟁을 통한 강대국의 형성이 아니라는 것을 아셔야 합니다.

다윗의 전쟁

여기서 아마 여러분이 성경에 대해 알고계신 내용에 대해 조금 당황하실 만한 설명을 드려보겠습니다. 성경이 강조하려는 것과 세상이 강조하는 것이 어떻게 차이가 나는지 돌아볼 기회라고 생각합니다. 성경에 나오는 이야기이긴 한데 성경이 가르치려는 방식으로 이해를 하지 않고 인간의 일반적인 방식으로, 좀 더 심하게 표현하면 죄의 방식으로 오해를 해버리는 전형적인 경우가 바로 다윗입니다. 전쟁과 관련하여 다윗은 하나님의 기준에 의하면 하나님과 전혀 다르게 행동했고, 죄의 기준에 의하면 죄인들과 동일하게 행동했습니다. 대부분의 성도님들은 사람들이 일반적으로 하는 방식은 당연한 것이라고 생각하기에 다윗의 행동을 너무나 당연한 것으로 오해하십니다. 전혀 그렇지 않습니다. 성경은 일반적 방식을 부인하는 것이 아니라 하나님의 방식을 가르치고 있음을 분별하셔야 합니다. 하나님이 다윗을 세운 이유와 실제로 다윗이 행동한 모습은 하나님의 의도와 매우 다릅니다.

다윗의 입장에서 생각하면, 다윗은 전쟁을 통해 왕이 되었습니다. 전쟁을 통해 자신이 사울에게 채용되어 궁중으로 들어갈 수 있었고, 전쟁을 통해 백성들로부터 명성을 얻었고, 전쟁을 통해 나라의 왕이 되었습니다. 왕이 된 후 다윗의 모든 관심은 군대이었습니다. 그래서 외국에서 전쟁에 능한 장수들을 용병으로 끌어 모았습니다. 나라의 모든 운영을 군대식으로 변경시켰습니다. 어떨 때는 장수들이 나가서 전쟁을 거의 다 마친 결정적인 순간에 등장해서 마치 자신이 승리한 것처럼 꾸미는 부하 장수들의 제안을 그대로 받아들이기도 했습니다. 그 결과 막강한 군대, 튼튼한 경제력, 무소불위의 왕권을 유지했습니다. 가장 인간적, 가장 죄적입니다. 마지막에는 자신이 이룩한 성공을 직접 확인하고 싶어서 인구조사까지 했습니다. 이것을 순진하게 그냥 인구조사라고 생각하시면 안 되고, 막강한 군대의 힘과 자신의 업적을 과시하고 싶었던 것으로 이해하셔야 합니다. 하나님께서 다윗을 보고 '내 마음에 합한 사람'이라고 하셨던 그 한마디 때문에 다윗을 전대미문의 성군으로, 신앙의 최고의 모범적인 인물로 착각하시면 절대로 안 됩니다.

성경은 다윗을 강조하는 것이 아니라 하나님을 강조합니다. 성경의 관점으로 보면, 다윗은 전쟁을 통해 왕이 된 것이 아니라 하나님에 의해서 왕이 되었습니다. 다윗이 통치할 때 다윗이 준비한 강력한 군사력을 기초로 해서 나라가 부국강병한 것이 아니라 하나님이 이스라엘을 도우신 결과일 뿐입니다. 하나님이 다윗을 세우신 것은 다윗같은 탁월한 지도자에게 이스라엘 나라와 백성을 위임하고 맡기신 것이 절대로 아닙니다. 도리어 하나님이 하시면 다윗같은 자를 통해서도 하실 수 있다는 아주 연약한 인물의 샘플일 뿐입니다. 성경에서 다윗은 '준비된 일꾼'이나 '헌신적인 지도자'의 대표가 아니라 '은혜 받은 사람'의 대표일 뿐입니다.

다윗 or 하나님

그러한 하나님의 의도를 다윗은 자신의 지혜와 전략을 따라 군대를 양성함으로 완벽하게 변질시켰습니다. 그 결과가 솔로몬이고, 그 결과가 이스라엘의 분열이고, 그 결과가 이스라엘의 패망입니다. 다윗이후로 모든 왕들이 오직 군대와 외교와 경제 등 다양한 수단과 방법을 동원하여 국가를 튼튼히 하려고만 할 뿐 전혀 하나님을 배우지 않고, 하나님을 의지하지 않았기 때문입니다. 도리어 모두 하나님이 없어도 아무 지장이 없는 나라를 만들려고 최선을 다했던 것입니다. 그 원조가 바로 다윗입니다. 제가 안티 다윗이 아닙니다. 다윗을 깎아내리는 것이 아니라 하나님을 강조하는 것입니다. 제가 '유비무환'이나 '인재양성'을 반대하는 것이 아니라 기독교 그 이상의 전혀 다른 차원 즉 하나님을 강조하는 것입니다.

많은 분들이 다윗을 마치 모범적인 왕처럼 착각하시는 것은 다윗이 가장 인간적인 조치, 가장 일반적인 조치, 가장 상식적인 조치를 취했기 때문입니다. 동시에 대부분의 성도님들이 다윗과 유사한 상황에서 모두 다윗처럼 생각하고, 다윗처럼 조치하고, 다윗처럼 행동하실 마음을 가지고 계시기 때문입니다. 만약 여러분이 다윗과 같아지고 싶으시다면 굳이 성경을 읽고 배우실 이유도, 하나님을 믿으실 이유도 전혀 없습니다. 성경에서 다윗의 모범, 다윗의 교훈, 다윗과 같은 사람이 되는 것을 배우시면 안 됩니다. 도리어 다윗과 같이 되지 말자고 하셔야 합니다. 대신 하나님을 배우셔야 합니다. 전쟁이야기에서 전쟁에 대해 배우시면 안 되고 하나님을 배우셔야 합니다. 그런 관점에서 본문을 상고하겠습니다.

왕 vs 나병환자

배은망덕?

열왕기하 6장 8절로 23절에 아람과의 네 번째 전쟁이 있었습니다. 하나님은 엘리사를 통해서 승리하게 하셨는데 아람의 군사를 단 한명도 죽이지 않았습니다. 도리어 음식을 많이 베풀어 배불리 먹고 마시게 한 후 평안하게 돌아가게 했습니다. 아람의 입장에서는 비록 패하였지만 군사적 손실이 전혀 없었습니다. 도리어 이스라엘의 수도인 사마리아까지 왔었으니 군사적으로는 상대방의 요새를 면밀히 관찰하고, 군대의 상황을 파악하는 기회를 가졌다고 할 수 있습니다. 그 사건 이후가 6장 24절 "이 후에 아람 왕 벤하닷이 그의 온 군대를 모아 올라와서 사마리아를 에워싸니" 입니다. 이런 것을 뭐라고 해야 합니까? 아람에게 '배은망덕'이라고 해야 합니까, 아니면 '하나님께서 어설픈 아량을 베풀어 화를 자초한 것'이라고 해야 합니까? 이러니, '머리 검은 짐승에게는 자비를 베풀어서는 안 된다'거나, '상대방을 물리칠 때는 아예 멸절을 시켜서 도무지 회생할 수 없도록 밟아야 한다'는 교훈을 배워야 합니까? 하나님은 이런 일이 발생 할 줄을 모르고 실수하신 것일까요? 전혀 그렇지 않습니다.

아람과의 전쟁에서 하나님이 이스라엘을 도와주신 것은 절대로 단지 이스라엘이 승리하게 하시려는 것이 아닙니다. 이스라엘을 선택했기 때문에 일방적으로 이스라엘만을 편들어 주신 것이 아닙니다. 하나님의 사역대상은 언제나 모든 인간이고, 하나님의 사역목적은 언제나 '하나님의 계시' 즉 죄인들에게 하나님을 알게 하시는 것입니다. 하나님의 목적이 계시이기 때문에 하나님의 사역방식이 인간들이 생각하는 것과는 전혀 다르게 전개되는 것입니다. 누구나 생각할 수 있는 일반적인 방식이 아니고, 상식이라고 여겨질 수 있는 객관적인 방식이 아니고, 인간의 경험을 통해 축적된 지혜로운 방식과는 완전히 다르고, 다윗이 왜곡하고 성도들을 오해하게 만든 방식과도 완전히 다릅니다. 안타까운 것은 성경에 등장하는 인물들과 오늘날 성경을 읽는 성도님들도 모두 하나님의 사역을 통해 하나님을 배우지 못하고 있다는 것입니다. 도리어 하나님의 일하심을 의아해 하고, 도통 하나님을 이해할 수 없다는 난감한 표정을 짓습니다.

아람의 군대가 눈이 어두워진 채 사마리아로 끌려왔을 때 이스라엘의 여호람 왕이 하고자 했던 일은 지극히 인간적, 상식적, 일반적인 것으로 모두 죽여 버리는 것이었습니다. 6장 21절 "이스라엘 왕이 그들을 보고 엘리사에게 이르되 내가 치리이까 내가 치리이까 하니"였습니다. 여호람 왕이 아람 군대를 멸절시키고 승리하고픈 열망이 '내가 치리이까'를 두 번이나 반복하는 것에 나타나 있습니다. 그런데 엘리사가 말려서 죽이기는커녕 음식을 먹여 보냈습니다. 아마 너무나 아쉬워했을 것입니다. 혹시 이것이 화근이 되지는 않을까 고민했을 것입니다. 아니나 다를까 24절이 발생하였습니다. 단순히 아람이 쳐들어온 정도가 아니라 상황이 아주 절망적입니다. 이미 아람의 군대가 이스라엘의 수도인 사마리아를 에워쌌습니다. 사마리아에 왔던 경험이 있으니 매우 쉬웠을 것입니다.

사마리아의 상황은 극한 두려움과 식량의 부족으로 아수라장이 되었습니다. 25절은 그래도 읽을 만합니다. "아람 사람이 사마리아를 에워싸므로 성중이 크게 주려서 나귀 머리 하나에 은 팔십 세겔이요 비둘기 똥 사분의 일 갑에 은 다섯 세겔이라 하니"입니다. 약간의 인플레 현상정도로 여길 수 있습니다. 그러나 28절 이하는 읽기조차 버겁습니다. "무슨 일이냐 하니 여인이 대답하되 이 여인이 내게 이르기를 네 아들을 내 놓으라 우리가 오늘 먹고 내일은 내 아들을 먹자 하매 우리가 드디어 내 아들을 삶아 먹었더니 이튿날에 내가 그 여인에게 이르되 네 아들을 내 놓아라 우리가 먹으리라 하나 그가 그의 아들을 숨겼나이다 하는지라 왕이 그 여인의 말을 듣고 자기 옷을 찢으니라" 입니다.

여러분은 이 상황에서 여호람 왕이 엘리사의 조치, 더 나아가 하나님의 조치에 대해 어떤 생각을 하고 있을지 충분히 예상이 되실 것입니다. 이번 전쟁에서 엘리사의 도움을 받으려고 하겠습니까? 이번에도 엘리사가 시키는 대로 따르겠다는 마음을 먹겠습니까? 엘리사에게 말씀을 주신 하나님을 의지하려는 생각이 들겠습니까? 직접 확인해 보겠습니다.

지혜로운 사람들

6장 31절부터 7장 2절까지는 이스라엘 왕과 관료들의 반응입니다. 세 사람을 점검해 볼 것입니다. 첫 번째는 이스라엘의 왕입니다. 31절 "왕이 이르되 사밧의 아들 엘리사의 머리가 오늘 그 몸에 붙어 있으면 하나님이 내게 벌 위에 벌을 내리실지로다 하니라" 입니다. 엘리사에게 도움을 청하기는커녕 엘리사를 죽여 버리겠다고 난리입니다. 여호람의 심정이 충분히 이해가 됩니다. 진즉에 기회가 있을 때 아람의 군대를 다 죽였어야 하는데, 정치도 모르고, 행정도 모르고, 국가도 모르는 선지자 나부랭이 엘리사가 죽이지 말고 잘 먹여 보내자고 한 결과가 고작 이것입니다.

여호람의 입장에서는 아람의 군대를 막아야 하는 일이 급하지만 그것보다 더 급한 것이 미련한 선지자, 뭣도 모르는 선지자, 국가운영의 실정도 모르고 하나님의 말씀만 나불대는 선지자, 이 상황의 원인 제공자인 엘리사를 죽이는 것이 더 급합니다. 그래야 속이라도 시원할 것 같기 때문입니다. 그 동안 이보다 더 극심한 상황에서도 하나님이 이기게 해 주셨다는 생각은 전혀 하지 않습니다. 그 동안 많은 사건을 통해서도 전혀 하나님을 배우지 못했습니다. 설령 북 이스라엘에 선지자가 있고, 선지자의 제자들이 있고, 여호와의 신전이 있었을지라도 실제로는 이스라엘의 왕부터 백성까지 전혀 하나님을 섬기지 않고, 믿지 않고, 의지하지 않고 있습니다.

두 번째는 왕의 파견을 받은 사자의 반응입니다. 32절에 엘리사가 집에 머물고 있을 때 왕의 사자가 도착을 했습니다. 그리고 하는 말이 33절입니다. "무리와 말을 할 때에 그 사자가 그에게 이르니라 왕이 이르되 이 재앙이 여호와께로부터 나왔으니 어찌 더 여호와를 기다리리요"입니다. 하나님을 믿기는 고사하고, 하나님을 의지하기는 고사하고, 하나님의 도움을 구하기는 고사하고, '이 재앙이 여호와께로 나왔다'고 하나님 탓을 합니다. 하나님을 의지할 의사가 전혀 없습니다. 왕과 관련된 사람 중에 어느 누구도 왕에게 '이전에 여호와가 도우셨던 일을 기억하시라'고 권고하는 사람이 없고, '이번에도 여호와가 도우실지도 모른다'고 기대를 갖는 사람도 없습니다. 단지 여호와의 일하심을 기대하지 않는 정도가 아니라 도리어 적반하장으로 모든 원인을 여호와의 책임으로 뒤집어 씌웁니다. 하나님을 배우지 않는 죄인들의 전형적인 모습입니다.

천만다행인 것은 하나님은 죄인들과 다르다는 사실입니다. 그래서 이렇게 무지막지한 죄인들, 막무가내인 죄인들에게도 하나님은 여전히 자비와 긍휼과 은혜를 베풀어 주십니다. 그것이 7장 1절입니다. "엘리사가 이르되 여호와의 말씀을 들을지어다 여호와께서 이르시되 내일 이맘때에 사마리아 성문에서 고운 밀가루 한 스아를 한 세겔로 매매하고 보리 두 스아를 한 세겔로 매매하리라 하셨느니라"입니다. 하나님이 이렇게 말씀하시면 설령 믿지 않는다 할지라도, 허무맹랑한 소리 같을지라도 일말의 희망을 주는 말씀이기에 '아멘'해야 할 것입니다. 그러나 죄인에게서는 그런 긍정적인 반응이 나오지 않습니다.

세 번째, 죄인의 전형적인 모습이 2절에 나오는 왕이 의지하는 장관의 반응입니다. "그 때에 왕이 그의 손에 의지하는 자 곧 한 장관이 하나님의 사람에게 대답하여 이르되 여호와께서 하늘에 창을 내신들 어찌 이런 일이 있으리요"입니다. 꼭 말을 이렇게 해야 합니까? 부드럽게 못합니까? 네 못합니다. 죄인들은 자신의 마음을 다스릴 수 없습니다. 모든 죄인들은 평상시에는 자신의 마음을 다스릴 수 있습니다. 남의 일에 대해서는 긍정적인 마음, 적극적인 마음, 객관적인 마음, 부드러운 마음을 가질 수 있습니다. 자기 일이 아니고, 급한 일이 아니기 때문입니다. 그런데 평상시 이렇게 자기 마음먹은 대로 생각하고 행동할 수 있기 때문에 정작 자기에게 일이 생길 때, 급박한 상황이 전개될 때도 자신이 좋게 마음을 먹을 수 있을 줄로 생각하고, 합리적 객관적 긍정적으로 판단하고 행동할 수 있을 줄로 다 착각합니다. 그것이 너무나 자연스럽게 모든 죄인이 하는 착각이요 오해입니다. 세상에 유명한 말이 있습니다. '세상사 마음 먹기 나름이다' 입니다. 그 말이 맞습니다. 그런데 죄인은 절대로 죄의 마음이외에는 먹을 수가 없고, 먹어지지 않습니다. 그래서 '세상사 마음먹기 나름'이라는 말은 결국 틀린 말입니다.

나병환자들

사마리아가 포위된 상황에서 세 사람 또는 세 그룹의 반응을 보았습니다. 왕, 왕의 사자, 왕이 의지하는 장군 즉 이스라엘의 지도자들, 대표자들입니다. 성경이 지도자를 등장시키는 것은 대표성입니다. 사람들 가운데 안다고 하는 자들, 지혜롭다고 하는 자들, 백성을 인도한다고 하는 자들이 모르면 나머지는 저절로 다 모르는 것입니다. 왕은 여호와의 선지자를 죽여 버리겠다고 위협하고, 왕의 사자는 이 재앙이 여호와께로부터 나왔다고 억지 주장을 하고, 왕이 의지하는 장관은 여호와가 하늘에 창을 내신들 가능하겠냐고 여호와를 조롱하고 있습니다. 이것이 이스라엘의 종교적 실체, 신앙의 적나라한 본질입니다. 본문은 죄인이 어리석을 수 있는 가장 어리석은 모습을 보여줍니다. 왜냐하면 이미 7장 1절에서 하나님은 문제의 해결을 선언했기 때문입니다.

하나님이 해결을 선언하셨기 때문에 이 문제는 이미 해결된 것과 마찬가지입니다. 그런데 하나님을 모르니까, 하나님의 말씀을 신뢰하지 않으니까 문제는 이미 해결되었음에도 불구하고 죄인은 전혀 평안과 안식을 누리지 못하고 있습니다. 아마 여러분도 본문에서 문제가 해결되었음을 인식하지 못할 수도 있습니다. 왜냐하면 경제 단위가 우리와 달라서 실감이 안 날 수도 있기 때문입니다. 본문에 나오는 대로 두 경우를 비교해 드리겠습니다. 6장 25절을 보시면 사마리아가 포위되었을 때에 물가가 나귀 머리 하나에 은 팔십 세겔, 비둘기 똥 사분의 일 갑에 은 다섯 세겔입니다. 경제 단위가 매우 높습니다. 그런데 7장 1절을 보시면 경제 단위가 매우 낮아집니다. 고운 밀가루 한 스아를 한 세겔, 보리 두 스아를 한 세겔로 매매한다고 합니다. 비교가 되실 것입니다.

성도님들은 성경의 구조, 성경의 패턴, 성경의 양식을 계속해서 들으시고 배우신 분들이십니다. 그렇다면 지금까지 전쟁의 상황에서 이스라엘의 대표자들이 나와서 하나님을 탓하고 조롱하는 불신앙의 극치를 보셨다면 다음 장면에서는 이스라엘의 대표들과는 가장 대조가 되는, 대표는커녕 백성, 심지어는 아예 백성의 축에도 끼지 못하는 사람들이 등장할 것을 예상하실 수 있으실 것입니다. 바로 7장 3절부터 등장하는 나병환자입니다. 그런데 이 장면이 아주 재미있습니다. 나병환자는 전쟁을 이기게 하는 장수의 역할을 하는 것이 아닙니다. 전쟁이야기에서 전쟁과는 아무 상관이 없는 사람들이 등장하고, 전쟁과는 아무 상관이 없는 이야기가 전개가 됩니다. 결국 전쟁이야기는 전쟁이야기가 아닌 것이 되어버립니다. 성경의 강조점을 바르게 파악하면 성경은 너무 절묘하고 문학적 구성이 뛰어난 작품이 됩니다. 하지만 성경의 강조점을 놓쳐버리면 도리어 성경이 아주 우스꽝스러운 이야기가 되어버립니다.

3절과 4절에 나병환자의 대사를 읽어드릴텐데 아주 유명한 표현이 나옵니다. "성문 어귀에 나병환자 네 사람이 있더니 그 친구에게 서로 말하되 우리가 어찌하여 여기 앉아서 죽기를 기다리랴 만일 우리가 성읍으로 가자고 말한다면 성읍에는 굶주림이 있으니 우리가 죽을 것이요 만일 우리가 여기서 머무르면 역시 우리가 죽을 것이라 그런즉 우리가 가서 아람 군대에게 항복하자 그들이 우리를 살려 두면 살 것이요 우리를 죽이면 죽을 것이라 하고"입니다. 나병환자가 한 말과 행동은 지극히 평범한 말입니다. 나라를 구하겠다는 충정의 다짐도 아니고, 백성들의 안녕을 위해 살신성인하겠다는 헌신도 아니고, 하나님의 영광을 위한 믿음의 모습을 보여주는 것도 아닙니다. 그냥 이래죽으나 저래죽으나 마찬가지니 한번 가보자는 것뿐입니다. 실제로 아람의 진영에 가봤더니 아무도 없습니다. 전쟁은 이미 끝이나 있었습니다. 1절에서 엘리사의 선언이 있을 때 이미 모든 상황이 종료되었습니다. 하나님은 단순히 말만 하신 것이 아니라 실제로 일을 완성시켜 두셨습니다.

소리로도 이기는 하나님

그래도 궁금해 하시는 분들을 위해 성경은 어떻게 전쟁에서 승리했는지 기록해 두었습니다. 6절 "이는 주께서 아람 군대로 병거 소리와 말 소리와 큰 군대의 소리를 듣게 하셨으므로 아람 사람이 서로 말하기를 이스라엘 왕이 우리를 치려하여 헷 사람의 왕들과 애굽 왕들에게 값을 주고 그들을 우리에게 오게 하였다 하고 해질 무렵에 일어나서 도망하되 그 장막과 말과 나귀를 버리고 진영을 그대로 두고 목숨을 위하여 도망하였음이라"입니다. 저에게 어떻게 이겼느냐고 물으신다면 '그냥 이겼다'고 대답하겠습니다. 조금 더 자세히 무기가 무엇이었느냐고 물으신다면 '소리'라고 대답하겠습니다. 전쟁을 이기는 것은 하나님의 관심사가 아닙니다. 하나님도 적군의 전력을 탐색해야 하고, 하나님도 힘껏 싸워야 이기는 것이 절대로 아닙니다. 3장에서 모압과의 전쟁에서도 칼싸움 한번 안 하고 단지 골짜기에 개천을 파서 이겼고, 지난 번 아람과의 전쟁에서도 화살 하나 안 쏘고 단지 눈을 감았다 떴다 해서 이겼는데, 이번에는 더 쉽게 그냥 소리만 가지고 이겼습니다. 전쟁 자체, 전쟁에서의 승리의 여부는 하나님의 관심이 아닙니다. 다윗 같은 장수가 있어야 하는 것도 아니고, 최소한 사사정도의 인물이라도 있어야 하는 것이 아닙니다.

다시 나병환자로 돌아와서 그들은 8절에 따르면 아람의 진영에서 신나게 먹고 마시고 은과 금과 의복을 가져와서 감추었습니다. 그러다가 9절에서 착한 생각이 들었습니다. "나병환자들이 그 친구에게 서로 말하되 우리가 이렇게 해서는 아니되겠도다 오늘은 아름다운 소식이 있는 날이거늘 우리가 침묵하고 있도다 만일 밝은 아침까지 기다리면 벌이 우리에게 미칠지니 이제 떠나 왕궁에 가서 알리자 하고" 입니다. 그런데 여기서 또 재미있는 일이 벌어집니다. 지금의 상황은 나병환자들은 전쟁이 끝난 상황을 알고 있고, 배불리 먹었고, 마음도 평안하게 살고 있습니다. 반대로 사마리아 성안에 갇혀있는 사람은 상황도 모르고 있고, 굶주리고 있고, 두려워하고 있고, 살아있으나 죽은 것과 마찬가지 상태입니다. 그런데 죽은 거나 마찬가지인 상태에 있는 사람이 아름다운 소식을 듣지 않고 믿지 않습니다. 나병환자도 조금 전에는 죽은 거나 마찬가지였습니다. 나병환자나 사마리아 성에 갇힌 사람은 원래 같은 상태였습니다. 이때 나병환자는 '죽이면 죽으리라'를 행했는데, 성에 있는 사람은 아름다운 소식 자체도 거부하고, 남이 죽이지 않아도 스스로 죽어가고 있습니다.

혹시 '인재 양성' 이라는 교훈을 강조하는 분이 계시다면 본문을 통해 과연 이스라엘의 인재들, 이스라엘의 대표들이 어떤 역할을 하는 지를 확실히 분별하시기 바랍니다. 전혀 인재가 아닌 나병환자가 아름다운 소식을 전해주었을 때 이스라엘의 인재의 대표인 왕이라는 사람이 하는 조치가 12절입니다. "아람 사람이 우리에게 행한 것을 내가 너희에게 알게 하노니 그들이 우리가 주린 것을 알고 있으므로 그 진영을 떠나서 들에 매복하고 스스로 이르기를 그들이 성읍에서 나오거든 우리가 사로잡고 성읍에 들어가겠다 한 것이니라" 입니다. 과연 지혜롭습니까? 과연 현명한 대안입니까? 그래서요? 그냥 지금처럼 있다가 서로의 아들을 잡아먹고 결국 굶어죽자는 대책입니까? 이런 인재라도 많이 길러야 합니까? 이런 상황을 대비해서 평상시에 아들을 많이 낳아두어야 합니까?

왕이 의지하는 자?

이때에도 상황을 반전시키는 인물이 왕의 신하입니다. 대표라는 왕은 쓸모없는 말만하고 아랫사람인 신하가 지혜로운 말로 제안을 하는 것이 13절입니다. 결국 신하의 제안에 따라 14절에서 정탐군이 나가 실상을 파악하고 15, 16절에서 여호와의 말씀이 이루어진 것이 확인이 되었습니다. 그리고 마지막에 왕의 장관에 대한 묘사가 나옵니다. 19절 "그 때에 이 장관이 하나님의 사람에게 대답하여 이르되 여호와께서 하늘에 창을 내신들 어찌 이 일이 있으랴 하매 대답하기를 네가 네 눈으로 보리라 그러나 그것을 먹지는 못하리라 하였더니 그의 장관에게 그대로 이루어졌으니 곧 백성이 성문에서 그를 밟으매 죽었더라"입니다.

본문에서 인재들, 지도자들은 바보같은 언행만 반복하고, 상대적으로 미천한 사람들이 결정적인 역할들을 해 냅니다. 이래도 지도자가 중요하다는 상식적인 교훈을 반복하고, 인재를 양성해야 한다는 원론적인 이야기를 반복하시겠습니까? 과연 성경이 세상의 교훈과 동일한 가르침, 죄인들의 사고방식과 대응방식과 동일한 내용을 강조하는 것 같습니까? 전혀 그렇지 않습니다. 상식은 세상에서 배우십시오. 교양이나 교훈은 인문학을 통해 배우십시오. 모든 인간들이 사용하는 인식, 가치, 기준, 방식은 그냥 여러분들의 경험을 통해 배우십시오. 그렇게 배우시면 그냥 세상 사람들처럼, 죄인들처럼 살아가실 수 있으십니다.

성경은 교훈이 아니라 복음을 가르치고, 상식이 아니라 진리를 가르칩니다. 전쟁에서 이기는 방법이 아니라, 하나님을 가르칩니다. 하나님을 배우는 사람들은 '세상이 알지도 못하고, 세상이 줄 수 없는 하나님의 평안, 하나님의 기쁨, 하나님의 행복'을 누리며 사는 것입니다. 혹시 나병환자들은 그 후에 어떻게 되었을까 궁금하시지 않습니까? 다음 시간에 확인해 보겠습니다. 성도님들은 성경을 통해 하나님을 배우시고, 하나님의 자녀답게, 하나님 나라의 풍성함을 날마다 누리며 사시기를 주님의 이름으로 축원합니다.

11

죽이면 죽을 것이라

열왕기하 7 : 9 ~ 20

9 나병환자들이 그 친구에게 서로 말하되 우리가 이렇게 해서는 아니되겠도다 오늘은 아름
다운 소식이 있는 날이거늘 우리가 침묵하고 있도다 만일 밝은 아침까지 기다리면 벌이 우
리에게 미칠지니 이제 떠나 왕궁에 가서 알리자 하고 10 가서 성읍 문지기를 불러 그들에게
말하여 이르되 우리가 아람 진에 이르러서 보니 거기에 한 사람도 없고 사람의 소리도 없고
오직 말과 나귀만 매여 있고 장막들이 그대로 있더이다 하는지라 11 그가 문지기들을 부르
매 그들이 왕궁에 있는 자에게 말하니 12 왕이 밤에 일어나 그의 신복들에게 이르되 아람 사
람이 우리에게 행한 것을 내가 너희에게 알게 하노니 그들이 우리가 주린 것을 알고 있으므
로 그 진영을 떠나서 들에 매복하고 스스로 이르기를 그들이 성읍에서 나오거든 우리가 사
로잡고 성읍에 들어가겠다 한 것이니라 하니 13 그의 신하 중 한 사람이 대답하여 이르되 청
하건대 아직 성중에 남아 있는 말 다섯 마리를 취하고 사람을 보내 정탐하게 하소서 그것들
이 성중에 남아 있는 이스라엘 온 무리 곧 멸망한 이스라엘 온 무리와 같으니이다 하고 14
그들이 병거 둘과 그 말들을 취한지라 왕이 아람 군대 뒤로 보내며 가서 정탐하라 하였더니
15 그들이 그들의 뒤를 따라 요단에 이른즉 아람 사람이 급히 도망하느라고 버린 의복과 병
기가 길에 가득하였더라 사자가 돌아와서 왕에게 알리니 16 백성들이 나가서 아람 사람의
진영을 노략한지라 이에 고운 밀가루 한 스아에 한 세겔이 되고 보리 두 스아가 한 세겔이
되니 여호와의 말씀과 같이 되었고 17 왕이 그의 손에 의지하였던 그의 장관을 세워 성문을
지키게 하였더니 백성이 성문에서 그를 밟으매 하나님의 사람의 말대로 죽었으니 곧 왕이
내려왔을 때에 그가 말한 대로라 18 하나님의 사람이 왕에게 말한 바와 같으니 이르기를 내
일 이맘 때에 사마리아 성문에서 보리 두 스아를 한 세겔로 매매하고 고운 밀가루 한 스아를
한 세겔로 매매하리라 한즉 19 그 때에 이 장관이 하나님의 사람에게 대답하여 이르되 여호
와께서 하늘에 창을 내신들 어찌 이 일이 있으랴 하매 대답하기를 네가 네 눈으로 보리라 그
러나 그것을 먹지는 못하리라 하였더니 20 그의 장관에게 그대로 이루어졌으니 곧 백성이

두 계층의 등장

하나님의 말씀

제가 어렸을 때에 대부분의 초등학생들에게는 대통령이 가장 높은 사람이었고, 가장 뛰어난 사람이었고, 가장 똑똑한 사람으로 인식되고 있었습니다. 간혹 아이들끼리 무엇이 옳은가, 누구 말이 옳은가를 따지다가 해결이 나지 않을 때 마지막에는 '대통령에게 가서 물어보자'고 말하곤 했던 기억이 납니다. 물론 지금은 아무리 사소한 것일지라도 절대로 대통령에게 물어볼 생각이 없습니다. 여하튼 어릴 적에는 어른들은 다 똑똑하고, 능력이 있는 줄로 알았습니다. 간혹 기독교에, 교회에, 성도님들 중에 마치 제가 어릴 때 생각했던 것과 유사한 생각을 가진 분들이 계신 것 같습니다. 기독교에서 가장 똑똑한 사람이 목사인줄로 착각하시는 것입니다. 목사라는 직분이, 목사라는 역할이 기독교의 대표자 또는 리더라고 생각하고, 어떤 문제에 대하여 기독교적인 해답을 찾으려면 목사가 대답을 해야 한다고 생각하실 것인데 그것이 착각이라는 것입니다. 왜냐하면 기독교의 책임자가 목사가 아니고, 기독교의 내용을 만든 자가 목사가 아니기 때문입니다.

인간의 질문에 대해서 목사가 대답해야 하는 것이 아닙니다. 인간이 직면하는 모든 사회적 문제에 대해 설교자가 대답해야 하는 것이 아닙니다. 본질적으로 시대의 문제에, 인종의 문제에, 계층의 문제에, 문화의 문제에, 윤리와 도덕의 문제에 인간이 고민해서 정답을 만들어내야 하는 것이 아닙니다. 모든 대답은 하나님이 하셔야 합니다. 그리고 이미 하나님은 대답하셨습니다. 하나님의 대답이 바로 '성경'입니다. 기독교에서 인간은 답을 하는 존재가 아닙니다. 기독교에서 인간은 문제를 해결하는 존재가 아닙니다. 단지 기독교에서 뿐만 아니라 세상에서, 역사에서 문제에 직면하여 힘들어 하는 존재는 언제나 인간이고, 질문을 던지는 존재도 언제나 인간입니다. 그 인간의 질문에 답을 하시는 분이 하나님이시고, 그 인간의 문제를 해결하는 분도 유일하게 하나님뿐이십니다.

목사가 설교를 하지만 설교의 내용을 만들지 않습니다. 설교자는 자기의 의견이나 생각을 말하는 것이 아닙니다. 하나님이 하지 않은 대답을 설교자가 할 수 없고, 설교자가 하나님과 다른 대답을 할 수 도 없습니다. 설교가 강연이 아닌 것은 바로 '성경'을 진리로 여기고, 그 성경을 설명하는 것이기 때문입니다. 만약 설교가 인간의 질문에 해답이 되었다면 그것은 하나님의 말씀이기 때문이요, 만약 설교가 해답이 되지 못했다면 그것은 목사의 생각을 말했기 때문입니다. 결국 기독교의 기본, 기독교의 본질, 기독교에서 가장 자주, 많이 해야 하는 것이 바로 성경을 읽는 것입니다. 사람의 말이 아닌 하나님의 말씀을 듣는 성경통독을 권합니다.

계층의 사람들

열왕기하 6장과 7장에는 두 번의 전쟁이야기가 나왔습니다. 하지만 제대로 된 장수가 한 명도 등장하지 않고, 제대로 된 전투 장면이 한 구절도 없습니다. 외형적으로 대조를 해 보면 두 계층이 등장합니다. 나라의 대표, 지도자, 리더인 왕, 신하, 관리들은 전쟁에 하나도 보탬이 되지 않습니다. 하는 말마다 쓸데없는 말이고, 하는 행동마다 헛짓거리였습니다. 반면에 전혀 대표나 지도자나 리더나 영향력이 있다고 여겨지지 않는 사람들, 도리어 사회의 부담이 되거나 문제적 요소로 지적당하는 사람들이 매우 중요한 역할을 했습니다. 그 중에 하나가 엘리사입니다. 아람의 왕이 군대를 배치하려는 곳을 미리 알아차리고 모두 피해서 일체의 피해를 보지 않도록 해주었고, 아람 군대의 눈을 어둡게 하여 아예 전쟁을 치를 수 없도록 무장해제를 해 버리는 역할을 했습니다. 또 다른 예가 나병환자 네 사람입니다. 사마리아가 아람 군대에게 포위되어 성 안에서 서로의 아들들을 잡아먹는 처참한 상황을 완벽하게 전환시킬 수 있는 정말 아름다운 소식을 성읍에 전해준 사람들입니다.

선지자 엘리사나 네 명의 나병환자들은 당시 다른 사람들에 의해서 존경받는 인물이 아니라 정반대로 천대 받고 조롱받는 인물들이었습니다. 아마 여러분은 나병환자에 대해서는 충분이 이해가 되실 것입니다. 당시 나병은 신의 저주로 간주되었기에 나병환자는 무엇인가 다른 사람들이 상상할 수 없는 큰 악을 행한 죄인 취급을 받았습니다. 오죽했으면 어차피 성안에서도 굶주려 죽는데 그 성조차도 들어갈 수 없을 정도로 냉대를 받았습니다. 혹시 엘리사가 조롱받는 인물이었다는 것에 동의하지 않으실 수도 있습니다. 하지만 하나님을 믿는 저와 여러분에게는 선지자라는 직분이 소중한 것으로 생각되지만 하나님을 믿지 않는 나라, 도리어 우상을 적극적으로 섬기는 이스라엘에서 하나님의 선지자가 존경을 받고 대우를 받았을 리가 없습니다. 대표적으로 엘리야는 '이스라엘을 괴롭게 하는 자'라는 별명이 있었고, 엘리사의 경우도 나아만 장군이 왔을 때 이스라엘의 왕이 옷을 찢을 정도로 난처해했지만 여호와의 선지자에게 전혀 도움을 청하지 않았을 정도로 냉대를 받고 있었습니다.

성경에 두 계층이 대조되어 등장하고, 상대적으로 아래 계층이 중요한 역할을 한다고 해서 성경의 결론이 '사회의 지도층 인사들을 소중히 여길 것이 아니라 약자들을 소중히 여기자'로 나면 기독교와 전혀 다른 것입니다. 세상의 관심은 언제나 뛰어난 사람, 지혜로운 사람, 능력이 있는 사람, 강한 사람에게 집중되어 있습니다. 세상의 기준, 죄의 기준에 의하면 이것은 당연한 것입니다. 왜냐하면 세상의 기준, 죄인의 기준에는 하나님이 없기 때문입니다. 하나님이 없으면 남는 것은 인간뿐입니다. 그때 지혜로운 인간과 미련한 인간, 능력있는 인간과 무능력한 인간, 강한 인간과 약한 인간 중에 당연히 지혜롭고 능력있고 강한 인간을 의존할 수 밖에 없기 때문입니다.

저는 초등학교 때 세 부류의 인간이 있다고 배웠습니다. 반드시 있어야 하는 인간, 있으나 마나 한 인간, 있어서는 안 되는 인간이었습니다. 선생님은 당연히 '반드시 있어야 하는 인간이 되어야 한다'고 강조하셨고, 저와 친구들은 모두 '있어서는 안 되는 인간'이 되지 않으려고 노력해야 했습니다. 지금 생각하면 참으로 비인격, 몰인격적인 교육이었습니다. 하지만 지금도 표현만 달라졌을 뿐 유사한 가르침이 반복되고 있습니다. 심지어는 기독교조차도 준비된 일꾼, 강한 일꾼, 영향력 있는 일꾼이 되자는 선동에 동참하고 있는 것이 안타까울 뿐입니다. 대부분의 사람들은 사회 지도층 인사가 실제로는 지도층이 아니라는 것을 알고 있습니다. 단지 특권층일 뿐입니다. 지혜롭고 유능한 사람이 나를 위해서 좋은 역할을 해주지 않을 것을 너무나 잘 알고 있습니다. 그래서 결국은 '내가 잘나야 한다', 아니면 '내 자식이 잘나야 한다'는 결론에 목숨을 걸고 있습니다. 성경은 절대로 사람을 두 계층으로 구분하지도 않으며, 어느 계층 또는 누가 더 유익한가를 논하지 않습니다. 기독교는 세상에서는 절대로 말하지 않는 것 즉 하나님을 강조하고, 하나님을 선포하는 것입니다.

비하인드 스토리

지금부터는 전쟁 이후의 이야기를 해 보겠습니다. 일종의 비하인드 스토리입니다. 하나님과 하나님의 선지자 엘리사를 제외한다면 아람과의 전쟁에서 가장 중요한 역할, 왕과 백성의 생명을 살려내는 결정적인 역할을 한 사람은 나병환자들입니다. 그들이 죽음을 무릅쓰고 아람의 진영으로 가보지 않았다면, 또 아람이 도망간 것을 알고 그 아름다운 소식을 사마리아에 알려주지 않았다면 이스라엘은 굶어죽는 사람이 속출했을 것입니다. 나병환자들이 전해 준 소식을 듣고 정탐꾼이 아람의 진영을 확인하였고 왕과 백성에게 알려줘서 백성들이 앞 다투어 아람의 진영으로 달려가서 노략하여 식량문제가 해결되었습니다.

여러분에게 질문에 보겠습니다. 전쟁이 끝난 다음에 나병환자는 어떻게 되었습니까? 혹시 아시는 분 계십니까? 혹시 들으신 소식이 있습니까? 나병환자들 덕분에 나라의 위기를 벗어난 왕이 이들에게 국가적 차원에서 포상을 했을까요? 아니면 나병환자들 덕분에 생명을 보존한 신하들이나 백성들이 이 나병환자들의 기념비라도 세워줬을까요? 그것도 아니라면 평생 동안 평안히 쉴 수 있도록 요양병원에라도 보내드렸을까요? 아마 아닐 것입니다. 비록 나병환자 덕분에 살아나기는 했지만, 자신들이 살게 되었음을 확인하는 순간부터 나병환자들을 생명의 은인이 아닌 그냥 나병환자로 취급하여 예전처럼 자신들로부터 격리했을 것입니다. 좋은 소식을 전해주었다 해도 그들이 나병환자라는 사실은 덮어버릴 수 있는 것이 아니라는 논리를 폈을 것입니다. 어쩌면 왕이나 백성은 밀가루나 보리 두어 바구니를 주고서 원래 살던 곳으로 돌아가라고 했을 것입니다.

왕이나 백성들이 나병환자에게 특별한 조치를 취하지 않았을지라도 죄인은 원래 그렇다고 넘어갈 수도 있습니다. 그렇다면 하나님은 어떻게 하셨을까요? 물론 이들이 하나님의 일에 도움을 준 것이 없고, 전쟁에 관련해서 직접적으로 행한 일이 하나도 없습니다. 그래서 그런지 본문에는 나병환자에 대한 그 이후의 언급이 단 한마디도 없습니다. 그들이 하나님께 상을 받았다는 언급도 없고, 공로에 대한 보상으로 나병이 치유되었다는 표현도 없습니다. 만약 나병이 치유를 받았다면 나병이 신의 저주를 받은 것으로 왜곡되는 시대에 신의 은총을 받은 것으로 이해가 될 수 있어서 그 어떤 보상보다 값진 일이었을 텐데 성경에는 언급이 없습니다. 혹시 허무하다는 생각이 드십니까? 그냥 나병환자들이 7장 8절에 나오는 것처럼 먹고 마시고 은과 금을 가지고 말 것이지 괜히 성안에 있는 사람들을 살리느라 쓸데없는 수고를 했다는 생각이 드십니까? 하나님조차도 아무런 보상을 해주지 않은 것이 조금은 너무하다고 생각하십니까? 혹시 보상이 없어서 조금 아쉽다는 생각이 드신다면, 제가 아쉬운 정도가 아니라 아예 허망하다는 느낌이 들 정도로 감추어진 사실을 더 설명해보겠습니다.

죽이면 죽을 것이라

징계와 보상

전쟁이야기에는 나병환자만 등장하는 것이 아니라 이미 설명드린 것처럼 두 계층의 역할이 대조되고 있습니다. 세상의 기준에서 볼 때에 전쟁이 끝났으면 당연히 공과를 따지고 '상벌'이 언급되어야 합니다. 조금 전에 먼저 나병환자에 대해서는 나라나 왕이 보상한 것이 없고, 하나님도 특별히 어떤 조치를 내리신 것이 없다고 말씀을 드렸습니다. 그렇다면 반대로 왕이나 신하 그리고 왕이 의지하던 장관은 어떻게 되었을까요? 아람의 군대에 의해 사마리아가 포위되었을 때에 여호람 왕은 하나님의 선지자 엘리사를 죽이겠다고 위협했고, 왕의 사자는 '이 재앙이 여호와께로부터 나왔다'고 터무니없는 주장을 하였고, 왕이 의지하는 신하는 '여호와께서 하늘에 창을 내신들 어찌 이런 일이 있으리요'라고 하나님을 조롱하였습니다. 전쟁은 끝나고 사마리아의 경제상황은 엘리사가 예언한 대로 되었습니다. 그리고 왕과 신하와 장관 중에서 장관은 엘리사의 예언대로 고운 밀가루 한 스아를 한 세겔로 매매하고 보리 두 스아를 한 세겔로 매매하는 것을 보기는 했지만 먹지는 못하고 백성들에게 밟혀 죽었습니다.

예언에 관해 말씀드릴 때마다 반복해서 주의를 드리고 반복하여 강조하는 것이 절대로 하나님이 사람을 죽이는 예언을 하는 것이 아니며, 그 사람이 죽은 것은 하나님이 죽을 것이라고 예언했기 때문이 아니라는 것입니다. 하나님께서 나쁜 일에 대하여 예언하실 경우는 장차 임할 결과를 미리 알려주심으로 대비하라는 의미입니다. 그런 경우에는 하나님의 말씀대로 되는 것을 하나님이 기대하지 않습니다. 도리어 하나님의 말씀대로 되지 않기를 원하십니다. 성경의 예언은 단지 점을 치는 것, 장래의 일을 알아맞히는 것이 절대로 아닙니다.

전쟁이 끝난 후 왕과 왕의 사자는 달라진 것이 없습니다. 일반적 기준으로 볼 때 여호람 왕은 전쟁에 대해 아무런 역할을 하지 못했습니다. 전쟁을 준비하지도 못했고, 적군이 쳐들어왔을 때 효과적으로 대비하지도 못했고, 위기에 처한 백성들을 위해 어떠한 대안 책도 마련하지 못했습니다. 왕이 행한 일이란 고작 백성들이 서로의 아들을 잡아먹는다는 소리에 옷을 찢은 것과 엘리사를 죽이겠다고 소리지른 것뿐입니다. 한 나라의 책임자로서 탄핵을 받아 마땅합니다. 하나님의 기준에서도 여호와께 구하지도 않았고, 여호와의 선지자를 죽이려고 했고, 정작 여호와께서 아람의 군대를 모두 도망하게 하였을 때에도 나병환자들이 들려주는 아름다운 소식을 신뢰하지 않았고, 도리어 아람 군대의 속임수 작전인 것처럼 오해하여 나병환자를 간첩으로 몰려고도 했었습니다. 그런데 이 왕이 전쟁과 관련하여 아무런 책임을 지지 않았고 문책이나 탄핵도 없었고, 당연히 왕의 자리에서 물러나지도 않았고 여전히 왕으로 있습니다.

왕이 이렇게 거뜬하게 자리를 지키고 있으면 왕의 신하도 마찬가지일 것입니다. 엘리사의 집을 찾아서 '이 재앙이 여호와께로부터 나왔으니 어찌 더 여호와를 기다리리요'라고 말했던 그 사자가 전쟁 후에 파면이 된 것이 아니고, 좌천이 된 것이 아니고, 징계를 먹은 것이 아닙니다. 아무 일도 없습니다. 왕과 한 통속이었으니 왕이 징계하지 않는 것은 당연하다고 할 수 있습니다. 하지만 하나님도 아무런 조치를 내리지 않았습니다. 그냥 여전히 잘먹고 잘살고 있습니다.

죄인들의 실상

전쟁이 끝난 후 왕과 왕의 사자 그리고 나병환자의 후속조치를 비교해 보았습니다. 정리해보면, 왕과 왕의 사자는 전쟁이 끝난 후에 그 신변이나 상황에 달라진 것이 조금도 없습니다. 잘한 일이 없으니 당연히 상을 받은 것이 없습니다. 그러나 한 나라의 왕과 신하로서 지도자요 리더요 책임자로서 잘못한 것이 많음에도 불구하고 벌을 받은 것도 없습니다. 그냥 마치 전쟁이 없었던 것처럼 그들의 삶이 아무 것도 달라지지 않았습니다. 나병환자도 똑같았습니다. 나병환자 네 사람은 아람의 진영에 들어가 실상을 파악했고 아름다운 소식을 왕궁에 전달하였습니다. 왕을 포함한 사마리아 성에 포위되었던 모든 사람을 기근으로부터 해방시켜주었습니다. 그런데 나병환자 네 사람은 달라진 것이 없습니다. 왕으로부터도, 하나님으로부터도 상도, 면류관도 받은 것이 없고 병이 치유되지도 않았습니다. 아무 것도 달라지지 않았습니다.

결과상으로만 보면 동일합니다. 왕도 전쟁 전과 후가 전혀 달라진 것이 없고, 나병환자도 전쟁 전과 후가 전혀 달라진 것이 없습니다. 그렇다고 이게 동일한 것입니까? 왕이야 달라지지 않은 것이 좋은 것입니다. 손해 보는 것이 없기 때문입니다. 그러나 나병환자는 달라지지 않은 것이 좋은 것이 아닙니다. 유익을 얻는 것이 없기 때문입니다. 만약 이대로 이야기가 끝나버린 것이라면 성경은 나병환자의 이야기를 왜 한 것일까요?

성경에 아주 안타까운 교훈, 그러나 죄인들의 현실에 너무나 딱 들어맞는 내용이 있습니다. 전도서 9장 15절과 16절입니다. "그 성읍 가운데에 가난한 지혜자가 있어서 그의 지혜로 그 성읍을 건진 그것이라 그러나 그 가난한 자를 기억하는 사람이 없었도다 그러므로 내가 이르기를 지혜가 힘보다 나으나 가난한 자의 지혜가 멸시를 받고 그의 말들을 사람들이 듣지 아니한다 하였노라"입니다. 여기서 '봐라, 가난한 사람의 말은 아무리 지혜로운 말이어도 사람들이 듣지 않는다, 그러니 일단은 부자가 되어야 하고, 영향력있는 사람이 되어야 한다'고 말하시면 안 됩니다. 심지어 '이것은 내가 한 말이 아니고 성경에 나오는 말이다'라고 말하시면 더더욱 안 됩니다.

전도서의 말씀은 그것이 진리라고 강조하는 것이 아니라 그것이 죄인들의 실상이라고 한탄하는 것입니다. 그렇게 해서는 안 된다는 지적입니다.

물론 현실에서 과연 전도서의 지적대로 죄인들은 옳은 말, 참된 말, 바른 말을 듣는 것이 아니라 강한 자의 말, 부유한 자의 말, 성공한 자의 말을 잘 듣습니다. 그러면서 강한 자, 부유한 자, 성공한 자가 절대로 상대방의 유익을 위한 말을 하지 않는다는 것을 자주 잊어버립니다. 그래서 결국 세상은 강한 자만이 계속 강해지는 악순환이 반복되고 있습니다. 나병환자들은 상급도 받지 못했고, 나병환자라는 천한 신분 때문에 그의 행적도 멸시를 받았고 잊혀졌습니다.

원조 대결

성경 구절과 관련하여 하나 더 안타까운 현실을 확인해 보겠습니다. 7장 4절에 나병환자들이 아람의 진영으로 가기 전에 하는 말이 있습니다. "만일 우리가 성읍으로 가자고 말한다면 성읍에는 굶주림이 있으니 우리가 거기서 죽을 것이요 만일 우리가 여기서 머무르면 역시 우리가 죽을 것이라 그런즉 우리가 가서 아람 군대에게 항복하자 그들이 우리를 살려 두면 살 것이요 우리를 죽이면 죽을 것이라 하고"입니다. 마지막에 명언이 나옵니다. '죽이면 죽을 것이라'입니다. 성도님들은 이 명언에 익숙하십니다. 왜냐하면 자주 들은 말이기 때문입니다. 하지만 이 말을 나병환자들이 말했다고 기억하시는 분은 거의 없습니다. 모두 다른 사람이 말한 것으로 알고 있습니다.

에스더서 4장에는 이스라엘이 바벨론으로 포로로 잡혀갔을 때에 왕이 높여 세운 대신 하만이 이스라엘 백성을 몰살할 계획을 세웠을 때 왕후였던 에스더가 왕실의 규례를 어기고 왕에게 나아가는 이야기가 기록되어 있습니다. 그때 에스더가 모르드개에게 한 말이 16절입니다. "당신은 가서 수산에 있는 유다인을 다 모으고 나를 위하여 금식하되 밤낮 삼 일을 먹지도 말고 마시지도 마소서 나도 나의 시녀와 더불어 이렇게 금식한 후에 규례를 어기고 왕에게 나아가리니 죽으면 죽으리이다 하니라"입니다. 이것이 에스더가 말한 불후의 명언 '죽으면 죽으리이다' 입니다.

요사이 문학에서나, 학계에서나 교계에서도 표절문제가 아주 심각합니다. 그런데 표절의 역사가 꽤나 오래된 것 같습니다. 성경에도 표절이 나옵니다. 나병환자가 '죽이면 죽을 것이라' 고 말했고, 에스더가 '죽으면 죽으리라' 고 말했습니다. 누가 들어봐도 표절이 분명합니다. 대략적으로 나병환자가 말한 시기는 북 왕국 이스라엘의 여호람 왕이 통치하던 시기이니까 주전 850년경입니다. 그리고 에스더가 말한 것은 바벨론을 정복한 바사가 통치하던 시기이니까 주전 470년경입니다. 아주 대략적으로만 따져도 나병환자가 400년 전에 먼저 말했습니다. '죽이면 죽을 것이라' 또는 '죽으면 죽으리라' 는 표현의 원조, 오리지날은 당연히 나병환자입니다. 표절기준에 의하면 나중에 말한 에스더는 '각주' 를 달든가 '인용부호' 를 첨부했어야 했고, 글이 아니라 말이었다면 '누구의 말이었다' 고 전거를 밝혔어야 합니다.

그런데 제가 강조하려는 것은 나병환자도 말하고 에스더도 말한 동일한 '명언' 에 대하여 대부분의 사람들은 에스더가 말한 것으로만 알고 있더라는 것입니다. 에스더 즉 왕후가 말했기 때문입니다. 그 말 자체가 훌륭해서가 아니라 그 멋진 말을 왕후 에스더가 말했기 때문에 사람들이 기억한다는 것입니다. 결국 사람들은 '그 말' 을 강조하는 것이 아니라 그 사람, 더 나아가 그 직위 즉 왕후를 선호하는 것일 뿐입니다. 그래서 닮고 싶은 사람이 에스더이고 자녀의 이름을 '에스더' 라고 짓기도 합니다. 제가 지금까지 살면서 '죽이면 죽을 것이라' 는 각오와 다짐의 표현을 존중해서 자녀의 이름을 '나병' 이라고 지은 사람을 한 사람도 보지 못했습니다. 전도서의 말씀이 죄인들에게만 발생하는 것이 아니라 성도들 사이에서도 만연하고 있습니다.

기독교 세계관

다른 기준, 다른 가치

제가 보상과 관련하여 설명한 것은 거의 죄의 관점에서 관찰을 해 본 것입니다. 혹시 왕이 징계를 받지 않은 것에 대해 분개하시거나, 나병환자들이 보상을 받지 않은 것에 분개하시면 안 됩니다. 더 나아가 하나님의 조치가 공의롭지 못하다고 하나님을 비난하거나 원망해서도 안 됩니다. 하나님은 죄인들의 기준과 방법에 따라 일하시지 않으시고 보상하지 않으십니다. 그리고 실제로 하나님이 죄인들의 기준과 방법에 따라 일하시거나 보상하시면 큰 일 납니다. 왜냐하면 만일 하나님이 죄인들의 기준과 방법에 따라 행동하시면 인간들은 하나님에게 그 어떠한 은혜도 받을 수가 없기 때문입니다.

사람들은 자신들이 죄인이라는 사실, 죄인이면서도 엄청나게 하나님께 은혜를 받고 있다는 사실을 전혀 인식하지 못합니다. 단지 자신들이 행한 그 알량한 일, 사소한 수고, 너무나 허접한 헌신만 기억하고 왜 그것에 대해 합당한 보상을 해 주지 않느냐고 원망하고 비난합니다. 하나님의 입장에서는 인간의 행동보다 더 큰 은혜, 인간의 수고보다 더 큰 축복을 주시면서도 작은 보상을 하지 않았다고 공의롭지 못하다느니, 공평하지 않다느니 조롱을 받으시는 것입니다. 천만다행인 것은 죄인들이 아무리 하나님을 원망하고 조롱해도 절대로 하나님의 마음이 흔들리지 않고, 하나님의 기준과 원리와 가치와 방법이 달라지지 않는다는 것입니다.

하나님은 죄의 기준에 따라 인간에게 응답하시는 것이 아니라 도리어 하나님의 마음과 뜻과 기준과 방법을 계시하셔서 죄인들의 세계관, 인식을 변화시켜 주십니다. 성경에 허다한 사건들이 나옵니다. 그런데 그 결론은 언제나 죄인들이 생각하는 기준과 방식과 결과와는 다릅니다. 왜냐하면 하나님은 인간의 상황을 개선시켜 주는 정도가 아니라 인간의 인식, 인간의 사고방식, 인간의 가치체계를 변화시키려고 하시기 때문입니다. 아브람의 이야기에서 중요한 것은 아브람이 아들을 낳았다는 것이 아닙니다. 중요한 것은 아브람이 하나님을 알게 되었다는 것입니다. 출애굽의 이야기에서 중요한 것은 이스라엘이 애굽에서 나왔다는 것, 노예로서 압제받던 상황에서 해방되었다는 것이 아닙니다. 왜냐하면 그들은 애굽에서 나왔을지라도 전혀 행복을 누리지 못하고 여전히 불평불만이 가득했기 때문입니다. 다만 애굽에서는 노동에 대해 불평을 했고, 광야에서는 먹거리에 대해서 불평을 하는 것으로 불평의 종류가 달라진 것뿐입니다.

하나님은 출애굽을 통해 노동을 줄여주신 것이 아니라 출애굽의 과정을 통해 하나님을 가르치신 것입니다. 이스라엘이 하나님을 배웠다면 홍해가 앞에 있어도 불평하는 대신 기대했을 것입니다. 죄인이 하나님을 배웠다면 광야에서 식량이 떨어졌어도 원망하는 대신 하나님의 일하심을 사모했을 것입니다. 하나님을 배웠다면 여호수아서의 전투와 사사기의 전투에서도 두려워 떨기 보다는 하나님의 활약을 보게 될 것에 대해 흥분했을 것입니다. 열왕기하에서 왕과 신하는 거듭되는 하나님의 도우심, 하나님으로 말미암아 승리하는 현장에 있으면서도 하나님을 배우지 못했습니다.

변하지 않은 삶, 변화된 삶

물론 7장의 전쟁에서도 왕으로서 무책임과 무능함에 대해 어떤 책망이나 징계도 받지 않고 여전히 왕위를 보존하고 있었습니다. 그래서요? 그 다음에 어떻게 되었을까요? 그들은 하나님을 배우지 않았기 때문에 그 다음에 일어나는 모든 상황에 대해 또 두려워하고, 또 불안해하고, 또 원망하고 불평하고, 또 옷을 찢으며 울었을 것입니다. 단지 왕이라는 직분을 잃지 않은 것으로 달라지지 않았다고 다행스럽게 여길 것이 아니라 진정으로 삶이 달라지지 않았기 때문에 죄인의 삶의 패턴을 도무지 벗어나지 못했다는 것을 안타까워해야 합니다. 선대 왕 아합시대부터 하나님은 계속하여 하나님을 배우지 않으면, 우상을 섬기기를 계속하면 왕조 자체가 멸망당하고, 왕과 왕자들이 진멸을 당하게 될 것으로 예언, 경고를 주셨습니다. 하지만 왕은 하나님을 배우지 않았고, 하나님의 말씀을 듣지 않았고, 하나님의 말씀을 따르지 않아서 결국 패망하는 것을 열왕기하 9장에서 보시게 될 것입니다.

나병환자가 왕이나 하나님께 받은 보상이 없는 것에 대해 억울하십니까? 물론 본문에는 구체적인 언급이 없습니다만 아마도 나병환자는 이 놀라운 경험을 통해 하나님의 일하심을 배웠을 것입니다. 애초에 아람에 항복하러 갔을 때 죽은 목숨이었는데 하나님이 은혜로 아람을 물러가게 하사 자신의 생명을 보존시켜 주셨다는 것을 인정하였을 것입니다. 비록 삶의 모양은 달라지지 않았을지라도 새로운 하나님의 기준과 가치와 개념과 원리로 이전과는 전혀 다른 삶, 불평이 아니라 감사, 원망이 아니라 찬송하는 삶을 살았을 것입니다. 하나님은 예나 지금이나 상황자체를 개선시키는 것이 아니라 상황의 변화를 통해 인간의 인식, 가치, 기준, 개념을 변화시켜 주십니다. 그래야 인간이 맞이하는 모든 상황에서 하나님의 은혜를 누릴 수 있기 때문입니다. 세상은 마음을 먹으려고 합니다. 감사한 마음을 먹고, 즐거운 마음을 먹으려고 합니다. 그러나 되지 않습니다. 기독교는 마음이 드는 것입니다. 감사한 마음이 들고, 즐거운 마음이 들고, 행복한 마음이 드는 것입니다. 그것이 바로 하나님의 은혜입니다. 성경을 통해 하나님을 배우시고, 하나님을 통해 삶의 새로운 인식을 가지셔서, 모든 순간 하나님의 분복을 누리며 사시기를 주님의 이름으로 축원합니다.

12

다 돌려주라

열왕기하 8 : 1 ~ 6

1 엘리사가 이전에 아들을 다시 살려 준 여인에게 이르되 너는 일어나서 네 가족과 함께 거
주할 만한 곳으로 가서 거주하라 여호와께서 기근을 부르셨으니 그대로 이 땅에 칠 년 동안
임하리라 하니 2 여인이 일어나서 하나님의 사람의 말대로 행하여 그의 가족과 함께 가서
블레셋 사람들의 땅에 칠 년을 우거하다가 3 칠 년이 다하매 여인이 블레셋 사람들의 땅에
서 돌아와 자기 집과 전토를 위하여 호소하려 하여 왕에게 나아갔더라 4 그 때에 왕이 하나
님의 사람의 사환 게하시와 서로 말하며 이르되 너는 엘리사가 행한 모든 큰 일을 내게 설명
하라 하니 5 게하시가 곧 엘리사가 죽은 자를 다시 살린 일을 왕에게 이야기할 때에 그 다시
살린 아이의 어머니가 자기 집과 전토를 위하여 왕에게 호소하는지라 게하시가 이르되 내
주 왕이여 이는 그 여인이요 저는 그의 아들이니 곧 엘리사가 다시 살린 자니이다 하니라 6
왕이 그 여인에게 물으매 여인이 설명한지라 왕이 그를 위하여 한 관리를 임명하여 이르되
이 여인에게 속한 모든 것과 이 땅에서 떠날 때부터 이제까지 그의 밭의 소출을 다 돌려 주
라 하였더라

이상한 왕정사

간증의 역사

제가 초등학교를 다니던 시기는 1970년대였습니다. 제가 그때 학교를 두 개나 다녔습니다. 하나는 초등학교, 또 하나는 주일학교입니다. 그 때에는 초등학생도 주일 저녁예배, 수요예배, 부흥회에 참석했습니다. 그 당시 교

회에서 간증집회를 하면 제 기억에 주요 래파토리가 하나는 6.25 전쟁이었고 또 하나가 일제 강점이었습니다. 조금 나이 드신 분이 강사로 오시면 일제 시대이야기고, 그나마 조금 젊은 분이 오시면 6.25 전쟁이야기였습니다. 믿음이 박해를 받는 어려운 시대임에도 불구하고 본인들이 신앙을 지켰다는 것입니다. 신사참배를 거부하며 찬송가를 불렀다는 것이요, 인민군의 협박에도 불구하고 주기도문을 외우며 믿음을 지켰다는 이야기입니다. 모두 본인이 신실했다는 이야기입니다. 결론은 늘 '죽음을 무릅쓰고 신앙을 지키자' 였습니다.

제가 중, 고등학생이 되었을 때에는 부흥회의 주제가 바뀌었습니다. 그 때부터는 강사님들의 고생담이 아니라 성공담이 등장했습니다. 본인들이 어렸을 때부터 주님을 위해 충성을 했더니 주님께서 큰 복을 주셔서 부흥사가 되었다는 것입니다. 또 본인들이 목회하는 교회의 성도가 새벽마다 나와 감사예물을 드려서 큰 부자가 되었다는 것이었습니다. 교회의 메시지도 시대의 유행을 탔던 것 같습니다. 근래에 세계 도처에서 테러단체들이 이슬람을 자처하고 나서는 경우가 종종 있습니다. 당연히 이슬람에서는 종교로서 이슬람이 결코 폭력을 미화하지 않는다고 강조하고 있습니다. 여하튼 요즘에는 해외여행가려면 코란 한 구절 정도는 외우고 다녀야 한다는 말이 나올 정도입니다. 종교의 본질이 왜곡되고 있는 것 같습니다.

종교에 대해 기본적인 오해를 극복하셔야 합니다. 종교가 성공을 추구하지 않는다거나, 반대로 복을 바라는 것은 타락했다는 것을 의미하지 않습니다. 기독교에서도 번영을 반대한다거나, 인간의 존귀와 영광을 싫어한다고 생각하시면 안 됩니다. 기독교는 현실을 무시하지 않고, 인간의 자유와 안정과 행복을 결코 소홀히 여기기 않습니다. 기독교가 성공담을 싫어하는 것이 아닙니다. 도리어 진정한 성공, 참된 행복, 바른 평안을 강조하는 것입니다. 본질적인 기준에 입각하면 성경의 가르침은 가장 친인간적입니다. 기독교는 가장 인간을 위하는 종교, 인간에게 가장 좋은 종교입니다.

물론 세상의 기준 또는 죄의 기준에서는 성경의 내용이 매우 이상하게 보이기는 합니다.

이상한 역사 책

저와 여러분이 상고하고 있는 본문이 '열왕기 하'입니다. 원래는 열왕기 상과 하가 한권인데 분량이 길어서 편의상 두 권으로 나누어 놓았을 뿐입니다. 원래 제목이 그냥 열왕기서인데 여기서 '열왕'이라는 표현은 '여러 왕들'이라는 의미입니다. 그래서 열왕기서는 '여러 왕들의 기록'입니다. 대부분의 나라에 통치자들의 기록이 있습니다. 우리나라의 경우에는 조선왕조실록이 있습니다. 제가 조선왕조실록의 원본을 본적이 없습니다. 다만 단권으로 요약되어 있는 책만 보았습니다. 예상했던 대로 조선왕조의 왕들의 출생과 성장, 가족관계, 결혼 생활, 그리고 통치 내용 등이 기록되어 있었습니다. 이것이 국가의 역사 또는 왕조의 역사를 기록하는 일반적인 방식입니다.

그런데 열왕기서는 아주 이상합니다. 우선, 나라가 정확하지 않습니다. 국가로서의 이스라엘의 기초가 다져진 것은 왕정제도가 생기면서부터입니다. 당연히 사울 왕 때에 초기 군주제의 모습이 보이고, 다윗 왕 때에 국가로서의 틀이 온전히 형성되었고, 솔로몬 시대에 번성함을 이루었습니다. 그러나 세 명의 왕이 통치하던 시대가 불과 백이십년뿐입니다. 솔로몬이 죽자 나라가 분열되어 북쪽에는 이스라엘이라는 왕국이 세워졌고 남쪽에는 유대라는 왕국이 세워졌습니다. 분명하게 나라가 두 개로 분리되었습니다. 각각 독립된 나라가 되었습니다. 영토의 경계도 구별되었고, 왕조도 분리되었고, 행정체계도 분리되었고, 종교도 분리되었습니다. 한 나라가 아니라 두 나라, 각각의 나라, 분리된 나라, 독립된 나라입니다. 그렇다면 각 나라의 역사도, 왕들의 기록도 각각 분리되어 기록되어야 마땅합니다.

그런데 열왕기서는 두 나라의 왕들을 섞어서 기록하고 있습니다. 아주 친절하게 어느 한쪽의 왕이 바뀔 때마다 상대방의 나라의 왕과 비교하면서 기록해 놓고 있습니다. 세상에 이런 역사기록이 어디 있습니까? 세상에 이런 왕정 기록이 어디 있습니까? 여러분에게 여쭤보겠습니다. 열왕기서는 도대체 남 왕국 유대의 열왕기입니까 아니면 북 왕국 이스라엘의 열왕기입니까? 이것은 이스라엘에 대해서 사람들이 생각하는 것과 성경 또는 하나님이 생각하시는 것이 전혀 다르다는 증거이기도 합니다. 하나님은 두 나라가 분열되어 있을 때에 나라가 분열되어 있으면 국력이 약해지고 국제 경쟁력이 떨어진다고 아쉬워하지 않으셨습니다. 가능한 빨리 통일되어야 한다고 말씀하시지 않았습니다. 더 심하게는 북 왕국이 먼저 패망하고, 얼마 후 남 왕국마저도 패망하였을 때에 조차도 이스라엘의 패망을 안타까워하지 않으셨습니다. 하나님께서 구원자를 보내서 이스라엘을 독립시켜 주시겠다는 예언을 하시지도 않았습니다. 성경의 관점을 잘 파악하셔야 합니다.

이상한 왕정사

기록한 방식도 특이합니다만 열왕기서의 내용을 살펴보면 한 술 더 뜹니다. 제목이 열왕기인지라 과연 여러 왕들이 등장하기는 합니다. 그런데 왕이 주인공이 아니라 완전 엑스트라입니다. 나라가 분열된 후 약 사백년에 걸쳐 남북을 합쳐서 서른 아홉 명의 왕이 등장하는데 제대로 된 왕의 모습을 보여주는 인물이 한명도 없습니다. 가장 기본적으로, 이스라엘이 다른 나라와 같이 왕이 있어야겠다고 하나님께 왕을 요구했던 이유는 왕이 자신들을 위해서 싸워주기를 바래서였습니다. 사울이나 다윗이 왕으로 등극할 수 있었던 이유도 바로 전쟁에서 승리했기 때문이었습니다. 나중에 사울과 다윗 중에 사람들이 다윗을 더 좋아했던 이유도 '사울은 천천이요 다윗은 만만이요' 즉 다윗이 더 많은 전쟁에서 더 많이 이겼기 때문입니다. 그런데 열왕기로 넘어오면 왕들 중에 전쟁을 제대로 하는 왕이 없습니다. 아람과의 전쟁, 모압과의 전쟁이 있었습니다. 그 중에 왕이 탁월한 전략을 세워서 승리하는 일이 없습니다. 적군이 쳐들어와도 위대한 전략가요 탁월한 장수인 왕이 있으니 걱정이 되지 않는다는 신뢰감이 전혀 없습니다. 왕들이 전쟁을 하는 모습이란 자기들끼리 쿠데타를 할 때뿐입니다.

또 왕의 역할 중에 하나가 백성들을 위기에서 건져내는 것입니다. 열왕기에 나오는 대표적인 백성들의 위기는 가뭄 또는 기근입니다. 유난히 열왕기서에는 백성들이 가난하게 묘사됩니다. 아합 왕 시대에는 삼년 동안이나 기근이 있었고, 여호람 시대에는 칠년 동안이나 기근이 있었습니다. 삼년이나 칠년의 기근은 어마어마한 재앙의 수준입니다. 창세기에 나오는 애굽의 기근은 칠년이었습니다. 대신 먼저 칠년의 풍년이 있었고 그 후에 칠년의 기근이 있었고, 더 중요한 것은 먼저 칠년의 풍년이 있고 이어서 칠년의 기근이 있을 것을 하나님께서 미리 알려주셔서 대비하게 하셨습니다. 그렇게 대비를 했음에도 불구하고 칠년 기근을 견디는 것이 정말 쉽지 않았습니다. 결국에는 애굽의 모든 백성이 자신의 소유를 다 바로에게 바쳐야 할 정도였습니다. 그 정도로 심각한 기근이 열왕기 시대에도 짧게는 삼년 길게는 칠년이 있었습니다. 하지만 이때에 왕은 어떤 조치도 취하지 않습니다. 요셉 같은 총리를 구해서 위기를 극복하지도 않고, 평상시에 그렇게 잘하던 외교술을 발휘해서 외국에서 식량을 구해오지도 않습니다. 도대체 왕이 왜 있는지를 모르겠습니다.

그렇다고 왕이 신앙적으로 신실하지도 않았습니다. 왕은 기본적으로 여호와의 선지자들을 무시했습니다. 심지어는 여호와의 선지자들을 잡아서 죽이기도 했습니다. 그렇다고 여호와의 선지자들을 완전히 제압하지도 못했습니다. 평상시에는 여호와의 선지자들을 무시하다가 조금만 곤란한 상황이 닥치면 마치 못이기는 척 선지자들의 도움을 받아들이곤 했습니다. 차라리 대놓고 여호와를 믿고 여호와의 선지자들을 등용시켜서 도움을 받으면 보다 안정적이겠는데 무슨 자존심 싸움인지 평상시에는 늘 선지자를 무시합니다. 자기나라 선지자에게는 자존심을 내세우고 정작 이방의 나병환자 장군에게는 안절부절 하지 못하고, 자기 옷을 찢는 등 온갖 추태는 다 부립니다. 그래도 열왕기하 8장까지는 상황이 나은 편입니다. 15장을 넘어가면 그때부터는 꼴이 말이 아닙니다. 이방의 침입에 어찌할 줄 몰라 하고 결국에는 여호와의 성전의 금과 은을 털어다가 이방 왕들에게 조공을 바치는 등 아주 엉망입니다. 이것이 열왕기에 나오는 왕들의 활동입니다. 무슨 왕조실록이 이 모양입니까?

다 돌려주라

나병 환자 게하시

열왕기서 자체도 조금 이상한데 열왕기하 8장의 본문은 사건이 표면적으로는 조금 난해합니다. 두 가지만 살펴보겠습니다. 첫 번째는 1절입니다. "엘리사가 이전에 아들을 다시 살려 준 여인에게 이르되 너는 일어나서 네 가족과 함께 거주할 만한 곳으로 가서 거주하라 여호와께서 기근을 부르셨으니 그대로 이 땅에 칠 년 동안 임하리라 하니"입니다. 이렇게 중요한 사건을 왜 이 가족에게만 말해주는지 모르겠습니다. 기근이 한 개인에게만 오거나 한 가정에만 임할 리가 없습니다. 더욱이 이 여인의 이야기가 열왕기하 4장 8절 이하에 나오는데 나름대로 살만한 가정이었습니다. 기근이 임하면 당장 굶을 수밖에 없는 절박한 가정이 아니었습니다. 도리어 엘리사가 만났던 다른 사람들의 사정이 더 궁핍했습니다. 남편의 빚을 떠안은 선지자의 아내라든가, 먹을 것이 없어서 들에게서 들호박을 따다가 끓여먹었던 선지자의 제자들의 사정이 더 곤고했습니다. 기근이 임하면 가진 자들이 겪는 어려움보다 없는 자들이 겪는 어려움이 더 심각합니다. 그런데 엘리사는 유독 이 여인에게만 기근을 알리고 대비하게 합니다.

또 하나 아주 이상한 것은 4절입니다. "그 때에 왕이 하나님의 사람의 사환 게하시와 서로 말하며 이르되 너는 엘리사가 행한 모든 큰일을 내게 설명하라 하니"입니다. 게하시는 여러분이 생각하시는 바로 그 사람 즉 엘리사의 사환입니다. 그런데 게하시는 이렇게 대놓고 왕과 말할 수 있는 상황이 아닙니다. 열왕기하 5장에서 아람의 군대장관 나아만이 병 고침을 받고 돌아갈 때에 게하시가 따라가서 은 한 달란트와 옷 두 벌을 달라고 요청해서 마침내 요청한 것보다 훨씬 많은 은 두 달란트와 옷 두벌을 받은 적이 있습니다. 결국에는 27절 "그러므로 나아만의 나병이 네게 들어 네 자손에게 미쳐 영원토록 이르리라 하니 게하시가 그 앞에서 물러나오매 나병이 발하여 눈같이 되었더라"입니다. 게하시가 5장에서 나병이 들었는데 8장에서 왕과 대면하여 말하고 있습니다. 그 동안 나병이 나았나요? 아니면 나병에 대한 사회적 인식이 개선되었나요? 어찌된 영문인지 모르겠습니다. 학자들의 연구를 살펴보니까 표현상으로는 나병이라고 되어있지만 실제로는 나병이 아니라 피부병이었다고 해설을 해 놓기도 했습니다.

제가 5장에서 나아만 장군을 설명드릴 때 나병환자가 아람의 군대장관이 된 것 자체도 납득하기가 어렵다고 한 적이 있습니다. 그 문제를 해결하는 방법이 있습니다. 원래부터 나병환자였던 사람이 장군이 된 것이 아니라, 장군이었던 사람이 나중에 나병이 들었다고 하면 됩니다. 게하시가 바로 그런 경우입니다. 그렇다면 아람의 왕으로서는 그 동안 충성스럽게 일했던 장군이고 앞으로도 전쟁에서 많은 공로를 쌓을 것으로 기대되는 장군인데 병이 들었다고 물리치기가 아까웠을 수 있으니까 비록 나병환자일지라도 데리고 있었고, 이스라엘에 있는 선지자를 만나면 고칠 수 있다는 하녀의 말을 듣고 이스라엘로 보냈다고 설명할 수 있습니다. 그런데 게하시는 어떻게 된 영문인지 모르겠습니다. 물론 성경이 게하시에 대한 모든 이야기를 기록하고 있지는 않으니까 나병이 걸린 5장과 본문인 8장 사이에 무슨 특별한 사연이 있었다고 추측할 수도 있겠습니다. 여하튼 게하시에 관한 확실한 내용은 좀 더 밝혀지는 대로 알려드리겠습니다.

왕과 백성의 관계

저와 여러분이 관심을 갖는 것은 이스라엘의 왕정사는 왜 이런 방식으로 기록되어 있으며, 본문은 과연 무슨 의미가 있느냐는 것입니다. 먼저, 성경에서 이스라엘이 요구한 왕의 역할과 하나님이 기대한 왕의 역할이 전혀 다르다는 것을 기억하셔야 합니다. 앞서 설명드린 대로 이스라엘은 자신들을 대신해서 싸울 사람을 기대했습니다. 그러나 하나님은 백성들에게 하나님을 알려 줄 사람을 기대했습니다. 왜냐하면 어차피 이스라엘의 왕, 이스라엘의 책임자, 이스라엘의 보호자는 하나님이시기 때문입니다. 하나님께서는 이스라엘에 대하여 '내 백성'이라고 선언하셨습니다. 더 나아가 '내 아들, 내 장자'라고 선언하시기 까지 했습니다. 물론 성경에 하나님께서 '나는 이스라엘의 왕이다'라고 선언하신 적은 없습니다. 대신 '나는 너희의 하나님이요 너희는 내 백성이다'라고 선언하셨습니다. 이스라엘이 하나님의 백성이라면 하나님이 이스라엘의 왕이요, 책임자요, 보호자요, 관리자입니다. 그래서 이스라엘이 왕을 요구한 것에 대해 하나님은 '이스라엘이 나를 버렸다'고 말씀하신 것입니다. 비록 이스라엘이 하나님을 버려도 하나님은 절대로 이스라엘을 버리지 않으셨고, 이스라엘의 하나님, 이스라엘의 왕으로서의 역할을 중단하거나 포기하지 않으셨습니다. 단지 하도 이스라엘이 왕을 세워달라고 하니까 왕을 세워주셨을 뿐입니다. 왕을 세워주었다고 해서 하나님의 역할을 왕에게 위임하신 것이 아니고, 하나님의 역할을 멈추신 것이 아닙니다.

그러므로 이스라엘에 왕이 등장한다고 해서 왕이 이스라엘의 통치자, 지배자, 주권자라는 인식을 가지시면 안 됩니다. 왕도 하나님이 이스라엘을 책임지고 보호하고 관리하는 모습 중에 하나일 뿐입니다. 그래서 이스라엘에서 왕은 하나님과의 관계에서 신실한 모습을 보여야 합니다. 왕은 하나님의 말씀을 듣는 사람이어야 합니다. 혹시 백성들은 하나님의 말씀을 듣지 않을지라도 왕은 하나님의 말씀을 듣는 모습을 백성들에게 보여 주어야 합니다. 그것이 하나님에게 세움 받은 사람의 역할입니다. 하나님에 의해 세움 받은 사람은 하나님이 없어도 일을 잘 해내는 모습을 보여주는 것이 아닙니다. 정반대로 하나님이어야 일을 해낼 수 있음을 보여주어야 합니다. 하나님을 제외하면 그 사람은 아무런 의미가 없는 것이 하나님의 사람의 역할입니다. 그 사람을 보는 모든 사람이 그 사람을 존경해서는 안 되고, 모두 그 사람을 세우시고 도와주시는 하나님을 볼 수 있게 해야 합니다. 이렇게 하나님과의 관계에서 신실한 모습이 동시에 백성들에게 선한 왕으로 인정받는 길입니다.

성경에서는 왕과 하나님과의 관계가 왕과 백성의 관계와 동일하게 평가됩니다. 하나님께는 신실했는데 백성들에게는 폭군으로 군림했다는 평가가 불가능하고 반대로 하나님께는 불충했으나 백성들에게 선하고 의로운 왕으로 인정받았다는 평가가 불가능합니다. 왜냐하면 하나님이 가장 소망하는 것이 인간이 자유롭고 평안하고 행복하게 사는 것이기 때문입니다. 하나님과 인간이 경쟁관계가 아니고 대립관계가 아닙니다. 하나님께 잘하자니 백성이 소외되고, 백성에게 잘하자니 하나님께 소홀해지는 갈등관계가 아닙니다. 종종 열왕기서는 왕에 대해 오직 하나님과의 관계만을 평가해 놓은 것으로 착각하는 경향이 있습니다. 물론 성경을 읽어보면 착각할 수도 있습니다. 왜냐하면 실제로 하나님과 관계만을 기록해 놓았기 때문입니다. 대표적으로 열왕기상 15장 34절 "바아사가 여호와 보시기에 악을 행하되 여로보암의 길로 행하며 그가 이스라엘에게 범하게 한 그 죄 중에 행하였더라" 입니다. 그러나 저와 여러분은 이런 기록을 볼 때 동시에 백성들과의 관계도 파악할 수 있습니다. 여호와 보시기에 악했으면 백성이 보기에도 악한 것입니다. 그 반대도 성립합니다. 여호와 보시기에 선했으면 백성이 보기에도 선한 것입니다.

선지자와 백성의 이야기

열왕기서는 왕들에 관한 내용이 주를 이룹니다. 그 당시 백성들의 이야기를 소소하게 기록하지 않았습니다. 왕정사에 백성들과 관련된 내용이 종종 나오기는 합니다. 하지만 백성들이 등장하면 주로 선지자가 등장할 뿐 정작 왕은 거의 등장하지 않습니다. 선지자는 백성들의 삶에 나타난 문제들을 해결해 줍니다. 열왕기상 17장을 보면 이스라엘에 가뭄이 들었습니다. 단지 이스라엘만이 아니라 주변의 대부분의 나라에까지 가뭄이 들었습니다. 시돈이라는 나라에도 가뭄이 들어서 시돈에 속한 사르밧이라는 동네에 사는 과부도 먹을 것이 없어서 아들하고 마지막 남은 밀가루로 떡을 만들어 먹고 죽으려고 할 지경이었습니다. 그때 엘리야가 그 집에 가서 통의 가루가 마르지 않게 해서 과부와 아들을 살려줍니다. 열왕기하 2장에 여리고 성읍에 사는 사람들이 물이 나빠서 토산이 익지 못하고 떨어지기에 어려움을 겪고 있었습니다. 그때 엘리사가 소금을 물 근원에 던져서 물을 고쳐주어 백성들의 문제를 해결해 줍니다.

4장에서는 1절 이하에 선지자의 아내가 빚에 시달려 아들을 빼앗길 위험에 처해있을 때 기름병에 기름이 마르지 않게 하여 빚도 갚고 아들과 함께 살 수 있도록 문제를 해결 해 줍니다. 38절 이하에서는 길갈에 머물고 있는 선지자의 제자들이 흉년 때문에 먹을 것이 없어서 들에서 들호박을 따다가 끓여 먹으려고 하는데 독이 있어서 먹지 못하고 굶주리고 있을 때에 엘리사가 독을 없애주고 먹을 수 있도록 문제를 해결해 줍니다. 42절 이하에서는 약 백여 명의 무리가 먹을 것이 없어 굶주리고 있을 때에 보리떡 이십 개와 자루에 담은 채소를 가지고 먹고 남게 해 줍니다. 6장에서는 선지자의 제자들이 요단에서 나무를 할 때에 빌려온 쇠도끼를 물에 빠뜨려 곤란한 상황에 처해 있을 때 엘리사가 나뭇가지를 던져 쇠도끼가 물에 떠오르게 하여 문제를 해결해 줍니다. 7장에서는 아예 전쟁 때문에 사마리아가 아람의 군대에 포위되어 백성들이 서로 상대방의 아들을 잡아먹으려는 지경에 이르렀을 때에 엘리사가 하나님의 예언을 선포하고, 그 예언대로 이루어져 전쟁에서도 승리하고 백성들의 굶주림도 해결하고 아이들의 생명도 보존해줍니다. 선지자들이 종횡무진 활약할 때에 왕은 아무 역할을 하지 않습니다. 도대체 이 나라의 왕이 누구입니까? 도대체 왕은 뭐하는 사람입니까? 도대체 왕이 백성들을 위해 해 주는 것이 무엇입니까?

왕과 백성의 이야기

열왕기서에 왕과 백성이 직접 관련된 이야기가 총 네 번 정도 나옵니다. 두 번은 긍정적인 장면, 두 번은 부정적인 장면입니다. 순서대로 확인해 보겠습니다. 첫 번째는 열왕기상 3장입니다. 열왕기상 3장에는 앞부분에 솔로몬 왕이 기브온에서 일천 번제를 드리고 꿈을 꾸는 이야기가 나옵니다. 그리고 후반부에는 창기 두 여자가 왕에게 나와서 판결을 요청하는 이야기가 나옵니다. 이 이야기가 아주 진기하고 중요한 사건입니다. 왜냐하면 성경에서 백성이 왕에게 도움을 청하러 나오는 매우 희귀한 사건이기 때문입니다. 물론 스토리의 전개는 3장 전반부에 나온 솔로몬이 받은 지혜를 증명하기 위한 것이지만 여하튼 백성의 입장에서는 정말 놀라운 판결을 듣게 되고, 억울한 일을 당할 뻔 했던 여인의 문제가 해결됩니다. 그 장면의 마지막이 3장 28절 "온 이스라엘이 왕이 심리하여 판결함을 듣고 왕을 두려워하였으니 이는 하나님의 지혜가 그의 속에 있어 판결함을 봄이더라" 입니다.

왕이 백성에게 칭송을 받는 아주 진기한 장면입니다. 하나님이 왕에게 기대하신 것이 바로 이것입니다. 백성들의 문제를 해결해 주고, 백성들의 삶을 평안하고 행복하게 해 주라는 것입니다. 이것을 위해서 하나님께서 솔로몬에게 지혜를 허락하신 것입니다. 그런데 솔로몬의 경우 이것이 처음이자 마지막이었습니다. 그 이후에는 그 좋은 지혜를, 그 잘난 지혜를 우상 숭배하는데 써먹고, 자기 부인과 첩을 늘리는데 써먹고, 나라를 망치는데 써먹습니다.

왕과 백성의 관계가 등장하는 두 번째도 솔로몬과 연결되어 있는데 첫 번째와는 정반대입니다. 시기상으로는 솔로몬이 죽은 후의 일이지만 내용상으로는 솔로몬의 일입니다. 솔로몬에 이어 왕위에 오른 르호보암에게 백성들이 찾아와서 하는 말이 열왕기상 12장 4절 "왕의 아버지가 우리의 멍에를 무겁게 하였으니 왕은 이제 왕의 아버지가 우리에게 시킨 고역과 메운 무거운 멍에를 가볍게 하소서"입니다. 솔로몬의 통치 사십년 동안에 전반기 이십년은 성전과 신전들과 왕궁을 짓느라 백성들에게 고역을 시켰고, 후반기 이십년은 허랑방탕하게 사느라 백성들에 무거운 멍에를 메게 했습니다. 얼마나 힘들었으면 그 아들에게 찾아와 이렇게 하소연을 할 정도입니다. 백성을 위하는 왕이 아니라 백성을 수탈한 왕, 백성을 압제한 왕, 백성의 삶을 송두리째 말살한 왕이었습니다.

사람들은 솔로몬의 지혜, 솔로몬의 번영, 솔로몬의 건축, 솔로몬의 영광을 강조합니다. 그러나 성경은 그렇지 않습니다. 솔로몬의 지혜와 번영과 건축과 영광이 백성들에게 유익을 준 것이 없습니다. 백성들에게 유익을 주지 않는 왕의 지혜와 번영과 건축과 영광은 아무 의미가 없고 도리어 백성들의 삶을 곤고하게 만들 뿐입니다. 사람들이 강조하는 것과 성경이 강조하는 것이 전혀 다릅니다. 정작 사람들이 강조하는 것으로는 사람이 행복하지 못합니다.

다 돌려주라

왕과 백성이 관련된 세 번째 이야기는 나라가 분열된 후 북 왕국의 칠대 왕인 아합 시대에 발생한 일입니다. 열왕기상 21장을 보시면 나봇의 포도원 사건이 나옵니다. 왕의 사악함의 극치가 드러난 사건입니다. 2절을 보면 "아합이 나봇에게 말하여 이르되 네 포도원이 내 왕궁 곁에 가까이 있으니 내게 주어 채소 밭을 삼게 하라"입니다. 나봇의 입장에서는 포도원이 생명줄인데 왕은 채소밭 즉 여가일 뿐입니다. 자신의 여가를 위해서 백성의 생명줄을 끊으려고 하는 패역한 모습입니다. 의도 자체도 패역한데 약탈하는 과정은 더욱 극악합니다. 자기 아내 이세벨을 동원하고, 이세벨은 그 지역의 불량자를 동원하여 결국에는 나봇을 죽이고 포도원을 약탈합니다. 전형적인 권력형 범죄입니다. 백성을 위해주는 왕이 아니라, 백성의 삶을 곤고하게 하고, 백성의 목숨을 빼앗는 주범이 바로 왕입니다.

성경에는 자세하게 묘사되어 있지 않지만 이스라엘 역사에서 아합 왕은 결코 허접한 왕이 아닙니다. 수차례 말씀드렸듯이 이스라엘의 존재를 세계사에 알린 사람이 아합 왕입니다. 고고학적으로 다윗과 솔로몬의 유적이 없어서 이스라엘이 신화적으로 만들어낸 가공인물이 아니냐는 의심을 받기도 하지만, 고대 비문에 아합과 오므리 왕조가 기록되어 있어서 성경의 역사성을 인정받을 수 있도록 엄청난 공헌을 한 사람입니다. 실제로 주변 나라들이 모두 아합 왕에게 조공을 바쳤을 정도로 번성함을 이루었던 왕입니다. 그런데 성경은 그런 내용을 아예 언급조차 하지 않습니다. 왜냐하면 그 번성함이 백성들에게 유익을 주지 않았기 때문입니다. 하나님께서 강조하는 것은 그 나라의 강성함, 그 나라의 부유함, 그 왕의 지혜로움, 그 신하들의 충성스러움이 아닙니다. 하나님이 가장 중요하게 여기는 것은 그 백성들의 평안함, 그 백성들의 자유로움, 그 백성들의 행복함입니다.

열왕기에 등장하는 왕과 백성의 네 번째 이야기가 바로 열왕기하 8장입니다. 2절과 3절을 보시면 “여인이 일어나서 하나님의 사람의 말대로 행하여 그의 가족과 함께 가서 블레셋 사람들의 땅에 칠 년을 우거하다가 칠 년이 다하매 여인이 블레셋 사람들의 땅에서 돌아와 자기 집과 전토를 위하여 호소하려 하여 왕에게 나아갔더라”입니다. 중간에 어떤 상황이 있었는지는 모르지만 여인의 입장에서는 정당한 요구입니다. 이때 왕이 취한 조치가 6절 “왕이 그 여인에게 물으매 여인이 설명한지라 왕이 그를 위하여 한 관리를 임명하여 이르되 이 여인에게 속한 모든 것과 이 땅에서 떠날 때부터 이제까지 그의 밭의 소출을 다 돌려주라 하였더라”입니다. 아마도 여인은 자신의 땅을 돌려받고, 그간의 소출까지 돌려받아서 다시 그 땅에 정착하여 사는 데 큰 도움을 받았을 것입니다.

백성의 행복

왕과 백성이 관련된 네 개의 이야기에서 긍정적인 것 두 가지는 솔로몬의 재판과 여호람 왕이 여인의 땅을 돌려준 것입니다. 이 두 이야기에서 왕이 한 것이 무엇입니까? 왕이 자신의 재산을 떼어서 여인들에게 주었습니까? 왕이 직접 엄청난 수고와 헌신을 했습니까? 왕이 온갖 위험을 무릅쓰고 백성을 위한 대단한 일을 했습니까? 전혀 그렇지 않습니다. 실제로 왕이 한 일이 없고, 왕이 한 수고가 없고, 왕이 희생을 한 것이 없습니다. 두 번 모두 왕이 한 일이란 단지 '말'뿐입니다. 그런데 결과는 위기에 처한 백성이 평안을 얻었습니다. 왕의 존재는 바로 백성들을 위해 주는 것, 왕의 역할은 바로 백성들을 평안하게 해 주는 것입니다. 사람들은 열왕기서에서 왕의 업적을 찾으려고 합니다. 왕의 공헌을 찾으려고 합니다. 왕의 존귀, 왕의 영광을 찾으려고 합니다. 열왕기에는 그런 것이 없습니다. 그런 관점으로 살펴보면 열왕기는 도리어 왕의 치욕, 왕의 굴욕, 왕의 모욕만이 가득할 뿐입니다.

안타깝게도 하나님의 말씀과 세상의 교훈이 혼동되고 있습니다. 안타깝게도 하나님이 세우시는 사람과 세상의 지도자의 역할이 혼동되고 있습니다. 안타깝게도 하나님의 교회와 세상의 조직이 동일시되고 있습니다. 세상에는 하나님이 없기에 사람의 역할, 지도자의 역할이 강조될 수 있습니다. 그러나 기독교에는 하나님이 계십니다. 당연히 하나님이 강조되어야 합니다. 성경이 강조하는 것은 하나님의 영광이 아니라 인간의 행복입니다. 하나님은 인간이 성공하고, 인간이 복을 받기를 원하십니다. 성공을 추구하시고 기복신앙을 가져도 됩니다. 다만 죄의 기준에 의한 성공이 아니고, 죄의 원리나 방법에 의한 기복祈福신앙이 아니어야 합니다. 하나님을 아는 것이 성공이고, 하나님의 이미 주신 복을 알고 누리는 것이 참된 기복旣福 신앙입니다.

저와 여러분 모두는 하나님의 백성입니다. 어떤 사람이 우리의 왕이 아니요, 우리의 목자가 아니요, 우리의 책임자나 보호자가 아닙니다. 오직 하나님만이 우리의 왕이시요, 우리의 목자요, 우리의 책임자요 보호자이십니다. 저와 여러분 모두가 간혹 사람 중의 대표가 될 때가 있고, 지도자가 될 때가 있습니다. 바로 그때 하나님의 사람의 역할은 하나님의 말씀에 순종하는 모습을 보여주는 것임을 기억하셔야 합니다. 하나님 때문에 즐거운 교회생활, 하나님 때문에 평안한 신앙생활, 하나님 때문에 행복한 믿음생활 되시기를 주님의 이름으로 축원합니다.

13

내가 앎이라

열왕기하 8 : 7 ~ 29

7 엘리사가 다메섹에 갔을 때에 아람 왕 벤하닷이 병들었더니 왕에게 들리기를 이르되 하나
님의 사람이 여기 이르렀나이다 하니 8 왕이 하사엘에게 이르되 너는 손에 예물을 가지고
가서 하나님의 사람을 맞이하고 내가 이 병에서 살아나겠는지 그를 통하여 여호와께 물으
라 9 하사엘이 그를 맞이하러 갈새 다메섹의 모든 좋은 물품으로 예물을 삼아 가지고 낙타
사십 마리에 싣고 나아가서 그의 앞에 서서 이르되 당신의 아들 아람 왕 벤하닷이 나를 당신
에게 보내 이르되 나의 이 병이 낫겠나이까 하더이다 하니 10 엘리사가 이르되 너는 가서 그
에게 말하기를 왕이 반드시 나으리라 하라 그러나 여호와께서 그가 반드시 죽으리라고 내
게 알게 하셨느니라 하고 11 하나님의 사람이 그가 부끄러워하기까지 그의 얼굴을 쏘아보
다가 우니 12 하사엘이 이르되 내 주여 어찌하여 우시나이까 하는지라 대답하되 네가 이스
라엘 자손에게 행할 모든 악을 내가 앎이라 네가 그들의 성에 불을 지르며 장정을 칼로 죽이
며 어린 아이를 메치며 아이 밴 부녀를 가르리라 하니 13 하사엘이 이르되 당신의 개 같은
종이 무엇이기에 이런 큰일을 행하오리이까 하더라 엘리사가 대답하되 여호와께서 네가 아
람 왕이 될 것을 내게 알게 하셨느니라 하더라 14 그가 엘리사를 떠나가서 그의 주인에게 나
아가니 왕이 그에게 묻되 엘리사가 네게 무슨 말을 하더냐 하니 대답하되 그가 내게 이르기
를 왕이 반드시 살아나시리이다 하더이다 하더라 15 그 이튿날에 하사엘이 이불을 물에 적
시어 왕의 얼굴에 덮으매 왕이 죽은지라 그가 대신하여 왕이 되니라

누가 옳았는가?

전체와 일부

영화이든 책이든 연극이든 음악이든 모든 작품들에는 작가의 의도가 있습니다. 종종 공상과학영화가 인기를 얻을 때 꼭 등장하는 것이 과연 영화 속의 장면이 실제로 가능한가라는 질문입니다. 물론 모든 작품이 정확하게 사실을 말하면서 재미도 있고 의미도 전달할 수 있다면 최상의 작품이 될 것입니다. 하지만 하나의 작품에 모든 사실을 다 담을 수는 없기에 상대적으로 한쪽은 강조가 되고 다른 한쪽은 소홀해지는 경향이 있습니다. 제작자의 입장에서는 자신의 의도에 따라 한쪽을 강조하고 한쪽을 소홀히 다룰 수 있기에 관객의 입장에서는 보다 넓은 안목과 보다 다양한 지식과 보다 깊은 통찰력을 가지고 정확하고 바르게 분별하는 지혜가 반드시 수반되어야 할 것입니다.

작품을 큰 안목, 넓은 관점에서 파악하려는 노력은 그 어떤 작품을 대할 때보다 성경을 읽고 배울 때 가장 필요한 요소입니다. 성경은 분량 자체가 많기도 하지만, 성경이 다루고 있는 시대적 배경이 너무 넓고, 역사적 상황이 너무 다양하기 때문에 전체를 파악하기가 쉽지 않습니다. 그러다보니 성경의 전개, 성경의 흐름은 무시되고 어떤 사건, 어떤 단락을 떼어내어 전체적 안목과는 무관한 교훈을 강조하거나, 원래의 의도와는 전혀 연결이 되지 않는, 원래의 목적과는 아무 상관이 없는 개별적 이야기처럼 설명해버리는 경우가 많습니다. 성경을 읽을 때는 꼭 숲과 나무를 보는 작업, 망원경식 관찰과 현미경식 연구를 겸비해야 합니다.

하나님과 이스라엘

열왕기서는 이스라엘에 왕이 세워지고 왕이 국가를 다스리는 이야기입니다. 이때 누가 왕이고, 어떤 왕이 어떤 역할을 했는지가 핵심이 아닙니다.

보다 넓은 관점에서, 성경의 흐름에서 왕정 제도는 어떤 의미를 가지고 있으며, 성경에서 왕은 어떤 역할을 요청받고 있는지를 알고 있는 것이 중요합니다. 아주 일반적인 생각으로, 국가가 있으면 당연히 왕이 있어야 하고, 왕이 있으면 당연히 권력의 핵심이고 강력한 왕권을 기반으로 국가의 안위를 책임지는 역할을 해야 하는 것으로 생각하시면 성경을 오해하고 왜곡하는 것입니다. 성경은 이스라엘에 대해 국가로 인식하지 않고 있으며, 왕에 대해 일반적 왕의 위치와 역할을 기대하고 있는 것이 전혀 아니기 때문입니다.

성경에서 하나님과 이스라엘의 관계는 하나님과 백성의 관계입니다. 이것을 대표하는 표현이 '나는 너희의 하나님이 되려고 너희를 애굽 땅에서 인도하여 낸 너희의 하나님 여호와니라'입니다. 하나님이 이스라엘의 신이고 이스라엘은 하나님의 백성입니다. 이때 하나님이 이스라엘의 하나님이라는 의미는 하나님이 이스라엘의 책임자요, 보호자요, 관리자라는 것이고, 이스라엘이 하나님의 백성이라는 의미는 이스라엘은 하나님의 보호와 관리와 책임아래 자유와 평화와 안식을 누리는 존재라는 것입니다. 하나님과 이스라엘은 세상에서 말하는 지배자와 피지배자의 관계가 아닙니다. 하나님은 통치하고 명령하고 압제하는 권세자가 아니고 이스라엘은 복종하고 헌신하고 충성해야 하는 민중이 아닙니다. 하나님이 이스라엘의 하나님이기 때문에 이스라엘에는 인간 왕, 인간 임금, 인간 황제, 인간 통치자가 필요하지 않습니다.

그런데 이스라엘은 하나님이 자신들의 하나님 즉 하나님이 자신들의 보호자요, 관리자요, 책임자라는 사실의 중요성을 인식하지 못했습니다. 하나님의 백성이 된 자신들이 세상에서 가장 안정되고 가장 강력하고 가장 행복한 존재들이라는 사실을 전혀 알아채지 못했고 당연히 누리지도 못했습니다. 하나님께서 애써 세상의 어떤 나라들과는 다른, 구별된 하나님의 백성으로 삼아주셨는데 그것을 거부하고 도리어 '다른 나라들과 같이 되기를' 바랐고, 하나님 대신 인간 왕이 세워지기를 하나님께 요청했습니다. 그래서 하나님의 관점에서 보면 이스라엘은 최선책을 버리고 차선책을 선택한 것에 불과합니다. 하나님은 이스라엘에게 가장 좋은 것을 선물해 주었는데 이스라엘은 가장 좋은 것을 버리고 누구다 다 하는 매우 평범한, 그러나 알고 보면 매우 나쁜 것을 선택한 것입니다. 그것이 이스라엘의 왕정제도입니다.

누가 옳았는가?

그러므로 왕정사를 읽으실 때에는 언제나 과연 하나님이 옳으셨는가 아니면 이스라엘이 옳았는가를 확인하셔야 합니다. 이스라엘의 요청대로 이스라엘에 왕정제도가 세워졌습니다. 사울과 다윗과 솔로몬이 다스리던 기간이 백이십년입니다. 통일왕국으로 알려지고 이스라엘의 전성기로 알려진 이 기간도 과연 정작 이스라엘 백성이 행복했느냐는 질문에 선뜻 행복했다고 대답하기가 쉽지 않습니다. 그것보다 더 신중하게 따져보아야 하는 것이 분열왕국시기입니다. 이스라엘에 왕이 세워지고 발생한 아주 심각한 사태 세 가지를 지적해 보겠습니다. 첫 번째는 멀쩡한 나라가 왕 때문에 둘로 나뉘어졌습니다. 이스라엘의 조상인 아브람 때부터 이스라엘은 크든 작든 간에 나라가 나누어진 적은 없습니다. 요셉의 요청에 의해 애굽으로 들어갈 때도 야곱의 온 부족이 다 함께 들어갔고, 하나님의 은혜로 출애굽할 때도 이스라엘 모든 지파가 다 함께 나왔고, 광야에서 많은 시련과 역경이 있었을지라도 일부는 가나안으로 진행하고 일부는 애굽으로 회귀한 것이 아니라 모두가 함께 가나안으로 진입하였습니다.

사사시대에도 수차에 걸쳐 수십 년씩 이방민족들에게 압제를 당하기는 했어도 민족이 나누어지지는 않았습니다. 어쨌거나 이스라엘 민족이었고, 어쨌거나 히브리 민족이었습니다. 사사기에 의하면 간혹 이스라엘의 각 지파가 서로 전쟁을 하기는 했습니다. 그러나 전쟁을 하면서도 절대로 어느 한 지파도 멸절을 당하지 않도록 배려했습니다. 왜냐하면 모두가 한 민족이라는 개념이 있었기 때문입니다. 그래서 잠시 지파간의 갈등이 있기는 했지만 민족이 분열되고, 지파가 분리되었다는 개념은 존재하지 않았습니다. 그런데 더 좋아지자고 선택했던 왕정시대에, 자신들을 출애굽시키고 가나안 입성까지 인도하신 하나님마저도 버리고 선택한 왕정시대에 이스라엘은 두 나라로 갈라졌습니다. 잠시만 분리된 것이 아니라 일단 분리가 된 후에는 자그마치 이백여 년이라는 긴 세월동안 분리된 상태가 지속되었고, 결국에는 통합되지 못하고 분리된 채로 먼저 한 나라가 망하고 이어서 다른 나라가 망해버렸습니다. 도대체 왕을 세워서 유익을 본 것이 무엇입니까?

두 번째는, 왕 때문에 백성의 삶이 곤고해졌습니다. 이스라엘이 왕을 세울 때 가장 중요하게 생각했던 요소가 왕이 백성들을 위해 싸워주는 것이었습니다. 사무엘상 8장 20절 "우리도 다른 나라들 같이 되어 우리의 왕이 우리를 다스리며 우리 앞에 나가서 우리의 싸움을 싸워야 할 것이니이다 하는지라"입니다. 그렇다면 이스라엘이 왕을 세운 효과가 가장 극명하게 드러나야 할 부분이 바로 전쟁입니다. 특히나 나라가 두 개로 분리되어 각각 약소국으로 전락해버려 주변 나라들로부터 지속적인 전쟁의 위협을 받고 있는 분열왕국 시대에 더욱 왕의 역할이 필요할 것입니다. 그런데 과연 저와 여러분은 열왕기서에서 전쟁에서 활약하는 왕을 만나고 계십니까? 열왕기상하에는 유독 전쟁 이야기가 많이 나온다고 말씀을 드렸습니다. 아람과의 다섯 차례 전쟁이 나오고 모압과의 전쟁도 나오고 후반부에 들어가면 앗수르와의 전쟁, 바벨론과의 전쟁, 전통적 강국인 애굽과의 전쟁이 계속 이어집니다. 그런데 전쟁에서 뛰어난 전략가의 모습을 보여주는 왕, 엄청난 전투력을 발휘하는 왕, 백성들을 위해 몸소 선봉에 서서 헌신적으로 싸우는 왕을 보셨습니까?

안타깝게도 열왕기상하에 나오는 전쟁에서 왕은 용감한 장수의 모습을 전혀 보여주지 못합니다. 정반대입니다. 전쟁에 나갈 때 왕의 의복을 벗고 변장을 하는 왕을 만나셨고, 적국의 장수가 전쟁이 아니라 단지 치료를 위해 도움을 요청하러 온 것에 대해서도 부들부들 떨며 정탐하러 왔거나 무슨 꼬투리를 잡으러 왔다고 스스로 잔뜩 겁에 질려하는 왕을 만나셨고, 하나님이 다 이겨 놓은 전쟁에 대해 나병환자들이 승리의 복음을 전해주어도 신뢰하지 못하고 도리어 상대방의 함정이라고 불안해하는 왕을 만나셨을 뿐입니다. 백성들을 위해 싸워주기를 바라는 왕의 역할은 전혀 하지 않고 도리어 서로 왕이 되려고, 오직 자기를 위해 싸우는 반란에 반란이 이어져 백성들의 삶이 피폐해지는 역할만 한 것이 왕입니다. 도대체 왕을 세운 효과가 전혀 없고, 왕이 존재함으로 인한 유익이 하나도 없습니다. 하나님이 옳았습니까, 이스라엘이 옳았습니까?

성전은 유익했는가?

왕으로 인해 발생한 사태 세 번째는 종교의 타락입니다. 이스라엘에서 가장 성군으로 인정받는 왕과 그의 뒤를 이어 왕이 된 두 사람 즉 다윗과 솔로몬이 그 동안 하나님이 전혀 하지 않은 일을 했습니다. 무엇입니까? 바로 성전건축입니다. 과연 잘한 것일까요? 과연 이스라엘에게 유익이 되었을까요? 하나님은 다윗과 솔로몬보다 먼저 계셨습니다. 하나님은 다윗과 솔로몬보다 먼저 이스라엘과 관계를 맺으셨고, 이스라엘의 하나님이셨습니다. 하나님은 다윗과 솔로몬보다 먼저 이스라엘을 백성 삼으셨습니다. 그러나 하나님은 단 한 번도 이스라엘에게 하나님의 성전을 지으라고 요청하신 적이 없습니다. 이스라엘이 사는 땅을 제공하신 분도 하나님이시고, 이스라엘의 번영과 안정을 제공하신 분도 하나님이십니다.

만약 하나님이 처소가 필요하고, 성전이 필요했다면 하나님이 먼저 요청하셨을 것입니다. 그러나 하나님은 하나님의 집을 지으라고 요청하지 않으셨습니다. 또 이스라엘이 하나님의 성전을 짓지 않는다고 불평하신 적도 없고, 왕궁은 지으면서 성전은 뒷전이라고 질투하신 적도 없고, 주변 나라들의 우상 신들은 폼 나는 신전이 있는데 하나님은 하나님의 권위에 걸 맞는 집이 없다고 이스라엘을 닦달하지도 않으셨습니다. 왜냐하면 하나님에게는 성전이 필요없기 때문이었습니다. 그런데 하나님의 뜻과는 다르게, 하나님의 의도와는 다르게, 하나님의 만류에도 불구하고, 하나님의 거듭된 반대도 어겨가면서 기어코 성전을 지은 존재가 바로 왕이었습니다. 자기는 백향목 궁에 사는데 하나님의 궤는 휘장 가운데에 있다는 말도 안 되는 핑계를 대면서 바득바득 우겨서 성전을 지었습니다. 솔로몬 왕이 자그마치 칠년에 걸쳐 수많은 백성을 노동에 동원해가면서 자기가 기뻐할만한 성전을 지었습니다.

그래놓고는 아주 거창한 봉헌기도도 했습니다. 열왕기상 8장 22절부터 55절까지 자그마치 서른세절에 걸친 긴 기도를 했습니다. 할 수 있는 한 가장 우아하게 성전의 중요성을 강조했습니다. 총 여덟 번에 걸쳐 백성들이 '이 성전에 있는 주의 제단 앞에서 맹세하거든', 또는 '이 성전에서 주께 기도하며 간구하거든', 또는 '성전이 있는 쪽을 향하여 여호와께 기도하거든' 들으시고 응답해 달라고 기도했습니다. 그런데 성전이 이스라엘에게 유익했나요? 솔로몬이 예를 들었던 여덟 가지의 상황이 이스라엘에 발생했을 때 정작 이스라엘의 왕이나 백성이 솔로몬이 했던 기도대로 행동을 했나요?

기도는 유익했는가?

솔로몬이 기도한 여덟 가지를 설명하자면, '만일 어떤 사람이 그 이웃에게 범죄함으로 맹세시킴을 받고', '만일 주의 백성 이스라엘이 주께 범죄하여 적국 앞에 패하게 되므로', '만일 그들이 주께 범죄함으로 말미암아 하늘이 닫히고 비가 없어서 주께 벌을 받을 때에', '만일 이 땅에 기근이나 전염병이 있거나 곡식이 시들거나 깜부기가 나거나 메뚜기나 황충이 나거나 적군이 와서 성읍을 에워싸거나 무슨 재앙이나 무슨 질병이 있든지', '또 주의 백성 이스라엘에 속하지 아니한 자 곧 주의 이름을 위하여 먼 지방에서 온 이방인이라도', '주의 백성이 그들의 적국과 더불어 싸우고자 하여 주께서 보내신 길로 나갈 때에' 등입니다. 이스라엘이 당할 수 있는 다양한 고난과 시련과 어려움을 열거하면서 그때마다 '성전을 향하여' 기도하면 응답해달라고 성전의 존재, 성전의 역할, 성전의 기능을 강조했습니다.

열왕기서에 실제로 솔로몬이 우려했던 국가적으로 어려운 일이 수차례 발생했습니다. 그런데 정작 이스라엘에 이런 일이 발생했을 때 어떤 왕도, 어떤 제사장도 이 기도를 거의 하지 않았습니다. 자기들도 중요시 여기지 않는 성전, 자기들도 전혀 효과를 기대하지 않는 성전, 자기들도 시행하지 않을 종교 제도를 무엇 하러 세웠답니까? 도대체 왕이 세운 성전의 유익이 무엇입니까? 왕이 행한 기도의 유익이 무엇입니까? 이스라엘에 왕이라는 제도를 세우는 것에 대해서도 하나님이 옳았고 이스라엘이 틀렸습니다. 성전에 대해서도 하나님이 옳았고 이스라엘이 틀렸습니다.

결론적으로 열왕기서는 그 어떤 장면도, 어떤 사건도, 어떤 인물도 긍정적인 면이 없습니다. 이스라엘을 왕이 통치하고 있다는 사실 자체가 하나님의 뜻과 다른 것이 진행되고 있는 상황입니다. 그래서 열왕기서는 왕의 업적이 자주 등장하는 것이 아니라 왕이 굴욕당하는 장면이 많이 나옵니다. 왕과는 비교가 되지도 않는 존재인 선지자의 활동이 주를 이루고 있습니다. 그것 자체가 이스라엘의 선택, 이스라엘의 결정이 틀렸다는 것을 증명하고 있습니다. 이런 구조, 이런 구도를 보시면서 열왕기서를 읽으시면 훨씬 재미가 있습니다.

내가 앎이라

여호와께 물으라

인간의 교육방법 중에 가장 피해야 할 것이 바로 '비교'라고 합니다. 당사자와 다른 사람을 비교해서 우열을 가리는 것입니다. 비교를 비교육적 행동으로 비난하는 이유는 바로 당사자가 비교 대상이기 때문입니다. 하지만 당사자를 비교하는 경우가 아니라면, 비교를 통해 우열이나 차별을 만들어 내는 경우가 아니라면, 비교나 대조는 아주 좋은 교육방법입니다. 사실 비교나 대조가 어떤 사실, 어떤 사건, 어떤 제도의 유용성을 분석하기에 가장 좋습니다. 특정한 기준이 없으면, 비교할 수 있는 대상이 없으면 그것의 장단점을 판단하기가 매우 어렵기 때문입니다. 성경에서 가장 많이 사용되는 하나님의 계시 방법이 바로 비교 또는 대조입니다. 왜냐하면 죄인들은 죄의 방식을 고집하고, 하나님께서는 하나님의 방식을 계시하기 때문입니다. 과연 죄의 방식이 좋은 지 하나님의 방식이 좋은 지 말로 해서는 설명이 되지 않습니다. 물론 하나님께서는 비교나 대조를 하기 전에 하나님의 성품, 하나님의 속성, 하나님의 뜻과 원리를 설명하셨습니다. 그런데 죄인들이 도무지 이해를 하지 못합니다. 그래서 어쩔 수 없이 동원되는 것이 바로 비교 또는 대조입니다.

성경에서 열왕기서 자체도 이스라엘에 왕정제도가 세워지기 전과 세워진 후가 대조되고 있습니다. 하나님이 이스라엘의 책임자일 때와 왕이 이스라엘의 책임자일 때가 대조되고 있는 것입니다. 하나님이 이스라엘의 책임자일 때를 설명하는 창세기부터 여호수아서까지를 상고해보면 하나님이 문제를 일으킨 적이 없습니다. 하나님이 통치자로서 백성을 압제하거나, 노동에 동원하거나, 세금을 갈취하거나, 남의 부인을 약탈하거나, 전쟁에서 패하거나 한 적이 없습니다. 하나님은 이스라엘의 책임자로서의 모든 역할을 아주 성실하게 감당하셨습니다. 성경은 먼저 이 모습을 보여주었습니다. 그리고 후에 왕정제도 즉 왕이 이스라엘의 책임자가 된 모습을 대조해줍니다. 이때부터 이스라엘은 온통 문제투성이이고, 이스라엘 백성이 당하는 고난과 역경의 가장 본질적인 요소, 원인제공자는 주로 왕입니다. 하나님은 언제나 좋은 것을 제공하시는데 죄인들은 언제나 나쁜 것을 경험해보겠다고 우겨대는 양상입니다. 여하튼 성경의 대조를 분별하셔야 합니다.

열왕기하 8장 7절로 15절의 사건도 단순하게 등장하는 것이 아닙니다. 여러분은 열왕기하 1장 2절을 알고 계셔야 8장의 사건이 등장하는 이유와 의미를 아실 수 있습니다. 먼저 열왕기하 1장 2절을 보시면 "아하시야가 사마리아에 있는 그의 다락 난간에서 떨어져 병들매 사자를 보내며 그들에게 이르되 가서 에그론의 신 바알세붑에게 이 병이 낫겠나 물어 보라 하니라"입니다. 이스라엘의 왕이 병이 들었습니다. 솔로몬의 성전 봉헌기도에 의하면 누구에게 물어야 합니까? 당연히 성전을 향하여 하나님께 기도하고 간구하여야합니다. 그런데 왕부터 선대 왕이 세운 방식을 따르지 않습니다. 자기들의 신은 자기들 멋대로 성전에 감금해 두고 엉뚱하게도 자신들의 신도 아니고, 자기들이 말하는 것처럼 에그론의 신에게 물어보라고 사신을 보냅니다. 이런 성전 무엇 하러 지었고, 이런 왕은 무엇 하러 세웠습니까?

이 사건을 알고 계신 상태에서 열왕기하 8장 7절을 읽어보면 "엘리사가 다메섹에 갔을 때에 아람 왕 벤하닷이 병들었더니 왕에게 들리기를 이르되 하나님의 사람이 여기 이르렀나이다 하니 왕이 하사엘에게 이르되 너는 손에 예물을 가지고 가서 하나님의 사람을 맞이하고 내가 이 병에서 살아나겠는지 그를 통하여 여호와께 물으라"입니다. 앞의 사건을 알고 계시면 지금 이 사건이 하나님의 보시기에 얼마나 어이가 없는 지 저절로 이해가 되실 것입니다. 똑같이 왕이 병이 들었는데 정작 이스라엘의 왕은 에그론의 신에게 물으러 가고 아람의 왕은 여호와에게 물으러 옵니다. 제가 설명을 드리지 않아도 여러분은 이 두 사건의 결론이 어떻게 대조가 될지도 이미 예상을 하셨을 것입니다. 이스라엘의 아하시야 왕은 에그론의 신 바알세붑에게서 어떠한 도움도 받지 못하고 결국은 올라간 그 침상에서 내려오지 못하고 죽었습니다. 왕의 조치, 왕의 행동이 본인에게 무익했고 백성들에게도 어떠한 본을 보여주지도 못했습니다. 반대로 아람의 벤하닷 왕은 '왕이 반드시 나으리라'는 응답을 받았습니다. 이스라엘의 왕이 아람의 왕만도 못합니다.

이때 여러분은 열왕기서에 나오는 또 하나의 장면이 떠오르셔야 합니다. 성경 통독을 통해서 성경의 사건들, 성경의 스토리들을 알고 계셔야 어떤 본문이 등장할 때 다른 본문과의 비교 또는 대조를 하게 되고, 그때 성경의 의도와 뜻을 정확하게 분별할 수 있습니다. 혹시 떠오르지 않으실까봐 설명을 해 드리겠습니다. 이 순간에 열왕기하 5장의 나아만 사건이 떠오르면 본문 이해에 종지부를 찍을 수 있습니다. 정작 이스라엘의 왕은 엉뚱하게도 헛되고 무익한 이방인의 신에게 물으러 가는데, 하나님과 무관한 이방인들은 왕이든 장군이든 여호와께 도움을 청하러 먼 곳에서부터 옵니다. 그리고 더욱 중요한 것은 그렇게 여호와께 도움을 청하러 나온 사람마다 모두 치유를 받았다는 사실입니다.

성전과 무관하게

한 발 더 나아가서 성경이 어떻게 절묘하게 이스라엘의 미련한 행동, 이스라엘 왕들의 어리석은 행동들을 조롱하는지 보시기 바랍니다. 성경은 직설적으로 '너희가 바보 같았다!'라고 돌직구를 날리지 않습니다. 사실 수사학에서 돌직구는 매우 저급한 방식입니다. 최고의 수사학은 완곡어법입니다. 일명 당구법입니다. 얼핏 듣기에는 상대를 조롱하는 것 같지 않은데, 자세히 따져보면 상대를 아주 망신준 것이 되는 방식입니다. 대화의 흐름을 모르는 사람은 무슨 일이 일어났는지도 모르는데 사건에 개입된 당사자는 아주 치명적인 모욕을 당하게 되는 방식입니다. 돌직구는 상대방을 당황하게 만든다는 관점에서는 효과가 있을 수도 있지만 돌직구를 말하는 당사자의 속내도 까발려진다는 약점이 있습니다. 그런데 당구법은 아주 절묘합니다. 우선 말하는 자는 전혀 천박해지지 않습니다. 막말을 하는 것도 아니고, 직접 저주나 험한 표현을 사용하지 않기 때문입니다. 반면에 상대방은 치명타를 맞게 됩니다.

나아만 장군 사건이나 벤하닷 왕의 사건에 나오는 당구법은 모두 성전과 관련되어 있습니다. 이스라엘은 솔로몬 왕 시대에 참으로 엄청난 재산과 노동력을 총동원하여 성전을 지었습니다. 그리고 하나님의 존귀함만큼이 아니라 자기들이 수고한 만큼, 자신들의 공로가 투입된 만큼 성전에 의미를 부여했습니다. 그래서 '여호와께' 기도하거든 이라는 사실보다 '성전을 향하여' 기도하거든 이라는 사실을 훨씬 강조했습니다. 말끝마다 '성전을 향하여, 성전을 향하여'를 반복하여 강조했습니다. 그런데 설명드린 것처럼 과연 성전이 그렇게 유용하고 이스라엘에 도움이 되었느냐면 전혀 그렇지 않았다는 것입니다. 그 증거가 첫째는 이스라엘 왕이나 백성 중에 단 한 명도, 단 한 번도 성전을 향해 기도하지 않았다는 사실이고, 두 번째는 나아만 장군과 벤하닷 왕이 성전과는 아무 상관이 없음에도 불구하고 모두 하나님의 도움을 받았다는 사실입니다. 이것이 하나님의 당구법입니다. 성전과 무관한 사람들, 성전을 향하여는 어떤 기도도 간구도 하지 않고, 성전을 향하여는 어떤 종교적 행위도 하지 않았음에도 불구하고 모두 응답을 받았다는 사실로 성전의 무용성, 성전의 무가치성이 증명되는 것입니다.

세 번째, 열왕기서에서 대표적인 선지자가 엘리야와 엘리사입니다. 두 사람 모두 북 왕국 이스라엘에서 활동합니다. 즉 성전이 없는 곳입니다. 성전을 세우고 봉헌기도를 한 다윗과 솔로몬의 의도에 따르면 성전이 없는 곳, 어려움을 당해도 기도할 곳이 없는 북 왕국에서는 하나님의 도움, 하나님의 은총, 하나님의 역사가 거의 일어나지 않아야 합니다. 그런데 엘리야와 엘리사 시대에 참으로 많은 이적과 기적이 발생합니다. 그런데 아주 재미있는 것은 엘리야와 엘리사 시대에 발생하는 사건들이 주로 솔로몬이 봉헌기도 할 때 예를 들었던 여덟 가지 경우와 같은 부류의 사건들입니다.

엘리야 시대에 이스라엘에 삼년 동안 가뭄이 있었는데 성전을 향해 기도하지 않았는데도 비가 내렸고, 기근이 들어 먹을 것이 없었는데 성전을 향해 기도하지 않았는데도 기름병의 기름이 마르지 않고, 통의 밀가루가 마르지 않아서 기근을 해결하고, 전쟁이 일어났는데 성전을 향해 기도하지 않았는데도 상대방의 눈이 어두워져서 승리하고, 심지어는 여인의 아들이 죽었을 때에 성전을 향해 기도하지 않았는데도 아들이 살아나기까지 합니다. 열왕기서에서 살펴본 많은 이적과 기적 사건들은 모두 성전과 아무 상관없이 발생하고 있습니다. 이 당구법을 알아 차리셔야 합니다.

엉뚱한 부작용

성전이 이스라엘 역사에서 어떤 작용을 한 적이 있기는 합니다. 그런데 선한 작용이 아니라 악한 작용 즉 부작용이었습니다. 성전 때문에 유익을 얻은 것이 아니라 이스라엘 역사 내내 가장 나쁜 영향을 끼친 역효과만 만들어 냈습니다. 대표적인 사건이 바로 열왕기상 12장에 나옵니다. 솔로몬이 죽고 르호보암이 왕위에 오르자 여로보암이 북쪽으로 올라가 새로운 왕으로 즉위하면서 나라가 갈라지게 되었습니다. 그때 북 왕국의 여로보암 왕이 취한 조치가 25절 이하에 나오는 대로 성전과 관련되어 있습니다. 25절부터 보시면 "여로보암이 에브라임 산지에 세겜을 건축하고 거기서 살며 또 거기서 나가서 부느엘을 건축하고 그의 마음에 스스로 이르기를 나라가 이제 다윗의 집으로 돌아가리로다 만일 이 백성이 예루살렘에 있는 여호와의 성전에 제사를 드리고자 하여 올라가면 이 백성의 마음이 유다 왕 된 그들의 주 르호보암에게로 돌아가서 나를 죽이고 유다의 왕 르호보암에게로 돌아가리로다 하고 이에 계획하고 두 금송아지를 만들고 무리에게 말하기를 너희가 다시는 예루살렘으로 올라갈 것이 없도다 이스라엘아 이는 너희를 애굽 땅에서 인도하여 올린 너희의 신들이라 하고 하나는 벧엘에 두고 하나는 단에 둔지라" 입니다.

여로보암은 정말 쓸데없는 걱정을 한 것입니다. 이스라엘의 왕 중에 어느 누구도 성전을 귀하게 대하지 않았고, 성전을 향하여 기도도 간구도 하지 않았는데 괜한 걱정을 한 것입니다. 정작 아무도 소중하게 대하지 않는 성전 때문에 백성들의 마음이 유다 왕에게 돌아갈 지도 모른다는 정말 가능성이 없는 노파심 때문에 그 성전을 대신할 우상 신전을 세우게 되었다는 너무너무 어이없고 한심한 이야기입니다. 차라리 성전이 없었다면 발생하지 않았을 아주 우스꽝스러운 이야기입니다. 솔로몬이 세운 성전의 효과는 달랑 이거 하나 부작용 또는 역효과뿐이었습니다.

하나님께서는 언제나 인간에게 최상의 것으로 제공해 주셨습니다. 나쁜 것을 피할 수 있도록 은혜를 주신 것입니다. 그런데 죄인들의 가장 미련한 생각, 죄인들이 가지는 가장 어리석은 생각은 '그래도 해보고 싶다'는 것입니다. 삶의 주변에서 좋지 않은 사건, 사고들을 참으로 많이 봅니다. 단지 보는 것만으로도 간접 교훈이 됩니다. 책도 교훈이 되고, 영화도 교훈이 되고, 다른 사람의 상황도 교훈이 되고 주변에 교훈이 될 만한 요소가 너무나 많습니다. 그런데 안타까운 것은 죄인들은 간접적인 경험을 통해 거의 배우지 않습니다. 욕심내면 안 된다는 것을 봅니다. 그런데 욕심을 냅니다. 강팍하면 안 된다는 것을 봅니다. 그런데 강팍하게 행동합니다. 교만하면 안 된다는 사례를 거의 매일같이 봅니다. 그런데 조금만 교만할 거리가 생기면 즉시 교만을 떱니다. 전혀 배우지 않는 것입니다. 죄인들이 자주 하는 말이 '망할 때 망하더라고 한 번 해보고 싶다'입니다.

내가 잃이라

성경을 가르칠 때 하나님의 은혜를 강조했습니다. 그랬더니 나오는 말이 '너무 은혜를 강조하면 은혜가 귀한 줄 모른다'는 것이었습니다. 은혜를 너무 쉽게 받을 수 있다는 것을 사람들이 '값싼 은혜'라고 합니다. 그래서 사람들이 취하는 조치가 은혜를 비싸게 만드는 것 즉 은혜를 쉽게 받지 못하도록, 은혜 받으려면 많은 수고와 대가가 들어가도록 만드는 것입니다. 가장 바보같은 짓입니다. 왜냐하면 은혜를 소중하게 만들기 위해서 은혜의 의미를 변질시키고 은혜를 은혜 되지 않도록 만드는 것이니까 가장 바보같은 짓이 분명합니다. 만약 어떤 사람이 은혜가 귀한 줄 모르면 그것이 얼마나 귀한 것인가를 가르치는 것이 필요합니다. 예를 들면, 돈 중에 가장 귀한 돈이 '공짜로 생긴 돈'입니다. 물론 죄인들은 '공짜로 생긴 돈은 귀한 줄 모른다'고 합니다. 이때 필요한 것은 '돈의 소중함'을 알게 하는 것이지, 돈을 벌기 위해 죽어라 고생을 시키는 것이 아닙니다.

본문에서 가장 속이 타는 사람은 엘리사입니다. 왜냐하면 알고 있는 사람이기 때문입니다. 11절 "하나님의 사람이 그가 부끄러워하기 까지 그의 얼굴을 쏘아보다가 우니"입니다. 그 이유는 12절부터 13절에 등장하는 것 바로 하사엘이 장차 할 일을 알기 때문입니다. 세상에서는 장차 될 일을 아는 사람은 웃습니다. 왜냐하면 알고 있는 것을 자기를 위해 써먹을 것이기 때문입니다. 나쁜 일은 다른 사람에게 넘기고 자기만 좋은 일을 독차지 할 것이기 때문입니다. 그런데 성경에서는 아는 사람이 웁니다. 왜냐하면 아는 사람은 역할을 해야 하기 때문입니다. 다른 사람에게 임할 나쁜 일을 예방하도록 도와주는 역할입니다. 이것이 하나님이 보여주신 하나님과 죄인의 차이이고, 이것이 하나님께서 기대하시는 성도와 죄인의 차이입니다.

살아가면서 경험을 통해 배우는 것이 가장 미련한 것이고, 성경을 통해 직접 당해보지 않고도 배우는 것이 가장 지혜로운 것입니다. 더 많이 성경을 읽고, 더 많이 성경을 배우고, 더 많이 은혜를 누리고, 더 많이 하나님을 아는 자의 역할을 감당해 주시기를 주님의 이름으로 축원합니다.

14

왕들의 길을 가서

열왕기하 8 : 16 ~ 29

16 이스라엘의 왕 아합의 아들 요람 제오년에 여호사밧이 유다의 왕이었을 때에 유다의 왕
여호사밧의 아들 여호람이 왕이 되니라 17 여호람이 왕이 될 때에 나이가 삼십이 세라 예루
살렘에서 팔 년 동안 통치하니라 18 그가 이스라엘 왕들의 길을 가서 아합의 집과 같이 하
였으니 이는 아합의 딸이 그의 아내가 되었음이라 그가 여호와 보시기에 악을 행하였으나
19 여호와께서 그의 종 다윗을 위하여 유다 멸하기를 즐겨하지 아니하셨으니 이는 그와 그
의 자손에게 항상 등불을 주겠다고 말씀하셨음이더라 20 여호람 때에 에돔이 유다의 손에
서 배반하여 자기 위에 왕을 세운 고로 21 여호람이 모든 병거를 거느리고 사일로 갔더니 밤
에 일어나 자기를 에워싼 에돔 사람과 그 병거의 장관들을 치니 이에 백성이 도망하여 각각
그들의 장막들로 돌아갔더라 22 이와 같이 에돔이 유다의 수하에서 배반하였더니 오늘까지
그러하였으며 그 때에 립나도 배반하였더라 23 여호람의 남은 사적과 그가 행한 모든 일은
유다 왕 역대지략에 기록되지 아니하였느냐 24 여호람이 그의 조상들과 함께 자매 그의 조
상들과 함께 다윗 성에 장사되고 그의 아들 아하시야가 대신하여 왕이 되니라 25 이스라엘
의 왕 아합의 아들 요람 제십이년에 유다 왕 여호람의 아들 아하시야가 왕이 되니 26 아하시
야가 왕이 될 때에 나이가 이십이 세라 예루살렘에서 일 년을 통치하니라 그의 어머니의 이
름은 아달랴라 이스라엘 왕 오므리의 손녀이더라 27 아하시야가 아합의 집 길로 행하여 아
합의 집과 같이 여호와 보시기에 악을 행하였으니 그는 아합의 집의 사위가 되었음이러라
28 그가 아합의 아들 요람과 함께 길르앗 라못으로 가서 아람 왕 하사엘과 더불어 싸우더니
아람 사람들이 요람에게 부상을 입힌지라 29 요람 왕이 아람 왕 하사엘과 싸울 때에 라마에
서 아람 사람에게 당한 부상을 치료하려 하여 이스르엘로 돌아왔더라 유다의 왕 여호람의
아들 아하시야가 아합의 아들 요람을 보기 위하여 내려갔으니 이는 그에게 병이 생겼음이
더라

역사 공부

왕조 시대

열왕기서는 솔로몬이 왕으로 등극하는 이야기부터 시작해서 솔로몬이 죽고 나라가 두 개로 분리되는 이야기가 전개되며 마지막에는 먼저 북 왕국이 망하고 얼마 뒤에 남 왕국이 망하는 이야기가 나옵니다. 역사 이야기 중에 가장 먼저 살펴볼 것은 열왕기가 세계사에서는 어느 시대에 속하느냐는 것입니다. 물론 정확한 연도는 자료마다 학자마다 조금씩 차이가 있으니까 개략적으로만 설명을 해 보겠습니다. 이스라엘의 초대 왕이 사울이지만 사울이 왕이 된 것이 언제인지 역사적으로는 도무지 감을 잡을 수 없기에 이스라엘의 연대표를 작성할 때에 기준을 삼는 것이 왕국의 분열이고 그 때가 대략 주전 930년경입니다.

주전 930년이라고 하면 대부분의 성도님들은 감이 오지 않습니다. 그래서 비교를 해 보자면 고등학교에서 세계사 배울 때 가장 먼저 나오는 것이 문명의 기원입니다. 에게 문명, 이집트 문명, 인더스 문명, 메소포타미아 문명 등이 나오고 그 다음에 등장하는 것이 그리스입니다. 이어서 최초의 동양과 서양의 패권다툼이 발생한 페르시아 전쟁이 나오고, 그리스의 폴리스끼리 주도권을 잡기 위해 발생한 펠로폰네소스 전쟁이 나옵니다. 이 유명한 페르시아 전쟁이 주전 492년에 발생하고, 펠로폰네소스 전쟁이 주전 431년에 발생합니다. 인물을 예로 들면, 철학에서 주제를 자연에서 인간으로 옮긴 위대한 철학자가 소크라테스인데 소크라테스가 대략 주전 470년에 출생한 것으로 알려져 있습니다. 플라톤은 주전 428년에 출생했고, 아리스토텔레스는 주전 384년에 출생하였습니다. 알렉산더 대왕이 등장하는 것은 주전 330년경이니까 한 참 뒤입니다.

이와 같이 저와 여러분에게 고대시대의 유명하다고 알려진 사건들이나 사람들은 아무리 멀리 잡아도 주전 5~400년대입니다. 그런데 솔로몬이 죽고 이스라엘이 분열된 것이 주전 930년경이니까 정말 옛날이야기이고, 성경을 빼놓고 세계사의 기록에는 아예 나오지도 않는 이야기들입니다. 지금 저희는 매우 희귀한 이야기를 하고 있는 것입니다. 이 시대에 우리나라는 무엇을 하고 있었는지는 아예 언급을 할 수가 없습니다. 우리나라 역사는 이 시대에 언급이 되지 않습니다. 굳이 상황을 설명해 달라고 하시면 '호랑이 담배피던 시절'이라고 할 수 있을 것 같습니다.

두 왕국 이야기

열왕기는 남 왕국 유대와 북 왕국 이스라엘 즉 두 나라의 왕조사가 섞여 있는 기이한 기록입니다. 그렇다고 두 나라의 왕들과 분량을 적절하게 분배한 것도 아닙니다. 거의 일방적으로 북 왕국의 왕들에 집중하다가 북 왕국이 패망하여 어차피 남 왕국만 남게 되었을 때에야 겨우 남 왕국의 이야기를 다루는 정도입니다. 이럴 거면 왜 굳이 두 나라 이야기를 섞어 놓았는지 궁금합니다. 열왕기서에서 통일 왕국 즉 솔로몬이 다스리는 이야기가 열왕기상 11장까지 나옵니다. 그리고 나라가 분열되는 이야기가 열왕기상 12장부터 시작입니다. 나라가 분열된 처음에는 두 나라의 왕이 순서대로 나옵니다. 열왕기상 14, 15장에 남 왕국의 첫 번째 왕 르호보암, 두 번째 왕 아비얌, 세 번째 왕 아사, 네 번째 왕 여호사밧이 등장하고, 열왕기상 15장, 16장에 북 왕국의 두 번째 왕 나답, 세 번째 왕 바아사, 네 번째 왕 엘라, 다섯 번째 왕 시므리, 여섯 번째 왕 오므리, 그리고 그 유명한 일곱 번째 왕 아합이 등장합니다. 아합이 등장하면서 열왕기서의 중심 추가 북쪽으로 완전히 기울어집니다. 열왕기상 17장에 엘리야가 등장하면서 열왕기상이 끝나는 22장까지 북 왕국 이야기만 나옵니다. 그리고 열왕기하 1장부터는 엘리사가 등장하면서 또 북 왕국 이야기가 계속되어 열왕기하 8장 15절까지 북 왕국 이야기만 나옵니다.

그리고 드디어 열왕기하 8장 16절에 가뭄에 콩 나는 것보다 더 드물게 남 왕국의 이야기가 등장합니다. 성경의 순서대로 정리해보면 열왕기상 15장 이후부터 열왕기하 8장까지에 남 왕국 이야기가 사라졌다가 이제 겨우 다시 남 왕국이 나타난 것입니다. 그렇다고 여기서부터 열왕기서의 무게 중심이 남 왕국과 북 왕국의 균형을 이루느냐하면 전혀 그렇지 않습니다. 북 왕국이 망하기 전까지는 모든 초점이 계속해서 북 왕국에 맞추어져 있습니다. 그럼 왜 계속 뜸하다가 중간에 남 왕국 이야기가 등장하는지 궁금하실 것입니다. 그 이유는 북 왕국에 큰 전환이 있기 때문입니다. 북 왕국의 역사에서 그 동안 진행되던 역사와 이제부터 진행될 역사가 큰 전환점이 발생하는 순간에 독자들에게 잠깐 쉬어가는 시간을 주는 것입니다. 결국 남 왕국 이야기는 일종의 광고 시간 또는 쉬는 시간 또는 잠시 머리를 정리하는 시간입니다. 남 왕국의 처지가 참 볼 상 사납게 전해졌습니다.

열왕기하 7장에 나오는 전쟁이야기, 즉 나병환자들이 승리의 소식을 전해주는 전쟁이야기에 등장하는 이스라엘 왕이 아홉 번째 왕 여호람입니다. 이 사람은 오므리 왕조 사람입니다. 오므리 왕조는 총 네 명이 왕이 되는데 오므리, 아합, 아하시야, 여호람입니다. 네 명이 약 사십 사년간 통치합니다. 그리고는 왕조가 바뀝니다. 즉 쿠데타가 일어나서 새로운 왕조가 등장하는 것입니다. 그것이 바로 열왕기하 9장에 등장할 예후 왕조입니다. 예후 왕조는 장차 다섯 명의 왕이 등극하여 자그마치 팔십 구년간 통치할 것입니다. 그러니까 열왕기하 7장까지는 오므리 왕조이고 9장부터는 예후 왕조로 왕조가 바뀌는 중간 8장에 잠시 북 왕국의 내용을 정리하고 가시라고 남쪽 왕 이야기를 슬쩍 끼워넣은 것입니다. 성경이 이렇게 정리하라고 구성을 했으니 저와 여러분이 지금처럼 정리를 해야 성경의 의도대로 따르는 것입니다. 여기서 한 가지 충분히 이해 가능한 것이 있습니다. 그것은 북 왕국은 그만큼 존재감이 있었다는 것이고 남 왕국은 그만큼 존재감이 없었다는 것입니다.

지리적으로 파악을 해보면 북 왕국은 말 그대로 북쪽에 있었습니다. 그만큼 이방 민족, 이방 나라들과 가까이 있었습니다. 당연히 전쟁이 많을 수밖에 없고, 생존하기 위해서는 외교를 하든, 정략결혼을 하든 무슨 수를 써서라도 국력을 키워야 했습니다. 북 왕국은 그 만큼 강력한 나라가 되었고, 많은 일들을 겪었습니다. 반면에 남 왕국은 말 그대로 남쪽에 있었습니다. 남 왕국의 밑에는 애굽이 있는데 이 당시에 애굽은 강대국의 모습을 상실하고 겨우 명맥만 유지하고 있었기에 별로 위협이 되지 않았습니다. 위로는 북 왕국이 있어서 그 위쪽의 이방 나라들과의 전쟁은 모두 북 왕국이 하고 있으니 남 왕국은 별다른 큰 일이 없었기도 했고, 그 만큼 나라가 커지거나 강해지지도 않았던 것입니다. 말 그대로 존재감 제로였습니다.

왕들의 이야기

열왕기의 야사

이스라엘이 분열된 것이 대략 주전 930년이었습니다. 열왕기하 8장은 북 왕국으로 따지면 오므리 왕조가 망하고 예후 왕조가 들어서기 직전이고, 남 왕국으로 따지면 본문에 나오는 대로 여호람과 아하시야가 통치하는 시기이기에 대략 주전 850년경입니다. 나라가 분열된 지 약 팔십 년이 흐른 것입니다. 8장 16절은 "이스라엘의 왕 아합의 아들 요람 제오년에 여호사밧이 유다의 왕이었을 때에 유다의 왕 여호사밧의 아들 여호람이 왕이 되니라" 입니다. 내용이 조금 복잡합니다.

열왕기서가 복잡한 이유가 서너 가지가 있는데 첫째는 왕의 이름이 두 개가 등장하기 때문입니다. 16절 서두에 '이스라엘의 왕 아합의 아들 요람 제오년에'라고 나옵니다. 오므리 왕조에는 네 명의 왕이 등장하는데 시조가 오므리이고 그의 아들이 아합이고 아합의 아들이 아하시야와 여호람입니다. 분명히 앞에서는 여호람이라고 나오는데 여기서는 요람이라고 나옵니다. 같은 인물인데 이름이 다릅니다. 이름 또는 명칭에 대해서는 성경이 아주 사람을 혼동하게 만듭니다. 성경에 이름이 바뀌는 경우가 종종 있기는 합니다. 아브람이 아브라함이 되고, 야곱이 이스라엘이 되기도 합니다. 그것은 완전히 이름이 바뀐 것입니다. 그런데 여호람의 경우는 이름이 바뀐 것이 아니라 그냥 다른 이름 두 개가 나오는 것입니다. 성경의 다른 예로는, 시내산의 이름도 호렙산이라는 또 다른 이름이 있고요, 모세의 장인도 어디에서는 이드로라고 하고 다른 곳에서는 르우엘이라고 합니다. 이런 경우가 많으니까 성경을 자주 읽어야 하고, 잘 정리해 가면서 읽어야 합니다.

두 번째는 왕의 이름이 중복되기 때문입니다. 이번에는 사람이 다른 데 이름이 똑같은 경우입니다. 8장 25절은 "이스라엘의 왕 아합의 아들 요람 제 십이 년에 유다 왕 여호람의 아들 아히시야가 왕이 되니"입니다. 조금 전에 앞에서, 16절에 나오는 아합의 아들 '요람'이 다른 곳에서는 '여호람'으로 등장한다고 했습니다. 북 왕국 아합의 아들의 이름이 '여호람'인데 25절을 보면 남 왕국의 왕의 이름이 '여호람'입니다. 남과 북의 왕의 이름이 똑같이 '여호람'입니다. 한술 더 떠서 두 여호람 왕이 각각의 남 왕국과 북 왕국을 통치하는 시기가 거의 비슷합니다. 남 왕국의 여호람 왕은 주전 854년부터 841년까지 다스렸고, 북 왕국의 여호람 왕은 주전 852년부터 841년까지 다스렸습니다. 본문을 연구하는 학자들이 도대체가 감을 잡을 수가 없습니다.

한 술 더 떠서 북 왕국 여호람의 선대 왕이 형제인 아하시야입니다. 그런데 남 왕국의 여호람 왕의 아들이 아하시야로 이름이 같습니다. 같은 시대에 같은 이름으로 다스렸던 여호람 왕들의 입장에서 보면 북 왕국은 아하시야 왕이 형제이고 남 왕국은 아하시야 왕이 아들입니다. 이름으로만 따지면 족보가 개족보입니다. 다른 사람인데 이름이 같은 경우가 한 둘이 아닙니다. 요아스 왕도 남과 북에 모두 있고, 여기에 만약 선지자까지 합세를 한다면 똑 같은 이름인데 한 사람은 왕이고 한 사람은 선지자인 경우도 있습니다. 대표적인 것이 호세아입니다. 북 왕국의 열아홉 번째 왕이 호세아인데 그때 활동하던 선지자가 호세아입니다. 이쯤 되면 열왕기를 파악하는 것이 마치 미로를 헤매는 듯한 느낌이 들 것입니다.

열왕기가 복잡한 이유 세 번째는 왕의 통치기간이 겹치기 때문입니다. 대표적인 것이 16절입니다. 다시 읽어보면 "이스라엘의 왕 아합의 아들 요람 제 오년에 여호사밧이 유다의 왕이었을 때에 유다의 왕 여호사밧의 아들 여호람이 왕이 되니라"입니다. 여호사밧이 왕인데 여호람이 왕이 되었다고 합니다. 새로운 왕이 되었으면 선대 왕이 물러나야 하는데 그것이 아니라 왕이 있는데 그 아들이 또 왕이 되었습니다. 왕이 둘입니다. 이미 여러분도 알고 계시듯이 이런 것을 섭정이라고 합니다. 이스라엘의 왕정 시대가 주전 900년대이기에 매우 오래되었고, 그래서 열왕기서 이외에는 참고할 수 있는 자료가 거의 없고, 그나마 왕정사는 이름과 년도가 매우 혼란스럽게 기록되어 있어서 정확한 연도를 파악하는 것이 거의 불가능합니다. 그래서 학계에서는 짧게는 일이년부터 길게는 수십 년씩 연도차이가 나기도 합니다.

왕들의 야사

17절을 보시면 "여호람이 왕이 될 때에 나이가 삼십이 세라 예루살렘에서 팔 년 동안 통치하니라"이고, 26절을 보시면 "아하시야가 왕이 될 때에 나이가 이십이 세라 예루살렘에서 일 년을 통치하니라"입니다. 남북을 통털어 가장 어린 나이에 왕이 된 사람은 남 왕국의 여덟 번째 왕 '요아스'로 일곱 살에 왕이 되었고 그 다음이 남 왕국의 열여섯 번째 왕 '요시야'로 여덟 살에 왕이 되었습니다. 반대로 가장 늙어서 왕이 된 사람은 남 왕국의 첫 번째 왕 솔로몬의 아들 르호보암으로 사십 일세에 왕이 되었습니다. 왕으로서 가장 짧은 기간 통치한 왕은 북 왕국의 여섯 번째 왕 시므리로서 본인이 쿠데타로 왕이 되었는데 불과 칠일 만에 또 다른 쿠데타에 의해서 죽임을 당하고 말았습니다. 우리나라에 갑신년인 1884년에 삼일천하에 그친 정변도 있는데 시므리의 반란은 갑신정년에 비하면 통치기간이 두 배가 넘는 자그마치 칠일이나 되었습니다. 반대로 왕조사에서 가장 오랜 기간 통치한 사람은 남 왕국의 열네 번째 왕, 히스기야의 아들이요 남과 북을 통 틀어서 가장 극악한 것으로 알려진 므낫세 왕으로 장장 오십오 년을 통치했습니다.

아이러니한 것은 통일왕국과 분열 왕국, 남과 북을 통 틀어 가장 패역했다고 소개되는 므낫세가 가장 오랜 기간 통치했다는 것입니다. 왕이 통치를 잘하고 못하는 것과 통치 기간과는 아무 상관이 없는 것 같습니다. 하나 더, 왕으로서 가장 젊은 나이에 죽은 왕이 본문에 나오는 아하시야로 이십이 세입니다. 이십이 세에 등극해서 일년 통치하고 이십이 세에 죽었습니다. 반대로 가장 늦은 나이까지 왕 노릇을 한 사람은 남 왕국의 열 번째 왕 웃시야입니다. 우리나라의 왕들도 대체적으로 단명을 했는데 어느 나라나 왕들은 호의호식을 하지만 운동부족과 스트레스 때문인데 오래 살지를 못했습니다. 웃시야 왕이 가장 늦은 나이까지 왕으로 있었는데 죽을 때 나이가 육십 팔세였습니다.

왕들에 대해 기록을 하는 관점에서 조금 재미있는 것이 하나 있는데요 바로 부인들에 대한 것입니다. 이스라엘의 초대 왕 사울은 부인이 두 명 나옵니다. 아내는 아히마아스의 딸 아히노암이고, 첩으로 아야의 딸 리스바가 있습니다. 다윗의 경우는 이름이 밝혀진 부인만 여덟이고 첩들에 대해서는 이름과 숫자를 밝히지 않고 그냥 '처첩들이 많더라'고만 기록했습니다. 솔로몬은 누가 부인이고 누가 후궁이고 누가 첩인지 헤아릴 수가 없습니다. 부인의 숫자는 언급이 없고 후궁이 칠백 명이고 첩이 삼백 명이라고만 나옵니다. 제가 재미있다고 말한 이유는 이와 같이 사울과 다윗과 솔로몬의 경우에는 부인에 대해 자세히 다루었습니다. 특히 다윗의 경우는 부하의 아내를 빼앗는 장면을 아주 상세하게 길게 소개하기도 했습니다. 그런데 나라가 분열되고 난 후에는 남과 북을 통 틀어 서른아홉 명의 왕이 등장하는데 부인에 대해 거의 언급하지 않습니다. 물론 이름이 나오기는 합니다. 그런데 왕의 부인으로 소개되는 것이 아니라 아버지에 이어 아들이 왕으로 등극할 때 왕의 어머니로 소개가 됩니다. 왜 그런지 정확히는 모르겠습니다. 다만 저는 이 시대에는 왕의 부인에 대해 거론하기가 민망할 정도로 복잡했기 때문이 아닌가 추측하고 있습니다.

요란한 여자

열왕기하 8장 16절부터는 남 왕국의 다섯 번째 왕인 여호람의 이야기입니다. 18절을 보겠습니다. "그가 이스라엘 왕들의 길을 가서 아합의 집과 같이 하였으니 이는 아합의 딸이 그의 아내가 되었음이라" 입니다. 남 왕국 여호람 왕의 부인이 북 왕국 아합 왕의 딸입니다. 이 딸의 이름이 26절에 나옵니다. 26절은 남 왕국의 여섯 번째 왕인 아하시야의 이야기입니다. 26절을 보시면 "아하시야가 왕이 될 때에 나이가 이십이 세라 예루살렘에서 일 년을 통치하니라 그의 어머니의 이름은 아달랴라 이스라엘 왕 오므리의 손녀이더라" 입니다. 족보를 잘 파악하셔야 합니다. 16절에서는 여호람 왕의 부인이 소개되었고 26절에서는 여호람 왕의 아들인 아하시야의 어머니가 소개되었습니다. 앞에서는 아버지의 부인이 소개되고 뒤에서는 아들의 어머니가 소개되었으나 사실은 같은 사람입니다.

그런데 그 여인을 소개할 때에 앞에서는 아합 왕의 딸이라고 소개하고 뒤에서는 아합 왕의 아버지인 오므리의 손녀라고 소개합니다. 똑같은 사람을 매우 다양한 족보체계를 사용해서 소개하고 있습니다. 이 여인의 이름이 '아달랴' 입니다. 이 이름을 기억해 두시면 좋습니다. 성경이 소개한 대로 하자면 아달랴에 대해서는 다섯 가지로 기억을 하셔야 합니다. 하나는 여호람의 부인이요, 다른 하나는 아하시야의 어머니요, 또 다른 하나는 아합 왕의 딸이요, 다른 하나는 오므리의 손자요, 마지막은 남 왕국 유다의 일곱 번째 왕이자 이스라엘의 전 역사에 걸쳐 유일한 여왕입니다.

왕들의 길로 가서

이스라엘 왕들의 길을 가서

아주 오랜만에 남 왕국 왕의 이야기가 나왔는데 내용이 아주 이상합니다. 16절부터 24절까지는 여호람 왕의 이야기이고, 25절부터 29절까지는 아하시야 왕의 이야기인데 내용이 거의 같습니다. 그래서 두 이야기를 합쳐서 두 가지를 상고해 보겠습니다. 첫 번째는 왕에 대한 평가입니다. 18절을 보시면 "그가 이스라엘 왕들의 길을 가서 아합의 집과 같이 하였으니"라고 합니다. 분명히 남 왕국의 왕인데 엉뚱하게도 '이스라엘 왕들의 길을 갔다'고 합니다. 27절을 보시면 "아하시야가 아합의 집 길로 행하여 아합의 집과 같이 여호와 보시기에 악을 행하였으니"입니다. 이번에는 좀 더 구체적으로 이스라엘의 왕 아합의 이름을 직접 거명합니다. 결국 남 왕국의 여호람과 아하시야는 이스라엘 왕들의 길 또는 아합의 길을 간 것입니다.

이것이 매우 이상한 것입니다. 원래 왕들 중에 악한 사람의 대표가 북 왕국의 초대 왕 여로보암이었습니다. 나라가 나누어지자마자 북쪽에 금송아지를 두 개 만들어서 단과 벧엘에 두고 '이는 너희를 애굽 땅에서 인도하여 올린 너희의 신들'이라고 했습니다. 그래서 북쪽에서 왕이 불신앙이나 패역한 모습을 보이기만 하면 '여로보암의 길로 행하여 그가 이스라엘에게 범하게 한 그 죄 중에 행하였더라'고 평가를 했었습니다. 북 왕국의 왕들을 평가할 때는 언제나 여로보암이 기준이었고 남 왕국의 왕들을 평가할 때는 언제나 다윗이 기준이었습니다. 왕이 잘했으면 '다윗같이 했다'고 하고 왕이 잘못했으면 '다윗과는 달랐다'고 하는 방식입니다. 예를 들면 열왕기상 15장 3절에 "아비얌이 그의 아버지가 이미 행한 모든 죄를 행하고 그의 마음이 그의 조상 다윗의 마음과 같지 아니하여 그의 하나님 여호와 앞에 온전하지 못하였으니", 그리고 열왕기하 22장 2절에 "요시야가 여호와 보시기에 정직히 행하여 그의 조상 다윗의 모든 길로 행하고 좌우로 치우치지 아니하였더라"와 같습니다.

그런데 두 왕에 대해 '이스라엘 왕들의 길'이나 '아합의 집 길'로 갔다는 표현은 열왕기서 전체에서 여기 밖에는 나오지 않습니다. 남 왕국의 왕들에 대해 전례없이 아주 독특한 평가를 하는 이유가 나옵니다. 18절 중간에 "이는 아합의 딸이 그의 아내가 되었음이라"이고, 27절 중간에 "그는 아합의 집의 사위가 되었음이러라"입니다. 이 두 명의 왕은 모두 한 여인과 연결되어 있습니다. 여호람의 경우는 부인과 연결되어 있고 아하시야의 경우는 어머니와 연결되어 있습니다. 이 주인공 여인의 이름은 아합의 딸, 오므리의 손녀 '아달랴'입니다. 북 왕국에서 달랑 여자 한 명이 남 왕국으로 시집을 왔습니다. 물론 시종들이 따라오기는 했겠지만 핵심은 아달랴라는 여자 한 명입니다. 그런데 그 여인이 옴으로 인해서 남 왕국은 완전히 쑥대밭이 되어버립니다. 본문의 표현대로 하면 여호람 왕은 부인 아달랴의 영향을 받아서 남쪽 왕인데도 불구하고 '이스라엘 왕들의 길을 갔다'고 하고, 아하시야 왕은 어머니 아달랴의 영향을 받아서 남쪽 왕인데도 불구하고 '아합의 집의 길로 갔다'고 합니다. 아달랴가 시집을 와서 남쪽의 영향을 받은 것이 아니라 정반대로 남편과 아들과 더 나아가 남 왕국 전체가 한 여인에게 완전히 동화되어서 통째로 북 왕국의 길을 따라간 것입니다. 앞으로 열왕기하 11장에서 아달랴가 왕이 되는 것을 보시게 될 텐데 상상을 초월합니다.

패배와 죽음

본문에 등장하는 두 왕에 관한 특징 두 번째는 모두 전쟁에서 패한다는 것입니다. 21절 "여호람이 모든 병거를 거느리고 사일로 갔더니 밤에 일어나 자기를 에워싼 에돔 사람과 그 병거의 장관들을 치니 이에 백성이 도망하여 각각 그들의 장막들로 돌아갔더라"이고, 28절 "그가 아합의 아들 요람과 함께 길르앗 라못으로 가서 아람 왕 하사엘과 더불어 싸우더니 아람 사람들이 요람에게 부상을 입힌지라"인데 요람이 병이 들었을 때 이어서 9장에 이스라엘의 장군 중의 하나인 예후가 요람을 죽이게 되고 또 이어서 9장 27절을 보시면 "유다의 왕 아하시야가 이를 보고 정원의 정자 길로 도망하니 예후가 그 뒤를 쫓아가며 이르되 그도 병거 가운데서 죽이라 하매 이블르암 가까운 구르 비탈에서 치니 그가 므깃도까지 도망하여 거기서 죽은지라"입니다. 두 왕이 모두 아달랴의 영향을 받아 이스라엘 왕들의 길, 아합의 집의 길을 갔고 그 결과는 전쟁에서 패하는 것이요, 더 나아가 죽임을 당하는 것이었습니다.

이 장면이 매우 특이하다는 것을 눈치 채셔야 합니다. 왜냐하면 엘리야와 엘리사 선지자가 등장했을 때에 성경에는 수차에 걸친 이스라엘의 전쟁 이야기가 나왔었습니다. 그때마다 모든 상황은 도무지 이길 수 없는 상황이었습니다. 심지어는 왕까지도 전쟁을 포기하고 그저 죽을 날만 기다리고 있을 정도로 심각했습니다. 그런데 그 모든 전쟁에서 이스라엘은 승리했습니다. 이길만해서 이긴 것이 아니었고, 이스라엘의 왕들이 신실해서 이긴 것이 아니었고, 백성들이 오직 여호와를 의지해서 믿음으로 승리한 것도 아니었습니다. 그동안 북 왕국은 훨씬 강한 나라 아람을 상대해서도, 훨씬 불리한 조건에서도 이스라엘은 늘 승리했습니다. 어떻게요? 하나님이 도우셨기 때문입니다.

20절을 보시면 여호람이 상대한 나라는 에돔입니다. 에돔은 별로 큰 나라가 아니었고 강대국도 아니었습니다. 22절에 의하면 심지어는 유다의 지배를 받고 있는 상태였습니다. 그런데 에돔이 배반을 합니다. 언제요? 여호람 왕이 이스라엘 왕들의 길을 갈 때입니다. 여호람 왕이 조공을 받던 에돔을 공격했다가 감당을 못하고 왕부터 백성까지 다 줄행랑을 쳤습니다. 에돔이 배반을 하니까 그 곁에 있던 립나도 배반을 합니다. 이제 주변나라들 보기에 남 왕국은 우습게 보이는 것입니다. 언제요? 여호람 왕이 이스라엘 왕들의 길을 갈 때입니다. 여호람 왕과 아하시야 왕은 왜 이스라엘 왕들의 길을 가고, 아합의 집 길로 행하였을까요? 누차 말씀드렸던 것처럼 남과 북 이 분열되었을 때에 강대국은 주로 북 왕국이었고, 특히 아합 왕 때 아주 강대국이었습니다. 그 아합의 딸이 남 왕국의 왕후로 시집을 왔습니다. 무슨 말을 했을까요? 이스라엘이 어떻게 강대국이 되었는지, 우상을 섬김으로 어떤 이득을 보았는지, 이방신들을 섬김으로 어떤 유익을 얻었는지를 설명했을 것입니다.

단순히 설명이 아니라 이스라엘이 강대국이라는 사실이 아달랴의 말이 사실이라는 것을 입증하고 있습니다. 여호람과 아하시야로서는 어떻게든, 무슨 수를 쓰던 강대국이 되고 싶어서 아달랴의 말을 귀담아 듣고, 이스라엘 왕들의 길로, 아합 집의 길로 가기로 결정했는데 결과는 낭패였습니다. 두 왕은 나름 지혜로운 결정, 현명한 판단, 합리적인 선택을 해서 하나님의 길 대신 이스라엘의 길, 아합의 집 길로 행했습니다. 그런데 결과는 낭패였습니다. 아달랴로 말미암아 도움을 받은 것이 아니라 아주 큰 손해를 보았습니다.

영향력

교회들이 표어를 지을 때 자주 등장하는 표현이 '건강한 교회, 영향력있는 교회'일 것입니다. 이런 표현을 사용할 때에는 나름대로 모델이 되는 사람이나 단체가 있을 것입니다. 여러분은 성경에서 영향력있는 사람으로 누가 떠오르십니까? 아마 성경에서 가장 영향력이 컸던 사람을 한 명 고르라고 한다면 단연코 아달랴일 것입니다. 성경에서 한 사람이 이렇게 엄청난 결과를 만들어낸 사람은 아달랴를 따라갈 사람이 없습니다. 혹시 아달랴가 여자니까 남자 중에 영향력이 있었던 한 사람을 고르라고 하면 당연히 여로보암입니다. 물론 둘 다 나쁜 측면, 부정적인 측면으로의 영향력입니다. 아달랴가 나쁜 영향력의 대표라면 성경에 좋은 영향력을 끼친 사례가 있을까요? 정답은, 없습니다.

성경에서 하나님은 죄인들을 향하여 참으로 많은 일들을 참으로 오랜 기간에 걸쳐 행하셨습니다. 그런데 하나님의 영향력도 한 세대를 넘어가지 못했습니다. 무조건적인 은혜, 일방적인 자비, 엄청난 축복으로 갖은 노력을 다 하셨지만 당사자를 설복시키는 것에 불과했습니다. 다음 세대를 위해서 하나님은 앞 세대에게 했던 것과 같은 엄청난 수고와 헌신을 다시 진행하셔야 했습니다. 신앙이 상속되지 않았고, 믿음이 유전되지 않았으며, 하나님을 아는 것이 이어지지 않았고, 아버지의 영향력, 조상의 영향력은 아무런 효과가 없었습니다. 노아의 경우 홍수 때에 유일하게 그 가족만 살아남았습니다. 그렇다면 홍수가 끝난 후에 노아의 가족에서부터 새로운 인류의 역사가 시작되었으니 아름다운 신앙의 문명을 세울 수 있었을 것으로 예상이 가능합니다. 그러나 결코 그렇지 못했습니다. 악인들 가운데 신앙을 지켜내지 못한 것이 아니라 자기들끼리도 신앙을 유지하지 못했던 것입니다. 노아의 가족이 실패했다면 그 다음은 뻔합니다.

아브람이 믿음의 조상이라고 불리고, 아브람과 아들 이삭이 함께 모리아 산에서 번제 사건으로 연결되어 있음에도 불구하고 아브람의 믿음이 이삭에게 전달되지 않았습니다. 이삭은 아버지를 통해 하나님의 이야기를 들었을 것이고, 자신이 직접 모리아 산의 현장에 있었음에도 불구하고 아버지가 행했던 믿음의 모습을 반복한 것이 아니라 아버지가 행했던 불신앙의 모습을 반복해서 약속의 땅에 기근이 들자 애굽으로 이동하였고, 그곳에서 아내를 빼앗길 것 같자 아버지가 했던 것처럼 아내를 누이라고 속이면서 까지 자기가 살 궁리만 했습니다. 어디에서도 믿음의 모습을 보여주지 못했습니다. 결국 하나님께서 이삭에게 은혜에 은혜를 주셨어야만 합니다.

모세의 경우도 마찬가지입니다. 모세의 경우는 개인적이라기보다는 세대 간의 단절을 보여줍니다. 모세를 포함한 출애굽 일 세대는 모두 애굽에서 열 가지 이적을 보았고, 홍해를 건넜고, 광야에서 만나와 메추라기를 먹었습니다. 게다가 하나님이 베풀어주신 은혜에 맞추어 일 년 내내 절기를 통해 하나님을 기억하는 종교 시스템도 가지고 있었습니다. 그런데 믿음을 후세대에게 전달하기는커녕 당사자들의 믿음조차 유지하지 못했습니다. 영향력 제로입니다.

오직 하나님

성경은 죄에 대해서는 영향력이 있음을 보여줍니다. 죄는 누가 가르치지 않아도 저절로 전염이 되고 습득이 됩니다. 그런데 신앙, 믿음, 하나님을 아는 것은 전혀 전염이 되지 않고, 인간의 수고와 노력에 의해 전달이 되거나 영향을 미치지 않습니다. 그래서 성경에는 영향력이라는 단어자체가 없습니다. 여러분 이게 정말 중요한 것입니다. 기독교의 주체는 하나님이요, 책임자는 하나님이라는 엄청난 선언입니다. 제발 인간이 무슨 역할을 할 것처럼 착각하면 안 됩니다. 무슨 영향력을 발휘할 수 있는 것처럼 오버하면 안 됩니다. 인간이 다른 사람에게 영향력을 끼치고 싶어 한다는 것 자체가 엄청난 교만입니다. 영향력을 발휘하기 위한 조직을 구성하고, 행사를 진행하면서 다른 사람을 동원하고 윽박지르는 비기독교적인 행태가 발생하는 것이 기독교의 왜곡입니다. 영향력을 끼칠 수 있다고 생각하니까 이런 저런 더 좋은 신분과 위치와 능력을 선호하게 되고, 무슨 일이라도 하면 영향력을 끼쳤다고 영웅시하고, 그렇지 못한 사람은 보탬이 되지 않는다고 무시하는 현상이 발생하는 것이 기독교의 변질입니다.

기독교는 철저하게 하나님을 강조합니다. 물론 세상에서는 인간의 영향력이 강조됩니다. 하지만 기독교는 하나님이 일하시는 것입니다. 하나님이 살아 계신 이유, 지금도 하나님이 역사하시는 이유입니다. 오직 하나님이 강조되고, 하나님의 은혜를 누리는 인간의 삶이 설명될 때에야 모든 인간이 서로 자유와 연합과 안식을 유지할 수 있습니다. 하나님의 마음이어야 인간이 행복할 수 있습니다. 성경을 읽고 배우시고 하나님의 마음과 심정을 가지셔서 하나님의 은혜를 누리고 하나님의 나라를 구현해 가시기를 주님의 이름으로 축원합니다.

15

예후는 왕이라

열왕기하 9 : 1 ~ 13

1 선지자 엘리사가 선지자의 제자 중 하나를 불러 이르되 너는 허리를 동이고 이 기름병을
손에 가지고 길르앗 라못으로 가라 2 거기에 이르거든 님시의 손자 여호사밧의 아들 예후를
찾아 들어가서 그의 형제 중에서 일어나게 하고 그를 데리고 골방으로 들어가 3 기름병을
가지고 그의 머리에 부으며 이르기를 여호와의 말씀이 내가 네게 기름을 부어 이스라엘 왕
으로 삼노라 하셨느니라 하고 곧 문을 열고 도망하되 지체하지 말지니라 하니 4 그 청년 곧
그 선지자의 청년이 길르앗 라못으로 가니라 5 그가 이르러 보니 군대 장관들이 앉아 있는
지라 소년이 이르되 장관이여 내가 당신에게 할 말이 있나이다 예후가 이르되 우리 모든 사
람 중에 누구에게 하려느냐 하니 이르되 장관이여 당신에게니이다 하는지라 6 예후가 일어
나 집으로 들어가니 청년이 그의 머리에 기름을 부으며 그에게 이르되 이스라엘 하나님 여
호와의 말씀이 내가 네게 기름을 부어 여호와의 백성 곧 이스라엘의 왕으로 삼노니 7 너는
네 주 아합의 집을 치라 내가 나의 종 곧 선지자들의 피와 여호와의 종들의 피를 이세벨에
게 갚아 주리라 8 아합의 온 집이 멸망하리니 이스라엘 중에 매인자나 놓인 자나 아합에게
속한 모든 남자는 내가 다 멸절하되 9 아합의 집을 느밧의 아들 여로보암의 집과 같게 하며
또 아히야의 아들 바아사의 집과 같게 할지라 10 이스르엘 지방에서 개들이 이세벨을 먹으
리니 그를 장사할 사람이 없으리라 하셨느니라 하고 곧 문을 열고 도망하니라 11 예후가 나
와서 그의 주인의 신복들에게 이르니 한 사람이 그에게 묻되 평안하냐 그 미친 자가 무슨 까
닭으로 그대에게 왔더냐 대답하되 그대들이 그 사람과 그가 말한 것을 알리라 하더라 12 무
리가 이르되 당치 아니한 말이라 청하건대 그대는 우리에게 이르라 하니 대답하되 그가 이
리 이리 내게 말하여 이르기를 여호와의 말씀이 내가 네게 기름을 부어 이스라엘 왕으로 삼
는다 하셨다 하더라 하는지라 13 무리가 각각 자기의 옷을 급히 가져다가 섬돌 위 곧 예후의
밑에 깔고 나팔을 불며 이르되 예후는 왕이라 하니라

살아가는 모습들

인간을 소중하게

정치계에서, 경제계에서, 법조계에서, 학계에서 나름 성공했다고 하는 사람들의 삶의 모습이 조금씩 드러날 때마다 많은 사람들이 놀랍니다. 감격과 경이로움을 주는 놀라움이 아니라 허탈감과 배신감을 느끼게 하는 놀라움입니다. 도무지 삶의 모범이 되는 모습이 없고, 타인에 대한 배려가 없고, 사회에 대한 책임감이 느껴지지 않기 때문입니다. 사람들이 한편으론 욕을 하면서도 다른 한편으론 본인이나 자식들이 그런 위치, 그런 신분에 이르기를 바라는 것은 죄인의 속성일 것입니다. 그런 위치, 그런 신분이 되기 위해서는 그런 사람들이 살았던 방식을 반복해야 한다는 것을 알면서도, 그 결과 또한 그들과 유사할 것임을 알면서도 동일한 욕망을 가지는 것은 아마 죄인으로서는 결코 벗어날 수 없는 한계일 것입니다. 안타까운 사건들이 발생할 때마다 성도가 세상에 존재하는 이유, 과연 교회가 세상에 존재해야 하는 이유가 분명해지고, 성도가 성도다워야 할 때라고 생각합니다.

세상에서 가장 오해를 많이 받으신 분이 하나님이고, 가장 오해를 많이 받는 집단이 기독교 또는 교회입니다. 외부로부터 받는 오해라면 그나마 견디기가 쉬울텐데 하나님은 도리어 기독교에 의해, 교회에 의해, 목사나 성도에 의해 오해를 받으셨습니다. 심지어는 기독교나 교회가 하나님을 소개하고 설명한다고 하면서 하나님을 변질시키고 왜곡시키기까지 했습니다. 하나님이 오해받고 왜곡된 대표적인 주제를 하나 고르라면 '하나님과 인간의 관계'일 것입니다. 예를 들어, 세상에서는 '신'의 반대말 또는 비교 대상이 '인간'입니다. 그래서 '신의 주권'이 강조되면 '인간의 자유'가 제한되는 것으로 여깁니다. '신의 영광'이 강조되면 '인간의 수고'가 희생당하는 것으로 여깁니다. 신의 뜻을 따르려면 인간의 뜻을 포기해야 하고, 신을 섬기려면 인간은 신에게 복종해야 합니다. 세상에서 신과 인간은 양립할 수 없는 경쟁대상이기에 신이든 인간이든 둘 중에 하나를 선택해야 합니다.

그러나 기독교에서는 '하나님'의 반대말이나 비교 대상은 절대로 인간이 아닙니다. 하나님과 인간은 경쟁대상이 아니고, 하나를 선택해야 하는 것이 아닙니다. 기독교에서 하나님의 반대말은 인간이 아니라 '죄'입니다. 그래서 '하나님의 주권'이 강조되면 '하나님의 책임'이 수반됩니다. 하나님의 주권은 권세나 위엄이 아니라 하나님의 소유된 것을 지키고 보호하고 관리해야 하는 책임을 강조하는 표현입니다. 또 '하나님의 영광'이 강조되면 '하나님의 역할'이 요청됩니다. 하나님은 인간의 수고를 통해서 영광을 얻는 것이 아니라 인간이 하나님을 영화롭게 하는 반응이 나올 수 있도록 인간에게 유익하고 좋은 역할을 해야만 합니다. 하나님에 의해 인간이 자유와 평화와 행복을 누릴 때에야 인간이 하나님께 감사하고 찬양하고 영광을 돌릴 것이기 때문입니다. 기독교의 하나님은 인간과 경쟁상대가 아니라 인간을 위해주시는 분, 인간을 위해 수고하고 헌신하며 충성하시는 분입니다.

세상의 인식과 기독교의 인식이 참 다릅니다. 당연히 삶의 원리도 다르고, 삶의 모습도 다르고, 삶의 표현도 다릅니다. 세상은 자신의 실체를 숨기며 살지만 기독교는 자신의 출신, 자신의 실체를 고백하며 삽니다. 성도는 '나는 죄인입니다'를 고백하면서 성도의 삶이 시작됩니다. '나의 나됨은 나로 말미암지 않았습니다!'를 고백하면서 성만찬을 행합니다. '나의 힘으로 살 수 없습니다!'를 고백하면서 예배를 드립니다. 성도 서로 간에 '누가 잘났는가?'를 운운하지 않고 도리어 '내가 죄인 중에 괴수입니다!'를 고백하면서 교제를 나눕니다. 참 다릅니다. 세상에 있는 '경쟁'이 기독교에는 없고, 세상에 없는 '은혜'가 기독교에는 있습니다. 세상이 '권세'를 강조할 때 기독교는 '섬김'을 강조하고, 세상이 '비전'을 강조할 때 기독교는 '누림'을 강조하고, 세상이 온갖 인간이 할 일을 '선동' 할 때 기독교는 온갖 하나님이 한 일을 '선포'합니다. 본문에서 하나님께서 예후를 '왕'으로 기름을 붓습니다. 하나님께서 생각하는 '왕'과 사람들이 생각하는 '왕'이 참 다릅니다. 그래서 왕을 대하는 태도와 반응도 참 다릅니다. 과연 어떻게 다른지, 무엇이 바른지 확인해 보겠습니다.

국제 정세

8장 7절 이하에 의하면 아람 왕 벤하닷이 병이 들었을 때에 엘리사에게 문의하러 신하 하사엘을 보냈습니다. 엘리사는 왕의 병에 대해서는 '반드시 나으리라'고 알려주었고, 덤으로 '하사엘이 아람의 왕이 될 것'도 알려 주었습니다. 두 나라가 아주 우호적인 모습을 보이고 있습니다. 과연 15절에서 하사엘이 벤하닷 왕을 죽이고 대신하여 왕이 되었습니다. 과거의 기록이라는 것이 당시의 상황을 아주 자세하게 기록하는 것이 아니라 관심이 있는 것만 간략하게 기록하기 때문에 기록된 것 이외의 상황을 파악하기가 매우 어렵습니다. 원래 이스라엘과 아람이 이렇게 서로 사이가 좋은 관계, 병이 들면 나을 수 있는가 물어보고, 병세뿐만 아니라 그 나라에 누가 왕이 될 것까지 친절하게 알려주는 관계가 아니었습니다.

열왕기상하에 걸쳐서 이스라엘과 아람의 전쟁이야기가 다섯 번 정도 나옵니다. 수백 년에 걸쳐서 다섯 번이 아니라 아주 짧은 기간에 다섯 번입니다. 아합 왕 시대부터 여호람 왕 시대까지니까 불과 삼십년 사이입니다. 이 정도면 철천지원수라고 해도 될 것입니다. 전쟁이 상황적으로는 늘 아람이 우세했는데 결과적으로는 늘 이스라엘이 이겼습니다. 아람의 입장에서는 매우 억울할 것이고 더더욱 원수 같을 것입니다. 만약 정당하게 전쟁을 해서 아람이 패배했다면 이스라엘을 강대국으로 인정을 하고, 자기 나라나 왕에게 문제가 있을 때에 이스라엘에 도움을 요청할 수 있습니다. 하지만 지금은 상황이 다릅니다. 분명히 아람이 이길 것 같은 전쟁이었습니다. 아람이 패할 때 패배를 인정할 만하게 싸움을 해 본적이 없습니다. 그냥 졸지에 졌습니다. 그래서 다시 쳐들어오고, 또 다시 쳐들어 온 것입니다. 분명히 두 나라는 매우 적대적인 관계입니다. 그런데 엘리사가 적국의 지역인 다메섹을 방문하고, 아람의 왕은 엘리사를 불러서 일종의 국가기밀일 수도 있는 자기 병에 관해 질문을 합니다. 국제관계는 보이는 대로만 이해해서는 안 될 많은 변수가 있는 가 봅니다.

국제 정세가 또 변했습니다. 8장 28절을 보시면 아하시야 왕의 이야기가 나오는데 "그가 아합의 아들 요람과 함께 길르앗 라못으로 가서 아람 왕 하사엘과 더불어 싸우더니 아람 사람들이 요람에게 부상을 입힌지라" 입니다. 이스라엘의 왕은 요람 또는 다른 이름으로 여호람이고 아람의 왕은 하사엘입니다. 7장에 나오는 전쟁과 비교할 때 이스라엘의 왕은 동일인물이고 아람의 왕은 벤하닷에서 엘리사가 알려준 사람 하사엘로 바뀌었습니다. 하사엘은 엘리사에 의해 왕이 될 것이라는 말을 들었을 때에 전혀 가능성이 없을 것처럼 반응했다가 나중에는 직접 왕을 죽이고 자신이 왕이 되었습니다. 그리고는 바로 이스라엘을 쳐들어온 것입니다. 어쩌면 벤하닷 왕이 이길 것 같은 전쟁에서 자주 패하고, 병이 들었을 때에 자신을 적군의 선지자인 엘리사에게 보낸 것에 매우 자존심이 상했다가 친히 자기가 왕이 되고 기어코 이스라엘과의 싸움에서 이겨보겠다고 마음먹었을 것 같습니다.

엘리사가 하사엘에 대해 예언을 할 때에 매우 살벌한 말을 한 적이 있습니다. 8장 12절 "하사엘이 이르되 내 주여 어찌하여 우시나이까 하는지라 대답하되 네가 이스라엘 자손에게 행할 모든 악을 내가 앎이라 네가 그들의 성에 불을 지르며 장정을 칼로 죽이며 어린 아이를 메치며 아이 밴 부녀를 가르리라 하니" 입니다. 지금은 9장이지만 실제로 하사엘은 10장과 12장에서 북 왕국과 남 왕국을 초토화 시킵니다. 여하튼, 현재 상황은 8장 28절에 나오는 대로 아람에서는 하사엘 왕이 쳐들어왔고 북 왕국에서는 아합의 아들 요람 왕이 여동생의 아들인 남 왕국의 아하시야 왕과 더불어 하사엘과 전쟁을 하고 있습니다. 이번에도 상황적으로는 북 왕국의 왕이 부상을 당하는 등 매우 불리합니다. 이러한 전쟁 상황 중에, 그것도 왕이 부상을 당해 나라가 매우 위태로운 상황 중에 열왕기하 9장이 전개되는 것입니다.

세상에서 나라가 위기에 처하면 가장 강조되는 것이 바로 '단결'과 '충성'입니다. 대표적으로 '뭉치면 살고 흩어지면 죽는다'입니다. 평상시 하던 정치적 논쟁도 중단하고, 노사갈등도 중단하고, 모든 국내적 분열을 중단하고 외부의 적을 막기 위해 일치단결을 해야 한다고 주장합니다. '나라가 없으면 나도 없다'고 국가 우선주의를 외쳐댑니다. 이럴 때 과연 성경은 어떻게 할까요? 이런 배경을 가지고 9장 1절로 3절을 보겠습니다. "선지자 엘리사가 선지자의 제자 중 하나를 불러 이르되 너는 허리를 동이고 이 기름병을 손에 가지고 길르앗 라못으로 가라 거기에 이르거든 님시의 손자 여호사밧의 아들 예후를 찾아 들어가서 그의 형제 중에서 일어나게 하고 그를 데리고 골방으로 들어가 기름병을 가지고 그의 머리에 부으며 이르기를 여호와의 말씀이 내가 네게 기름을 부어 이스라엘 왕으로 삼노라 하셨느니라 하고 곧 문을 열고 도망하되 지체하지 말지니라 하니"입니다.

제가 군사전문가가 아니고, 병법에 관심이 있는 것도 아니지만 그래도 전쟁이나 군대에 관한 한 가지 유명한 말은 알고 있습니다. '전쟁 중에는 장수를 바꾸지 않는다!'입니다. 하나님은 병법의 기초도 모르시는 것일까요? 엘리사 선지자는 최소한의 애국심도 없는 것일까요?

왕으로 삼노라

선지자의 제자

만약 전쟁 중에 장수 하나 바꾸는 정도가 아니라 아예 왕을 바꿀 정도라면 새 왕으로 엄청난 인물이 등장해야 합니다. 누가 봐도 이 전쟁의 상황을 역전시킬 만한 장수가 등장해야 합니다. 그리고 이 일을 진행하는 사람도 누구에게나 인정을 받을 만한 지명도가 있고 영향력이 있는 사람이어야 합니다. 왕을 바꾸는 일을 맡은 사람은 거의 왕 같은 권위를 가진 사람, 비록 왕은 아닐지라도 백성들에게 왕에 버금갈만한 존경을 받고 있는 사람이어야 합니다. 그러나 성경은 늘 사람들의 예상, 상식적인 기대를 깹니다. 사람들이 나라를 강성하게 만드는 방법과 하나님이 나라를 강성하게 만드는 방법이 원천적으로 다르고, 사람들이 전쟁에서 승리하는 방법과 하나님이 전쟁에서 승리하는 방법이 근본적으로 다르고, 사람들이 생각하는 왕의 신분이나 역할과 하나님이 생각하는 왕의 신분이나 역할이 본질적으로 다르기 때문입니다.

우선 새 왕을 세우는 일을 진행하는 사람이 1절에 나오는대로 그냥 선지자의 제자입니다. 물론 출발은 엘리사부터입니다. 그런데 엘리사라고 할지라도 대단한 인물이 아닙니다. 북 왕국은 여호와를 섬기고 있는 상황이 아니라 여러 우상을 섬기고 있습니다. 대표적 선지자인 엘리야와 엘리사조차도 생명을 보장할 수 없습니다. 왕들은 급할 때는 선지자를 찾다가도 나라가 평안해지면 선지자들을 안중에도 두지 않았습니다. 저와 여러분에게나 엘리야와 엘리사가 중심인물이지 정작 이스라엘에서 여호와의 선지자는 엘리야와 엘리사일지라도 중심인물이 아니었습니다. 그런데 그나마 엘리사도 아니고 그냥 선지자의 제자 중 하나가 이 일을 감당하고 있습니다. 전혀 비중 없는 사람, 이름조차도 알려지지 않은 사람이 이 일을 진행하고 있습니다. 이것이 새로운 것이 아니라 성경에서는 일상 있는 일입니다.

성경에 왕에게 기름붓는 장면이 몇 개 있습니다. 이스라엘에 많은 왕이 등장하지만 정작 여호와의 선지자에게 지명되거나 직접 기름 부음을 받는 장면은 많지 않습니다. 아마도 여러분은 사무엘이 사울과 다윗에게 왕으로 기름 부은 사건을 기억하고 계실 것입니다. 사무엘같은 위대한 선지지가 왕을 세우는 중요한 역할을 했다고 생각하실 것입니다. 전혀 그렇지 않습니다. 사무엘의 경우 사울에게 기름을 붓는 것은 중요한 역할이 아니라 하나님을 버리는 일이기에 매우 하기 싫은 역할이었습니다. 또 다윗에게 왕으로 기름을 붓는 것은 사울에게 알려지면 죽을지도 모르는 매우 위험한 역할이었습니다. 사무엘로서는 자신이 나라의 왕을 세우는 중요한 역할을 했다는 생각 자체가 없습니다. 도리어 평생 선지자의 삶을 살면서 가장 치욕스런 사건, 가장 부끄러운 사건을 고르라면 바로 왕에게 기름을 부은 사건을 고를 것입니다.

또 하나의 사례가 열왕기상 11장에 나오는 북 왕국 여로보암이 왕이 되는 장면입니다. 11장 29절 "그 즈음에 여로보암이 예루살렘에서 나갈 때에 실로 사람 선지자 아히야가 길에서 그를 만나니", 31절 "여로보암에게 이르되 너는 열 조각을 가지라 이스라엘의 하나님 여호와의 말씀이 내가 이 나라를 솔로몬의 손에서 찢어 빼앗아 열 지파를 네게 주고", 37절 "내가 너를 취하리니 너는 네 마음에 원하는 대로 다스려 이스라엘 위에 왕이 되되" 입니다. 이때 등장한 선지자가 누구입니까? 대부분의 성도님들은 제가 읽어주지 않았다면 기억하지 못하셨을 것입니다. 아히야 선지자입니다. 아히야 선지자가 누구입니까? 모릅니다. 이 사건 이전에 아히야가 등장하지 않고, 아히야에 의해서 왕이 되었던 여로보암도 아히야를 전혀 특별대접 하지 않고 완전히 잊고 살다가 나중에 왕이 병들었을 때 몰래 부인을 보내서 물어본 것 외에는 성경에 아히야의 존재감이 없습니다. 이스라엘의 역사 이래 최초로 민족이 분열되고, 지파가 붕괴되고, 나라가 갈라지는 엄청난 순간에 지명도도 없고 존재감도 없고 영향력도 없는 그냥 어떤 선지자에 불과한 아히야가 이 일을 감당했습니다. 이게 성경의 방식입니다.

세상에서는 모든 초점이 사람에게 맞추어져 있습니다. 그 중에서도 영향력이 있는 사람, 높은 위치에 있는 사람, 권세와 능력이 있는 사람입니다. 특정한 상황에 어떤 결정을 내렸는가가 중요한데 그것보다 누가 그 결정을 내렸는가를 더 중요하게 생각합니다. 그래서 중요한 사람이 내린 것은 하찮은 결정도 중요해지고, 정작 정말 중요한 결정도 하찮은 사람이 결정했으면 별로 주목을 받지 못하는 것이 세상의 원리입니다. 성경은 전혀 다릅니다. '누가' 결정했느냐는 전혀 중요하지 않습니다. 하나님의 사역은 하나님이 행하실 것이기에 세우는 사람이나, 세움을 받는 사람에게 초점이 맞추어져 있지 않습니다.

평범한 장수

이번에는 왕으로 세워진 사람에 대해서 확인해 보겠습니다. 2절에 나오는대로 이런 위급한 상황에서 새로운 왕으로 기름부음을 받는 사람은 님시의 손자 여호사밧의 아들 예후입니다. 저와 여러분은 시작과 결과를 혼동하는 실수를 범하시면 안 됩니다. 어떤 사람이 시작을 멋있게 한다고 해서 결과도 멋있을 것이라고 단순하게 예상하셔도 안 되고, 어떤 사람이 결과가 훌륭하다고 해서 시작도 훌륭했을 것으로 너무나 나이브하게 예상하셔도 안 됩니다. 한 사람이 인생을 살다보면 변수가 수백 번 생깁니다. 성경에도 '처음 된 자가 나중 되고 나중 된 자가 처음 된다'는 말도 있습니다. 그러나 그것보다 더 본질적으로 성경의 의도, 성경의 패턴을 바르게 이해하셔야 합니다. 지금 새로운 왕으로 세워지는 사람이 예후인데 예후가 어떤 사람인가를 파악할 때 왕으로 세워질 정도의 사람이라면 무엇인가 독특성이 있고, 가능성이 있고, 남들과 다른 우월한 것이 있었다고 생각하시면 안 됩니다. 세상 말로 '될 성 싶은 나무는 떡잎부터 다르다'고 하는데 예후도 장차 왕이 될 만한 소질이 있었던 것 아니냐고 생각하시면 안 됩니다.

예후는 그냥 매우 평범한 장수중의 한 사람입니다. 2절에는 예후가 '님시의 손자 여호사밧의 아들'이라고 나옵니다. 마치 유명한 가문의 아들처럼 소개가 되지만 실제로는 님시가 누구인지 모르고 그의 아들이 누구인지 모르고 그의 손자 여호사밧이 누구인지 모릅니다. 또 5절을 보면 "그가 이르러 보니 군대 장관들이 앉아 있는지라 소년이 이르되 장관이여 내가 당신에게 할 말이 있나이다 예후가 이르되 우리 모든 사람 중에 누구에게 하려느냐 하니 이르되 장관이여 당신에게니이다 하는지라"입니다. 전쟁터이니까 당연히 군대장관들이 모여 있습니다. 예후는 유일한 장군도 아니고 뛰어난 장군도 아니고 대장군도 아니고 그냥 여러 군대장관들 중에 하나입니다.

조금 더 힌트를 찾아보면 11절 "예후가 나와서 그의 주인의 신복들에게 이르니 한 사람이 그에게 묻되 평안하냐 그 미친 자가 무슨 까닭으로 그대에게 왔더냐 대답하되 그대들이 그 사람과 그가 말한 것을 알리라 하더라 무리가 이르되 당치 아니한 말이라 청하건대 그대는 우리에게 이르라 하니"입니다. 장수들의 대화가 소개되고 있는데 정황으로 볼 때 예후가 대표가 아닙니다. 도리어 다른 장수들은 '주인의 신복'으로 소개되고 예후에 대해서는 특별한 소개가 없습니다. 만약 예후가 높은 사람이었다면 아랫사람들이 높은 사람에게 발생한 일에 대해 묻기가 쉽지 않았을 것이고, 더군다나 질문한 사람들의 표현이 매우 거친 것으로 보아서 예후는 그들 중에 하급 장교인 것이 분명해 보입니다. 상황을 정리해보면 매우 평범한 선지자의 제자 중 한 사람이 매우 평범한 장군 중의 한 사람에게 기름을 부어 왕으로 삼은 것입니다. 하나님은 준비된 사람을 고른 것이 아닙니다. 하나님은 예비된 사람을 선택한 것이 아닙니다. 하나님은 적절한 때에, 적절한 상황에, 적절한 사람을 세운 것이 아닙니다. 이것이 성경의 방식입니다.

예후는 왕이라

예후는 왕이라

성경에 등장하는 이스라엘은 하나님을 배운 사람들의 샘플입니다. 그런데 안타까운 것은 하나님을 배웠음에도 불구하고 도무지 하나님의 원리, 하나님의 기준, 하나님의 방식을 깨닫지 못했습니다. 그래서 샘플이면 샘플답게 다른 모습의 예를 보여주어야 하는데 전혀 그러지 못합니다. 결국 이스라엘은 좋은 측면, 긍정적인 측면, 모델 되는 측면의 샘플이 아니라 나쁜 측면, 부정적인 측면, 결코 따라 해서는 안 될 측면의 샘플입니다. 이것이 모든 죄인의 모습, 저와 여러분이 구원받기 전의 모습입니다. 예후가 왕으로 세움을 받았습니다. 그때 사람들의 반응은 어떠했을까요?

12절 중간부터 다시 보겠습니다. "그가 이리이리 내게 말하여 이르기를 여호와의 말씀이 내가 네게 기름을 부어 이스라엘 왕으로 삼는다 하셨다 하더라 하는지라 무리가 각각 자기의 옷을 급히 가져다가 섬돌 위 곧 예후의 밑에 깔고 나팔을 불며 이르되 예후는 왕이라 하니라" 입니다. 조금 전까지 자신들의 동료 또는 자신들의 부하였는데 갑자기 태도가 돌변했습니다. 누가 시키지도 않았는데 예후를 높이고 스스로 자기들을 낮추었습니다. 저들에게 왕은 권세를 의미했기 때문입니다. 저들에게 왕은 신이 선택한 사람, 신이 점지한 사람을 의미했기 때문입니다. 하나님은 왕을 백성들보다 높은 권세로 세운 적이 없습니다. 하나님은 왕을 백성들에게 칭송을 받는 위치로 세운 적이 없습니다. 도리어 왕으로서 가장 주의해야 할 것이 '이스라엘 형제들 위에 교만하지 말 것'이었습니다.

근본적으로 하나님의 백성이요, 이스라엘 사람임에도 불구하고 오랜 세월 하나님의 기준과 원리대신 이방적 기준과 원리, 세상적 기준과 원리, 죄의 기준과 원리를 따라 생활했기에 '여호와가 왕으로 세운다'고 함에도 불구하고 여호와의 기준과 원리를 생각하는 것이 아닙니다. 여호와가 어떤 사람을 왕으로 세우는지, 여호와가 세운 왕의 위치가 어떠한지, 여호와가 세운 왕의 역할이 무엇인지 도무지 생각하지 않습니다. 오직 죄의 기준으로만 생각하고 반응하고 행동한 것입니다.

죄인들의 반응을 가장 리얼하게 보여주는 장면이 다윗의 경우입니다. 하나님은 다윗을 왕으로 기름부으셨습니다. 다윗이 아무 공로도 없을 때에, 집안에서 부모나 형제에게도 인정을 받지 못할 때에, 이스라엘 백성들에게 전혀 알려지지 않았을 때에 왕으로 세우셨습니다. 분명히 하나님이 선지자 사무엘을 통해 기름을 부었지만 기름부름을 받은 이후에도 다윗은 가족들이나 백성들에게 인정을 받지 못했습니다. 아무도 다윗을 자기 왕으로 인식하지 않았습니다. 그래서 다윗은 여전히 양을 쳤고, 마치 아무 일도 없었다는 듯이 생활했습니다. 그러다가 다윗이 골리앗을 물리쳤습니다. 백성들을 위기에서 구해준 것입니다. 그러자 사울부터 백성까지 다윗에 대한 반응이 달라집니다. 당장 사울의 군대에 차출되어서 왕의 무기를 담당하는 부관이 됩니다. 후에 전쟁에 나가서 연전연승하자 사울은 군대 장관으로 삼고, 백성들은 '다윗은 만만이로다' 칭송을 합니다. 무슨 의미입니까? 다윗은 하나님이 기름을 부었기에 왕이 된 것이 아니라 공로를 세웠기에 왕이 된 것입니다. 백성들에게는 하나님이 불렀다, 하나님이 세웠다, 하나님이 기름부었다는 것이 아무 소용이 없고 의미가 없었던 것입니다. 다윗을 도우신 하나님을 본 것이 아니라 단지 다윗이 행한 업적만 본 것입니다. 이것이 죄인들의 방식입니다.

죄인들의 반응

죄인들이 행한 정반대의 모습이 있습니다. 물론 이스라엘이 잘한 것이 아닌데, 장님 문고리 잡는 식으로, 소가 뒷걸음질 하다 쥐를 잡는 식으로, 엉뚱하게 행한 것인데 차라리 그것이 하나님의 의도에 조금 부합하는 모습이라고 소개할 수 있는 장면이 있습니다. 왕은 아니지만 하나님이 세운 사람에 대한 사람들의 반응으로 모세가 등장하는 경우입니다. 모세는 하나님께 부름을 받을 때 거부했습니다. 하나님이 자기를 선택하셨다는 것, 하나님이 자신을 통해 역사하신다는 것 등을 모두 거부했습니다. 그 이유는 설령 자기가 애굽으로 갈지라도 바로는 고사하고 이스라엘 백성조차도 자신을 인정하지 않을 것을 알았기 때문입니다. 실제로 모세가 애굽으로 갔을 때 백성들은 모세의 말을 신뢰하지 않았고, 모세의 일에 협력하지도 않았습니다. 신이 모세같은 도망자, 패배자를 선택할 리가 없다고 생각했기 때문입니다. 저는 차라리 이것이 하나님이 세운 사람에 대한 적당한 반응이라고 생각합니다. 세움받은 사람을 존경할 이유가 없습니다. 세움 받은 사람에 대해 각각 자기의 옷을 급히 가져다가 깔고 나팔을 불며 '이는 하나님이 세운 사람이로다!' 라고 외칠 이유가 없습니다.

더 재미있는 것은 모세가 출애굽을 완수한 이후에도 백성들의 반응이 별로 달라지지 않았다는 것입니다. 자기들 가운데 가장 위대한 일을 행한 사람이라고 모세를 이스라엘의 종신 대표로 높이지 않았습니다. 모세의 공로를 인정하여 자신들이 애굽 백성들로 부터 받은 은금 예물들 중에서 일부를 공적에 대한 대가로 바치지도 않았습니다. 장차 모세가 없으면 광야를 지나갈 수 없을 것이라고 모두 모세의 건강과 안위를 걱정하며 모세를 중심으로 일치단결하지도 않았습니다. 하나님에 의해 세움받은 사람임에도 불구하고, 실제로 자신들을 위해 엄청난 사역을 행했음에도 불구하고 전혀 모세를 특별대접하지 않았습니다. 도리어 자신들에게 문제가 발생할 때마다 모세를 원망했고, 모세에게 온갖 불평불만을 다 해댔습니다. 나중에는 모세와 자신들이 다를 바가 무엇이냐고 따지기까지 해서 하나님께서 중재에 나서서 하나님이 모세를 세운 것이 맞다고 증언을 해야 할 지경에 이르기도 했습니다. 물론 이스라엘이 하나님을 몰랐을 때의 행동입니다. 비록 이스라엘이 하나님을 몰랐기 때문에 하나님이 행하시는 일에 대해서는 바르게 반응하지 못했을 지라도, 모세라는 사람에 대해서는 지극히 기독교적으로 반응한 것입니다. 하나님의 사역에서 중요한 것은 하나님이지 모세가 아니었기 때문입니다.

모세를 대하는 것이나 다윗을 대하는 것에서 이스라엘이 보인 반응의 공통점은 '하나님을 인식하지 못했다'는 것입니다. 이스라엘이 하나님을 인식하지 못한 또 하나의 대표적인 사례가 사무엘의 죽음입니다. 사무엘이 죽었습니다. 무슨 상관이 있습니까? 이스라엘이 위기입니까? 지도력의 부재입니까? 그 동안 사무엘이 이스라엘을 주관했습니까? 사무엘이 이스라엘을 책임졌습니까? 아닙니다. 하나님이 살아계십니다. 그것으로 충분합니다. 그런데 하나님을 인식하지 못하니까 사무엘이 죽는 즉시 위기감을 느끼고 이방나라들과 같이 왕을 세워달라고 합니다. 그 결과가 열왕기입니다.

성도의 감격

'하나님은 아무나 쓰신다' 또는 본문처럼 '평범한 사람 또는 사람들의 생각에 가능성이 없어보이는 사람을 세우신다'고 말하면 잘난 사람들, 뛰어난 사람들이 억울해 할 것입니다. 성경은 잘난 사람을 배제하는 것이 아니라 하나님이 보시기에 잘난 사람, 못난 사람의 구분이 없다는 것입니다. 잘났다, 못났다는 구분은 '사람들 보기에' 그렇다는 것이지 하나님께는 모든 사람이 똑같은 수준입니다. 그래서 '하나님은 아무나 쓰신다!'는 결론이 가능한 것입니다.

혹시 그럼 하나님께 쓰임받는 사람은 어떤 생각, 어떤 태도를 가져야 하는지 궁금하실 수 있습니다. 첫째, 하나님을 인정하는 것입니다. 부족한 사람은 자신이 부족함에도 불구하고 하나님이 세워주셨다는 것을 인정하는 것이고, 혹시 다양한 측면에서 다른 사람보다 뛰어난 사람일지라도 자신이 가지고 있는 은사와 재능, 지혜 등 모든 것이 하나님이 주신 것임을 인정하는 것입니다. 이렇게 하나님을 인정하면 절대로 사람들에게 교만하지 않을 수 있고, 행여라도 다른 사람을 무시하지 않을 수 있습니다.

둘째, 감격하며 감사하는 것입니다. 하나님의 일은 하나님이 하십니다. 내가 아니어도 하나님은 충분히 행하실 수 있습니다. 그런데 하나님의 일에 내가 쓰임을 받게 되었다는 것, 하나님이 행하시는 위대한 사역에 내가 동참할 수 있게 되었다는 것, 하나님의 사역을 현장에서, 직접 본인이 경험하고 있다는 사실에 감격하는 것입니다. 이미 본인이 감격하고 감사하고 있기에 사람들의 평가에 연연해하지 않을 수 있습니다. 이미 감격과 기쁨과 즐거움과 행복이 있는 것입니다. 다른 사람이 나를 어떻게 생각하느냐에 신경을 쓸 이유가 없습니다. 굳이 자신의 사역을 부각시키려고 애쓸 필요가 없고, 어떻게든 자신의 업적을 알리려고 홍보에 매달릴 이유가 없고, 행여라도 다른 사람이 알아주지 않을 까봐 노심초사하지 않을 수 있습니다. 성도님들은 성경을 읽고 하나님을 아셔서 하나님으로 인해 감격하며, 하나님의 은혜를 누리며 사시기를 주님의 이름으로 축원합니다.

16

살해, 살해, 살해

열왕기하 9 : 14 ~ 10 : 36

14 이에 님시의 손자 여호사밧의 아들 예후가 요람을 배반하였으니 곧 요람이 온 이스라엘
과 더불어 아람의 왕 하사엘과 맞서서 길르앗 라못을 지키다가 15 아람의 왕 하사엘과 더불
어 싸울 때에 아람 사람에게 부상한 것을 치료하려 하여 이스르엘로 돌아왔던 때라 예후가
이르되 너희 뜻에 합당하거든 한 사람이라도 이 성에서 도망하여 이스르엘에 알리러 가지
못하게 하라 하니라 16 예후가 병거를 타고 이스르엘로 가니 요람 왕이 거기에 누워 있었음
이라 유다의 왕 아하시야는 요람을 보러 내려왔더라 17 이스르엘 망대에 파수꾼 하나가 서
있더니 예후의 무리가 오는 것을 보고 이르되 내가 한 무리를 보나이다 하니 요람이 이르되
한 사람을 말에 태워 보내어 맞이하여 평안하냐 묻게 하라 하는지라 18 한 사람이 말을 타
고 가서 만나 이르되 왕의 말씀이 평안하냐 하시더이다 하매 예후가 이르되 평안이 네게 상
관이 있느냐 내 뒤로 물러나라 하니라 파수꾼이 전하여 이르되 사자가 그들에게 갔으나 돌
아오지 아니하나이다 하는지라 19 다시 한 사람을 말에 태워 보내었더니 그들에게 가서 이
르되 왕의 말씀이 평안하냐 하시더이다 하매 예후가 이르되 평안이 네게 상관이 있느냐 내
뒤를 따르라 하더라 20 파수꾼이 또 전하여 이르되 그도 그들에게까지 갔으나 돌아오지 아
니하고 그 병거 모는 것이 님시의 손자 예후가 모는 것 같이 미치게 모나이다 하니 21 요람
이 이르되 메우라 하매 그의 병거를 메운지라 이스라엘 왕 요람과 유다 왕 아하시야가 각각
그의 병거를 타고 가서 예후를 맞을새 이스르엘 사람 나봇의 토지에서 만나매 22 요람이 예
후를 보고 이르되 예후야 평안하냐 하니 대답하되 네 어머니 이세벨의 음행과 술수가 이렇
게 많으니 어찌 평안이 있으랴 하더라 23 요람이 곧 손을 돌이켜 도망하며 아하시야에게 이
르되 아하시야여 반역이로다 하니 24 예후가 힘을 다하여 활을 당겨 요람의 두 팔 사이를 쏘
니 화살이 그의 염통을 꿰뚫고 나오매 그가 병거 가운데에 엎드러진지라 25 예후가 그의 장
관 빗갈에게 이르되 그 시체를 가져다가 이스르엘 사람 나봇의 밭에 던지라 네가 기억하려
니와 이전에 너와 내가 함께 타고 그의 아버지 아합을 좇았을 때에 여호와께서 이같이 그의

일을 예언하셨느니라 26 여호와께서 말씀하시기를 내가 어제 나봇의 피와 그의 아들들의
피를 분명히 보았노라 여호와께서 또 말씀하시기를 이 토지에서 네게 갚으리라 하셨으니
그런즉 여호와의 말씀대로 그의 시체를 가져다가 이 밭에 던질지니라 하는지라 27 유다의
왕 아하시야가 이를 보고 정원의 정자 길로 도망하니 예후가 그 뒤를 쫓아가며 이르되 그도
병거 가운데서 죽이라 하매 이블르암 가까운 구르 비탈에서 치니 그가 므깃도까지 도망하
여 거기서 죽은지라 28 그의 신복들이 그를 병거에 싣고 예루살렘에 이르러 다윗 성에서 그
들의 조상들과 함께 그의 묘실에 장사하니라 29 아합의 아들 요람의 제십일년에 아하시야
가 유다 왕이 되었었더라 30 예후가 이스르엘에 오니 이세벨이 듣고 눈을 그리고 머리를 꾸
미고 창에서 바라보다가 31 예후가 문에 들어오매 이르되 주인을 죽인 너 시므리여 평안하
냐 하니 32 예후가 얼굴을 들어 창을 향하고 이르되 내 편이 될 자가 누구냐 누구냐 하니 두
어 내시가 예후를 내다보는지라 33 이르되 그를 내려던지라 하니 내려던지매 그의 피가 담
과 말에게 튀더라 예후가 그의 시체를 밟으니라 34 예후가 들어가서 먹고 마시고 이르되 가
서 이 저주 받은 여자를 찾아 장사하라 그는 왕의 딸이니라 하매 35 가서 장사하려 한즉 그
두골과 발과 그의 손 외에는 찾지 못한지라 36 돌아와서 전하니 예후가 이르되 이는 여호와
께서 그 종 디셉 사람 엘리야를 통하여 말씀하신 바라 이르시기를 이스르엘 토지에서 개들
이 이세벨의 살을 먹을지라 37 그 시체가 이스르엘 토지에서 거름같이 밭에 있으리니 이것
이 이세벨이라고 가리켜 말하지 못하게 되리라 하셨느니라 하였더라 1 아합의 아들 칠십 명
이 사마리아에 있는지라 예후가 편지들을 써서 사마리아에 보내서 이스르엘 귀족들 곧 장
로들과 아합의 여러 아들을 교육하는 자들에게 전하니 일렀으되 2 너희 주의 아들들이 너
희와 함께 있고 또 병거와 말과 견고한 성과 무기가 너희에게 있으니 이 편지가 너희에게 이
르거든 3 너희 주의 아들들 중에서 가장 어질고 정직한 자를 택하여 그의 아버지의 왕좌에
두고 너희 주의 집을 위하여 싸우라 하였더라 4 그들이 심히 두려워하여 이르되 두 왕이 그
를 당하지 못하였거든 우리가 어찌 당하리요 하고 5 그 왕궁을 책임지는 자와 그 성읍을 책
임지는 자와 장로들과 왕자를 교육하는 자들이 예후에게 말을 전하여 이르되 우리는 당신
의 종이라 당신이 말하는 모든 것을 우리가 행하고 어떤 사람이든지 왕으로 세우지 아니하
리니 당신이 보기에 좋은 대로 행하라 한지라 6 예후가 다시 그들에게 편지를 부치니 일렀
으되 만일 너희가 내 편이 되어 내 말을 너희가 들으려거든 너희 주의 아들된 사람들의 머리
를 가지고 내일 이맘때에 이스르엘에 이르러 내게 나아오라 하였더라 왕자 칠십 명이 그 성
읍의 귀족들, 곧 그들을 양육하는 자들과 함께 있는 중에 7 편지가 그들에게 이르매 그들이
왕자 칠십 명을 붙잡아 죽이고 그들의 머리를 광주리에 담아 이스르엘 예후에게로 보내니
라 8 사자가 와서 예후에게 전하여 이르되 그 무리가 왕자들의 머리를 가지고 왔나이다 이
르되 두 무더기로 쌓아 내일 아침까지 문 어귀에 두라 하고 9 이튿날 아침에 그가 나가 서서
뭇 백성에게 이르되 너희는 의롭도다 나는 내 주를 배반하여 죽였거니와 이 여러 사람을 죽
인 자는 누구냐 10 그런즉 이제 너희는 알라 곧 여호와께서 아합의 집에 대하여 하신 말씀은
하나도 땅에 떨어지지 아니하리라 여호와께서 그의 종 엘리야를 통하여 하신 말씀을 이제
이루셨도다 하니라 11 예후가 아합의 집에 속한 이스르엘에 남아 있는 자를 다 죽이고 또 그

의 귀족들과 신뢰 받는 자들과 제사장들을 죽이되 그에게 속한 자를 하나도 생존자를 남기
지 아니하였더라 12 예후가 일어나서 사마리아로 가더니 도중에 목자가 양털 깎는 집에 이
르러 13 예후가 유다의 왕 아하시야의 형제들을 만나 묻되 너희는 누구냐 하니 대답하되 우
리는 아하시야의 형제라 이제 왕자들과 태후의 아들들에게 문안하러 내려가노라 하는지라
14 이르되 사로잡으라 하매 곧 사로잡아 목자가 양털 깎는 집 웅덩이 곁에서 죽이니 사십이
명이 하나도 남지 아니하였더라 15 예후가 거기에서 떠나가다가 자기를 맞이하러 오는 레
갑의 아들 여호나답을 만난지라 그의 안부를 묻고 그에게 이르되 내 마음이 네 마음을 향하
여 진실함과 같이 네 마음도 진실하냐 하니 여호나답이 대답하되 그러하니이다 이르되 그
러면 나와 손을 잡자 손을 잡으니 예후가 끌어 병거에 올리며 16 이르되 나와 함께 가서 여
호와를 위한 나의 열심을 보라 하고 이에 자기 병거에 태우고 17 사마리아에 이르러 거기에
남아 있는 바 아합에게 속한 자들을 죽여 진멸하였으니 여호와께서 엘리야에게 이르신 말
씀과 같이 되었더라 18 예후가 뭇 백성을 모으고 그들에게 이르되 아합은 바알을 조금 섬겼
으나 예후는 많이 섬기리라 19 그러므로 내가 이제 큰 제사를 바알에게 드리고자 하노니 바
알의 모든 선지자와 모든 섬기는 자와 모든 제사장들을 한 사람도 빠뜨리지 말고 불러 내게
로 나아오게 하라 모든 오지 아니하는 자는 살려 두지 아니하리라 하니 이는 예후가 바알 섬
기는 자를 멸하려 하여 계책을 씀이라 20 예후가 바알을 위하는 대회를 거룩히 열라 하매 드
디어 공포되었더라 21 예후가 온 이스라엘에 사람을 두루 보냈더니 바알을 섬기는 모든 사
람이 하나도 빠진 자가 없이 다 이르렀고 무리가 바알의 신당에 들어가매 바알의 신당 이쪽
부터 저쪽까지 가득하였더라 22 예후가 예복 맡은 자에게 이르되 예복을 내다가 바알을 섬
기는 모든 자에게 주라 하매 그들에게로 예복을 가져온지라 23 예후가 레갑의 아들 여호나
답과 더불어 바알의 신당에 들어가서 바알을 섬기는 자들에게 이르되 너희는 살펴보아 바
알을 섬기는 자들만 여기 있게 하고 여호와의 종은 하나도 여기 너희 중에 있지 못하게 하라
하고 24 무리가 번제와 다른 제사를 드리려고 들어간 때에 예후가 팔십 명을 밖에 두며 이르
되 내가 너희 손에 넘겨 주는 사람을 한 사람이라도 도망하게 하는 자는 자기의 생명으로 그
사람의 생명을 대신하리라 하니라 25 번제 드리기를 다하매 예후가 호위병과 지휘관들에게
이르되 들어가서 한 사람도 나가지 못하게 하고 죽이라 하매 호위병과 지휘관들이 칼로 그
들을 죽여 밖에 던지고 26 바알의 신당 있는 성으로 가서 바알의 신당에서 목상들을 가져다
가 불사르고 27 바알의 목상을 헐며 바알의 신당을 헐어서 변소를 만들었더니 오늘까지 이
르니라 28 예후가 이와 같이 이스라엘 중에서 바알을 멸하였으나 29 이스라엘에게 범죄하
게 한 느밧의 아들 여로보암의 죄 곧 벧엘과 단에 있는 금송아지를 섬기는 죄에서는 떠나지
아니하였더라 30 여호와께서 예후에게 이르시되 네가 나보기에 정직한 일을 행하되 잘 행
하여 내 마음에 있는 대로 아합 집에 다 행하였은즉 네 자손이 이스라엘 왕위를 이어 사대를
지내리라 하시니라 31 그러나 예후가 전심으로 이스라엘 하나님 여호와의 율법을 지켜 행
하지 아니하며 여로보암이 이스라엘에게 범하게 한 그 죄에서 떠나지 아니하였더라 32 이
때에 여호와께서 이스라엘에서 땅을 잘라 내기 시작하시매 하사엘이 이스라엘의 모든 영토
에서 공격하되 33 요단 동쪽 길르앗 온 땅 곧 갓 사람과 르우벤 사람과 므낫세 사람의 땅 아

르는 골짜기에 있는 아로엘에서부터 길르앗과 바산까지 하였더라 34 예후의 남은 사적과 행한 모든 일과 업적은 이스라엘 왕 역대지략에 기록되지 아니하였느냐 35 예후가 그의 조상들과 함께 자매 사마리아에 장사되고 그의 아들 여호아하스가 그를 대신하여 왕이 되니라 36 예후가 사마리아에서 이스라엘을 다스린 햇수는 스물여덟 해이더라

오해와 진실

누가 더 악당인가?

성경에 등장하는 인물들 중에 여자가 주인공인 경우는 매우 적습니다. 대부분 어떤 남자의 아내로 등장하고, 가끔 유명한 사건과 관련된 여인은 익명인 경우가 많습니다. 긍정적인 측면에서는 가장 알려진 여인으로는 사사 드보라, 가나안 여인 라합, 바사 왕국의 왕후가 된 에스더, 신약에서는 요셉의 부인 마리아, 바울의 동역자 뵈뵈 등이 있습니다. 부정적인 측면에서는 가장 알려진 여인이 아담의 부인 하와, 롯의 딸들, 아합 왕의 부인 이세벨 등이 있습니다. 저와 여러분이 알고 있는 성경인물에 대한 이해는 맞는 것일까요?

만약 여러분에게 성경의 여인들 중에 가장 잔인한 사람, 가장 살벌한 사람을 고르라고 하면 누구를 고르시겠습니까? 물론 개인마다 사정이 있고, 성경의 기록이 그 사람의 전체를 보여주는 것이 아닌 것은 분명합니다. 그래서 단지 기록된 대로만, 소개되어 있는 장면대로만을 기준으로 골라야 할 것입니다. 저는 단연코 에스더입니다. 에스더는 이스라엘 백성이 바사라는 나라의 통치를 받고 있을 때에 민족이 말살될 뻔한 위험에 처한 것을 구출해준 이스라엘의 영웅입니다. 그 과정에서 민족을 구해내는 대신 반대로 상대방 민족을 어마어마하게 살해한 흑역사가 있습니다. 단 이틀 만에 밝혀진 것만 75,850명을 죽였습니다. 첫날에 약 오백 명 이상을 죽였습니다. 그러자 황제가 나서서 에스더에게 이만하면 원수를 갚고 본때를 보였지 않느냐고 설득을 했습니다. 하지만 에스더는 다음 날에 더 큰 살육을 행하

여 수산 성에서 삼백 명을 죽이고 전국에서 칠만 오천 명을 죽였습니다. 에스더에 대한 모든 환상이 깨지실 것입니다.

정반대의 케이스를 소개하면 악녀의 대명사로 알려진 이세벨입니다. 이 여인은 이스라엘 사람이 아니라 시돈사람으로 아합 왕에게 시집을 왔습니다. 시돈의 우상숭배를 이스라엘에 도입한 것으로 알려져 있지만 실제로는 그렇지 않습니다. 이스라엘은 역사 내내 우상을 숭배해 왔었고, 직접 외국에서 우상을 직수입한 사람은 솔로몬입니다. 소문난 것과는 다르게 성경에는 이세벨이 악한 일을 행한 것에 대해 달랑 한 사건만 소개하고 있습니다. 열왕기상 21장에서 아합이 나봇의 포도원을 갖고 싶어 할 때 이세벨이 그 동네의 불량자를 매수해서 나봇을 죽이게 한 것입니다. 당연히 악한 짓입니다. 나라를 구하려고 대적자를 많이 죽인 것과 욕심으로 땅을 차지하고 싶어서 한 사람을 죽인 것은 분명히 차원이 다릅니다. 하지만 숫자적으로만 비교하면 칠만 명을 죽인 에스더와 비교할 때 이세벨은 너무나 조촐하게 그저 한 명입니다. 성경을 정말 많이 읽고, 성경이 강조하려는 것이 무엇인지 신중하게 살펴보아야할 관점들입니다.

누구의 탓인가?

성경에 유명한 장들이 있습니다. 고린도전서 13장은 사랑장이고, 히브리서 11장은 믿음장입니다. 가장 짧은 장은 시편 117편이고, 가장 긴 장은 시편 119편입니다. 만약 저에게 성경에서 가장 살벌한 장을 고르라고 한다면 단연코 열왕기하 9장과 10장입니다. 왜냐하면 어마어마한 살육이 벌어지기 때문입니다. 9장 24절에서 이스라엘의 요람여호람 왕이 살해되고, 27절에서 유다의 아하시야 왕이 살해되고, 33절에서 이스라엘의 대왕대비마마인 이세벨이 살해되고, 10장 7절에서 아합 왕의 아들 칠십 명이 살해되고, 11절에서 이스르엘 지역에 남아 있는 아합 집에 속한 자, 귀족들, 신뢰받는 자들, 제사장들이 살해되고, 14절에서 유다의 아하시야 왕의 형제 사십 이명이 살해되고, 17절에서 사마리아 지역에 남아 있는 아합에게 속한 자들이 살해되고, 25절에서 바알의 선지자들이 살해됩니다. 확인된 숫자만으로도 왕이 두 명이고, 선대왕비가 한명이고, 왕의 아들들이 칠십 명입니다. 기타는 헤아릴 수는 없지만 무지하게 많습니다. 이 살육의 주인공이 예후입니다.

북 왕국에 쿠데타가 총 아홉 번 일어납니다. 쿠데타가 일어나면 당연히 정적들을 숙청하는 사건이 이어집니다. 그렇다고 해도 예후의 경우는 대단히 심합니다. 단지 북 왕국에만 해당되는 것이 아니라 남 왕국까지 연결되어 있습니다. 북 왕국의 왕과 왕자들이 죽었고, 남 왕국의 왕과 왕의 형제들이 죽었습니다. 남 왕국과 북 왕국이 모두 쑥대밭이 되어버린 참담한 내용입니다. 이 사건들이 단지 국내 문제로 국한되면 그나마 다행입니다. 하지만 이 시기에 주변 나라가 쳐들어 온다면 말 그대로 내우외환이고, 국가적으로도 엄청난 손실을 당할 것입니다. 그런데 실제로 그렇게 되었습니다. 이 사건들이 어떻게 시작되었는가 하면 바로 하나님께서 예후를 왕으로 세우신 것에서 부터입니다. 게다가 이스라엘을 침략하여 많은 영토를 빼앗은 이방의 왕 하사엘도 하나님께서 아람의 왕으로 세우신 왕입니다. 그렇다면 이 모든 살육의 원인이 하나님께 있는 것일까요? 절대로 성경을 한 장면, 한 구절만 보면 안 됩니다. 반드시 큰 그림과 작은 그림을 함께 보셔야 합니다.

본문은 짧게 두 장이지만 시간적으로는 매우 긴 시간입니다. 9장 3절에서 예후가 왕이 될 것이라는 예언이 등장하고 10장 35절에서 예후가 죽습니다. 이 기간이 10장 36절에 의하면 스물여덟 해 즉 28년입니다. 물론 주요 사건들은 예후가 왕이 된 초창기에 해당합니다. 여하튼 28년 동안 일어났던 엄청난 살육사건의 진상을 파헤쳐 보겠습니다.

상황 파악

우선 본문의 상황을 이해하셔야 합니다. 열왕기하 9장은 북 왕국 이스라엘과 아람이 전쟁을 하고 있는 상황입니다. 북 왕국은 전쟁을 혼자하지 않고 남 왕국을 동원했습니다. 이스라엘의 왕은 여호람이었고 유다의 왕은 아하시야였습니다. 이스라엘과 유다의 두 왕은 아달랴라는 여인을 통해 연결되어 있습니다. 북 왕국의 아합 왕이 있었는데 자녀들 중에 아들 여호람과 딸 아달랴가 있습니다. 둘이 남매인데 아들인 여호람은 이스라엘의 왕이 되었고 누이인 아달랴는 유다의 여호람 왕의 아내가 되었습니다. 결국 이스라엘의 여호람 왕과 유다의 여호람 왕은 이름이 같은데 서로 매제지간이었습니다. 유다의 여호람 왕이 먼저 죽고 대신하여 아하시야가 왕이 되었으니 이스라엘의 여호람 왕의 입장에서는 누이의 아들 즉 조카가 되니 서로 삼촌과 조카의 관계였습니다. 그래서 북과 남이 함께 아람과 전쟁을 치르게 된 것입니다.

전쟁의 상황은 아주 좋지 않았습니다. 8장 28절과 29절을 보시면 "그가 아합의 아들 요람과 함께 길르앗 라못으로 가서 아람 왕 하사엘과 더불어 싸우더니 아람 사람들이 요람에게 부상을 입힌지라 요람 왕이 하사엘과 싸울 때에 라마에서 아람 사람에게 당한 부상을 치료하려 하여 이스르엘로 돌아왔더라 유다의 왕 여호람의 아들 아하시야가 아합의 아들 요람을 보기 위하여 내려갔으니 이는 그에게 병이 생겼음이더라"입니다. 이렇게 급박한 상황에서 열왕기하 9장의 사건 즉 여호와께서 예후를 이스라엘의 왕으로 기름을 붓는 사건이 발생하는 것입니다. 6절에서 보시는 것과 같이 선지자의 제자 중의 하나가 예후를 찾아와서 기름을 부었고, 그러자 13절에서 보시는 것과 같이 옆에 있는 군대장관들이 각각 자기의 옷을 급히 가져다가 예후에게 깔고 나팔을 불며 '예후는 왕이라'고 외쳤습니다. 이 일이 발생한 곳은 왕궁이 아니라 전쟁터이고, 이 현장에는 왕과 백성이 모두 함께 한 것이 아니라 불과 서너 명의 군대장관들 뿐이었습니다. 예후는 왕으로 기름 부음을 받았지만 이 사실이 외부에 전혀 알려지지 않았습니다. 과연 예후는 어떻게 행동했을까요?

하나님의 예언의 이해

아합 가문에 대한 예언

하나님께서 예후에게 왕이 될 것을 예언하는 내용이 약간의 변화가 있습니다. 3절에서 엘리사가 선지자의 제자를 보내면서 한 말은 짧습니다. "여호와의 말씀이 내가 네게 기름을 부어 이스라엘 왕으로 삼노라 하셨느니라"입니다. 그런데 실제로 이 선지자의 제자가 예후에게 한 말은 깁니다. 6절 중간에 "그에게 이르되 이스라엘 하나님 여호와의 말씀이 내가 네게 기름을 부어 여호와의 백성 곧 이스라엘의 왕으로 삼노니 너는 네 주 아합의 집을 치라 내가 나의 종 곧 선지자들의 피와 여호와의 종들의 피를 이세벨에게 갚아 주리라 아합의 온 집이 멸망하리니 이스라엘 중에 매인 자나 놓인 자나 아합에게 속한 모든 남자는 내가 다 멸절하되 아합의 집을 느밧의 아들 여로보암의 집과 같게 하며 또 아히야의 아들 바아사의 집과 같게 할지라 이스르엘 지방에서 개들이 이세벨을 먹으리니 그를 장사할 사람이 없으리라 하셨느니라"입니다. 12절을 보시면 군대장관들이 선지자의 제자가 와서 뭐라고 하더냐고 물을 때에 예후는 아주 짧게 "그가 이리 이리 내게 대하여 이르기를 여호와의 말씀이 내가 네게 기름을 부어 이스라엘 왕으로 삼는다 하셨다 하더라 하는지라"고 대답합니다. 선지자의 제자가 예후에게 한 말은 왜 길까요? 과연 하나님께서 이렇게 구체적으로 아합의 집을 초토화하려고 말씀하신 것일까요? 아니면 하나님은 단지 예후를 왕으로 삼는다고만 하셨는데 선지자의 제자가 아주 장황하게 덧붙인 것일까요?

사실 아합과 이세벨에 대해서는 엘리사의 에언이 처음이 아닙니다. 이미 엘리야 시대에 아합 가문에 대한 예언이 있었습니다. 열왕기상 21장 20절을 보시면 "아합이 엘리야에게 이르되 내 대적자여 네가 나를 찾았느냐"이고 엘리야의 대답이 이어지는데 "내가 찾았노라 네가 네 자신을 팔아 여호와 보시기에 악을 행하였으므로 여호와의 말씀이 내가 재앙을 네게 내려 너를 쓸어버리되 네게 속한 남자는 이스라엘 가운데에 매인 자나 놓인 자를 다 멸할 것이요 또 네 집이 느밧의 아들 여로보암의 집처럼 되게 하고 아히야의 아들 바아사의 집처럼 되게 하리니 이는 네가 나를 노하게 하고 이스라엘이 범죄하게 한 까닭이니라 하셨고 이세벨에게 대하여도 여호와께서 말씀하여 이르시되 개들이 이스르엘 성읍 곁에서 이세벨을 먹을지라 아합에게 속한 자로서 성읍에서 죽은 자는 개들이 먹고 들에서 죽은 자는 공중의 새가 먹으리라 하셨느니라" 입니다. 엘리야가 말한 내용이 열왕기하 9장에서 선지자의 제자가 예후에게 한 말에 등장합니다. 두 예언을 잘 연결해야 합니다.

단지 두 번의 예언이 나온다는 정도가 아니라 그 내용도 매우 일치합니다. 엘리야가 아합의 식구들이 죽는 장소로 '이스르엘'을 언급하는데 선지자의 제자도 '이스르엘'을 언급하고 실제로 여호람이 병들어 피신한 곳이 '이스르엘'이고 진짜 죽는 곳이 '이스르엘'입니다. 그러므로 예후에게 예언을 했던 그 사람이 엉뚱한 말을 첨가한 것은 아닌 것이 분명합니다. 두 예언이 발생한 시기를 비교해 보면, 엘리야가 예언을 하는 시기는 아합 왕이 살아있을 때입니다. 정확히 몇 년인지는 모릅니다. 그리고 세월이 흘러 아합이 죽었고, 아합의 아들 아하시야가 왕이 되었다가 이년 만에 병이 들어 죽고 아합의 다른 아들 여호람이 왕이 되었습니다. 여호람 왕이 약 십년간 통치하고 예후에게 살해를 당합니다. 그러므로 엘리야가 예언한 시기로부터 열왕기하 9장까지 확인된 것은 십이 년이 흘렀고 아합의 생애를 조금 더하면 대략 십오 년 정도가 흐른 것으로 추정할 수 있습니다. 십오 년은 짧다면 짧고 길다면 깁니다. 아합 왕은 이미 죽었고, 그 아들 중의 하나도 죽었지만 아합의 부인 이세벨은 아직 살아있습니다. 혹시 엘리야가 예언을 할 때에 혼자만 알고 있던 것이 아니라 다른 사람들 즉 귀족들에게도 알려지고 선지자들에게도 알려졌을 수도 있습니다. 그렇다면 그 당시 엘리야의 예언을 들었던 선지자 중의 하나가 여전히 엘리사에게도 속하여 있다가 엘리사가 예후에 대한 예언을 할 때에 '예후가 왕이 될 것이라'는 말만 한 것이 아니라 왕이 되려면 아합의 아들인 여호람도 죽여야 하니까 이참에 예전에 엘리야가 했던 예언을 기억하고 다시 말한 것이라고 생각할 수 있을 것 같습니다.

두 종류의 예언

아합의 집안에 대한 하나님의 말씀을 하나 더 점검해야 합니다. 두 번에 걸친 예언에 이어 모든 것이 끝난 후에 이에 관한 하나님의 말씀이 다시 등장합니다. 열왕기하 10장 30절 "여호와께서 예후에게 이르시되 네가 나보기에 정직한 일을 행하되 잘 행하여 내 마음에 있는 대로 아합 집에 다 행하였은즉 네 자손이 이스라엘 왕위를 이어 사대를 지내리라 하시니라" 입니다. 아주 단순하게 생각하면 하나님께서 예언하셨고 과연 예언하신대로 이루어졌다고 말할 수 있습니다. 예후가 비록 살인을 하는 것이고, 한 왕족의 씨를 말리는 행위이지만 하나님의 말씀대로 잘 순종했으니 그 보상으로 하나님께서 사대에 걸친 왕위를 보장해 주었다고 말할 수도 있습니다. 그러나 이런 식으로 설명을 하면 큰 문제에 직면하게 됩니다. 하나님께서 의도적으로 아합의 가문을 몰살시킨 것이 되어버립니다. 하나님은 그런 권세가 있고 그런 능력이 있다고 말씀하시면 안 됩니다. 하나님께 불순종하는 사람에 대해서는 하나님께서 큰 화를 내리고, 심판으로 저주를 내린다고 말씀하시면 안 됩니다.

하나님께서 아합 집을 몰살시켰다고 말하면 하나님의 권세는 높아질 수 있을지는 몰라도 하나님의 성품, 하나님의 속성이 틀려집니다. 하나님께서 인간을 사랑하신다고 말할 수 없고, 하나님께서 인간의 인격을 존중한다고 말할 수 없고, 하나님께서 인간에게 자유를 허락하신다고 말할 수 없습니다. 그냥 하나님 독재, 하나님 독선, 인간을 고려하지 않는 하나님의 막무가내식 주권만 남게 됩니다. 역사에서 사람들이 기독교에 대해서, 하나님에 대해서 가장 경멸하고, 가장 싫어했던 일이고, 아직도 세상 사람들이 하나님에 대해서 좋게 생각할 수 없는 이유이기도 합니다. 또한 만약 하나님께서 아합의 불순종에 대해서 징계하사 그 집안을 멸절시켰다고 한다면 다른 왕들, 다른 불순종한 왕들에 대해서도 유사한 결과가 나왔어야 합니다. 솔로몬의 집안도 멸절 당했어야 하고, 유다의 왕 므낫세도 제명을 다하지 못하고 쿠데타를 당하든 독살을 당하든 끔찍한 죽임을 당했어야 합니다. 그러나 전혀 그렇지 않았습니다.

예언에 대해 잘 분별하셔야 합니다. 내용상으로 볼 때 예언에는 두 가지가 있습니다. 하나는 좋은 일이 생길 것이라는 예언이고 다른 하나는 나쁜 일이 생길 것이라는 예언입니다. 둘 다 하나님이 말씀하시는 것이 맞습니다. 그러나 두 가지 측면에서 완전히 다릅니다. 첫 번째는 예언의 목적입니다. 예언의 목적이 완전히 다릅니다. 좋은 일에 관한 예언은 말 그대로 그렇게 되라는 예언입니다. 나쁜 일에 관한 예언은 말한 대로 되지 말라는 예언입니다. 흔히 좋은 일에 관한 예언은 축복으로, 나쁜 일에 관한 예언은 저주로 인식되곤 합니다. 그래서 실제로 나쁜 일이 생겼을 경우에 저주 때문에 그렇게 되었다고 불평을 합니다. 하나님의 말씀은 전혀 차원이 다릅니다.

만약 하나님께서 그 사람에게 나쁜 일이 생기기를 원하면 차라리 아무 말씀도 하지 않는 것이 좋습니다. 전혀 그 사람이 예상하지 못하고, 그래서 전혀 대비도 못한 상태에서 졸지에 나쁜 일이 임하면 효과만점일 것입니다. 그런 일은 가능한 당사자가 모르게 진행되는 것이 최상입니다. 하지만 하나님은 도리어 알게 하십니다. 그것도 아주 자세하게 설명해 주십니다. 심지어는 지나가는 듯이 한 번 말씀하는 것이 아니라 아합의 집의 경우처럼 두 번 세 번, 행여라도 잊었을까봐 반복해서 알려줍니다. 왜요? 당하라고요? 아니요. 피하라는 의미입니다. 좋은 일의 예언이 이루어졌을 때 하나님은 '말씀대로 이루어졌다'고 기뻐하십니다. 그러나 나쁜 일의 예언이 이루어졌을 때 하나님은 '말씀대로 이루어졌다'고 슬퍼하십니다.

예언을 이루는 자

그래서 예언의 두 번째 특징이 드러납니다. 바로 예언을 이루는 주체입니다. 좋은 일의 예언을 이루시는 주체는 하나님이십니다. 원래는 당사자에게 이루어질 일이 아니었습니다. 당사자는 그런 계획도 없고 소망도 없고 설령 계획이나 소망, 기대, 바람이 있을지라도 말 그대로 소망이나 기대일 뿐 그것을 이루어낼 수 있는 능력이 없습니다. 그런 사람에게 하나님께서 좋은 일을 예언하시고 실제로 하나님께서 그 일을 이루어내시는 것입니다. 가장 대표적으로 아브람 사건과 출애굽 사건입니다. 아브람은 아들을 낳고 싶었지만 아내 사라가 원래 출산을 할 수 없는 불임여성이었습니다. 그런 아브람에게 아들을 낳는 정도가 아니라 민족을 주시겠다고 선언하셨고, 아브람도 늙고 사라는 원래도 불임인데다 경수까지 끊어져서 어떠한 수단과 방법과 능력이 없을지라도 하나님께서 아들을 주셔서 하나님의 예언을 친히 이루셨습니다. 출애굽도 동일합니다. 이스라엘 백성 중에 단 한사람도 하나님께 출애굽을 부탁한 사람도 기대한 사람도 없습니다. 하나님께서 그 일을 행하시겠다고 말씀할 때도 신뢰한 사람이 없었습니다. 그러나 하나님이 하셨습니다. 좋은 일에 관한 예언의 주체자는 하나님이십니다.

반대로 나쁜 일의 예언의 주체자는 하나님이 아니라 그 사람 당사자입니다. 이미 그 사람이 나쁜 결과가 올 수밖에 없는 죄나 악을 행하고 있습니다. 멀쩡했는데 예언을 듣고 특별하고 이상한 행동을 하는 것이 아니라 이미 그가 하고 있는 행동이 그 결과를 내포하고 있는 것입니다. 하나님은 그 결과를 아시기에 미리 알려주면서 피하기를 원하신 것입니다. 하나님이 말씀하셨다고 해서 하나님이 망하도록 역사하거나 몰살당하도록 친히 살육을 행하시는 경우란 없습니다.

하나님께서 예후를 왕으로 세우셨습니다. 하나님의 의도가 무엇이겠습니까? 아합의 집을 몰살하는 것일까요? 예후를 왕이 되게 하는 것일까요? 그렇지 않습니다. 아합이 왕이 되든, 예후가 왕이 되든 하나님에게 새로울 것이 없습니다. 하나님께서 아합에 대해 실망하시고 예후에게는 희망을 가지실까요? 그렇지 않습니다. 하나님께서 보시기에 아합이나 예후나 다를 바가 없습니다. 그렇다면 왕을 교체하려는 하나님의 의도는 새로운 왕을 통해 나라의 분위기를 바꾸는 것이 아니라 백성들로 하여금 하나님을 알게 하는 것 바로 계시입니다. 사람들이 전혀 예상하지 않은 사람이 하나님의 말씀에 의해 왕이 되고, 기대하지 않았던 사람이 왕이 된 후 선대왕들과는 달리 하나님을 의지하면서 하나님의 말씀대로 행하여 나라를 잘 다스려 백성들의 삶을 평안하게 함으로 '과연 하나님의 원리가 좋구나!', '과연 하나님의 말씀이 옳구나!'를 배우게 하려는 것입니다.

예후에 관한 예언에서 하나 빠져있는 것이 있습니다. 그것은 '예후가 언제 왕이 되는가, 어떻게 왕이 되는가'에 대한 것입니다. 이것이 굉장히 중요합니다. 왜냐하면 하나님은 예후에게 '왕이 되라'고 명령하지 않으셨습니다. '왕이 되어야만 한다'고 과제를 내린 것이 아닙니다. 예후의 입장에서는 졸지에 놀랄만한 예언을 들었습니다. 평상시에 왕이 될 것을 생각지도 못했고, 왕이 될 수 있는 방법도 없었습니다. 그러면 가만히 두면 됩니다. 잊고 살면 됩니다. 하나님이 왕이 될 것이라고 말씀하셨으니 하나님이 행하실 것입니다. 과연 예후는 어떻게 했을까요?

살해, 살해, 사해

예후는 살인자

예후의 반응이 9장 14절부터이고 그 내용은 살해, 살해, 살해입니다. 예후는 아직 왕이 아닙니다. 하나님께서 기름을 부어 왕으로 내정했을 뿐 아직 왕으로 세워주지 않았습니다. 그런데 예후는 이미 왕이 된 것처럼 행동합니다. 왕으로 삼는다는 하나님의 예언에는 솔깃하면서 정작 왕으로 세워주시는 하나님의 일하심은 완전 무시합니다. 하나님의 때, 하나님의 일하심은 전혀 고려하지 않습니다. 제일 먼저 하는 것이 병들어 있는 왕을 찾아가는 것입니다. 살아있는 왕을 죽여야 자기가 실제적인 왕이 되기 때문입니다. 예후가 병들어 있는 요람 왕을 찾아가자 왕이 신하를 보내고 나중에는 직접 나옵니다. 22절 "요람이 예후를 보고 이르되 예후야 평안하냐 하니 대답하되 네 어머니 이세벨의 음행과 술수가 이렇게 많으니 어찌 평안이 있으랴 하더라 요람이 곧 손을 돌이켜 도망하며 아하시야에게 이르되 아하시야여 반역이로다 하니 예후가 힘을 다하여 활을 당겨 요람의 두 팔 사이를 쏘니 그의 염통을 꿰뚫고 나오매 그가 병거 가운데 엎드러진지라" 입니다. 말 그대로 예후의 반역이자 첫 번째 살해입니다.

이스라엘의 요람 왕이 병중에 있을 때 유다의 아하시야 왕이 병문안을 왔었습니다. 재수가 없으면 뒤로 넘어져도 코가 깨진다는 말처럼 아하시야는 삼촌 문병 왔다가 졸지에 험한 꼴을 당합니다. 27절 "유다의 왕 아하시야가 이를 보고 정원의 정자 길로 도망하니 예후가 그 뒤를 좇아가며 이르되 그도 병거 가운데서 죽이라 하매 이블르암 가까운 구르 비탈에서 치니 그가 므깃도까지 도망하여 거기서 죽은지라" 입니다. 이것이 예후의 두 번째 살해입니다.

두 나라의 왕을 모두 죽였으니 이제 예후는 거칠 것이 없이 진군합니다. 왕이 잠시 머물던 이스르엘 성읍으로 가니 대왕대비마마인 이세벨이 있습니다. 30절 "예후가 이스르엘에 오니 이세벨이 듣고 눈을 그리고 머리를 꾸미고 창에서 바라보다가 예후가 문에 들어오매 이르되 주인을 죽인 너 시므리여 평안하냐" 입니다. 이세벨이 아주 머리가 좋습니다. 들어오는 사람이 분명 예후인데 엉뚱하게 시므리라고 부릅니다. 시므리는 전직 군대장관으로서 엘라 왕을 죽이고 쿠데타를 통해 왕이 된 사람입니다. 지금 예후가 군대장관으로서 여호람 왕을 죽이고 왕이 된 것을 정확하게 비꼬고 있는 것입니다. 결과는 33절 "그를 내려던지라 하니 내려던지매 그의 피가 담과 말에게 튀더라 예후가 그의 시체를 밟으니라" 입니다. 이것이 세 번째 살해입니다.

살해, 살해, 살해

예후의 행동을 뭐라고 합니까? 브레이크 없는 전차라고 합니다. 10장 1절을 보시면 "아합의 아들 칠십 명이 사마리아에 있는지라 예후가 편지를 써서 사마리아에 보내어 이스르엘 귀족들 곧 장로들과 아합의 여러 아들을 교육하는 자들에게 전하니"입니다. 왕자들과 그들을 교육하는 관료들이 있었는데 예후가 그들을 협박하자 관료들이 하는 말이 4절 "그들이 심히 두려워하여 이르되 두 왕이 그를 당하지 못하였거든 우리가 어찌 당하리요 하고"입니다. 예후가 다시 한 번 관료들에게 왕자들을 죽이라고 협박하자 7절 "편지가 그들에게 이르매 그들이 왕자 칠십 명을 붙잡아 죽이고 그들의 머리를 광주리에 담아 이스르엘 예후에게로 보내니라"입니다. 이것이 네 번째 살해입니다.

이 관료들도 참 미련한 것이 왕과 왕자들을 죽인 예후가 자기들을 죽이지 않을 것이라고 생각했다는 것입니다. 조폭계의 유명한 명언 '한 번 배신한 자는 또 배신한다'가 있습니다. 왕을 배신한 신하를 새로운 왕이 믿어줄까요? 그 결과가 11절 "예후가 아합의 집에 속한 이스르엘에 남아 있는 자를 다 죽이고 또 그의 귀족들과 신뢰 받는 자들과 제사장들을 죽이되 그에게 속한 자를 하나도 생존자를 남기지 아니하였더라"입니다. 이것이 다섯 번째 살해입니다.

아직 안 끝났습니다. 유다 왕 아하시야는 재수없게 문병 왔다가 졸지에 죽었는데 왕뿐만 아니라 왕의 형제들도 재수에 옴 붙었습니다. 12절에 예후가 이스라엘의 수도인 사마리아로 가는데 유다의 왕 아하시야의 형제들이 병문안 가는 길에 마주쳤습니다. 그 결과가 14절 "이르되 사로잡으라 하매 곧 사로잡아 목자가 양털 깍는 집 웅덩이 곁에서 죽이니 사십이 명이 하나도 남지 아니하였더라"입니다. 이것이 여섯 번째 살해입니다. 드디어 사마리아에 도착을 한 것이 17절 "사마리아에 이르러 거기에 남아 있는 바 아합에게 속한 자들을 죽여 진멸하였으니"입니다. 이것이 일곱 번째 살해입니다. 아직 한번 더 남았습니다. 예후는 이스라엘에 사람을 두루 보내어 바알 선지자를 불러 모읍니다. 그 결과가 25절 “번제 드리기를 다하매 예후가 호위병과 지휘관들에게 이르되 들어가서 한 사람도 나가지 못하게 하고 죽이라 하매 호위병과 지휘관들이 칼로 그들을 죽여 밖에 던지고”입니다. 이것이 여덟 번째 살해입니다. 지금까지 몇 명이 죽었는지 세어보셨습니까? 그냥 참 많습니다.

사람의 생각

예후는 왜 이러는 것일까요? 그런데 이것은 특별한 것이 아니라 모든 반역자들의 일상적인 모습입니다. 약간의 정도차이는 있을지언정 이들이 가지고 있는 생각, 사고방식, 인식체계는 똑같습니다. 왕이 되기 위해서는 정적을 죽여야 하고, 왕권을 강화하기 위해서는 위협이 될 만한 모든 세력 즉 왕비, 왕자, 왕의 어머니 그리고 왕과 함께 했던 관료들, 더 나아가 왕에게 힘을 실어주었던 종교 관계자들까지 모두 죽여 버려야 합니다. 내 왕권을 보장할 수 있는 것은 내 권력밖에 없다는 인식입니다. 이것은 죄인들에만 당연한 것이 아니라 심지어는 다윗에게서 보았던 모습입니다. 다윗은 솔로몬에게 왕권을 물려주었습니다. 그때 이미 다윗은 장수들과 제사장들과 관료들이 다윗의 또 다른 아들 아도니야 편에 선 것을 보았습니다. 다윗은 자기 의사와 다르게 행동한 것을 반역이라고 여겼습니다. 그래서 신하들의 생각과는 다르게 솔로몬에게 왕권을 물려주면서 동시에 살생부도 전달했습니다. 자신과 함께 전쟁에서 평생을 싸웠던 장군도 죽이라고, 하나님의 말씀을 전달해 주던 제사장도 죽이라고 했습니다.

예후의 모습은 이미 여로보암에게서도 확인이 되었습니다. 정적들을 죽이는 모습이 아니라 자신의 왕권을 자신의 생각대로, 자신의 방법으로 유지하려는 죄적 사고방식 말입니다. 그것이 금송아지를 만들어 벧엘과 단에 세우고 ‘이는 너희를 애굽 땅에서 인도하여 올린 너희의 신들’이라고 선언한 종교왜곡, 하나님 왜곡사건입니다. 다윗이든, 솔로몬이든, 여로보암이든, 예후든 모두 하나님을 믿지 않는다는 차원에서 똑같은 것입니다. 자신들로서는 가장 옳다고, 가장 믿을만하다고 생각했을 것인데 결과적으로는 언제나 틀렸습니다. 예후의 행동에 대해 성경이 평가하는 것이 31절 "그러나 예후가 전심으로 이스라엘 하나님 여호와의 율법을 지켜 행하지 아니하며 여로보암이 이스라엘에게 범하게 한 그 죄에서 떠나지 아니하였더라"입니다. 예후는 자기 자신을 어떻게 생각했을 것 같습니까? 10장 16절에 "여호와를 위한 나의 열심을 보라"고 했습니다. 하나님의 뜻과 무관한 전형적인 인간들의 생각, 죄인들의 생각입니다.

하나님의 목적이 계시였습니다. 그러면 하나님에 의해 세움받는 사람이 해야 할 유일한 일은 본인이 하나님을 의지하는 것이며, 백성들에게 하나님을 알게 하는 것입니다. 다윗의 경우 비록 말년에는 실수가 많았으나 처음에는 하나님을 의지했습니다. 왕으로 기름부음을 받아놓고도 왕을 몰아내고 왕좌에 오른 것이 아니라 그냥 평상시 하던 대로 양을 쳤습니다. 사울이 미쳤을 때에도 미친 왕을 죽이고 왕위에 오른 것이 아니라 도리어 수금을 타며 왕의 병을 치유하였습니다. 심지어는 왕에게 쫓기면서 왕을 죽일 기회가 두 번이나 있었지만 죽이지 않았습니다. 자신을 왕으로 삼겠다고 말씀하신 이가 하나님이시니 왕으로 세우는 시기는 하나님의 때요, 왕으로 세우는 분도 하나님이기 때문입니다. 다윗이 행한 일은 겸손이 아니라 하나님을 인정한 것이고, 백성들에게 하나님의 일하심을 보여주는 것이었습니다.

예후의 최후

예후의 경우도 일단 평상시대로 살았어야 합니다. 전쟁 중이니까 전쟁을 하고 있었어야 합니다. 예언을 들은 주변의 동료 장군들이 함께 반역을 하자고 해도 거부했어야 합니다. 왕이 되면 주변에 많은 참모들이 생길 것이고 당연히 왕권을 강화할만한 다양한 방법을 제시했을 것입니다. 우선 왕족을 죽여여 한다고, 왕비를 죽이고 왕자들을 죽여서 싹을 없애야 한다고 제안을 할 것입니다. 그때에도 거부해야 합니다. 자신의 왕권은 하나님이 지켜주실 것이고 하나님을 의지해야 합니다. 그래서 백성들이 모두 놀래야 합니다. 결국 하나님의 말씀대로 되는 것을 백성들이 보게 했어야 합니다. 그러나 예후는 하나님의 의도를 전혀 알지 못했고, 하나님을 의지하지 않았습니다. 단지 자기 생각대로 했을 뿐입니다.

그래서 예후는 어떻게 되었을까요? 왕권이 강화되고 나라가 안정이 되었을까요? 예후의 행동의 결론이 10장 32절 중간부터입니다. "하사엘이 이스라엘의 모든 영토에서 공격하되 요단 동쪽 길르앗 온 땅 곧 갓 사람과 르우벤 사람과 므낫세 사람의 땅 아르논 골짜기에 있는 아로엘에서부터 길르앗과 바산까지 하였더라" 입니다. 나라의 많은 땅을 빼앗겼습니다. 이 사람 저 사람 다 죽이면서 왕이 되었는데 땅이 좁아져서 골목대장이 되어버렸습니다. 당연히 국력이 약해지고 당연히 왕권이 약해져서 얼마 후에 반란에 반란이 이어져서 결국 약 백년 정도가 지난 후에 나라가 완전히 패망해서 역사에서 사라져버렸습니다.

하나님은 한 개인을 높이고 낮추는 일을 하시는 것이 아닙니다. 하나님은 한 나라를 강하고 약하게 하는 일을 하시는 것이 아닙니다. 하나님의 목적은 모든 인류가 하나님을 알아 죄를 이기고 하나님의 분복을 누리며 행복하게 사는 것입니다. 우리는 살면서 배우고 경험한 사고방식이 있습니다. 나름 합리적이고 설득력이 있지만 그것은 죄적 사고방식입니다. 그리고 저와 여러분이 성경을 통해 배우는 하나님의 사고방식이 있습니다. 이 사고방식은 죄의 방식과는 기준과 원리와 가치와 개념과 방법이 많이 다릅니다. 그래서 낯설고 어색하고 가능성이 없어 보이기도 합니다. 그러나 하나님의 말씀은 하나님이 하신 말씀이고, 하나님이 책임지시는 말씀입니다. 하나님이 옳고, 하나님이 맞습니다. 하나님의 마음과 기준과 원리대로 행동하셔서 하나님의 분복을 풍성히 누리며 사시기를 주님의 이름으로 축원합니다.

17

왕의 만세

열왕기하 11 : 1 ~ 21

1 아하시야의 어머니 아달랴가 그의 아들이 죽은 것을 보고 일어나 왕의 자손을 모두 멸절
하였으나 2 요람 왕의 딸 아하시야의 누이 여호세바가 아하시야의 아들 요아스를 왕자들이
죽임을 당하는 중에서 빼내어 그와 그의 유모를 침실에 숨겨 아달랴를 피하여 죽임을 당하
지 아니하게 한지라 3 요아스가 그와 함께 여호와의 성전에 육 년을 숨어 있는 동안에 아달
랴가 나라를 다스렸더라 4 일곱째 해에 여호야다가 사람을 보내 가리 사람의 백부장들과 호
위병의 백부장들을 불러 데리고 여호와의 성전으로 들어가서 그들과 언약을 맺고 그들에게
여호와의 성전에서 맹세하게 한 후에 왕자를 그들에게 보이고 5 명령하여 이르되 너희가 행
할 것이 이러하니 안식일에 들어온 너희 중 삼분의 일은 왕궁을 주의하여 지키고 6 삼분의
일은 수르 문에 있고 삼분의 일은 호위대 뒤에 있는 문에 있어서 이와 같이 왕궁을 주의하여
지키고 7 안식일에 나가는 너희 중 두 대는 여호와의 성전을 주의하여 지켜 왕을 호위하되
8 너희는 각각 손에 무기를 잡고 왕을 호위하며 너희 대열을 침범하는 모든 자는 죽이고 왕
이 출입할 때에 시위할지니라 하니 9 백부장들이 이에 제사장 여호야다의 모든 명령대로 행
하여 각기 관할하는 바 안식일에 들어오는 자와 안식일에 나가는 자를 거느리고 제사장 여
호야다에게 나아오매 10 제사장이 여호와의 성전에 있는 다윗 왕의 창과 방패를 백부장들
에게 주니 11 호위병이 각각 손에 무기를 잡고 왕을 호위하되 성전 오른쪽에서부터 왼쪽까
지 제단과 성전 곁에 서고 12 여호야다가 왕자를 인도하여 내어 왕관을 씌우며 율법책을 주
고 기름을 부어 왕으로 삼으매 무리가 박수하며 왕의 만세를 부르니라 13 아달랴가 호위병
과 백성의 소리를 듣고 여호와의 성전에 들어가 백성에게 이르러 14 보매 왕이 규례대로 단
위에 섰고 장관들과 나팔수가 왕의 곁에 모셔 섰으며 온 백성이 즐거워하여 나팔을 부는지
라 아달랴가 옷을 찢으며 외치되 반역이로다 반역이로다 하매 15 제사장 여호야다가 군대
를 거느린 백부장들에게 명령하여 이르되 그를 대열 밖으로 몰아내라 그를 따르는 자는 모
두 칼로 죽이라 하니 제사장의 이 말은 여호와의 성전에서는 그를 죽이지 말라 함이라 16 이

에 그의 길을 열어 주매 그가 왕궁의 말이 다니는 길로 가다가 거기서 죽임을 당하였더라 17
여호야다가 왕과 백성에게 여호와와 언약을 맺어 여호와의 백성이 되게 하고 왕과 백성 사
이에도 언약을 세우게 하매 18 온 백성이 바알의 신당으로 가서 그 신당을 허물고 그 제단들
과 우상들을 철저히 깨뜨리고 그 제단 앞에서 바알의 제사장 맛단을 죽이니라 제사장이 관
리들을 세워 여호와의 성전을 수직하게 하고 19 또 백부장들과 가리 사람과 호위병과 온 백
성을 거느리고 왕을 인도하여 여호와의 성전에서 내려와 호위병의 문 길을 통하여 왕궁에
이르매 그가 왕의 왕좌에 앉으니 20 온 백성이 즐거워하고 온 성이 평온하더라 아달랴를 무
리가 왕궁에서 칼로 죽였더라 21 요아스가 왕이 될 때에 나이가 칠 세였더라

아달랴의 행적

아달랴 여왕

아마 신앙생활하시면서 열왕기상·하를 처음부터 끝까지 설교를 들으신 적이 거의 없으실 것입니다. 특정한 본문, 특정한 사건만 반복해서 듣고 알고 있는 것은 성경의 전체적인 내용을 오해하고 있을 가능성이 많다는 의미입니다. 열왕기하 11장에 종교인의 활동이 나옵니다. 과연 성경이 이 사건을 바람직한 모습으로 소개하는지 아니면 변질된 종교의 모습으로 소개하는지 점검해 보기를 원합니다. 먼저 역사적 상황을 설명 드리겠습니다. 열왕기하 11장 1절을 보시면 "아하시야의 어머니 아달랴가 그의 아들이 죽은 것을 보고 일어나 왕의 자손을 모두 멸절하였으나"입니다. 왕들 중에 동명이인이 있어서 구분을 잘 하셔야 합니다. 아히시야는 북 왕국 여덟 번째 왕의 이름이기도 하고, 남 왕국 여섯 번째 왕의 이름이기도 한데 1절에 나오는 아하시야는 남 왕국의 왕입니다.

이 아하시야의 아버지가 남 왕국의 다섯 번째 왕 여호람이고 어머니가 아달랴입니다. 이스라엘이 남과 북으로 갈라진 후에 서로 사이가 좋지 않았고 심지어는 서로 전쟁을 하기도 했는데 잠깐 사이가 좋은 시절이 있었습니다. 서로가 이스라엘이라는 한 민족임을 자각해서 화친을 한 것이 아니라 그냥 두 나라가 정략적 결혼을 해서 사돈관계를 맺었기 때문입니다. 열왕기상·하

에 약 사십 명의 왕이 등장하는데 가장 많은 분량을 차지하는 왕이 아합 왕입니다. 아합 왕과 관련하여 두 명의 여인을 기억하시면 좋습니다. 하나는 아합 왕의 부인인 이세벨이고 다른 하나는 아합 왕의 딸인 아달랴입니다.

이 아달랴가 남 왕국의 여호람 왕에게 시집을 왔습니다. 남편인 여호람 왕은 삼십 칠세에 왕이 되어 팔년 동안 통치를 하고 사십사 세에 죽고 그 아들 아하시야가 여섯 번째 왕이 되었습니다. 이 아하시야는 외삼촌인 북 왕국의 아홉 번째 왕 여호람의 호출에 의해 아람 왕 하사엘이 이스라엘을 쳐들어 왔을 때 전쟁에 나가게 되는데 그 전쟁에서 이스라엘의 군대장관 중의 한 명인 예후가 반란을 일으켰습니다. 외삼촌 여호람 왕은 전쟁터에서 부상을 입었기에 이스르엘 성으로 물러가 치료를 하는 중에 예후가 쏜 화살에 맞아 죽고, 아히시야 왕은 외삼촌을 문병갔다가 예후에게 발각되어 도망가다가 죽습니다.

예후를 희대의 살인자라고 한다면 아달랴는 최대의 피해자입니다. 아달랴는 졸지에 한 전쟁에서 자기 오빠 또는 동생인 북 왕국 왕 여호람이 죽임을 당했고, 자기 아들 남 왕국 왕 아하시야가 죽임을 당했습니다. 그뿐만이 아니라 예후가 아합의 왕자 칠십 명을 죽였다고 하였으니 아달랴로서는 자신과 남매지간인 오빠들 또는 남동생들 칠십 명을 잃었고, 또 예후가 아하시야의 형제 사십 이명을 죽였다고 하였으니 아달랴로서는 자신의 아들 사십 이명을 잃은 것입니다. 물론 사십이 명이 모두 친 아들일 가능성은 거의 없습니다. 여하튼 아달랴로서는 시가와 친가가 완전히 몰살당했습니다. 여기까지만 보면 아달랴는 비운의 여인이라고 할 수 있습니다.

그런데 반전이 일어납니다. 비운과 반전이 모두 1절에 포함되어 있습니다. "아하시야의 어머니 아달랴가 그의 아들이 죽은 것을 보고"까지는 비운입니다. 숫자상으로 남편과 아들들 총 사십 삼명을 잃었습니다. 그 다음 "일어나 왕의 자손을 모두 멸절하였으나"는 반전입니다. 이미 왕과 왕의 형제들이 죽었으니 여기서 말하는 '왕의 자손'은 아마도 왕의 아들들과 남편의 형제들과 조카들을 포함한 왕족들을 의미하는 것 같습니다. 아달랴는 남편과 아들들이 죽는 순간 슬퍼한 것이 아니고, 죽은 자들 시신을 정리하고 장례일정을 준비한 것이 아니고, 남은 친족들과 함께 살아갈 궁리를 한 것이 아닙니다. 아달랴는 일반인의 모든 예상을 뒤엎고 도리어 남아 있는 친족들을 친히 멸절시켜 버렸습니다. 도대체 무슨 일일까요?

이상한 반란

앞서 살펴본 열왕기하 9장부터 10장까지의 핵심은 예후가 왕이 되는 것이었습니다. 성경에 기록된 내용을 이해하거나 표현할 때에는 기준을 잘 정해야 하고 용어선택을 잘 해야 합니다. 예후가 선대 왕 여호람을 죽이고 새로운 왕이 되었습니다. 왕의 입장이나 일반적인 표현으로는 반란이라고 하는데 성경의 입장에서는 반란이 아니라 순종입니다. 예후가 철저하게 사전모의를 거쳐서 반란을 일으킨 것이 아닙니다. 이 모든 것의 시작은 하나님이셨습니다. 어느 날 엘리사가 선지자의 제자 중의 하나를 보내어 하나님께서 예후를 왕으로 삼는다는 예언과 함께 기름을 붓게 했고, 그 예언을 듣고 기름부음을 받은 후에 예후는 선대 왕을 죽이고 왕이 되었습니다. 하나님의 예언대로 되었습니다.

그래서 선대 왕 여호람도 예후에 대해 '반역이로다'라고 외치고, 여호람의 어머니였던 이세벨도 예후에 대해 '주인을 죽인 너 시므리여'라고 반란을 조롱합니다. 그러나 성경은 예후가 반란을 일으켰다는 표현을 사용하지 않습니다. 너무 많은 사람을 죽였다고 말하지도 않습니다. 정작 성경은 예후가 왕이 되었다는 사실이 아니라 왕이 된 후의 행동들 즉 왕으로서 예후의 태도를 언급할 뿐입니다. 그것이 10장 31절 "그러나 예후가 전심으로 이스라엘 하나님 여호와의 율법을 지켜 행하지 아니하며 여로보암이 이스라엘에게 범하게 한 그 죄에서 떠나지 아니하였더라"입니다. 예후는 북 왕국의 반역자가 아닙니다.

정작 반역이 일어난 곳은 남 왕국입니다. 남 왕국으로서는 졸지에 국란이 겹겹으로 발생한 것입니다. 아람이 남 왕국을 쳐들어온 것이 아니라 북 왕국을 쳐들어왔을 뿐인데 왕의 외삼촌인 북 왕국의 여호람 왕이 호출해서 남 왕국의 왕이 북 왕국의 전쟁에 참여하였다가 북 왕국의 예후 장군에 의해 죽임을 당하는 엄청난 사건이 발생했습니다. 졸지에 왕을 잃었습니다. 왕을 잃었다면 당연히 왕의 형제들이나 아들 중에 한 명을 골라서 새로운 왕으로 세워야 합니다. 그런데 왕의 형제들도 예후의 일행에게 모두 몰살을 당했습니다. 이제 남은 것은 왕의 아들들입니다.

집안의 남은 어른은 왕의 어머니인 아달랴이니까 누구보다 아달랴가 앞장서서 왕족들의 마음을 추스르고 손자들 중에 하나를 골라서 왕으로 세워야 할 것입니다. 그런데 그 순간에 아달랴는 정반대로 남아있는 왕의 자손을 모두 멸절시켜버렸습니다. 직접 왕을 죽인 것은 아니니 반역이라고 표현하기에는 부족하고, 왕의 후보자들을 직접 죽였으니 반역이라고 표현할 수도 있을 것 같습니다. 남 왕국은 예후에 의해서 왕이 죽고 할머니에 의해서 손자인 왕의 자손들이 죽었으니 외부세력에 의한 반역인지 내부세력에 의한 반역인지 애매모호합니다.

권력의 모습

아달랴가 왜 이렇게 행동했는지는 결과가 보여줍니다. 그것이 3절 중간부에 나오는 대로 "아달랴가 나라를 다스렸더라" 입니다. 즉 아달랴는 남편이 죽고, 남편의 형제들이 죽고, 아들들이 죽자 아예 남은 왕의 자손을 멸절시키고 친히 왕, 그것도 이스라엘의 전체 역사 중에 유일한 여왕이 된 것입니다. 어떤 왕은 불과 칠일을 통치하거나 일 년 또는 이 년 밖에 통치하지 못한 왕들도 있는데 그래도 아달랴는 이런 방식으로 왕권을 쟁취하여 혼란스러운 가운데에서도 자그마치 육년을 통치했으니 대단하다면 대단하다고 말 할 수 있을 것 같습니다. 제가 왕을 안 해봐서 뭐라고 할 말은 없지만, 흔히 권력에는 '인정사정이 없고, 피도 눈물도 없고, 애비도 자식도 없다'고들 하는데 과연 참말인 것 같고 하나를 더 첨부하면 '남자도 여자도 없다'고 해야 할 것 같습니다.

아달랴가 행한 일과 관련된 내용을 하나 더 살펴보면 2절 "요람 왕의 딸 아하시야의 누이 여호세바가 아하시야의 아들 요아스를 왕자들이 죽임을 당하는 중에서 빼내어 그와 그의 유모를 침실에 숨겨 아달랴를 피하여 죽임을 당하지 아니하게 한지라"입니다. 풀어서 설명을 하면, 유다의 다섯 번째 왕인 '요람 왕의 딸' 그녀는 유다의 여섯 번째 왕인 '아하시야의 누이'인 여호세바인데 그녀가 자기 오빠 또는 남동생인 아하시야 왕의 아들 요아스 즉 자기 조카 요아스를 자기 할머니인 아달랴가 조카들을 죽이는 현장에서 구해낸 것입니다. 살해하려는 자가 할머니이고, 구하는 자가 딸이고, 구해진 자가 할머니의 손자, 구한 자의 조카입니다. 가족끼리 한쪽에서는 죽이고 한쪽에서는 살리고 난리도 아닙니다. 여기까지가 아달랴가 왕이 되는 과정과 육 년을 다스리는 내용에 관한 기록입니다.

여호와의 성전에서

여호와의 성전에서

저와 여러분이 관심을 갖는 부분은 지금부터입니다. 3절을 보시면 "요아스가 그와 함께 여호와의 성전에 육 년을 숨어 있는 동안에 아달랴가 나라를 다스렸더라"입니다. 이것이 참 기가 막힌 이야기입니다. 성경에서 어떤 구절이나 사건 또는 어떤 표현이나 용어를 접했을 때 여러분이 느낌상 익숙한 것과 실제는 차이가 있습니다. 무슨 말이냐면 3절에 '여호와의 성전'이 나옵니다. 당연히 저와 여러분은 여호와의 성전이라는 표현에 익숙합니다. 그래서 여호와의 성전이 등장하면 지금부터 발생하는 일들이 모두 여호와의 뜻에 맞고, 여호와 보시기에 좋은 일들일 것이라는 선입견을 갖기가 쉽지만 실상은 그렇지 않다는 것입니다. 실제로 열왕기서에서 여호와의 성전이 등장하는 것은 매우 오래간만입니다.

성전의 건축에 관한 내용이 열왕기상 5장부터 9장까지 등장하고 스바의 여왕이 찾아와서 성전을 보고 놀랐다는 내용이 10장에 등장한 이후로는 열왕기서에서 여호와의 성전이 사라져 버렸습니다. 북 왕국이야 당연히 지역적으로 예루살렘과 무관하기에 성전이 등장할 이유가 없고 더욱이 초대왕 여로보암이 금송아지를 만들어서 신전에 두었으니 더욱이 성전과 관련된 이야기가 없습니다. 그러나 남 왕국은 사정이 달랐어야 합니다. 남 왕국은 여호와의 성전과 이방신들의 신전과 밀접한 연관이 있었습니다. 여호와의 성전을 세우기까지는 나라가 형통했고 번성했습니다. 성전을 구상한 다윗부터 성전을 건축한 솔로몬에 이르기까지 나라가 국내적으로나 국제적으로나 아주 강성하고 백성들은 나름대로 평안을 누렸습니다. 나라가 형편이 완전히 변한 것은 여호와의 성전과 이방신전을 지은 후부터였습니다. 두 종류의 신전 중에 성경은 여호와의 성전에 대한 규모와 재료를 언급하고 있습니다. 과연 성전과 신전 중에 어느 것이 더 컸는지 궁금합니다. 물론 왕궁이 가장 크고 화려했을 것은 뻔합니다. 이스라엘이 성전을 왜 지었고, 지어진 성전이 이스라엘에게 어떤 의미였는지를 아는 것이 중요합니다.

이스라엘은 애굽에서 사백년을 지내면서 애굽의 종교에 익숙해 있었습니다. 출애굽과 광야 생활을 통해 하나님의 은혜를 받고 계시를 받았지만 이스라엘의 종교관은 쉽게 변하지 않았습니다. 죄인들의 종교관에 여호와의 신앙은 아무래도 어색했습니다. 자기들이 곤고한 입장에 처했을 때에는 비록 어색할지라도 하나님의 은혜를 받아들였고 여호와를 섬기는 시늉을 하기는 했습니다. 그 기간이 출애굽부터 가나안 정착까지였습니다. 그러나 가나안에 정착한 후에는 사사기에서 확인할 수 있듯이 이스라엘은 여호와를 섬기지 않았습니다. 너무나 쉽게 여호와를 버리고, 너무나 간단히, 너무나 빨리 여호와를 떠났습니다. 사사시대에 이스라엘이 간혹이라도 여호와를 찾았던 것은 자기들이 이방의 압제를 받아 더 이상 견딜 수 없을 때 뿐이었습니다. 하나님이 다시 은혜를 주고 다시 은혜를 주었을지라도 결론은 하나님을 잘 섬기겠다는 것이 아니라 다른 나라들과 같이 왕을 달라는 것이었습니다. 결국 이스라엘의 종교관은 애굽의 종교관, 가나안의 종교관, 죄의 종교관을 거의 벗어나지 못했다는 것입니다.

성경에 나타난 하나님과 이스라엘의 관계는 이스라엘이 하나님을 신실하게 섬기는 모습이 아니라 언제나 정반대로 하나님이 신실하게 이스라엘을 도와주는 모습일 뿐입니다. 그런 이스라엘이 여호와의 성전을 짓겠다고 나섰습니다. 하나님이 요구하지도 않았는데, 하나님이 단 한 번도 언급하지 않았는데 이스라엘이 하나님을 위한다고, 하나님의 집을 지어드리겠다고 나섰습니다. 이것이 하나님의 뜻에 의한 것이거나, 하나님을 위한 것이거나, 여호와 신앙의 원리에 맞는 것일 리가 거의 없습니다. 그래서 솔로몬은 오직 유일하신 하나님 여호와의 성전을 짓는다는 개념이 아니라 여러 신전들을 짓는 중에 여호와의 성전도 지었을 뿐입니다. 원래부터 여호와 하나님에 대한 이해가 부족한데다가, 막상 지어놓고 보니 신상이 있는 이방의 신전과 신상도 없는 여호와의 성전은 비교가 되지 않았습니다. 이방의 신전은 그 자체로 종교성이 물씬 풍겨나고 그곳에서 행하는 종교의식은 과연 종교 행위 같아 보였던 것입니다. 여호와의 성전은 짓기는 했는데 거의 쓸모가 없었습니다. 그래서 여호와의 성전을 찾지도 않았고 당연히 열왕기서에 여호와의 성전이 거의 등장하지 않는 것입니다.

왕들의 하나님, 백성들의 하나님

더 중요한 내용이 있습니다. 여호와의 성전이 세워진 장소가 왕궁 옆입니다. 더 나아가 왕실에서 근위병들을 파견하고 순번제로 근무할 사람들을 지정하고, 찬양대를 세우고 완전히 왕실 소속으로 삼아버렸습니다. 이것은 무엇을 의미합니까? 성전이 백성들로부터는 접근자체가 어려워졌고 더 나아가 여호와가 백성들과는 상관이 없는 존재가 되어버렸다는 것입니다. 이것이 하나님의 뜻과는 엄청나게 다른 것입니다. 출애굽기에서 하나님의 말씀과 비교해 보겠습니다. 당시 애굽은 많은 우상들을 섬기고 있었습니다. 우상의 신들은 언제나 지배계층과 연결되어 있습니다. 그래서 바로는 태양신의 아들입니다. 신의 축복을 받은 자는 당연히 강하고 높고 부유하고 큰 것입니다. 우상 신들은 일단 숫자가 많고 당연히 서열이 있습니다. 그때 서열이 높은 신은 당연히 왕이나 귀족들이 섬기는 신이고, 백성들은 당연히 서열이 낮은 신을 섬기는 것입니다. 이렇게 신도 계층화되어 있습니다.

그 시대에 이스라엘이 애굽의 노예였습니다. 애굽은 강대국이고 이스라엘은 노예이니 설령 이스라엘이 어떤 신을 섬길지라도 그 신은 보나마다 서열이 낮은 신이고 약한 신이라는 것이 사람들의 생각입니다. 그때 하나님께서 모세를 찾아오셨습니다. 출애굽을 시켜주겠다는 말씀을 해도 모세도 반가워하지 않고 백성들도 반가워하지를 않습니다. 왜냐하면 가능성이 없기 때문입니다. 모세가 하나님의 이름을 물어보았고 하나님께서 대답해 주셨습니다. 그 후에도 모세도 이스라엘도 전혀 태도가 달라지지 않았습니다. 하나님의 자기소개가 이스라엘의 기대에 미치지 못했기 때문입니다.

두 가지만 확인해 보겠습니다. 하나가 출애굽기 3장 6절 "또 이르시되 나는 네 조상의 하나님이니 아브라함의 하나님, 이삭의 하나님, 야곱의 하나님이니라"입니다. 하나님은 조상들과 약속을 강조하시는 선언이지만 백성들은 맘에 들어 하지 않았습니다. 백성들이 궁금해 한 것은 자기네들의 조상들과의 관계가 아니라 신들의 서열 중에서 조상 뻘 신이냐 아들 뻘 신이냐는 것이었기 때문입니다. 그런데 하나님은 신의 조상, 신의 서열에 대해서는 한 말씀도 하지 않으니까 백성들에게 의미가 없었던 것입니다.

두 번째가 출애굽기 5장 2절과 3절을 보시면 "바로가 이르되 여호와가 누구이기에 내가 그의 목소리를 듣고 이스라엘을 보내겠느냐 나는 여호와를 알지 못하니 이스라엘을 보내지 아니하리라 그들이 이르되 히브리인의 하나님이 우리에게 나타나셨은즉"입니다. 이 말을 듣고 바로는 어이가 없어하고 백성들도 실망을 합니다. 하나님께서 '히브리인의 하나님'이라고 했기 때문입니다. 여기서 말하는 히브리인은 이스라엘 민족을 가리키는 의미도 되고, 신분과 계급적으로 천민, 하층민들을 의미하기도 합니다. 바로의 입장에서는 여호와가 천민의 하나님으로 능력이 없을 것이니 당연히 걱정할 것이 없고, 이스라엘의 입장에서는 여호와가 천민의 하나님이니 자신들의 상황이 개선되어 높아질 것 같은 기대가 생기지 않는 것입니다. 인간들도 모두 크고 강한 신을 선호하듯 이방의 신들도 모두 크고 강한 신을 자처합니다.

그런데 여호와는 이방의 신들과는 완전히 다르게 자신은 왕들의 하나님, 귀족의 하나님이라고 하지 않고 히브리인의 하나님이라고 선언하셨습니다. 하나님이 우상 신과 원천적으로 개념과 원리가 다르다는 것을 분별하셔야 합니다. 하나님은 그렇게 언제나 백성들의 하나님이셨습니다. 그런데 그러한 하나님의 속성, 하나님의 성품을 완전히 뒤집어 놓은 것이 바로 솔로몬이 지은 성전이었고, 그 이후부터 여호와 종교는 백성들의 종교가 아니라 왕실의 종교였고, 여호와는 히브리인의 하나님이나 백성들의 하나님이 아니라 왕의 하나님이었습니다. 이것이 여호와 성전이 만들어낸 또 하나의 하나님에 대한 왜곡이었습니다.

참고적으로 이스라엘의 종교에서 빠지지 않는 것이 산당입니다. 산당은 말 그대로 산에 세워진 당, 언덕에 세워진 제단, 동네 한편에 세워진 신전입니다. 무슨 말입니까? 백성들에게 접근성이 좋았다는 것입니다. 성전은 왕궁 옆에 있고, 왕의 종교이고, 백성들은 갈 수도 없으니 백성의 입장에서는 산당을 찾게 되었던 것입니다. 성전이 만들어낸 종교의 부작용입니다.

엉뚱한 도피처

여호와의 성전이 지어졌지만 정작 성전을 지은 당사자인 솔로몬은 다른 우상 신들도 직수입하였고, 백성들은 성전으로부터 멀어지고 소외되었으니 당연히 열왕기서에 성전 이야기가 등장할 이유가 없었던 것입니다. 하나님이 광야에서 성막을 만들라고 한 것과 솔로몬이 성전을 짓겠다고 한 것은 전혀 차원이 다릅니다. 하나님은 성막이 필요 없지만 백성들의 수준을 생각해서 하나님의 임재를 확인시켜 주기 위해서 성막을 지으라고 하셨을 뿐입니다. 그러나 솔로몬은 자신의 왕권에 걸맞게 자신이 신의 인정을 받았다는 것을 과시하기 위해서 성전을 짓겠다고 한 것뿐입니다. 솔로몬의 입장에서는 자신이 신의 보호를 받는 것이 아니라 여호와가 자기의 후원을 받는다고 생각한 것입니다.

실제로 이스라엘 사람 중에 여호와의 성막이든 여호와의 성전이든 직접 활용한 경우가 거의 없는데 아주 드물게 성막과 관련된 사건과 성전과 관련된 사건이 가뭄에 콩 나듯이 등장합니다. 처음 두 개는 솔로몬의 왕의 등극과 관련됩니다. 아도니야가 왕이 될 것을 선언했다가 다윗이 솔로몬을 왕으로 지정하자 아도니야가 도망을 갑니다. 열왕기상 1장 50절 "아도니야도 솔로몬을 두려워하여 일어나 가서 제단 뿔을 잡으니"입니다. 이어서 열왕기상 2장 28절에 나옵니다. 솔로몬이 왕으로 등극하면서 아버지 다윗에게 받은 살생부를 집행하는 장면입니다. 27절에서 제사장 아비아달을 파면해서 고향으로 유배를 보냈고 이어서 28절 "그 소문이 요압에게 들리매 그가 여호와의 장막으로 도망하여 제단 뿔을 잡으니"입니다. 두 경우 모두 정치판에서 패한 사람이 피난처 또는 도피처로 삼은 곳이 바로 제단 또는 여호와의 성막이었습니다.

이것도 완벽히 이방적 사고방식입니다. 이방 종교에서 신전은 거룩한 곳, 신성한 곳입니다. 그래서 신전에서는 살인을 하면 안 된다는 암묵적 계명이 있고 그래서 살해의 위협을 받을 때 도망하는 곳이 바로 신전이었습니다. 이것은 전적으로 이방적 개념, 우상적 개념이지 절대로 여호와 신앙의 개념이 아닙니다. 하나님은 성막이 세워진 곳은 거룩하고 신성하다고 선언하신 적이 없습니다. 그래서 성막을 지었던 시내산이라든가, 광야에서 성막이 머물렀던 많은 장소들 중에 단 한곳도 신성한 곳으로 기념되는 곳이 없습니다. 다윗이 성막을 예루살렘으로 옮겨오기 전에 성막이 오벧에돔의 집에 석 달을 머물렀지만 오벧에돔의 집이 신성한 곳으로 지정되어 많은 사람들이 방문하는 명소가 된 것이 아닙니다.

하나님은 성막에서는 살인을 저지르면 안 된다고 말씀하신 적이 없고, 살해당할 위협을 받는 사람은 성막으로 피하라고 하신 적도 없습니다. 도리어 살해를 피할 수 있는 곳은 성막이 아니라 도피성이라고 여섯 곳이나 지정해 주셨습니다. 여호와 신앙에서는 성막보다 차라리 도피성이 안전한 곳입니다. 그런데 이스라엘 역사에서 사람이 도피성에 피했다는 기록은 없고 엉뚱하게도 하나님이 말씀하지도 않은 성막으로 피난하는 기록은 나옵니다. 모두 하나님의 말씀이 왜곡되고 변질된 것입니다.

성막과 관련된 도피행각과 유사한 내용이 바로 열왕기하 11장 3절 "요아스가 그와 함께 여호와의 성전에 육 년을 숨어 있는 동안에 아달랴가 나라를 다스렸더라"입니다. 이 구절이 이스라엘과 성전의 관계를 리얼하게 보여줍니다. 한편으로는 성전을 도피처로 삼았다는 것에서 신앙의 왜곡이 드러나고 다른 한편으로는 자그마치 육년 동안 걸리지 않았다는 것이 성전의 실상을 증거하고 있습니다. 이 말은 아달랴 왕이 육년 동안 거의 성전에 와보지 않았다는 것입니다. 그만큼 여호와의 성전이 유다 왕실과 백성들에게 방치되고 있었다는 것입니다. 열왕기상 10장 이후에 참으로 오래간만에 성전이 등장했는데 그 실상이 차마 언급하기조차 민망한 정도입니다.

제가 자꾸 밝히려고 하는 것이 이스라엘의 종교 실상입니다. 이 실상을 알아야 성전을 짓는다는 마음이 무조건 아름다운 마음이 아니라는 것, 여호와의 성전이 등장하고 그곳에서 사건이 발생한다고 모두 정당한 것이 아니라는 것, 여호와의 제사장이 전면에 나선다고 해서 모두 하나님의 뜻에 따른 것이 아니라는 것을 분별해 낼 수 있기 때문입니다. 대부분의 성도님들은 성전 그러면 거룩한 곳, 제사장 그러면 모두 거룩한 사람이라고 생각합니다. 그러니 성전에서 제사장이 하는 일은 모두 옳은 일이라고 생각을 합니다. 그렇지 않습니다. 그 증거가 본문입니다.

왕의 만세

제사장의 정치

열왕기하 11장 4절부터 16절까지는 여호와의 성전에서 여호와의 제사장이 벌이는 희한한 행동이 소개됩니다. 요아스가 신기하게도 여호와의 성전에서 육 년을 발각되지 않고 숨어 지냈고, 드디어 일곱째 해에는 제사장 여호야다가 정치적 작업을 합니다. 4절로 8절에서 일단 안식일 당번과 비번을 모두 불러들여 호위를 하게하고 9절부터 요아스를 왕으로 옹립하는 작업을 합니다. 이 장면에서 하나님은 단 한 말씀도 하신 적이 없습니다. 하나님은 여호야다를 부르지 않았고, 여호야다에게 아달랴는 북왕국 아합 왕의 딸이니 정통성이 없고 아하시야의 아들 요아스가 정통성이 있다고 선언하시지 않았고, 요아스에게 기름을 부어 왕으로 삼으라는 말씀을 하시지도 않았고, 요아스를 왕으로 세우는 일을 성전에서 하면 정당성을 인정받을 것이라는 언질을 주시지도 않았습니다. 이 모든 것은 제사장 여호야다가 벌이는 정치공작일 뿐입니다. 제사장이 벌이는 정치공작을 보여주면서 유다의 여호와 신앙이 얼마나 하나님으로부터 멀리 떨어져 있는가를 증거하고 있는 것입니다.

여호야다는 왕을 세우는 지극히 정치적인 것을 아주 종교적인 것으로 위장을 합니다. 첫 번째가 이 모든 일을 성전에서 행한다는 것입니다. 두 번째가 제사장이 행한다는 것입니다. 세 번째가 10절에 나오는 대로 여호와의 성전에 있는 다윗 왕의 창과 방패를 백부장에게 주는 것입니다. 현재 살아있는 왕은 아달랴로서 혈통이 북 왕국 아합가문입니다. 이것과 극명하게 대조하기 위하여 다윗의 창과 방패를 동원하는 것입니다. 네 번째가 12절

"여호야다가 왕자를 인도하여 내어 왕관을 씌우며 율법책을 주고 기름을 부어 왕으로 삼으매"입니다. 왕이 등극할 때 율법책을 수여하는 것은 전례가 없습니다. 이후에도 이런 모습이 등장하지 않습니다. 도리어 율법책이 성전을 수리하다가 벽에서 발견되는 등 전혀 이스라엘 왕과 백성들 가운데 율법책이 활용된 적이 없습니다. 그런데 느닷없이 여호야다가 왕 즉위식에서 왕관과 함께 율법책을 주고 기름을 붓습니다. 완벽한 정치적, 종교적 쇼입니다. 그 마지막이 "박수하며 왕의 만세를 부르니라"입니다.

여호와의 성전에서 여호와의 제사장이 주도적으로 행하고 여호와의 율법책이 수여되었는데 이 모든 것에서 여호와가 영광을 받으셨다는 느낌이 드십니까? 모든 것이 여호와의 뜻에 따라, 여호와의 말씀대로, 여호와의 방법대로 이루어졌다는 느낌이 드십니까? 이 사건에 나타나는 여호와의 성품, 여호와의 속성, 여호와의 마음, 여호와의 원리가 무엇입니까? 없습니다. 왜냐하면 이 모든 것은 하나님과 전혀 상관이 없기 때문입니다. 물론 여호와께서 친히 왕을 선택하시고 기름을 부어주신 적이 있습니다. 그것은 그 사람을 왕이 될 만 한 사람으로 인정한다는 의미가 아니었습니다. 다양한 종교적 세레모니를 하면 왕권이 강화되고 백성들에게 영향력이 있을 것으로 여기지도 않았습니다. 그래서 하나님이 왕을 세우시는 장면은 일정한 의식이 없습니다.

왕의 만세

다윗의 경우 그냥 집에서 기름부음을 받았고, 여로보암의 경우 그냥 아히야 선지자가 자기가 입은 새 옷을 잡아 열두 조각으로 찢고 그 중에 열 조각을 준 것뿐입니다. 그것도 공개적으로 하지 않고 지극히 사적으로 했습니다. 예후의 경우도 마찬가지입니다. 당시의 가장 유명한 엘리사 선지자가 직접 가지도 않았고 선지자의 제자 중의 한 사람이 가서 일방적으로 기름을 붓고 본인이 줄행랑을 친 것뿐입니다. 이것이 하나님의 방식입니다. 모든 것의 초점이 왕에게 맞추어진 것이 아니었기 때문입니다. 도무지 왕 같지 않은 사람이, 왕의 즉위식과 다른 방식으로 왕이 되는 것입니다. 그러면 모두가 의아해하는 것입니다. 이때 그 사람이 하나님이 자신을 부르신 것, 하나님이 자신을 세우신 것을 선포하고 본인부터 하나님을 의지함으로 모든 사람에게 하나님을 의지하게 하는 것이 본질적 목적이기 때문입니다. 그래서 하나님의 백성은 언제나 '왕의 만세'가 아니라 '하나님 만세, 여호와 만세'를 불러야 맞습니다.

우여곡절 끝에 요아스가 왕이 되는데 그때 나이가 일곱 살입니다. 그런데 신기한 것은 일곱 살짜리가 왕이 되었는데 그때 나라의 모양새가 20절 "온 백성이 즐거워하고 온 성이 평온하더라"입니다. 정치를 안다는 어른들, 인생경험이 많다는 어른들, 지혜롭다는 어른들이 나라를 다스리던 때가 있었습니다. 그때 나라 꼴이 온통 전쟁과 반란과 살인뿐이었습니다. 그런 사람들에 비하면 너무나 어린아이, 경험도 없고, 지혜도 없는 아이가 왕이 되었는데 백성이 즐거워하고 온 성이 평온합니다. 이런 것을 역설이라고 합니다. 조롱 또는 비아냥이라고 합니다. 하나님이 죄인들의 지혜있다는 생각을 깨버리는 것입니다.

하나님이 없는 세상과 하나님을 믿는 기독교는 생각이 다르고 가치가 다르고 원리가 다릅니다. 기독교는 인재를 운운하는 것이 아니고, 리더나 지도자를 운운하는 것이 아니고, 실력이나 능력을 운운하는 것이 아닙니다. 하나님을 아는 것이 지혜요, 하나님의 믿는 것이 정책이요, 하나님을 의지하는 것이 가장 현명한 것입니다. 종교라는 명분이나 종교 행위에 미혹당하면 안 되고, 하나님을 알고 하나님의 마음과 기준과 원리와 방법을 아는 것이 중요합니다. 하나님으로 인한 평안한 신앙생활, 즐거운 교회생활, 행복한 믿음생활 되시기를 주님의 이름으로 축원합니다.

18

여전히 산당에서

왕기하 12 : 1 ~ 21

1 예후의 제칠년에 요아스가 왕이 되어 예루살렘에서 사십 년간 통치하니라 그의 어머니의
이름은 시비아라 브엘세바 사람이더라 2 요아스는 제사장 여호야다가 그를 교훈하는 모든
날 동안에는 여호와 보시기에 정직히 행하였으되 3 다만 산당들을 제거하지 아니하였으므
로 백성이 여전히 산당에서 제사하며 분향하였더라 4 요아스가 제사장들에게 이르되 여호
와의 성전에 거룩하게 하여 드리는 모든 은 곧 사람이 통용하는 은이나 각 사람의 몸값으로
드리는 은이나 자원하여 여호와의 성전에 드리는 모든 은을 5 제사장들이 각각 아는 자에
게서 받아들여 성전의 어느 곳이든지 파손된 것을 보거든 그것으로 수리하라 하였으나 6 요
아스 왕 제이십삼년에 이르도록 제사장들이 성전의 파손한 데를 수리하지 아니하였는지라
7 요아스 왕이 대제사장 여호야다와 제사장들을 불러 이르되 너희가 어찌하여 성전의 파손
한 데를 수리하지 아니하였느냐 이제부터는 너희가 아는 사람에게서 은을 받지 말고 그들
이 성전의 파손한 데를 위하여 드리게 하라 8 제사장들이 다시는 백성에게 은을 받지도 아
니하고 성전 파손한 것을 수리하지도 아니하기로 동의하니라 9 제사장 여호야다가 한 궤를
가져다가 그것의 뚜껑에 구멍을 뚫어 여호와의 전문 어귀 오른쪽 곧 제단 옆에 두매 여호와
의 성전에 가져 오는 모든 은을 다 문을 지키는 제사장들이 그 궤에 넣더라 10 이에 그 궤 가
운데 은이 많은 것을 보면 왕의 서기와 대제사장이 올라와서 여호와의 성전에 있는 대로 그
은을 계산하여 봉하고 11 그 달아본 은을 일하는 자 곧 여호와의 성전을 맡은 자의 손에 넘
기면 그들은 또 여호와의 성전을 수리하는 목수와 건축하는 자들에게 주고 12 또 미장이와
석수에게 주고 또 여호와의 성전 파손한 데를 수리할 재목과 다듬은 돌을 사게 하며 그 성전
을 수리할 모든 물건을 위하여 쓰게 하였으되 13 여호와의 성전에 드린 그 은으로 그 성전의
은 대접이나 불집게나 주발이나 나팔이나 아무 금 그릇이나 은 그릇도 만들지 아니하고 14
그 은을 일하는 자에게 주어 그것으로 여호와의 성전을 수리하게 하였으며 15 또 그 은을
받아 일꾼에게 주는 사람들과 회계하지 아니하였으니 이는 그들이 성실히 일을 하였음이라

16 속건제의 은과 속죄제의 은은 여호와의 성전에 드리지 아니하고 제사장에게 돌렸더라
17 그 때에 아람 왕 하사엘이 올라와서 가드를 쳐서 점령하고 예루살렘을 향하여 올라오고
자 하므로 18 유다의 왕 요아스가 그의 조상들 유다 왕 여호사밧과 여호람과 아하시야가 구
별하여 드린 모든 성물과 자기가 구별하여 드린 성물과 여호와의 성전 곳간과 왕궁에 있는
금을 다 가져다가 아람 왕 하사엘에게 보냈더니 하사엘이 예루살렘에서 떠나갔더라 19 요
아스의 남은 사적과 그가 행한 모든 일은 유다 왕 역대지략에 기록되지 아니하였느냐 20 요
아스의 신복들이 일어나 반역하여 실라로 내려가는 길 가의 밀로 궁에서 그를 죽였고 21 그
를 쳐서 죽인 신복은 시므앗의 아들 요사갈과 소멜의 아들 여호사바드였더라 그는 다윗 성
에 그의 조상들과 함께 장사되고 그의 아들 아마샤가 그를 대신하여 왕이 되니라

여전히 산당에서

종교적 반감

종교적 용어 특별히 기독교의 용어가 세상에서는 별로 긍정적이지 않게 사용되고 있습니다. 가장 대표적으로 '설교'입니다. 기독교에서 설교는 '하나님의 말씀, 진리의 말씀을 선포하는 것'입니다. 그러나 세상에서 설교는 '실제성이 없는 소리', '똑같이 반복되는 지루한 소리'를 의미합니다. 그래서 어느 누구도 '설교 좀 해 봐라' 또는 '설교 좀 해 달라'고 요청하는 경우는 없고, '설교 그만해라, 설교 하지마라'는 간청만 있습니다. 다른 예를 하나 들면, 기독교가 '종교적'이라는 말을 사용한다면 하나님의 마음과 같이 '관용적, 포용적, 개방적'이라는 의미를 담고 싶어 합니다. 그러나 세상에서 '종교적'이라는 말은 '독선적, 폐쇄적, 배타적'이라는 의미가 강합니다. 세상의 모든 종교가 실패해도 기독교는 실패해서는 안 됩니다. 그런데 가장 실패한 종교가 기독교가 되어 가고 있습니다. 물론 하나님은 실패하지 않으시지만 하나님을 믿는 인간들이 실패하고 있습니다.

그러나 저는 기독교에 기대를 겁니다. 왜냐하면 하나님이 일하시고 있기 때문입니다. 애초에 사람에게 기대를 한 적이 없고, 애초에 사람의 지혜와 능력에 일말의 소망을 둔 적이 없기 때문입니다. 상황이 참담할수록 개혁을

외쳐야 하는 것이 아니라 성경을 읽어야 한다고 생각합니다. 목회자들의 부패가 많아질수록 목회자의 자격을 운운할 것이 아니라 성경을 배워야 한다고 생각합니다. 교회가 세상의 조직과 다를 것이 없어 보일 때에 교회의 조직개편이나 합리적 운영을 시도할 것이 아니라 성경을 공부해야 한다고 생각합니다. 기독교는 하나님을 믿는 종교, 하나님의 일하심을 의지하는 종교, 하나님으로 말미암아 인간이 변화되는 종교임을 더욱 분명히 알아야 합니다.

기독교가 하나님을 믿는 종교라면, 설교는 하나님의 말씀인 성경을 읽고, 성경이 무엇을 가르치는지, 하나님의 뜻과 일하심과 결실이 무엇인지를 선포해야 합니다. 마치 인간이 무엇인가를 해 낼 수 있을 것 같이 인간의 열심, 인간의 충성, 인간의 수고를 선동하는 것이 아니라 하나님이 행하신 일, 하나님이 이루어 놓으신 일, 하나님의 결과를 선포해야 합니다. 함께 본문의 의미를 상고해 보겠습니다.

산당의 유래

열왕기하 12장에는 종교적 장소 두 군데가 나옵니다. 하나는 여호와의 성전이고 다른 하나는 산당입니다. 그 중에 산당에 대해 매우 부정적으로 나옵니다. 2절부터 읽어보면 "요아스는 제사장 여호야다가 그를 교훈하는 모든 날 동안에는 여호와 보시기에 정직히 행하였으되 다만 산당들을 제거하지 아니하였으므로 백성이 여전히 산당에서 제사하며 분향하였더라" 입니다. 산당을 제거할 대상으로 보고 있는데 왕에 대한 평가를 할 때마다 산당과 관련하여 이와 유사한 구절들이 열왕기하 14장 4절에 유다의 아마샤 왕, 15장 4절에 유다의 아사랴 왕, 35절에 유다의 요담 왕에 대해 옳게 행하지 않은 것으로 등장합니다. 반대로 열왕기하 18장 22절에서는 유다의 히스기야 왕에 대해 말하는 중에 "히스기야가 그들의 산당들과 제단을 제거하고 유다와 예루살렘 사람에게 명령하기를 예루살렘 이 제단 앞에서만 예배하라 하지 아니하였느냐 하셨나니"라고 히스기야를 높이 평가하는 기준으로 제시됩니다. 이렇게만 보면 산당은 무조건 제거해야 하는 것으로, 아주 부정적인 것으로 인식될 것인데 산당이 처음부터 이렇게 제거해야 하는 대상이었던 것이 아닙니다. 산당의 유래와 역할의 변화를 조금 아셔야 합니다.

창세기에 보면 아브라함이나 이삭, 야곱이 하나님을 만나고, 또는 하나님의 꿈을 꾸거나 말씀을 듣고 난 후에 그곳에 제단을 쌓았다는 기록이 나옵니다. 성경은 이것을 산당이라고 표현하지도 않고, 이것을 잘못된 것이나 우상숭배의 양식이라고 비난하지도 않습니다. 그곳이 신성화되지도 않았고, 그곳에서 정기적으로 제사를 드렸다는 내용도 없습니다. 성경에 산당이라는 표현 또는 단어가 제일 먼저 나오는 곳은 레위기입니다. 이스라엘이 광야에 있을 때에 장차 하나님의 은혜로 가나안에 들어가게 되면 그때 가나안에서 행해야 하는 일들에 대하여 말씀하시면서 하나님의 규례와 계명을 준행할 것을 권고하고, 불순종할 경우를 경고하는 장면에서 나옵니다. 레위기 26장 30절을 보면 "내가 너희의 산당들을 헐며 너희의 분향단들을 부수고"입니다. 만약 이스라엘이 우상을 섬기고 우상을 위한 산당을 세우면 하나님이 산당을 헐어버리겠다는 말씀입니다. 여기서 언급한 산당은 당연히 우상과 연결되어 있습니다.

두 번째가 민수기 22장입니다. 이때도 광야시절인데 모압의 왕 발락이 제사장 발람을 찾아와서 이스라엘을 저주해달라고 요청하는 사건이 일어납니다. 41절에 의하면 그때 제사장 발람이 있는 곳이 '바알의 산당'이라고 나옵니다. 산당이 우상의 신전 또는 우상에게 제사하는 곳이라는 것이 밝혀지는 최초의 언급입니다. 발람이 있던 바알의 산당은 이스라엘이 세운 것이 아니라 말 그대로 발람이 세운 것입니다.

이스라엘과 산당의 연관성은 가나안 지역에 정착한 이후에 발생한 것입니다. 가나안 이후의 이스라엘의 종교 활동에 대해 사사기는 매우 단편적인 설명만 해 줍니다. 여호와의 법궤가 요단강을 건넌 이야기는 나오는데 그 이후에는 거의 언급이 없다가 사무엘 시대에 전쟁에서 패하니까 법궤를 전쟁터로 가지고 갔다고 나옵니다. 평상시에 법궤가 어디에 있었는지는 잘 모릅니다. 법궤를 두려면 당연히 성막을 세웠어야 하는데 가나안에 들어간 후에 성막에 대한 언급은 거의 없습니다. 솔로몬이 왕으로 등극할 때에 제사장 사독이 성막 가운데에서 기름 담은 뿔을 가져다가 솔로몬에게 부었다는 내용으로 성막의 존재가 소개될 뿐입니다.

이스라엘의 산당

사사기에는 산당의 언급이 없다가 사무엘시대에 드디어 산당이 등장합니다. 이스라엘의 종교 활동에 있어서 산당은 처음에는 '우상의 신전'이기보다는 여호와의 성소 또는 여호와께 제사하는 장소의 개념이었던 것 같습니다. 사무엘이 하나님의 제사장으로 활동을 하는데 주요 활동장소가 바로 산당이었습니다. 이스라엘이 왕을 요구하자 하나님께서 사무엘에게 사울에게 기름을 부어 왕으로 삼으라고 말씀하십니다. 사무엘상 9장과 10장을 보면, 나귀를 찾아다니던 사울이 사무엘을 찾아간 곳이 바로 산당이고, 두 사람이 만나서 성읍으로 들어가 기름을 붓고 사무엘이 되돌아간 곳도 산당입니다. 솔로몬도 왕이 된 직후에 기브온에 있는 산당에 올라가서 제사하며 분향하였고, 그 유명한 일천번제 사건이 발생한 곳도 바로 산당입니다. 결국 사사기 시대와 사무엘 시대, 솔로몬 초기 시대에는 산당에 대한 부정적인 언급이 없습니다.

이스라엘에서 산당의 개념이 완전히 달라지는 것, 산당이 우상 숭배의 장소로 등장하는 것은 당연히 성전이 지어진 이후부터입니다. 성전건축에 관한 내용이 열왕기상 5장부터 8장에 나옵니다. 그 이후인 열왕기상 11장 6절과 7절을 보면 "솔로몬이 여호와의 눈앞에서 악을 행하여 그의 아버지 다윗이 여호와를 온전히 따름 같이 따르지 아니하고 모압의 가증한 그모스를 위하여 예루살렘 앞산에 산당을 지었고 또 암몬 자손의 가증한 몰록을 위하여 그와 같이 하였으며"라고 나옵니다. 여호와의 성전이 지어지고 난 이후부터는 여호와의 성전이 아닌 다른 곳, 다른 종교적인 장소나 건물을 산당이라고 부르고, 이때 산당은 우상의 신전을 의미합니다. 솔로몬은 사생활도 매우 복잡했지만 종교적 역할도 매우 복잡했던 사람입니다. 이스라엘 역사에서 최초로 여호와의 성전을 건축한 사람도 솔로몬인데 아이러니하게도 그렇게 여호와의 성전을 지었던 그 사람이 바로 이스라엘 역사에서 최초로 우상의 신전인 산당을 지은 사람이기도 합니다. 그러니 솔로몬을 여호와를 위하고, 여호와 신앙에 신실했다고 해야 할지, 여호와를 버리고 우상 숭배에 몰두했다고 해야 할지 아주 난감합니다.

예나 지금이나 어떤 분야에서 첫발을 떼기가 어렵지 일단 시작을 하고나면 그 다음부터는 쉬운 것이 정설입니다. 산당도 마찬가지입니다. 솔로몬이 죽고 나라가 남과 북으로 갈라지자 남과 북에 각각 산당이 우후죽순으로 세워집니다. 먼저 북 왕국을 보면 열왕기상 12장 28절에 "이에 계획하고 두 금송아지를 만들고 무리에게 말하기를 너희가 다시는 예루살렘에 올라갈 것이 없도다 이스라엘아 이는 너희를 애굽 땅에서 인도하여 올린 신이라 하고 하는 벧엘에 두고 하나는 단에 둔지라"이고 31절에 "그가 또 산당들을 짓고 레위 자손이 아닌 보통 백성으로 제사장을 삼고"입니다. 이미 여호와의 성전이 남 왕국 예루살렘에 세워져 있으니 북 왕국에서 세우는 모든 것은 전부다 우상의 신전 또는 산당이 되는 것입니다.

성전이 없는 북 왕국만 산당을 세웠느냐하면 그렇지 않습니다. 솔로몬이 멀쩡하게 여호와의 성전을 짓고도 우상의 신전인 산당을 세운 전례가 있기에 남 왕국에서도 계속하여 산당이 세워졌습니다. 오래갈 것도 없이 솔로몬이 죽자마다 솔로몬의 뒤를 이어 왕이 된 르호보암 시대부터 산당이 세워지기 시작합니다. 솔로몬의 아들 르호보암 시대를 소개하는 열왕기상 14장 22절 "유다가 여호와 보시기에 악을 행하되 그의 조상들이 행한 모든 일보다 뛰어나게 하여 그 범한 죄로 여호와를 노엽게 하였으니 이는 그들도 산

위에와 모든 푸른 나무 아래에 산당과 우상과 아세라 상을 세웠음이라" 입니다. 지금까지 살펴본 대로 여호와의 성전이 세워진 이후에 뚜렷하게 우상의 신전을 의미하는 산당이 세워지자 그때부터 산당은 여호와의 선지자들에 의해 규탄을 받고, 왕들을 평가할 때 '여호와의 말씀을 따랐는가?'와 더불어 '산당을 제거하였는가?'가 기준으로 등장하기 시작합니다.

강자들의 종교

성전과 산당과 관련해서 아주 특이한 점이 있습니다. 여호와의 성전을 누가 지었고 무엇으로 지었습니까? 다윗과 솔로몬이 지었고, 자신들의 재산으로 지었습니다. 산당들은 누가 지었습니까? 솔로몬 왕이 지었고, 여로보암 왕이 지었고, 르보호암 왕이 지었습니다. 절대로 이스라엘 백성들이 시작한 것이 아닙니다. 왕들은 하나님에게 선택받아서 백성들을 잘 지도하려고 애썼는데 백성들이 무지해서 우상숭배에 빠져든 것이 아닙니다. 왕들은 늘 율법을 묵상하고, 하나님의 말씀대로 행했는데 미련하고 어리석은 백성들이 하나님을 버리고 떠난 것이 아닙니다. 물론 왕이나 백성이나 하나님 앞에 죄인인 것은 같습니다. 그러나 하나님은 왕들에게 더 큰 이적과 계시를 주셨습니다. 왕들이 능력이 있고 자격이 있어서가 아닙니다. 하나님을 알게 하기 위해서였습니다. 다른 사람보다 결코 우월하지 않았던 사람, 왕이 될 만한 자격이나 능력이 없는 사람들이었는데 그들이 왕이 되었으니 그동안 참으로 많은 하나님의 은혜와 도움을 받았습니다. 그렇게 가능성이 없는 사람들이 하나님으로 말미암아 왕이 되었으니 그 누구보다 더욱 하나님을 의지하고, 백성들에게 하나님의 하나님 되심을 강조하고 가르치는 역할을 받은 당사자가 왕이었습니다. 그런데 그 왕이 일단 왕이 되자 하나님을 버리고 우상을 섬기고 산당을 섬기는 주범이 되었습니다. 이것이 죄인의 실체요 죄인의 한계입니다.

왕이 성전을 세우고 산당을 세웠다는 것은 이스라엘에서 여호와이든 우상이든 신들은 이미 강자들의 소유가 되었다는 것을 의미합니다. 이것은 다른 표현으로, 이스라엘의 종교 인식, 이스라엘의 신개념이 완전히 이방 종교, 우상종교 식으로 변해있었다는 것입니다. 하나님은 단 한 번도 인간을 계층으로 구분하신 적이 없고, 더욱이 상류층, 지배계층의 신으로 자신을 소개하신 적이 없습니다. 물론 하나님이 왕을 세우신 적이 있기는 합니다. 그러나 하나님이 왕을 세웠다는 것을 왕을 높은 자리로 세워주시고, 큰 자로 세워주신 것으로 오해하시면 안 됩니다. 도리어 하나님은 왕을 세우실 때에 절대로 세상의 왕들이 갖는 특권을 갖지 말 것을 강력하게 권고하셨습니다. 왕권 강화를 위해 아내를 많이 두는 것, 군사력 강화를 위해 말을 많이 두는 것, 경제 강화를 위해 은금을 많이 가지는 것을 금하실 정도였습니다. 그런데 이스라엘의 왕들은 왕에 대한 개념도, 여호와에 대한 개념도, 신에 대한 개념도 모두 변질시키고 왜곡시켜 버렸습니다. 그것이 성경이 고발하고자 하는 왕정 시대의 실체입니다.

본문 12장 3절에 나오는 '백성이 여전히 산당에서 제사하며 분향하였더라'는 표현은 아주 의미심장한 내용을 담고 있습니다. 산당은 대체로 왕들과 관련이 되어있고, 왕들이 산당을 제거하지 않았다고 책망하는 구절이 많이 나옵니다. 그런데 3절에서 산당은 백성들과 연결되어 있습니다. 이것은 백성들을 책망하는 의미가 아니라 백성들을 불쌍히 여기는 표현입니다. 왕들이 성전을 장악해버려 신에게 접근하기 어렵게 된 백성들이 여기저기 산당을 찾아갈 수밖에 없었다는 것입니다. 백성들의 우상숭배를 꾸짖는 것이 아니라 백성들이 이렇게 하도록 만들어낸 왕들을 책망하는 표현입니다. 그래서 이어지는 내용이 왕들이 얼마나 불신앙적으로 행동했으며, 여호와 보시기에 어이없게 행동했는가가 등장하게 됩니다. 이런 흐름을 아시면서 4절 이하를 보겠습니다.

성전 수리, 약탈

낡은 건물

4절 이하에는 성전의 수리에 관한 내용이 나옵니다. 여러분, 성전이 몇 년에 지어졌고 본문에서 성전은 몇 년 된 건물일까요? 여러분이 그런 내용까지 살펴보기에는 시간이 없으실 것 같아서 제가 설명해 드리겠습니다. 열왕기상 6장 1절을 보면 "이스라엘 자손이 애굽 땅에서 나온 지 사백팔십 년이요 솔로몬이 이스라엘 왕이 된 지 사 년 시브월 곧 둘째 달에 솔로몬이 여호와를 위하여 성전 건축하기를 시작하였더라" 입니다. 역사에서 나름대로 확인되는 연도는 이스라엘이 두 개로 분열된 시기로 대략 주전 930년으로 잡습니다. 솔로몬의 통치를 사십년으로 계산하면 솔로몬이 왕이 된 해가 주전 970년이 되고 사년에 성전 건축을 시작하였으니 주전 966년이 됩니다. 성전 건축이 칠년이 걸렸으니까 주전 959년에 완성이 되었다고 볼 수 있습니다. 그리고 열왕기하 12장에 나오는 요아스가 왕이 된 것이 주전 835년이고 6절에 '요아스 왕 제이십삼년'이라고 하였으니 이때가 주전 812년입니다. 이것을 성전에 적용해보면 성전이 완공된 것은 주전 959년이고 열왕기하 12장이 주전 812년이니까 성전이 지어진지 147년이 지난 것입니다. 여호와의 성전이 147년이 된 낡은 건물이 되었습니다. 물론 기본이 석재건물이라는 것을 염두에 두셔야 합니다.

성전을 지은 후 150여년이 지나는 동안 성전에는 아무 일도 없었고 단지 세월이 지났을 뿐일까요? 성전과 관련하여 6절을 보면 "요아스 왕 제이십삼년에 이르도록 성전의 파손한 데를 수리하지 아니하였는지라" 입니다. 성전이 파손된 적이 있다고 하는데 이와 관련하여 역대하 24장 7절에는 의미심장한 내용이 나옵니다. "이는 그 악한 여인 아달랴의 아들들이 하나님의 전을 파괴하고 또 여호와의 전의 모든 성물들을 바알들을 위하여 사용하였음이었더라" 입니다. 이 여인 아달랴가 요아스 왕의 할머니요, 요아스의 형제들을 모두 멸절시킨 장본인입니다. 요아스가 할머니 아달랴를 피해 6년 동안 성전에 숨어 지내기도 했습니다. 그런데 그 아달랴의 아들들, 다른 말로 하면 요아스의 아버지로서 북 왕국의 새로운 왕 예후에게 몰살당한 아하시야와 그의 형제 사십 이명이 하나님의 전을 파괴하고, 여호와의 전의 모든 성물들을 바알들을 위해 사용하였었다고 합니다. 이런 사건이 있었기에 여호와의 성전 보수가 필요했던 것 같습니다.

성전 수리와 관련하여 본문은 내용이 조금 이상합니다. 먼저 4절과 5절에 의하면 왕이 제사장들에게 성전을 수리하라고 지시를 하였습니다. 그런데 6절을 보면 제사장들이 수리를 하지 않았고 그래서 7절에 왕이 대제사장 여호야다와 제사장들을 불러 '너희가 어찌하여 성전의 파손한 데를 수리하지 아니하였느냐'고 질문을 하니까 8절에 '제사장들이 백성에게 은을 받지도 아니하고 성전 파손한 것을 수리하지도 아니하기로 동의하였다'고 합니다. 이게 도대체 어떻게 된 일일까요? 왜 제사장들은 파업을 할까요?

성전 수리

요아스는 어린 나이에 제사장 여호야다의 도움으로 왕에 등극하였습니다. 이런 상황에서 정치적 실세가 누구였을까요? 왕이 제사장을 통치 했을까요 아니면 제사장이 왕을 조종했을까요? 당연히 제사장들이 왕을 조종했을 것입니다. 그러니 왕이 제사장들에게 하는 말이 통하지 않았던 것입니다. 제사장들의 입장에서는 일곱 살짜리 어린 왕이 이제는 커서 서른 살의 당당한 왕이 되어서 왕을 키워주었던 자신들을 통제하는 것으로 아주 불편하게 생각했을 것입니다. 당연히 왕은 제사장을 제외하고 직접 인부들에게 명령을 합니다. 본문에는 대조해 보아야 할 재미있는 표현이 나옵니다. 6절을 보면 "요아스 왕 제이십삼년에 이르도록 제사장들이 성전의 파손한 데를 수리하지 아니하였는지라"입니다. 그런데 14절을 보면 "그 은은 일하는 자에게 주어 그것으로 여호와의 성전을 수리하게 하였으며 또 그 은을 받아 일꾼에게 주는 사람들과 회계하지 아니하였으니 이는 그들이 성실히 일을 하였음이라" 입니다. 저와 여러분의 예상과는 다릅니다. 제사장들은 성전 수리에 소홀하고 일꾼들은 아주 성실하다는 대조를 통해 제사장들을 비난하고 있습니다.

왕이 이런 조치를 취한다고 해서 왕이 신실하다, 왕이 여호와 신앙을 회복한다고 너무 단순하게 생각하시면 절대로 안 됩니다. 예후의 경우에서도 확인했습니다. 예후가 바알의 선지자들을 모두 모아서 죽였습니다. 바알 종교가 가장 번성한 때가 아합 왕이 속한 오므리 왕조입니다. 당연히 바알 선지자들은 오므리 왕조에게 정당성을 인정해 주었고, 오므리 왕조를 중심으로 일을 했었습니다. 그러니 새로운 왕조를 세운 예후로서는 선대 왕을 지지했던 세력들을 몰살해야 했던 것입니다. 예후는 신앙적인 목적을 가지고 바알 선지자들을 제거한 것이 전혀 아닙니다. 우리나라에서도 고려시대에는 불교를 주로 섬겼습니다. 그러다가 정권이 바뀌어서 조선시대가 되자 '억불 숭유 정책' 즉 불교를 탄압하고 유교를 숭배하는 정책을 펼쳤습니다. 불교가 거짓이고 유교가 진리이기 때문이 아닙니다. 이유는 단순합니다. 정치적으로 새로운 변화를 주기 위한 조치일 뿐입니다.

12장 내에서는 제사장들과 일꾼들이 대조되어 나오지만, 바로 앞장 11장 17절 이하와 대조하면 11장의 제사장들과 12장의 제사장들은 또 완전히 반대입니다. 17절부터 읽어보겠습니다. "여호야다가 왕과 백성에게 여호와와 언약을 맺어 여호와의 백성이 되게 하고 왕과 백성 사이에도 언약을 세우게 하매 온 백성이 바알의 신당으로 가서 그 신당을 허물고 그 제단들과 우상들을 철저히 깨뜨리고 그 제단 앞에서 바알의 제사장 맛단을 죽이니라 제사장이 관리들을 세워 여호와의 성전을 수직하게 하고" 입니다. 한때는 이렇게 성전 중심으로, 성전에 집중했던 사람들인데 동일한 사람들이 12장에서는 성전의 파손한 데를 수리하라는 지시를 거부하고, 심지어는 성전 파손한 것을 수리하지도 아니하기로 했다고 합니다. 그러니까 성경의 한 장면을 보고 신실하다고 판단하면 안 되고, 한 장면을 보고 불신앙이라고 판단하면 안 됩니다. 성경의 큰 그림, 성경의 대조적 양식, 성경의 흐름에서 차지하는 의미 등을 종합해서 분별해야 합니다.

제사장 세력

성경은 절대로 어떤 한 사람을 영웅으로 치켜세우거나 역적으로 몰아내지 않습니다. 성경의 인물은 절대로 특정한 개인이 아니라 모든 죄인의 대표입니다. 그래서 이번에도 제사장들에 대해서 어찌 보면 어이없는 반전을 보여주는 것입니다. 아달랴의 통치에 시달릴 때에는 제사장들이 성전에서 율법 책을 동원하면서까지 힘을 합쳐 반역을 꾀하고 바알의 산당과 제사장들을 다 제거할 할 정도로 여호와께 충성하듯 하더니 바로 다음에는 성전 수리조차 하지 않고 있다고 기록합니다. 그러더니 느닷없이 미장이와 석수가 성실하게 일을 하였다고 합니다. 성경은 요아스 왕의 성전 수리를 소개함으로 제사장들을 부끄럽게 하지만 그렇다고 요아스를 영웅으로 삼지 않고 곧이어 일꾼들을 소개함으로 왕과 제사장들을 부끄럽게 하는 모양새입니다. 그러면 남는 것은 당연히 하나님입니다.

요아스 왕이 제사장들의 저항에도 불구하고 직접 일꾼들을 동원하여 성전을 수리합니다. 그렇다고 요아스가 성전을 사랑하거나 여호와 신앙이 신실한 것이 절대로 아닙니다. 저와 여러분을 놀라게 하는 사건이 바로 이어집니다. 신중하게 살피지 않으면 성경의 이야기가 마치 중구난방인 것처럼 보이고, 도대체 뭔 소리를 하는지 감을 잡기가 힘든 것처럼 여겨집니다. 17절과 18절 "그 때에 아람 왕 하사엘이 올라와서 가드를 쳐서 점령하고 예루살렘을 향하여 올라오고자 하므로 유다의 왕 요아스가 그의 조상들 유다 왕 여호사밧과 여호람과 아하시야가 구별하여 드린 모든 성물과 자기가 구별하여 드린 성물과 여호와의 성전 곳간과 왕국에 있는 금을 가져다가 아람 왕 하사엘에게 보냈더니 하사엘이 예루살렘에서 떠나갔더라" 입니다.

성전 약탈

물론 이것이 최초가 아닙니다. 열왕기상 15장에 보면 유다의 세 번째 왕 아사의 이야기가 나오는데 18절 "아사가 여호와의 성전 곳간과 왕궁 곳간에 남은 은금을 모두 가져다가 그 신하의 손에 넘겨 다메섹에 거주하고 있는 아람의 왕 헤시온의 손자 다브림몬의 아들 벤하닷에게 보내며 이르되" 라고 나옵니다. 이 사건이 단순히 성전 약탈을 넘어서 너무나 기가 막히게 참담한 사건입니다. 그 당시 남 왕국과 북 왕국이 서로 전쟁을 했습니다. 당연히 북 왕국이 조금 강했습니다. 게다가 아람과 북 왕국은 서로 조약을 맺은 상태였습니다. 그러자 절대적으로 약세였던 남 유다의 아사 왕이 아람의 벤하닷에게 뇌물을 주면서 북 왕국과 맺은 약조를 깨달라고 청원하기 위해서 성전을 약탈한 것입니다. 이스라엘에 성전이 존재하는 이유와 정반대가 되는 것입니다. 솔로몬이 성전을 봉헌하면서 하나님께 기도했던 내용과도 정반대가 되는 것입니다.

성전을 건축한 이유는 여호와를 모시기 위해서입니다. 여호와를 모시는 이유는 이스라엘이 어려울 때 여호와에게 도움을 청하기 위해서입니다. 또 솔로몬이 봉헌기도하는 내용 중에 열왕기상 8장 44절 "주의 백성이 그들의 적국과 더불어 싸우고자 하여 주께서 보내신 길로 나갈 때에 그들이 주께서 택하신 성읍과 내가 주의 이름을 위하여 건축한 성전이 있는 쪽을 향하여 여호와께 기도하거든 주는 하늘에서 그들의 기도와 간구를 들으시고 그들의 일을 돌아보옵소서" 라고 했습니다. 여호와를 위한 성전을 지은 목적에 근거하면 바로 지금과 같은 상황에서 여호와의 성전을 향해 기도해야 하고, 하나님께 도움을 구해야 합니다. 그것이 굳이 여호와가 반대하는 성전을 지은 자신들의 목적이었습니다. 그런데 여호와께 구해야 하는 바로 그 순간에 여호와께 구한 것이 아니라, 성전을 향하여 기도한 것이 아니라 정반대로 성전의 은금을 약탈하여 적국의 왕에게 조공을 바쳤습니다. 여호와의 도움으로 적국을 물리친 것이 아니라 여호와의 성전을 약탈하여 적국에게 갖다 바친 것입니다. 이것은 여호와를 두 번 모욕하는 것이었습니다. 이와 똑같은 일이 열왕기하 12장에서 요아스 왕에게서 반복되었습니다. 나라도 아람으로 똑같고, 방법도 똑같습니다.

전쟁을 하다가 패해서 약탈을 당한 것이 아닙니다. 여호와께 도움을 청했지만 여호와가 도와주지 않아서 어쩔 수 없이 빼앗긴 것이 아닙니다. 여호와께 도움을 구하지도 않았고, 성전을 향하여 기도하지도 않은 상태에서 자원하여, 솔선수범하여, 스스로 성전의 은금을 약탈하여 제 손으로 아람의 왕에게 갖다 바친 것입니다. 이것이 이스라엘의 신앙수준입니다. 이것이 다윗의 혈통이요, 다윗 왕의 후손이라는 남 유다의 왕들이 행한 짓들입니다. 정통성이요? 그런 것 없습니다. 북 왕국과 비교해서 남 왕국이 정통성이 없는 정도가 아니라 다윗의 후손끼리도 살인과 반역과 쿠데타가 난무합니다. 20절 "요아스의 신복들이 일어나 반역하여 실라로 내려가는 길 가의 밀로 궁에서 그를 죽였고" 21절 끝에 "그의 아들 아마샤가 그를 대신하여 왕이 되니라"입니다. 이것이 북 왕국이든 남 왕국이든 이스라엘의 실체입니다. 왕의 신실함, 왕의 충성스러움, 왕의 순종을 언급할 내용이 없습니다. 하나님의 은혜, 하나님의 약속이 아니고는 이스라엘의 지속을 언급할 수 없습니다.

인간의 행위

저와 여러분 중에 어떤 분은 한때 충성한다고 했을 때가 있을 것입니다. 너무 교만하지 마시기 바랍니다. 또 어떤 분은 지금 모든 종교적 열정을 내려놓고 조금 쉬시는 분도 있을 것입니다. 너무 좌절하기 마시기 바랍니다. 기독교는 인간의 열심, 인간의 수고를 칭찬하는 종교가 아닙니다. 기독교는 오직 하나님의 은혜, 하나님의 열심, 하나님의 일하심을 선포할 뿐입니다. 그 하나님을 아시고 하나님 때문에 즐거운 믿음생활, 하나님 때문에 행복한 신앙생활 되시기를 주님의 이름으로 축원합니다.

19

언약 때문에

열왕기하 13 : 1 ~ 25

1 유다의 왕 아하시야의 아들 요아스의 제이십삼 년에 예후의 아들 여호아하스가 사마리아
에서 이스라엘 왕이 되어 십칠 년간 다스리며 2 여호와 보시기에 악을 행하여 이스라엘에게
범죄하게 한 느밧의 아들 여로보암의 죄를 따라가고 거기서 떠나지 아니하였으므로 3 여호
와께서 이스라엘에게 노하사 늘 아람 왕 하사엘의 손과 그의 아들 벤하닷의 손에 넘기셨더
니 4 아람 왕이 이스라엘을 학대하므로 여호아하스가 여호와께 간구하매 여호와께서 들으
셨으니 이는 그들이 학대받음을 보셨음이라 5 여호와께서 이에 구원자를 이스라엘에게 주
시매 이스라엘 자손이 아람 사람의 손에서 벗어나 전과 같이 자기 장막에 거하였으나 6 그
들이 이스라엘에게 범죄하게 한 여로보암 집의 죄에서 떠나지 아니하고 그 안에서 따라 행
하며 또 사마리아에 아세라 목상을 그냥 두었더라 7 아람 왕이 여호아하스의 백성을 멸절하
여 타작 마당의 티끌 같이 되게 하고 마병 오십 명과 병거 열 대와 보병 만 명 외에는 여호아
하스에게 남겨 두지 아니하였더라 8 여호아하스의 남은 사적과 행한 모든 일과 그의 업적은
이스라엘 왕 역대지략에 기록되지 아니하였느냐 9 여호아하스가 그의 조상들과 함께 자매
사마리아에 장사되고 그 아들 요아스가 대신하여 왕이 되니라 10 유다의 왕 요아스의 제삼
십칠 년에 여호아하스의 아들 요아스가 사마리아에서 이스라엘 왕이 되어 십육 년간 다스
리며 11 여호와께서 보시기에 악을 행하여 이스라엘에게 범죄하게 한 느밧의 아들 여로보
암의 모든 죄에서 떠나지 아니하고 그 가운데 행하였더라 12 요아스의 남은 사적과 행한 모
든 일과 유다 왕 아마샤와 싸운 그의 업적은 이스라엘 왕 역대지략에 기록되지 아니하였느
냐 13 요아스가 그의 조상들과 함께 자매 이스라엘 왕들과 함께 사마리아에 장사되고 여로
보암이 그 자리에 앉으니라 14 엘리사가 죽을 병이 들매 이스라엘의 왕 요아스가 그에게로
내려와 자기의 얼굴에 눈물을 흘리며 이르되 내 아버지여 내 아버지여 이스라엘의 병거와
마병이여 하매 15 엘리사가 그에게 이르되 활과 화살들을 가져오소서 하는지라 활과 화살
들을 그에게 가져오매 16 또 이스라엘 왕에게 이르되 왕의 손으로 활을 잡으소서 하매 그가

손으로 잡으니 엘리사가 자기 손을 왕의 손 위에 얹고 17 이르되 동쪽 창을 여소서 하여 곧
열매 엘리사가 이르되 쏘소서 하는지라 곧 쏘매 엘리사가 이르되 이는 여호와를 위한 구원
의 화살 곧 아람에 대한 구원의 화살이니 왕이 아람 사람을 멸절하도록 아벡에서 치리이다
하니라 18 또 이르되 화살들을 집으소서 곧 집으매 엘리사가 또 이스라엘 왕에게 이르되 땅
을 치소서 하는지라 이에 세 번 치고 그친지라 19 하나님의 사람이 노하여 이르되 왕이 대여
섯 번을 칠 것이니이다 그리하였더면 왕이 아람을 진멸하기까지 쳤으리이다 그런즉 이제는
왕이 아람을 세 번만 치리이다 하니라 20 엘리사가 죽으니 그를 장사하였고 해가 바뀌매 모
압 도적 떼들이 그 땅에 온지라 21 마침 사람을 장사하는 자들이 그 도적 떼를 보고 그의 시
체를 엘리사의 묘실에 들이던지매 시체가 엘리사의 뼈에 닿자 곧 회생하여 일어섰더라 22
여호아하스 왕의 시대에 아람 왕 하사엘이 항상 이스라엘을 학대하였으나 23 여호와께서
아브라함과 이삭과 야곱과 더불어 세우신 언약 때문에 이스라엘에게 은혜를 베풀며 그들을
불쌍히 여기시며 돌보사 멸하기를 즐겨하지 아니하시고 이 때까지 자기 앞에서 쫓아내지
아니하셨더라 24 아람의 왕 하사엘이 죽고 그의 아들 벤하닷이 대신하여 왕이 되매 25 여호
아하스의 아들 요아스가 하사엘의 아들 벤하닷의 손에서 성읍을 다시 빼앗으니 이 성읍들
은 자기 부친 여호아하스가 전쟁 중에 빼앗겼던 것이라 요아스가 벤하닷을 세 번 쳐서 무찌
르고 이스라엘 성읍들을 회복하였더라

여호와께서 들으셨으니

교회의 의미

기독교에서 교회를 언급할 때는 언제나 교회의 정체성을 우선시, 분명히 해야 합니다. 흔히 하나님이 세우신 교회를 '우주적 교회'universal church라고 하고, 사람이 세우는 교회를 '지역 교회'lorcal church라고 합니다. 신학에서 교회를 언급할 때는 주로 우주적 교회가 강조되고, 목사들이나 성도들이 교회를 언급할 때는 주로 지역교회를 강조합니다. 사람들의 마음에 하나님이 세우신 교회는 이론적 성향이 강하고, 자신들이 출석하는 지역교회는 현실적 성향이 강합니다. 당장 교회를 유지해야 하고, 교회가 부흥해야 하고, 교회가 성장해야 하기 때문입니다. 하지만 지역 교회의 기초, 교회의 뿌리, 교회의 개념에는 언제나 하나님이 세우신 우주적 교회에 대한 이해가 밑바탕이 되어야 합니다.

교회는 하나님이 세우신 기관입니다. 교회를 향한 하나님의 뜻이 있고, 하나님의 능력이 있고, 하나님의 책임이 있습니다. 하나님께서 교회를 세우시고 교회에게 사명을 맡기신 것이 아닙니다. 교회는 하나님의 권위를 위임받아 하나님 대신 세상에서 하나님 역할을 하는 것이 아니며, 하나님을 위해서 하나님의 하수인 노릇을 하는 것도 아닙니다. 이 세상을 위한 하나님의 전략, 하나님의 대안이 교회입니다. 교회를 기획하고 운영하고 책임지시는 분이 하나님이십니다. 교회가 스스로 전략을 세우고, 교회가 어떤 역할을 하고, 교회가 어떤 일을 완수해야 하는 것이 전혀 아닙니다. 교회에서 가장 바빠야 하는 분은 하나님이고, 교회에서 가장 수고해야 하는 분은 하나님이고, 반대로 교회에서 가장 평안과 안식을 누려야 하는 분은 바로 인간입니다. 하나님이 계시고, 하나님이 인간을 위해 세우신 것이 교회이고, 그 결과 하나님의 교회에서 인간이 하나님의 복락을 누려야 하는 것이 교회의 본모습입니다.

교회를 이해하기 위해서 구약의 이스라엘을 잘 점검해야 합니다. 이스라엘은 하나님으로 말미암아 세워진 신앙 공동체입니다. 이스라엘은 혈연집단이 아니고, 민족이나 국가를 의미하지도 않습니다. 인간적 관점에서 이스라엘의 특성을 설명하려면 어떻게도 설명이 되지 않습니다. 인간 중에서 어느 누구도 이스라엘을 세우려고 기획한 사람이 없고, 세상에서 이스라엘의 역할을 수립한 사람이 없습니다. 이스라엘을 지탱하고 보존하려고 노력하는 인간도 존재하지 않습니다. 그래서 인간의 관점에서 이스라엘의 역사를 구성할 수가 없습니다. 이스라엘은 전적으로 하나님으로 말미암아 시작되었습니다. 하나님의 선택, 하나님의 의지, 하나님의 주권에 의한 작품입니다. 그리고 하나님께서 이스라엘에게 맡기신 지상의 사명, 불멸의 사명이 없습니다. 믿음의 조상인 아브람에게도 하나님은 하나님께서 하실 일을 약속하셨을 뿐이지 아브람이 할 일을 명령하지 않았습니다. 이스라엘에게 애굽을 복음화 할 것도, 가나안을 하나님 나라로 만들 것도 언급하신 적이 없습니다.

그래서 실제로 성경을 보면 하나님께서 이스라엘에게 어떤 일을 잘 못한다고, 주어진 역할을 완수하지 못했다고 추궁하는 장면은 단 한 번도 언급되지 않습니다. 동시에 이스라엘 백성 중에 하나님의 백성으로 살기가 너무 버겁다고 말한 사람이 없습니다. 돈이 없으면 이스라엘에 소속하기도 힘들다고 투정을 부린 사람도 없습니다. 하나님을 위해 살면 나는 뭐가 되느냐는 불평한 사람도 없습니다. 하나님이 이스라엘을 힘들게 하지 않았다는 증거입니다. 성경이 보여주는 하나님의 교회, 이스라엘의 모습을 근거로 오늘날 우리들의 교회의 모습을 바로잡아 가야 합니다.

성경의 문학양식

제가 종종 '성경이 재미있다'는 표현을 사용하곤 합니다. 저의 강조점은 '제가 재미있는 이야기를 하겠다'는 것이 아니라 '성경이 재미있다'는 것입니다. 제가 여러분에게 즐거움을 드리기 위해 의도적으로 웃기는 예화를 만들어내는 것이 아니라 성경 자체가 매우 재미있는 구성, 즉 어떨 때는 반전, 어떨 때는 과장, 풍자, 조롱, 역설, 아이러니 등의 문학 양식을 사용하고 있다는 것을 알려드리는 것입니다. 성경을 읽을 때마다 '아, 사건의 순서를 요렇게 구성을 해 놓았구나!, 이야기 배열을 아주 절묘하게 했구나!, 단어나 용어의 선택이나 배치를 희한하게 해 놓았구나!'라고 깜짝 깜짝 놀라는 경우가 한 두 번이 아닙니다.

열왕기하 12장의 사건과 13장의 사건도 그 중의 하나입니다. 비교 또는 대조의 대상은 열왕기하 12장 17~18절의 사건과 13장 2~5절의 사건입니다. 사건이 어떻게 구성되어 있는지 비교점과 공통점 그리고 강조점 등을 조목조목 설명해 보겠습니다. 첫째, 나라가 비교됩니다. 12장은 남 유다에서 발생한 사건이고 13장은 북 이스라엘에서 발생한 사건입니다. 두 나라가 모두 아람과 전쟁을 하는 상황입니다. 아람의 왕은 하사엘로 같은 사람입니다. 북 이스라엘은 더 강력한 나라 또는 더 악질적인 왕과 관련이 되고 남 유다는 그래도 온건한 나라, 온유한 왕과 관련이 된 것이 아니라 똑 같은 나라와 똑 같은 왕과 관련된 상황입니다. 굳이 세밀하게 비교를 하자면 북 이스라엘은 아람과 훨씬 지근거리에 있고 남 유다는 아람과 유다 사이에 북 왕국이 끼여 있어 한차례 완충지대가 있어서 위험이 덜하다고 할 수 있습니다.

둘째, 성전의 유무입니다. 당연히 남 유다에는 여호와의 성전이 있습니다. 당시에는 종교 개념이 이방적, 우상적, 죄적 사고방식에 사로잡혀 있었기에 신은 특정한 나라에 소유되어 있고, 오직 신을 소유한 나라만이 그 신과 소통할 수 있다고 왜곡되어 있습니다. 이러한 사고방식에 의하면 남 유다는 성전에 여호와를 모시고 있기에 여호와를 의지할 수 있습니다. 그러나 북 이스라엘은 여호와의 성전이 없기에 여호와를 부를 수도 없고, 여호와의 도움을 구할 수도 없습니다.

세 번째가 핵심인데 그들이 상황을 분석하고 심도있게 고민하고 결정한 선택이 일반적인 상황이나 예상과 전혀 달랐다는 것입니다. 우선 12장의 남 유다를 보면 18절에 나오는대로 여호와의 성전 곳간의 금을 가져다가 아람 왕 하사엘에게 보냈습니다. 여호와의 성전을 가지고 있었는데 성전을 사용한 유일한 조치가 성전의 금을 가져간 것뿐입니다. 여호와께 기도를 한 것도 아니고, 여호와의 도움을 간청한 것도 아니고, 성전의 모든 제사장들이 결사항전으로 아람의 군대가 성전을 약탈하려는 것을 막아 선 것도 아닙니다. 그렇다고 왕이 성전의 금을 가져가려고 할 때 제사장들이 왕을 막아서며 왕에게 나아가 하나님께 도움을 구하자고 왕을 설득하지도 않았습니다. 여호와의 성전이 아무 의미가 없고, 여호와의 제사장도 아무 의미가 없고, 성전에서 행해지던 여호와의 종교행위도 아무 의미가 없었습니다. 성전의 의미는 달랑 하나 가져갈 금을 보관하고 있는 장소였습니다. 그래서 18절에서는 '성전 곳간'이라는 아주 특이한 용어를 사용합니다. 남 유다에서 여호와의 성전은 단지 곳간이었을 뿐입니다.

여호와께 간구하매

13장은 여호와의 성전이 없는 북 이스라엘의 이야기입니다. 우선 1절을 보시면 "유다의 왕 아하시야의 아들 요아스의 제이십삼 년에 예후의 아들 여호아하스가 사마리아에서 이스라엘 왕이 되어 십칠 년간 다스리며" 입니다. 예후가 오므리 왕조를 멸절하고 반역을 일으킨 후 이십 팔년을 다스린 후에 죽고 그 아들이 새로운 왕이 된 것입니다. 이때 남 유다의 요아스 왕은 삼십 세이고 북 이스라엘의 여호아하스는 몇 살인지 모릅니다. 여호아하스는 북 이스라엘의 왕답게 하나님과 무관하게 행동했습니다. 2절 "여호와 보시기에 악을 행하여 이스라엘에게 범죄하게 한 느밧의 아들 여로보암의 죄를 따라가고 거기서 떠나지 아니하였으므로" 입니다. 당연한 결과가 3절 "여호와께서 이스라엘에게 노하사 늘 아람 왕 하사엘의 손과 그의 아들 벤하닷의 손에 넘기셨더니 아람 왕이 이스라엘을 학대하므로" 입니다.

이것은 새로운 상황이 아니라 북 이스라엘에서는 늘 계속되던 것입니다. 아람과 이스라엘은 언제나 충돌했고 강대국은 아람이었습니다. 아람의 군대장관 나아만이 이스라엘에 오는 것만으로 왕이 벌벌 떨 정도였습니다. 그런데 패할 것 같은 전쟁에서 가까스로 이기든, 기적적으로 이기든, 억지로 이기든 여하튼 이기는 것은 이스라엘이었습니다. 대표적으로 열왕기하 6장에서 본 대로 이스라엘의 성읍이 포위를 당했는데 여호와께서 아람 군대의 눈을 어둡게 해서 이스라엘로 승리하게 하셨고, 7장에서 본대로 또 다시 이스라엘의 수도 사마리아가 포위되어 모두 굶어죽게 되었을 때에 하나님께서 아람 군대로 병거 소리와 말 소리와 큰 군대의 소리를 듣고 용병이 온 줄로 오해하게 하여 도망가게 하심으로 이스라엘이 승리했습니다. 그 후에도 이스라엘과 아람은 계속 전쟁을 해서 예후가 반역을 일으킨 것도 아람과의 전쟁에 나갔을 때입니다. 그 전쟁에서 북 이스라엘의 여호람 왕은 화살에 맞아 부상당했다가 예후의 반역으로 죽임을 당했었습니다. 예후는 북 왕국의 왕도 죽이고 남 왕국의 왕도 죽이고 이래저래 이스라엘의 왕들은 모조리 죽여 버리면서도 정작 아람에게는 꼼짝도 못했습니다.

열왕기하 10장 32절을 보시면 "이 때에 여호와께서 이스라엘에서 땅을 잘라 내기 시작하시며 하사엘이 이스라엘의 모든 영토에서 공격하되", 이 하사엘이 아람의 왕입니다. 33절 "요단 동쪽 길르앗 온 땅 곧 갓 사람과 르우벤 사람과 므낫세 사람의 땅 아르논 골짜기에 있는 아로엘에서부터 길르앗과 바산까지 하였더라" 입니다. 이스라엘이 내전과 반역에 국력을 허비하는 사이에 아람의 왕 하사엘은 북 이스라엘의 많은 영토를 탈취하였고, 더 나아가 남 유다까지 침략하기에 이르렀던 것입니다. 남 유다는 아람의 공세에 제대로 저항 한 번 해보지 못하고 12장에 나오는대로 성전 곳간의 금을 조공으로 드림으로 하사엘 왕을 떠나게 할 수 있었습니다. 그 하사엘이 13장에서 다시 이스라엘을 쳐들어 온 것입니다.

12장과 대조되는 13장 사건의 핵심은 4절입니다. "아람 왕이 이스라엘을 학대하므로 여호아하스가 여호와께 간구하며" 입니다. 중간 설명이 길었습니다만 구체적인 대조만 요약하면 여호와의 성전을 가지고 있었던 유다는 성전 곳간의 금을 가져다가 조공을 바치는 것으로 문제를 해결하려고 했고, 성전이 없었던 북 이스라엘은 여호와께 간구했다는 것입니다. 이것이 단순한 것이 아니라 당시 그들의 사고방식, 종교개념 및 행위에 입각하면 거의 불가능한 것입니다. 그 당시의 종교개념에 의하면 북 이스라엘에는 여호와의 성전이 없습니다. 당연히 여호와를 모시지 않았습니다. 여호와를 부를만한 방법이 없습니다. 아마 처음엔 자신들이 섬기던 신들에게 도움을 청했을 것입니다. 그런데 북 이스라엘이 아람의 침략에 대해 아무런 대책이 없자 자신들의 종교개념과는 완전히 다른 행동, 자신들의 사고방식에 없는 행동을 한 것입니다. 그만큼 속수무책이었다는 의미입니다. 여하튼 성경이 여호와의 성전을 소유한 유다의 왕은 전혀 여호와께 구하지 않았는데 성전도 없는 이스라엘의 왕이 여호와께 간구했다고 대조해 주고 있는 것입니다.

성경의 조크

12장과 13장의 대조는 하나님이 인간을, 성경이 이스라엘을 조롱하는 조크의 성경적 양식입니다. 성경은 표현양식에 있어서 저보다 훨씬 완곡적입니다. 저는 표현을 조금 직설적으로 자주 했습니다. 그래서 종종 성도님들이 혹시 제가 성전에 대해 과하게 부정적이거나, 왕권에 대해 심하게 반대하는 사람으로 오해하기도 합니다. 성경은 상대방을 대놓고 비아냥거리거나 코웃음을 치지 않습니다. 그러나 사실 저와 성경을 비교한다면 성경이 훨씬 더 심하게 표현합니다. 그런데 사람들이 성경의 양식, 성경의 패턴, 성경의 구조, 성경의 표현을 전혀 알아차리지를 못합니다.

본문 13장 4절만 해도 얼마나 신랄합니까? 12장과 13장의 대조로 이스라엘이 칠년 동안 공들여 세운 여호와의 성전을 얼마나 무가치하게 만들고, 허망하게 만들고, 비웃고 있고, 조롱하고 있습니까! 하지만 대부분의 성도님들은 솔로몬이 성전을 지었다는 이야기만 알지 열왕기하 12장과 13장에 이런 이야기가 있다는 것은 거의 모릅니다. 13장에 의하면 성전이 없어도, 제사를 드리지 않아도, 성전을 향하여 기도하지 않아도 충분히 여호와와 교통할 수 있고, 여호와의 은혜를 받을 수 있습니다. 중요한 것은 절대적으로 여호와이지 결코 성전이 아니고, 제사장이 아니고, 제사가 아닙니다.

그런데 오늘날 교회에서는 안타깝게 여전히 구약의 여호와의 성전 중심적 사고가 팽배해 있습니다. 성전이 있어야 신앙적 중심이 잡히는 듯 말하고, 성전을 향하여 기도해야 하나님이 들어주시는 것처럼 강조하고, 다양한 종교적 행위가 진행되어야 신앙이 살아있는 듯 여깁니다. 하나님으로 충분하다는 생각이 없습니다. 그래서 교회가 늘 '무엇이 부족하다'는 투정과, '무엇을 달라'는 구걸만 넘쳐납니다. 장소가 없어서 행사를 못하니 장소를 달라, 교회에 인재가 없어서 일을 못하니 지도자나 리더를 보내 달라, 교회에 돈이 없어서 하고 싶은 일이 진행이 안 되니 제발 돈 많은 성도를 보내 달라는 등입니다. 도대체 그들에게 하나님은 누구이시고, 하나님은 어디계시죠?

여호와께서 들으셨으니

두 장면의 대조는 4절 중간부터 5절에서 대미를 장식합니다. "여호와께서 들으셨으니 이는 그들이 학대받음을 보셨음이라 여호와께서 이에 구원자를 이스라엘에게 주시매 이스라엘 자손이 아람의 손에서 벗어나 전과 같이 자기 장막에 거하였으나"입니다. 여호아하스가 간구하였다는 것이 핵심이 아니라 '여호와께서 들으셨다, 여호와께서 보셨다'는 것이 핵심입니다. 이것이 우상의 종교와 여호와 신앙의 절대적 차이점입니다. 우상의 종교는 언제나 인간의 행동을 강조합니다. 그렇게 인간의 행동을 강조하니까 그 인간이 다른 인간과 차별화, 우열화가 만들어지게 되어 있습니다. 그러나 여호와 신앙은 온전히 여호와의 행동을 강조합니다. 사람 때문에 여호와가 반응한 것이 아니라 도리어 '여호와가 들으시고, 여호와가 보셨다'는 것입니다. 그리고 여호와께서 구원자를 보내신 결과 이스라엘은 아람의 손에서 벗어나 전과 같이 자기 장막에 거하였다는 것입니다. 온전히 여호와의 행동을 강조했기에 인간 영웅이 없고, 인간의 공적이 없고, 인간의 차별화나 우열화가 비집고 들어올 틈이 없습니다. 여호와의 방식이어야 인간이 평화와 연합을 누리며 살 수 있습니다.

기독교가 인간의 행동을 무시하는 것이 절대로 아닙니다. 강조할 만한 행동이 없다는 것일 뿐입니다. 그 증거가 6절입니다. 5절에서 여호와께서 구원자를 보내주시어 문제를 해결해 주셨습니다. 그랬더니 6절 "그들이 이스라엘에게 범죄하게 한 여로보암 집의 죄에서 떠나지 아니하고 그 안에서 따라 행하며 또 사마리아에 아세라 목상을 그냥 두었더라"입니다. 이것이 죄인의 실체, 인간이 주도적으로, 직접적으로 행한 행동입니다. 여호아하스 왕이 4절에서 여호와께 간구한 적이 있고 6절에서 이렇게 행동했습니다. 어느 것이 진실일까요? 당연히 6절입니다. 그냥 6절이 아니라 5절의 은혜를 받았음에도 불구하고 6절입니다. 자기들이 평상시에 여호와를 섬기지 않았음에도 불구하고 단지 간절하다는 이유만으로 여호와께 간구했습니다. 만약 인간의 평상시 행동에 근거한다면 여호와는 도와주시면 안 되는 것이었습니다. 하지만 여호와는 들어주셨습니다. 인간을 사랑하시기 때문입니다. 그랬더니 도움을 받자마다 다시 여호와를 버리고 우상숭배에 빠집니다.

이전에 계속하여 우상을 숭배했지만 도움을 받지 못했습니다. 여호와의 도움을 경험했으니 이제는 우상을 버릴 만도 한데 그러지를 못합니다. 우상 숭배의 결과는 예전이나 지금이나 같습니다. 여호와께 간구하기 이전에도 이스라엘이 적군의 침략을 감당하지 못했었고, 또 다시 우상을 섬길 때의 결과가 7절입니다. "아람 왕이 여호아하스의 백성을 멸절하여 타작마당의 티끌 같이 되게 하고 마병 오십 명과 병거 열대와 보병 만 명 외에는 여호아하스에게 남겨 두지 아니하였더라"입니다. 폭삭 망해버렸습니다. 죄인이 하나님을 배운다는 것이 얼마나 어려운 일인지를 성경을 통해 확인하시면서, 죄인출신이었던 저와 여러분이 하나님을 알고 있다는 것이 얼마나 큰 은혜를 받은 결과인지를 확인하셔야 합니다.

죄인이 얼마나 바보 같은지, 죄인이 얼마나 어쩔 수 없는지가 10절로 12절에 확인됩니다. "유다와 요아스의 제삼십칠 년에 여호아하스의 아들 요아스가 사마리아에서 이스라엘 왕이 되어 십육 년간 다스리며 여호와께서 보시기에 악을 행하여 이스라엘의 범죄하게 한 느밧의 아들 여로보암의 모든 죄에서 떠나지 아니하고 그 가운데 행하였더라 요아스의 남은 사적과 행한 모든 일과 유다 왕 아마샤와 싸운 그의 업적은 이스라엘 왕 역대지략에 기록되지 아니하였느냐"입니다. 여호와가 도와주신 그 많은 은혜의 일을 통해서는 결코 배우지 않고, 여호와의 길로 결코 행하지 않고 계속하여 여로보암의 길로만 행합니다. 아람과의 전쟁에서는 전혀 힘을 쓰지 못하고 벌벌대면서, 같은 형제의 나라인 남과 북은 서로 박 터지게 싸웁니다. 뭐하는 짓입니까? 이것이 죄인의 실체입니다. 저는 왕정사를 볼 때마다 늘 교회가 생각납니다. 교회와 성도가 죄하고는 전혀 싸우지 못하고, 죄에게는 매일 당하면서 목사와 성도가 늘 다투어서 교회가 분란이 나고 세상의 조롱거리가 됩니다. 참 똑같습니다.

언약 때문에

엘리사가 병이 들매

기독교가 인간의 행동에 근거하지 않는다는 사실을 증명해주는 짧은 이야기가 14절에 나옵니다. "엘리사가 죽을 병이 들매"입니다. 이 구절을 보시고 놀래시면 안 되고, 당황하시면 안 됩니다. 그냥 평범하게 받아들이셔야 합니다. '엘리사가 어떤 사람인데, 엘리사가 얼마나 큰일을 많이 했는데, 엘리사가 이스라엘에 공헌 한 것이 얼마나 많은데!' 등의 말을 하시면 안 됩니다. 엘리사는 많은 일을 한 사람이 아니라 많은 은혜를 받은 사람입니다. 평범하게 밭을 갈던 사람이 여호와의 선지자로 선택되었습니다. 하나님의 선택이 은혜입니다. 저와 여러분이 알고 있는 엘리사는 모두 여호와께 선택을 받은 이후, 여호와의 은혜를 받은 이후의 모습입니다. 그러므로 엘리사의 모든 행적에서 여호와를 빼면 엘리사는 아무 것도 남지 않습니다. 그러므로 강조점은 엘리사나 엘리사의 행동이 아니라 모두 여호와입니다.

성경에 등장하는 인물이나 기독교 역사에 등장하는 인물을 평가하는 기준은 오직 하나, 하나님입니다. 그 사람에게서 하나님을 빼고도 이야기가 가능하면 그것은 그 사람이 잘난 것입니다. 그렇다면 그 사람의 모든 행동은 하나님과 무관하고, 기독교와 무관한 그냥 그 사람의 행적입니다. 기독교에서 그 사람을 존경할 이유도 없고, 그 사람을 기억해야할 이유도 없습니다. 반대로 그 사람에게서 하나님을 빼면 이야기가 가능하지 않다면 그 사람은 하나님의 사람이요, 그 사람이 행한 일들은 모두 하나님의 사역입니다. 그렇다면 그 사람은 하나님의 은혜를 받은 사람으로 기억되고, 그 사람을 통해 하나님은 저렇게도 하실 수 있다는 사실을 배우게 되는 것입니다.

제가 앞에서 성경의 구조, 배열, 대조 등의 양식이 매우 기발하다고 했습니다. 여기서 하나를 더 확인해 보겠습니다. 엘리사가 병이 들었습니다. 다른 사람의 모든 문제는 다 해결해 놓고는 정작 자신의 건강은 해결하지 못했습니다. 이것은 엘리사의 무능력을 의미하는 것이 아니라 하나님의 사역이 무엇을 위한 것인지를 알려주는 시금석입니다. 종종 사람들은 하나님이 행하신 일의 의미를 착각합니다. 하나님이 행하신 사역은 모두 계시의 성격을 갖는 것이지 그 일의 신기함, 그 사건의 이적과 기적이 의미를 갖는 것이 아닙니다. 이적을 향한 사람을 신출귀몰한 인물로 만드는 것이 아닙니다. 열왕기서의 사건을 예를 들어 설명을 해 보면, 엘리야가 사르밧 여인에게 통의 가루가 마르지 않고 병의 기름이 마르지 않게 해주기도 했습니다. 엄청난 능력입니다. 그런데 엘리야는 그 능력으로 명성을 얻지도 않았고, 돈을 벌지도 않았습니다. 중요한 것은 엘리야가 그런 능력을 행한다는 사실이 아니라 하나님은 엘리야에게 그런 능력을 행하게 하실 수도 있다는 사실 즉 하나님에 대해서 아는 것입니다.

엘리야나 엘리사 모두 어떤 여인의 아들이 죽은 것을 살려내기도 했습니다. 그렇다고 해서 두 선지자가 당시의 모든 죽은 사람을 살려낸 것이 아닙니다. 죽은 사람을 살려낼 수 있는 능력이 있다고 소문을 내고 그것으로 명성을 얻은 적이 없습니다. 다만 두 사람이 자신들을 통해 죽은 자를 살려내는 하나님을 알게 된 것이고, 당시의 사람들에게 하나님은 죽은 사람도 살려내실 수 있는 능력이 있는 분이기에 온 백성이 그분을 의지하며 그분의 말씀대로 살면 평안과 행복을 누릴 수 있다고 가르칠 수 있었다는 것이 중요합니다. 엘리야나 엘리사는 수차에 걸쳐 패할 것 같은 전쟁을 이기게 한 적이 있습니다. 그렇다고 해서 엘리야나 엘리사가 장군이라는 칭호를 받은 적이 없고, 엄청난 전리품을 가진 적이 없습니다. 중요한 것은 두 사람이 전쟁에 탁월한 소질이 있다는 것이 아니라 하나님은 이스라엘을 사랑하신다는 것과 전쟁에서 승리하는 것을 통해 계속해서 이스라엘을 도와주신다는 사실을 백성들에게 알게 하는 것입니다.

열왕기하 12장과 13장의 사건이 대조가 되었듯이, 13장 내에서는 14절과 21절이 대조가 됩니다. 먼저 14절은 '엘리사가 죽을 병이 들매'이고 그 결과 20절 '엘리사가 죽으니 그를 장사하였고'입니다. 나아만의 문둥병도 고친 엘리사이지만 정작 엘리사가 자신이 죽을 병이 들었을 때에는 병을 고치고 생명을 연장한 것이 아니라 그냥 죽었습니다. 그런데 20절 중간부터 이상한 내용이 나옵니다. "해가 바뀌매 모압 도적 떼들이 그 땅에 온지라 마침 사람을 장사하는 자들이 그 도적 떼를 보고 그의 시체를 엘리사의 묘실에 들이던지매 시체가 엘리사의 뼈에 닿자 곧 회생하여 일어섰더라"입니다. 성경이 얼마나 기가 막힌 지 실감이 나십니까? 하나님께서 엘리사를 살리고자 했으면 엘리사는 죽을 병이 아니라 아예 죽었어도 살려 내실 수 있습니다. 하나님은 엘리사가 살아 있을 때만이 아니라 죽은 엘리사를 통해서도, 단지 엘리사의 뼈를 통해서도 다른 죽은 사람을 살려 내실 수 있습니다.

그런데 엘리사가 죽을 병이 들었을 때 그냥 병으로 죽도록 두셨습니다. 지금 중요한 것은 이스라엘의 영웅, 불멸의 영웅 엘리사가 죽고 않고 오래 오래 살아야 한다는 것이 아닙니다. 엘리사가 이스라엘의 수호신이 아니고, 엘리사가 이스라엘의 책임자가 아닙니다. 중요한 것은 하나님입니다. 이스라엘이 하나님을 알아야 하는 것입니다. 제발 기독교에서 사람의 역할과 하나님의 존재를 혼동하시면 안 됩니다. 기독교는 하나님을 믿는 종교입니다.

언약 때문에

마지막으로, 22절로 25절을 보겠는데 순서를 바꾸어서 보겠습니다. 24절부터 보겠습니다. "아람의 왕 하사엘이 죽고 그의 아들 벤하닷이 대신하여 왕이 되매 여호아하스의 아들 요아스가 하사엘의 아들 벤하닷의 손에서 성읍을 다시 빼앗으니 이 성읍들은 자기 부친 여호아하스가 전쟁 중에 빼앗겼던 것이라 요아스가 벤하닷을 세 번 쳐서 무찌르고 이스라엘 성읍들을 회복하였더라"입니다. 여러분, 재미있지 않습니까? 25절의 주인공이 요아스입니다. 그 요아스가 앞의 10, 11절에 나온 요아스입니다. 다시 읽어볼까요? "유다의 요아스의 제삼십칠 년에" 이 왕 말고 그 다음의 왕이 주인공입니다. 이름이 같다고 혼동하시면 안 됩니다. "여호아하스의 아들 요아스가 사마리아에서 이스라엘 왕이 되어 십육 년간 다스리며 여호와께서 보시기에 악을 행하여 이스라엘에게 범죄하게 한 느밧의 아들 여호보암의 모든 죄에서 떠나지 아니하고 그 가운데 행하였더라"입니다.

이랬던 요아스가 갑자기 개관천선을 했습니까? 느닷없이 환골탈태라도 한 것입니까? 대대로 아람에 꼼짝도 못하더니 갑자기 세상이 경천동지라도 했답니까? 아닙니다. 아람은 동일했습니다. 그것이 22절 "여호아하스 왕의 시대에 아람 왕 하사엘이 항상 이스라엘을 학대 하였으나"입니다. 국력으로 볼 때에 언제나 아람이 이스라엘보다 강했고, 신앙으로 볼 때에 이스라엘은 여호아하스 왕의 시대나 요아스의 시대에 언제나 여호와 보시기에 악을 행했고, 여로보암의 모든 죄에서 떠나지 아니하고 그 가운데서 행했습니다. 이스라엘의 입장에서는 아람을 대적할 수가 없었습니다. 아람으로부터 성읍을 되찾기는커녕 있는 것도 지켜낼 수 없는 상황이었습니다.

해답이 23절 "여호와께서 아브라함과 이삭과 야곱과 더불어 세우신 언약 때문에 이스라엘에게 은혜를 베풀며 그들을 불쌍히 여기시며 돌보사 멸하기를 즐겨하지 아니하시고 자기 앞에서 쫓아내지 아니하셨더라"입니다. 중요한 표현이 '언약 때문에'입니다. 이스라엘이 나라를 지탱하고 있는 것,

이스라엘이 그나마 명맥을 유지하고 있는 것은 오직 하나님이 조상들과 맺은 언약을 기억하시고, 그 언약을 지키시고 계시기 때문입니다. 하나님과 이스라엘이 맺은 언약은 수차에 걸쳐서 나옵니다. 가장 근원적으로는 하나님과 아브람이 맺었습니다. 하나님은 약속을 지키셨습니다. 그 다음에 하나님께서 출애굽한 이스라엘과 시내산에서 두 번이나 맺으셨습니다. 하나님은 그 약속을 지키셨습니다. 그 다음에 이스라엘이 가나안에 정착하였을 때에 여호수아와 함께 세겜에서 언약을 맺었습니다. 하나님은 계속하여 그 약속을 지키셨습니다. 하나님은 늘 하나님이 맺으신 언약을 기억하셨고, 신실하게 언약을 지키셨습니다.

그런데 이상한 것은 이스라엘은 거의 언약을 언급조차 하지 않는다는 사실입니다. 출애굽기 2장에서 이스라엘 백성은 노역에 힘들어하며 부르짖을 때에도 하나님의 언약은 한마디도 언급하지 않습니다. 가나안에 입성할 때 아이 성 전투에서 대패했습니다. 그때에도 하나님께서 땅을 주시겠다는 약속을 왜 지키지 않느냐고 약속을 근거로 하나님께 말하지 않았습니다. 또 가나안에 거주할 때에 수차에 걸쳐 이방의 압제를 받았습니다. 그래서 견디기가 힘들자 하나님께 도와달라고 간구한 적이 여러 번 있었습니다. 하지만 단 한 번도 하나님이 함께 하시겠다는 약속은 어떻게 된 것이냐고 말한 적이 없습니다. 왕정 시대에, 그것이 통일 왕국 시대이든 분열 왕국 시대이든 나라가 위험에 처한 적이 자주 있었습니다. 심지어는 성전의 금을 털어서 조공으로 바쳐야 할 정도로 긴박한 순간도 있었습니다. 하지만 그때에도 하나님이 함께 하시겠다고 하신 언약, 하나님이 이스라엘의 하나님이 되시고 이스라엘은 하나님의 백성이 되어서 하나님이 지켜주시겠다는 언약을 근거로 하나님께 호소한 적이 없습니다.

하나님의 사역

사실 하나님과 이스라엘이 맺은 언약은 하나님에게는 책임을 의미하고 이스라엘에게는 특권을 의미합니다. 이스라엘로서는 언제라도 하나님을 호출하고, 어떤 상황에서라도 하나님의 도움을 받아낼 수 있는 어마어마한 특권을 하나님께로부터 보장받은 것입니다. 그런데 이스라엘은 그것을 모르고 있고, 그것을 사용하지도 않고 있습니다. 그 결과 본인들이 하나님의 평안을 누리지도 못하고, 하나님의 복락을 누리지도 못하고 있습니다. 아마 세상에서 가장 미련한 사람일 것입니다. 더욱 안타까운 것은 구약에 이런 사례가 있는데도 오늘날 성도들도 이스라엘과 동일한 모습을 반복하고 있다는 것입니다. 성경은 아주 단호하게 "여호와께서 조상들과 세우신 언약 때문"이라고 하나님의 책임과 '하나님께서 은혜를 베풀며 그들을 불쌍히 여기시며 돌보사'라고 하나님의 일하심을 강조하고 있습니다. 그런데 오늘날 교회와 성도들은 여전히 성전이 없어서, 탁월한 지도자가 없어서, 리더쉽이 부족해서, 돈이 모자라서 등등의 말도 안 되는 투정과 타령을 하고들 있습니다.

저는 교회는 세상과 다르다는 것을 강조합니다. 세상의 기준과 가치와 방법을 교회에 적용하면 안 됩니다. 이미 세상의 기준으로는 인간이 행복하지 않다는 것이 역사 속에서 입증되었고 지금도 증명되고 있기 때문입니다. 정반대로 기독교의 기준과 가치와 방법, 교회의 원리와 의미가 세상에 적용되어야 합니다. 교회에서 성도들이 평안과 자유와 행복과 연합과 일치를 누리고 있다는 것이 증명되었기 때문입니다. 하나님의 원리와 기준과 방법으로 행할 때에 모든 인간이 서로 사랑할 수 있다는 것이 입증되었기 때문입니다. 교회는 이러한 하나님의 마음, 기독교의 기준, 교회의 원리를 계속하여 유지하여 나갈 것입니다. 하나님의 언약을 굳게 신뢰하며 하나님으로 말미암아 행복을 누리시는 멋진 성도의 삶이 되시기를 주님의 이름으로 축원합니다.

20

기록된 대로

열왕기하 14 : 1 ~ 29

1 이스라엘의 왕 여호아하스의 아들 요아스 제이년에 유다의 왕 요아스의 아들 아마샤가 왕
이 되니 2 그가 왕이 된 때에 나이 이십오 세라 예루살렘에서 이십구 년간 다스리니라 그의
어머니의 이름은 여호앗단이요 예루살렘 사람이더라 3 아마샤가 여호와 보시기에 정직히
행하였으나 그의 조상 다윗과는 같지 아니하였으며 그의 아버지 요아스가 행한 대로 다 행
하였어도 4 오직 산당들을 제거하지 아니하였으므로 백성이 여전히 산당에서 제사를 드리
며 분향하였더라 5 나라가 그의 손에 굳게 서매 그의 부왕을 죽인 신복들을 죽였으나 6 왕
을 죽인 자의 자녀들은 죽이지 아니하였으니 이는 모세의 율법책에 기록된 대로 함이라 곧
여호와께서 명령하여 이르시기를 자녀로 말미암아 아버지를 죽이지 말 것이요 아버지로 말
미암아 자녀를 죽이지 말 것이라 오직 사람마다 자기의 죄로 말미암아 죽을 것이니라 하셨
더라 7 아마샤가 소금 골짜기에서 에돔 사람 만 명을 죽이고 또 전쟁을 하여 셀라를 취하고
이름을 욕드엘이라 하였더니 오늘까지 그러하니라 8 아마샤가 예후의 손자 여호아하스의
아들 이스라엘의 왕 요아스에게 사자를 보내 이르되 오라 우리가 서로 대면하자 한지라 9
이스라엘의 왕 요아스가 유다의 왕 아마샤에게 사람을 보내 이르되 레바논 가시나무가 레
바논 백향목에게 전갈을 보내어 이르기를 네 딸을 내 아들에게 주어 아내로 삼게 하라 하였
더니 레바논 들짐승이 지나가다가 그 가시나무를 짓밟았느니라 10 네가 에돔을 쳐서 파하
였으므로 마음이 교만하였으니 스스로 영광을 삼아 왕궁에나 네 집으로 돌아가라 어찌하여
화를 자취하여 너와 유다가 함께 망하고자 하느냐 하나 11 아마샤가 듣지 아니하므로 이스
라엘의 왕 요아스가 올라와서 그와 유다의 왕 아마샤가 유다의 벧세메스에서 대면하였더니
12 유다가 이스라엘 앞에서 패하여 각기 장막으로 도망한지라 13 이스라엘 왕 요아스가 벧
세메스에서 아하시야의 손자 요아스의 아들 유다 왕 아마샤를 사로잡고 예루살렘에 이르러
예루살렘 성벽을 에브라임 문에서부터 성 모퉁이 문까지 사백 규빗을 헐고 14 또 여호와의
성전과 왕궁 곳간에 있는 금 은과 모든 기명을 탈취하고 또 사람을 볼모로 잡고서 사마리아

로 돌아갔더라 15 요아스의 남은 사적과 그의 업적과 또 유다의 왕 아마샤와 싸운 일은 이
스라엘 왕 역대지략에 기록되지 아니하였느냐 16 요아스가 그의 조상들과 함께 자매 이스
라엘 왕들과 사마리아에 함께 장사되고 그의 아들 여로보암이 대신하여 왕이 되니라 17 이
스라엘의 왕 여호아하스의 아들 요아스가 죽은 후에도 유다의 왕 요아스의 아들 아마샤가
십오 년간을 생존하였더라 18 아마샤의 남은 행적은 유다 왕 역대지략에 기록되지 아니하
였느냐 19 예루살렘에서 무리가 그를 반역한 고로 그가 라기스로 도망하였더니 반역한 무
리가 사람을 라기스로 따라 보내 그를 거기서 죽이게 하고 20 그 시체를 말에 실어다가 예루
살렘에서 그의 조상들과 함께 다윗 성에 장사하니라 21 유다 온 백성이 아사랴를 그의 아버
지 아마샤를 대신하여 왕으로 삼으니 그 때에 그의 나이가 십육 세라 22 아마샤가 그의 조
상들과 함께 잔 후에 아사랴가 엘랏을 건축하여 유다에 복귀시켰더라 23 유다의 왕 요아스
의 아들 아마샤 제십오년에 이스라엘의 왕 요아스의 아들 여로보암이 사마리아에서 왕이
되어 사십일 년간 다스렸으며 24 여호와 보시기에 악을 행하여 이스라엘에게 범죄하게 한
느밧의 아들 여로보암의 모든 죄에서 떠나지 아니하였더라 25 이스라엘의 하나님 여호와께
서 그의 종 가드헤벨 아밋대의 아들 선지자 요나를 통하여 하신 말씀과 같이 여로보암이 이
스라엘 영토를 회복하되 하맛 어귀에서부터 아라바 바다까지 하였으니 26 이는 여호와께서
이스라엘의 고난이 심하여 매인 자도 없고 놓인 자도 없고 이스라엘을 도울 자도 없음을 보
셨고 27 여호와께서 또 이스라엘의 이름을 천하에서 없이 하겠다고도 아니하셨으므로 요
아스의 아들 여로보암의 손으로 구원하심이었더라 28 여로보암의 남은 사적과 모든 행한
일과 싸운 업적과 다메섹을 회복한 일과 이전에 유다에 속하였던 하맛을 이스라엘에 돌린
일은 이스라엘 왕 역대지략에 기록되지 아니하였느냐 29 여로보암이 그의 조상 이스라엘
왕들과 함께 자고 그의 아들 스가랴가 대신하여 왕이 되니라

성경에 등장하는 평가

사람에 대한 평가

열왕기서를 읽으면서 계속 반복적으로 접하게 되는 구절이 왕에 대한 평가입니다. 그런데 이것이 성경에서 매우 독특한 것입니다. 왜냐하면 성경을 보면 일반적으로는 사람에 대한 평가가 없기 때문입니다. 아브라함이 죽은 후에 아브라함의 생애에 대한 요약과 평가가 없습니다. 열왕기서의 양식대로라면 '아브라함은 칠십 오세에 하나님을 만나 백칠십 오세에 죽을 때까지 백 년 동안 이스라엘의 족장으로 있었더라. 아브라함이 여호와 보시

기에 믿음으로 행하였다'라는 기록이 나와야 합니다. 모세에 대해서도 '모세가 팔십 세에 하나님의 부름을 받아 백이십 세에 죽을 때까지 사십년 동안 이스라엘의 지도자로 백성을 인도하였더라. 모세가 여호와 보시기에 말씀대로 행하였으나 반석을 명하여 물을 내라는 것은 어겼더라'라는 묘사가 나와야 합니다. 그런데 평가가 전혀 없습니다.

성경에서 인물의 행적에 대한 평가 또는 그의 사역에 대한 결과를 언급하는 것이 등장하는 것은 사사기부터입니다. 예를 들면, 사사기 3장에서 옷니엘의 사역에 대해 10절에 "여호와께서 메소보다미아 왕 구산 리사다임을 그의 손에 넘겨주시매 옷니엘의 손이 구산 리사다임을 이기니라 그 땅이 평온한 지 사십 년에 그나스의 아들 옷니엘이 죽었더라"입니다. 비슷한 표현이 반복됩니다. 에훗에 대해 3장 30절에 "그 날에 모압이 이스라엘 수하에 굴복하매 그 땅이 팔십 년 동안 평온하였더라", 드보라에 대해 5장 31절에 "그 땅이 사십 년 동안 평온하였더라", 기드온에 대해 8장 28절에 "기드온이 사는 사십 년 동안 그 땅이 평온하였더라" 등입니다. 몇 살에 사사가 되어 몇 살에 죽었다는 생애에 대한 기록이 없고, 그 사사가 여호와 보시기에 어떻게 행동했는지에 대한 언급도 없고 단지 결과만이 '그 땅이 평온하였다'고 기록되어 있습니다.

신앙생활을 시작할 때, 성경에 대해 처음 배울 때에는 내용에 대한 것보다는 기본적인 것을 공부합니다. 예를 들면, 율법서가 몇 권입니까? 다섯 권. 역사서는 어디서 어디까지입니까? 여호수아서부터 에스더까지. 이런 과정이 필요합니다. 하지만 신앙의 연륜이 쌓여 가면 그 다음 단계로 성장 또는 성숙해 가야 합니다. 창세기부터 여호수아서까지에도 하나님께서 부르시고 세우셔서 하나님의 사역에 동참하는 많은 사람이 등장하지만 단 한 명에 대해서도, 단 한 번도 평가가 등장하지 않았습니다. 그런데 사사기에는 등장하는 사사마다 거의 예외없이 사역의 결과가 등장합니다. 신앙생활에 연륜이 있으신 분은 '율법서는 몇 권이냐?'는 질문을 넘어서 '왜 성경의 표현양식이 바뀌어졌는가?'를 궁금해 하셔야 합니다.

사사기를 지나 열왕기서에 오면 또 평가기준, 평가 내용, 표현양식이 달라집니다. 예를 들면 본문 열왕기하 14장 1~4절과 같습니다. 가장 먼저 그 사람의 등장과 가족관계가 소개되고 이어서 통치 기간이 나오고 마지막에 삶에 대한 평가가 나옵니다. 사사들에 대해서는 사사들의 삶에 대한 평가가 나오지 않고 단지 결과가 나오는데, 왕들에 대해서는 왕의 통치, 왕의 삶에 대한 평가만 나오지 결과는 나오지 않습니다. 직접 읽어보면 3절 "아마샤가 여호와 보시기에 정직히 행하였으나 그의 조상 다윗과는 같지 아니하였으며 그의 아버지 요아스가 행한 대로 다 행하였어도 오직 산당들을 제거하지 아니하였으므로"입니다. 사사들에 대해서는 전혀 등장하지 않는 표현 즉 '여호와 보시기에 정직했다, 악했다'는 평가가 왕에 대해서는 매번 등장합니다. 반대로 사사들에 대해서는 언제나 등장했던 '그 땅이 몇 년 동안 평온하였더라'는 표현이 왕에 대해서는 한 번도 등장하지 않습니다. 왜 달라졌을까요? 궁금하지 않으세요? 그냥 율법서가 몇 권인가를 아는 정도로 충분하십니까?

주체의 전환

성경의 전체적인 구조, 성경 이야기가 전개되는 패턴, 스토리가 진행되는 주제, 사건 및 사역을 이끌어 가는 주체들에 대해서 파악하지 않으면 성경의 표현, 성경의 전환을 도무지 분별할 수 가 없습니다. 이런 것들이 분별되지 않으면 성경의 내용, 하나님의 의도는 도무지 헤아리지 못하고 그냥 '기록된 대로', '표현된 대로', '쓰여진 대로'만 읽고 이해하는 소위 '문자주의'를 벗어날 수가 없습니다.

창세기 1, 2장에는 하나님이 창조를 통해 인간을 축복하시는 이야기가 소개되었습니다. 그리고 3장에는 안타깝게도 인간이 하나님을 거부하고 죄인이 되어 죄의 결과에 사로잡히는 모습이 소개되었습니다. 인간이 죄인이 되었기에 하나님께서 죄인을 치유하시고 회복하시는 이야기가 창세기 12장부터 시작됩니다. 창세기 12장은 아브람이 등장하는 곳으로 기억되는 것이 아니라 하나님께서 인간을 구원하기 위하여 직접 사역을 시작하는 곳으로 기억되어야 합니다. 창세기 12장부터 시작된 하나님의 계시사역이 여호수아 24장까지 이어집니다. 이 부분의 핵심은 하나님의 구원 계시이고, 사역의 주체는 하나님이십니다. 그래서 이 부분에 등장하는 사람들에 대해서는 평가가 언급되어야 할 이유가 없습니다. 그 사람들을 부르신 분이 하나님이고, 그들의 사역을 진행하신 분이 하나님이십니다. 하나님이 계획하셨고, 하나님이 일하셨고, 하나님이 완성하셨습니다. 당연히 그 사람들에 대해 평가할 것이 없습니다. 평가를 하려면 하나님을 평가해야 합니다. 하나님의 계획이 과연 합리적이었는지, 하나님의 진행이 과연 옳았는지, 하나님의 성취가 과연 유익한 것인지를 평가해야 합니다. 그래서 사람에 대한 평가가 등장하지 않는 것입니다.

사사기는 성경의 전개에서 중요한 전환점입니다. 창세기부터 여호수아까지가 하나님이 주도하신 양상이었다면 사사기부터는 인간이 주도하는 양상으로 전환됩니다. 그래서 창세기에는 하나님이 아브람을 찾아오셔서 하나님이 행하실 일을 선포하시고, 책임지실 것을 언약으로 맹세하시는 장면이 등장하고, 인간이 어떻게 반응하든 일절 영향을 받지 않으시고 그저 신실하게 하나님의 일을 진행하시고 완성하시는 장면이었습니다. 그러나 사사기부터는 하나님이 먼저 나타나셔서 하나님의 일을 선포하고 언약하시는 장면이 없습니다. 늘 인간이 먼저 행합니다. 그것이 사사기에서는 하나님을 버리고 우상을 숭배하는 모습으로 등장하고, 하나님의 말씀을 떠나서 죄의 원리로 사는 모습으로 등장합니다. 하나님 대신 인간이 주도하는 삶을 살았으면 잘 살았어야 하는데 계속해서 이방의 압제를 받습니다. 하나님께서 그 모습을 보시고 안타까워서 친히 사사를 세우시고 이스라엘을 도와주십니다. 사사를 부르시는 이가 하나님, 사사를 세우시는 이가 하나님, 사사를 통해 역사하시는 이가 하나님이시기에 사사들에 대한 평가가 언급될 이유가 없습니다. 그래서 사사에 대한 개인적인 평가, 사사의 사역에 대한 공과를 언급하는 대신 사사를 통해 이루어진 결과 즉 '그 땅에 평온이 있었더라'만 나오는 것입니다.

왕과 예언자

사사기부터 인간이 주도적으로 행동하기 시작했다고 했는데 사사기에서는 즉흥적으로, 비체계적으로 그때그때 필요에 따라 우상숭배가 주를 이루었다면 왕정시대에는 아예 체계적으로, 제도적으로, 세습적으로 왕이라는 제도를 시작하고 정착시켰습니다. 단순히 왕이라는 인물, 왕이라는 직분이 생겼다는 정도가 아니라 왕정이라는 통치체계를 통해 하나님을 대신하여 인간 스스로의 지혜와 전략, 인간 스스로의 수단과 방법, 인간 스스로의 대책과 대안을 구성하고 정착시켰다는 의미입니다. 성경에서 왕정은 하나님을 대신한 인간 수단의 대표입니다. 왕은 하나님을 대신한 인간의 대표입니다. 왕을 요구한 것도 인간이고, 왕의 역할도 자신들을 위해 싸워야 한다고 인간이 정하였고, 왕을 뽑는 기준도 전쟁을 하기에 적합한 인물이라고 인간들이 세웠습니다. 성경에 한두 명을 제외한 대부분의 왕은 모두 인간이 세웠고, 인간이 세습으로 물려주었고, 심지어는 자기가 하겠다고 쿠데타나 반란을 일으켜서 스스로 왕이 된 사람들입니다. 그래서 하나님의 관점에서, 인간이 스스로 선택한 왕, 인간이 스스로 제안한 수단, 인간이 스스로 행한 일들에 대해 하나님의 평가, 하나님의 판단이 등장하는 것입니다.

구약 후반부에는 예언자들이 등장하여 다양한 사역을 펼칩니다. 예언자들이 누구입니까? 하나님이 부르신 자들, 하나님이 선포할 말씀을 주신 자들입니다. 아브라함이나 모세나 여호수아나 사사들과 같이 하나님이 일하신 자들입니다. 그래서 당연히 예언자들에 대한 평가가 없습니다. 신약으로 가면 제자들이 등장하여 다양한 사역을 펼칩니다. 제자들이 누구입니까? 예수님이 부르신 자들, 예수님이 권능을 주신 자들, 예수님이 복음을 알게 하신 자들, 예수님이 파송하신 자들입니다. 그래서 당연히 제자들에 대한 평가가 없습니다.

여호와 보시기에

평가의 순서

이와 같이 성경의 인물에 대한 평가, 왕정사의 왕에 대한 평가에 대한 기본 개념을 인지하시고 본문을 보겠습니다. 14장 1절에 등장하는 사람은 남 유다의 아홉 번째 왕인 아마샤입니다. 왕정사를 읽다보면 왕정사의 기록양식이 매우 독특하다는 것을 발견하실 수 있습니다. 첫째, 평가와 사역 소개의 순서가 반대로 되어 있다는 것입니다. 직접 읽어보면서 확인해 보겠습니다. 1절과 2절은 왕의 출신과 등극에 대한 소개입니다. "이스라엘의 왕 여호아하스의 아들 요아스 제이년에 유다의 왕 요아스의 아들 아마샤가 왕이 되니 그가 왕이 된 때에 나이 이십오 세라 예루살렘에서 이십구 년간 다스리니라 그의 어머니의 이름은 여호앗단이요 예루살렘 사람이더라." 시작은 일반적입니다.

이어지는 3절과 4절이 왕의 통치에 대한 평가입니다. "아마샤가 여호와 보시기에 정직히 행하였으나 그의 조상 다윗과는 같지 아니하였으며 그의 아버지 요아스가 행한 대로 다 행하였어도 오직 산당들은 제거하지 아니하였으므로 백성이 여전히 산당에서 제사를 드리며 분향하였더라"입니다. 3, 4절을 읽고 이해가 되는 것이 아니라 의문이 나셔야 합니다. 당연히 궁금증이 생겨야 합니다. 왜냐하면 아마샤가 무슨 일을 했는지, 어떻게 살았는지 전혀 모르기 때문입니다. 저와 여러분은 아마샤에 대한 정보를 소개받지 못한 채 평가부터 소개받는 것입니다. 일반적이라면 평가를 내리기 전에 우선 그의 생애, 그의 사역에 대해 소개를 해 주어야 합니다. 그런데 성경은 평가를 먼저 내립니다. 그리고 사역을 소개합니다.

그 사역이 5절 이하입니다. "나라가 그의 손에 굳게 서매 그의 부왕을 죽인 신복들을 죽였으나 왕을 죽인 자의 자녀들은 죽이지 아니하였으니 이는 모세의 율법책에 기록된 대로 함이라 곧 여호와께서 명령하여 이르시기를 자녀로 말미암아 아버지를 죽이지 말 것이요 아버지로 말미암아 자녀를 죽이지 말 것이라 오직 사람마다 자기의 죄로 말미암아 죽을 것이니라 하셨더라 아마샤가 소금 골짜기에서 에돔 사람 만 명을 죽이고 또 전쟁을 하여 셀라를 취하고 이름을 욕드엘이라 하였더니 오늘까지 그러하니라" 입니다. 8절부터 14절까지도 아마샤의 행적입니다. 그리고 15절과 16절이 아마샤에 대한 마지막 정리기사입니다.

제가 왕의 평가에 대한 기록양식이 독특하다고 했는데 어떻게 독특한지 느끼셨습니까? 5절로 7절에 의하면 나름 하나님의 말씀대로 행하려고 노력한 모습이 보이고, 8절로 14절에 의하면 여호와의 성전이 약탈을 당하도록 했고, 아마샤에 대한 기록 전체에서 어디에도 하나님을 의지하고, 하나님께 도움을 구하고, 하나님께 응답하는 등 신앙적인 모습이 없습니다. 아마샤에 대해 어떤 평가를 내려야 할지 조금 난해합니다. 그런데 성경은 맨 앞에 우선적으로 '여호와 보시기에 정직히 행하였으나' 라고 선언해 버립니다. 이것은 선입견 아닐까요? 너무 섣부른 판단이 아닐까요? 그리고 기준이 왜 '여호와 보시기에' 일까요?

여호와 보시기에

왕에 대한 평가의 독특성 두 번째가 바로 평가의 기준이 오직 하나, 달랑 하나 '여호와 보시기에' 뿐이라는 것입니다. 3절에서 아마샤 왕에 대한 평가는 '여호와 보시기에 정직히 행하였으나' 이고, 24절에서 여로보암 2세에 대한 평가는 '여호와 보시기에 악을 행하여' 입니다. 왕에 대한 평가가 아주 의미심장합니다. 왜냐하면 우선 왕을 선정할 때에 자격을 평가하지 않았기 때문입니다. 어떤 사람에 대해 평가를 하려면 우선 그 사람의 역량을 먼저 설정해야 합니다. 아무나 마구잡이로 왕에 앉혀놓고, 왕으로서 준비되지 않은 사람, 왕으로서 자격을 갖추지 않은 사람을 세워놓고 왕답지 않았느니, 왕의 역할을 못했느니, 왕의 위엄을 보여주지 못했다고 평가하면 그것은 무리한 것입니다. 왕에 대한 평가가 왕의 사역에 앞서 등장하는 이유가 바로 이것입니다. 성경에 등장하는 대부분의 왕은 하나님이 세운 것이 아닙니다. 또 하나님이 왕의 자격과 조건을 정해 놓은 것도 아닙니다. 그래서 왕이 되기 위한 자질과 능력과 성품이 전혀 고려되지 않았습니다. 하나님은 그런 기준을 정해놓고, 그런 기준을 적용해본 적이 없습니다. 그렇게 왕이 되기 위한 인간의 자격 조건을 설정하지 않았기 때문에 왕의 평가에 대해서도 왕이 된 후의 업적, 치적, 공적이 전혀 고려되지 않습니다.

인간은 인간을 비교하고 우열을 나눕니다. 더 나은 인간, 더 잘난 인간, 더 능력있는 인간, 더 준비된 인간을 구분합니다. 그리고는 더 나은 인간이 더 잘할 것 같은 기대, 더 잘난 인간이 더 훌륭할 것 같은 기대, 더 능력있는 인간이 더 큰 공헌을 할 것 같은 기대를 갖습니다. 그러나 하나님은 전혀 그렇지 않습니다. 하나님은 인간의 능력에, 인간의 재주에, 인간의 기술에 기대를 거는 것이 없습니다. 하나님이 생각하시는 인간의 행복, 인간의 자유, 인간의 안식은 능력과 재주와 기술과 실력에 좌우되는 것이 아니라 죄를 이기느냐, 하나님의 마음과 기준과 가치와 방법과 원리로 행하느냐에 달려있기 때문입니다. 업적과 치적과 공적은 인간의 마음과 관련이 있는 것이 아니라 대부분 행동의 결과입니다. 그리고 행동의 결과로 인간의 행복이 달라지지 않습니다. 성경이 업적과 치적을 무시하는 것이 절대로 아닙니다. 초점이 업적과 치적에 모아지는 것이 아니라 '마음'에 모아져야 한다는 것입니다. 그래서 성경이 관심을 갖는 것은 왕이 어떤 업적과 공적을 이루었는가가 아니라 '여호와 보시기에 어떠했는가?'입니다. 왜냐하면 여호와의 마음, 여호와의 기준, 여호와가 보는 것은 사람의 마음이기 때문입니다.

종종 성경의 평가 기준 즉 '여호와 보시기에 어떠했는가'에 대해 의문을 품는 분들이 계십니다. 정작 중요한 것은 왕이 인간을 위해 무엇을 해 주었는가, 왕의 통치를 받는 백성, 왕의 다스림을 받는 백성들의 관점에서, 백성들이 어떻게 느끼는가가 기준이 되어야 하는 것이 아닌가 하는 의문입니다. 마치 백성들은 소외되고 하나님이 모든 것을 독점하고 계시는 듯, 사람은 뒤로 제쳐놓고 하나님만 위하면 되는가, 사람은 온데간데없고 온통 하나님을 위한 일만 하는 것이 최상인가 하는 의문입니다. 충분히 일리 있는 의문입니다. 하지만 하나님, 하나님의 뜻, 하나님의 마음, 성경의 의도를 오해한 의문입니다. 왜냐하면 하나님의 최고의 관심, 하나님의 궁극적 목적, 하나님의 본질적 뜻은 모두 인간에게 맞추어져 있기 때문입니다. 하나님의 뜻은 하나님의 영광이 아니라 인간의 행복입니다. 하나님의 목적은 하나님이 예배와 찬양을 받는 것이 아니라 인간이 자유와 안식을 누리는 것입니다. 하나님의 마음은 하나님이 존귀해 지는 것이 아니라 인간이 존귀해 지는 것입니다.

사람에 대해서는

그래서 성경에 등장하는 '여호와 보시기에'라는 표현에 담긴 진정한 의미는 '인간을 위해서'가 되는 것입니다. 여호와 보시기에 좋은 것이 사람에게 가장 좋습니다. 여호와 보시기에 정직한 것이 사람에게 가장 좋습니다. 여호와 보시기에 신실한 것이 사람에게 가장 좋습니다. 여호와 보시기에 흡족한 것이 사람에게 가장 유익합니다. 여호와 보시기에 기쁜 것이 사람에게 가장 기쁨을 줍니다. 여호와 보시기에 의로운 것이 인간에게 가장 정의롭고 정당합니다. 여호와 보시기에 선한 것이 사람에게 가장 평안과 자유로움을 줍니다. 이것이 성경의 기준, 하나님의 기준입니다.

성경에 등장하는 왕들에 대한 평가 중에 사람을 행복하게 하지 않았는데 하나님께서 잘했다고 평가한 적이 없습니다. 사람을 힘들게 하였을지라도 여호와께 제사를 드렸다고 하나님이 기쁘게 받으신 적이 없습니다. 비록 사람에게 고통과 고난이 있었을지라도 하나님께 영광을 드렸다고 하나님이 즐거워하신 적이 없습니다. 사람의 희생과 아픔을 기반으로 한 왕들의 찬양과 경배를 하나님이 하나님께 합당한 존귀로 받으신 적이 없습니다. 비록 전쟁에 패하여 백성의 삶이 곤궁해질지라도 여호와의 성전을 사수하고, 여호와의 영광을 상징하는 성전의 금과 은을 필사적으로 보호했어야 한다는 주장이 없습니다. 도리어 백성의 안녕을 위해 이방의 침입자와 화해를 하기 위한 조치로 성전의 금은을 뜯어다 바쳐도 하나님은 단 한마디도 책망하지 않으셨습니다. 하나님의 영광보다 백성의 안위가 중요하고, 하나님의 존귀보다 백성의 평화와 행복이 중요하기 때문입니다. 이것이 하나님의 마음입니다.

사무엘이 자신의 사역을 정리할 때 마지막으로 물은 것이 사무엘상 12장 3절에 "내가 여기 있나니 여호와 앞과 그의 기름 부음을 받은 자 앞에서 내게 대하여 증언하라 내가 누구의 소를 빼앗았느냐 누구의 나귀를 빼앗았느냐 누구를 속였느냐 내 눈을 흐리게 하는 뇌물을 누구의 손에서 받았으냐" 입니다. 신약에서 사도 바울도 자신의 사역을 마감할 때 마지막으로 질문한 것이 사도행전 20장 33절에 "내가 아무의 은이나 금이나 의복을 탐하지 아니하였고 여러분이 아는 바와 같이 이 손으로 나와 내 동행들이 쓰는 것을 충당하여 범사에 여러분에게 모본을 보였노라" 입니다. 저도 개인적으로 제가 어느 교회의 사역을 마칠 때나, 저의 목회를 마칠 때에 질문하고 싶은 것이 딱 한 가지입니다. '혹시 제가 힘들게 했습니까? 혹시 제가 불편하게 했습니까? 혹시 제가 짐이 되게 했습니까?' 입니다.

세상의 사람들은 공적을 세우는 것을 목적으로 할 때에 하나님의 사람들은 해를 끼치지 않는 것을 사역의 목적으로 삼았습니다. 왜냐하면 인간을 행복하게 하는 것은 하나님이 주신 복락이요, 인간의 할 일은 그 복락을 함께 누리는 것인데 죄의 마음이 자꾸 하나님의 주신 복이 없는 것처럼 간주하고, 마치 인간이 행동을 통해 복을 줄 수 있는 것처럼 미혹하기 때문입니다.

율법에 기록된 대로

반역인가 세습인가

본문을 읽으면서 정말 신중하게 생각해야 한다는 것을 가르쳐주는 귀중한 구절이 있습니다. 5절과 6절에 왕실의 이야기가 나옵니다. 아마샤는 남유다의 아홉 번째 왕입니다. 그의 아버지는 여덟 번째 왕인 요아스입니다. 일반적으로는 선대 왕이 죽고 그의 아들이 왕을 이어받습니다. 하지만 요아스와 아마샤는 자연스럽게 왕위를 세습한 것이 아닙니다. 열왕기하 12장 20절에 의하면 요아스의 신복들 중에 시므앗의 아들 요사갈과 소멜의 아들 여호사바드가 반역을 일으켜서 요아스를 살해했습니다. 그런데 두 사람은 요아스 왕을 살해하고 자신들이 왕으로 등극한 것이 아니라 요아스 왕의 아들 아마샤를 왕으로 세웠습니다. 여러분 이것을 쿠데타라고 해야 합니까 아니면 세습이라고 해야 합니까? 아주 난해합니다. 어쨌든 아마샤의 입장에서는 자신의 아버지가 신하들에 의해 살해를 당한 것입니다.

그래서 취한 조치가 5절과 6절입니다. 5절을 보시면 "나라가 그의 손에 굳게 서매 그의 부왕을 죽인 신복들을 죽였으나"입니다. 요아스 왕을 죽인 신복들의 행동이 난해하기 때문에 그 신복들을 죽인 아마샤의 행동도 해석하기가 아주 난해합니다. 아마샤의 행동은 부왕을 죽인 반역자 또는 원수를 갚은 것입니까 아니면 자신을 왕으로 세워진 자신의 개국공신 또는 충성스러운 신하를 살해한 것입니까? 분명히 5절 초반부에 '나라가 그의 손에 굳게 서매'라고 나옵니다. 처음에 자신이 왕이 되어 나라가 불안정하고 자신의 왕권이 불안정할 때에는 신복들의 도움을 다 받았다가 이제 나라가 자신의 손에 굳게 서고, 왕권이 안정이 되자 자신을 왕으로 세워주고, 자신의 나라가 굳게 설수 있도록 도와준 신복들을 죽인 것으로 이해해야 합니까? 아주 교활한 왕, 신하들을 자신의 목적을 위해서만 이용한 왕, 토사구팽의 원조로 보아야 합니까?

굳이 아마샤 왕과 비교를 하자면 요아스 왕을 죽인 두 신복은 비록 왕을 죽이기는 했지만 자신들이 왕이 되지 않고 왕조를 인정하여 그 아들을 새로운 왕으로 세웠습니다. 자신들이 왕이 되지 않았다는 것은 왕권에 대한 욕심이 없었다고 할 수 있습니다. 새로운 왕조를 세운 것도 아니고 매우 평범하게 선대 왕의 아들을 후계 왕으로 세웠습니다. 이럴 거라면 왜 굳이 왕을 죽였을까요? 왕권에 대한 욕심이 아니라 혹시 왕이 백성을 위하지 않기에, 왕이 백성들에게 행복과 기쁨을 주지 않기에, 혹시 왕이 통치를 너무 잘못하고 있기에 백성들을 위한 선한 마음으로 선대 왕을 살해하고 기대하는 마음으로 후대 왕을 세운 것은 아닐까요? 또는 혹시 요아스 왕이 아람 왕 하사엘의 침입에 대응하지 못하고 성전 곳간의 금을 뜯어다 바치니까 여호와 신앙에 열정이 있던 두 신하가 도무지 왕의 신앙적 배교를 참지 못하고, 불신앙의 왕을 처벌하자는 명목으로 죽인 것은 아닐까요? 물론 역사적 진실은 알려져 있지 않습니다. 성경도 그것을 밝히려고 하지 않습니다.

기록된 대로

저와 여러분이 정말로 신중해야 할 본문은 6절입니다. “왕을 죽인 자의 자녀들은 죽이지 아니하였으니 이는 모세의 율법책에 기록된 대로 함이라 곧 여호와께서 명령하여 이르시기를 자녀로 말미암아 아버지를 죽이지 말 것이요 아버지로 말미암아 자녀를 죽이지 말 것이라 오직 사람마다 자기의 죄로 말미암아 죽을 것이니라 하셨더라”입니다. 한 사람의 행동에 근거하여 주변사람의 행동까지 연결시키는 것을 ‘연좌제’라고 합니다. 성경은 이 제도를 약 삼천년 전에 금지해 놓았습니다. 우리나라의 경우에 공식적으로는 1981년에 연좌제 폐지가 시행되었고, 비공식적으로는 지금도 계속되고 있습니다. 성경이 절대로 시대에 뒤떨어진 옛날 책이나 고전이 아니며, 인간의 현실과 무관한 오직 신에 관해서만 언급하는 종교서적이 아닙니다.

아마샤는 선대 왕의 반역자들을 처벌하면서 '모세의 율법책에 기록된 대로' 행하였다고 합니다. 정말 잘한 것입니다. 사사시대 이후에 이스라엘 백성이 율법책에 기록된 대로 행하였다는 매우 반가운 소식을 정말 오랜만에 접하는 것 같습니다. 아마샤 왕이 율법에 기록된 대로 살인한 자를 죽였고, 천만 다행으로 율법에 기록된 대로 각 사람은 자기의 죄로 말미암아서만 죽도록 했습니다. 그러나 아마샤는 기록된 대로만 행동했지 그 말씀을 기록되게 하신 하나님의 마음과는 다르게 행동했습니다. 자신은 자기 아버지의 원수를 갚았을지 모르지만 또 다른 가정에 아버지가 죽게 만들었고, 또 다른 자녀들의 마음에 불행과 슬픔을 만들어 내었습니다. 더욱 불행한 것은 아마샤 자신도 19절에 기록된 대로 반역한 무리에 의해 죽임을 당했다는 것입니다. 성경에 이름은 나오지 않았지만 아마샤에 의해 죽임을 당한 사람들의 아들들일지도 모릅니다.

제가 신중해야 한다고 자꾸 반복하는 이유는 '모세의 율법책에 기록된 대로'라는 표현과, '모세의 율법책에 기록된 대로' 행동하는 것은 하나님의 관점에서는 최상의 권면이지만 인간의 관점에서는 왜곡될 소지가 가장 많기 때문입니다. 하나님은 언제나 진리를 말씀하셨고, 모든 말씀을 인간에게 유익하도록, 인간이 하나님의 말씀대로 행하여 서로 자유롭고 평안하고 행복한 삶을 살도록 일러 주셨습니다. 그런데 정말 아이러니하게도, 아이러니 정도가 아니라 아주 불행할 정도로 인간의 역사에서 최악의 불행, 최악의 죄악, 최악의 갈등과 분쟁과 다툼은 주로 하나님의 말씀에 근거해서 일어났습니다. 그래서 어떤 인류학자들은 차라리 종교가 없고, 차라리 여호와의 말씀이 없었으면 인간이 행복했겠다고 주장하기도 합니다. 이런 일이 발생하는 이유는 하나님이 말씀을 잘못했기 때문이 아니라 모두 사람들이 하나님의 말씀, 하나님의 뜻, 하나님의 의도, 하나님의 목적을 오해하고,

착각하고 심지어는 왜곡하기 때문입니다.

'기록된 말씀' 정말 중요합니다. 동시에 '기록된 말씀'을 말씀하신 하나님의 의도도 정말 중요합니다. 본문에 나오는 대로, 다른 사람이 아닌 '각 사람마다 자기의 죄로 죽을 것'이면 정말 다행입니다. 그런데 유권해석을 잘못내리면, '다른 사람의 죄 때문에 죽지는 않아야 하지만 죄를 지은 각 사람은 자신의 죄로 인해 죽어야 한다'고 하면 정말 하나님의 뜻과는 다른 것입니다. 분명히 그런 규정이 기록되어 있습니다. 대표적으로 출애굽기 21장 12절 "사람을 쳐 죽인 자는 반드시 죽일 것이나", 15절 이하에 "자기 아버지나 어머니를 치는 자는 반드시 죽일 지니라 사람을 납치한 자가 그 사람을 팔았든지 자기 수하에 두었든지 그를 반드시 죽일 지니라" 입니다. '기록된 대로'를 강조하면 용서도, 배려도, 은혜도, 긍휼도 용납지 않는 징벌처럼, 불문율의 규정처럼 여겨집니다. 만약 어찌어찌한 자는 죽여야 한다는 '기록된 대로' 행하여야 한다면 인간의 삶은 오직 살육만이 반복되는 지옥이 되어버릴 것입니다.

'기록된 대로' 정말 중요합니다. 동시에 매우 중요한 것이 '기록된 말씀'을 주신 '하나님의 뜻, 하나님의 의도'입니다. 복음서에서 유대교가 행한 치명적인 실수가 바로 '모세의 율법책에 기록된 대로'만 행하였기 때문입니다. 인류의 역사에서 기독교가 악행 한 것으로 기억되는 슬픈 역사도 모두 '기록된 대로'만 행하였기 때문이고, 오늘날 여러 교회들에서 서로 갈등과 분쟁과 다툼이 끊이지 않는 것도 서로 '기록된 대로'만 행동하려고 하고 있기 때문입니다.

하나님의 뜻

성도님들께서 제발 성경을 많이 읽고, 성경을 많이 배우시기를 주님의 이름으로 부탁을 드립니다. 성경을 읽어야 하나님의 마음을 알 수 있습니다. 성경을 배워야 하나님의 목적과 의도를 분별 할 수 있습니다. 성경의 말씀,

율법에 기록된 말씀은 모두 인간을 위해서입니다. 만약 율법 때문에 옆 사람을 힘들게 만들 것 같으면 그것은 말씀을 오해한 것입니다. 만약 기록된 말씀 때문에 주변 사람과 갈등이 생기면 그것은 기록된 말씀을 왜곡한 것입니다. 만약 신앙 때문에 삶이 어렵고 부담되고 짐스럽다면 그것은 하나님의 성품, 하나님의 마음을 오해한 것입니다. 본문에 등장하는 '여호와 보시기에'도 철저하게 인간을 위한 여호와의 마음을 기준으로 제시하는 것이며, '율법에 기록된 말씀'도 절대적으로 인간의 자유와 평안과 행복을 위한 것임을 기억하셔야 합니다.

기록된 말씀을 주신 분은 하나님이십니다. 그렇다면 기록된 말씀대로 가장 먼저 행하셔야 할 분이 하나님이십니다. 그러나 하나님은 기록된 말씀대로 행하지 않으신 적도 많으십니다. 인간에게 유익이 되는 경우에는 언제나 기록된 말씀대로 행하셨지만, 인간에게 해가 될 때에는 하나님자신도 기록된 말씀대로 행하지 않았습니다. 하나님이 말씀을 주신 이유가 인간의 행복을 위한 것이기 때문입니다. 말씀 때문에 불행하면 안 되고 행복해야 합니다. 하나님 때문에 두렵고 떨리면 안 되고 자유롭고 평안해야 합니다. 교회 때문에 불편하고 성가시면 안 되고 즐거워야 합니다. 하나님의 말씀을 읽고 배워서 하나님이 주신 은혜와 복으로 말미암아 풍성한 복락을 누리는 삶이 되시기를 주님의 이름으로 축원합니다.

21

반역, 반역, 반역, 반역

열왕기하 15 : 1 ~ 38

1 이스라엘 왕 여로보암 제이십칠년에 유다 왕 아마샤의 아들 아사랴가 왕이 되니 2 그가 왕
이 될 때에 나이가 십육 세라 예루살렘에서 오십이 년간 다스리니라 그의 어머니의 이름은
여골리야라 예루살렘 사람이더라 3 아사랴가 그의 아버지 아마샤의 모든 행위대로 여호와
보시기에 정직히 행하였으나 4 오직 산당은 제거하지 아니하였으므로 백성이 여전히 그 산
당에서 제사를 드리며 분향하였고 5 여호와께서 왕을 치셨으므로 그가 죽는 날까지 나병환
자가 되어 별궁에 거하고 왕자 요담이 왕궁을 다스리며 그 땅의 백성을 치리하였더라 6 아
사랴의 남은 사적과 행한 모든 일은 유다 왕 역대지략에 기록되지 아니하였느냐 7 아사랴가
그의 조상들과 함께 자매 다윗 성에 그의 조상들과 함께 장사되고 그의 아들 요담이 대신하
여 왕이 되니라 8 유다의 왕 아사랴의 제삼십팔년에 여로보암의 아들 스가랴가 사마리아에
서 여섯 달 동안 이스라엘을 다스리며 9 그의 조상들의 행위대로 여호와 보시기에 악을 행
하여 이스라엘로 범죄하게 한 느밧의 아들 여로보암의 죄에서 떠나지 아니한지라 10 야베
스의 아들 살룸이 그를 반역하여 백성 앞에서 쳐죽이고 대신하여 왕이 되니라 11 스가랴의
남은 사적은 이스라엘 왕 역대지략에 기록되니라 12 여호와께서 예후에게 말씀하여 이르
시기를 네 자손이 사 대 동안 이스라엘 왕위에 있으리라 하신 그 말씀대로 과연 그렇게 되니
라 13 유다 왕 웃시야 제삼십구년에 야베스의 아들 살룸이 사마리아에서 왕이 되어 한 달 동
안 다스리니라 14 가디의 아들 므나헴이 디르사에서부터 사마리아로 올라가서 야베스의 아
들 살룸을 거기에서 쳐죽이고 대신하여 왕이 되니라 15 살룸의 남은 사적과 그가 반역한 일
은 이스라엘 왕 역대지략에 기록되니라 16 그 때에 므나헴이 디르사에서 와서 딥사와 그 가
운데에 있는 모든 사람과 그 사방을 쳤으니 이는 그들이 성문을 열지 아니하였음이라 그러
므로 그들이 그 곳을 치고 그 가운데에 아이 밴 부녀를 갈랐더라 17 유다 왕 아사랴 제삼십
구년에 가디의 아들 므나헴이 이스라엘 왕이 되어 사마리아에서 십 년간 다스리며 18 여호
와 보시기에 악을 행하여 이스라엘로 범죄하게 한 느밧의 아들 여로보암의 죄에서 평생 떠

나지 아니하였더라 19 앗수르 왕 불이 와서 그 땅을 치려 하매 므나헴이 은 천 달란트를 불
에게 주어서 그로 자기를 도와 주게 함으로 나라를 자기 손에 굳게 세우고자 하여 20 그 은
을 이스라엘 모든 큰 부자에게서 강탈하여 각 사람에게 은 오십 세겔씩 내게 하여 앗수르 왕
에게 주었더니 이에 앗수르 왕이 되돌아가 그 땅에 머물지 아니하였더라 21 므나헴의 남은
사적과 그가 행한 모든 일은 이스라엘 왕 역대지략에 기록되지 아니하였느냐 22 므나헴이
그의 조상들과 함께 자고 그의 아들 브가히야가 대신하여 왕이 되니라 23 유다의 왕 아사랴
제오십년에 므나헴의 아들 브가히야가 사마리아에서 이스라엘 왕이 되어 이 년간 다스리며
24 여호와께서 보시기에 악을 행하여 이스라엘로 범죄하게 한 느밧의 아들 여로보암의 죄
에서 떠나지 아니한지라 25 그 장관 르말랴의 아들 베가가 반역하여 사마리아 왕궁 호위소
에서 왕과 아르곱과 아리에를 죽이되 길르앗 사람 오십 명과 더불어 죽이고 대신하여 왕이
되었더라 26 브가히야의 남은 사적과 그가 행한 모든 일은 이스라엘 왕 역대지략에 기록되
니라 27 유다의 왕 아사랴 제오십이년에 르말랴의 아들 베가가 이스라엘 왕이 되어 사마리
아에서 이십 년간 다스리며 28 여호와께서 보시기에 악을 행하여 이스라엘로 범죄하게 한
느밧의 아들 여로보암의 죄에서 떠나지 아니하였더라 29 이스라엘 왕 베가 때에 앗수르 왕
디글랏 빌레셀이 와서 이욘과 아벨벳 마아가와 야노아와 게데스와 하솔과 길르앗과 갈릴
리와 납달리 온 땅을 점령하고 그 백성을 사로잡아 앗수르로 옮겼더라 30 웃시야의 아들 요
담 제이십년에 엘라의 아들 호세아가 반역하여 르말랴의 아들 베가를 쳐서 죽이고 대신하
여 왕이 되니라 31 베가의 남은 사적과 그가 행한 모든 일은 이스라엘 왕 역대지략에 기록되
니라 32 이스라엘의 왕 르말랴의 아들 베가 제이년에 유다 왕 웃시야의 아들 요담이 왕이 되
니 33 나이가 이십오 세라 예루살렘에서 십육 년간 다스리니라 그의 어머니의 이름은 여루
사라 사독의 딸이더라 34 요담이 그의 아버지 웃시야의 모든 행위대로 여호와께서 보시기
에 정직히 행하였으나 35 오직 산당을 제거하지 아니하였으므로 백성이 여전히 그 산당에
서 제사를 드리며 분향하였더라 요담이 여호와의 성전의 윗문을 건축하니라 36 요담의 남
은 사적과 그가 행한 모든 일은 유다 왕 역대지략에 기록되지 아니하였느냐 37 그 때에 여호
와께서 비로소 아람 왕 르신과 르말랴의 아들 베가를 보내어 유다를 치게 하셨더라 38 요담
이 그의 조상들과 함께 자매 그의 조상 다윗 성에 조상들과 함께 장사되고 그 아들 아하스가
대신하여 왕이 되니라

마음이 교만하여

왕조의 기간

혹시 열왕기가 왜 이렇게 길으냐고 물으시는 분이 계시다면 열왕기상이 스물두 장, 열왕기하가 스물다섯 장으로 총 마흔일곱 장이지만 그 기간은

솔로몬이 즉위하는 대략 주전 970년경부터 남 유다가 멸망하는 주전 586년까지 장장 385년에 걸친 이야기라는 것을 기억해 달라고 부탁을 드리겠습니다. 북 이스라엘의 경우는 209년 동안 열아홉 명의 왕이 통치했고, 남 유다의 경우는 385년 동안 스무 명의 왕이 통치했습니다. 하나만 말씀드리면 감이 오지 않으니까 우리나라와 비교해 드리겠습니다. 조선시대는 1392년부터 1910년까지 518년간 지속되었고, 그동안 스물일곱 명의 왕이 있었습니다. 조선왕조가 이스라엘 왕조보다 기간이 약 130년 정도 더 깁니다. 왕의 총 수는 이스라엘이 많지만 분열된 두 나라를 합쳐서 그렇고 남 유다만 놓고 따진다면 조선 왕조가 역사가 긴 만큼 왕도 아홉 명 정도 더 많습니다.

역사 기록으로 비교를 해보면 성경에 왕정사에 대한 기록은 열왕기 상하 단 두 권입니다. 절대로 많은 분량이 아닙니다. 물론 성경에 남 유다에는 유다 왕 역대지략이 있었고, 북 이스라엘에는 이스라엘 왕 역대지략이 있다고 소개되고 있는데 실제로는 남아 있지 않습니다. 천만 다행입니다. 그것이 남아 있었으면 저희가 읽어야할 본문이 훨씬 더 많았을 것입니다. 상대적으로 조선왕조의 왕들에 대한 기록으로는 조선왕조실록이 남아 있습니다. 그 분량이 1,893권 888책으로 어마어마합니다. 열왕기를 읽을 때 절대로 왜 이렇게 길고 지루하냐고 하시면 안 됩니다. 평상시에 왕정사를 읽거나 배울 기회가 많지 않으니까 이렇게 강해를 할 때 나중에라도 도움이 되도록 자꾸, 반복해서 역사를 설명 드리는 것입니다.

그나마 기쁜 소식을 한 가지 전해드린다면 본문 15장에 왕이 자그마치 아홉 명이 등장한다는 것입니다. 불과 서른여덟 절에 해당하는 짧은 장인데 남 유다에는 열 번째 왕 아사랴와 열한 번째 왕 요담, 열두 번째 왕 아하스가 등장하고 북 이스라엘에는 열네 번째 왕 스가랴, 열다섯 번째 왕 살룸, 열여섯 번째 왕 므나헴, 열일곱 번째 왕 브가히야, 열여덟 번째 왕 베가, 열아홉 번째 왕 호세아가 등장합니다. 짧은 본문에 많은 왕이 등장한다는 것은 그만큼 별다른 특이한 사항이 없다는 것이고, 각 왕에 대해 아주 간략하게만 다루었다는 것입니다. 그렇다고 열왕기하 15장이 다루는 기간이 짧은 것은 아닙니다. 1절에 나오는 아샤라가 왕으로 등극하는 때가 주전 796년이고 38절에 아하스가 왕으로 등극하는 때가 주전 735년이니까 대략 61년의 세월이 흘러가는 것입니다. 61년을 불과 서른여덟 절로 정리했다는 것은 성서 기자가 내용을 줄이고 줄이는 수고를 한 것입니다. 우리는 열왕기 기자에게 감사해야 합니다. 대신 열왕기 기자가 간략하게 줄여놓은 것을 저는 조금 늘여보겠습니다. 아홉 명의 왕을 일일이 살펴볼 것은 아니고요, 대표로 유다의 아사랴 왕을 조금 이야기하고, 나머지 이스라엘의 왕들은 뭉뚱거려서 한꺼번에 설명해 보겠습니다.

아사랴의 등극

1절은 "이스라엘 왕 여로보암 제이십칠년에 유다 왕 아마샤의 아들 아사랴가 왕이 되니 그가 왕이 될 때에 나이가 십육 세라 예루살렘에서 오십이 년간 다스리니라"입니다. 본문에 등장하는 아마샤가 유다의 아홉 번째 왕이고 아들 아사랴가 열 번째 왕입니다. 아버지가 죽고 아들이 왕위를 이어받은 것이지만 과정은 순탄하지 않았습니다. 열 번째 왕 아사랴를 기준으로 아버지가 아홉 번째 왕 아마샤, 할아버지가 여덟 번째 왕 요아스, 증조할아버지가 여섯 번째 왕 아하시야인데 증조 할아버지 때부터 이 집안에 액운이 끼었습니다. 제명에 죽지 못하고 모두 살해를 당합니다. 열왕기하 9장 27절 이하에 의하면, 여섯 번째 왕 아하시야는 북 왕국이 아람과 전쟁하는 곳에 따라갔다가 하나님에 의해 북 왕국의 새로운 왕으로 세워진 예후에게 죽임을 당합니다. 단지 아하시야 왕 한 사람만이 아니라 형제 사십 이명이 모두 예후에게 몰살을 당합니다.

왕과 형제들이 몰살을 당해 왕가에 위기가 닥쳤을 때 엎친데 덮친 격으로 더 심한 재앙이 발생합니다. 아하시야의 어머니인 아달랴가 왕의 자손을 모두 죽여 버린 것입니다. 열왕기하 11장에 의하면, 아달랴는 자기 아들과 형제들이 자기의 고국인 북 왕국의 쿠데타 세력에 의해 죽임을 당한 것을 보고 손자들과 자손들을 보호한 것이 아니라 아예 직접 나서서 왕실의 혈통을 모조리 제거해 버리고 스스로 이스라엘 역사의 최초이자 유일한 여왕이 되어 칠년을 다스렸습니다. 아달랴의 손에서 유일하게 살아남은 사람이 여덟 번 째 왕 요아스였습니다. 육년을 성전에 숨어서 지내다가 왕으로 등극할 때에 요아스를 왕이 되도록 힘을 쓴 제사장 여호야다의 무리가 아달랴를 왕궁에서 죽였습니다. 아하시야와 형제들이 예후에게 죽임을 당했고, 왕의 자손들이 아달랴에게 죽임을 당했고, 아달랴는 제사장 무리들에게 죽임을 당했습니다. 제명에 사는 사람이 없습니다.

열왕기하 12장에 의하면 아달랴를 죽이고 왕이 된 요아스는 신복들에 의해 살해를 당합니다. 그 동안 죽은 사람들은 그래도 다른 나라의 왕이나 같은 왕족에게 죽임을 당했는데 요아스는 유다에서 처음으로 신하에게 죽임을 당하게 됩니다. 무슨 이유인지는 몰라도 열왕기 기자는 이 신복들이 시므앗의 아들 요사갈과 소멜의 아들 여호사바드였다고 이름까지 밝혀 놓았습니다. 아이러니한 것은 이 신복들은 비록 왕을 죽였을지라도 스스로 왕이 되지 않고 왕의 아들 중에서 아마샤를 골라 새로운 왕으로 세웁니다. 이 아마샤는 자기의 나라가 안정이 되었을 때에 나쁜 쪽으로 생각하면 자기 아버지를 죽인 사람들이요, 좋은 쪽으로 생각하면 자기를 왕으로 세워준 신복들을 죽여 버립니다. 아마샤가 아버지를 죽인 신복들을 죽인 사건에 대해 왕이 생각한 것과 다른 신하들이 생각한 것은 서로 달랐던가 봅니다. 왕의 입장에서는 원수를 갚은 것인데 신하들의 입장에서는 자신을 왕으로 세워준 충신을 배반한 것입니다. 이런 왕을 신뢰할 수 없었나 봅니다.

그래서 열왕기하 14장 19절을 보면 "예루살렘에서 무리가 그를 반역한고로 그가 라기스로 도망하였더니 반역한 무리가 사람을 라기스로 따라 보내 그를 거기서 죽이게 하고"입니다. 아마샤 왕도 신하들에 의해 죽임을 당한 것입니다. 이렇게 줄줄이 살해를 당하는 과정에서 15장 1절의 아사랴가 열 번째 왕이 되는 것입니다. 북 왕국에서는 신하들이 반역을 일으키고 스스로 왕이 되는 것이 관례인데, 남 왕국에서는 신하들은 왕을 죽일 뿐 스스로 왕이 되지 않습니다. 그래서 아마샤를 죽인 신하들도 스스로 왕이 되지 않고 아마샤의 아들 아사랴를 왕으로 세워주었습니다. 아사랴는 평탄하게 왕권을 물려받은 것이 아니라 계속되는 살해와 반역의 현장에서 신하들에 의해 왕으로 세워진 사람입니다.

나병환자가 되어

왕의 이름이 아사랴로 나오는데 여러분은 이 왕을 다른 이름으로 알고 계실 것입니다. 그 이름이 '웃시야'입니다. 혹시 이사야 예언자가 환상을 보는 사건을 기억하신다면 그 사건이 이사야 6장에 나오는데 1절에 '웃시야 왕이 죽던 해에'라고 나옵니다. 동일인에 대한 이름이 두 개이니까 동일이명입니다. 여하튼 본문 5절에는 웃시야 왕에 대한 유일한 일화가 나옵니다. "여호와께서 왕을 치셨으므로 그가 죽는 날까지 나병환자가 되어 별궁에 거하고 왕자 요담이 왕궁을 다스리며 그 땅의 백성을 치리하였더라"입니다. 성경에 나병에 관한 이야기가 가끔 등장하는데 레위기를 제외하면 유독 열왕기서에 나병에 관한 이야기가 많이 나옵니다. 민수기 12장에 보면 미리암이 모세가 구스 여인을 취한 것에 대해 비방한 후에 나병에 걸려 눈과 같이 되었다는 이야기가 있습니다.

그 다음에 열왕기하 5장에 아람의 군대장관 나아만이 나병환자로서 병을 고치기 위해 이스라엘로 온 이야기가 있고, 그 병을 고쳐준 엘리사의 시종장 게하시가 좇아가서 뇌물을 받았다가 나병이 들었다는 이야기도 있습니다. 열왕기하 7장에 이스라엘의 수도 사마리아가 아람 군대에 포위되어 모두 굶어죽게 되었을 때에 아람 군대가 물러갔다는 아름다운 소식을 들려준 사람들이 성 밖에 있던 네 명의 나병환자였습니다. 그리고 15장 5절에 아사랴 왕이 나병에 걸렸다는 이야기가 나옵니다. 그리고는 구약에 나병환자에 대해 언급이 없다가 복음서에서 나병환자가 예수께 나아와 고침을 받았다는 이야기가 나옵니다.

나병에 관련된 이야기는 아주 신중하게 다루어야 할 필요가 있습니다. 성경에는 두 부류의 나병환자들이 등장하는 셈입니다. 하나는 아예 처음부터 나병환자로 등장하는 경우이고 다른 하나는 원래는 나병환자가 아니었는데 후에 나병이 들게 된 경우입니다. 제가 신중해야 한다고 말씀드리는 이유는 나중에 나병에 걸린 경우가 모두 특별한 케이스와 연관이 되어 있기 때문입니다. 미리암은 모세를 비방했다가 나병에 걸렸고, 게하시는 하나님이 치유하신 일에 대하여 자신이 뇌물을 받았다가 나병에 걸렸고, 아사랴는 여호와께 분향하는 규정을 어겼다가 나병에 걸렸습니다. 마치 세 경우 모두 하나님이 하시는 일에 불순종하거나 반항하다가 나병에 걸린 것처럼 보입니다. 성경에 기록된 대로, 문자적으로만 보면 '하나님께 불순종하면 나병에 걸린다'고 말할 수도 있을 것처럼 보입니다. 그러나 그렇게 주장해서는 안 됩니다. 왜냐하면 미리암이나, 게하시나, 아사랴보다 더 심하게 하나님께 불순종한 사람이 있는데 그들은 나병에 걸리지 않았기 때문입니다.

대표적인 사람이 북 왕국의 초대 왕 여로보암입니다. 여로보암은 왕정사에서 여호와 보시기에 악하게 행동한 근원이자, 불멸의 영향력을 끼친 영원한 악인입니다. 모든 왕의 평가기준에 여로보암이 제시될 정도의 악당입니다. 그런데 나병은커녕 아프지도 않았고, 반역을 당하지도 않았고 왕으로서 22년이나 통치하고 아주 자연스럽게 아들에게 왕위를 물려주고 죽었습니다. 이스라엘의 선지자의 대표 격인 엘리사도 죽을 병이 들어서 죽었는데 여로보암은 나병은 고사하고, 죽을 병은 고사하고, 무병장수했습니다. 또 다른 예가 다윗입니다. 다윗은 한 때는 '하나님 마음에 합한 자'라는 평가를 받았지만 나중에는 '여호와를 업신여겼다'는 비난을 받기도 했습니다. 그럼에도 불구하고 나병에 걸리지 않았습니다. 또 제사장 엘리의 아들들은 '여호와의 제사를 멸시하였다'는 평가를 받기도 했지만 나병에 들지도 않았습니다. 다윗이나 엘리의 아들들의 행실이 미리암이나 게하시보다 결코 덜하다고 할 수 없을텐데 결과는 전혀 달랐습니다.

정치적 갈등

아사랴의 행적에 대해 역대하 26장에 약간의 힌트가 나옵니다. 16절을 보면 "그가 강성하여지매 그의 마음이 교만하여 악을 행하여 그의 하나님 여호와께 범죄하되 곧 여호와의 성전에 들어가서 향단에 분향하려 한지라" 입니다. 강조되는 표현은 '그가 강성하여지매'와 '마음이 교만하여' 입니다. 앞에서 아사랴 왕의 아버지, 할아버지, 증조 할아버지까지의 살육당한 내력을 설명드려야 했던 이유가 바로 이것입니다. 그 동안 유다의 왕권이 얼마나 허약했었는지를 아셔야 아사랴의 행동을 분별할 수 있습니다. 아사랴의 할아버지 요아스의 경우에도 처음에는 제사장 여호야다의 도움을 받아 일곱 살 때에 왕이 되었습니다. 당연히 스스로 통치를 하기보다는 여호야다와 신하들의 세력이 더 강했을 것입니다. 요아스가 장성하였을 때에 열왕기하 12장에서 확인한대로 제사장들에게 성전을 수리하라고 지시하였습니다. 이렇게 제사장들과 충돌한 요아스는 성전 금을 약탈하여 아람에게 조공을 드렸고, 후에 신하들에게 죽임을 당했습니다.

그리고 아마샤가 등극하였고 아마샤의 행동이 변한 시점이 '나라가 그의 손에 굳게 서매' 입니다. 자신이 힘이 없었을 때에는 숨죽여 지내다가 자신에게 힘이 생겼을 때에는 마음껏 힘을 활용했다는 것입니다. 그렇게 힘을 활용하던 아마샤가 또 다시 신복들에 의해 살해를 당하고 새로 왕으로 등극한 사람이 바로 아사랴요, 왕이 될 때 나이가 십 육세였습니다. 신복들에 의해서 왕으로 세워졌으니 당연히 신복들의 눈치를 보고, 신복들에게 휘둘렸을 것입니다. 그 신복들이 단순히 행정을 맡은 신복들이기 보다는 아버지 요아스를 할머니 아달랴의 손으로부터 보호해주고 직접 왕으로 세워주었던 제사장집단이었을 가능성이 높습니다. 그래서 성전 수리에 관해서 왕은 제사장들에게 명령하고, 제사장은 수리를 하지 않겠다고 거부하는 갈등이 벌어지고 왕은 성전의 곳간을 약탈하는 사건이 발생하기까지 했습니다.

이런 배경을 가지고 아사랴가 다시 신복들에 의해 왕위에 올랐으니 기를 펴지 못했을 것입니다. 그러다가 역대하 16절에 나오는 것처럼 '그가 강성하여지매'가 된 것입니다. 아마도 권력의 중심이 신복들이나 제사장 쪽에서 왕 쪽으로 옮겨진 것 같습니다. 왕이 얼마나 신이 났겠습니까? 얼마나 좋았겠습니까? 드디어 자기가 강성하여지고, 모든 권력이 자기 손에 들어왔습니다. 이제 다른 사람의 눈치를 볼 것이 없고, 누군가와 상의를 하거나 도움을 받아야 하는 것이 아닙니다.

마음이 교만하여

그 다음 과정이 무엇이겠습니까? 당연히 '그의 마음이 교만하여'입니다. 이제는 스스로 할 수 있다는 것입니다. 요아스의 경우에는 '나라가 굳게 서매' 자기 아버지를 죽인 신복들을 죽였습니다. 그런데 아사랴의 경우에는 그것보다 훨씬 더 나갑니다. 아사랴도 자기 아버지가 신복들에게 죽임을 당했는데 아사랴는 단지 아버지의 원수를 갚는 정도가 아니라 '그의 하나님 여호와께 범죄하여'입니다. 이것이 제사장 여호야다가 요아스를 왕으로 세운 직후부터 단지 제사장이 아니라 종교 권력이 되었다고 생각하는 이유입니다. 다른 왕들의 경우에는 단지 '여호와 보시기에 악을 행하여'라는 표현만 나옵니다. 그런데 아사랴의 경우에는 '하나님 여호와께 범죄하여'에 대한 구체적인 행동까지 나옵니다. 그것이 '곧 여호와의 성전에 들어가서 향단에 분향하려 한지라'입니다. 이 행동이 여호와께 예배하는 모습이 아니라 여호와께 범죄하는 모습으로 소개되고 있는 것입니다. 그럼 저와 여러분은 왜 이 행동이 여호와께 범죄하는 행동인지, 왜 아사랴는 이런 행동을 했는지 이유를 알아야 합니다.

이 행동 앞에 나온 설명은 '그가 강성하여지매 그의 마음이 교만하여'입니다. 즉 아사랴는 드디어 신하들이나 제사장들과의 권력 갈등관계를 극복하여 자기가 주도권을 잡게 되었습니다. 제일 먼저 행한 것이 바로 제사장들의 역할을 무력화시키는 것이었습니다. 제사장들의 사역이 전혀 의미가 없게 만드는 것이었습니다. 어떻게요? 직접 자신이 제사를 드리는 것입니다. '굳이 제사장이어야 할 이유가 있느냐? 더 나아가 굳이 여호와이어야 하느냐?'는 것입니다. 자신이 왕이요, 왕이 강성하여졌기에 왕이 모든 것을 할 수 있다는 것입니다. 그래서 스토리가 재미있습니다. 17절을 보시면 "제사장 아사랴가 여호와의 용맹한 제사장 팔십 명을 데리고 그의 뒤를 따라 들어가서 웃시야 왕 곁에 서서 그에게 이르되 웃시야여 여호와께 분향하는 일은 왕이 할 바가 아니요 오직 분향하기 위하여 구별함을 받은 아론의 자손 제사장들이 할 바니 성소에게 나가소서"입니다. 그랬더니 19절 "웃시야가 손으로 향로를 잡고 분향하려 하다가 화를 내니"입니다. 왕과 제사장이 서로 다툽니다.

아사랴의 일화는 여호와께 범죄한 자는 나병에 걸릴 정도의 징계를 받는다는 것을 보여주는 것이 아닙니다. 도리어 죄인이 스스로의 힘, 스스로의 대책을 갖게 되었을 때에 얼마나 오만방자하는 지를 보여주는 것입니다. 성경은 인간이 자구책을 갖는 것, 스스로 할 수 있게 되는 것을 절대로 방해하지 않습니다. 기독교는 하나님께 의존적 인간을 만드는 것이 아닙니다. 감히 하나님께 도전하는 행위를 나병을 통해서라도 견제하고 금지시키는 것이 절대로 아닙니다. 하나님은 인간과 대결을 하거나 경쟁을 하는 것이 아닙니다. 하나님은 무조건 인간편입니다. 어떻게든 인간을 도와주시는 분입니다. 그러나 죄인은 신과 경쟁을 하려하고 신조차도 이기려고 합니다. 자신이 힘을 갖게 되었을 때에 하나님처럼 다른 사람을 위해주고, 은혜를 베풀어주는 것이 아니라 교만과 오만과 독선에 사로잡혀 자신도 망하고 모두를 망하게 만들고 맙니다. 하나님은 그것을 안타까워하시는 것입니다.

반역, 반역, 반역, 반역

반역의 연속

15장에 여러 명의 왕이 등장하는데 이유는 주로 반역 때문입니다. 15장에만 북 왕국에서 네 번의 반역이 나옵니다. 첫 번째는, 8절을 보시면 "유다의 왕 아사랴의 제삼십팔년에 여로보암의 아들 스가랴가 사마리아에서 여섯 달 동안 이스라엘을 다스리며"인데 10절 "야베스의 아들 살룸이 그를 반역하여 백성 앞에서 쳐죽이고 대신하여 왕이 되니라"입니다. 두 번째는, 13절을 보시면 "유다 왕 웃시야 제삼십구년에 야베스의 아들 살룸이 사마리아에서 왕이 되어 한 달 동안 다스리니라"인데 14절 "가디의 아들 므나헴이 디르사에서부터 사마리아로 올라가서 야베스의 아들 살룸을 거기에서 쳐죽이고 대신하여 왕이 되니라"입니다. 세 번째는, 23절을 보시면 "유다의 왕 아사랴 제오십년에 므나헴의 아들 브가히야가 사마리아에서 이스라엘 왕이 되어 이 년간 다스리며"인데 25절 "그 장관 르말랴의 아들 베가가 반역하여 사마리아 왕궁 호위소에서 왕과 아르곱과 아리에를 죽이되 길르앗 사람 오십 명과 더불어 죽이고 대신하여 왕이 되었더라"입니다. 네 번째는, 27절을 보시면 "유다의 왕 아사랴 제오십이년에 르말랴의 아들 베가가 이스라엘 왕이 되어 사마리아에서 이십 년간 다스리며"인데 30절 "웃시야의 아들 요담 제이십 년에 엘라의 아들 호세아가 반역하여 르말랴의 아들 베가를 쳐서 죽이고 대신하여 왕이 되니라"입니다. 열네 번째 왕 스가랴부터 열아홉 번째 왕 호세아까지 대략 55~60년 동안 북 이스라엘에 자그마치 네 번의 반역이 반복된 것입니다.

성경이 반역을 기록하는 이유가 있습니다. 단순히 왕이 바뀐 것을 강조하려는 것이 아닙니다. 어차피 성경은 왕권이 순수한 혈통으로 이어져야 한다고 주장하지 않습니다. 솔로몬이 죽을 때에 이스라엘에 다윗의 가문이 아니라 전혀 다른 사람이 왕이 될 수 있도록 조치를 취하신 분이 하나님이셨습니다. 다윗의 여러 아들 중에 솔로몬 대신 다른 아들을 선택한 것이 아니라 아예 다윗의 가문과는 전혀 상관이 없고, 왕족과도 전혀 상관이 없는 일개 노동 감독관 그것도 한때 솔로몬의 정책에 저항해서 애굽으로 추방을 당했던 여로보암을 왕으로 세우신 분이 하나님이셨습니다. 단지 한 번이 아닙니다. 오므리 왕조가 조금 강성하다고 하여 의기양양하자 하나님은 너무나 단순하게 군대의 일개 장수에 불과했던 예후를 왕으로 기름 부어 세워주셨습니다. 하나님에게는 어떤 혈통, 어떤 왕족이 아무런 의미가 없습니다. 성경이 강조하려는 것은 반역이 등장하는 이유, 반역에 담긴 죄인들의 원리, 죄인들의 사고방식, 죄인들의 인식, 죄인들의 방법입니다.

예나 지금이나 반역이 일어나는 이유는 현재가 마음에 들지 않기 때문입니다. 아무도 왕이나 지도자가 너무나 정치를 잘 해줘서, 행복에 겨워서, 너무 좋아서, 평안과 안식이 너무 지루해서 한번 망해보려고 반역을 하는 경우는 없습니다. 도리어 삶이 너무 어렵고 힘들어서, 그 힘든 원인이 본인에게 있기보다는 왕이나 정치나 다른 곳에 있다고 생각할 때 반역이 일어납니다. 또한 아무리 힘들어도 본인이 더 잘할 것 같은 가능성, 본인이 더 유능하고 실력이 있다고 생각하는 자신감, 분명히 새로운 대안, 새로운 방식, 새로운 수단이 있다고 생각하지 않으면 반역을 일으키지 않습니다. 그러므로 모든 반역에는 지금보다 더 나아질 것이라는 기대가 있고, 반역자는 다른 사람이 아닌 자신이 가장 잘 할 것이라는 자신감이 있고, 당연히 모든 반역은 이전의 것을 폐기하고 새로운 것을 제안하는 경향이 있습니다. 그래서 모든 반역자는 자신의 반역을 정당화할 수 있는 업적, 인정받을 수 있는 공적을 세우려고 집착하게 되어 있습니다.

새로운 것이 없다

살룸은 스가랴가 겨우 여섯 달 통치했을 때 반역을 일으켰고, 그 다음인 므나헴은 살룸이 겨우 한 달을 통치했을 때 반역을 일으켰고, 베가는 자기의 왕 브가히야가 겨우 이년을 통치했을 때 반역을 일으켰고, 호세아는 베가가 이십 년을 통치했을 때 반역을 했습니다. 통치가 짧았을 때는 가능성이 보이지 않는다는 명분으로 반역을 일으키고, 통치가 길었을 때는 너무나 변화가 없다는 명분으로 반역을 일으켰습니다. 모든 것을 자기 기준으로 생각하면 반역의 명분은 무한대로 생겨날 수 있습니다. 이와 같이 각각의 명분의 반역이 일어나는데 새롭게 왕이 된 사람들에 대한 평가는 전혀 다르지 않습니다. 왕이 계속 바뀌었음에도 불구하고 성경의 평가는 전혀 새롭지 않고, 특별하지 않고 그냥 동일합니다.

15장 9절에 스가랴에 대한 평가가 "그의 조상들의 행위대로 여호와 보시기에 악을 행하여 이스라엘로 범죄하게 한 느밧의 아들 여로보암의 죄에서 떠나지 아니한지라"입니다. 살룸 왕을 살해하고 반역한 므나헴 왕에 대한 평가는 18절에 "여호와 보시기에 악을 행하여 이스라엘로 범죄하게 한 느밧의 아들 여로보암의 죄에서 평생 떠나지 아니하였더라"입니다. 므나헴의 아들로 반역이 아니라 세습을 한 브가히야에 대한 평가도 24절에 "여호와께서 보시기에 악을 행하여 이스라엘로 범죄하게 한 느밧의 아들 여로보암의 죄에서 떠나지 아니한지라"입니다. 브가히야를 죽이고 반역한 베가 왕에 대한 평가도 28절에 "여호와께서 보시기에 악을 행하여 이스라엘로 범죄하게 한 느밧의 아들 여로보암의 죄에서 떠나지 아니하였더라"입니다. 어차피 같은 악, 같은 죄를 지을 것이라면 왜 반역을 했을까요? 새로운 왕의 등극이 무슨 의미, 무슨 기대가 있을까요? 괜히 서로 죽고 죽이는 살육만 했을 뿐입니다.

물론 본인들은 분명히 새로운 것이 있었다고 주장할 것입니다. 새로운 왕들은 이전과 달라진 것이 있으니 알아달라고 주장할 것입니다. 그러나 성경의 평가는 전혀 다릅니다. 전혀 새롭지 않았다는 것입니다. 성경의 평가가 인색한 것이 아닙니다. 하나님께서 사람의 수고를 무시하는 것이 아닙니다. 하나님 이외의 모든 것을 모두 멸시하는 것이 아닙니다. 성경의 평가와 사람의 기대가 다른 것은 오직 한 가지 이유 즉 인간의 행복에 대한 기준이 다르기 때문입니다. 성경은, 인간의 행복은 하나님이 인간에게 주신 선물, 인간에게 주신 축복이라고 선언합니다. 인간을 위해 천지를 창조하신 하나님께서 하나님의 형상, 하나님의 성품, 하나님의 속성을 따라 인간을 창조하셨습니다. 인간은 처음부터 하나님의 은혜, 하나님의 축복, 하나님의 행복을 선물로 받았습니다. 부족함이 없었고, 어려움이 없었고, 비교가 없었고, 경쟁이 없었고, 사명이 없었고, 과제가 없었습니다. 인간은 행복한 상태로 창조되었고, 행복을 누리며 사는 것이 기대되었습니다. 그래서 하나님은 단 한번도 '새로운 왕, 새로운 제도, 새로운 정의, 새로운 시대'를 언급하거나 요청하신 적이 없습니다.

그러나 죄가 모든 것을 바꿔었고, 모든 죄인들은 여전히 죄의 인식, 죄의 사고, 죄의 기준, 죄의 방법, 죄의 평가에 의존하고 있습니다. 하나님의 가르침을 부인하고, 하나님의 원리를 거부하고, 하나님의 마음과 기준과 가치와 평가를 원천적으로 싫어합니다. 대신에 죄인들은 언제나 새로운 것을 추구하려는 욕망, 자신이 무엇인가를 이루어내려는 욕망을 늘 가지고 있습니다. 본문에 반역을 일으킨 각 사람은 나름 엄청난 일을 한 것처럼 말하겠지만 성경은 그들의 업적에 대해 언급하지 않습니다. 물론 언급이 나오기는 합니다. 그런데 다른 왕과 전혀 다르지 않습니다. 남 유다의 경우는 '유다 왕 역대지략에 기록되니라'이고 북 이스라엘의 경우는 '이스라엘 왕 역대지략에 기록되니라'일 뿐입니다. 이 왕의 이 일이나, 저 왕의 저 일이나, 반역을 일으킨 왕의 새로운 일이나 전혀 다를 바가 없다는 것입니다.

죄에서 떠나지 아니하였더라

왕에 대한 평가에서 성경이 반복적으로 강조하는 것이 무엇입니까? '여호와 보시기에 악하였다'라는 표현과 '죄에서 떠나지 아니하였다'라는 표현입니다. 성경이 다른 교훈 책과 다른 점, 성경이 다른 성공담과 다른 점, 성경이 다른 자기 계발서와 다른 점이 바로 이것입니다. 교훈과 성공담과 자기 계발서는 전혀 '죄'를 언급하지 않습니다. 어디에도 우리의 생각이 죄에 사로잡혔다고 지적해 주지 않습니다. 어느 누구도 우리의 마음과 가치가 죄적이고, 우리의 원리와 개념이 죄적이고, 우리의 방법과 평가기준이 죄적이라고 단 한마디도 해 주지 않습니다.

더 본질적으로 우리가 행복을 가진 자들이라고 말해주지 않습니다. 우리가 행복을 누릴 수 있도록 하나님으로부터 선물을 받았고, 하나님에 의해 행복이 보장되어 있다고 아무도 말해주지 않습니다. 우리가 지금 당장이라도, 모든 사람이 다 같이 행복을 누릴 수 있다고 전혀 말해주지 않습니다. 인간이 죄인이라는 것을 지적해 주지 않은 채, 죄의 기준에 근거해서, 죄의 원리에 근거해서, 죄의 가치에 근거해서, 죄의 방법만을 독려하고 채근하고 있습니다. 그래서 아무도 죄에서 떠나지 않은 채, 죄 안에서 더 열심히, 죄 안에서 더 땀 흘리고, 죄 안에서 경쟁하고, 죄 안에서 평가하고 있습니다. 그러나 성경의 여러 왕들에 대해서만이 아니라 오늘 우리에게도 성경은 딱 한가지로만 평가할 것입니다. 그것은 '여호와 보시기에 어떠하였는가?', '죄에서 떠났는가?'입니다.

죄의 기준에 의하면 인간의 수고는 복을 얻어내기 위한 수단입니다. 그러나 하나님의 기준에 의하면 인간의 수고는 복을 누리는 수단입니다. 죄의 기준에 의하면 옆 사람은 나와 경쟁하는 사람이요, 내가 이겨야 할 대상입니다. 그러나 하나님의 기준에 의하면 옆 사람은 나와 함께 하는 사람이요, 나와 함께 누려야 할 대상입니다. 성경은 성공하라고 말하지 않고 죄를 이기라고 하고, 그냥 죄를 이기라고 하지 않고 성경을 읽고 배우고 하나님을 알라고 합니다. 교회는 교훈을 말하는 곳이 아니고, 성공담을 소개하는 곳이 아니고, 자기 계발의 원리를 알려주는 곳이 아닙니다. 교회는 무엇을 할까, 어떻게 할까를 고민하는 곳이 아닙니다. 무엇을 할지는 본인이 하고 싶은 것을 하십시오. 어떻게 할까는 본인이 할 수 있는대로 하십시오. 대신 성도이신 저와 여러분은 '어떤 마음으로 할까?' 즉 내가 생각하고 행동하는 모든 것이 과연 '죄의 원리인가, 하나님의 원리인가'를 생각하셔야 합니다. 그리고 하나님의 원리는 내가 생각하는 것으로 만들어지는 것이 아니라 성경을 읽고 배워야 한다는 것입니다.

하나님께서 저에 대해서도 평가할 것입니다. '여호와 보시기에 선하게 살았는가? 죄에서 떠났는가?'입니다. 또 하나님께서 저의 사역에 대해서도 평가하실 것입니다. '목사로서 너는 성도들이 여호와 보시기에 선하게 살도록 인도했는가, 성도들이 죄를 떠날 수 있도록 하나님을 가르쳤는가?' 입니다. 여러분의 삶에 대해서도 아마 성경이 평가할 것입니다. 여러분이 행한 일들은 아무도 관심 갖지 않는 '각 사람의 역대지략'에 기록될 것입니다. 대신 '여호와 보시기에 선하였는가?', '죄를 떠났는가?'를 평가할 것입니다. 여호와 보시기에 선했다면 당연히 행복을 누리며 살았을 것이요, 죄를 떠났다면 하나님의 은혜와 복락을 누리며 살았을 것입니다. 부디 성경을 읽고 배우고 하나님을 아셔서 하나님의 은혜를 누리는 삶, 하나님의 복을 구현하는 삶, 이 땅에서 하나님 나라를 체험하는 멋진 삶을 살아가시기를 주님의 이름으로 축원합니다.

22

가증한 일을 따라

열왕기하 16 : 1 ~ 20

1 르말랴의 아들 베가 제십칠년에 유다의 왕 요담의 아들 아하스가 왕이 되니 2 아하스가 왕
이 될 때에 나이가 이십 세라 예루살렘에서 십육 년간 다스렸으나 그의 조상 다윗과 같지 아
니하여 그의 하나님 여호와께서 보시기에 정직히 행하지 아니하고 3 이스라엘의 여러 왕의
길로 행하며 또 여호와께서 이스라엘 자손 앞에서 쫓아내신 이방 사람의 가증한 일을 따라
자기 아들을 불 가운데로 지나가게 하며 4 또 산당들과 작은 산 위와 모든 푸른 나무 아래에
서 제사를 드리며 분향하였더라 5 이 때에 아람의 왕 르신과 이스라엘의 왕 르말랴의 아들
베가가 예루살렘에 올라와서 싸우려 하여 아하스를 에워쌌으나 능히 이기지 못하니라 6 당
시에 아람의 왕 르신이 엘랏을 회복하여 아람에 돌리고 유다 사람을 엘랏에서 쫓아내었고
아람 사람이 엘랏에 이르러 거기에 거주하여 오늘까지 이르렀더라 7 아하스가 앗수르 왕 디
글랏 빌레셀에게 사자를 보내 이르되 나는 왕의 신복이요 왕의 아들이라 이제 아람 왕과 이
스라엘 왕이 나를 치니 청하건대 올라와 그 손에서 나를 구원하소서 하고 8 아하스가 여호
와의 성전과 왕궁 곳간에 있는 은금을 내어다가 앗수르 왕에게 예물로 보냈더니 9 앗수르
왕이 그 청을 듣고 곧 올라와서 다메섹을 쳐서 점령하여 그 백성을 사로잡아 기르로 옮기고
또 르신을 죽였더라 10 아하스 왕이 앗수르의 왕 디글랏 빌레셀을 만나러 다메섹에 갔다가
거기 있는 제단을 보고 아하스 왕이 그 제단의 모든 구조와 제도의 양식을 그려 제사장 우
리야에게 보냈더니 11 아하스 왕이 다메섹에서 돌아오기 전에 제사장 우리야가 아하스 왕
이 다메섹에서 보낸 대로 모두 행하여 제사장 우리야가 제단을 만든지라 12 왕이 다메섹에
서 돌아와 제단을 보고 제단 앞에 나아가 그 위에 제사를 드리되 13 자기의 번제물과 소제물
을 불사르고 또 전제물을 붓고 수은제 짐승의 피를 제단에 뿌리고 14 또 여호와의 앞 곧 성
전 앞에 있던 놋제단을 새 제단과 여호와의 성전 사이에서 옮겨다가 그 제단 북쪽에 그것을
두니라 15 아하스 왕이 제사장 우리야에게 명령하여 이르되 아침 번제물과 저녁 소제물과
왕의 번제물과 그 소제물과 모든 국민의 번제물과 그 소제물과 전제물을 다 이 큰 제단 위에

불사르고 또 번제물의 피와 다른 제물의 피를 다 그 위에 뿌리라 오직 놋제단은 내가 주께
여쭐 일에만 쓰게 하라 하매 16 제사장 우리야가 아하스 왕의 모든 명령대로 행하였더라 17
아하스 왕이 물두멍 받침의 옆판을 떼내고 물두멍을 그 자리에서 옮기고 또 놋바다를 놋소
위에서 내려다가 돌판 위에 그것을 두며 18 또 안식일에 쓰기 위하여 성전에 건축한 낭실과
왕이 밖에서 들어가는 낭실을 앗수르 왕을 두려워하여 여호와의 성전에 옮겨 세웠더라 19
아하스가 행한 그 남은 사적은 유다 왕 역대지략에 기록되지 아니하였느냐 20 아하스가 그
의 조상들과 함께 자매 다윗 성에 그 열조와 함께 장사되고 그의 아들 히스기야가 대신하여
왕이 되니라

가증한 일을 따라

정통성 시비

분열된 이스라엘에 대해 흔히 솔로몬의 아들 르호보암이 왕이 된 남 유다가 정통성이 있고, 노동 감동관이었던 여로보암이 왕이 된 북 이스라엘은 쿠데타로 세워진 불법의 나라로 오해하시는 분들이 있습니다. 전혀 그렇지 않습니다. 그렇게 생각하시는 것은 성경의 관점이 아니라 지극히 일반적인 왕조의 관점일 뿐입니다. 이스라엘의 초대 왕이 사울입니다. 사울에게 요나단이라는 아들이 있었고, 사울은 아들에게 왕위를 물려주고 싶어 했습니다. 사울의 아들 요나단이 다윗과 가깝게 지낼 때 사울이 한 말이 있습니다. 사무엘상 20장 31절 "이새의 아들이 땅에 사는 동안은 너와 네 나라가 든든히 서지 못하리라"입니다. 그래서 장차 요나단이 왕위에 오를 때 걸림돌이 될 것 같은 다윗을 제거해 주려고 노력을 했던 것입니다. 실제로 사울이 죽었을 때에 사울의 또 다른 아들 이스보셋이 왕권을 이어받아서 이년 동안을 다스렸습니다. 한 나라에 두 왕이 있었습니다. 나라가 분열된 것이 아니라 그냥 한 나라에 기존의 왕이 있던 지역에는 이스보셋이 왕으로 있고, 헤브론 지역에 다윗이 왕으로 있었습니다. 사울의 관점, 사울 왕조의 관점에서는 다윗이 쿠데타 세력입니다. 그러나 대부분의 성도님들은 다윗을 쿠데타 세력이라고, 반역자라고 생각하지 않습니다. 왜냐하면 하나님이 세워주셨

기 때문입니다.

다윗이 죽을 때도 유사한 사건이 발생합니다. 다윗은 죽기 전에 아들에게 왕권을 물려줄 계획을 세웠습니다. 하나님이 차기 왕을 선택하고 왕으로 세울 것을 기대하지 않고 자기가 왕을 선택했고, 자기가 왕권을 튼튼히 해서 물려주려고 했습니다. 그래서 왕위 계승 서열 앞 순위였던 아도니야 대신 지혜로워 보이는 솔로몬을 직접 골랐습니다. 그리고 솔로몬의 안정적인 기반을 위해 정적들을 죽이라는 살생부를 주었고 솔로몬은 군대장관 요압과 여호와의 제사장 아비아달을 파면시켰습니다. 대부분의 성도님들은 다윗과 솔로몬의 조치를 합당한 것으로 여깁니다. 심지어 왕이 여호와의 제사장을 파면한 것까지도 합당하게 생각합니다. 왕이 왕권을 강화하기 위해서 필요한 조치로 여기는 것입니다. 사울이 왕권을 강화하기 위해 다윗을 죽이려고 한 것은 비난을 하고, 다윗이 왕권을 강화하기 위해 제사장을 파면한 것은 당연하게 여깁니다. 도대체 판단의 기준이 없습니다. 그냥 다윗이라면 모든 것에 면죄부를 주고 합당하게 생각합니다. 그러시면 안 됩니다.

솔로몬이 죽었을 때 나라가 두 개로 분열되었습니다. 이스보셋과 다윗이 왕이었을 때는 한 나라에 두 왕이 있었던 것이고, 솔로몬 사후에는 두 개의 나라에 각각 한 왕이 세워진 것입니다. 이때 나라를 두 개로 갈라지게 하신 분, 자그마치 열개의 지파를 분리해서 새로운 나라, 새로운 왕으로 여로보암을 세우신 분이 바로 하나님이십니다. 여로보암은 반역자가 아니라 하나님이 세우신 왕입니다. 하나님이 다윗을 기름부어 이스라엘의 왕으로 세우신 것처럼 하나님이 여로보암을 기름부어 이스라엘의 왕으로 세워주셨습니다. 그렇다면 정통성은 북 왕국에 있는 것입니다. 남 왕국의 르호보암은 하나님과 아무 상관이 없습니다. 하나님이 르호보암을 선택한 적도 없고, 기름부은 적도 없습니다. 사울이 죽은 뒤에 하나님에 의해 왕이 된 다윗이 반역자가 아니듯, 솔로몬이 죽은 뒤에 하나님에 의해 왕이 된 여로보암이 반역자가 아닙니다. 남 왕국이 정통이 아니고 북 왕국이 반역의 나라가 아닙니다.

유다의 실체

이것을 강조하는 이유는 선입견을 제거하기 위해서입니다. 북 왕국은 하나님을 떠난 반역의 나라이니까 온갖 우상숭배와 패역함이 만연하고 결국 나라가 망하고, 남 왕국은 그래도 다윗의 후손이요, 여호와의 성전이 있고, 비록 가끔 불신앙이 있었을지라도 기본적인 신앙이 있었기에 하나님이 늘 도와주셔서 나라를 유지했다고 생각하시는 오해와 착각과 왜곡을 바로잡기 위해서입니다. 여호와 보시기에 남 유다와 북 이스라엘은 하나도 다를 것이 없습니다. 신앙이나 종교의 관점에서도 전혀 차이가 없습니다. 북 이스라엘은 여로보암이 왕이 되는 순간부터 금송아지를 만들어 벧엘과 단에 두고 우상숭배를 시작했습니다. 남 유다는 나라가 나누어지기 이전부터 이미 시돈 사람의 여신 아스다롯과, 암몬 사람의 가증한 밀곰, 모압의 가증한 그모스, 암몬 자손의 가증한 몰록을 섬기는 우상숭배를 행했습니다. 나라가 갈라진 후에 남 유다의 르호보암 왕이 아버지의 우상숭배를 회개하면서 예루살렘 앞 산에 있던 우상 신전들을 모두 제거한 것이 아닙니다. 우상들을 몰아낸 것이 아닙니다.

굳이 비교를 하자면 북 이스라엘은 하나님을 버리고 금송아지를 섬겼으니 그냥 타종교를 믿은 것이고, 남 유다는 여호와도 그냥 그대로 둔 채로 새로운 종교를 또 수입했으니 혼합종교를 믿은 것입니다. 굳이 비난을 하자면 북 이스라엘은 단지 다른 신을 섬겼을 뿐이고 남 이스라엘은 여호와를 왜곡하고 변질시키기까지 했던 것입니다. 열왕기서를 살펴보면 북 이스라엘은 처음부터 망할 때까지 일관되게 우상숭배만 했습니다. 참으로 우상숭배에 신실했습니다. 엘리야가 등장하고, 엘리사가 등장해서 하나님의 많은 은혜와 도움을 받기도 했는데 그렇다고 우상숭배가 흔들려서 하나님께 돌아온 것이 아니라 비록 하나님의 도움을 받을지라도 여전히 우상을 섬겼습니다. 한때는 여호와를 믿었다가 다시 한때는 우상을 믿었다가 한 것이 아니라 우상숭배에 소신이 있었습니다. 직접 하나님에 의해 왕이 된 여로보암도 그랬고, 예후도 그랬습니다. 이스라엘이 신실했다고 칭찬을 하는 것이 절대로 아닙니다.

남 유다가 북 이스라엘과 다를 바가 없습니다. 남 유다는 이야기가 훨씬 복잡합니다. 왕권에 관해 살펴보면, 북 왕국에는 반역이 있고 남 왕국에는 반역이 없었던 것이 아닙니다. 공식적으로 북 왕국에는 아홉 개의 왕조가 들어서니까 아홉 번의 반역이 있습니다. 남 왕국은 왕조에는 변함이 없지만 반역은 수차례 일어납니다. 다윗의 혈통, 다윗의 가문, 다윗의 왕족이라는 개념하에 순전히 왕권이 승계된 것이 아닙니다. 왕이 죽자 왕의 어머니가 왕족을 몰살하고 스스로 왕이 되는 반역이 일어나기도 하고, 신하들이 왕을 죽이고 새 왕을 세우는 반역이 일어나기도 합니다.

종교에 관해 살펴보면 남 유다는 파란만장합니다. 왜냐하면 여러 신을 섬기고 있기 때문입니다. 어떨 때는 여호와를 의지합니다. 그러다가 조금만 상황이 어려워지면 여호와를 헌신짝처럼 버리고 당장에 다른 신을 찾아갑니다. 다른 신을 섬겨도 별로 나아지는 것이 없으면 또 언제 여호와를 버렸냐는 듯 여호와께로 돌아옵니다. 솔로몬이 이방 나라들의 신들을 수입한 이후에는 더 이상의 신이 추가되지 않은 것이 아닙니다. 본문에서 북 왕국에 관한 기록에서는 전혀 볼 수가 없는, 오직 남 왕국에서만 벌어지는 해괴한 사건을 만나게 될 것입니다.

가증한 일을 따라

열왕기하 15장에 아홉 명의 왕이 등장했었습니다. 이미 북 왕국은 마지막 왕인 호세아까지 나왔기에 17장에서 북 왕국이 패망하는 것을 보시게 될 것입니다. 15장의 서두에 남 왕국의 열 번째 왕 아사랴 또는 웃시야가 나병이 걸린 이야기가 나오고 말미인 32절 이하에 열한 번째 왕 요담이 언급되고 16

장에서는 열두 번째 왕인 아하스 왕의 이야기가 나옵니다. 열 번째 왕 아사랴는 십육 세에 왕이 되어 오십 이년간 통치했다고 나오는데 중간에 나병이 걸려서 별궁에 거하고 요담이 다스렸습니다. 일종의 이중통치입니다. 이 기간이 얼마인지는 모릅니다. 이스라엘과 유다 왕의 연대표를 세밀하게 대조하면 확인이 되겠지만 여하튼 선대 왕은 별궁에 있고 실제 왕은 왕궁에 있었습니다. 그 요담이 죽고 아들 아하스가 이십 세에 왕이 된 것입니다. 참으로 오랜 만에 남 유다에 반역이 아니라 승계에 의해서 새로운 왕이 등장한 것입니다.

아하스 왕에 대한 평가가 16장 2절로 4절 "아하스가 왕이 될 때에 나이가 이십 세라 예루살렘에서 십육 년간 다스렸으나 그의 조상 다윗과 같지 아니하여 그의 하나님 여호와께서 보시기에 정직히 행하지 아니하고 이스라엘의 여러 왕의 길로 행하며 또 여호와께서 이스라엘 자손 앞에서 쫓아내신 이방 사람의 가증한 일을 따라 자기 아들을 불 가운데로 지나가게 하며 또 산당들과 작은 산 위와 모든 푸른 나무 아래에서 제사를 드리며 분향하였더라" 입니다. 아하스 왕에 대한 평가에는 다른 왕들에 대한 평가와 비교할 때 공통점이 하나 있고 차이점이 하나 있습니다.

먼저 공통점은 평가 기준입니다. 다른 왕들에 대해 '여호와 보시기에'가 등장한 것과 같이 아하스에 대해서도 '하나님 여호와께서 보시기에 정직히 행하지 아니하고' 입니다. 일반적으로 사람들은 타인에 대해 평가할 때 '행적'을 근거로 평가합니다. 그 사람의 성품이나 마음, 그 사람이 가지고 있는 가치와 개념 등은 단지 그 사람의 특성, 그 사람의 개성으로 간주할 뿐 평가 자료로 사용되지 않습니다. 대신 그가 행한 잘한 일은 업적이 되고 잘못한 일은 과오가 됩니다. 그것을 요즘 세상에서는 '성과급 제도'라고 부를 수 있을 것입니다. 그러나 성경은 전혀 다릅니다. 정반대입니다. 그가 어떤 일을 했느냐, 주어진 일을 잘했느냐 못했느냐에는 전혀 관심이 없습니다. 대신 세상에서는 전혀 사용하지 않는 평가 기준이나 평가 방법 즉 그 사람의 인식, 사고, 가치, 개념, 마음, 원리를 주목합니다. 그렇다고 '진보냐 보수냐, 좌파냐 우파냐, 개방적이냐 폐쇄적이냐, 이기적이냐 이타적이냐' 등의 기준을 의미하는 것은 전혀 아닙니다. 하나님의 마음이냐 죄의 마음이냐를 묻는 것입니다.

아하스 평가의 차이점 또는 독특성은 다른 왕들에게는 전혀 언급되지 않는 것이 등장한다는 것입니다. 그것이 3절의 '이스라엘의 여러 왕의 길로 행하며'와 '여호와께서 이스라엘 자손 앞에서 쫓아내신 이방 사람의 가증한 일을 따라' 입니다. 이것이 왜 독특하냐면 아하스가 남 유다의 왕이기 때문입니다. 북 이스라엘의 왕에 대해서는 '여로보암의 길을 따라 행하여'라는 표현이 거의 복사되다시피 등장합니다. 하지만 남 유다의 왕에 대해 '이스라엘의 여러 왕의 길로 행하며'라고 표현하는 것은 처음 등장합니다. 그리고 정말 특별하게 아하스가 이방 사람의 가증한 일을 따라 행했다고 합니다. 이 평가는 아하스와 뒤에 나올 이스라엘의 모든 왕 중에 가장 극악한 것으로 알려진 14대 왕 므낫세에게만 사용됩니다.

사람들은 세상에서 사용되는 방식이 일반적이고, 상식적이고, 인간적이고, 객관적이라고 생각합니다. 그리고 성경은 매우 이상하고, 희한하고, 주관적이 될 수 있으며, 공정하지 않은 것처럼, 마치 종교적인 것처럼 생각합니다. 전혀 그렇지 않습니다. '여호와 보시기에'라는 기준은 '여호와'라는 하나님에게 초점이 맞추어진 것이 아니라 여호와의 최대 관심이 '인간의 행복'이기에 결국 '인간의 행복'에 초점이 맞추어져 있다는 것을 분별하셔야 합니다. 하나님은 사람들의 기준을 무시하지 않고, 다양한 평가방식을 도외시하는 것이 아닙니다. 도리어 하나님은 모든 평가의 가장 기본이 되는 것, 모든 판단의 본질이 되는 것 즉 '인간의 행복'을 중요시 한다는 것을 기억하셔야 합니다. 하나님의 원리와 방식일 때 인간이 가장 행복합니다.

왕과 제사장의 궁합

앗수르의 등장

아하스가 독특한 일을 행했다면 무슨 연유가 있었는지 파악해야 합니다. 5절 이하에 당시의 국제정세와 아하스의 조치들이 나옵니다. 우선 국내적으로는, 북 이스라엘은 계속되는 반역으로 인해 나라가 급속도로 쇠약해졌습니다. 살룸, 므나헴, 베가, 호세아가 각각 반역을 일으켜 왕이 되었고 유다의 아하스가 왕이 된 것은 북 이스라엘의 베가와 호세아가 통치하던 시기입니다. 국제적으로는 드디어 앗수르가 성경에 등장하기 시작합니다. 그 동안 유다와 이스라엘의 전통적 전쟁 상대는 아람이었습니다. 엘리야와 엘리사가 거의 패할 것 같은 전쟁을 하나님의 도움으로 극적으로 승리하게 했던 대상들이 주로 아람이었습니다. 그런데 이스라엘은 반복되는 반역으로 약해졌고, 아람도 무슨 연유인지 세력이 약해졌고, 그런 틈바구니에서 앗수르기 신흥강대국으로 등장한 것입니다.

창세기와 민수기에 앗수르가 소개된 이후 전혀 언급이 없다가 열왕기하 15장 19절과 29절부터 앗수르가 나타납니다. 19절 "앗수르 왕 불이 와서 그 땅을 치려 하매 므나헴이 은 천 달란트를 불에게 주어서 그로 자기를 도와주게 함으로 나라를 자기 손에 굳게 세우고자 하여"이고 29절 "이스라엘 왕 베가 때에 앗수르 왕 디글랏 빌레셀이 와서 이욘과 아벨벳 마아가와 야노아와 게데스와 하솔과 길르앗과 갈릴리와 납달리 온 땅을 점령하고 그 백성을 사로잡아 앗수르로 옮겼더라"입니다. 새로 등장한다고 해서 약한 것이 아니라 강대국입니다. 북 이스라엘의 열여섯 번째 왕 므나헴은 앗수르를 감당하지 못해 20절에 나오는대로 큰 부자들에게서 은을 강탈하여 왕에게 조공을 드리며 화친을 했고, 열여덟 번째 왕 베가는 아예 꼼짝도 못하고 앗수르에게 나라의 많은 영토를 빼앗기고 백성들은 포로로 사로잡혀 가기까지 했습니다.

열왕기하 15장은 북 이스라엘과 앗수르의 관계를 소개한 것이고 열왕기하 16장 5절 이하에는 남 유다와 앗수르의 관계가 처음으로 소개되는 것입니다. 당시 상황이 5절 "이 때에 아람의 왕 르신과 이스라엘의 왕 르말랴의 아들 베가가 예루살렘에 올라와서 싸우려 하여 아하스를 에워쌌으나 능히 이기지 못하니라 당시에 아람의 왕 르신이 엘랏을 회복하여 아람에 돌리고 유다 사람을 엘랏에서 쫓아내었고 아람 사람이 엘랏에 이르러 거기에 거주하여 오늘까지 이르렀더라"입니다. 앗수르의 위세에 눌린 아람과 이스라엘이 남 유다를 공격했고 유다로서는 겨우 버티고는 있는데 매우 절박한 상황입니다. 이때 여호와의 성전을 소유하고 있는 유다의 왕, 다윗 왕가의 후손인 아하스 왕이 취한 조치가 7절과 8절 "아하스가 앗수르 왕 디글랏 빌레셀에게 사자를 보내 이르되 나는 왕의 신복이요 왕의 아들이니 이제 아람 왕과 이스라엘 왕이 나를 치니 청하건대 올라와 그 손에서 나를 구원하소서 하고 아하스가 여호와의 성전과 왕궁 곳간에 있는 은금을 내어다가 앗수르 왕에게 예물로 보냈더니"입니다. 북 이스라엘의 침략이라는 작은 문제를 해결하려고 강대국 앗수르를 끌어들여 더 큰 문제를 야기하고 있습니다. 과연 유다의 왕, 다윗의 후손답습니까?

성전 곳간

성도들의 신앙생활에서 큐티가 강조되면서부터 여하튼 성경을 읽고 해당 본문을 묵상하는 좋은 자세가 익숙해진 것은 정말 바람직한데 그 덕분에 주어진 본문 서너 절에 집중하느라 큰 그림, 배경, 흐름, 전개를 놓쳐버리는 손해를 보고, 결국 본문의 의미가 오해되고 왜곡되는 부작용을 낳고 있습니다. 늘 큰 안목과 세부적 관찰이 병행되어야 합니다. 본문에 성전이 언급되기에 성전에 관한 큰 그림을 확인해 보겠습니다. 다윗의 하나님을 향한 위대한 프로젝트 구상과 솔로몬의 열정으로 이스라엘에 여호와의 성전이 세워졌습니다. 그런데 여호와의 성전이 지어진 이후에 성경에 여호와의 성전에 대한 언급이 거의 없다는 것을 아십니까? 성전이 지어지기는 했습니다. 성대하게 봉헌식도 했습니다. 오늘날 교회를 건축한 후에도 자주 인용되는 장황한 기도도 했습니다. 그렇다면 그 다음부터는 성전의 효과, 성전의 활용에 대한 기사가 나와야 합니다. 그래야 성전을 지은 의미가 있기 때문입니다.

그런데 열왕기에 성전에 관한 기사 자체가 거의 없습니다. 다윗의 후손들이 여호와의 성전에 나아가 제사했다는 언급이 없고, 유다에 기근과 질병이 있을 때에 여호와의 성전을 향해 기도했다는 설명이 없고, 유다가 이방의 침입으로 어려움에 처했을 때에 여호와의 성전에 나아가 여호와께 도움을 구했다는 표현이 없습니다. 도대체 성전이 어디에 있습니까? 성전이 있다는 것이 무슨 의미가 있습니까? 열왕기에 여호와의 성전이 언급되는 경우가 가끔 있기는 있습니다. 그런데 여호와의 성전인데 여호와와 아무 상관이 없고, 여호와의 성전인데 제사와는 아무 상관이 없습니다. 여호와와도 상관이 없고, 제사와도 상관이 없고 단지 물건을 보관하는 곳으로 사용되고 있을 뿐입니다. 그래서 성경은 '여호와의 성전 곳간'이라고 부릅니다.

성경이 하나님의 뜻과 무관하게 여호와의 성전을 짓고 성전을 완전히 무시하고 있는 남 유다의 어리석은 종교 행태를 조롱하는 방식입니다. 구체적으로 예를 들면, 첫 번째가 열왕기하 12장 18절 "유다의 왕 요아스가 그의 조상들 유다 왕 여호사밧과 여호람과 아하시야가 구별하여 드린 모든 성물과 자기가 구별하여 드린 성물과 여호와의 성전 곳간과 왕궁에 있는 금을 다 가져다가 아람 왕 하사엘에게 보냈더니"입니다. 여호와를 모르는 이방의 왕이 약탈한 것이 아니고, 다윗의 후손이 아닌 다른 사람이 아니라 다윗의 후손이고, 굶주린 백성이 아니라 왕이었습니다. 두 번째가 열왕기하 14장 13~14절 "이스라엘 왕 요아스가 벧세메스에서 아하시야의 손자 요아스의 아들 유다 왕 아마샤를 사로잡고 예루살렘에 이르러 예루살렘 성벽을 에브라임 문에서부터 성 모퉁이 문까지 사백 규빗을 헐고 또 여호와의 성전과 왕궁 곳간에 있는 금 은 모든 기명을 탈취하고" 입니다. 이번에도 이방의 왕이 아니라 같은 민족인 북 이스라엘의 왕이 성전을 약탈했습니다.

세 번째가 본문 16장 8절 "아하스가 여호와의 성전과 왕궁 곳간에 있는 은금을 내어다가 앗수르 왕에게 예물로 보냈더니" 입니다. 이번에도 다윗의 후손인 유다의 왕이 성전을 약탈했습니다. 얼마 뒤에 18장에서 여러분이 너무나 잘 아시는 그 유명한 히스기야 왕이 성전 곳간의 은을 약탈하여 앗수르 왕에게 갖다 바치는 이야기를 듣게 되실 것입니다. 아하스는 여호와께 도움을 구한 것이 아닙니다. 성전을 향하여 여호와께 '나를 구원하소서'라고 기도한 것이 아니라 앗수르 왕 디글랏 빌레셀에게 '청하건대 올라와 그 손에서 나를 구원하소서'라고 했습니다. 여호와는 디글랏 빌레셀보다 쓸모없는 존재가 되었고, 여호와의 성전은 종교적 역할이 아닌 '금고'로 바뀌어 있습니다.

지금 성경이 매우 신랄하게 남 유다 더 나아가 이스라엘의 신앙을 조롱하고 있다는 것을 눈치 채셔야 합니다. 여호와의 성전이 지어졌는데 그곳에서 여호와를 향한 어떤 일도 행해지지 않고, 도리어 성전을 지은 사람의 후손들이 직접 성전의 금을 약탈하고 있습니다. 또 하나 성경이 신랄하게 지적하는 것은 성전에서 계속해서 금이 약탈될 정도로 성전은 계속 금을 끌어모았다는 것입니다. 여호와의 성전이 백성들을 위한 여호와의 은혜의 사역의 역할로 전혀 사용되지 않았는데, 어떤 빌미로 계속하여 금은을 끌어 모아 쌓아 놓고 있었다는 것입니다. 여호와의 이름을 팔아 종교 장사를 하고 있었고, 성전이라는 이름을 팔아 백성들을 농락하고, 추악한 종교 놀이를 하고 있었다는 것입니다. 성경이 대놓고 말하지 않고 완곡하게 표현하고 있지만 여러분은 그 표현에 담긴 실체를 파악하셔야 합니다.

만신(滿神)의 나라

10절 이하를 읽어보시면 남 유다에 대한 생각, 왕에 대한 생각, 제사장에 대한 생각이 확 바뀔지도 모릅니다. "아하스 왕이 앗수르의 왕 디글랏 빌레셀을 만나러 다메섹에 갔다가 거기 있는 제단을 보고 아하스 왕이 그 제단의 모든 구조와 제도의 양식을 그려 제사장 우리야에게 보냈더니 아하스 왕이 다메섹에서 돌아오기 전에 제사장 우리야가 아하스 왕이 다메섹에서 보낸 대로 모두 행하여 제사장 우리야가 제단을 만든지라"입니다. 남 유다를 여호와를 섬긴 나라라고 생각하시면 큰 착각입니다. 남 유다의 왕들이 다윗의 신앙을 이어받아 그래도 신앙을 유지하고 있었다고 생각하시면 큰 착각입니다. 앞에서 말씀드린 대로 이미 솔로몬 시대부터 이스라엘에는 다양한 이방의 신들이 수입되었고, 신전이 지어졌습니다. 나라가 갈라지는 위기를 만났어도 여호와를 의지하려고 이방 신전을 부수고 이방 신을 쫓아낸 것이 아닙니다. 여전히 이방 신들을 섬겼습니다.

심지어는 나라에 어려움이 있을 때 왕이 구하지 않을지라도 하나님이 은혜로, 하나님이 다윗과 맺은 언약을 기억하여 오직 하나님의 신실함에 근거하여 유다를 도와주었을지라도 유다는 이방신을 버리지 않았습니다. 통일왕국시대나 분열왕국시대나 구분 없이, 북 왕이나 남 왕국이나 구분 없이 이스라엘은 언제나 유일신 여호와를 섬기는 나라가 아니라 많은 신을 섬긴 만신의 나라였습니다. 그리고 신흥 강대국이 등장하여 화친할 필요가 생기자 또 그 나라 신을 수입하고, 그 신을 위한 신전을 또 새로 지었습니다. 만신전에 신 하나 추가입니다. 무지한 백성이 미혹되어서 우상을 섬기는 것이 아닙니다. 어리석은 백성이 사교에 빠져든 것이 아닙니다. 한 나라의 왕이, 다윗의 후손이라고 자랑하는 왕이 직접 나서서 손수 행한 일입니다.

12절을 보시면 "왕이 다메섹에서 돌아와 제단을 보고 제단 앞에 나아가 그 위에 제사를 드리되 자기의 번제물과 소제물을 불사르고 또 전제물을 붓고 수은제 짐승의 피를 제단에 뿌리고"입니다. 여호와의 성전에서는 제사 한번 드리지 않던 유다의 왕이 외국에 나갔다가 돌아오자마자 이방 신전으로 뛰어 들어가 제사를 드렸다고 합니다. 그것도 번제와 소제와 전제와 수

은제 등 각양의 제사를 총동원하였다고 합니다. 왕이 여호와의 성전에서 제사를 드린 적이 아예 없지는 않습니다. 유다의 열 번째 왕 아사랴가 성전에서 제사 드린 적이 있습니다. 그런데 그 사건으로 나병이 들었습니다. 아사랴는 여호와를 섬기기 위해 제사한 것이 아니었습니다. 제사장들과 권력 다툼을 하는 과정에서 제사장들을 무력화하기 위해 제사장들이 하는 일을 자신이 직접 행하는 퍼포먼스를 행한 것일 뿐입니다. 물론 열왕기하 뒷부분에서 왕들이 성전에서 제사하는 기록이 나옵니다. 그 사건들은 해당 본문들에서 확인해 볼 것입니다.

누구의 제사장

유다의 종교적 실체를 점검하는 마지막 순서로 제사장에 대해서 살펴보겠습니다. 왕은 이미 하나님과 무관한 존재임이 드러났고, 여호와의 성전도 여호와와 무관한 공간임이 드러났는데 과연 열왕기에 등장하는 제사장은 누구요 무엇을 하는 사람들인지 점검해 보려는 것입니다. 대부분의 성도님들은 '제사장'이라는 단어만 나오면 당연히 여호와의 제사장이고, 당연히 여호와를 위해 충성을 한 사람들이라고 생각하는 경향이 있습니다. 과연 그럴까요? 10절 이하에서 아하스 왕이 이방 신전의 설계도를 보낸 상대가 바로 제사장 우리야였습니다. 왕의 요청이 있을 때 제사장 우리야는 여호와의 제사장으로서 이미 여호와의 성전이 있는데, 이미 다른 신들의 제단도 있는데 또 다른 신과 제단을 짓느냐고 왕을 만류한 것이 아니라 직접 이방 제단을 만들었습니다. 그 정도에서 그친 것이 아니라 아예 여호와의 성전을 무력화시키는 일에 앞장섰습니다.

14절부터 보시면 "또 여호와의 앞 곧 성전 앞에 있던 놋제단을 새 제단과 여호와의 성전 사이에서 옮겨다가 그 제단 북쪽에 그것을 두니라 아하스 왕이 제사장 우리에게 명령하여 이르되 아침 번제물과 저녁 소제물과 왕의 번제물과 그 소제물과 모든 국민의 번제물과 그 소제물과 전제물을 다 이 큰 제단 위에 불사르고 또 번제물의 피와 다른 제물의 피를 다 그 위에 뿌리라 오직 놋제단은 내가 주께 여쭐 일에만 쓰게 하라 하매 제사장 우리야가 아하스 왕의 모든 명령대로 행하였더라"입니다. 이것만이 아닙니다. 17절부터 보시면 "아하스 왕이 물두멍 받침의 옆 판을 떼내고 물두멍을 그 자리에서 옮기고 또 놋바다를 놋소 위에서 내려다가 돌판 위에 그것을 두며 또 안식일에 쓰기 위하여 성전에 건축한 낭실과 왕이 밖에서 들어가는 낭실을 앗수르 왕을 두려워하여 여호와의 성전에 옮겨 세웠더라"입니다. 왕의 요구대로, 왕의 명령대로 이방 신의 제단을 직접 만들고, 여호와의 성전의 기구들을 옮기는 이 제사장을 과연 여호와의 제사장이라고 할 수 있을까요?

원래 제사장은 하나님의 상징적 존재였습니다. 다른 지파들은 가나안에서 땅을 분배 받았지만 제사장을 맡은 레위지파만은 땅도 없이 여호와만을 기업으로 삼아 오직 여호와를 의지하여 사는 무리였습니다. 그러나 이스라엘 역사에서 제사장은 여호와의 사람이라는 상징성을 상실했습니다. 사사기 17장에서 제사장 미가가 집에 우상을 만들어 놓았고, 19장에서 레위인이 첩을 두고 살고, 나중에는 첩을 열두 토막 살인내서 이스라엘의 내전을 일으키는 장본인이 되기도 했습니다. 다윗은 살생부에 제사장의 이름도 올려놓았고, 아달랴 시대에 제사장 여호야다는 직접 왕을 죽이고 새로 왕을 세우는 정치 세력의 선봉에 섰고, 요아스 시대에 제사장들은 성전 수리를 거부하기도 했고, 왕이 성전의 금을 약탈하고 기명들을 가져가도 막지 않았고, 심지어 제사장 우리야는 앗수르 왕을 두려워하는 왕을 위하여 성전 기물들의 위치를 조정하기까지 했습니다.

성경에서 신실하게 여호와를 향한 제사를 담당하는 제사장을 거의 만나보기 힘듭니다. 이러한 경향은 점점 더 확대되어 신약의 복음서로 오면 아예 이스라엘의 절대 권력자 집단이 되어 예수를 죽이는 일을 주도하는 역할을 하게 됩니다. 왕과 제사장이 모두 권력을 탐하여 한때는 경쟁하고 한때는 협력하여 여호와를 무시하고, 성전을 무의미하게 만들고, 제사를 무가치하게 만들고 있습니다. 이것이 이스라엘의 신앙, 종교, 정치, 나라의 실체입니다.

종교의 역할

하나님의 방식이 죄와 사람들의 방식과 과연 어떻게 다르고, 얼마나 다른지, 또 하나님의 방식이 인간에게 참으로 좋은 것임을 예를 들어 설명해 보겠습니다. '손님은 왕이다'라는 말이 있습니다. 이 말은 주인이 사용하는 것입니다. 주인이 손님을 대하는 자세, 자신의 손님을 섬기려는 태도를 표현하는 것입니다. 주인이 쓰는 말을 손님이 '나는 왕이다'라고 왕 대접을 요구하면 말이 안 되는 것입니다. 반대의 경우도 있습니다. 예전에는 왕이 '나는 왕이다'라고 말한 적이 있습니다. 자신과 자신의 군사와 자신의 재산을 드려서 나라를 세웠기에 그렇게 말할 수 있었습니다. 그러나 지금 같은 민주주의 시대에서, 국민에 의해 선출된 사람은 '나는 왕이다'라고 말할 수 없습니다. 이와 같이 어떤 용어를 쓸 수 있는 주체가 있고 상대가 있는 것입니다.

제가 얼마 전에 설교한 내용 중에 '기독교에는 사람의 영향력이 없다'고 말한 적이 있습니다. 그 이유는 어떤 사람이 상대방에 대해 '영향력을 끼치려고 하는 것'은 상대방을 제어하고 지배하고 간섭하려는 나쁜 것이기 때문이라고 했습니다. '영향, 영향력'이라는 표현은 영향을 주는 위치에 있는 사람이 자신의 의도를 드러내기 위해서 사용하는 표현이 아니라 영향을 받은 사람이 자신이 받은 내용을 고백하기 위해 사용하는 표현입니다. 어떤 사람이 '누구에게 영향을 받았다'고 고백할 때 그 고백에 언급된 사람은 자신이 영향을 준지도 몰라야 합니다. 도리어 부족한 자신에게 영향을 받았다고 하니 고맙다고 민망해 해야 합니다. 만약 반대로 '내가 누구에게 영향을 주었다'고 말하면 안 됩니다. 애초에 그런 의도를 가져서도 안 되고, 그렇게 행했다고 주장해서도 안 됩니다. 영향력을 행사하려는 것은 상대를 조종하는 것이고, 상대를 무시하는 것이고, 상대를 지배하는 것입니다. 기독교에서 자주 사용하는 표현인데 정말 조심해야 하는 표현이 바로 '영향력'입니다.

기독교에서 특별히 목사들이 정말 조심해야 하고 신중해야 하는 것이 바로 '영향력이 있는 존재'가 되려는 시도입니다. 매사에 성도가 목사에게 물어보고, 일마다 목사의 기도를 받고, 상황마다 목사의 응답을 받아 결정하고 행동하도록 만들려는 시도를 행해서는 안 됩니다. 목사는 성도들에게 영향력을 끼치려는 어떤 의도도 가져서는 안 되고, 도리어 성도들이 목사에게 의존적 존재가 되려는 어떤 조짐이라도 보이면 스스로 영향력을 떨쳐내야 하고, 성도들을 바로 세워야 합니다. 그래서 하나님의 일하심을 늘 기억해야 합니다. 하나님은 온전히 인간을 위해 은혜로만 일하셨습니다. 그럼에도 불구하고 절대로 인간위에 군림하지 않으셨고, 인간에게 영향력을 행사하려고 하지 않으셨습니다. 성경을 읽고 배워야 하고, 성경에서 하나님이 일하시는 원리, 기준, 방법을 알아야 하고, 저와 여러분의 마음과 행동이 온전히 하나님이 행하신 것과 같아야 인간이 행복할 수 있습니다.

23

그 땅 신의 법

열왕기하 17 : 1 ~ 41

1 유다의 왕 아하스 제십이년에 엘라의 아들 호세아가 사마리아에서 이스라엘 왕이 되어 구
년간 다스리며 2 여호와께서 보시기에 악을 행하였으나 다만 그 전 이스라엘 여러 왕들과
같이 하지는 아니하였더라 3 앗수르의 왕 살만에셀이 올라오니 호세아가 그에게 종이 되어
조공을 드리더니 4 그가 애굽의 왕 소에게 사자들을 보내고 해마다 하던 대로 앗수르 왕에
게 조공을 드리지 아니하매 앗수르 왕이 호세아가 배반함을 보고 그를 옥에 감금하여 두고
5 앗수르 왕이 올라와 그 온 땅에 두루다니고 사마리아로 올라와 그 곳을 삼 년간 에워쌌더
라 6 호세아 제구년에 앗수르 왕이 사마리아를 점령하고 이스라엘 사람을 사로잡아 앗수르
로 끌어다가 고산 강 가에 있는 할라와 하볼과 메대 사람의 여러 고을에 두었더라 7 이 일은
이스라엘 자손이 자기를 애굽 땅에서 인도하여 내사 애굽의 왕 바로의 손에서 벗어나게 하
신 그 하나님 여호와께 죄를 범하고 또 다른 신들을 경외하며 8 여호와께서 이스라엘 자손
앞에서 쫓아내신 이방 사람의 규례와 이스라엘 여러 왕이 세운 율례를 행하였음이라 9 이
스라엘의 자손이 점차로 불의를 행하여 그 하나님 여호와를 배역하여 모든 성읍에 망대로
부터 견고한 성에 이르도록 산당을 세우고 10 모든 산 위에와 모든 푸른 나무 아래에 목상
과 아세라 상을 세우고 11 또 여호와께서 그들 앞에서 물리치신 이방 사람 같이 그 곳 모든
산당에서 분향하며 또 악을 행하여 여호와를 격노하게 하였으며 12 또 우상을 섬겼으니 이
는 여호와께서 그들에게 행하지 말라고 말씀하신 일이라 13 여호와께서 각 선지자와 각 선
견자를 통하여 이스라엘과 유다에게 지정하여 이르시기를 너희는 돌이켜 너희 악한 길에서
떠나 나의 명령과 율례를 지키되 내가 너희 조상들에게 명령하고 또 내 종 선지자들을 통하
여 너희에게 전한 모든 율법대로 행하라 하셨으나 14 그들이 듣지 아니하고 그들의 목을 곧
게 하기를 그들의 하나님 여호와를 믿지 아니하던 그들 조상들의 목 같이 하여 15 여호와의
율례와 여호와께서 그들의 조상들과 더불어 세우신 언약과 경계하신 말씀을 버리고 허무한
것을 뒤따라 허망하며 또 여호와께서 명령하사 따르지 말라 하신 사방 이방 사람을 따라 16

그들의 하나님 여호와의 모든 명령을 버리고 자기들을 위하여 두 송아지 형상을 부어 만들
고 또 아세라 목상을 만들고 하늘의 일월 성신을 경배하며 또 바알을 섬기고 17 또 자기 자
녀를 불 가운데로 지나가게 하며 복술과 사술을 행하고 스스로 팔려 여호와 보시기에 악을
행하여 그를 격노하게 하였으므로 18 여호와께서 이스라엘에게 심히 노하사 그들을 그의
앞에서 제거하시니 오직 유다 지파 외에는 남은 자가 없으니라 19 유다도 그들의 하나님 여
호와의 명령을 지키지 아니하고 이스라엘 사람들이 만든 관습을 행하였으므로 20 여호와
께서 이스라엘의 온 족속을 버리사 괴롭게 하시며 노략꾼의 손에 넘기시고 마침내 그의 앞
에서 쫓아내시니라 21 이스라엘을 다윗의 집에서 찢어 나누시매 그들이 느밧의 아들 여로
보암을 왕으로 삼았더니 여로보암이 이스라엘을 몰아 여호와를 떠나고 큰 죄를 범하게 하
매 22 이스라엘 자손이 여로보암이 행한 모든 죄를 따라 행하여 거기서 떠나지 아니하므로
23 여호와께서 그의 종 모든 선지자를 통하여 하신 말씀대로 드디어 이스라엘을 그 앞에서
내쫓으신지라 이스라엘이 고향에서 앗수르에 사로잡혀 가서 오늘까지 이르렀더라 24 앗수
르 왕이 바벨론과 구다와 아와와 하맛과 스발와임에서 사람을 옮겨다가 이스라엘 자손을
대신하여 사마리아 여러 성읍에 두매 그들이 사마리아를 차지하고 그 여러 성읍에 거주하
니라 25 그들이 처음으로 거기 거주할 때에 여호와를 경외하지 아니하므로 여호와께서 사
자들을 그들 가운데에 보내시매 몇 사람을 죽인지라 26 그러므로 어떤 사람이 앗수르 왕에
게 말하여 이르되 왕께서 사마리아 여러 성읍에 옮겨 거주하게 하신 민족들이 그 땅 신의 법
을 알지 못하므로 그들의 신이 사자들을 그들 가운데에 보내매 그들을 죽였사오니 이는 그
들이 그 땅 신의 법을 알지 못함이니이다 하니라 27 앗수르 왕이 명령하여 이르되 너희는 그
곳에서 사로잡아 온 제사장 한 사람을 그 곳으로 데려가되 그가 그 곳에 가서 거주하며 그
땅 신의 법을 무리에게 가르치게 하라 하니 28 이에 사마리아에서 사로잡혀 간 제사장 중 한
사람이 와서 벧엘에 살며 백성에게 어떻게 여호와 경외할지를 가르쳤더라 29 그러나 각 민
족이 각기 자기의 신상들을 만들어 사마리아 사람이 지은 여러 산당들에 두되 각 민족이 자
기들이 거주한 성읍에서 그렇게 하여 30 바벨론 사람들은 숙곳브놋을 만들었고 굿 사람들
은 네르갈을 만들었고 하맛 사람들은 아시마를 만들었고 31 아와 사람들은 닙하스와 다르
닥을 만들었고 스발와임 사람들은 그 자녀를 불살라 그들의 신 아드람멜렉과 아남멜렉에게
드렸으며 32 그들이 또 여호와를 경외하여 자기 중에서 사람을 산당의 제사장으로 택하여
그 산당들에서 자기를 위하여 제사를 드리게 하니라 33 이와 같이 그들이 여호와도 경외하
고 또한 어디서부터 옮겨왔든지 그 민족의 풍속대로 자기의 신들도 섬겼더라 34 그들이 오
늘까지 이전 풍속대로 행하여 여호와를 경외하지 아니하며 또 여호와께서 이스라엘이라 이
름을 주신 야곱의 자손에게 명령하신 율례와 법도와 율법과 계명을 준행하지 아니하는도다
35 옛적에 여호와께서 야곱의 자손에게 언약을 세우시고 그들에게 명령하여 이르시되 너
희는 다른 신을 경외하지 말며 그를 경배하지 말며 그를 섬기지 말며 그에게 제사하지 말고
36 오직 큰 능력과 편 팔로 너희를 애굽에서 인도하여 내신 여호와만 경외하여 그를 예배하
며 그에게 제사를 드릴 것이며 37 또 여호와가 너희를 위하여 기록한 율례와 법도와 율법과
계명을 지켜 영원히 행하고 다른 신들을 경외하지 말며 38 또 내가 너희와 세운 언약을 잊지

말며 다른 신들을 경외하지 말고 39 오직 너희 하나님 여호와만을 경외하라 그가 너희를 모
든 원수의 손에서 건져내리라 하셨으나 40 그러나 그들이 듣지 아니하고 오히려 이전 풍속
대로 행하였느니라 41 이 여러 민족이 여호와를 경외하고 또 그 아로새긴 우상을 섬기니 그
들의 자자 손손이 그들의 조상들이 행하던 대로 그들도 오늘까지 행하니라

배반의 연속

열왕기하 17장

예전에 성경퀴즈를 하면 나오는 문제 중의 하나가 특별한 장, 특별한 위치에 관한 것이었습니다. 성경에서 가장 짧은 책은 오바댜, 가장 짧은 장은 시편 117편 같은 문제도 있었고요, 믿음 장은 히브리서 11장, 사랑 장은 고린도전서 13장 같은 문제도 있었습니다. 짧은 책, 긴 책에 관한 문제는 내용보다는 성경에 대한 관심을 유발하는 문제이고, 믿음 장이나 사랑 장에 관한 문제는 내용을 강조하며 꼭 읽어보기를 권면하는 것 같습니다. 여러분에게 질문을 하겠습니다. 성경에 북 이스라엘의 패망에 대한 원인과 결과를 설명하는 장은 어디입니까? 정답은 열왕기하 17장입니다. 성경에 유다와 이스라엘을 비롯하여 애굽, 블레셋, 아람, 모압, 암몬, 앗수르, 바벨론, 바사 등 많은 나라가 등장하는데 유일하게 북 왕국의 패망에 대해서만 원인과 결과에 대한 언급이 나오는데 그것이 열왕기하 17장입니다.

북 왕국으로만 한정해서 보면 주전 930년에 나라가 세워지고 722년에 패망하였으니 대략 200년 동안 지속되던 나라가 완전히 망하여 역사 속에서 아예 사라져버렸는데 그 원인을 분석한 내용이 달랑 한 장입니다. 엄밀하게 말하면 17장 7절부터 23절까지 정말 달랑 열일곱 절뿐입니다. 잠시 후에 살펴 드리겠습니다만 패망의 원인도 딱 한가지라고 분석을 합니다. 아마 한 나라의 패망에 대한 분석으로 가장 많이 논의되는 것이 '로마'일 것입니다. 로마에 관한 자료는 로마의 역사에 관한 분량도 엄청나지만 로마의 패망의 원인으로 제기되는 것도 엄청나게 많습니다. 역사를 연구하는 사람, 정치

를 연구하는 사람, 사회를 연구하는 사람치고 에드워드 기번이 쓴 '로마제국 쇠망사'를 안 읽어본 사람이 없을 것입니다. 대신 열왕기하 17장을 읽어본 사람은 많지 않을 것이고, 열왕기하의 분석에 동의하거나 참조하는 사람도 거의 없을 것입니다. 그만큼 성경의 관점과 분석이 독특합니다.

대부분의 일반인들은 성경이 지극히 종교적인 것이라고 생각하고, 대부분의 성도님들은 성경의 내용을 좁은 관점 즉 개인의 관점에서 관찰하고 적용하곤 합니다. 그래서 늘 아브라함의 믿음, 다윗의 용기, 사무엘의 기도, 엘리야의 영성 등 지극히 개인적인 내용이 강조되고, 요셉처럼 꿈을 갖자, 모세같은 지도자가 되자, 다니엘처럼 담대하게 행동하자는 권면을 듣고 따르게 됩니다. 하지만 성경은 개인적이기보다는 집단적 또는 사회적 관점에서 많은 내용을 다루고 있습니다. 특정 개인이 아니라, 특정 민족이나 나라가 아니라 모든 인간이 대상이고, 삶의 모든 영역에 해당하는 하나님의 말씀을 선포하고 있습니다.

성경에 등장하는 하나님의 사람들은 절대로 개인이 아니라 온 인류의 샘플이고, 성경에 등장하는 이스라엘 또한 절대로 특정한 나라가 아니라 온 인류의 샘플입니다. 그러므로 요셉의 이야기는 단지 어떤 인물의 성공담이 아니고, 다윗의 나라는 단지 어떤 나라의 번성함이 아닙니다. 세상에는 요셉처럼 행동하지 않았는데 요셉보다 더 성공한 사람들이 많고, 다윗처럼 통치하지 않았는데 다윗의 나라보다 더 번성한 나라가 많습니다. 인간의 관계를 비교와 경쟁으로 설정하고 어떤 사람이 하나님의 복을 받아 다른 사람보다 더 좋아졌다고 평가하고, 어떤 나라가 하나님의 복을 받아 다른 나라보다 더 강성해졌다고 평가하는 것 자체가 온 인류를 대상으로 하고, 모든 인간이 행복하기를 원하시는 하나님의 관점과는 매우 다른 기준, 다른 마음, 다른 원리를 가지고 있다는 것을 의미할 뿐입니다.

배반의 끝

이스라엘의 마지막 왕인 호세아는 원래 왕족출신이 아닙니다. 선대 왕에게서 왕위를 승계 받은 것이 아닙니다. 열왕기하 15장 30절을 보시면 "웃시야의 아들 요담 제이십년에 엘라의 아들 호세아가 반역하여 르말랴의 아들 베가를 쳐서 죽이고 대신하여 왕이 되니라"입니다. 선대 왕인 베가도 쿠데타를 일으켜 왕이 되었는데 그래도 왕권을 안정시켰는지 일단 이십 년이라는 세월동안 통치를 했습니다. 대신 통치를 잘하지는 못한 것 같습니다. 15장 29절에 의하면 "이스라엘 왕 베가 때에 앗수르 왕 디글랏 벨레셀이 와서 이욘과 아글벳 마아가와 야노아와 게데스와 하솔과 길르앗과 갈릴리와 납달리 온 땅을 점령하고 그 백성을 사로잡아 앗수르로 옮겼더라"입니다. 영토의 많은 부분을 빼앗겼고 심지어는 백성들이 앗수르로 포로로 잡혀가기까지 했습니다. 나라의 사정이 반역이 일어날 만도 했다고 생각합니다. 여하튼 호세아는 반역을 일으켜 왕이 되었고 17장 1절에 의하면 구년을 통치했다고 하고, 호세아 왕에 대한 평가는 전형적인 이스라엘의 왕에 대한 평가와 똑같습니다. 2절 "여호와께서 보시기에 악을 행하였으나 다만 그 전 이스라엘 여러 왕들과 같이 하지는 아니하였더라"입니다.

호세아 왕이 행한 일에 대해서는 3절로 6절이 전부인데 나라가 망했다는 직접적인 표현은 없지만 내용상 나라가 망한 것입니다. "앗수르의 왕 살만에셀이 올라오니 호세아가 그에게 종이 되어 조공을 드리더니 그가 애굽의 왕 소에게 사자들을 보내고 해마다 하던 대로 앗수르 왕에게 조공을 드리지 아니하매 앗수르 왕이 호세아가 배반함을 보고 그를 옥에 감금하여 두고 앗수르 왕이 올라와 그 온 땅에 두루 다니고 사마리아로 올라와 그곳을 삼년간 에워쌌더라 호세아 제구년에 앗수르 왕이 사마리아를 점령하고 이스라엘 사람을 사로잡아 앗수르로 끌어다가 고산 강 가에 있는 할라와 하볼과 메대 사람의 여러 고을에 두었더라"입니다. 열왕기서에서 북 왕국 이스라엘에 대한 언급이 17장 이후로 등장하지 않습니다. 나라가 망해서 없어진 것입니다.

다시 정리를 해보자면, 15장 19절에 의하면 나라가 망하기 약 30년 전에 열여섯 번째 왕인 므나헴 시대에 앗수르 왕 불이 이스라엘을 쳐들어오자 왕이 나라의 큰 부자들에게서 은을 강탈하여 왕에게 조공을 바쳤습니다. 이미 그때에도 이스라엘은 앗수르의 상대가 되지 못했습니다. 열여덟 번째 왕 베가 때에는 29절에서 확인한 대로 앗수르에게 많은 영토를 빼앗겼고 백성들이 포로로 잡혀갔습니다. 나라가 유지되고는 있지만 이미 나라로서의 기능, 나라로서의 명분을 모두 상실한 상태입니다. 마지막인 호세아가 왕 위에 올랐지만 거의 앗수르의 속국인 상태로 조공을 바치면서 근근이 이어가고 있을 뿐입니다. 앗수르에게 정치적 변화가 있어서 디글랏 벨레셀 왕에 이어 3절에 나오는대로 살만에셀이라는 새로운 왕이 등장했습니다.

호세아가 처음에는 이 왕에게도 예전대로 조공을 드렸는데 국제 정세변화를 관찰하면서 배를 갈아타게 됩니다. 앗수르에게 보내는 조공을 중단하고 대신 4절에 나오는 대로 애굽의 왕 소에게 사자를 보내어 구원을 요청한 것입니다. 한동안 애굽은 국제정세에 등장하지 않을 정도로 약화되었는데 이 즈음에 새로 등장하고 있습니다. 호세아의 갈아타기는 결과적으로 실패했습니다. 당장에 앗수르 왕이 호세아를 옥에 감금하고 사마리아를 삼년간 에워쌌습니다. 이미 왕이 감금되어 있기에 에워쌌다는 표현은 정복했다는 의미입니다. 호세아가 구년간 다스리는데 이미 감금되어 있고 수도가 삼년간 에워싸였으니 실제로 호세아가 다스린 것은 기껏해야 오륙년일 뿐입니다. 그리고 결국에는 수도가 점령당하고 백성들이 포로가 된 것입니다. 삼십년 전부터 앗수르에게 조공을 바치다가 애굽의 도움을 받아 정세를 바꾸어보려다가 도리어 폭삭 망해버린 것입니다.

4절에 배반이라는 단어가 나오기는 하지만 어차피 서로 생존을 위해 이합집산을 반복하는 국제정세에서 배반은 특별히 새로울 것도 없고 이상할 것도 없습니다. 앗수르 입장에서는 배반이지만 이스라엘의 입장에서도 생존을 위한 도전일 수도 있습니다. 앗수르는 호세아의 결정을 배반으로 간주하여 보복하여 정복하여 버렸습니다. 이스라엘의 호세아 왕으로서는 최선의 선택을 했을 텐데 앗수르에게는 배반자로 찍혀 정복을 당하고, 애굽에게는 어떤 도움도 받지 못하고 나라가 망해버렸습니다. 이제부터는 이스라엘의 패망에 대해 성경이 분석한 보고서를 점검해 확인해 보겠습니다.

이 일은

분석 보고서

7절의 서두는 '이 일은'로 시작하는데 '이 일'이 이스라엘의 패망입니다. 그 동안 이스라엘의 왕들에 대한 평가 기준이 오직 하나 '여호와 보시기에' 였기에 패망보고서의 원인분석도 오직 하나 '여호와 보시기에'와 연관이 되어 있습니다. 미리 결론부터 말씀드리자면 이스라엘이 패망한 이유는 한편으로는 여호와께서 행하라고 하신 것을 행하지 않았기 때문이요, 다른 한편으로는 여호와께서 행하지 말라고 하신 것을 행하였기 때문입니다. 이스라엘은 하나님의 말씀, 하나님의 권고, 하나님의 가르침과는 반대로만 행동한 것입니다. 그 결과는 하나님의 기대 즉 이스라엘의 안정과 평화, 백성들의 자유와 평화와 정반대가 된 것입니다. 미리 다시 한 번 강조해서 말씀드리겠습니다. 하나님의 말씀대로 하는 것이 가장 좋고, 가장 쉽고, 가장 안전하고, 가장 행복합니다. 하나님의 말씀은 모든 것이 인간의 행복을 위한 것입니다.

7절부터 패망의 이유가 등장하는데 중요한 것은 하나님의 말씀이 단지 '계명, 규례, 법'으로 명령된 것이 아니라는 것입니다. 이스라엘이 법을 어기고, 명령에 불순종해서 하나님이 망하게 했다는 식으로 설명하면 안 된다는 것입니다. 하나님은 인간에게 명령이든, 부탁이든, 권고이든, 소망이든 여하튼 어떤 말을 하실 때에는 반드시 먼저 은혜를 주시고, 먼저 복을 주시고, 먼저 인간을 좋게 만들어 주시고, 하나님과 인간의 관계를 설정하신 후에 하십니다. 그래서 하나님의 말씀의 조항을 살피기 이전에 서문, 서두의 선언을 꼭 기억하셔야 합니다. 7절도 하나님이 행한 일, 하나님과 이스라엘의 관계 선언이 먼저 등장합니다. "이 일은 이스라엘 자손이 자기를 애굽 땅에서 인도하여 내사 애굽의 왕 바로의 손에서 벗어나게 하신 그 하나님 여호와" 입니다.

하나님은 아무 조건없이 이스라엘을 출애굽시켜 주셨습니다. 이스라엘이 하나님의 은혜를 받을 만한, 이스라엘이 하나님의 축복을 받을 만한 어떤 행동도 한 적이 없습니다. 심지어는 바로가 지시한 노동에 힘들어 하면서도 하나님께 부르짖지도 않았습니다. 그래서 하나님이 이스라엘에 행하신 모든 것이 은혜와 복입니다. 그렇게 먼저 은혜와 복을 주신 이후에 하나님의 토라, 하나님의 규례가 주어지기에 하나님의 토라는 결코 상이나 벌을 받을 수 있는 조건이나 수단이 될 수 없습니다. 먼저 은혜와 복을 주셨기에 만약 하나님의 말씀대로 행하면 이미 받은 은혜와 복을 누리며 유지하며 지속하는 것이오, 만약 하나님의 말씀대로 행하지 않으면 이미 은혜와 복을 받았음에도 불구하고 복을 누리지 못하는 것입니다. 하나님의 말씀은 절대로 법이 아니고, 명령이 아니고, 조건이 아닙니다. 7절에서 하나님이 행하신 은혜, 사역, 축복과 하나님과 이스라엘의 관계를 명확히 하고서 7절후반부의 말씀들을 상고해야 합니다.

행하지 말라, 행하라

7절 후반부부터 읽어보겠습니다. "하나님 여호와께 죄를 범하고 또 다른 신을 경외하며 여호와께서 이스라엘 자손 앞에서 쫓아내신 이방 사람의 규례와 이스라엘 여러 왕이 세운 율례를 행하였음이라 이스라엘의 자손이 점차로 불의를 행하여 그 하나님 여호와를 배역하여 모든 성읍에 망대로부터 견고한 성에 이르도록 산당을 세우고 모든 산 위에와 모든 푸른 나무 아래에 목상과 아세라 상을 세우고 또 여호와께서 그들 앞에서 물리치신 이방 사람 같이 그 곳 모든 산당에서 분향하며 또 악을 행하여 여호와를 격노하게 하였으며 또 우상을 섬겼으니 이는 여호와께서 그들에게 행하지 말라고 말씀하신 일이라" 입니다. 혹시 여호와께서 행하지 말라고 하신 것 중에 불만이 있으십니까? 정말로 하고 싶은 것인데, 정말로 하면 좋을 것 같은데 하나님이 하지 말라고 금지하신 것이 있습니까? 하나님이 행하지 말라는 것을 행하면 반드시 탈이 납니다. 불순종했다고 징계하시기 때문이 아니라 그 내용 자체가 인간에게 유익한 것이 아니기 때문입니다. 하나님의 말씀을 명령으로, 인간의 행동을 순종과 불순종으로, 그리고 결과를 심판과 징계의 패턴으로 왜곡하면 안 됩니다. 이스라엘이 패망한 것은 이스라엘에게 좋지 않기 때문에 행하지 말라고 한 것을 행했기 때문입니다.

13절부터는 정반대로 행하라고 한 것을 행하지 않은 것을 지적합니다. "여호와께서 각 선지자와 각 선견자를 통하여 이스라엘과 유다에게 지정하여 이르시기를 너희는 돌이켜 너희 악한 길에서 떠나 나의 명령과 율례를 지키되 내가 너희 조상들에게 명령하고 또 내 종 선지자들을 통하여 너희에게 전한 모든 율법대로 행하라 하셨으나 그들이 듣지 아니하고 그들의 목을 곧게 하기를 그들의 하나님 여호와를 믿지 아니하던 그들 조상들의 목 같이 하여 여호와의 율례와 여호와께서 그들의 조상들과 더불어 세우신 언약과 경계하신 말씀을 버리고" 입니다. 하나님이 행하라고 하신 것이 얼마나 단순합니까? '돌이켜 너희 악한 길에서 떠나' 입니다. 이것은 명령도 아니고 규례도 아니고 그냥 당연한 것입니다. 어렵고 힘든 것이 아니라 가장 쉽고 가장 편한 것입니다. 그런데 이스라엘은 하나님이 행하라는 것은 행하지 않고 다른 것을 행했습니다. 그냥 다른 것이 아닙니다. 성경이 뭐라고 표현하는지 직접 읽어보겠습니다.

15절 중간부터 "허무한 것을 뒤따라 허망하며 또 여호와께서 명령하사 따르지 말라 하신 사방 이방 사람을 따라 그들의 하나님 여호와의 모든 명령을 버리고 자기들을 위하여 두 송아지 형상을 부어 만들고 또 아세라 목상을 만들고 하늘의 일월성신을 경배하며 또 바알을 섬기고 또 자기 자녀를 불 가운데로 지나가게 하며 복술과 사술을 행하고 스스로 팔려 여호와 보시기에 악을 행하여 그를 격노하게 하였으므로"입니다. 여호와께서 행하지 말라고 한 것 중에 여러분이 하고 싶은 일이 있습니까? 꼭 해보고 싶은 일이 있습니까? 왜 이것을 하지 말라고 했는지 의문나는 것이 있습니까? 지금 당장이라고 하고 싶어 못 견딜만한 일이 있습니까? 전혀 그렇지 않습니다. 이것으로 이스라엘의 패망 보고서가 끝입니다.

장차 남 유다가 어떻게 될지도 벌써 나와 있습니다. 19절로 23절입니다. "유다도 그들의 하나님 여호와의 명령을 지키지 아니하고 이스라엘 사람들이 만든 관습을 행하였으므로 여호와께서 이스라엘의 온 족속을 버리사 괴롭게 하시며 노략꾼의 손에 넘기시고 마침내 그의 앞에서 쫓아내시니라 이스라엘을 다윗의 집에서 찢어 나누시매 그들이 느밧의 아들 여로보암이 이스라엘을 몰아 여호와를 떠나고 큰 죄를 범하게 하매 이스라엘 자손이 여로보암이 행한 모든 죄를 따라 행하여 거기서 떠나지 아니하므로 여호와께서 그의 종 모든 선지자를 통하여 하신 말씀대로 드디어 이스라엘을 그 앞에서 내쫓으신지라 이스라엘이 고향에서 앗수르에 사로잡혀 가서 오늘까지 이르렀더라"입니다.

하나님의 말씀과 관련하여 순종이니 불순종이니를 운운할 이유가 없고, 심판이니 징계니 형벌이니를 운운할 필요가 없습니다. 중요한 것은 하나님의 말씀에 대한 하나님의 기대, 하나님의 바람, 하나님의 뜻입니다. 하나님이 인간의 행복을 가장 바라시기에 하나님의 말씀대로 행하는 것이 행복을 누리는 것이고, 하나님의 말씀대로 행하지 않는 것이 망하는 것입니다. 앗수르와의 관계에서 배반의 결과가 앗수르의 보복에 의한 패망이었다면, 하나님과의 관계서 배반의 결과는 하나님의 보복에 의한 패망이 아니라 이스라엘의 행동에 따른 자멸, 바로 그것입니다.

그 땅 신의 법

그 땅 신의 법

17장에 기록된 이스라엘의 패망 분석 보고서 때문에 마음이 무거우시고 불편하시다면 이번에는 짧은 희극 또는 개그를 한편 보시겠습니다. 대신 요즘의 개그처럼 직설적으로 말장난을 하는 것이 아니라 매우 우아하게 그리고 완곡하게 표현되어 있으니까 그 의미를 찾아내셔서 웃으셔야 합니다. 차근히 설명을 드릴테니 따라오시면서 웃으셔야 할 때 웃어주시기만 하면 됩니다. 6절과 24절은 정반대의 상황이 소개되고 있습니다. 6절에 의하면 이스라엘의 백성들이 앗수르로 끌려가서 고산 강가에 있는 할라와 하볼과 메대 사람의 여러 고을에 퍼져 살게 되었다고 합니다. 이스라엘 백성이 이스라엘을 떠나 이방 나라에서 살게 된 것입니다. 24절은 반대로 이방의 백성이 이스라엘로 이주해서 이스라엘에서 살게 된 이야기입니다. "앗수르 왕이 바벨론과 구다와 아와와 하맛과 스발와임에서 사람을 옮겨다가 사마리아 여러 성읍에 두매 그들이 사마리아를 차지하고 그 여러 성읍에 거주하니라" 입니다. 당시 최고의 강대국이었던 앗수르가 민족 이동정책과 민족 혼합정책을 사용한 것입니다. 이스라엘이 앗수르로 잡혀가서 어떻게 살았는지는 기록이 없습니다. 대신 이방 사람들이 이스라엘로 이주해 와서 어떻게 살았는지가 25절 이하에 나옵니다. 이게 참 재미있습니다.

25절과 26절 "그들이 처음으로 거기 거주할 때에 여호와를 경외하지 아니하므로 여호와께서 사자들을 그들 가운데에 보내시매 몇 사람을 죽인지라 그러므로 어떤 사람이 앗수르 왕에게 말하여 이르되 왕께서 사마리아 여러 성읍에 옮겨 거주하게 하신 민족들이 그 땅 신의 법을 알지 못하므로 그들의 신이 사자들을 그들 가운데에 보내매 그들을 죽였사오니 이는 그들이 그 땅 신의 법을 알지 못함이니이다 하니라" 입니다. 제발 부탁드리기는 25절을 읽고 문자 그대로 받아들이시면 안 된다는 것입니다. 그 사람들이 여호와를 경외하지 않으니까 하나님이 사자를 보내서 죽게 했다고 받아들이시면 성경이 말이 되지 않습니다. 지금 이 장소가 북 이스라엘입니다. 그리고 북 이스라엘은 나라가 세워진 이래로 패망할 때까지 여호와를 경외한 적이 없습니다. 그럼에도 불구하고 사자가 나타나서 사람들을 죽인 적이 없습니다. 25절을 문자적으로 받아들이는 사람들은 바로 26절의 이방 사람들입니다. 이방 사람들은 그렇게 생각을 한 것입니다. 자기들끼리 상황판단하고 분석까지 다 했습니다. 어떤 방식으로요? 이방 방식으로, 우상의 방식으로, 죄의 방식으로입니다.

그들이 한 말 중에 중요한 표현이 '그 땅 신의 법'입니다. 우상 종교에는 세 가지 요소가 있습니다. 첫째는 신의 계보나 서열이고, 둘째는 신이 다스리는 영역이고, 셋째는 신이 주관하는 기능입니다. 자신들은 바벨론이나 구다나 아와나 하맛과 스발와임에서 살던 사람들입니다. 그러다가 새로운 지역 이스라엘에 왔습니다. 그러니 이 땅에는 이 땅을 지배하는 신이 따로 있을 것이라고 생각한 것입니다. 그리고 그 신은 은혜를 주는 것이 아니라 법을 주는 것으로 생각한 것입니다. 그리고 그 법을 따르지 않으면 죽이거나 병들게 하는 벌을 내리는 것이라고 생각한 것입니다. 이것이 하나님의 방식이 아니라 전형적인 우상의 방식, 죄의 방식입니다. 이런 생각은 단지 이주민들만의 생각이 아니라 앗수르 왕의 생각도 마찬가지였습니다.

종교 쇼(Show)

앗수르 왕도 26절과 같은 생각을 했기 때문에 27절과 같은 조치가 뒤따르는 것입니다. "앗수르 왕이 명령하여 이르되 너희는 그 곳에서 사로잡아 온 제사장 한 사람을 그 곳으로 데려가되 그가 그 곳에 가서 거주하며 그 땅 신의 법을 무리에게 가르치게 하라 하니 이에 사마리아에서 사로잡혀 간 제사장 중 한 사람이 와서 벧엘에 살며 백성에게 어떻게 여호와 경외할지를 가르쳤더라"입니다. 앞에서 웃어야 할 지점에서 웃어달라고 부탁을 드렸는데 지금 28절에서 웃으셨어야 합니다. 왜 웃어야 하냐면 어이가 없고 도무지 말이 안 되기 때문입니다. 지금 이 곳이 북 이스라엘의 사마리아입니다. 거듭, 반복해서 말씀드리지만 북 이스라엘은 나라가 세워진 이래로 여호와를 섬긴 적이 없습니다. 초대 왕 여로보암이 금 송아지를 만들어 단과 벧엘에 둔 이래로 모든 왕들이 여로보암의 길로 행하였습니다. 그래서 북 이스라엘에는 여호와 신앙이 없고, 여호와의 성전이 없고, 여호와의 제사장이 없습니다. 그들 자신도 여호와가 행하라고 하신대로 행하지 않았고, 행하지 말라고 하신대로 행하지 않아서 망했습니다. 여호와를 아는 자도 없고, 여호와의 말씀대로 행한 자도 없습니다.

그런데 앗수르 왕이 취한 조치가 '이스라엘에서 앗수르로 사로잡아 온 제사장 한 사람을 다시 이스라엘로 데려가되 그가 이스라엘에 가서 거주하며 그 땅 신의 법을 무리에게 가르치게 하라' 입니다. 이것이 애초에 말이 되지 않는 것입니다. 만약 이 조치가 여호와와 무관한, 그냥 그 땅의 어떤 신에 관한 것이라면 말이 될 수도 있습니다. 그런데 지금 이 사람들은 25절에 밝힌 대로 '여호와를 경외하지 아니하므로' 라고 그 땅 신을 여호와라고 생각하고 있습니다. 정작 이스라엘은 여호와가 그 땅의 신이라고 생각한 적도 없고, 그 땅의 신 여호와를 섬긴 적도 없는데 이방에서 온 사람들은 여호와가 그 땅의 신이라고 생각하고 있습니다. 더 웃기는 것은 사로잡혀 온 제사장 중의 한 사람을 다시 이스라엘로 돌려보냈다는 것입니다. 이 사람은 제사장이기는 하지만 절대로 여호와의 제사장이 아닙니다. 북 이스라엘에 제사장이 있기는 했습니다. 초대 왕 여로보암도 제사장을 세운 적이 있습니다. 그러나 여호와의 제사장이 아니라 금송아지를 섬기는 제사장이었을 뿐입니다. 그래서 지금 다시 이스라엘로 돌아온 사람도 그냥 우상의 제사장입니다.

더욱 기가 찬 것은 28절 "이에 사마리아에서 사로잡혀 간 제사장 중 한 사람이 와서 벧엘에 살며 백성에게 어떻게 여호와 경외할지를 가르쳤더라" 입니다. 저는 궁금합니다. '어떻게' 가르쳤을까요? 자기도 모르는 여호와, 자기도 해본 적이 없는 여호와 경외하기, 자기도 도대체 들어본 적도 없고 배워본 적도 없고 행해 본 적도 없는 '어떻게 여호와 경외할지'를 어떻게 가르쳤을까요? 신기한 것은 그럼에도 불구하고 그 제사장이 여하튼 여호와 경외하는 것을 가르쳤다는 것입니다. 저는 이것을 아주 단호하게 '종교 쇼Show'라고 부르겠습니다. 그리고 이러한 종교 쇼는 언제든, 어디서든 가능하고, 그때에도 행해졌고 지금도 행해지고 있다고 주장하겠습니다.

우리 주변에서 외식과 거짓과 속임수와 거짓말의 대표적인 공연장이 정치판입니다. 그런데 정치판보다 더 추악하고 교활하고 음흉한 거짓의 장소가 종교 판입니다. 정치판은 그래도 사람들이 의심을 하기도 하고, 비난을 하기도 합니다. 그러나 종교 판은 아무도 의심하지 않으며, 설령 잘못이 있어도 감히 비난하지도 않습니다. 그래서 가장 위험한 곳이 바로 종교 판입니다. 비록 본문에 직설적이고 원색적인 표현은 없지만 인류 역사에서 본문보다 종교를 가장 신랄하게 비난하는 곳, 조롱하는 곳은 없을 것입니다. 하나님은 종교 영역을 신성한 영역으로 보호하는 것이 아니라 가장 리얼하게 보여주면서 저와 여러분에게 '하나님을 바로 알 것'을 기대하고 계십니다.

성경을 읽지 않는 교회, 성경을 가르치지 않는 목회자, 성경을 배우지 않는 성도는 역사 속에 언제나 있었고, 그 종교는 언제나 타락했고 부패했습니다. 열왕기하 17장이 그랬고, 중세 천년의 카톨릭이 그랬습니다. 루터가 95개조 반박문을 붙였을 때 사람들은 전혀 관심이 없었고, 읽지도 않았고, 읽었어도 무슨 말인지 몰랐습니다. 당시 종교는 미사나 설교나 기타의 종교행위를 모두 백성들이 전혀 사용하지 않는 언어, 오직 사제들과 신학자들만 알고 사용하는 라틴어를 썼기 때문입니다. 그래서 종교는 있었는데 의미는 없고, 종교 행위는 있었는데 전혀 내용을 모르고 있었습니다. 그래도 여전히 종교 행위, 종교 활동은 빈번하게 이루어졌습니다. 오늘날에도 교회가 말씀을 배우는 일에 전념하지 않은 채 여러 가지 일로 계속 바쁘고 분주하다면 그것이 바로 열왕기하 17장이 보여주는 여호와와 무관한 종교가 판치는 모습과 같은 것입니다.

거짓의 현장

여호와와 무관한 제사장이 가르친 종교의 현장이 29절 이하에 나옵니다. 따로 설명할 것이 없고 그냥 읽으면 저절로 이해가 될 정도입니다. "그러나 각 민족이 각기 자신의 신상들을 만들어 사마리아 사람이 지은 여러 산당들에 두되 각 민족이 자기들이 거주한 성읍에서 그렇게 하여 바벨론 사람들은 숙곳브놋을 만들었고 굿 사람들은 네르갈을 만들었고 하맛 사람들은 아시마를 만들었고 아와 사람들은 닙하스와 다르닥을 만들었고 스발와임 사람들은 그 자녀를 불살라 그들의 신 아드람멜렉과 아남멜렉에게 드렸으며 그들이 또 여호와를 경외하여 자기 중에서 사람을 산당의 제사장으로 택하여 그 산당들에서 자기를 위하여 제사를 드리게 하니라 이와 같이 그들이 여호와도 경외하고 또한 어디서부터 옮겨왔는지 그 민족의 풍속대로 자기의 신들도 섬겼더라 그들이 오늘까지 이전 풍속대로 행하여 여호와를 경외하지 아니하며 또 여호와께서 이스라엘이라 이름을 주신 야곱의 자손에게 명령하신 율례와 법도와 율법과 계명을 준행하지 아니하는도다"입니다.

이번에는 저의 탄식이 아니라 하나님의 탄식, 저의 호소가 아니라 하나님의 호소를 들어보시겠습니다. 35절 이하 "옛적에 여호와께서 야곱의 자손에게 언약을 세우시고 그들에게 명령하여 이르시되 너희는 다른 신을 경외하지 말며 그를 경배하지 말며 그를 섬기지 말며 그에게 제사하지 말고 오직 큰 능력과 편 팔로 너희를 애굽에서 인도하여 내신 여호와만 경외하여 그를 예배하며 그에게 제사를 드릴 것이며 또 여호와가 너희를 위하여 기록한 율례와 법도와 율법과 계명을 지켜 영원히 행하고 다른 신들을 경외하지 말며 또 내가 너희와 세운 언약을 잊지 말며 다른 신들을 경외하지 말고 오직 너희 하나님 여호와만을 경외하라 그가 너희를 모든 원수의 손에서 건져

내리라 하셨으나"입니다. 이것이 신의 영광에 집착하는 하나님의 배타적 선언처럼 들립니까? 그렇지 않습니다. 이것이 여호와의 주권만을 강조하는 독선적 주장처럼 들립니까? 그렇지 않습니다.

본문에 등장하는 하나님은 35절 '여호와께서 야곱의 자손에게 언약을 세우시고' 즉 인간이 요구하지도 않았는데 먼저 찾아오셔서 은혜주고 복 주실 것을 맹세하시는 하나님이시고, 36절 '오직 큰 능력과 편 팔로 너희를 애굽에서 인도하여 내신 여호와' 즉 말만 하는 신이 아니며, 이론과 관념의 신이 아니며, 백성에게 일하며 수고하게 하는 신이 아니라 친히 일하시며 친히 구원하시는 하나님이십니다. 39절 '그가 너희를 모든 원수의 손에서 건져내시리라' 즉 인간을 힘들게 하고 곤고하게 하는 모든 세력들, 더 나아가 죄의 속박으로부터 구원하시어 참으로 인간이 행복하게 살 수 있도록 도우시는 좋으신 하나님이십니다.

그런데 안타깝게도 40절 이하 "그러나 그들이 듣지 아니하고 오히려 이전 풍속대로 행하였느니라 이 여러 민족이 여호와를 경외하고 또 그 아로새긴 우상을 섬기니 그들의 자자손손이 그들의 조상들이 행하던 대로 그들도 오늘까지 행하니라"입니다. 이것이 절대로 남의 이야기가 아닙니다. 성경을 읽지 않으면, 성경을 배우지 않으면 우리가 행하게 될 일들입니다. 함께 말씀을 알아가며, 함께 하나님의 마음을 키워가며, 함께 하나님의 은혜를 누려가는 성도님들 되시기를 주님의 이름으로 축원합니다.

24

누구를 의뢰하고

열왕기하 18 : 1 ~ 37

1 이스라엘의 왕 엘라의 아들 호세아 제삼년에 유다 왕 아하스의 아들 히스기야가 왕이 되
니 2 그가 왕이 될 때에 나이가 이십오 세라 예루살렘에서 이십구 년간 다스리니라 그의 어
머니의 이름은 아비요 스가리야의 딸이더라 3 히스기야가 그의 조상 다윗의 모든 행위와 같
이 여호와께서 보시기에 정직하게 행하여 4 그가 여러 산당들을 제거하며 주상을 깨뜨리며
아세라 목상을 찍으며 모세가 만들었던 놋뱀을 이스라엘 자손이 이때까지 향하여 분향하
므로 그것을 부수고 느후스단이라 일컬었더라 5 히스기야가 이스라엘 하나님 여호와를 의
지하였는데 그의 전후 유다 여러 왕 중에 그러한 자가 없었으니 6 곧 그가 여호와께 연합하
여 그에게서 떠나지 아니하고 여호와께서 모세에게 명령하신 계명을 지켰더라 7 여호와께
서 그와 함께 하시매 그가 어디로 가든지 형통하였더라 저가 앗수르 왕을 배반하고 섬기지
아니하였고 8 그가 블레셋 사람들을 쳐서 가사와 그 사방에 이르고 망대에서부터 견고한 성
까지 이르렀더라 9 히스기야 왕 제사년 곧 이스라엘의 왕 엘라의 아들 호세아 제칠년에 앗
수르의 왕 살만에셀이 사마리아로 올라와서 에워쌌더라 10 삼 년 후에 그 성읍이 함락되니
곧 히스기야 왕의 제육년이요 이스라엘 왕 호세아의 제구년에 사마리아가 함락되매 11 앗
수르 왕이 이스라엘을 사로잡아 앗수르에 이르러 고산 강 가에 있는 할라와 하볼과 메대 사
람의 여러 성읍에 두었으니 12 이는 그들이 하나님 여호와의 말씀을 듣지 아니하고 그의 언
약과 여호와의 종 모세가 명령한 모든 것을 따르지 아니하였음이더라 13 히스기야 왕 제십
사년에 앗수르의 왕 산헤립이 올라와서 유다 모든 견고한 성읍들을 쳐서 점령하매 14 유다
의 왕 히스기야가 라기스로 사람을 보내어 앗수르 왕에게 이르되 내가 범죄하였나이다 나
를 떠나 돌아가소서 왕이 내게 지우시는 것을 내가 당하리이다 하였더니 앗수르 왕이 곧 은
삼백 달란트와 금 삼십 달란트를 정하여 유다 왕 히스기야에게 내게 한지라 15 히스기야가
이에 여호와의 성전과 왕궁 곳간에 있는 은을 다 주었고 16 또 그 때에 유다 왕 히스기야가
여호와의 성전 문의 금과 자기가 모든 기둥에 입힌 금을 벗겨 모두 앗수르 왕에게 주었더라

17 앗수르 왕이 다르단과 랍사리스와 랍사게로 하여금 대군을 거느리고 라기스에서부터 예
루살렘으로 가서 히스기야 왕을 치게 하매 그들이 예루살렘으로 올라가니라 그들이 올라가
서 윗못 수도 곁 곧 세탁자의 밭에 있는 큰 길에 이르러 서니라 18 그들이 왕을 부르매 힐기
야의 아들로서 왕궁의 책임자인 엘리야김과 서기관 셉나와 아삽의 아들 사관 요아가 그에
게 나가니 19 랍사게가 그들에게 이르되 너희는 히스기야에게 말하라 대왕 앗수르 왕의 말
씀이 네가 의뢰하는 이 의뢰가 무엇이냐 20 네가 싸울 만한 계교와 용력이 있다고 한다마는
이는 입에 붙은 말 뿐이라 네가 이제 누구를 의뢰하고 나를 반역하였느냐 21 이제 네가 너를
위하여 저 상한 갈대 지팡이 애굽을 의뢰하도다 사람이 그것을 의지하면 그의 손에 찔려 들
어갈지라 애굽의 왕 바로는 그에게 의뢰하는 모든 자에게 이와 같으니라 22 너희가 내게 이
르기를 우리는 우리 하나님 여호와를 의뢰하노라 하리라마는 히스기야가 그들의 산당들과
제단을 제거하고 유다와 예루살렘 사람에게 명령하기를 예루살렘 이 제단 앞에서만 예배하
라 하지 아니하였느냐 하셨나니 23 청하건대 이제 너는 내 주 앗수르 왕과 내기하라 네가 만
일 말을 탈 사람을 낼 수 있다면 나는 네게 말 이천 마리를 주리라 24 네가 어찌 내 주의 신하
중 지극히 작은 지휘관 한 사람인들 물리치며 애굽을 의뢰하고 그 병거와 기병을 얻을 듯하
냐 25 내가 어찌 여호와의 뜻이 아니고야 이제 이 곳을 멸하러 올라왔겠느냐 여호와께서 전
에 내게 이르시기를 이 땅으로 올라와서 쳐서 멸하라 하셨느니라 하는지라 26 힐기야의 아
들 엘리야김과 셉나와 요아가 랍사게에게 이르되 우리가 알아듣겠사오니 청하건대 아람 말
로 당신의 종들에게 말씀하시고 성 위에 있는 백성이 듣는 데서 유다 말로 우리에게 말씀하
지 마옵소서 27 랍사게가 그에게 이르되 내 주께서 네 주와 네게만 이 말을 하라고 나를 보
내신 것이냐 성 위에 앉은 사람들도 너희와 함께 자기의 대변을 먹게 하고 자기의 소변을 마
시게 하신 것이 아니냐 하고 28 랍사게가 드디어 일어서서 유다 말로 크게 소리 질러 불러
이르되 너희는 대왕 앗수르 왕의 말씀을 들으라 29 왕의 말씀이 너희는 히스기야에게 속지
말라 그가 너희를 내 손에서 건져내지 못하리라 30 또한 히스기야가 너희에게 여호와를 의
뢰하라 함을 듣지 말라 그가 이르기를 여호와께서 반드시 우리를 건지실지라 이 성읍이 앗
수르 왕의 손에 함락되지 아니하게 하시리라 할지라도 31 너희는 히스기야의 말을 듣지 말
라 앗수르 왕의 말씀이 너희는 내게 항복하고 내게로 나아오라 그리하고 너희는 각각 그의
포도와 무화과를 먹고 또한 각각 자기의 우물의 물을 마시라 32 내가 장차 와서 너희를 한
지방으로 옮기리니 그 곳은 너희 본토와 같은 지방 곧 곡식과 포도주가 있는 지방이요 떡과
포도원이 있는 지방이요 기름 나는 감람과 꿀이 있는 지방이라 너희가 살고 죽지 아니하리
라 히스기야가 너희를 설득하여 이르기를 여호와께서 우리를 건지시리라 하여도 히스기야
에게 듣지 말라 33 민족의 신들 중에 어느 한 신이 그의 땅을 앗수르 왕의 손에서 건진 자가
있느냐 34 하맛과 아르밧의 신들이 어디 있으며 스발와임과 헤나와 아와의 신들이 어디 있
느냐 그들이 사마리아를 내 손에서 건졌느냐 35 민족의 모든 신들 중에 누가 그의 땅을 내
손에서 건졌기에 여호와가 예루살렘을 내 손에서 건지겠느냐 하셨느니라 36 그러나 백성이
잠잠하고 한 마디도 그에게 대답하지 아니하니 이는 왕이 명령하여 대답하지 말라 하였음
이라 37 이에 힐기야의 아들로서 왕궁 내의 책임자인 엘리야김과 서기관 셉나와 아삽의 아

들 사관 요아가 옷을 찢고 히스기야에게 나아가서 랍사게의 말을 전하니라

과장된 평가

국내, 국제 정세

열왕기하를 상고하는 중에 아마 오랜만에 반가운 이름, 아는 이름을 만나시게 될 것입니다. 그 동안 왕이 이름이 계속 나오는데 도무지 누구인지, 과연 유명한 왕인지, 굳이 일일이 설교를 들어야 하는지 조금 지루하셨던 분들은 드디어 관심을 가질 수 있는 기회가 왔습니다. 그 이름도 유명한 히스기야 왕입니다. 대신 한 가지 좋은 소식과 한 가지 나쁜 소식이 있습니다. 먼저 기쁜 소식을 전해 드린다면 히스기야에 관한 이야기는 오늘뿐만 아니라 다음주 19장, 그 다음주 20장까지 적어도 3주 이상 계속될 것입니다. 대신 나쁜 소식을 전해 드린다면 지금까지 여러분이 알고 계셨던 히스기야 이야기와는 조금 다를 것이라는 점입니다.

1절을 보시면 "이스라엘의 왕 엘라의 아들 호세아 제삼년에 유다 왕 아하스의 아들 히스기야가 왕이 되니 그가 왕이 될 때에 나이가 이십 오세라 예루살렘에서 이십구 년간 다스리니라" 입니다. 히스기야는 남 유다의 열세 번째 왕인데 국내적으로는 나름 좋은 상황이었고 국제적으로는 아주 나쁜 상황이었습니다. 우선 국내적으로는 참으로 오랜 만에 반역이 아니라 일반적인 왕위 세습이 이어졌습니다. 일곱 번째 유일한 여자인 아달랴 왕도 반역으로 스스로 왕이 되었고, 여덟 번째 왕 요아스도 직접은 아니지만 아달랴 왕을 죽인 제사장 세력에 의해 왕위에 올랐고, 아홉 번째 왕 아마샤는 유다 역사 최초로 신복들이 선대 왕을 죽이고 대신 왕좌에 올려준 경우이고, 열 번째 왕 아사랴도 반역을 일으킨 세력에 의해 왕위에 올랐습니다. 북 이스라엘처럼 왕이 직접 반역을 일으켰다면 나름대로 왕권이 강했다고 생각할 수도 있습니다. 그러나 남 유다는 왕이 직접 반역을 일으킨 것이 아니라

주로 신하들이 반역을 일으켰고, 신하들이 왕을 선택해서 왕으로 앉혔습니다. 그만큼 왕권이 신하들에게 휘둘렸다는 증거입니다. 비록 왕이 일정 기간 왕좌에 앉아 있었다 하더라도 모든 권력은 신하들에게 있었을 것입니다. 그 신하들이 한편으로는 관료들이고 다른 한편으론 제사장들이었습니다.

열 번째 아사랴는 왕위에 있는 동안 다행히 왕권을 강화할 수 있었는데 왕권이 안정되자 경쟁세력이었던 제사장들을 무력화시키기 위해 직접 여호와의 전에서 분향을 시도하다가 나병에 걸려 뒤로 물어나게 되었습니다. 천만다행으로 신하들이 반역을 일으키지 않고 아들 요담이 열한 번째 왕이 되었고, 그 아들 아하스가 열두 번째 왕이 되었고, 그 아들 히스기야가 열세 번째 왕이 되었습니다. 일곱 번째부터 열 번째까지 연달아 네 번이나 반역이 있었는데 열 번째부터 열세 번째까지 연달아 네 번이나 반역없이 자연스럽게 왕권이 이양되었으니 그만큼 나라가 안정을 찾았다는 의미가 될 것입니다.

국제 정세로는 크게 두 가지가 대두되었습니다. 하나는 앗수르의 등장이고 또 하나는 앗수르에 의한 북 이스라엘의 패망입니다. 열왕기하 15장 19절에 앗수르 왕 불이 등장하여 이스라엘로부터 조공을 받고, 29절에 앗수르 왕 디글랏 빌레셀이 등장하여 이스라엘의 많은 영토를 빼앗고 백성들을 포로로 잡아갔습니다. 16장 7절에 유다의 아하스 왕이 스스로, 자원하여, 직접 앗수르 왕 디글랏 빌레셀에게 사자를 보내 성전 곳간의 은금을 조공으로 바치며 도움을 구하고, 더 나아가 친히 다메섹을 방문한 후 그곳 신전의 조감도를 그려 와서 유다에 신전을 세우고 제사를 드리기까지 했습니다. 앗수르는 성경에 등장하는 순간부터 강대국이고 북 이스라엘과 남 유다는 앗수르에 대항 한 번 해보지 못합니다. 17장 3절에 앗수르의 살만에셀 왕이 이스라엘을 공격하여 사마리아를 정복하여 이스라엘을 패망시키고 이스라엘의 마지막 왕인 호세아는 감옥에 갇히고 백성들은 앗수르로 끌려가게 되었습니다. 이와 같이 국내적으로는 왕권이 다소 안정된 시점에, 국제적으로는 앗수르에 의해 북 이스라엘이 패망하고, 남 유다도 앗수르를 감당하기 힘든 상황에 히스기야가 유다의 왕으로 다스리고 있는 중입니다.

하나님의 편견

이미 북 이스라엘은 망했고, 남 왕국도 열세 번째 왕까지 왔으니 여러분은 열왕기서의 패턴을 충분히 파악하셨고 익숙해 지셨을 것입니다. 왕이 바뀌면 맨 먼저 왕의 나이 및 통치기간이 나오고 이어서 왕에 대한 평가가 나오고 이어서 왕의 행적이 소개됩니다. 히스기야에 대해서 1, 2절에 소개가 나왔고, 왕의 평가가 3절로 6절에 나오는데 가히 상상을 초월합니다. 조금 과장에서 말하자면 성경의 평가, 성경의 표현을 신뢰하기 어려울 정도입니다. 지나치게 편파적이고, 엄청나게 우호적이고, 심지어 바로 뒤에 이어질 사건과 정면으로 배치될 정도입니다. 직접 읽어보시면 납득이 되실 것입니다. 3절부터 "히스기야가 그의 조상 다윗의 모든 행위와 같이 여호와께서 보시기에 정직하게 행하여 그가 여러 산당들을 제거하며 주상을 깨뜨리며 아세라 목상을 찍으며 모세가 만들었던 놋뱀을 이스라엘 자손이 이때까지 향하여 분향하므로 그것을 부스고 느후스단이라 일컬었더라 히스기야가 이스라엘 하나님 여호와를 의지하였는데 그의 전후 유다 여러 왕 중에 그러한 자가 없었으니 곧 그가 여호와께 연합하여 그에게서 떠나지 아니하고 여호와께서 모세에게 명령하신 계명을 지켰더라" 입니다.

정말 멋있습니다. 이 말대로라면 히스기야는 역사상 가장 신실한 왕입니다. 그런데 이것은 전형적인 용비어천가입니다. 그러나 곧 이어 13절 이하에서 과연 히스기야가 어떤 행동을 했는지, 19장, 20장에서 히스기야의 행적을 조사해보면 과연 이런 평가가 가능한지 의아해질 것입니다. 성경 기록의 진정성을 부인하거나 의심하는 것이 아닙니다. 성경이 왜 이렇게 기록하는지 그 이유를 알아야 한다는 것입니다. 하나님은 인간에게 공정하고 정의롭게 대하지 않으십니다. 객관적이고 합리적으로 평가하지 않습니다. 만약 하나님께서 인간에게 공의, 정의, 객관성, 합리성을 적용하시면 인간은 일말의 가능성도 없습니다. 대신 하나님께서는 무조건 인간 편을 들어주신다는 사실, 엄청나게 큰 잘못은 아주 작게 여기셔서 별로 비난하지 않으시고, 엄청나게 작은 좋은 일은 무지하게 크게 여기셔서 그것을 빌미로 칭찬해주고 은혜를 주시고 복 주시는 분인 것을 눈치 채셔야 합니다. 이런 표현에는 사실이냐 아니냐를 기준으로 들이대면 안 됩니다. 이런 평가에는 정당하냐 아니냐를 질문하면 안 됩니다. 그냥 감사해야 합니다.

여러분, 평가라는 것은 그 사람이 모든 일을 마쳤을 때 그 사람이 행한 일에 근거하여 하는 것입니다. 그런데 평가를 하기 위해서는 먼저 전제가 있어야 합니다. 그 사람이 공정한 기준에 근거하여 선발되었다는 전제입니다. 능력이 있고, 재주가 있고, 실력이 있고, 업무 수행의 자격이 있다는 것이 검증된 사람에게 일을 맡기고, 그 일이 끝난 후에 과연 그 사람을 선발할 때 기대했던 만큼 일을 했는가, 그 사람을 선발할 때 소개되었던 능력과 재주가 충분히 발휘되었는가를 평가하는 것입니다. 그런데 하나님은 사람을 선발하신 적이 없습니다. 여러 사람을 비교해서 그 중에 가장 탁월한 사람을 선택하신 적이 없습니다. 사람을 부르시고 세우실 때 단 한 번도 그 사람의 출신, 성품, 능력, 재주, 기술을 고려해보신 적이 없습니다. 이력서도 없었고, 시험도 없었고, 면담도 없었습니다. 그렇기에 하나님은 인간을 평가하지 않습니다. 애초에 평가 자체가 불가능합니다. 성경에 사람에 대한 평가에서 만약 부정적인 평가가 나오면 그것은 하나님이 그 사람을 비난하는 것이 아니라 그냥 인간의 일반적인 모습을 소개한 것뿐입니다. 만약 긍정적인 평가가 나오면 그것은 하나님이 어떻게든 인간을 도우시려는 의도일 뿐입니다.

히스기야 시대에 국제정세가 매우 불안하다고 했습니다. 신흥 강대국 앗수르가 등장해서 북 이스라엘을 패망시켜 버렸습니다. 남 유다도 패망의 위기에 직면해 있습니다. 북 이스라엘이 하나님을 버리고 우상을 섬겨서 망했습니다. 남 유다도 북 이스라엘과 다를 바가 하나도 없으니 망하는 것은 자명한 것입니다. 이때 하나님께서 은혜를 작동하시는 것입니다. 히스기야를 보시면서 무조건 잘했다고 하시는 것입니다. 따지지 않고, 점검하지 않고, 분석하지 않고, 평가하지 않고 그냥 '히스기야는 하나님을 의지했다, 여호와 보시기에 정직하게 행하였다'고 말해주는 것입니다. 그리고 그것을 빌미로 남 유다에 은혜를 주셔서 남 유다가 망하지 않도록 도와주시는 것입니다. 이런 것을 은혜라고 합니다. 성경에서 하나님의 은혜를 강조하는 표현을 읽고 그 사람을 존경하면 코메디입니다.

느후스단

히스기야의 평가에 아주 특이한 사건이 등장합니다. 4절을 보시면 '산당을 제거하며 주상을 깨뜨리며 아세라 목상을 찍으며'가 나오는데 이것은 다른 왕들도 행한 적이 있고, 그 다음이 특이합니다. '모세가 만들었던 놋뱀을 이스라엘 자손이 이때까지 향하여 분향하므로 그것을 부스고 느후스단이라 일컬었더라' 입니다. 이 놋뱀 이야기는 민수기 21장 8절과 9절에 나옵니다. 이스라엘 백성이 광야에서 하나님을 원망하였고 불뱀들이 나와서 백성 중에 죽은 자가 많았고 또 죽을 위기에 처해있었습니다. 그때 하나님께서 모세에게 불뱀을 만들어 장대에 달게 하고 뱀에 물린 자가 그 불뱀을 보면 살게 하셨고 그 결과 뱀에게 물린 자가 놋으로 만든 불뱀을 보고 모두 살았다는 이야기입니다. 모세 시대에, 광야 시대에 사용된 놋뱀이 세월이 바뀌고, 장소가 바뀌었음에도 불구하고 유다에 보관되어 있었다는 것입니다.

얼마나 오랜 세월인지 계산해 보았습니다. 이스라엘이 광야에서 40년을 보냈는데 민수기 21장 사건은 대략 40년째에 발생한 사건으로 알려져 있습니다. 아주 대략적으로만 계산해 보아도 가나안을 정복하고 정착하는 여호수아서와 사사들이 활동한 사사시대를 짧게 잡으면 200년, 길게 잡으면

400년 정도이니까 300년으로 치겠습니다. 그리고 사무엘과 사울, 다윗, 솔로몬의 시대를 세 명의 왕이 각각 40년 정도 통치한 것으로 계산하면 120년입니다. 그리고 나라가 분열된 후 북 이스라엘은 망하고 남 유다에 히스기야가 왕이 되기까지 대략 250년입니다. 합해보면 570년입니다. 당시에 고고학의 개념이 있었는지, 유물과 유적의 개념이 있었는지는 잘 모르지만 여하튼 자그마치 500년 이상 놋뱀을 보관하고 있었습니다. 그것도 어떤 개인이 소장하고 있었던 것이 아니라 공개된 장소에서 공개적으로 보관되었고, 백성들이 그것을 종교적 목적으로 활용하고 있었습니다. 500년의 세월에는 여호와를 위한 성전을 지었던 다윗의 시대도 포함되어 있습니다. 그렇다면 다윗도 놋뱀을 제거하지 않았던 것입니다. 그 동안 여호와 보시기에 정직하게 행하였다는 평가를 받은 왕들도 버젓이 놋뱀을 사용하고 있었을 뿐 전혀 제거하지 않았던 것입니다.

법궤와 놋뱀

한 가지 더 비교를 해보겠습니다. 모세 시대, 광야시대에 가장 중요한 종교적 물건은 바로 성막 또는 법궤일 것입니다. 그런데 이스라엘이 가나안에 진입한 이후에 법궤에 대한 기록은 일정하지 않고 불쑥불쑥 등장할 뿐입니다. 사사기에는 단 한 번 언급될 뿐이고 사무엘서에서는 이스라엘이 블레셋과 전쟁에서 패하자 법궤를 들고 전쟁터로 나갔다가 법궤를 빼앗겼고 나중에 블레셋 사람들이 돌려줘서 돌려받은 이야기가 나오고, 열왕기서에는 솔로몬이 성전을 지은 후 법궤를 성전으로 옮겼다는 이야기가 나옵니다. 그 후로는 법궤에 대한 언급이 없습니다. 여호와의 성전이 파괴되기 전까지는 그곳에 있었다고 생각할 수도 있고, 여러 번 여호와의 성전 기물이 약탈당한 이야기가 나오기에 진즉에 법궤가 사라졌다고 생각할 수도 있습니다.

법궤와 놋뱀은 모두 하나님이 지시하셔서 만들어졌습니다. 시기적으로 법궤가 먼저 제작되었고 놋뱀이 나중에 제작되었고, 법궤는 이스라엘의 공적 종교 기물이었고 놋뱀은 일시적 장치일 뿐이었습니다. 그런데 세월이 지난 후에 두 기물은 전혀 다른 대접을 받았습니다. 이스라엘은 계속하여 여호와를 버리고 떠났으니까 법궤도 방치되었고 관심을 끌지 못했습니다. 반면에 놋뱀은 공식 종교 기물이 아님에도 불구하고 여전히 보관되었고, 백성들에 의하여 분향될 정도로 사랑을 받았습니다. 여기서 여러분은 궁금해 하셔야 하고, 인간들의 종교성을 분별하셔야 하고, 기독교가 얼마나 다른가를 확인하셔야 합니다.

법궤가 소홀히 되고 놋뱀이 관심을 끌었던 이유는 바로 기능성 때문입니다. 하나님은 법궤에 특별한 기능을 부여하지 않았습니다. '법궤를 만지면 병이 나으리라, 법궤를 바라보면 복을 받으리라, 법궤에 대고 기도하면 응답받으리라, 법궤에 돈을 넣으면 부자가 되리라, 법궤를 집에 모시면 자식이 잘 되리라'는 식의 언급을 일체, 단 한마디도 하지 않으셨습니다. 죄인들의 종교성에 근거하면 법궤는 인간의 문제를 해결하는 수단이나 방법으로 제시된 적이 없기에 죄인들이 이 법궤를 소중히 해야 할 이유가 없습니다.

반면에 놋뱀에 대해서는 특별한 기능을 부여하신 적이 있습니다. 불뱀에 물려 죽게 된 자들에게 '물린 자마다 그것을 보면 살리라'고 말씀하셨고 실제로 뱀에게 물린 자가 놋뱀을 쳐다본즉 모두 살았습니다. 죄인들의 종교성에 근거하면 놋뱀은 자신들의 문제를 해결해준 신비한 수단이요 방법이었습니다. 법궤보다 놋뱀이 자신들의 삶에 훨씬 절실하고 요긴한 것으로 간주되었습니다. 전형적인 죄의 원리입니다. 하나님이 중요하게 여긴 것은 법궤도 아니었고 놋뱀도 아니었습니다. 하나님은 앞으로도 놋뱀은 치유의 기능이 있고, 이스라엘이 절박할 때 유용하게 사용될 것이라고 말씀하신 적이 없습니다.

정작 가장 중요한 것은 하나님이었습니다. 하나님은 놋뱀을 통해서도 병을 치유할 수 있었고, 지팡이를 가지고도 바위에서 물을 내실 수 있었고, 놋뱀이나 지팡이가 없어도 마른 하늘에서 만나와 메추라기를 내릴 수 있는 분이었습니다. 이스라엘은 법궤를 간직할 것이 아니라, 놋뱀을 의지할 것이 아니라 하나님을 배우고 하나님을 알았어야 합니다. 그런데 이스라엘은, 그런데 죄인들은 하나님은 온데 갖데 없고 오직 놋뱀만 보관했고, 놋뱀에게 분향하고 있었습니다. 이것이 죄인들의 실체요, 이것이 죄인들의 종교, 우상 종교, 이방 종교의 실체입니다.

종교 개혁

히스기야가 종교 개혁을 했다고 알려져 있습니다. 종교 개혁은 엄청난 것이 아닙니다. 무엇인가를 새롭게 하는 것이 전혀 아닙니다. 수정하고 보충하고 개선하는 것이 전혀 아닙니다. 왜냐하면 하나님께서는 가장 좋은 것, 최상의 것을 우리에게 주셨기 때문입니다. 만약 개혁이나 개선을 할 내용이 발생했다면 그것은 하나님의 주신 것에 인간이 각양의 명분으로 첨부한 것입니다. 마치 자신들이 더 좋은 것을 발견해낸 것처럼 덧붙인 것입니다. 마치 자신들이 더효율적인 방법을 알아차리기라도 한 것처럼 갖다 붙인 것입니다. 인간이 만든 것, 인간이 첨부한 것을 제거하는 것이 종교개혁의 본질입니다. 그러면 원래의 것, 하나님이 주신 것이 남는 것입니다. 그래서 종교개혁은 제목은 언제나 '성경으로 돌아가자', 'Back to the Basic'이 되는 것입니다.

많은 사람들이 성경과 다르다는 것을 알면서도 그냥 전통이라는 이름으로 종교 절기들을 지키고 있고, 하나님의 원리와는 다르다는 것을 알면서도 굳이 편리하고, 유용하고, 효용가치가 있다는 명분으로 수단화된 많은 종교 행위, 방법화된 종교 활동들을 행하고 있습니다. 교회가 성경을 읽는 대신 행사에 바쁘고, 성도가 성경을 배우는 대신 온갖 종교행사와 교회에서 운영하는 비 신앙적 활동에 몰두하고 있습니다. 그 결과 가나안 교회 시대가 열렸고, 기독교는 사회에서 부패세력으로 낙인찍히고 말았습니다. 성경을 배우지 않은 채 사회에서 얻은 영향력으로 교회에서도 행세하며 종교 활동에만 참석하는 성도 특히 장로들은 사회적 부패사건의 주인공으로 거의 예외없이 등장하고 있습니다. 성경을 가르치지 않는 목사는 교회를 경영하기 위한 온갖 프로젝트를 운영하는 CEO로 자처하고, 하나님의 주신 권위를 운운하며 절대권력을 휘두르기에 죄인들조차도 범하기 힘든 성범죄의 주역으로 언론에 오르내리고 있습니다. 근본적인 원인에 성경을 읽고 배우는 것에 소홀한 것이 자리잡고 있습니다.

누구를 의뢰하고

앗수르의 위협

히스기야는 주특기가 '제거'였던 것 같습니다. 그래서 4절에 보면 많은 것을 제거합니다. 산당들을 제거하고, 주상을 깨뜨리며, 아세라 목상을 찍으며 모세가 만들었던 놋뱀도 부수었습니다. 여기까지는 정말 잘했습니다. 그런데 이것저것을 다 제거하고 부수다보니까 나중에는 여호와의 성전의 기물과 문과 기둥까지 망가뜨려 놓았습니다. 그 기록이 열왕기하 18장 15절과 16절 "히스기야가 이에 여호와의 성전과 왕궁 곳간에 있는 은을 다 주었고 또 그 때에 유다 왕 히스기야가 여호와의 성전 문의 금과 자기가 모든 기둥에 입힌 금을 벗겨 모두 앗수르 왕에게 주었더라" 입니다. 그런데 히스기야의 조공이 별로 효과가 없었는지 앗수르 왕이 남 유다를 쳐들어왔습니다. 17절을 보시면 "앗수르 왕이 다르단과 랍사리스와 랍사게로 하여금 대군을 거느리고 라기스에서부터 예루살렘으로 가서 히스기야 왕을 치게 하매 그들이 예루살렘으로 올라가니라 그들이 올라가서 윗못 수도 곁 곧 세탁자의 밭에 있는 큰 길에 이르러 서니라" 입니다. 왕에 대한 평가만을 보고 히스기야가 처음에는 오직 여호와만 의지했다가 이번에 처음으로 앗수르 왕에게 조공을 드리며 화친하려고 한 것으로 착각하시면 안 됩니다.

앗수르는 성경에 등장하는 순간부터 강대국이었습니다. 북 이스라엘과 남 유다 모두 상대할 수가 없을 정도였습니다. 그래서 북 이스라엘과 남 유다 모두 계속하여 조공을 드리며 겨우겨우 생존해 왔을 뿐입니다. 북 왕국은 북쪽에 있어서 앗수르와 직접 대면하여 더 큰 위협을 자주 당했고, 남 왕국은 북 왕국이 중간에서 완충역할을 하고 있었기에 위협이 늘 한 박자 늦었을 뿐입니다. 히스기야의 아버지인 아하스 왕 때에도 이미 여호와의 성전 곳간의 은금을 앗수르 왕에게 조공으로 드렸고, 직접 다메섹을 방문하고 그 신전을 본 따 유다에 세우기까지 했었습니다. 히스기야도 왕이 되는 순간부터 계속하여 앗수르의 영향력아래 있었습니다. 2절에 의하면 히스기야가 이십 오세에 왕이 됩니다. 9절을 보면 히스기야 왕 제사년이라고 나오니까 이십 구세 때에 북 왕국의 사마리아가 포위를 당합니다. 그리고 10절에 히스기야 왕의 제육년이라고 나오니까 삼십일세 때에 북 왕국이 패망합니다. 이제 그 동안 완충역할을 하던 북 왕국이 없어져서 남 유다도 직접적으로 앗수르의 위협을 받았습니다. 13절을 보면 히스기야 왕 제십사년이라고 나오니까 삼십 구세 때에 앗수르가 유다를 쳐들어오자 히스기야가 성전 은을 모아다가, 성전 문의 금을 긁어다가 조공을 바친 것입니다.

히스기야는 여호와를 의지하며 앗수르와 대항한 것이 아니라 정반대로 여호와의 성전 금은을 모아다가 앗수르 왕에게 조공을 드린 것처럼 여호와를 버리고 앗수르를 의지했었습니다. 성경에도 그 내용이 나옵니다. 7절을 보시면 중간부에 '저가 앗수르 왕을 배반하고 섬기지 아니하였고' 입니다. 조공을 드리던 나라가 강대국을 배반하려면 막무가내로 하지 않습니다. 어떤 나라라도 상대방에게 조공을 바치고 싶어 하지는 않습니다. 마지못해, 울며 겨자 먹기로 분해하면서 조공을 바칩니다. 조그마한 빌미라도 생기면 조공을 중단하고 독립하려고 계속 정세를 살피고 눈치를 봅니다. 그런데 히스기야가 앗수르를 배반했다고 합니다. 어떻게요? 갑자기 신앙심이 강해졌나요? 갑자기 자기가 금을 벗겼던 성전 문에 하늘에서 새롭게 내려오는 이적이라도 체험했나요? 분명히 배반을 했으면 배반을 할 만한 근거가 있었을 것입니다. 히스기야가 강대국 앗수르를 배반할 만큼 의지한 것이 무엇이었을까요? 신앙, 믿음, 기도이었을까요? 제사장들이나 선지자들이었을까요? 안타깝게도 전혀 아닙니다. 히스기야가 의지한 것은 애굽이었습니다. 전혀 하나님이 아니었습니다.

누구를 의뢰하고

그 당시의 국제정세는 뻔하니까 북 이스라엘의 사례를 살펴보면 남 유다의 상황을 알 수 있습니다. 북 이스라엘이 남 유다보다 먼저 앗수르의 세력에 훨씬 더 강력하게 시달렸습니다. 앗수르에게 조공을 바치면서 명맥을 유지하던 북 이스라엘이 패망을 하게 된 결정적 계기도 앗수르에 대한 배반이었습니다. 북 이스라엘이 배반을 할 수 있었던 근거는 무엇이었을까요? 당연히 애굽입니다. 열왕기하 17장 3절 "앗수르의 왕 살만에셀이 올라오니 호세아가 그에게 종이 되어 조공을 드리더니 그가 애굽의 왕 소에게 사자들을 보내고 해마다 하던 대로 앗수르 왕에게 조공을 드리지 아니하매 앗수르 왕이 호세아가 배반함을 보고 그를 옥에 감금하여 두고 앗수르 왕이 올라와 그 온 땅에 두루 다니고 사마리아로 올라와 그곳을 삼년 간 에워쌌더라"입니다.

그 당시 주변 나라가 뻔했습니다. 가나안 지역은 땅이 좁아서 강대국이 형성될 수 없었습니다. 대신 북동쪽으로는 유프라테스 강과 티그리스 강을 중심으로 한 강대국이 발달할 수 있었는데 앗수르였고, 바벨론이었습니다. 또 남서쪽으로는 나일강을 중심으로 강대국이 발달할 수 있었는데 애굽이었습니다. 중간에 끼인 이스라엘은 자체적으로는 통일왕국이니 분열왕국이니 운운하고, 오므리 왕조니 예후 왕조니 다윗왕조니 운운했지만 주변 강대국들과는 원천적으로 비교가 되지 않는 작은 나라였을 뿐입니다. 블레셋, 아람, 모압 등도 모두 짜잘한 나라들이었을 뿐입니다. 앗수르에게 위협을 받은 북 이스라엘이 기댈 곳은 그 동안은 세력이 약해졌다가 다시 세력이 강해지기 시작한 애굽이었고, 북 왕국이 망한 이후에 앗수르에게 더욱 적나라하게 위협을 받은 남 유다가 기댈 곳도 애굽 뿐이었습니다. 히스기야가 여호와를 의지한 것이 아닙니다.

이때 여러분이 앗수르의 왕이거나 장군이었다면 무슨 생각이 드시겠습니까? 왕이 되어보신 적도 없고, 장군이 되어보신 적도 없으니 아무 생각이 없으실 것입니다. 이제 앗수르 장군의 말을 통해 히스기야 왕이 취한 조치와 그에 대한 앗수르의 반응을 확인해 보겠습니다. 17절에 앗수르가 예루살렘으로 쳐들어와서 공격을 하기 전에 일단 히스기야 왕을 불러내는 것이 18절입니다. "그들이 왕을 부르매 힐기야의 아들로서 왕궁의 책임자인 엘리야김과 서기관 셉나와 아삽의 아들 사관 요아가 그에게 나가니"입니다. 드디어 앗수르의 장군 랍사게가 하는 말이 길게 두 번 나오는데 첫 번째가 19절부터 25절까지이고, 두 번째가 27절부터 35절까지입니다. 랍사게가 두 번을 말하니 유다도 두 번을 반응하는데 첫 번째 반응이 16절에 "우리가 알아듣겠사오니 아람말로 당신의 종들에게 말씀하시고 성 위에 있는 백성이 듣는 데서 유다 말로 우리에게 말씀하지 마옵소서"이고, 두 번째 반응이 36절 "그러나 백성이 잠잠하고 한 마디도 그에게 대답하지 아니하니 이는 왕이 명령하여 대답하지 말라 하였음이라"입니다. 랍사게는 앗수르의 장군이면서도 유다에 쳐들어와서 유다 말로 연설을 할 정도로 전쟁 준비가 잘 되었고, 유다의 정황을 잘 파악하고 있었습니다.

저와 여러분이 확인하려는 것은 19절부터 21절에 나옵니다. "너희는 히스기야에게 말하라 대왕 앗수르의 말씀이 네가 의뢰하는 이 의뢰가 무엇이냐 네가 싸울 만한 계교와 용력이 있다고 한다마는 이는 입에 붙은 말뿐이라 네가 이제 누구를 의뢰하고 나를 반역하였느냐 이제 네가 너를 위하여 저 상한 갈대 지팡이 애굽을 의뢰하도다 사람이 그것을 의지하면 그의 손에 찔려 들어갈지라 애굽의 왕 바로는 그에게 의뢰하는 모든 자에게 이와 같으니라"입니다. 히스기야가 애굽을 의지했다고 랍사게가 증언하고 있습니다.

랍사게의 연설 나머지 부분을 읽어보시면 교만이 충만하고, 오만이 가득합니다. 과연 유다는 어떻게 되고, 앗수르는 어떻게 되는지는 다음 주에 확인해 볼 것이고요, 본문에서는 왜 히스기야는 애굽이 북 왕국에 전혀 도움이 되지 않는 것을 보았으면서도 자신도 애굽에게 도움을 청했는지, 애굽에게 도움을 청하느니 차라리 여호와를 의지하지 않았는지 만 생각해 보겠습니다.

차라리 애굽을?

히스기야의 행동을 이해하기 위해서는 여호와 신앙의 특징을 파악해야 합니다. 하나님은 태초 이래로 인간에게 오직 은혜로만 대해 주셨습니다. 사람들은 자꾸 하나님이 변했다고 우겨댑니다. 구약의 하나님은 잔인하고 신약의 하나님은 온유하기에 같은 하나님이 아니라고 엉뚱한 소리들을 해댑니다. 전혀 그렇지 않습니다. 하나님은 구약에서도 신약에서도 오늘날에도 동일하게 오직 은혜로만 인간을 대해 주십니다. 문제는 인간이 죄인이 되었다는 것입니다. 죄인이 되는 순간부터 하나님의 마음, 원리, 기준, 가치, 은혜를 모르는 것입니다. 그래서 하나님의 일하심은 전혀 알지 못하고 오직 자신의 수고, 자신의 땀, 자신의 노력, 자신이 생각하는 방식, 자신이 가능성이 있다고 여겨지는 수단만을 의지하고 행동하게 되어있습니다.

그래서 죄인은 여호와를 믿을 수가 없고, 여호와의 원리를 이해할 수가 없고, 여호와의 은혜의 방식을 도무지 납득할 수 없습니다. 하나님은 은혜를 주시는데 죄인은 수단을 찾습니다. 여기에 결정적인 차이가 있습니다. 죄인은 계속하여 수단과 방법을 찾는데 여호와 신앙에는 수단이 없습니다. 수단이 없는 이유는 먼저 은혜를 주시고, 이미 복을 주셨기 때문입니다. 하나님의 은혜와 복을 모르는 사람들은 하나님을 의지할 수 없습니다. 그래서 구약의 이스라엘이 하나님을 버리고 떠난 것입니다. 남 유다와 히스기야에게 앗수르의 공격이라는 절대 절명의 위기가 찾아왔습니다. 이때 히스기야가 의지한 것은 애굽이었습니다. 왜 하나님이 아니라 애굽이었을까요? 하나님에게는 수단이 없어 보이고 애굽에서는 수단이 있어 보였기 때문입니다. 앞에서 살펴본 놋뱀, 느후스단과 동일한 원리입니다. 여호와의 법궤는 신기한 이적을 행하는 수단이 없고, 놋뱀은 자신들의 문제를 해결해주는 수단이 있는 것으로 알려졌기 때문이었습니다.

종종 사람들은 구약의 이스라엘을 비난하고 조롱하기도 합니다. 수많은 하나님의 이적과 기적을 체험해놓고도 하나님을 믿지 않았던 것을 보고 과연 목이 곧은 패역한 족속이었다고 야유를 퍼붓기도 합니다. 그런 비난과 조롱은 죄인의 속성을 몰라서 하는 어리석은 소리입니다. 저는 정반대로, 차라리 구약의 이스라엘은 오늘날의 기독교보다 훨씬 솔직했다고 생각합니다. 이스라엘은 여호와 신앙에 대해 수단이 없다고 판단을 한 후에 여호와를 버리고, 여호와를 떠나고, 여호와를 안 믿었습니다. 자신들의 기준에 납득이 되지 않으니 그냥 무시해 버린 것입니다. 그런데 오늘날의 기독교는 없는 수단이 있다고 사기를 치면서 여호와를 왜곡하고, 없는 방법을 만들어 내면서 여호와 신앙을 변질시키고 있습니다. 차라리 구약의 이스라엘은 여호와를 믿지 않았을 뿐 여호와의 이름으로 온갖 만행을 벌이지는 않았습니다. 하지만 오늘날의 기독교는 여호와를 위한다는 명분으로 온갖 추악한 작태를 벌이고 있습니다. 저와 여러분은 3000년 전 앗수르의 랍사게가 한 질문을 잘 듣고 대답해야 합니다. '네가 이제 누구를 의뢰하고 나를 반역하느냐?' 그때 유다의 모든 백성들과 히스기야는 아무 대답도 하지 않았습니다. 그리고 속으로는 애굽을 의지하고 있었습니다.

오늘날은 종교는 흥왕한데 여호와는 없고, 종교 행위와 활동들은 풍성한데 여호와를 배우지 않고 있습니다. 그 어느 때보다 성경을 읽고 배우고 여호와를 아는 것이 절실한 때인 것 같습니다. 하나님을 알고, 하나님의 원리와 방법으로 행하여, 하나님의 분복을 풍성히 누리며 사시는 성도님들 되시기를 주님의 이름으로 축원합니다.

25

여호와의 열심이 이루리라

열왕기하 19 : 1 ~ 37

1 히스기야 왕이 듣고 그 옷을 찢고 굵은 베를 두르고 여호와의 전에 들어가서 2 왕궁의 책
임자인 엘리야김과 서기관 셉나와 제사장 중 장로들에게 굵은 베를 둘려서 아모스의 아들
선지자 이사야에게로 보내매 3 그들이 이사야에게 이르되 히스기야의 말씀이 오늘은 환난
과 징벌과 모욕의 날이라 아이를 낳을 때가 되었으나 해산할 힘이 없도다 4 랍사게가 그의
주 앗수르 왕의 보냄을 받고 와서 살아 계신 하나님을 비방하였으니 당신의 하나님 여호와
께서 혹시 그의 말을 들으셨을지라 당신의 하나님 여호와께서 그 들으신 말 때문에 꾸짖으
실 듯하니 당신은 이 남아 있는 자들을 위하여 기도하소서 하더이다 하니라 5 이와 같이 히
스기야 왕의 신복이 이사야에게 나아가니 6 이사야가 그들에게 이르되 너희는 너희 주에게
이렇게 말하라 여호와의 말씀이 너는 앗수르 왕의 신복에게 들은 바 나를 모욕하는 말 때문
에 두려워하지 말라 7 내가 한 영을 그의 속에 두어 그로 소문을 듣고 그의 본국으로 돌아가
게 하고 또 그의 본국에서 그에게 칼에 죽게 하리라 하셨느니라 하더라 8 랍사게가 돌아가
다가 앗수르 왕이 이미 라기스에서 떠났다 함을 듣고 립나로 가서 앗수르 왕을 만났으니 왕
이 거기서 립나와 싸우는 중이더라 9 앗수르 왕은 구스 왕 디르하가가 당신과 싸우고자 나
왔다 함을 듣고 다시 히스기야에게 사자를 보내며 이르되 10 너희는 유다의 왕 히스기야에
게 이같이 말하여 이르기를 네가 믿는 네 하나님이 예루살렘을 앗수르 왕의 손에 넘기지 아
니하겠다 하는 말에 속지 말라 11 앗수르의 여러 왕이 여러 나라에 행한 바 진멸한 일을 네
가 들었나니 네가 어찌 구원을 얻겠느냐 12 내 조상들이 멸하신 여러 민족 곧 고산과 하란과
레셉과 들라살에 있는 에덴 족속을 그 나라들의 신들이 건졌느냐 13 하맛 왕과 아르밧 왕과
스발와임 성의 왕과 헤나와 아와의 왕들이 다 어디 있느냐 하라 하니라 14 히스기야가 사자
의 손에서 편지를 받아보고 여호와의 성전에 올라가서 히스기야가 그 편지를 여호와 앞에
펴 놓고 15 그 앞에서 히스기야가 기도하여 이르되 그룹들 위에 계신 이스라엘의 하나님 여
호와여 주는 천하 만국에 홀로 하나님이시라 주께서 천지를 만드셨나이다 16 여호와여 귀

를 기울여 들으소서 여호와여 눈을 떠서 보시옵소서 산헤립이 살아 계신 하나님을 비방하
러 보낸 말을 들으시옵소서 17 여호와여 앗수르 여러 왕이 과연 여러 민족과 그들의 땅을 황
폐하게 하고 18 또 그들의 신들을 불에 던졌사오니 이는 그들이 신이 아니요 사람의 손으로
만든 것 곧 나무와 돌 뿐이므로 멸하였나이다 19 우리 하나님 여호와여 원하건대 이제 우리
를 그의 손에서 구원하옵소서 그리하시면 천하 만국이 주 여호와가 홀로 하나님이신 줄 알
리이다 하니라 20 아모스의 아들 이사야가 히스기야에게 보내 이르되 이스라엘 하나님 여
호와의 말씀이 네가 앗수르 왕 산헤립 때문에 내게 기도하는 것을 내가 들었노라 하셨나이
다 21 여호와께서 앗수르 왕에게 대하여 이같이 말씀하시기를 처녀 딸 시온이 너를 멸시하
며 너를 비웃었으며 딸 예루살렘이 너를 향하여 머리를 흔들었느니라 22 네가 누구를 꾸짖
었으며 비방하였느냐 누구를 향하여 소리를 높였으며 눈을 높이 떴느냐 이스라엘의 거룩
한 자에게 그리하였도다 23 네가 사자들을 통하여 주를 비방하여 이르기를 내가 많은 병거
를 거느리고 여러 산 꼭대기에 올라가며 레바논 깊은 곳에 이르러 높은 백향목과 아름다운
잣나무를 베고 내가 그 가장 먼 곳에 들어가며 그의 동산의 무성한 수풀에 이르리라 24 내
가 땅을 파서 이방의 물을 마셨고 나의 발바닥으로 애굽의 모든 강들을 말렸노라 하였도다
25 네가 듣지 못하였느냐 이 일은 내가 태초부터 행하였고 옛날부터 정한 바라 이제 내가 이
루어 너로 견고한 성들을 멸하여 무너진 돌무더기가 되게 함이니라 26 그러므로 거기에 거
주하는 백성의 힘이 약하여 두려워하며 놀랐나니 그들은 들의 채소와 푸른 풀과 지붕의 잡
초와 자라기 전에 시든 곡초 같이 되었느니라 27 네 거처와 네 출입과 네가 내게 향한 분노
를 내가 다 아노니 28 네가 내게 향한 분노와 네 교만한 말이 내 귀에 들렸도다 그러므로 내
가 갈고리를 네 코에 꿰고 재갈을 네 입에 물려 너를 오던 길로 끌어 돌이키리라 하셨나이다
29 또 네게 보일 징조가 이러하니 너희가 금년에는 스스로 자라난 것을 먹고 내년에는 그것
에서 난 것을 먹되 제삼년에는 심고 거두며 포도원을 심고 그 열매를 먹으리라 30 유다 족
속 중에서 피하고 남은 자는 다시 아래로 뿌리를 내리고 위로 열매를 맺을지라 31 남은 자는
예루살렘에서부터 나올 것이요 피하는 자는 시온 산에서부터 나오리니 여호와의 열심이 이
일을 이루리라 하셨나이다 하니라 32 그러므로 여호와께서 앗수르 왕을 가리켜 이르시기를
그가 이 성에 이르지 못하며 이리로 화살을 쏘지 못하며 방패를 성을 향하여 세우지 못하며
치려고 토성을 쌓지도 못하고 33 오던 길로 돌아가고 이 성에 이르지 못하리라 하셨으니 이
는 여호와의 말씀이시라 34 내가 나와 나의 종 다윗을 위하여 이 성을 보호하여 구원하리라
하셨나이다 하였더라 35 이 밤에 여호와의 사자가 나와서 앗수르 진영에서 군사 십팔만 오
천 명을 친지라 아침에 일찍이 일어나 보니 다 송장이 되었더라 36 앗수르 왕 산헤립이 떠나
돌아가서 니느웨에 거주하더니 37 그가 그의 신 니스록의 신전에서 경배할 때에 아드람멜
렉과 사레셀이 그를 칼로 쳐죽이고 아라랏 땅으로 그들이 도망하매 그 아들 에살핫돈이 대
신하여 왕이 되니라

당신의 하나님

재평가

어떤 인물에 대해서 바르게 알려면 외부적으로 드러난 평가만이 아니라 가장 가까운 곳에 있는 사람의 평가도 들어봐야 한다고들 말합니다. 목사들의 경우 자기 교회 성도가 은혜를 받으면 설교를 잘하는 것이고, 만약 사모가 설교에 은혜를 받으면 정말 설교를 잘하는 것이라고 합니다. 어떤 사건에 대해서도 드러낸 대로만이 아니라 전후 사정을 확인하면 알려진 것과 전혀 다른 의미가 드러날 때도 있습니다. 본문을 통해 히스기야의 기도사건에 대한 전모를 밝혀보겠습니다. 19장 1절을 보시면 "히스기야 왕이 듣고 그 옷을 찢고 굵은 베를 두르고 여호와의 전에 들어가서" 입니다. 이 이야기는 19장 1절부터 시작하지 않고 18장부터 시작합니다. 그러므로 18장의 상황을 고려하지 않고 그냥 19장 1절을 보고 히스기야가 '여호와의 전으로 갔다'는 사실만 강조하거나, 이것을 근거로 '매사에 히스기야는 여호와께 의지했다'고 말하면 성경의 사실을 왜곡하는 것입니다.

이 사건은 앗수르와 관계가 있습니다. 히스기야는 왕위에 오른 뒤에 여러 해 동안 앗수르 왕에게 조공을 바쳤습니다. 남 유다는 히스기야의 아버지 요아스 시대부터 앗수르의 위협을 받았습니다. 요아스는 성전의 은금을 가져다가 앗수르 왕에게 조공으로 바쳤고 직접 앗수르를 방문하고 앗수르 신전을 유다에 세우기까지 했습니다. 요아스가 죽고 그 아들 히스기야가 왕이 된 것은 이십 오세 때입니다. 새로 왕이 된 히스기야는 앗수르와의 관계를 단절한 것이 아닙니다. 비록 아버지 아하스는 성전 은금을 가져다 조공을 바쳤지만 히스기야는 철저하게 하나님을 의지했고, 오직 하나님을 신뢰하면서 앗수르와의 관계를 끊은 것이 아닙니다. 히스기야도 처음부터 아버지와 똑같이 앗수르에게 조공을 바쳤습니다. 적어도 십년 이상입니다. 히스기야 행동의 어디에도 믿음의 모습, 신앙의 모습이 보이지 않습니다.

18장 13절을 보시면 히스기야 왕 제십사년에 앗수르 왕 산헤립이 유다를 쳐들어왔는데 15절에 의하면 "히스기야가 이에 여호와의 성전과 왕궁 곳간에 있는 은을 다 주었고 또 그때에 유다 왕 히스기야가 여호와의 성전 문의 금과 자기가 모든 기둥에 입힌 금을 벗겨 모두 앗수르 왕에게 주었더라" 입니다. 그 동안도 조공을 바쳤는데 이번에는 특히나 성전의 은을 가져가 바쳤습니다. 이것이 히스기야 왕 제십사년에 발생한 일입니다. 히스기야가 이십오세에 왕이 되어 이십구 년간 다스리는데 십사년에도 이런 일을 하고 있었습니다. 이십구 년 중에 십사년이면 통치기간 절반이나 됩니다. 17절에 의하면 히스기야가 조공을 바쳤음에도 불구하고 앗수르가 다시 예루살렘으로 와서 히스기야 왕을 칩니다. 그 이유에 대해 21절에서 '이제 네가 너를 위하여 저 상한 갈대 지팡이 애굽을 의뢰하도다' 라고 말합니다. 히스기야가 앗수르를 반역한 것은 사실입니다. 그런데 그 근거는 십사년동안 앗수르에게 조공 바치던 것을 중단하고 이제부터는 하나님을 의지하겠다는 신앙적 결단이 아니었습니다. 이번에도 신앙적 동기, 믿음의 모습, 하나님과의 관계성은 전혀 없습니다. 히스기야는 애굽을 의지해서 앗수르를 배반했다가 앗수르의 침략이라는 막다른 골목에 처한 것입니다.

제가 이렇게 설명드린다고 해서 저를 '부정적인 사람' 이라고 말씀하시면 안 됩니다. 성경을 너무 비판적으로 읽는다고 말씀하셔도 안 됩니다. 저는 부정적이거나 비판적이 아니라 성경의 전후문맥을 파악하자고 주장하는 사람이고, 성경에서 특정한 사람이 아니라 하나님을 배워야 한다고 강조하는 것일 뿐입니다.

당신의 하나님

전후관계를 아셔야 19장의 본문을 바르게 파악할 수가 있습니다. 19장 전에 히스기야가 애굽을 의지하고 앗수르를 배반했고, 앗수르가 유다를 쳐들어와 위험에 처한 상황입니다. 물론 19장 1절에 의하면 히스기야가 여호와의 전으로 간 것이 확인됩니다. 그런데 여호와의 전으로 간 것이 전적으로 여호와를 의지하는 신앙의 모습이 아니라 그 동안 히스기야가 이래저래 전략과 전술을 동원하고 외교정책을 다 사용했는데도 도무지 해결방안이 없자 그제사야, 더 이상 할 것이 없어서 포기하는 상태에서, 울며 겨자 먹기 식으로, 지푸라기라도 잡는 심정으로 행동한 것에 불과합니다. 그래서 지금부터 살펴볼 히스기야가 여호와의 전에 간 이후의 말과 행동이 다 이상합니다. 1절과 2절에 의하면 히스기야가 본인도 굵은 베를 두르고 왕궁의 책임자인 엘리아김과 서기관 셉나와 제사장 중 장로들에게도 굵은 베를 입혀서 선지자 이사야에게 보냅니다. 3절 이하는 사신들이 이사야에게 전한 말입니다. 히스기야가 직접 여호와께 간절히 기도한 것이 아닙니다.

읽어보면 "그들이 이사야에게 이르되 히스기야의 말씀이", 이제부터 히스기야의 말입니다. "오늘은 환난과 징벌과 모욕의 날이라 아이를 낳을 때가 되었으나 해산 할 힘이 없도다 랍사게가 그의 주 앗수르 왕의 보냄을 받고 와서 살아 계신 하나님을 비방하였으니 당신의 하나님 여호와께서 혹시 그의 말을 들으셨을지라 당신의 하나님 여호와께서 그 들으신 말 때문에 꾸짖으실 듯 하니 당신은 이 남아 있는 자들을 위하여 기도하소서 하더이다" 입니다. 히스기야가 하나님께 간절하게 매달리는 것 같습니까? 앗수르와도 관계를 끊고 애굽과도 관계를 끊고 유다의 운명을 오직 하나님의 손에 의지하는 것처럼 들립니까? 왕궁의 책임자도 하나님을 안 믿고 서기관과 제사장들도 하나님을 안 믿을 때, 과연 히스기야는 오직 하나님을 믿으며 백성들에게 신앙의 본을 보이는 것처럼 여겨지십니까? 전혀 아닙니다. 믿음의 왕 히스기야, 전무후무하게 여호와를 의지했던 왕이라는 환상을 깨시기 바랍니다.

1절로 5절에서 사실대로 밝히려는 것이 세 가지입니다. 첫째, 히스기야는 직접 기도한 것이 아니라는 것입니다. 이게 왜 중요하냐면, 열왕기하 20장에 가면 히스기야가 병이 들었다고 나옵니다. 그때에는 히스기야가 직접 여호와께 기도합니다. 자기가 병이 걸렸을 때는 낯을 벽으로 향하고 여호와께 통곡하며 기도합니다. 그런데 나라가 위험에 처해 있을 때는 자신이 기도하지 않고, 신하들을 선지자에게 보내서 기도해 달라고 합니다. 뭐 이따위 왕이 있습니까? 정반대로 되어야지요? 자신이 아프면 개인적인 일이니까 옆 사람에게 부탁해서 기도좀 해달라고 할 수 있습니다. 그러나 나라가 위태롭고, 국민들의 안전이 위협받고 있으면 왕이 자신이 할 수 있는 가장 진실되고 처절한 모습으로 하나님께 기도해야 되지 않습니까? 앗수르의 위협에 대해 히스기야는 온전히 하나님을 의지하는 모습이 아닙니다. 또 20장까지 안가도 19장 14, 15절에서 히스기야가 여호와께 직접 기도하는 장면이 나옵니다. 그런데 그 기도가 멋있는 기도가 아닙니다. 그 기도가 어떤 의미인지는 잠시 후에 설명해 드리겠습니다.

둘째, 히스기야는 '자기의 하나님'에게 간구하는 것이 아니라 '당신의 하나님'에게 간구하고 있습니다. 이것이 히스기야가 직접 기도하지 않는 것과 동일선상에 있는 것입니다. 지금 히스기야는 자기의 하나님, 자기가 믿는 하나님께 간구하는 것이 아닙니다. 신하들을 총동원하고 이사야 선지자까지 동원해서 자기가 믿는 하나님, 자기들 나라의 하나님께 구원을 요청하는 것이 아닙니다. 히스기야가 여호와의 전에 가기는 갔습니다. 왜요? 달리 할 것이 없었기 때문입니다. 직접 기도하지 않고 이사야에게 대신 기도해달라고 합니다. 그러면서 하는 말이 '당신의 하나님 여호와께서 혹시 그 말을 들으셨을지라', '당신의 하나님 여호와께서 그 들으신 말 때문에 꾸짖으실 듯하니', '당신은 이 남아 있는 자들을 위하여 기도하소서'입니다.

이스라엘이 하나님에 대하여 '나의 하나님, 우리의 하나님'이 아니라 '당신의 하나님'이라고 한 경우는 여러 차례 있습니다. 이스라엘이 하나님께 왕을 구했을 때 하나님께서 아주 싫어하셨습니다. 그 소식을 들은 이스라엘이 사무엘에게 부탁한 말이 사무엘상 12장 19절에 "모든 백성이 사무엘에게 이르되 당신의 종들을 위하여 당신의 하나님 여호와께 기도하여 우리가 죽지 않게 하소서 우리가 우리의 모든 죄에 왕을 구하는 악을 더하였나이다" 입니다. 참 어이가 없는 것이 자기들이 죽게 되었는데 자기들이 기도하지 않고 남에게 해 달라고 하고, 그것도 자신들의 하나님이 아니라 다른 사람의 하나님에게 해달라고 하는 것입니다. 이스라엘의 초대 왕 사울이 아말렉과 전쟁을 할 때 하나님께서 진멸하라고 말씀하셨는데 사울은 하나님의 말씀과는 달리 대부분의 전리품을 살려두었습니다. 그때 하는 말이 사무엘상 15장 15절과 21절에 "당신의 하나님 여호와께 제사하려 하여" 입니다. 이것이 어이가 없습니다. 자기 하나님도 아니고 남의 하나님에게 왜 자기가 제사를 하려고 하는지 웃기지도 않습니다.

과분한 하나님

자기가 직접 기도하지 않고 다른 사람에게 시키고, 자기의 하나님이 아니라 당신의 하나님에게 부탁해 달라고 하니까 세 번째 특징이 나옵니다. 세 번째 특징은 '혹시' 입니다. '당신의 하나님 여호와께서 혹시 그의 말을 들으셨을지라', '당신의 하나님 여호와께서 그 들으신 말 때문에 꾸짖으실 듯하니' 입니다. 완전히 남의 이야기입니다. 하나님에 대한 신뢰가 없고, 하나님의 일하심에 대한 확신이 없고, 하나님이 유다의 하나님으로서 유다에 대한 언약이 있고 유다에 대한 책임이 있다는 생각이 전혀 없습니다. 이게 신앙적입니까? 기도입니까?

이와 같이 히스기야에게 전혀 믿음의 모습이 보이지 않는데도 불구하고 하나님은 응답해 주십니다. 이것이 기적이요 이것이 은혜입니다. 6절 "이사야가 그들에게 이르되 너희는 너희 주에게 이렇게 말하라 여호와의 말씀이 너는 앗수르 왕의 신복에게 들은 바 나를 모욕하는 말 때문에 두려워하지 말라 내가 한 영을 그의 속에 두어 그로 소문을 듣고 돌아가게 하고 또 그의 본국에서 그에게 칼에 죽게 하리라 하셨느니라 하더라" 입니다. 히스기야의 설렁설렁한 태도, 남의 신을 대하는 듯한 불성실한 태도, 하나님이 하실지

안하실지 도무지 감을 잡지 못하는 어영부영한 태도에도 불구하고 하나님은 아주 명쾌하게 응답하십니다. 히스기야가 기대하고 소망했던 것보다 훨씬 크게, 훨씬 정확하게 조치를 취해주십니다. 단순히 조취를 취할 뿐만이 아니라 히스기야를 위로까지 해 주십니다. 히스기야에게는 너무 과분한 하나님이십니다.

이런 구절을 읽으면서 하나님이야기는 하지 않고, 히스기야의 기도, 히스기야의 믿음, 히스기야의 간구 등 온통 히스기야를 띄우기만 한다면 그것이야말로 성경의 뜻을 왜곡하고, 성경의 의도를 변질시키는 것에 불과합니다. 성경은 특정 인물을 신앙적 모델로 소개하는 것이 아니라 죄인들의 어이없는 행동에도 불구하고 죄인들을 불쌍히 여기사 도와주시고 은혜주시는 하나님을 선포하는 것입니다.

어이없는 기도

달라진 태도

6절과 7절에서 하나님께서 앗수르 왕에 대한 조치를 정확하게 말씀하셨다는 사실을 꼭 기억하시고 8절 이하로 넘어가야 합니다. 8절을 보시면 "랍사게가 돌아가다가 앗수르 왕이 이미 라기스에서 떠났다 함을 듣고 립나로 가서 앗수르 왕을 만났으니 왕이 거기서 립나와 싸우는 중이더라" 입니다. 하나님께서 7절에서 응답하신 내용을 구체적으로 설명하면 하나는 '앗수르 왕이 본국으로 돌아간다'는 것이고 다른 하나는 '그가 본국에서 칼에 죽게 된다'는 것입니다. 그 두 개 중에 첫 번째가 8절에서 이루어진 것입니다. 18장에서 그렇게 당당하게 유다를 협박하던 랍사게가 19장 8절에서 불현듯 앗수르로 돌아갔습니다. 그냥 유랑하듯 돌아간 것이 아니라 앗수르의 사정이 절박하게 진행되고 있습니다. 지금까지는 유다를 침략하고 있었는데 이제는 남을 침략하는 것이 아니라 자신의 나라를 지켜야 하는 것이 급해졌습니다. 유다로서는 숨통이 트인 것입니다. 이 순간에 히스기야는 만세를 불러야 하고, 할렐루야를 외쳐야 합니다. 유다가 위기에서 벗어났으니 당연히 만세를 불러야 하고, 하나님이 자신이 기대한 것보다 더 빨리 더 큰 조치를 취해주셨으니 당연히 할렐루야를 외쳐야합니다. 그런데 분명 앗수르의 랍사게가 물러갔는데 히스기야는 반응이 없습니다.

랍사게가 물러가면서 한마디 하고 갔습니다. 그것이 10절로 13절입니다. "너희는 유다의 왕 히스기야에게 이같이 말하여 이르기를 네가 믿는 네 하나님이 예루살렘을 앗수르 왕의 손에 넘기지 아니하겠다 하는 말에 속지 말라 앗수르의 여러 왕이 여러 나라에 행한 바 진멸한 일을 네가 들었나니 네가 어찌 구원을 얻겠느냐 내 조상들이 멸하신 여러 민족 곧 고산과 하란과 레셉과 들라살에 있는 에덴 족속을 그 나라들의 신들이 건졌느냐 하맛 왕과 아르밧 왕과 스발와임 성의 왕과 헤나와 아와의 왕들이 다 어디 있느냐 하라 하니라" 입니다. 이것이 일종의 큰 나라의 자존심이고, 강대국의 위세입니다. 자기 사정이 급해서 물러가면서도 자기가 강대국인 것을 잊지 말라고 엄포를 놓고 가는 것입니다. 랍사게가 '여호와의 말씀에 속지 말라'고 하는데, 실상은 랍사게의 말에 속으면 안 됩니다. 이런 말을 들으면 어떻게 해야 하냐면, 그냥 개무시하면 됩니다. 우리식으로 하면 '나중에 보자는 놈 하나도 안 무섭다'라고 하면 끝입니다.

그런데 히스기야의 반응은 정반대입니다. 여기서 사람들이 히스가야에 대해 가장 오해하는 내용이 등장합니다. 우선 14, 15절만 보겠습니다. "히스기야가 사자의 손에서 편지를 받아보고 여호와의 성전에 올라가서 히스기야가 그 편지를 여호와 앞에 펴 놓고 그 앞에서 히스기야가 기도하여 이르되" 입니다. 1절에서의 히스기야와 14절에서의 히스기야의 태도가 완전히 달라졌습니다. 1절 이하에서는 직접 기도하지 않았는데 이번에는 직접 기도합니다. 이것이 나아진 것일까요? 전혀 그렇지 않습니다. 물론 앞뒤를 다 잘라내고 단지 15절부터 19절까지의 기도만을 살펴본다면 아주 멋있는 기도처럼 보입니다. 신실한 모습처럼 보입니다. 철저하게 하나님을 의지하고 있는 것처럼 보입니다. 마치 우리의 신앙적 모델, 기도의 모델로서 손색이 없는 것처럼 보입니다. 하지만 앞의 상황과 연결해서 살펴보면 이 기도의 의미는 완전히 달라집니다.

우선 기도를 들어보시겠습니다. 15절부터 "그룹들 위에 계신 이스라엘의 하나님 여호와여 주는 천하만국에 홀로 하나님이시라 주께서 천지를 만드셨나이다 여호와여 귀를 기울여 들으소서 여호와여 눈을 떠서 보시옵소서 산헤립이 살아 계신 하나님을 비방하러 보낸 말을 들으시옵소서 여호와여 앗수르 여러 왕이 과연 여러 민족과 그들의 땅을 황폐하게 하고 또 그들의 신들을 불에 던졌사오니 이는 그들이 신이 아니요 사람의 손으로 만든 것 곧 나무와 돌뿐이므로 멸하였나이다 우리 하나님 여호와여 원하건대 이제 우리를 그의 손에서 구원하옵소서 그리하시면 천하 만국이 주 여호와가 홀로 하나님이신 줄 알리이다"입니다. 너무 멋있습니다. 그런데 지금 중요한 것이 무엇입니까? 타이밍입니다.

어이없는 기도

이런 기도를 전문 용어로 '뒷북 기도'라고 합니다. 예를 들면, 식당에서 여러 사람이 함께 식사하고 나면 두 가지 진풍경이 벌어집니다. 하나는 계산대 앞에서 서로 내겠다고 카드가 공중에 날아 다니는 것입니다. 두 사람의 손에 카드가 들려서 서로 주인 앞에 들이밀고 주인에게 서로 상대방의 것을 받지 말고 자신의 것을 받으라고 큰 소리까지 칩니다. 또 하나는 정반대 현상입니다. 식사가 끝났는데 아무도 일어나지 않는 것입니다. 누군가가 먼저 나갈 때까지 참고 참고 또 참고 인내하는 것입니다. 그러다가 드디어 인내심 부족한 사람이 나가서 계산을 합니다. 그제야 모르는 척 일어나서 나옵니다. 그리고는 앞 사람이 계산했다는 것을 다 알면서도 계산대로 가서 카드를 내밉니다. 이미 계산했다는 소식을 들은 후에 큰 소리를 칩니다. '내가 내려고 했는데, 오늘 벼르고 왔는데!' 이런 것이 뒷북입니다. 상황에 맞지 않는 현상을 말합니다.

히스기야가 한 기도가 전혀 상황에 맞지 않습니다. 상황을 정리해 드리겠습니다. 18장에서 앗수르의 장수 랍사게가 온갖 협박을 했습니다. 그러자 19장 1절에서 히스기야가 신하들을 이사야에게 보내어 '당신의 하나님'에게 기도해 달라고 부탁을 했습니다. 그때 6절과 7절에서 분명하게 확인했듯이 하나님께서 두 가지 조치 즉 앗수르 왕이 본국으로 돌아가는 것과 그곳에서 칼에 맞아 죽게 될 것을 말씀해 주셨습니다. 그리고 실제로 하나님이 말씀하신 대로 8절에서 랍사게가 본국으로 돌아가고 있습니다. 하나님의 말씀이 이루어진 것입니다. 9절 이하는 본국으로 돌아가는 랍사게가 한마디 한 것에 불과합니다. 자신의 상황이 급하면서도 괜시리 가오를 잡은 것에 불과합니다. 랍사게의 말에 속으면 안 됩니다. 이때 히스기야가 보여야 할 반응은 아주 평안함입니다. 협박하던 랍사게가 민망할 정도로 여유를 보여주는 것입니다. 왜냐하면 히스기야는 이미 모든 것의 결과를 알고 있기 때문입니다.

랍사게가 돌아가는 것이 하나님께서 자신에게 응답하신 내용 중에 첫 번째 것이 이루어지고 있는 것입니다. 그렇다면 두 번째 것도 이루어질 것을 알고 있어야 합니다. 랍사게가 마치 곧 돌아올 것처럼 말하지만 하나님의 말씀에 의하면 그는 돌아오지 못하고 그곳에서 칼에 죽게 될 것이라는 사실을 이미 알고 있습니다. 그러니 겁먹을 이유가 없습니다. 두려워할 이유가 없습니다. 어차피 돌아가면서 자신의 장래를 알지 못한 채 허풍 떠는 랍사게와 앞으로 되어 질 일을 다 알고 있는 히스기야 중에 여유롭고 평안해야 할 사람은 히스기야입니다. 히스기야는 단지 하나님께 말씀을 들은 정도가 아니라 실제로 그 말씀이 이루어지고 있음을 현장에서 본인이 직접 목격하고 있습니다. 히스기야가 보여야 하는 반응은 전혀 달랐어야 합니다. 14절을 제가 상황에 맞게 각색해 보겠습니다. '히스기야가 사자의 손에서 편지를 받아보고 그 자리에서 박박 찢으며 [너는 가서 죽는다 이놈아!]하였고, 여호와의 성전에 올라가서 찬양하며 이르되 [여호와여 과연 하나님의 말씀대로 이루어졌나이다, 내 평생에 여호와만을 의지하겠나이다]라고 찬양하더라.' 이렇게 되었어야 합니다.

앞뒤 상황을 고려하지 않고 19장 14절 이하를 따로 떼어 놓으면 히스기야는 정말로 신실한 왕이고, 믿음 좋은 왕이고, 히스기야의 기도는 명문 중의 명문입니다. 그러나 앞뒤 상황을 고려하면 19장 14절 이하는 히스기야의 불신의 증거이고, 하나님의 말씀을 전혀 알아듣지 못한 것이고, 하나님께서 친히 말씀대로 행하시고 계심을 전혀 알아채지 못한 것에 불과합니다. 더 나아가 하나님께서는 앗수르 왕이 가서 돌아오지 못하고 거기서 칼에 죽을 것까지 다 말씀하셨는데 이제사 이거 해달라, 저거 해달라고 안달하는 뒷북치는 기도에 불과합니다. 제가 부정적입니까, 사실적입니까?

앗수르 왕에게

저는 하나님이 정말 좋습니다. 여러 가지 이유가 있지만 그 중에 하나는 하나님께서 유머가 있고, 위트가 있다는 사실 때문입니다. 하나님은 근엄하기만 한 분이 아니고, 하나님은 신실하기만 한 분이 아니고, 강직하기만 한 분이 아닙니다. 근엄하고 신실하고 강직한 것은 당연하고 동시에 여유가 있고, 운치가 있고, 익살이 있고, 해학이 있습니다. 그런 하나님을 소개하는 책이기에 성경도 매우 재미있습니다. 제가 안타까워하는 것은 사람들이 하나님의 특성, 성경의 특성을 전혀 눈치 채지 못한다는 것입니다. 그래서 제가 또 설명을 해 드리겠습니다.

처음에 히스기야가 마치 남의 신에게 부탁하듯 이사야에게 기도를 해 달라고 요청했습니다. 그때 하나님은 아주 신중하고 정확하게 응답해 주셨습니다. 그리고 실제로 말씀대로 행하셨습니다. 그런데 히스기야는 하나님이 행하신 일을 전혀 인식하지 못하고, 랍사게의 허풍에 벌벌 떨면서 거창한 뒷북 기도를 했습니다. 히스기야는 상황파악을 전혀 하지 못했고, 반대로 하나님은 상황파악을 정확하게 하셨습니다. 히스기야가 하나님의 말씀을 알아듣지 못하고, 하나님이 이루신 일도 전혀 인식하지 못하고 있다는 것을 하나님은 아셨습니다.

그래서 히스기야의 엉뚱한 기도에 하나님이 응답을 하시는데 그것이 정말 정말 재미있습니다. 재미있는 것이 두 개가 나오는데 일단 20절을 보시면 "아모스의 아들 이사야가 히스기야에게 보내 이르되 이스라엘 하나님 여호와의 말씀이 네가 앗수르 왕 산헤립 때문에 내게 기도하는 것을 내가 들었노라 하셨나이다" 입니다. 히스기야가 기도했으니까 하나님께서 히스기야에게 대답하셨습니다. 여기까지는 일반적입니다. 그런데 21절을 보시면 아주 재미있습니다. "여호와께서 앗수르 왕에게 대하여 이같이 말씀하시기를" 입니다. 이게 무슨 말이냐면 20절은 히스기야에게 하는 말씀이고, 21절은 앗수르 왕에게 하는 말이라는 뜻입니다. 히스기야가 하나님의 말씀을 알아듣지 못하니까, 하나님은 히스기야에게 말씀하시는 것이 아니라 아예 대놓고 앗수르 왕에게 말씀하시는 것입니다. 이것이 하나님의 조크입니다.

히스기야가 길게 기도했으니까 하나님도 길게 대답하십니다. 그것이 21절로 28절까지입니다. "처녀 딸 시온이 너를 멸시하며 너를 비웃었으며 딸 예루살렘이 너를 향하여 머리를 흔들었느니라 네가 누구를 꾸짖었으며 비방하였느냐 누구를 향하여 소리를 높였으며 눈을 높이 떴느냐 이스라엘의 거룩한 자에게 그리하였도다 네가 사자들을 통하여 주를 비방하여 이르기를 [내가 많은 병거를 거느리고 여러 산 꼭대기에 올라가며 레바논 깊은 곳에 이르러 높은 백향목과 아름다운 잣나무를 베고 내가 그 가장 먼 곳에 들어가며 그의 동산의 무성한 수풀에 이르리라 내가 땅을 파서 이방의 물을 마셨고 나의 발바닥으로 애굽의 모든 강들을 말렸노라] 하였도다 네가 듣지 못하였느냐 이 일은 내가 태초부터 행하였고 옛날부터 정한 바라 이제 내가 이루어 너로 견고한 성들을 멸하여 무너진 돌무더기가 되게 함이니라 그러므로 거기에 거주하는 백성의 힘이 약하여 두려워하며 놀랐나니 그들은 들의 채소와 푸른 풀과 지붕의 잡초와 자라기 전에 시든 곡초 같이 되었느니라 네 거처와 네 출입과 네가 내게 향한 분노를 내가 다 아노니 네가 내게 향한 분노와 네 교만한 말이 내 귀에 들렸도다 그러므로 내가 갈고리를 네 코에 꿰고 재갈을 네 입에 물려 너를 오던 길로 끌어 돌이키리라"입니다. 히스기야가 하나님의 응답을 신뢰하지 못했지만 하나님은 다시 한 번 앗수르의 왕이 물러갈 것을 선언하신 것입니다.

징조 아닌 징조

하나님의 진중하면서도 재미있는 표현 두 번째는 29절에 하나님께서 히스기야에게 하시는 말씀입니다. "또 네게 보일 징조가 이러하니라"입니다. 하나님께서 히스기야에게 징조를 보여주시겠다고 하십니다. 이미 응답을 하셨는데 히스기야가 못 알아듣고 뒷북치는 기도를 하고 있으니 하나님은 이번에는 징조를 첨부하여 주시는 것입니다. 징조는 어떤 일이 일어날 것에 대한 매우 기이하고 신비한 예표입니다. 징조의 특징은 독특해야 한다는 것, 사람들의 예상과 달라야 한다는 것, 보거나 들으면 매우 이상한 것이어야 합니다. 일상적이면 전혀 새롭지 않고 징조가 될 수 없습니다. 그러면 직접 하나님이 주시는 징조를 읽어보겠습니다. "너희가 금년에는 스스로 자라난 것을 먹고 내년에는 그것에서 난 것을 먹되 제삼년에는 심고 거두고 포도원을 심고 그 열매를 먹으리라"입니다. 듣는 순간 징조 같아 보입니까? 지극히 평범합니다. 금년에는 어차피 자라고 있는 것을 먹고, 내년에는 그 떨거지를 먹고, 그 다음해에는 농사를 지어야 먹을 것이 있는 것은 지극히 당연한 것입니다. 전혀 징조가 아닙니다.

그런데 이것이 또 반전이 되어서 징조가 됩니다. 왜냐하면 지금 유다가 앗수르에게 포위가 되어서 삼년 뒤는 고사하고, 내년은 고사하고, 당장 생존이 위험합니다. 그런 순간에 하나님께서 당장이 아니라, 내년 정도가 아니라, 아예 삼년 뒤에 되어 질 일을 말씀하고 계시기에 이것이 바로 징조입니다. 삼년 뒤에 태평스럽게 심고 거두고 포도원을 심고 그 열매를 먹을 것이니 지금 앗수르가 아무리 위세를 떨쳐도, 앗수르의 장군과 왕이 아무리 협박을 해도 아무 소용이 없다는 것입니다. 결론은 이미 앗수르가 물러가고 유다는 평안한 것으로 정해졌다는 것입니다. 그러니 히스기야는 아무 걱정 말고, 뒷북 기도하지 말고 평안하라는 것입니다. 하나님께서 19장 5절과 6절에서 이미 히스기야에게 대답하신 것과 동일한 대답이 32절과 33절에서 반복됩니다. "그러므로 여호와께서 앗수르 왕을 가리켜 이르기를 그가 이 성에 이르지 못하며 이리로 화살을 쏘지 못하며 방패를 성을 향하여 세우지 못하며 치려고 토성을 쌓지도 못하고 오던 길로 돌아가고 이 성에 이르지 못하리라 하셨으니 이는 여호와의 말씀이시라"입니다. 하나님은 히스기야가 여호와의 전에 올라가 편지를 펴놓고 기도하자 그제사 응답하신 것이 아니라 진즉에, 벌써, 왕년에 응답하셨던 것입니다. 그걸 신뢰하지 못한 히스기야가 뒷북을 쳤을 뿐입니다.

여호와의 열심

여호와의 열심

마지막으로 정말 기가 막힌 선언, 타종교에서는 일체 유례를 찾아볼 수 없는 오직 하나님만이 하시는 엄청난 선언을 보겠습니다. 31절에 나온 선언입니다. 20절부터 34절까지가 모두 하나님의 응답, 즉 하나님이 하실 일의 선언인데 그 중간에 31절 끝에 지구상의 모든 종교들과 비교할 때 오직 기독교에만 있는, 오직 하나님만 말씀하시는 선언이 있습니다. "여호와의 열심이 이 일을 이루리라"입니다. 하나님의 이 선언이 독특한 이유가 무엇인지 아시겠습니까? 바로 '여호와가 열심을 낸다'라는 사실입니다. 세상에 신이 열심을 낸다니요? 인간에게 열심을 내라고 독려하는 것이 아니고, 인간에게 열심을 내지 않으면 벌을 주겠다고 협박하는 것이 아니고, 신 자신이 친히, 직접, 스스로 열심을 낸다고 선언하고 계십니다. 그것도 신의 일을 위해서가 아니라 인간을 위해서 말입니다.

제가 하나님에 대해서 강조하는 표현이 '하나님은 일하시는 분'입니다. 그런데 성경은 저보다 열배를 더 강하게 강조하는 것이 '하나님은 일하시는 정도가 아니라 그 일에 열심을 내신다'는 것입니다. 하나님은 신의 보좌에 앉아 신의 위엄을 드러내며 이런저런 멋진 말만 해대는 분이 절대로 아닙니다. 신의 권위를 주장하며 인간들에게 심판을 행하는 분이 절대로 아닙니다. 본문에서도 히스기야와 하나님 중에 하나님께서 더 많은 말씀을 하셨습니다. 히스기야가 한 일이란 기껏해야 왕이면서도 하나님에게 신하들을 대신 보내는 무례한 행동이었고, 하나님이 이미 응답하셨음에도 불구하고 뒷북치며 어이없는 기도만 하는 불신앙적인 행동뿐이었습니다. 그러나 하나님은 히스기야의 요청을 들으셨고, 응답하셨고, 또 들으셨고, 거듭 거듭 반복하여 하나님이 하실 일을 선언하셨고, 심지어는 '여호와의 열심이 이 일을 이루리라'고 선언하시기까지 하셨습니다.

말씀대로

과연 하나님의 말씀대로 이루어졌는지 성경이 검증까지 해 놓았습니다. 35절 "이 밤에 여호와의 사자가 나와서 앗수르 진영에서 군사 십팔만 오천 명을 친지라 아침에 일찍이 일어나 보니 다 송장이 되었더라 앗수르 왕 산헤립이 떠나 돌아가서 니느웨에 거주하더니 그가 그의 신 니스록의 신전에서 경배할 때에 아드람멜렉과 사레셀이 그를 칼로 쳐 죽이고 아라랏 땅으로 그들이 도망하매 그 아들 에살핫돈이 대신하여 왕이 되니라"입니다. 7절에서 말씀하신 두 가지 즉 그가 돌아가리라와 본국에서 칼에 죽게 하리라가 모두 이루어졌습니다.

본문은 히스기야가 하나님께 기도하는 것이 강조가 아니고, 히스기야가 어떻게든 하나님을 설득해 보려고 이런저런 시도를 하는 것이 아닙니다. 정반대로 하나님을 믿지 않는 히스기야, 하나님의 말씀을 알아듣지 못하는 히스기야를 설득하기 위해서 하나님이 수고하고, 하나님이 애쓰시고, 하나님이 열심을 내시는 것입니다. 저와 여러분이 히스기야에게서 본받을 점이 하나도 없습니다. 오직 하나님의 은혜가 감사할 뿐입니다. 세상과 다르게 성경은 여러분에게 열심을 내라, 충성을 해라, 희생을 하라고 하지 않습니다. 도리어 하나님을 알라, 그리고 하나님의 마음과 심정으로 행하라고 권면합니다. 부디 성경을 읽고, 성경을 배워서 하나님을 풍성히 알고 하나님의 말씀대로 행하여 하나님의 복락을 풍성히 누리며 사시기를 주님의 이름으로 축원합니다.

26

무슨 징표가 있나이까

열왕기하 20 : 1 ~ 21

1 그 때에 히스기야가 병들어 죽게 되매 아모스의 아들 선지자 이사야가 그에게 나아와서
그에게 이르되 여호와의 말씀이 너는 집을 정리하라 네가 죽고 살지 못하리라 하셨나이다 2
히스기야가 낯을 벽으로 향하고 여호와께 기도하여 이르되 3 여호와여 구하오니 내가 진실
과 전심으로 주 앞에 행하며 주께서 보시기에 선하게 행한 것을 기억하옵소서 하고 히스기
야가 심히 통곡하더라 4 이사야가 성읍 가운데까지도 이르기 전에 여호와의 말씀이 그에게
임하여 이르시되 5 너는 돌아가서 내 백성의 주권자 히스기야에게 이르기를 왕의 조상 다
윗의 하나님 여호와의 말씀이 내가 네 기도를 들었고 네 눈물을 보았노라 내가 너를 낫게 하
리니 네가 삼 일 만에 여호와의 성전에 올라가겠고 6 내가 네 날에 십오 년을 더할 것이며 내
가 너와 이 성을 앗수르 왕의 손에서 구원하고 내가 나를 위하고 또 내 종 다윗을 위하므로
이 성을 보호하리라 하셨다 하라 하셨더라 7 이사야가 이르되 무화과 반죽을 가져오라 하
매 무리가 가져다가 그 상처에 놓으니 나으니라 8 히스기야가 이사야에게 이르되 여호와께
서 나를 낫게 하시고 삼 일 만에 여호와의 성전에 올라가게 하실 무슨 징표가 있나이까 하니
9 이사야가 이르되 여호와께서 하신 말씀을 응하게 하실 일에 대하여 여호와께로부터 왕에
게 한 징표가 임하리이다 해 그림자가 십도를 나아갈 것이니이까 혹 십도를 물러갈 것이니
이까 하니 10 히스기야가 대답하되 그림자가 십도를 나아가기는 쉬우니 그리할 것이 아니
라 십도가 뒤로 물러갈 것이니이다 하니라 11 선지자 이사야가 여호와께 간구하매 아하스
의 해시계 위에 나아갔던 해 그림자를 십도 뒤로 물러가게 하셨더라 12 그 때에 발라단의 아
들 바벨론의 왕 브로닥발라단이 히스기야가 병 들었다 함을 듣고 편지와 예물을 그에게 보
낸지라 13 히스기야가 사자들의 말을 듣고 자기 보물고의 금은과 향품과 보배로운 기름과
그의 군기고와 창고의 모든 것을 다 사자들에게 보였는데 왕궁과 그의 나라 안에 있는 모든
것 중에서 히스기야가 그에게 보이지 아니한 것이 없더라 14 선지자 이사야가 히스기야 왕
에게 나아와 그에게 이르되 이 사람들이 무슨 말을 하였으며 어디서부터 왕에게 왔나이까

히스기야가 이르되 먼 지방 바벨론에서 왔나이다 하니 15 이사야가 이르되 그들이 왕궁에
서 무엇을 보았나이까 하니 히스기야가 대답하되 내 궁에 있는 것을 그들이 다 보았나니 나
의 창고에서 하나도 보이지 아니한 것이 없나이다 하더라 16 이사야가 히스기야에게 이르
되 여호와의 말씀을 들으소서 17 여호와의 말씀이 날이 이르리니 왕궁의 모든 것과 왕의 조
상들이 오늘까지 쌓아 두었던 것이 바벨론으로 옮긴 바 되고 하나도 남지 아니할 것이요 18
또 왕의 몸에서 날 아들 중에서 사로잡혀 바벨론 왕궁의 환관이 되리라 하셨나이다 하니 19
히스기야가 이사야에게 이르되 당신이 전한 바 여호와의 말씀이 선하니이다 하고 또 이르
되 만일 내가 사는 날에 태평과 진실이 있을진대 어찌 선하지 아니하리요 하니라 20 히스기
야의 남은 사적과 그의 모든 업적과 저수지와 수도를 만들어 물을 성 안으로 끌어들인 일은
유다 왕 역대지략에 기록되지 아니하였느냐 21 히스기야가 그의 조상들과 함께 자고 그의
아들 므낫세가 대신하여 왕이 되니라

하나님의 응답

말씀하신 대로

역사에서 대부분의 전환은 결정적 사건으로 기인합니다. 하지만 그 사건은 일상이 누적된 결과일 뿐입니다. 교회도 어떤 이벤트나 행사를 통해서 성도의 변화를 모색하려고 하면 안 됩니다. 신앙의 결실은 철저하게 일상을 중요시하고, 평상시에 하나님의 말씀대로 생활한 삶의 결과요 열매이어야 합니다. 히스기야에 대해서도 어느 한 구절, 어느 한 사건이 아니라 히스기야의 삶과 행적을 두루두루 관찰해서 판단해야 합니다. 앗수르가 유다를 위협할 때에 하나님께서는 앗수르 왕이 소문을 듣고 본국으로 돌아갈 것과 본국에서 칼에 죽게 될 것을 미리 알려주셨습니다. 하나님께서 이미 앗수르가 전혀 위협이 되지 못할 것을 말씀하셨음에도 불구하고 히스기야는 돌아가는 앗수르의 장군 랍사게가 허풍떠는 말에 놀라 여호와의 성전에 올라가서 그 편지를 펴 놓고 기도했습니다. 그러자 하나님께서는 또 응답하시는데 이번에는 징조까지 주셨습니다. 여기서 단순히 하나님이 응답하셨다는 사실만 중요시 여길 것이 아니라 하나님이 일하시는 원리도 발견하셔야 합

니다. 즉 하나를 알려주었는데도 모르면 하나님은 더 친절하게, 더 자세하게, 더 분명하게 추가하고 첨부하고 설명해 주신다는 것입니다. 하나님의 말씀은 단 한 번 결정문을 선고하는 패턴이 아닙니다. 하나님이 행하시는 사역, 하나님이 주시는 말씀은 하나님을 알리는 계시입니다. 즉 설명입니다. 설명의 목적은 상대방이 알게 하는 것입니다. 한 번 설명했는데 못 알아들으면 그것은 네 사정이라고 끝내버리면 계시가 아닙니다.

계시의 핵심은 '하나님이 계시를 한다'는 것도 매우 중요하지만 더 중요한 것은 '상대방이 계시를 알아들어야 한다'는 것입니다. 내가 아무리 계시를 잘 했어도 상대방이 못 알아들었으면 그것은 계시를 잘못한 것입니다. 내가 잘 설명했느냐가 기준이 아니라 상대방이 잘 알아들었느냐가 기준입니다. 하나님이 히스기야에게 주신 추가 설명이 징조를 주는 것이었습니다. 그 징조가 19장 29절의 '금년에는 스스로 자라난 것을 먹고 내년에는 그것에서 난 것을 먹되 제삼년에는 심고 거두며 포도원을 심고 그 열매를 먹으리라'였습니다. 당장 살지 죽을지 모르는 사람에게 삼년 뒤의 일까지 미리 알려주시니 이것은 정말 확실한 응답입니다. 당장은 당연히 살 것이고, 혹시 내년에 무슨 일이 생겨도 그것은 별로 신경 쓸 일이 아니고, 혹시 삼년째에 무슨 일이 생겨도 전혀 걱정할 일이 아닙니다. 지금부터 삼년 동안은 앗수르에 대해서 마음을 놓아도 되는 것입니다. 하나님의 계시 방식, 응답 패턴이 얼마나 자상하고, 친절하고, 넉넉한지 아시면 참 좋습니다.

그리고 하나님은 계시하신 대로, 응답하신 대로 행하셨습니다. 19장 35절에 의하면, 여호와의 사자를 동원하여 앗수르 진영에서 군사 십팔만 오천 명을 치셨습니다. 앗수르의 왕 산헤립이 돌아가 니느웨에 거주했는데 반역이 일어나 칼에 맞아 죽었습니다. 히스기야는 '그의 전후 유다 여러 왕 중에 그러한 자가 없었다고 할 만큼 이스라엘의 하나님 여호와를 의지했다'는 평가를 받았는데 실제로는 히스기야가 등장하는 열왕기하 18장부터 지금까지 믿음의 모습, 신앙의 모습이 전혀 없습니다. 열왕기하에 히스기야의 행적에 대한 첫 번째 기록이 18장 13절 이하인데 앗수르 왕이 쳐들어오자 여호와의 성전에 있는 은을 가져다 바쳤다는 것입니다. 두 번째 기록이 19장 1절 이하인데 옷을 찢고 굵은 베를 두르고 여호와의 전으로 가기는 갔는데 본인이 기도하지도 않았고, 이사야에게 '당신의 하나님께 기도하소서'라고 부탁한 것 뿐입니다. 세 번째 기록이 19장 14절 이하인데 앗수르의 장군 랍사게의 허풍을 듣고 여호와의 성전에 올라가서 기도했다는 것입니다. 이 기도는 '뒷북 기도'라고 설명을 드렸습니다. 이러한 히스기야의 행적을 기억하셔야 네 번째 기록인 20장의 히스기야의 말을 분석할 수 있습니다.

히스기야의 주장

20장 1절을 보시면 "그 때에 히스기야가 병들어 죽게 되매 아모스의 아들 선지자 이사야가 그에게 나와서 그에게 이르되 여호와의 말씀이 너는 집을 정리하라 네가 죽고 살지 못하리라 하셨나이다"입니다. 이때 히스기야의 나이가 몇 살쯤 되었을까요? 열왕기하 18장 2절에 의하면 히스기야는 이십오세에 왕이 됩니다. 그리고 13절에 의하면 이미 십사년이 지났으니 현재 적어도 서른아홉 살이 넘었습니다. 그리고 왕으로서 이십 구년을 통치했으니 죽을 때가 쉰네 살입니다. 그런데 6절에 보면 '내가 네 날에 십오 년을 더할 것이며'라고 나오니까 쉰네 살에서 십오 년을 빼면 서른아홉 살입니다. 당시 성인 남자들의 평균 수명이 몇 살인지는 모르지만, 여하튼 히스기야 왕이 서른아홉 살에 병이 들어 죽게 되었습니다.

예나 지금이나 왕의 건강은 국가 기밀이고 최고로 중요한 사항이었습니다. 당시에는 태반주사니 정맥주사니 프로포폴 같은 것을 쓸 수가 없으니 난감했을 것이고, 히스기야로서는 모처럼 앗수르의 위협에서 벗어나 태평성대를 누릴 수 있는 기회가 왔는데 덜컥 병이 들었으니 매우 낙심했을 것 같습니다. 이 타이밍에 하나님의 말씀까지 있었습니다. 20장 1절의 '네가 죽고 살지 못하리라' 입니다. 결단코 하나님이 죽이겠다는 의미가 아닙니다. 단지 히스기야의 병세에 대해 알려주는 것일 뿐입니다. 히스기야는 자기의 병세를 알게 되었고, 그러자 다행스럽게 삶에 대해 자포자기가 아니라 살려고 하는 강한 애착을 갖게 되었습니다. 그래서 2절에 나오는대로 낯을 벽으로 향하고 여호와께 기도를 드렸습니다. 저와 여러분이 주목하고자 하는 부분이 바로 이 기도의 성격입니다. 과연 필요한 기도였을까요? 과연 적절한 기도였을까요?

3절을 보면 "여호와여 구하오니 내가 진실과 전심으로 주 앞에 행하며 주께서 보시기에 선하게 행한 것을 기억하옵소서 하고 히스기야가 심히 통곡하더라" 입니다. 히스기야가 덮어놓고 통곡만 하는 것이 아니라 나름대로 자기의 행동을 언급하면서 기억해달라고 호소하는 것을 보면 무엇인가 행한 것이 있기는 있는 것 같습니다. 히스기야가 자기 행적을 주장했으니 과연 히스기야가 무엇을 행했는지 살펴봐야 합니다. 제가 절대로 무턱대고 성경의 인물을 비난하는 사람이 아니고, 성경의 기록을 무시하는 사람이 아닙니다. 히스기야에 대한 기록은 성경에 열왕기하 18장부터 20장에 나오고요, 이사야 36장부터 39장에 나오고요, 역대하 29장부터 32장에도 나옵니다. 그 중에 이사야의 내용은 열왕기하와 거의 동일하니까 달리 살펴볼 것이 없고요, 역대하의 기록은 열왕기하에 없는 참고 자료들이 조금 있습니다.

히스기야의 행적

제가 평상시와는 다르게 히스기야를 편들어 주려고 합니다. 역대하에 나오는 히스기야의 기록은 크게 두 부분으로 나누어집니다. 하나는 왕으로 등극한 첫째 해에 행한 일들이고 다른 하나는 열왕기하에 나오는 것과 같은 앗수르와의 관계에 대한 내용입니다. 그래서 첫 부분, 즉 왕으로 등극한 첫째 해에 행한 일을 보면 나름 좋았습니다. 역대하 29장 3절 "첫째 해 첫째 달에 여호와의 전문들을 수리하고" 로 시작해서 17절 "첫째 달 초하루에 성결하게 하기를 시작하여 그달 초팔일에 여호와의 낭실에 이르고 또 팔 일 동안 여호와의 전을 성결하게 하여 첫째 달 십육 일에 이르러 마치고", 30장 13절 "둘째 달에 백성이 무교절을 지키려 하여 예루살렘에 많이 모이니", 15절에 "둘째 달 열넷째 날에 유월절 양을 잡으니"입니다. 성전 수리에 대해서는 여덟 번째 왕 요아스도 행한 적이 있으니 독특한 것은 아니고, 유월절을 지켰다는 것은 가히 종교개혁이라고 할 만합니다.

유월절의 기원은 출애굽기 12장에 나오는대로 이스라엘이 출애굽하기 직전 열 번째 이적이 나타났을 때입니다. 그리고 출애굽한 후 시내산에 도착하여 약 일 년 정도를 보내면서 성막을 짓고 둘째 해 첫째 달에 광야 여정을 출발하기 전에 유월절을 지킨 것으로 민수기 9장에 기록되어 있습니다. 그 다음은 여호수아의 인도함을 받아 이스라엘 백성이 요단강을 건너서 가나안에 진입한 직후에 가나안에서의 새로운 출발을 기념하는 의미로 유월절을 지키는 것이 여호수아 5장에 나옵니다. 그 다음에는 사사기, 사무엘, 다윗, 솔로몬, 기타의 왕들의 시대에 유월절을 지켰다는 언급이 없습니다. 그 세월이 최소한 육백 년 이상입니다. 드디어 거의 육백 년 만에 유다에서 유월절이 지켜지는 것이 히스기야 왕 때입니다. 히스기야가 자신이 육백 년 만에 유월절을 지키는 것을 알았는지 몰랐는지는 모르지만 여하튼 유다의 종교역사에 획기적인 사건을 행한 것만은 분명합니다. 성전을 수리한 것과 유월절을 지킨 것을 가지고 '주께서 보시기에 선하게 행한 것을 기억하옵소서'라고 호소할 만 하다고 여겨줄 수 있을 것 같습니다.

분명 왕위에 오른 첫해에는 아주 의욕적으로 종교개혁을 했는데 그 후에는 앗수르에 시달리면서 성전의 은금을 털어다 조공을 바치는 어이없는 행동도 했는데 병들어 기도할 때에는 그 이야기는 언급하지 않습니다. 여하튼 병든 히스기야가 기도하자 하나님께서 히스기야의 기도와 주장에 감동을 받으셨는지 응답이 즉각 왔습니다. 열왕기하 20장 4절에 의하면 이사야가 왕을 만나고 자기 성읍으로 이르기도 전에 벌써 응답이 왔습니다. 그 응답이 천만다행으로 은혜롭습니다. 5절과 6절 "너는 돌아가서 내 백성의 주권자 히스기야에게 이르기를 왕의 조상 다윗의 하나님 여호와의 말씀이 내가 네 기도를 들었고 네 눈물을 보았노라 내가 너를 낫게 하리니 네가 삼 일 만에 여호와의 성전에 올라가겠고 내가 네 날에 십오 년을 더할 것이며 내가 너와 이 성을 앗수르 왕의 손에서 구원하고 내가 나를 위하고 또 내 종 다윗을 위하므로 이 성을 보호하리라 하셨다 하라 하셨더라"입니다. 와우~ 엄청난 은혜입니다. 죽을 병인데 불과 삼일 내에 치유가 될 것이고, 자그마치 십오 년을 더 살게 되었습니다. 여러분은 이 순간에 무슨 말을 하겠습니까? 무조건 아멘이요, 무조건 할렐루야입니다. 그런데 히스기야는 달랐습니다. 아주 기이하게 반응합니다.

무슨 징표가 있나이까?

이미 가지고 있는 징조

우선 20장 7절을 보시면 "이사야가 이르되 무화과 반죽을 가져오라 하매 무리가 가져다가 그 상처에 놓으니 나으니라"입니다. 이미 치료가 끝났고 병이 나았습니다. 히스기야의 기도에 하나님이 말로 응답하신 것도 이사야가 미처 성읍에 이르기 전 이었는데, 직접 치유도 신속하게 해 주셨습니다. 채 삼일도 걸리지 않았습니다. 히스기야는 당장에 여호와의 전으로 올라가 감사예물을 드려야 할 것입니다. 그런데 생뚱맞게 8절이 등장합니다. "히스기야가 이사야에게 이르되 여호와께서 나를 낫게 하시고 삼 일 만에 여호와의 성전에 올라가게 하실 무슨 징표가 있나이까 하니"입니다. 아마도 히스기야는 상처가 나은 것을 단지 일시적 현상이나 상황이 호전된 것 정도로 여겼던 것 같습니다. 그래서 아예 구체적으로 자신이 나을 것에 대한 징표를 요구하고 있습니다. 혹시 7절은 스토리 전개상 여기에 기록해 놓았지만 실제로는 징표 이야기가 끝난 다음인 11절 뒤에 나와야 되는 것 아니냐고 제안하실 수 있습니다. 일리가 있기에 인정한다고 쳐도 히스기야의 이야기는 매우 이상한 것입니다. 왜냐하면 이미 5절과 6절에 하나님께서 아주 구체적으로 응답하셨기 때문입니다. 하나님이 히스기야의 기도를 들었고 눈물을 보았고 낫게 할 것이고 히스기야는 삼 일만에 여호와의 성전에 올라가겠고 앞으로 십오 년을 더 살 것을 말씀하셨습니다.

히스기야가 징표를 요구하는 것이 생뚱맞은 이유를 하나 더 보겠습니다. 19장에서 히스기야가 앗수르의 편지를 펴 놓고 기도할 때 하나님은 이미 응답도 했고 더 나아가 징조까지 주셨습니다. 그 응답과 징조가 히스기야의 질병에도 연관이 있습니다. 19장의 사건이 히스기야 제십사년에 발생했습니다. 즉 서른아홉 살 때였습니다. 그리고 히스기야가 병이 든 것도 서른 아홉 살 때, 같은 해입니다. 그렇다면 19장에서 응답받을 때 징조를 받았는데 그 징조가 삼년에 관계된 것이었습니다. 19장 29절 "또 네게 보일 징조가 이러하니 너희가 금년에는 스스로 자라난 것을 먹고 내년에는 그것에서 난 것을 먹되 제삼년에는 심고 거두며 포도원을 심고 그 열매를 먹으리라" 였습니다. 이미 최소한 삼년을 보장받은 것입니다. 그런데 히스기야의 질병은 같은 해에 일어났습니다. 그러니까 히스기야는 병이 걸려서 마치 죽을 것 같아보여도 적어도 삼년 내에는 죽지 않는 것입니다. 혹시 여러분께서 20장 1절에 여호와의 말씀이 '너는 집을 정리하라 네가 죽고 살지 못하리라' 고 하셨지 않으냐고 따지실 수 있습니다. 맞습니다. 하나님이 그런 말씀을 하셨습니다. 그러나 언제 죽는다고 말씀하시지는 않았습니다.

저는 히스기야의 태도가 지금과는 정반대가 되었어야 한다는 것입니다. 앗수르 왕의 사건 때 최소 삼년에 해당하는 징조를 받았습니다. 그리고 실제로 하나님이 말씀하신 대로 앗수르 왕을 도무지 대적할 수 없는 상황이 극적으로 변해서 왕은 자기 나라로 돌아가서 칼에 찔려 죽는 사건을 본인이 직접 체험했습니다. 그랬다면 이제는 하나님을 믿었어야 하고 하나님이 하신 말씀을 신뢰했어야 하고, 하나님이 주신 징조를 인정했어야 한다는 것입니다. 병이 들었으면 그냥 낫게 해달라고 하면 됩니다. 징조에 의하면 아무리 죽을 병이 들어도 삼년 내에는 죽지 않는다는 것을 알고 있는 상태에서 다만 병으로 인해 아프고 불편하니까 치유해 달라고 간구했어야 합니다. 이사야 선지자가 와서 '너는 집을 정리하라 네가 죽고 살지 못하리라'고 할지라도 최소 삼년은 버틸 수 있다고 자신하면서 다만 덜 아프게 해 달라고 기도할 정도의 믿음의 모습을 보였어야 한다는 것입니다.

무슨 징표가 있나이까

히스기야의 행동이 너무 어이가 없는 것은 이미 자기가 가지고 있는 징조에 대해서는 전혀 신뢰를 하지 않으면서 새로운 징표를 요구하고 있다는 것입니다. 19장 29절에 하나님이 주신 '징조'라는 단어와 20장 8절에 히스기야가 요구하는 '징표'라는 단어는 같은 단어입니다. 하나님은 이미 징조를 주셨는데 그것의 의미는 완전 무시하고 새로운 징표를 달라고 하고 있습니다. 가지고 있는 징조를 믿지 않는 사람에게 새로운 징표가 무슨 의미가 있느냐는 것입니다. 더 어이가 없는 것은 하나님께서 히스기야가 삼 일 만에 여호와의 성전에 올라갈 것이라고 말씀하셨습니다. 그러면 최소 삼 일 정도는 기다려 볼 수 있는 것 아닙니까? 삼년짜리 징조를 가지고 있고, 삼 일 만에 여호와의 성전에 올라갈 것이라는 응답도 가지고 있으면, 하나님에 대한 솜털 같은 믿음만 있어도 삼 일은 기다릴 수 있을 것입니다.

자기가 기도할 때에 3절에서 "내가 진실과 전심으로 주 앞에 행하며 주께서 보시기에 선하게 행한 것을 기억하옵소서"라고 했습니다. 자신의 행위를 하나님께서 기억해 주시기를 기대했다면 반대로 하나님이 하신 일을 자기도 기억해 주어야합니다. 불과 얼마 전에 앗수르의 위협에서 자신을 건져주신 하나님의 일, 자기가 기도하지 않고 이사야를 통해 '당신의 하나님께 기도하소서'라고 했던 시건방진 태도에도 불구하고 친히 징조까지 주시면서 응답해 주신 하나님의 행동에 대해서 기억하고 있어야 합니다. 그런데 삼 일도 못 기다리면서, 자기 할 일은 안 하면서 하나님께만 기억해 달라고 주장하고, 심지어는 징표가 무엇이냐고 요구하는 것은 정말 정말 적반하장의 대표적 경우입니다.

저와 여러분은 히스기야를 보면서 한 가지를 궁금해 해야 합니다. 히스기야가 왜 새로운 징표를 구했느냐는 것입니다. 그 이유는 죄인의 속성, 죄인의 원리, 죄인의 기준, 죄인의 방법을 이해하시면 아주 쉽게 이해할 수 있습니다. 그 이유는 이미 주신 하나님의 징표가 전혀 징표같아 보이지 않았기 때문입니다. 하나님이 주시는 징표와 사람들, 죄인들이 요구하는 징표가 성격이 달랐던 것입니다. 먼저 하나님이 생각하시는 징표는 '죄인들의 생각과 다른 것'입니다. 그래서 계시의 요소가 사람들이 불가능하다고 생각하는 사건, 사람들이 불가능하다고 여기는 방법, 사람들이 불가능하다고 여기는 사람을 세우는 것이었습니다. 그래서 하나님의 계시, 하나님의 징표의 특징은 규모나 장소나 시간이나 상황과는 관계가 없이 '죄인들의 생각에 불가능하다고 여기는 것'입니다. 왜냐하면 죄인들의 생각을 깨는 것, 죄인들의 사고방식을 깨는 것이 목적이기 때문입니다.

그런데 사람들이 생각하는 징조, 징표의 특징은 '신기한 것, 놀라운 것, 이상한 것'입니다. 징조는 이적이라고 표현해도 됩니다. 하나님이 생각하시는 이적은 '죄인들의 생각과 다른 것'이고, 사람들이 생각하는 이적은 '희한 한 것'입니다. 히스기야의 경우 하나님이 주신 징조는 금년에는 스스로 자라난 것을 먹고 내년에는 그것에서 난 것을 먹고 제삼년에는 심고 거두며 포도원을 심고 그 열매를 먹는 것입니다. 하나님의 입장에서 이것이 이적이요 징조인 이유는 지금 사람들은 이런 것을 생각하지 못하고 있기 때문입니다. 하지만 죄인들의 기준에는, 히스기야의 입장에서는 이런 것은 이적도 아니고 징조도 아닙니다. 왜냐하면 그것은 상황만 되면 누구나 할 수 있는 일이기 때문입니다.

징조의 특징

성경에 나타난 징조는 대부분 하나님이 먼저 인간들에게 주신 것입니다. 성경에서 계시나 징조를 특별히 골라야 하는 것이 아니라 하나님이 행하시는 대부분의 일이 다 계시요 징조입니다. 아브람을 부르셔서 민족을 만들겠다는 선언이 계시요 징조입니다. 왜냐하면 죄인들은 부인이 애를 못 낳는 사람을 골라서 민족을 만들려고 생각하지 않기 때문입니다. 모세를 통해 출애굽을 하는 것이 계시요 징조입니다. 왜냐하면 죄인들은 살인을 저지르고 민족을 떠난 사람을 지도자로 세우지 않기 때문입니다. 개구리가 사람들이 사는 곳에 올라온 것이 징조요 계시입니다. 왜냐하면 죄인들은 하나님의 사람이 말한다고 개구리들이 한날 한 시에 한 장소에 올라올 것이라고 생각하지 않기 때문입니다. 엘리야가 행한 사르밧 과부의 밀가루 통 사건이 징조요 계시입니다. 왜냐하면 죄인들은 통에서 가루가 떨어지지 아니할 것이라고 생각하지 않기 때문입니다. 성경에서 말하는 계시와 징조는 '죄인들의 생각과 다른 것'입니다.

그런데 사람들이 생각하는 징조는 성경의 의미와 다르게 그냥 '신기한 것, 특이한 것, 이상한 것, 놀라운 것'입니다. 성경에 사람들이 하나님에게 징조를 요구한 경우가 가끔 있습니다. 그때 사람들이 요구한 것을 확인하면 사람들이 생각하는 징조의 특징을 아실 수 있습니다. 대표적으로 구약과 신약에서 한 가지씩 예를 들어보겠습니다. 구약에서는 기드온입니다. 사사기 6장 17절에 보면 "기드온이 그에게 대답하되 내가 주께 은혜를 얻었사오면 나와 말씀하신 이가 주 되시는 표징을 내게 보이소서"입니다. 여기에 나오는 표징도 징조라는 단어, 징표라는 단어와 같은 단어입니다. 기드온이 표징을 달라고 하는데 그 내용이 고기를 소쿠리에 담고 국을 양푼에 담아 예물로 드리면 불이 나와서 태우는 것입니다. 표징의 특징이 무엇입니까? 자신이 할 수 없는 일입니다. 일상적이지 않은 일입니다. 신기한 일입니다.

신약에서는 서기관과 바리새인들입니다. 마태복음 12장 38절에 "그 때에 서기관과 바리새인 중 몇 사람이 말하되 선생님이여 우리에게 표적 보여주시기를 원하나이다"입니다. 저와 여러분이 알고 있듯이 예수님은 이미 많은 놀라운 이적들을 행하셨습니다. 귀신도 쫓았고 병자도 치유해 주었고 오병이어도 행하셨습니다. 그런데 이 사람들은 예수님이 행하신 이적에는 관심이 없고 찾아와서 표적을 보여 달라고 합니다. 이 본문을 마가복음 8장 11절에는 "바리새인들이 나와서 예수를 힐난하며 그를 시험하여 하늘로부터 오는 표적을 구하거늘"이라고 기록했습니다. 이 사람들의 속셈을 잘 드러내주고 있습니다. 죄인들의 생각에 이적은, 징표는 완전 신기한 일이어야 한다는 것입니다. 귀신을 쫓는 것은 무당도 하고, 병자를 치료하는 것은 의사도 하고, 포도주나 빵을 만드는 것은 사람도 할 수 있다는 것입니다. 저들이 요구하는 표적의 특징이 '하늘로부터 오는 표적' 즉 이 땅에서는 볼 수 없는 것, 이 땅에 사는 사람들이 할 수 없는 것을 보여 달라는 것입니다. 히스기야가 요구하는 것도 바로 이런 것입니다.

징조의 차이

하나님께서 주시는 징조와 사람들이 요구하는 징조에는 '기준의 차이' 뿐만 아니라 아주 의미심장한 내용의 차이가 있습니다. 하나님이 주시는 징조는 절대적으로 인간에게 유익하다는 것입니다. 하나님의 계시는 죄인들에게 하나님을 알려 죄인들이 하나님의 복을 누리게 하는 것입니다. 즉 하나님의 모든 사역의 궁극적 목적은 인간이 행복을 누리는 것입니다. 그래서 하나님이 행하시는 사역 하나하나가 모두 철저하게 인간에게 유익하도록 진행됩니다. 징조도 그냥 희한한 것이 아니라 기준이 '죄인의 생각과 다르다'는 것이요 내용은 철저하게 인간에게 도움이 되는 것입니다. 얼핏 여러분이 생각하는 모든 하나님의 사역은 다 인간에게 고마운 것이었습니다. 광야에서 만나가 내리는 사건이나 반석에서 물을 내는 사건은 당연히 인간의 생명에 절대적으로 필요한 것이었습니다.

열왕기하에서 살펴보면 4장에 엘리사가 행한 일들 중에 선지자의 제자의 부인의 통에서 기름이 계속 나온 사건, 독이 든 국을 고쳐준 사건, 6장에 물에 빠진 도끼가 떠오르게 한 사건 등도 모두 당사자에게 매우 도움이 된 일들입니다. 신약의 예수님의 표적도 모두 인간을 도와주신 것입니다. 과부의 아들을 고쳐 주셔서 과부에게 삶의 소망을 주셨고, 이방인 수로보니게 여인의 딸도 고쳐주셔서 가정에 평화를 주셨고, 귀신들린 자에게서 귀신을 쫓아내시어 그 사람이 멀쩡한 정신으로 제대로 된 삶을 살아갈 수 있는 기회를 주셨고, 오병이어도 배고픈 사람에게 실제적으로 도움이 되는 사역이었습니다. 하나님은 희한한 일을 하시는 분이 아니라 '죄인들의 생각과 다른 일' 그렇지만 절대적으로 인간에게 유익한 일을 행하시는 분입니다.

반면에 죄인들이 요구한 표적들은 인간에게 아무런 의미가 없는 일입니다. 다른 표현으로 헛된 일, 무익한 일입니다. 단지 신기한 일일뿐입니다. 기드온의 경우 하나님을 시험한 사건을 보시면 아주 분명해집니다. 기드온은 직접 하나님을 시험했습니다. 표적을 구한 것입니다. 양털시험의 첫 번째는 이슬이 양털에만 있고 주변 땅은 마르는 것이고 두 번째는 반대로 이슬이 주변 땅에만 있고 양털은 마르는 것이었습니다. 물론 하나님께서 기드온의 요구대로 다 해 주셨습니다. 그 사건이 기드온에게 무슨 유익이 있었습니까? 양털에 이슬이 있어서 양털이 부드러워져서 그 양털로 옷을 해 입으면 따뜻해지기를 했습니까? 아니면 주변 땅에 이슬이 있어서 그날 그 땅을 파는데 삽질이 아주 수월해져서 사람의 노동이 편해지기를 했습니까? 이적이 나타나고 표적이 행해지기는 했는데 인간에게 아무 짝에도 쓸모없는 일들이었습니다.

본문에서 하나님은 이미 표적을 주셨는데 히스기야가 믿지 않으면서 다른 표적을 달라고 하니까 하나님이 새로운 표적을 주시는 것이 9절과 10절입니다. 본문의 표적은 하나님이 주신 표적이 아니라 인간이 요구한 표적의 양상입니다. 하나님은 이미 표적을 주셨는데 히스기야는 그 표적을 거부하고 새로운 표적을 요구했습니다. 하나님은 히스기야가 요구한 표적의 양식을 알기에 그가 요구한 표적을 주셨을 뿐입니다. 히스기야가 요구한 표적이기에 그 내용이 정말 죄인의 기준, 죄인의 방식에 딱 들어맞습니다. 9절을 보시면 이사야가 '해 그림자가 십도를 나아갈 것이니이까 혹 십도를 물러갈 것이니이까'라고 묻자 히스기야가 '그림자가 십도를 나아가기는 쉬우니 그리할 것이 아니라 십도가 뒤로 물러갈 것이니이다'라고 대답합니다. 앞에서 제가 설명드린 것이 정확히 들어맞습니다. 히스기야의 요구는 '희한한 일'입니다. 해 그림자가 앞으로 나아가는 것은 일상적이기에 표적이 아니라고 전적으로 신기하고 놀랍고 이상한 일이어야 하기에 해 그림자가 물러가야 한다는 것입니다. 그런데 히스기야가 요구한 기적 즉 해 그림자가 앞으로 가거나 뒤로 가는 것이 인간에게 무슨 도움이 되고, 무슨 유익이 있습니까? 전쟁에서 이기기를 합니까, 백성들에게 먹을 것이 생깁니까, 자기 병이 낫습니까? 신기하다는 것 외에는 아무런 의미가 없습니다.

하나님의 은혜

표적, 징조, 징표와 관련해서 죄인들의 요구와 반응이 정말 정말 어이가 없는 결정판이 무엇이냐면 자신들이 요구한 징조를 자신들이 믿지 않는다는 것입니다. 하나님이 주신 징조를 안 믿는 것은 어쩌면 당연하다고 여겨줄 수 있습니다. 자신들의 기준과 방법과는 달랐으니 믿기 어려웠을 것입니다. 하지만 자신들이 요구한 대로 이루어진 것은 믿어야 정상입니다. 그런데 자기가 요구하고, 자기가 요구한대로 징조가 주어져도 믿지 않았습니다. 이것이 죄인들의 한계입니다. 구약부터 신약까지 죄인이 표적을 보고 하나님을 믿은 사람이 없고, 징표를 보고 하나님의 뜻을 이해한 사람이 없고, 징조를 보고 하나님의 말씀을 배운 사람이 없습니다. 히스기야의 경우에도 히스기야가 징표를 보고 하나님을 믿었다는 언급이 없고, 도리어 바로 이어서 12절 이하에 히스기야의 비신앙적 행동을 기록하고 있을 뿐입니다.

성경은 죄인이 표적을 통해 하나님을 믿을 것으로 기대하신 적이 없습니다. 도리어 하나님은 표적을 경고하셨습니다. 왜냐하면 하나님께서 먼저 주시는 계시가 온전하고 충분했기 때문입니다. 신명기 13장 1절로 3절을 보시면 "너희 중에 선지자나 꿈꾸는 자가 일어나서 이적과 기사를 네게 보이고 그가 네게 말한 그 이적과 기사가 이루어지고 너희가 알지 못하던 다른 신들을 우리가 따라 섬기자고 말할지라도 너는 그 선지자나 꿈꾸는 자의 말을 청종하지 말라"입니다. 여기에 나오는 '이적'이 '징표, 징조, 표적'이라는 단어와 같은 단어입니다. 하나님은 어떤 사람이 나타나서 이적과 기사를 예언하고 실제로 그 예언이 이루어질지라도 그 말을 청종하지 말라고 강력하게 말씀하셨습니다. 하나님이 이미 충분히 온전히 다 주셨기 때문입니다. 하나님의 계시 뒤에 감추어 놓은 것, 아직 말하지 않은 것, 비밀로 숨겨 놓은 것이 없다는 것입니다. 그래서 그 어떤 신기한 이적과 놀라운 표적이 등장할지라도 전혀 새로운 것이란 있을 수가 없다는 것입니다. 이미 하나님이 주신 토라, 하나님이 주신 말씀에 첨가하거나 수정하거나 개선할 내용이란 없다는 것입니다. 그래서 성경이 진리요, 성경으로 충분한 것입니다.

성경 이외에 하나님에 대해 배울 곳이란 전혀 없습니다. 성경의 계속된 권고, 반복된 권고가 무엇입니까? 성경을 읽으라, 성경을 묵상하라, 하나님을 알라, 하나님이 일하신 것을 기억하라는 것입니다. 그런데 예나 지금이나 사람들은 성경을 읽지 않고, 배우지 않고, 믿지 않습니다. 그러다가 꿈에 누가 나타나서 한마디하면 황홀해 합니다. 어디서 신기한 현상을 보면 현혹되어 버립니다. 안타깝게도 하나님이 가장 금지했던 것을 가장 선호하는 것이 오늘날 교회와 성도들의 실상입니다. 성경이 하나님의 말씀이요 진리입니다. 성경을 읽으시고, 성경을 배우시기 바랍니다. 여러분의 신앙의 내용이 오직 성경에 근거해야 합니다. 여러분의 믿음의 내용이 오직 성경에서 배운 것이어야 합니다. 저와 여러분이 하나님을 알게 된 것이 전적인 하나님의 은혜입니다. 성경을 읽고 배울 때 하나님의 주신 구원의 은혜 뿐만 아니라 구원의 복락을 풍성히 누릴 수 있는 은혜도 베풀어 주실 것입니다. 하나님으로 인해 행복하고 즐거운 신앙생활이 되시기를 주님의 이름으로 축원합니다.

27

진노를 일으켰음이라

열왕기하 21 : 1 ~ 26

1 므낫세가 왕이 될 때에 나이가 십이 세라 예루살렘에서 오십오 년간 다스리니라 그의 어
머니의 이름은 헵시바더라 2 므낫세가 여호와 보시기에 악을 행하여 여호와께서 이스라엘
자손 앞에서 쫓아내신 이방 사람의 가증한 일을 따라서 3 그의 아버지 히스기야가 헐어 버
린 산당들을 다시 세우며 이스라엘의 왕 아합의 행위를 따라 바알을 위하여 제단을 쌓으며
아세라 목상을 만들며 하늘의 일월 성신을 경배하여 섬기며 4 여호와께서 전에 이르시기
를 내가 내 이름을 예루살렘에 두리라 하신 여호와의 성전에 제단들을 쌓고 5 또 여호와의
성전 두 마당에 하늘의 일월 성신을 위하여 제단들을 쌓고 6 또 자기의 아들을 불 가운데로
지나게 하며 점치며 사술을 행하며 신접한 자와 박수를 신임하여 여호와께서 보시기에 악
을 많이 행하여 그 진노를 일으켰으며 7 또 자기가 만든 아로새긴 아세라 목상을 성전에 세
웠더라 옛적에 여호와께서 이 성전에 대하여 다윗과 그의 아들 솔로몬에게 이르시기를 내
가 이스라엘의 모든 지파 중에서 택한 이 성전과 예루살렘에 내 이름을 영원히 둘지라 8 만
일 이스라엘이 나의 모든 명령과 나의 종 모세가 명령한 모든 율법을 지켜 행하면 내가 그
들의 발로 다시는 그의 조상들에게 준 땅에서 떠나 유리하지 아니하게 하리라 하셨으나 9
이 백성이 듣지 아니하였고 므낫세의 꾐을 받고 악을 행한 것이 여호와께서 이스라엘 자손
앞에서 멸하신 여러 민족보다 더 심하였더라 10 여호와께서 그의 종 모든 선지자들을 통하
여 말씀하여 이르시되 11 유다 왕 므낫세가 이 가증한 일과 악을 행함이 그 전에 있던 아모
리 사람들의 행위보다 더욱 심하였고 또 그들의 우상으로 유다를 범죄하게 하였도다 12 그
러므로 이스라엘의 하나님 여호와가 말하노니 내가 이제 예루살렘과 유다에 재앙을 내리리
니 듣는 자마다 두 귀가 울리리라 13 내가 사마리아를 잰 줄과 아합의 집을 다림 보던 추를
예루살렘에 베풀고 또 사람이 그릇을 씻어 엎음 같이 예루살렘을 씻어 버릴지라 14 내가 나
의 기업에서 남은 자들을 버려 그들의 원수의 손에 넘긴즉 그들이 모든 원수에게 노략거리
와 겁탈거리가 되리니 15 이는 애굽에서 나온 그의 조상 때부터 오늘까지 내가 보기에 악을

행하여 나의 진노를 일으켰음이니라 하셨더라 16 므낫세가 유다에게 범죄하게 하여 여호와
께서 보시기에 악을 행한 것 외에도 또 무죄한 자의 피를 심히 많이 흘려 예루살렘 이 끝에
서 저 끝까지 가득하게 하였더라 17 므낫세의 남은 사적과 그가 행한 모든 일과 범한 죄는
유다 왕 역대지략에 기록되지 아니하였느냐 18 므낫세가 그의 조상들과 함께 자매 그의 궁
궐 동산 곧 웃사의 동산에 장사되고 그의 아들 아몬이 대신하여 왕이 되니라 19 아몬이 왕이
될 때에 나이가 이십이 세라 예루살렘에서 이 년간 다스리니라 그의 어머니의 이름은 므술
레멧이요 욧바 하루스의 딸이더라 20 아몬이 그의 아버지 므낫세의 행함 같이 여호와 보시
기에 악을 행하되 21 그의 아버지가 행한 모든 길로 행하여 그의 아버지가 섬기던 우상을 섬
겨 그것들에게 경배하고 22 그의 조상들의 하나님 여호와를 버리고 그 길로 행하지 아니하
더니 23 그의 신복들이 그에게 반역하여 왕을 궁중에서 죽이매 24 그 국민이 아몬 왕을 반
역한 사람들을 다 죽이고 그의 아들 요시야를 대신하게 하여 왕을 삼았더라 25 아몬이 행한
바 남은 사적은 유다 왕 역대지략에 기록되지 아니하였느냐 26 아몬이 웃사의 동산 자기 묘
실에 장사되고 그의 아들 요시야가 대신하여 왕이 되니라

히스기야의 고백

그 때에

본문에는 세 명의 왕이 등장합니다. 열세 번째 왕 히스기야와 그 아들 므낫세 그리고 그 아들 아몬입니다. 서로 '아버지와 아들'의 관계인데 과연 '아빠와 아들'이라고 부를 수 있는 지, 과연 한 집안 사람이라고 여길 수 있는 지, 과연 왕위를 이어받아 승계한 동일 선상에 있는 사람들이라고 간주할 수 있는지 의심이 될 정도로 외형상 행보가 다릅니다. 제가 분명히 '외형상' 다르다고 했습니다. 그런데 사람들은 외형만 보고 속습니다. 외형상으로는 완전히 다른 것 같은데 내용상으로는 똑같습니다. 설명을 드리자면, 외형상으로는 히스기야는 믿음이 좋은 왕, 하나님 여호와를 의지하였는데 그의 전후 유다 여러 왕 중에 그러한 자가 없을 정도의 신실한 왕으로 나타나고 반대로 므낫세는 하나님 여호와를 떠났는데 그의 전후 유다 여러 왕 중에 그러한 자가 없을 정도로 패역한 왕으로 나타납니다. 그러나 외형과는 다르게 열왕기하 18장, 19장에서 확인한 히스기야의 행보에는 내용상 믿

음의 행동이 없습니다. 20장에서 병이 들었다가 치유를 받는 과정에서 하나님에 대한 신뢰, 하나님을 향한 신앙의 모습이 없습니다.

히스기야에 대한 행적의 마지막 내용을 확인해 보겠습니다. 20장 1절을 보시면 “그 때에 히스기야가 병들어 죽게 되매”입니다. ‘그 때’가 어떤 때인지 설명을 하자면, 불과 몇 해 전에 북 이스라엘이 앗수르에게 패망했습니다. 그 동안 앗수르에게 조공을 바치던 유다는 애굽을 의지하면서 앗수르를 배반했습니다. 그 결과 앗수르의 침략을 받아 거의 패망직전까지 몰렸습니다. 하나님이 은혜를 주셔서 앗수르의 왕이 물러가 나라가 잠시 안정을 취하는 ‘그 때’가 바로 1절이고 바로 그때 히스기야가 죽을 병이 들었습니다. 이 상황파악이 중요한 이유는 히스기야의 신앙과 믿음에 대한 표현에 대해 과연 ‘하나님을 의지했는가?’, 아니면 ‘다른 것을 의지했는가?’를 확인할 수 있기 때문입니다. 히스기야가 앗수르를 배반할 때 여호와를 의지한 것이 아니라 애굽을 의지했었습니다. 하나님에 의해 앗수르의 위협으로부터 벗어났을 때는 하나님을 의지했다고 생각할 수 있지만 전혀 그렇지 않다는 것입니다.

12절을 보시면 ‘그 때에’가 다시 나옵니다. “그 때에 발라단의 아들 바벨론의 왕 브로닥발라단이 히스기야가 병들었다 함을 듣고 편지와 예물을 그에게 보낸지라”입니다. 1절의 ‘그때에’는 앗수르의 위협에서 벗어났을 때이고, 12절의 ‘그때에’는 죽을 병이 걸렸는데 하나님의 은혜로 고침을 받고 있을 때입니다. 히스기야가 죽을 병이 걸렸다는 소문이 바벨론에게까지 퍼졌습니다. 바벨론에서 문병을 오는데 하나님의 치유가 너무 빨라서, 채 삼일도 걸리지 않고 벌써 다 낳았기 때문에 바벨론의 사자들이 출발할 때 이미 히스기야는 다 낳았습니다. 그래서 바벨론의 사자들은 문병을 오려고 했는데 결과적으로는 치유를 축하하러 온 셈이 되었습니다. 여하튼 히스기야가 병들어 있는 그 순간에 발라단의 아들 바벨론의 왕 브로닥발라단이 히스기야에게 편지와 예물을 보낸 것입니다. 19장과 20장은 같은 해, 즉 히스기야가 서른아홉 살 때에 일어난 사건입니다. 유다가 앗수르에게 위협을 받고 있을 때 유다와 바벨론, 히스기야와 보르닥발라단 사이에 친교가 있었던 것입니다. 히스기야는 앗수르에게 위협을 받고 있을 때에 하나님을 의지한 것이 아니라 한편으로는 남쪽의 애굽을 의지했고, 다른 한편으로는 북동쪽의 바벨론을 의지했던 것입니다.

히스기야의 금고

여러분은 성경을 읽으시면서 의아해 하셨어야 합니다. 분명 열왕기하 18장 1~6절에 나오는 히스기야에 대한 평가는 엄청나게 좋습니다. 그렇다면 그 다음에 이어지는 이야기는 모두 히스기야의 미담이어야 합니다. 과연 다른 왕들은 흉내 낼 수 없는 아름다운 신앙이야기, 신실한 믿음이야기가 나와야 합니다. 그런데 평가 이후에 기록되어 있는 행적은 앞에 나온 평가와는 전혀 다릅니다. 성경이 사람을 잘못 본 것일까요? 아니면 성경이 거짓을 기록한 것일까요? 전혀 그렇지 않습니다. 핵심은 사람들이 성경을 단지 문자로만 본다는 사실입니다. 성경의 의도, 성경의 기록양식, 사건이나 사람을 대하는 하나님의 패턴 등은 전혀 고려하지 않는다는 것입니다. 성경은 어떠한 문학적 장르도 사용하지 않고, 수사학적 양식도 사용하지 않고 그냥 사실을 곧이곧대로만 기록한 것으로 착각합니다. 이것이 성경을 오해하는 근본 원인입니다.

사람들은 일상의 대화에서 아주 자연스럽게, 의도하지 않아도 다양한 장르와 수사학적 양식을 사용하고, 어떨 때는 일부러, 의도적으로 다양한 수사적 표현을 사용하기도 합니다. 처음으로 어떤 작은 일을 해낸 사람이 마치 큰일을 한 것처럼 허풍을 떨어도 그 사람의 심정을 이해해주고, 자신의 가족이나 연인에 대해 위대한 사람처럼 자랑해도 과장이라고 바로잡기 보다는 가족 사랑으로 이해해주곤 합니다. 사람도 이렇게 서로를 배려할 줄 압니다. 하물며 하나님은 어떠시겠습니까! 나쁜 놈이라고 대놓고 '나쁜 놈!'이라고 하지 않습니다. 히스기야의 경우 자그마치 네 건이나 되는 아주 불신앙적인 사건을 기록해야 합니다. 그래서 그 앞에 슬쩍 착한 면도 있었다고, 신실한 경우도 있었다고 운을 띄어 놓은 것입니다. 충격완화 요법을 사용하신 것입니다. 그것을 눈치 채셔야 본문의 흐름을 바르게 이해한 것이 됩니다.

본문으로 돌아와서 히스기야가 병 들었을 때에 절친 바벨론의 브로닥발라단이 보낸 사신들이 도착을 했습니다. 더 중요한 것이 13절 "히스기야가 사자들의 말을 듣고 자기 보물고의 금은과 향품과 보배로운 기름과 그의 군기고와 창고의 모든 것을 다 사자들에게 보였는데 왕궁과 그의 나라 안에 있는 모든 것 중에서 히스기야가 그에게 보이지 아니한 것이 없더라"입니다. 여기서 여러분은 우선 히스기야 보물고에 다양한 물건이 가득찼다는 것을 점검해야 합니다. 이런 것들이 어디서 났을까요? 왕궁이니까 늘 금은이 많았을 것이라고 생각하시면 안 됩니다. 불과 얼마 전에 앗수르에게 성전의 금은을 다 털어다 조공을 바쳤고, 또 얼마 전에 예루살렘이 포위되어 먹을 것을 걱정하며 생존을 위협받던 상황이었습니다. 그때에 하나님이 앗수르로부터 구원해주셨고, 그때에 히스기야가 병이 들었고, 그때에 바벨론의 사신들이 왔는데 왕이 거의 같은 시기에 어디서 이런 귀중품들이 생겨서 왕의 보물고를 가득 채웠을까요?

그 근거가 19장 35절 "이 밤에 여호와의 사자가 나와서 앗수르 진영에서 군사 십팔만 오천 명을 친지라 아침에 일찍이 일어나 보니 다 송장이 되었더라"입니다. 즉 유다를 쳐들어왔던 앗수르 군사 십팔만 오천 명이 죽었기에 그 전리품을 모을 수 있었던 것입니다. 그렇다면 히스기야가 엄청난 금은보화를 획득할 수 있었던 것은 전적으로 하나님의 은혜였습니다. 히스기야가 앗수르와 싸운 것이 아니고, 히스기야가 앗수르를 물리친 것이 아니기 때문입니다. 히스기야는 그 밤에 그냥 잤습니다. 여호와의 사자가 나와서 앗수르 군사 십팔만 오천 명을 치는 동안 히스기야는 아무 것도 모르고 잠만 잤습니다. 아침에 일어나 보니 앗수르 군사가 모두 송장이 되어 있었습니다. 히스기야가 한 일이라곤 아침에 일어나 앗수르 군사들이 죽은 것을 본 것이고, 가벼운 마음으로 걸어가서 전리품을 긁어모은 것뿐입니다. 이것이 매우 중요합니다. 이것을 알아야 히스기야의 행동에 대해 14절 이하에 이사야가 하는 말을 이해할 수 있습니다.

히스기야의 자만

우선 20장 14, 15절에서 히스기야가 행한 일을 확인하겠습니다. "선지가 이사야가 히스기야 왕에게 나아와 그에게 이르되 이 사람들이 무슨 말을 하였으며 어디서부터 왕에게 왔나이까 히스기야가 이르되 먼 지방 바벨론에서 왔나이다 하니 이사야가 이르되 그들이 왕궁에서 무엇을 보았나이까 하니 히스기야가 대답하되 내 궁에 있는 것을 그들이 다 보았나니 나의 창고에서 하나도 보이지 아니한 것이 없나이다 하더라" 입니다. 히스기야의 이런 행동을 전문용어로 '자랑질'이라고 합니다. 당대 앗수르는 주변 모든 나라에게 위협이었습니다. 그래서 앗수르를 제외한 나라들이 서로서로 연합을 했습니다. 유다도 애굽과 바벨론과 연합을 했습니다. 주변 나라들 중에 앗수르의 위협에 견딘 나라가 거의 없습니다. 앗수르의 군대장관이 떵떵거리며 한 말이 19장 33절 "민족의 신들 중에 어느 한 신이 그의 땅을 앗수르 왕의 손에서 건진 자가 있느냐 하맛과 아르밧의 신들이 어디 있으며 스발와임과 헤나와 아와의 신들이 어디 있느냐 그들이 사마리아를 내 손에서 건졌느냐 민족의 모든 신들 중에 누가 그의 땅을 내 손에서 건졌기에 여호와가 예루살렘을 내 손에서 건지겠느냐" 입니다. 그 정도로 앗수르의 위세가 대단했습니다.

그런데 앗수르가 유다에 와서 패하고 군사 십팔만 오천 명이 죽었습니다. 지금 히스기야는 완전히 자뻑 충만입니다. 당대의 주변 나라들이 하지 못한 일을 '자신이' 해냈다는 것입니다. 자기가 앗수르를 물리쳤고, 자기가 앗수르에 승리했고, 자기가 앗수르 군사들을 죽였고, 자기가 엄청나고 대단한 일을 해냈다는 것입니다. 그 증거가 무엇입니까? 바로 전리품입니다. 마침 그때 바벨론의 왕자가 왔으니 얼마나 자랑하고 싶었겠습니까? 그래서 자기가 위대한 일을 해냈다는 것을 자랑하고 싶어서 가능한 모든 것을 다 보여주고 싶었던 것입니다. 보여줄 것이 많은 만큼 자기가 큰일을 해 낸 것입니다. 하나님께서 도와주셨다는 신앙이 없고, 자기는 잠만 잤을 뿐인데 여호와의 사자가 이 모든 일을 행했다는 믿음의 고백이 전혀 없는 것입니다. 모든 것을 누가 했느냐면 바로 '자신이' 행했다는 것입니다. 히스기야의 이 행동은 마치 다윗이 말년에 인구조사를 한 것과 같은 의미입니다. 다윗이 인구조사를 한 이유도 자신이 이만큼 나라를 크고 강성하게 했고, 백성이 많게 했다는 것을 확인하고 싶고 자랑하고 싶었던 것입니다. 다윗이나 히스기야나 모두 '자기가' 했다는 것을 강조하는 행동이었습니다.

하나님의 조치

드디어 히스기야의 행동에 대한 하나님의 조치가 이사야를 통해 진행됩니다. 16절부터 "이사야가 히스기야에게 이르되 여호와의 말씀을 들으소서 여호와의 말씀이 날이 이르리니 왕궁의 모든 것과 왕의 조상들이 오늘까지 쌓아 두었던 것이 바벨론으로 옮긴 바 되고 하나도 남지 아니할 것이요 또 왕의 몸에서 날 아들 중에서 사로잡혀 바벨론 왕궁의 환관이 되리라 하셨나이다" 입니다. 히스기야가 바벨론 사신들에게 왕궁을 보여준 것이 하나님이 행하신 일을 완전히 무시하고 온전히 자기가 행한 것으로 자랑하는 것임을 알아야 이사야의 말이 말이 됩니다. 그렇지 않으면 하나님이 느닷없이 히스기야를 괴롭히는 것밖에 되지 않습니다.

이사야를 통한 하나님의 말씀을 풀어보면 '네가 앗수르를 무찌르고 승리했느냐?, 앗수르는 너의 적이고 바벨론은 너의 동지로 보이느냐?, 그렇다면 그렇게 잘난 네가, 그렇게 능력있는 네가 바벨론으로부터 너를 지켜보라, 하나님없이 할 수 있으면 해 보라!'는 것입니다. 앞으로 확인해 보겠지만 불과 백여 년이 지난 후에 유다는 한편으로는 애굽에 시달리고, 다른 한편으로는 바벨론에 시달리게 되고, 결국에는 바벨론에게 망하게 됩니다. 하나님이 도와주지 않으면 유다는 스스로 지켜지지 않았던 것입니다. 히스기야의 행동이 지독한 자만이었던 것이 확인이 됩니다. 18장부터 20장까지 히스기야의 행적 네 가지를 점검해 보았는데 종교적 행위는 있었지만 안타깝게도 여호와를 믿는 신앙의 모습이 없습니다.

진노를 일으켰음이니라

아버지와 다르게

21장 1절을 보면 "므낫세가 왕이 될 때에 나이가 십이 세라"입니다. 므낫세는 히스기야의 아들입니다. 히스기야가 서른아홉 살에 병이 들어 죽을 뻔했을 때 하나님께서 십오 년을 더 살게 하셨습니다. 그런데 므낫세가 열두 살 때에 왕이 되었다면 므낫세는 히스기야가 치유 받은 후에 낳은 아들입니다. 자기 병이 나아 너무 좋아서 기념으로 아들을 낳은 것 같은데 이 아들이 구약 전체에서 가장 극악한 사람이 됩니다. 패역한 왕의 상징인 북 왕국의 여로보암보다 훨씬 더 합니다. 히스기야는 하나님께서 생명을 연장해 주셨으면 감사함으로 살았어야 하는데 그 기간에 어마어마한 악의 근원을 만들어 놓았습니다. 물론 그런 아들이 될 줄 몰랐을 테니까 우리가 히스기야를 이해해 주어야 할 것입니다. 므낫세를 한 마디로 표현한다면 '전무후무하게 악한 사람'입니다. 므낫세는 마치 혼자서 세계 종교박람회를 개최한 듯합니다.

조금 길어도 하도 다양하니까 지루하지 않을 것입니다. 2절부터 보시면 "므낫세가 여호와 보시기에 악을 행하여 여호와께서 이스라엘 자손 앞에서 쫓아내신 이방 사람의 가증한 일을 따라서 그의 아버지 히스기야가 헐어 버린 산당들을 다시 세우며 이스라엘의 왕 아합의 행위를 따라 바알을 위하여 제단을 쌓으며 아세라 목상을 만들며 하늘의 일월성신을 경배하여 섬기며 여호와께서 전에 이르시기를 내가 내 이름을 예루살렘에 두리라 하신 여호와의 성전에 제단들을 쌓고 또 여호와의 성전 두 마당에 하늘의 일월성신을 위하여 제단들을 쌓고 또 자기의 아들을 불 가운데로 지나게 하며 점치며 사술을 행하며 신접한 자와 박수를 신임하여 여호와께서 보시기에 악을 많이 행하여 그 진노를 일으켰으며 또 자기가 만든 아로새긴 아세라 목상을 성전에 세웠더라" 입니다. 참 가지가지 했습니다. 행여 가증한 일 중에 하나라도 빠뜨릴까봐 조목조목 따져가면서 세밀하게 행했습니다.

여기서 또 하나 많은 분들이 이스라엘에 대해서 정말로 오해하고 있는 것을 하나 바로잡고 가겠습니다. 므낫세가 참으로 다양한 우상 종교행위를 했습니다만 엄밀하게 말하면 므낫세가 처음이 아닙니다. 사사시대는 아예 건너뛰고 왕정시대부터만 살펴보아도 이미 솔로몬 시대부터 이스라엘은 여러 신들을 섬겼습니다. 솔로몬이 여호와의 성전을 지은 것만 기억하시면 안 됩니다. 솔로몬은 많은 신전을 지었습니다. 그 중에 여호와의 신전도 하나 포함된 것뿐입니다. 열왕기상 11장 4절 이하에 "솔로몬의 나이가 많을 때에 그의 여인들이 그의 마음을 돌려 다른 신들을 따르게 하였으므로 왕의 마음이 그의 아버지 다윗의 마음과 같지 아니하여 그의 하나님 여호와 앞에 온전하지 못하였으니 이는 시돈 사람의 여신 아스다롯을 따르고 암몬 사람의 가증한 밀곰을 따름이라 솔로몬이 여호와의 눈앞에서 악을 행하여 그의 아버지 다윗이 여호와를 온전히 따름 같이 따르지 아니하고 모압의 가증한 그모스를 위하여 예루살렘 앞 산에 산당을 지었고 또 암몬 자손의 가증한 몰록을 위하여 그와 같이 하였으며 그가 또 그의 이방 여인들을 위하여 다 그와 같이 한지라 그들이 자기의 신들에게 분향하며 제사하였더라" 입니다. 이스라엘의 우상 숭배, 다신 숭배는 오랜 기간 진행되었습니다.

왕정사에서 평가의 대상이 되는 사람은 주로 왕입니다. 하지만 성경은 왕

개인에 대해 언급하는 것이 아닙니다. 왕은 언제나 백성의 대표입니다. 어떨 때는 왕이 먼저 백성을 선동하기도 하고 반대로 어떨 때는 백성들의 요구에 왕이 따라가기도 합니다. 왕은 선했는데 백성은 악했거나 왕은 악했는데 백성은 선한 경우란 거의 없습니다. 므낫세의 경우도 마찬가지입니다. 므낫세만 악한 것이 아니라 므낫세와 백성이 같습니다. 열왕기하 21장 9절을 보시면 "이 백성이 듣지 아니하였고 므낫세의 꾐을 받고 악을 행한 것이 여호와께서 이스라엘 자손 앞에서 멸하신 여러 민족보다 심하였더라" 입니다.

이스라엘의 종교

제가 그동안 참 하고 싶은 말이면서도 정말 절제하고 절제했던 내용이 있었습니다. 그런데 본문에 명백하게 언급이 되고 있어서 본문에 근거해서 분명하게 밝히고 싶은 내용이 있습니다. 그것은 바로 이스라엘의 종교에 관한 것입니다. 대부분의 성도님들은 이스라엘이라고 하면 유대교를 생각하시고, 유대교라고 하면 유일신을 믿는다고 생각하십니다. 그래서 이스라엘은 늘 유일신을 섬겼다고 착각하십니다. 전혀 그렇지 않습니다. 하나님은 유일하신 하나님이십니다. 그러나 이스라엘은 유일하신 하나님을 유일하게 믿은 것이 아닙니다. 오늘날 유대교에서는 유일신 하나님을 믿는 것이 맞습니다. 그런데 성경에 나오는 구약시대는 유대교가 아닙니다. 이스라엘이 유대교 나라가 된 것은 바벨론에 포로로 잡혀갔다 돌아온 이후입니다. 유대교는 포로귀환 이후에 새로 생겨난 종교입니다. 구약의 이스라엘을 유대교로 착각하시면 안 되고, 당연히 구약의 이스라엘이 유일신 하나님을 섬겼다고 착각하시면 안 됩니다.

왕정시대 내내 이스라엘은 유일신 하나님을 믿은 나라가 아니라 철저하게 여러 신, 많은 신을 믿었던 다신교 나라, 만신滿神의 나라였습니다. 어떤 한 왕의 일탈적 행위가 아니라 확인된 것만도 솔로몬부터 므낫세까지 만연

되어 있습니다. 앞서 히스기야에 대해 언급할 때에 히스기야가 마치 종교개혁을 한 것처럼 표현되어 있었습니다. 그러나 실상은 전혀 그렇지 않습니다. 지금 소개해 드린 솔로몬이 수입한 각종 우상 신과 솔로몬이 지은 각종 우상 신전들은 히스기야 시대에도 제거되지 않고 멀쩡하게 세워져 있었습니다. 열왕기하 23장에 가면 므낫세의 손자 요시야 시대의 이야기가 나오는데 13절에 "또 예루살렘 앞 멸망의 산 오른쪽에 세운 산당들을 왕이 더럽게 하였으니 이는 옛적에 이스라엘 왕 솔로몬이 시돈 사람의 가증한 아스다롯과 모압 사람의 가증한 그모스와 암몬 자손의 가증한 밀곰을 위하여 세웠던 것이며" 입니다. 솔로몬이 지은 것을 요시야가 철거 했으니 대략만 따져도 삼백 여년 정도 이스라엘에서 유지되고 있었습니다.

남 유다가 이정도니 북 이스라엘은 더하면 더했지 절대로 나은 것이 아니었습니다. 북 이스라엘의 패망의 원인을 설명한 열왕기하 17장에서 15절 이하를 보면 "여호와의 율례와 여호와께서 그들의 조상들과 더불어 세우신 언약과 경계하신 말씀을 버리고 허무한 것을 뒤따라 허망하며 또 여호와께서 명령하사 따르지 말라 하신 사방 이방 사람을 따라 그들이 하나님 여호와의 모든 명령을 버리고 자기들을 위하여 두 송아지 형상을 부어 만들고 또 아세라 목상을 만들고 하늘의 일월성신을 경배하며 또 바알을 섬기고 또 자기 자녀를 불 가운데로 지나가게 하며 복술과 사술을 행하고 스스로 팔려 여호와 보시기에 악을 행하여 그를 격노하게 하였으므로" 입니다. 이것이 이스라엘 종교의 실상입니다.

왕들에 대한 평가에서 가끔 여호와 보시기에 선하였다고 언급될 때 늘 등장하는 것이 산당을 제거하였다는 것입니다. 그 말은 반대로 하면 이스라엘에서는 계속하여 산당이 되살아났다는 것입니다. 어떤 왕이 제거하면 바로 이어서 다시 생겨나고, 또 번성하였다는 것입니다. 그만큼 이스라엘에 우상 종교, 이방 종교가 뿌리 깊게 자리 잡고 있었으며 제거되지 않았다는 것입니다. 므낫세는 새로 우상을 들여온 것이 아니라 이미 이스라엘 내에 행해지고 있는 다양한 우상 종교제도들을 왕이 직접 활성화시켰다는 것입니다. 그만큼 이스라엘에 다양한 우상종교가 만연되어 있었다는 의미입니다. 혼동하시면 안 되고 정확하고 분명하게 아셔야 합니다. 하나님은 유일하신 한 분 하나님이 맞습니다. 그러나 이스라엘은 유일하신 하나님을 믿는 것이 아닙니다. 도리어 이스라엘은 계속하여 하나님을 버리고 떠났으며, 많은 신들을 섬겼습니다.

하나님의 권고

이스라엘의 종교가 다분히 다신교적이었다는 것은 이스라엘이 하나님께서 부여하신 자신들의 정체성을 완벽히 부인하고 있다는 것을 의미합니다. 성경에서 이스라엘은 히브리 민족 집단이 아니고, 이스라엘 국가가 아닙니다. 하나님은 특정 민족을 선택한 것이 아니고, 특정 나라를 건국한 것이 아닙니다. 하나님은 죄인들 중에 아브람을 선택하셨습니다. 그 이유는 죄인들에게 하나님을 계시하기 위해서였습니다. 하나님의 선택과 하나님의 계시 사역의 결과로 형성된 이스라엘이라는 공동체는 전적으로 하나님을 배운 사람들, 하나님을 아는 신앙공동체입니다. 그런데 그 신앙공동체가 하나님이 아닌 다른 신들, 하나도 아닌 만신을 섬기고 있습니다. 이미 하나님의 제사장 나라, 거룩한 백성, 신앙 공동체의 의미를 상실했습니다. 이 공동체가 존재할 이유가 무엇입니까? 이 공동체는 진즉에 망했어야 합니다. 그런데 아직도 존재하고 있습니다. 그 근거가 무엇입니까? 오직 하나, 하나님의 은혜뿐입니다.

죄인들은 자신들이 당한 결과에 대해 자신들의 죄 때문이라고 인정하지 않습니다. 도리어 하나님이 심판하셨다, 하나님이 진노하셨다, 하나님이 저주하셨다, 하나님이 벌을 주셨다고 억지를 씁니다. 전혀 그렇지 않습니다. 하나님은 인간을 도우시는 분이지 인간을 방해하는 분이 아닙니다. 그래서 하나님은 늘 인간의 행동을 보고 그 행동에 따라 장차 되어 질 일을 말씀하시며 일종의 권고를 하십니다. 특히 불의한 행동, 악한 행동을 할 때에 '그렇게 하면 망한다'라고 알려주십니다. 이것은 '내가 반드시 너를 망가뜨릴 것이다'라는 저주가 아니라 '내 말을 듣고 돌아서서 망하지 말라'는 간절한 부탁입니다. 히스기야에 대해서 20장 17절과 18절에서 왕의 모든 것이 바벨론으로 옮겨지고 자신이 사로잡혀 갈 것이라고 경고하셨습니다. 므낫세에 대해서도 하나님은 정말 므낫세와 백성들이 돌아서서 하나님이 주신 은혜를 상실하지 않기를 간절히 바라는 마음으로 권고를 하십니다. 다만 그 표현이 마치 하나님이 벌을 주시는 듯, 하나님이 직접 징계를 하시는 듯 기록되어 있는 것입니다.

진노를 일으켰으며

므낫세에 대한 하나님의 경고, 하나님의 주의, 하나님의 부탁이 11절부터 14절 "유다 왕 므낫세가 이 가증한 일과 악을 행함이 그 전에 있던 아모리 사람들의 행위보다 더욱 심하였고 또 그들의 우상으로 유다를 범죄하게 하였도다 그러므로 이스라엘의 하나님 여호와가 말하노니 내가 이제 예루살렘과 유다에 재앙을 내리리니 듣는 자마다 두 귀가 울리리라 내가 사마리아를 잰 줄과 아합의 집을 다림 보던 추를 예루살렘에 베풀고 또 사람이 그릇을 씻어 엎음 같이 예루살렘을 씻어 버릴지라 내가 나의 기업에서 남은 자들을 버려 그들의 원수의 손에 넘긴즉 그들이 모든 원수에게 노략거리와 겁탈거리가 되리니"입니다. 하나님의 행동에 대해 6절 끝에 보면 "므낫세가 여호와 보시기에 악을 행하여 그 진노를 일으켰으며"이고, 15절 끝에도 "내가 보기에 악을 행하여 나의 진노를 일으켰음이니라"입니다. 강조점은 하나님이 진노하셨다가 아니라 므낫세가 진노를 일으킨 것이며, 상대적으로 하나님이 지금까지 참으셨다는 것입니다.

하나님은 굳이 인간의 삶에 심판과 진노와 저주를 하지 않으셔도 됩니다. 왜냐하면 죄의 행동에는 죄의 결과가 따라오기 때문입니다. 하나님을 떠난 이스라엘의 모습이 16절 "므낫세가 유다에게 범죄하게 하여 여호와께서 보시기에 악을 행한 것 외에도 또 무죄한 자의 피를 심히 많이 흘려 예루살렘 이 끝에서 저 끝까지 가득하게 하였더라" 입니다. 나라 꼴이 말이 아니고, 백성의 삶이 말이 아닙니다. 하나님의 진노의 결과가 아니라 죄의 결과입니다. 므낫세는 온갖 악을 행했음에도 불구하고 십이 세에 왕이 되어 오십오 년을 통치하고 육십칠 세에 죽습니다. 반역으로 처참한 최후를 맞이하는 것도 아니고, 병들어 참담한 최후를 맞이하는 것도 아니고 그냥 자연사합니다. 그러나 차분히 생각해보면 오래 살았다는 것을 빼면 온갖 죄를 행했으니 당연히 온갖 죄의 결과가 임했을 것이기에 절대로 평안하고 자유롭고 행복하지 못했을 것입니다. 도리어 죄의 결과를 오래 당하며 힘든 삶을 산 것에 불과합니다.

아몬의 통치

변신에 변신

므낫세에 대하여 상고하는 중에 혹시 므낫세가 왜 그렇게 열렬하게 우상을 섬겼을까 궁금하시다면 성경에는 언급되어 있지 않은 당시의 국제정세를 조금 참고하셔야 합니다. 히스기야는 앗수르에게 매우 시달렸습니다. 앗수르에 대항하기 위하여 남쪽의 애굽과 북쪽의 바벨론을 의지했었고, 결과적으로는 애굽이나 바벨론의 도움이 아닌 하나님의 도움으로 위기를 극복했습니다. 히스기야 시대에 앗수르가 여호와의 사자에 의해 군사 십팔만 오천 명이 죽고 물러났는데 그 후에는 어떻게 되었을까요? 앗수르는 약소국이 되고 대신 유다가 강대국이 되었을까요? 사실은 정반대입니다. 비록 유다가 앗수르를 물리치기는 했지만 그것은 정말 기적 중의 기적이었고, 비록 앗수르가 패하기는 했지만 앗수르는 여전히 강대국이었습니다. 히스기야가 죽고 므낫세가 새로운 왕이 되었을 때에 유다는 앗수르의 더욱 강력한 위협을 받게 됩니다. 이때 므낫세가 취한 정책이 무엇이었습니까? 바로 친앗수르 정책입니다.

므낫세가 생각하기에 아버지 히스기야 시대에 나라가 강성해진 것이 아니고, 군사가 보충된 것이 아니고, 무기가 개선된 것이 아니고, 튼튼한 우방의 지원이 있는 것도 아닙니다. 히스기야가 괜히 애굽과 바벨론을 의지하여 앗수르를 배반했다가 큰 위기에 처했습니다. 어느 날 밤에 앗수르 군대가 전멸하고 산헤립 왕이 물러간 것은 정말 우연중의 우연일 뿐입니다. 앗수르의 더욱 강력한 위협에 대항하여 므낫세가 취할 수 있는 조치는 가능한 앗수르와 친하게 지내는 것뿐입니다. 그래서 자신이 앗수르를 사랑하고, 앗수르의 정책을 따르고, 앗수르를 존경하고, 앗수르의 모든 것을 본받고 싶은 가시적 행동을 보여야 했습니다. 그것이 바로 아버지 히스기야가 했던 정책을 모두 폐기하는 것입니다. 자신은 반앗수르 정책을 했던 아버지와는 다르다는 것의 상징으로 친앗수르 정책다워 보이는 행동을 하는 것입니다. 그것의 일환으로 므낫세는 앗수르의 모든 종교들을 다 끌어들여 행하는 것입니다. 자신들도 앗수르의 신들을 믿고, 앗수르의 종교를 믿는다고 제스처를 취한 것입니다.

히스기야는 하나님을 믿는 신앙적인 모습을 보여주지 못했습니다. 겉으로 보기에는 기도하는 모습이 있었지만 정작 결과가 나타났을 때는 하나님이 하셨다고 고백한 것이 아니라 자신이 행했다고 자랑질을 했습니다. 므낫세가 아버지 히스기야에게 신앙적으로 배운 것이 없습니다. 도리어 므낫세는 아버지에 대한 원망만 있습니다. 괜시리 앗수르를 배반해서 자신을 더 큰 위험에 빠뜨렸기 때문입니다. 이 므낫세의 정책이 고스란히 아들 아몬에게 전달됩니다. 아몬의 행적은 한마디로 '아버지가 행한대로'입니다. 22절 "아몬이 그의 아버지 므낫세의 행함 같이 여호와의 보시기에 악을 행하되 그의 아버지가 행한 모든 길로 행하여 그의 아버지가 섬기던 우상을 섬겨 그것들에게 경배하고 그의 조상들의 하나님 여호와를 버리고 그 길로 행하지 아니하더니"입니다. 아몬은 아버지에게 제대로 배운 것입니다. 살려면 철저하게 강대국에 들러붙어야 한다는 것입니다. 여호와는 온데간데없고, 이스라엘의 정체성도 아랑곳하지 않고, 오직 왕권 유지와 나라의 생존에만 목을 매고 있습니다.

의지할 것

그런데 아주 아이러니한 것은 아버지와 아들이 똑같은 악을 행했는데 아버지 므낫세는 자그마치 오십오 년을 통치하고 장수하였는데 아들 아몬은 스물두 살에 왕이 되었고 불과 이년을 통치하고 겨우 스물네 살에 죽습니다. 아몬이 단명한 것은 하나님의 징계도 아니고 죽을 병이 든 것도 아니고 백성들의 반역입니다. 그런데 본문을 읽어보시면 반역에 반역이 이어집니다. 23절을 보시면 "그의 신복들이 그에게 반역하여 왕을 궁중에서 죽이매 그 국민이 아몬 왕을 반역한 사람들을 다 죽이고 그의 아들 요시야를 대신하여 왕을 삼았더라"입니다. 북 이스라엘뿐만 아니라 남 유다에서도 수차례 반역이 일어나는데 차이점은 북 왕국은 반역을 일으킨 사람이 왕이 된다는 것이고 남 왕국은 신하들, 신복들이 반역을 일으켜서 왕의 아들을 새로운 왕으로 세운다는 것입니다. 그만큼 신복들의 권력이 강했는데 신복들의 대표가 바로 제사장들이었습니다. 왕정사에서 제사장들은 종교를 집행하는 모습은 거의 없고 주로 정치와 관련되어서만 언급되고 있다는 것이 제사장을 이해하는데 도움이 될 것입니다.

한 가지 재미있는 것은 므낫세와 아몬을 비교할 때 므낫세가 훨씬 더 악한 일을 많이 했는데 신복들이 므낫세에게는 반역을 하지 않고 아몬에게는 반역을 했다는 것입니다. 그리고 그 반역을 국민들이 또 반역했다는 것입니다. 반역에 반역을 거쳐 새로운 왕이 등극하는데 바로 여덟 살 된 요시야입니다. 여덟 살짜리 아이에게서 새로운 왕의 기운을 느꼈을까요? 지도자다운 품위와 나라를 이끌어 갈만한 리더십을 보았을까요? 아닙니다. 그 이유도 간단합니다. 신복들이 보기에, 백성들이 보기에 또 국제정세가 변한 것입니다. 말을 갈아타야 할 것처럼 보인 것입니다. 이것이 죄인들이 행하는 전형적인 방식입니다. 이스라엘은 죄인들이 인류역사에서 행한 모든 죄적인 원리와 행동을 있는 그대로 우리에게 보여주는 것입니다. 그리고 그 결과는 패망일 것입니다. 죄인들은 늘 고민이 많습니다. 상황이 바뀌면 그때마다 대응책을 마련해야 하기 때문입니다.

그러나 하나님의 말씀은 상황에 따라 달라지지 않습니다. 하나님은 단지 일개 가족의 아버지에 불과한 아브람에게도, 애굽에서 갓 벗어난 연약한 집단에 불과한 이스라엘에게도, 영토를 차지하고 왕을 세우고 마치 세상에서 누구와 싸워도 이길 것 같은 이스라엘에게도, 나라가 두 개로 갈라지고, 그 중에 한 나라가 패망하고, 주변에 강대국이 등장하고 남아 있는 나라의 존폐마저 위태로울 때에도, 오늘날에도 '하나님을 알고 하나님의 말씀대로 행하라'고 권고하셨습니다. 하나님이 창조자요 주관자이기 때문이요, 하나님의 말씀이 생명이요 진리이기 때문이요, 하나님의 원리와 방법이 인간에게 가장 좋고 인간을 행복하게 할 수 있기 때문입니다. 주변에서 의지할 것을 찾고 헤매는 것이 아니라 언제나 하나님을 알고 하나님을 의지하여 하나님으로 말미암아 자유와 평안을 누리시기를 주님의 이름으로 축원합니다..

28

네 말을 들었노라

열왕기하 22 : 1 ~ 23 : 27

1 요시야가 왕위에 오를 때에 나이가 팔 세라 예루살렘에서 삼십일 년간 다스리니라 그의
어머니의 이름은 여디다요 보스갓 아다야의 딸이더라 2 요시야가 여호와 보시기에 정직히
행하여 그의 조상 다윗의 모든 길로 행하고 좌우로 치우치지 아니하였더라 3 요시야 왕 열
여덟째 해에 왕이 므술람의 손자 아살리야의 아들 서기관 사반을 여호와의 성전에 보내며
이르되 4 너는 대제사장 힐기야에게 올라가서 백성이 여호와의 성전에 드린 은 곧 문 지킨
자가 수납한 은을 계산하여 5 여호와의 성전을 맡은 감독자의 손에 넘겨 그들이 여호와의
성전에 있는 작업자에게 주어 성전에 부숴진 것을 수리하게 하되 6 곧 목수와 건축자와 미
장이에게 주게 하고 또 재목과 다듬은 돌을 사서 그 성전을 수리하게 하라 7 그러나 그들의
손에 맡긴 은을 회계하지 말지니 이는 그들이 진실하게 행함이니라 8 대제사장 힐기야가 서
기관 사반에게 이르되 내가 여호와의 성전에서 율법책을 발견하였노라 하고 힐기야가 그
책을 사반에게 주니 사반이 읽으니라 9 서기관 사반이 왕에게 돌아가서 보고하여 이르되 왕
의 신복들이 성전에서 찾아낸 돈을 쏟아 여호와의 성전을 맡은 감독자의 손에 맡겼나이다
하고 10 또 서기관 사반이 왕에게 말하여 이르되 제사장 힐기야가 내게 책을 주더이다 하고
사반이 왕의 앞에서 읽으매 11 왕이 율법책의 말을 듣자 곧 그의 옷을 찢으니라 12 왕이 제
사장 힐기야와 사반의 아들 아히감과 미가야의 아들 악볼과 서기관 사반과 왕의 시종 아사
야에게 명령하여 이르되 13 너희는 가서 나와 백성과 온 유다를 위하여 이 발견한 책의 말씀
에 대하여 여호와께 물으라 우리 조상들이 이 책의 말씀을 듣지 아니하며 이 책에 우리를 위
하여 기록된 모든 것을 행하지 아니하였으므로 여호와께서 우리에게 내리신 진노가 크도다
14 이에 제사장 힐기야와 또 아히감과 악볼과 사반과 아사야가 여선지 훌다에게로 나아가
니 그는 할하스의 손자 디과의 아들로서 예복을 주관하는 살룸의 아내라 예루살렘 둘째 구
역에 거주하였더라 그들이 그와 더불어 말하매 15 훌다가 그들에게 이르되 이스라엘 하나
님 여호와의 말씀이 너희는 너희를 내게 보낸 사람에게 말하기를 16 여호와의 말씀이 내가

이 곳과 그 주민에게 재앙을 내리되 곧 유다 왕이 읽은 책의 모든 말대로 하리니 17 이는 이
백성이 나를 버리고 다른 신에게 분향하며 그들의 손의 모든 행위로 나를 격노하게 하였음
이라 그러므로 내가 이 곳을 향하여 내린 진노가 꺼지지 아니하리라 하라 하셨느니라 18 너
희를 보내 여호와께 묻게 한 유다 왕에게는 너희가 이렇게 말하라 이스라엘의 하나님 여호
와가 이같이 말씀하셨느니라 네가 들은 말들에 대하여는 19 내가 이 곳과 그 주민에게 대하
여 빈 터가 되고 저주가 되리라 한 말을 네가 듣고 마음이 부드러워져서 여호와 앞 곧 내 앞
에서 겸비하여 옷을 찢고 통곡하였으므로 나도 네 말을 들었노라 여호와가 말하였느니라
20 그러므로 보라 내가 너로 너의 조상들에게 돌아가서 평안히 묘실로 들어가게 하리니 내
가 이 곳에 내리는 모든 재앙을 네 눈이 보지 못하리라 하셨느니라 하니 사자들이 왕에게 보
고하니라 1 왕이 보내 유다와 예루살렘의 모든 장로를 자기에게로 모으고 2 이에 왕이 여호
와의 성전에 올라가매 유다 모든 사람과 예루살렘 주민과 제사장들과 선지자들과 모든 백
성이 노소를 막론하고 다 왕과 함께 한지라 왕이 여호와의 성전 안에서 발견한 언약책의 모
든 말씀을 읽어 무리의 귀에 들리고 3 왕이 단 위에 서서 여호와 앞에서 언약을 세우되 마음
을 다하고 뜻을 다하여 여호와께 순종하고 그의 계명과 법도와 율례를 지켜 이 책에 기록된
이 언약의 말씀을 이루게 하리라 하매 백성이 다 그 언약을 따르기로 하니라 4 왕이 대제사
장 힐기야와 모든 부제사장들과 문을 지킨 자들에게 명령하여 바알과 아세라와 하늘의 일
월 성신을 위하여 만든 모든 그릇들을 여호와의 성전에서 내다가 예루살렘 바깥 기드론 밭
에서 불사르고 그것들의 재를 벧엘로 가져가게 하고 5 옛적에 유다 왕들이 세워서 유다 모
든 성읍과 예루살렘 주위의 산당들에서 분향하며 우상을 섬기게 한 제사장들을 폐하며 또
바알과 해와 달과 별 떼와 하늘의 모든 별에게 분향하는 자들을 폐하고 6 또 여호와의 성전
에서 아세라 상을 내다가 예루살렘 바깥 기드론 시내로 가져다 거기에서 불사르고 빻아서
가루를 만들어 그 가루를 평민의 묘지에 뿌리고 7 또 여호와의 성전 가운데 남창의 집을 헐
었으니 그 곳은 여인이 아세라를 위하여 휘장을 짜는 처소였더라 8 또 유다 각 성읍에서 모
든 제사장을 불러오고 또 제사장이 분향하던 산당을 게바에서부터 브엘세바까지 더럽게 하
고 또 성문의 산당들을 헐어 버렸으니 이 산당들은 그 성읍의 지도자 여호수아의 대문 어귀
곧 성문 왼쪽에 있었더라 9 산당들의 제사장들은 예루살렘 여호와의 제단에 올라가지 못하
고 다만 그의 형제 중에서 무교병을 먹을 뿐이었더라 10 왕이 또 힌놈의 아들 골짜기의 도벳
을 더럽게 하여 어떤 사람도 몰록에게 드리기 위하여 자기의 자녀를 불로 지나가지 못하게
하고 11 또 유다 여러 왕이 태양을 위하여 드린 말들을 제하여 버렸으니 이 말들은 여호와의
성전으로 들어가는 곳의 근처 내시 나단멜렉의 집 곁에 있던 것이며 또 태양 수레를 불사르
고 12 유다 여러 왕이 아하스의 다락 지붕에 세운 제단들과 므낫세가 여호와의 성전 두 마당
에 세운 제단들을 왕이 다 헐고 거기서 빻아내려서 그것들의 가루를 기드론 시내에 쏟아 버
리고 13 또 예루살렘 앞 멸망의 산 오른쪽에 세운 산당들을 왕이 더럽게 하였으니 이는 옛적
에 이스라엘 왕 솔로몬이 시돈 사람의 가증한 아스다롯과 모압 사람의 가증한 그모스와 암
몬 자손의 가증한 밀곰을 위하여 세웠던 것이며 14 왕이 또 석상들을 깨뜨리며 아세라 목상
들을 찍고 사람의 해골로 그 곳에 채웠더라 15 또한 이스라엘에게 범죄하게 한 느밧의 아들

여로보암이 벧엘에 세운 제단과 산당을 왕이 헐고 또 그 산당을 불사르고 빻아서 가루를 만
들며 또 아세라 목상을 불살랐더라 16 요시야가 몸을 돌이켜 산에 있는 무덤들을 보고 보내
어 그 무덤에서 해골을 가져다가 제단 위에서 불살라 그 제단을 더럽게 하니라 이 일을 하나
님의 사람이 전하였더니 그 전한 여호와의 말씀대로 되었더라 17 요시야가 이르되 내게 보
이는 저것은 무슨 비석이냐 하니 성읍 사람들이 그에게 말하되 왕께서 벧엘의 제단에 대하
여 행하신 이 일을 전하러 유다에서 왔던 하나님의 사람의 묘실이니이다 하니라 18 이르되
그대로 두고 그의 뼈를 옮기지 말라 하매 무리가 그의 뼈와 사마리아에서 온 선지자의 뼈는
그대로 두었더라 19 전에 이스라엘 여러 왕이 사마리아 각 성읍에 지어서 여호와를 격노하
게 한 산당을 요시야가 다 제거하되 벧엘에서 행한 모든 일대로 행하고 20 또 거기 있는 산
당의 제사장들을 다 제단 위에서 죽이고 사람의 해골을 제단 위에서 불사르고 예루살렘으
로 돌아왔더라 21 왕이 뭇 백성에게 명령하여 이르되 이 언약책에 기록된 대로 너희의 하나
님 여호와를 위하여 유월절을 지키라 하매 22 사사가 이스라엘을 다스리던 시대부터 이스
라엘 여러 왕의 시대와 유다 여러 왕의 시대에 이렇게 유월절을 지킨 일이 없었더니 23 요
시야 왕 열여덟째 해에 예루살렘에서 여호와 앞에 이 유월절을 지켰더라 24 요시야가 또 유
다 땅과 예루살렘에 보이는 신접한 자와 점쟁이와 드라빔과 우상과 모든 가증한 것을 다 제
거하였으니 이는 대제사장 힐기야가 여호와의 성전에서 발견한 책에 기록된 율법의 말씀을
이루려 함이라 25 요시야와 같이 마음을 다하며 뜻을 다하며 힘을 다하여 모세의 모든 율법
을 따라 여호와께로 돌이킨 왕은 요시야 전에도 없었고 후에도 그와 같은 자가 없었더라 26
그러나 여호와께서 유다를 향하여 내리신 그 크게 타오르는 진노를 돌이키지 아니하셨으니
이는 므낫세가 여호와를 격노하게 한 그 모든 격노 때문이라 27 여호와께서 이르시되 내가
이스라엘을 물리친 것 같이 유다도 내 앞에서 물리치며 내가 택한 이 성 예루살렘과 내 이름
을 거기에 두리라 한 이 성전을 버리리라 하셨더라

네 말을 들었노라

반역

국민이 나라의 통치자를 바꾼 사건은 성경에도 나옵니다. 열왕기하 21장 23절을 보시면 "그의 신복들이 그에게 반역하여 왕을 궁중에서 죽이매 그 국민이 아몬 왕을 반역한 사람들을 다 죽이고 그의 아들 요시야를 대신하게 하여 왕을 삼았더라" 입니다. 열네번 째 왕 므낫세가 죽고 아들 아몬이 열다섯 번째 왕이 되었습니다만 불과 이년 만에 신복들에 의해 죽임을 당했고, 반역을 일으킨 신복들은 다시 국민들에 의해 살해를 당하고 그의 아들 요시

야를 열여섯 번째 왕으로 세웠는데 요시야의 나이가 여덟 살 때였습니다. 나이가 조금 애매합니다. 아몬이 이십이 세에 왕이 되고 이년 만에 죽었으니 스물네 살에 죽은 것인데 그 아들이 여덟 살에 왕이 되었다고 하면 이 아들은 아버지 아몬이 열여섯 살에 낳은 것이 됩니다. 불가능한 일은 아니지만 조금 어색하기는 합니다. 이 요시야 왕이 삼십일 년을 통치하니까 삼십팔 세에 죽는데 그때 스물세 살, 스물다섯 살 된 아들이 있었습니다. 그렇다면 요시야는 열다섯 살 경에 아들을 낳은 것이 되니까 이것도 조금 어색하기는 해도 그 나이 때에 자식을 둔 것으로 보입니다.

신하들과 백성들이 반역을 일으켰다면 당연히 왕을 교체하려는 의도였는데 아몬 왕이 불과 스물네 살 밖에 안 되었고, 차기 왕 요시야는 겨우 여덟 살 밖에 안 되었는데 과연 스물네 살짜리 왕을 제거하고 여덟 살짜리 왕을 세운 이유가 무엇인지가 궁금합니다. 스물네 살짜리 아몬 왕이 다른 왕들보다 지독하게 악했다는 기록도 없고 여덟 살짜리 요시야가 특별히 지혜롭고 선했다는 기록도 없습니다. 아몬 왕이 아무리 정치를 못해도 여덟 살보다는 스물네 살이 낫지 않았겠습니까? 결국 이 이야기는 아몬을 제거한 것과 요시야를 왕으로 세운 것이 무슨 큰 기대를 가졌다는 것이 아니라 현재 있는 왕에 대한 실망과 동시에 '어떤 왕을 세우느냐'와는 상관이 없었다는 것입니다. 그렇다면 굳이 왕을 갈아치운 이유는 역시 '국제 정세' 때문이었을 것입니다.

당시에 유다와 관련된 주요 국가는 앗수르, 바벨론, 애굽이었습니다. 가장 강대국은 앗수르였는데 히스기야 왕 때는 반앗수르 정책, 친바벨론 정책을 사용했습니다. 그 다음 므낫세 때에는 정반대로 친앗수르 정책을 썼습니다. 므낫세로서는 앗수르에게 유다와 자신이 아버지의 반앗수르 정책을 벗어났다는 표현을 했어야 합니다. 그 표현이 아버지가 행한 모든 것을 뒤집는 것이었고, 성경에는 그것이 종교적인 측면에서 아버지가 제거한 것을 모두 복원하고 더 나아가 앗수르의 종교정책을 거의 받아들여 활성화시킨 것이었습니다. 므낫세가 통치한 오십오 년과 그 아들 아몬이 통치한 이 년 동안 계속하여 친앗수르 정책이 지속되었습니다. 당연한 결과로 므낫세 시대와 아몬 시대에는 앗수르와 충돌하거나 앗수르와 전쟁을 했다는 기록이 없습니다. 앗수르와 화친한 결과로 나름 정치적으로는 안정적인 세월이 흘러간 것입니다.

그러는 사이 국제 정세가 변했습니다. 마냥 강대국일 것 같던 앗수르의 세력이 약해졌고 앗수르에게 위협을 받던 바벨론이 강성해지기 시작했습니다. 유다로서는 아주 난감해 졌습니다. 히스기야 왕 때에는 왕이 병이 들었을 때 바벨론의 사자들이 문병을 올 정도가 친교가 있었는데 므낫세 때에 완전히 친앗수르 정책을 사용하느라 주변나라들과 소원해졌었습니다. 당연히 바벨론과는 멀어졌습니다. 그런데 앗수르가 약해지고 바벨론이 강성해졌으니 이제 유다는 앗수르를 버리고 바벨론에 붙어야 하는 필요가 생긴 것입니다. 정책의 전환이 요청되던 바로 그때 므낫세의 정책을 그대로 따라하고 있는 아몬을 죽이는 반역이 일어났던 것입니다.

율법책의 발견

22장 3절을 보시면 '요시야 왕 열여덟째 해에' 입니다. 여덟 살에 왕이 되어 열여덟째 해가 되었으니 스물여섯 살이 되었습니다. 아마도 그 동안은 어렸으니까 본인이 통치를 했다기보다는 주변사람들이 대신 다스렸을 것이고 이제는 장성하였으니 왕으로서 전면에 등장하는 것입니다. 요시야 왕에 대한 기록은 22장과 23장에 걸쳐 꽤 많은 분량을 차지하는데 실제적인 내용은 하나 즉 종교개혁뿐입니다. 대신 오해하지 말아야 할 것은 종교개혁이라고 해서 그가 신실했다거나 오직 여호와를 의지했다는 의미가 아닙니다. 단지 현재의 종교를 바꾸었다는 것뿐입니다. 요시야의 사건을 통해 저와 여러분은 유다의 종교 실상을 파악하실 수 있는 기회가 될 것입니다. 과연 요시야의 종교개혁이 어떤 것이었는지 확인해 보겠습니다.

3절로 5절에 의하면 요시야가 대제사장에게 성전을 수리하도록 지시하는 내용이 나옵니다. 5절과 6절만 보면 "여호와의 성전을 맡은 감독자의 손에 넘겨 그들이 여호와의 성전에 있는 작업자에게 주어 성전에서 부숴진 것을 수리하게 하되 곧 목수와 건축자와 미장이에게 주게 하고 또 재목과 다듬은 돌을 사서 그 성전을 수리하게 하라" 입니다. 성전을 수리하는 일에 관해 몇 가지 재미있는 점이 있습니다. 첫 번째는 수리공들에 대한 평가입니다. 열왕기하 12장에서 요아스 왕도 성전을 수리한 적이 있습니다. 15절을 보면 "또 그 은을 받아 일꾼에게 주는 사람들과 회계하지 아니하였으니 이는 그들이 성실히 일을 하였음이라" 입니다. 그리고 22장 6절부터 보시면 "곧 목수와 건축자와 미장이에게 주게 하고 또 재목과 다듬은 돌을 사서 그 성전을 수리하게 하라 그러나 그들의 손에 맡긴 은을 회계하지 말지니 이는 그들이 진실하게 행함이니라" 입니다.

다른 시대에 성전의 수리가 있었고 수리하는 사람들이 각각 달랐는데 한 번은 '성실하게 일을 했다' 고 표현했고 다른 한번은 '진실하게 행함' 이라고 표현했는데 표현만 다른 뿐 같은 단어입니다. 성전을 수리하는 노동자들이 계산을 하지 않아도 될 정도로 일을 책임감있게 잘 했다는 것입니다. 이것이 왜 재미있느냐면 일개 노동자들, 일꾼들이 이렇게 일을 잘했으면 일반적으로는 지도자, 책임자, 리더, 성전의 종사자들은 더 일을 잘 했을 것으로 기대가 됩니다. 그런데 실상은 완전히 반전이 됩니다. 즉 앞에서 낮은 사람들이 일을 잘했다고 표현함으로써 뒤에 나오는 책임자들이 일을 얼마나 엉터리로 했는가를 비꼬고 있다는 것입니다.

재미있는 것 두 번째가 8절을 보시면 "대제사장 힐기야가 서기관 사반에게 이르되 내가 여호와의 성전에서 율법책을 발견하였노라" 입니다. 등장인물이 대제사장입니다. 성전의 총책임자입니다. 그 사람이 발견한 책이 성전의 구성과 기물들에 관한 내용이 기록되어 있는 책 그리고 성전에서 행해지는 모든 종교적 행위들의 기준과 방법이 기록되어 있는 책입니다. 성전과 성전에서 행해지는 종교 행위와 그 모든 종교를 집행하는 종사자들에 대한 종합적인 근거와 기준이 되는 책이 '발견'되었다는 것입니다. 비치되어있는 것이 아니고, 평상시에 자신을 돌아보는 근거로 활용되고 있는 것이 아니라 발견되었다고 합니다. 그러면 그 동안은 율법책도 없이 성전이 운영되었다는 것입니다. 자신들이 운영하고 있는 종교가 제대로 된 것인지 아닌지에 대한 근거자체도 몰랐다는 것입니다.

그것을 확인해 주는 것이 11절입니다. 책을 발견한 대제사장 힐기야가 서기관 사반에게 전달해 주니 사반이 읽어본 후 왕에게 그 책을 가지고 갔습니다. 그리고 11절 "왕이 율법책의 말을 듣자 곧 그의 옷을 찢으니라"입니다. 그 이유가 13절 중간에 "우리 조상들이 이 책의 말씀을 듣지 아니하며 이 책에 우리를 위하여 기록된 모든 것을 행하지 아니하였으므로"입니다. 그럼 그동안 무엇을 행한 것입니까? 도대체 누구를 믿었으며, 무슨 제의를 행했으며, 어떻게 행한 것입니까? 여호와와 관계된 내용을 기록한 율법책에 대해 전혀 아는 바가 없고, 여호와와 관계된 내용과 전혀 관련이 없는 종교행위가 진행되었다면 과연 이 종교를 여호와 신앙이라고 말 할 수 있습니까?

사이비 종교 지도자

재미있는 것 세 번째가 14절입니다. "이에 제사장 힐기야와 또 아히감과 악볼과 사반과 아사야가 여선지자 훌다에게로 나아가니 그는 할하스의 손자 디과의 아들로서 예복을 주관하는 살룸의 아내라"입니다. 당시 종교의 책임자와 운영자가 제사장과 서기관입니다. 그런데 바로 그 책임자와 운영자인 제사장과 서기관 집단이 자신들이 운영하고 있는 성전에서 발견된 율법책에 대해서 그 의미와 내용을 분별할 수가 없었다는 것입니다. 혹시 일반 백성 중에 자신들의 종교에 대해 의문이 생길 때 성전으로 제사장이나 서기관을 찾아와서 질문하면 그들이 답변을 해 주어야 하는 입장입니다.

백성들은 몰라도 제사장은 알고 있어야 하고, 노동자들은 몰라도 서기관들은 알고 있어야 합니다. 그런데 지금 정반대가 되었습니다. 율법책에 대해 대답을 해야 할 사람들 즉 제사장과 서기관이 율법책에 대해 물으러 여선지자에게 찾아간다는 점입니다. 책임자도 모르는 종교, 운영자도 모르는 종교가 도대체 무슨 의미가 있습니까? 이들은 종교지도자가 아니라 그냥 종교관련 업자들입니다. 단지 종교 종사자들일뿐이고 그것도 사이비 종교꾼들일 뿐입니다.

이 종교 사기꾼들이 찾아간 사람이 여선지자 훌다입니다. 이것이 성경의 조크입니다. 한쪽에는 당대 최고의 종교 지도자들이 등장했는데 그들이 찾아간 사람은 같은 수준, 같은 레벨의 인물이 아니라 너무나 평범한, 도무지 비교 조차되지 않는 훌다라는 여인입니다. 이 사람에 대한 소개는 '당대의 영성가, 재야의 카리스마 넘치는 신앙인'이 아니라 '예복을 주관하는 살룸의 아내라' 입니다. 이런 표현 하나하나가 성경이 당시의 종교를 조롱하고 종교 지도자들을 우아하게 비난하고 있다는 것을 눈치 채셔야 합니다. 여선지자 훌다는 유명한 사람이 아니라 성경에서 단지 여기에만 나옵니다. 아몬 시대에나 요시야 시대에 다른 선지자가 없었던 것이 아닙니다. 예레미야 1장 2절을 보면 "아몬의 아들 유다 왕 요시야가 다스린지 십삼 년에 여호와의 말씀이 예레미야에게 임하였고"이고, 스바냐 1장 1절을 보면 "아몬의 아들 유다 왕 요시야의 시대에 스바냐에게 임한 여호와의 말씀이라"입니다. 최소한 다른 선지자가 두 명이 있었습니다. 굳이 비교를 하자면 예레미야가 훨씬 더 유명합니다. 왜냐하면 예레미야는 궁중 관료였기 때문입니다. 그런데 제사장과 서기관은 예레미야가 아닌 여자, 그것도 공식직함을 가진 관료가 아니라 단지 예복을 주관하는 살룸이라는 사람의 아내인 여자 훌다에게 물으러 갔습니다. 추측하기로는 당시에 예레미야가 예루살렘과 유다 사회에 대해 매우 신랄하게 공격했기에 피한 것 같습니다.

네 말을 들었노라

여하튼 율법책은 받아든 요시야 왕은 13절처럼 '이 발견한 책의 말씀에 대하여 여호와께 물으라' 고 했습니다. 훌다가 대답을 하는 것이 15절 이하 "훌다가 그들에게 이르되 이스라엘의 하나님 여호와의 말씀이 너희는 너희를 내게 보낸 사람에게 말하기를" 입니다. 하나님의 응답을 두 개로 나누어 보겠습니다. 첫 번째가 16절 이하 "여호와의 말씀이 내가 이곳과 그 주민에게 재앙을 내리되 곧 유다 왕이 읽은 책의 모든 말대로 하리니 이는 이 백성이 나를 버리고 다른 신에게 분향하며 그들의 손의 모든 행위로 나를 격노하게 하였음이라 그러므로 내가 이곳을 향하여 내린 진노가 꺼지지 아니하리라 하라 하셨느니라" 입니다. 훌다는 새로운 말을 한 것이 아니라 '책의 모든 말대로 되리라' 고 대답했습니다. 학자들은 성전에서 발견된 책이 신명기였을 것으로 생각하고 있습니다. 신명기를 보시면 하나님의 말씀대로 행하면 들어가도 복을 받고 나가도 복을 받을 것이며, 하나님의 말씀대로 행하지 않으면 들어가도 저주를 받고 나가도 저주를 받을 것이라는 표현이 있습니다. 하나님은 이미 말씀을 하셨고, 훌다는 어느 시대나 어떤 상황에서도 하나님의 말씀대로 된다고 신명기의 말씀을 반복하고 있는 것입니다.

훌다의 대답 두 번째가 18절 이하 "너희를 보내 여호와께 묻게 한 유다 왕에게는 너희가 이렇게 말하라 이스라엘의 하나님 여호와가 이같이 말씀하셨느니라 네가 들은 말들에 대하여는 내가 이곳과 그 주민에게 대하여 빈터가 되고 저주가 되리라 한 말을 네가 듣고 마음이 부드러워져서 여호와 앞 곧 내 앞에서 겸비하여 옷을 찢고 통곡하였으므로 나도 네 말을 들었노라 여호와가 말하였느니라" 입니다. 중요한 것이 '내가 네 말을 들었다' 는 것입니다. 요시야는 전적으로 종교적 의도에서, 오직 여호와를 의지하려는 굳은 각오로 여호와의 성전 수리를 진행한 것이 아닙니다. 아직 종교개혁은 시작하지도 않았습니다. 단지 율법책이 발견되어 그것에 대해 '여호와께 물으라' 고 사람을 보냈을 뿐입니다. 그런데 하나님은 그것을 마치 대단한 것인 양 여겨주십니다. 요시야가 '하나님의 음성을 들었고, 하나님의 말씀을 따랐고, 하나님의 율례를 행한 것'으로 여겨주십니다. 그래서 '네가 내 말을 들었으니 나도 네 말을 들어주겠다'고 하시는 것입니다. 어떻게든 요시야를 도와주시려고 노력을 하시는 것입니다. 별것 아닌 것도 마치 별것인 것처럼 여겨주시고, 그것을 빌미로 사람을 도와주시려고 애쓰시는 분이 하나님이십니다. 하나님의 대답을 듣고 요시야 왕이 내린 조치가 23장입니다.

이스라엘 종교의 실상

제거한 신상들

23장 1절로 3절을 보시면 왕이 백성들을 다 모아놓고 율법책을 읽어주었습니다. 그리고 3절 "왕이 단 위에 서서 여호와 앞에서 언약을 세우되 마음을 다하고 뜻을 다하여 여호와께 순종하고 그의 계명과 법도와 율례를 지켜 이 책에 기록된 이 언약의 말씀을 이루게 하리라 하매 백성이 다 그 언약을 따르기로 하니라"입니다. 제가 죄송한 부탁을 하나 드리겠습니다. 이런 구절에 감동먹지 마시라는 것입니다. 성도님들이 너무 착하셔서 조금만 신앙적인 내용이 나오면 감동하고 칭찬합니다. 하지만 실상은 전혀 다릅니다. 요시야 왕이 이렇게 멋진 제안을 하고 백성이 이렇게 멋지게 응답할 수가 없습니다. 4절부터 요시야가 철폐한 종교 제도와 형상과 집단들이 나오는데 그 종류와 가지 수가 너무너무 많습니다. 저와 여러분의 상상을 초월합니다.

요시야가 이런 것들을 모두 제거했다고 요시야를 높이 평가하기 전에, 과연 유다의 종교적 실체가 어떠했는지를 생각하셔야 합니다. 이것이 유다의 종교적 실상이었다면 과연 요시야가 스스로 이런 행동을 할 수 있었는지도 고려를 해 보셔야 합니다. 앞서 보셨듯이 제사장과 서기관이 전혀 율법책의 존재에 대해서도 모르고 있습니다. 오죽하면 율법책이 '발견'될 정도였습니다. 그렇다면 당연히 본인들의 직분과 역할에 대해서도 모르고 있었다는 것이며, 당연히 율법을 가르치고 교육하는 일도 없었다는 것입니다. 그 세월이 하루 이틀이 아니고, 일이년이 아닙니다. 이스라엘이 온갖 우상 종교적 행위를 활성화시킨 사람이 므낫세 왕이었는데 므낫세 왕이 자그마치 오십오 년을 통치했습니다.

므낫세의 아들 아몬은 므낫세의 행적을 그대로 따라서 했다고 했습니다. 그렇다면 최소한 오십칠 년간 이스라엘에서 여호와 신앙은 거의 사라졌고 반대로 우상종교는 왕성했습니다. 요시야 왕은 왕이 되기 전 철저하게 우상적 종교교육을 받으면서 자라왔고, 왕이 된 후 열여덟 해가 될 때가지도 여호와 신앙을 배울 곳이 없었습니다. 여호와의 성전이 있기는 했고, 제사장도 있기는 했고, 서기관도 있기는 했습니다. 그런데 율법책은 '발견' 되었어야 할 정도였고, 율법책에 대해서는 대제사장과 서기관이 다른 사람에게 물어보아야 할 지경이었습니다. 율법책을 읽어본 서기관도 왕도 모두 놀라야 하는 상황이었습니다. 그런 나라에서 무슨 여호와 신앙교육이 행해져서 갑자기 요시아가 여호와를 의지해야겠다는 종교개혁을 시도할 수 있겠습니까? 그러므로 이것은 요시야가 스스로 신앙적 각성에 의해 행동한 것이라고 생각할 수 없습니다.

여하튼 요시야가 취한 조치를 통해 유다의 종교적 실상을 파악해 보겠는데 내용이 너무 많고, 너무 엄청나서 제가 차근하게 분류해서 설명을 드리겠습니다. 첫 번째는 제거한 기물들입니다. 4절을 보시면 "왕이 대제사장 힐기야와 모든 부제사장들과 문을 지킨 자들에게 명령하여 바알과 아세라와 하늘의 일월성신을 위하여 만든 모든 그릇들을 여호와의 성전에서 내다가 예루살렘 바깥 기드론 밭에서 불사르고 그것들의 재를 벧엘로 가져가게 하고"입니다. 기가 막힌 것은 이와 같은 우상숭배에 쓰인 기물들이 우상 신전에 있었던 것이 아니라 여호와의 성전에 있었다는 것입니다.

제가 여호와의 성전이나 제사장이란 말에 속지 말라고 한 것이 바로 이런 이유 때문입니다. 여호와의 성전이 있기는 있었는데 그 용도는 여호와를 경배하는 장소가 아니었다는 것입니다. 이런 현상이 일어난 이유는 여호와의 성전에는 '여호와의 형상'이 없었기 때문입니다. 당시 예루살렘에는 여호와의 성전만 있었던 것이 아닙니다. 다른 신전들도 있었습니다. 그 중에 가장 이상한 것이 여호와의 성전입니다. 왜냐하면 그곳에는 성전의 주인인 여호와의 형상이 없었기 때문입니다. 그래서 다른 우상 신들을 섬기려고 할 때 임시용으로 장소를 임대하기 가장 좋은 곳이 바로 여호와의 성전이었습니다. 주인이 없으니 어떤 신이라도 형상을 두면 바로 그 신의 성전이 될 수 있었기 때문입니다.

금지한 종교 행위들

두 번째는 폐한 사람들입니다. 5절 "옛적에 유다 왕들이 세워서 유다 모든 성읍과 예루살렘 주위의 산당들에서 분향하며 우상을 섬기게 한 제사장들을 폐하며 또 바알과 해와 달과 별 떼와 하늘의 모든 별에게 분향하는 자들을 폐하고"입니다. 기가 막힌 것은 우상의 산당들을 세운 당사자가 유다의 왕들이었다는 것입니다. 그리고 여러분이 기억해야 하는 것은 우상 종교에 종사하는 사람들을 '제사장'이라고 불렀다는 것입니다. 우상의 산당을 세운 당사자가 유다의 왕이었으니 그 성전의 우상 제사장들을 세운 사람들도 유다의 왕들이었습니다. 여러 우상들이 있었고 여러 신전들이 있었고 당연히 여러 신들의 제사장이 있었다는 것입니다. 성경에 제사장이라는 단어가 나오면 무의식적으로 '여호와의 제사장'으로 생각하는 경향이 있는데 절대로 그러시면 안 됩니다. 지금 확인하고 있는 바와 같이 여호와의 성전에도 우상의 기물들이 가득 찼을 정도면 제사장 중에도 여호와의 제사장 보다는 우상의 제사장들이 훨씬 더 많았을 것입니다.

여러 신들의 제사장들 중에 가장 영향력이 없는 제사장이 누구였을까요?

당연히 여호와의 제사장이었을 것입니다. 왜냐하면 다른 신들의 종교 행위에는 복을 받는 방법, 상을 받는 수단이 있습니다. 그래서 그런 수단이나 방법을 대행해주는 제사장들이 존경을 받을 수 있습니다. 그러나 여호와의 종교에는 복 받는 방법, 상 받는 수단이 없습니다. 여호와는 은혜를 주시는 분이지 인간의 행동, 인간의 수고, 인간의 조건에 따라 복이나 저주를 주시는 분이 아닙니다. 죄인들에게는 수단이나 방법이 아닌 종교는 소용이 없고, 그런 종교의 제사장들은 쓸데가 없는 것입니다. 여러분은 지금 요시야가 행한 종교적 조치들을 통해 이전의 이스라엘의 종교가 과연 어떠했는지 실상을 파악하고 계시는 중입니다.

세 번째는 헐어버린 것들입니다. 6절 이하 "또 여호와의 성전에서 아세라 상을 내다가 예루살렘 바깥 기드론 시내로 가져다 거기에서 불사르고 빻아서 가루를 만들어 그 가루를 평민의 묘지에 뿌리고 또 여호와의 성전 가운데 남창의 집을 헐었으니 그곳은 여인이 아세라를 위하여 휘장을 짜는 처소였더라 또 유다 각 성읍에서 모든 제사장을 불러오고 또 제사장이 분향하던 산당을 게바에서부터 브엘세바까지 더럽게 하고 또 성문의 산당들을 헐어 버렸으니"입니다. 또 기가 막힌 것은 아세라 상이 여호와의 성전에 있었다는 것이며, 심지어는 남창의 집이 여호와의 성전 가운데 있었다는 것입니다. 가히 상상을 초월합니다.

네 번째는 금지한 것입니다. 10절 "왕이 또 힌놈의 아들 골짜기의 도벳을 더럽게 하여 어떤 사람도 몰록에게 드리기 위하여 자기의 자녀를 불로 지나가지 못하게 하고"입니다. 이것도 한두 해 진행된 것이 아닙니다. 열왕기하 16장 3절을 보면 유다의 아하스 왕에 대한 기록이 나오는데 "이스라엘의 여러 왕의 길로 행하며 또 여호와께서 이스라엘 자손 앞에서 쫓아내신 이방 사람의 가증한 일을 따라 자기 아들을 불 가운데로 지나가게 하며"이고, 17장 17절에 보면 북 왕국의 호세아 왕에 대한 기록이 나오는데 "또 자기 자녀를 불 가운데로 지나가게 하며"입니다. 기록으로 확인되는 것만도 최소 백년 이상 이 일이 지속되고 있었습니다.

가증한 것들

다섯 번째는 다시 제거한 가증한 것들입니다. 정말 종류가 다양하고 별게 별게 '다이소'입니다. 11절부터 "또 유다 여러 왕이 태양을 위하여 드린 말들을 제하여 버렸으니 이 말들은 여호와의 성전으로 들어가는 곳의 근처 내시 나단멜렉의 집 곁에 있던 것이며 또 태양 수레를 불사르고 유다 여러 왕이 아하스의 다락 지붕에 세운 제단들과 므낫세가 여호와의 성전 두 마당에 세운 제단들을 왕이 다 헐고 거기서 빻아내려서 그것들의 가루를 기드론 시내에 쏟아 버리고 또 예루살렘 앞 멸망의 산 오른쪽에 세운 산당들을 왕이 더럽게 하였으니 이는 옛적에 이스라엘 왕 솔로몬이 시돈 사람의 가증한 아스다롯과 모압 사람의 가증한 그모스와 암몬 자손의 가증한 밀곰을 위하여 세웠던 것이며 왕이 또 석상들을 깨뜨리며 아세라 목상들을 찍고 사람의 해골로 그 곳에 채웠더라 또한 이스라엘에게 범죄하게 한 느밧의 아들 여로보암이 벧엘에 세운 제단과 산당을 왕이 헐고 또 그 산당을 불사르고 빻아서 가루를 만들며 또 아세라 목상을 불살랐더라"입니다. 기가 막힌 것은 이 모든 우상 숭배의 주범이 왕이라는 것입니다. 11절 '유다 여러 왕이', 12절 '유다 여러 왕이', 13절 '옛적에 이스라엘 왕 솔로몬이', 15절 '느밧의 아들 여호보암이'입니다. 왕이 주범이었다는 것은 왕 혼자라는 의미가 아니라 왕부터 시작해서 모든 백성에게 영향을 끼쳤다는 의미입니다. 아직 안 끝났습니다.

여섯 번째는 희한한 것입니다. 16절 "요시야가 몸을 돌이켜 산에 있는 무덤들을 보고 보내어 그 무덤에서 해골을 가져다가 제단 위에서 불살라 그 제단을 더럽게 하니라", 18절 "전에 이스라엘 여러 왕이 사마리아 각 성읍에 지어서 여호와를 격노하게 한 산당을 요시야가 다 제거하되 벧엘에서 행한 모든 일대로 행하고 또 거기 있는 산당의 제사장들을 다 제단 위에서 죽이고 사람의 해골을 제단 위에서 불사르고 예루살렘으로 돌아 왔더라"입니다. 이게 무슨 말이냐면 유다에서 하다하다 무덤까지 종교적 장소로 만들었다는 의미입니다. 누구의 무덤이라고 밝히지는 않았지만 죄인들의 사고 방식에 근거할 때 나름 일정한 역할을 한 사람일 것입니다. 그런 사람들은 살아서는 영웅으로 대접받고 죽어서도 특별한 영향력을 발휘할 것으로 기대되기에 무덤도 특별 관리를 했던 것입니다. 17절에 의하면 심지어 하나님의 사람의 묘실도 비석을 세워가며 특별 관리를 했습니다. 이러한 행동은 오늘날 여러 종교들에서 죽은 자를 성인으로 추대하는 행동들에서도 확인되는 일들입니다. 타종교는 언급할 것도 없이 여호와 신앙의 타락과 변질과 왜곡의 역사는 참으로 오래됩니다.

일곱 번째는 다시 제거한 것으로 24절 "요시야가 또 유다 땅과 예루살렘에 보이는 신접한 자와 점쟁이와 드라빔과 우상과 모든 가증한 것을 다 제거하였으니"입니다. 지금까지 각종 우상 종교 제도를 소개해 드렸고, 그 일들이 하루 이틀이 아니라 백년, 이백년 이상 지속되었다는 것을 말씀드렸고, 장소는 특정 지역만이 아니라 나라 전체에 두루두루 해당이 됩니다. 물론 핵심은 예루살렘입니다. 4절을 보면 여호와의 성전에서 우상 관련된 것들이 나왔으니 당연히 예루살렘이고요, 8절을 보면 "유다 각 성읍에서 모든 제사장을 불러오고 또 제사장이 분향하던 산당을 게바에서부터 브엘세바까지 더럽게 하고"이니까 여러 지방에 걸쳐 있고요, 12절을 보면 '아하스의 다락 지붕에 세운 제단들'이라고 나오니까 왕실에서 특별히 따로 세운 장소도 있고요, 15절을 보면 '벧엘에서 세운 제단과 산당을 왕이 헐고'라고도 나옵니다. 한 마디로 하면 오랜 시절, 전국 방방곡곡에서, 각양의 우상 종교를 열심을 다해 섬겼다는 것입니다. 이스라엘을 여호와를 섬기던 나라라고 부를 수 있을까요? 차라리 만신의 나라라고 부르는 것이 더 어울릴 것 같습니다. 이것이 이스라엘 종교의 실상입니다.

유월절

천만 다행인 것은 요시야가 이런 것을 모두 철폐했다는 것입니다. 대신 새로 세운 것이 있습니다. 21절 "왕이 뭇 백성에게 명령하여 이르되 이 언약책에 기록된 대로 너희의 하나님 여호와를 위하여 유월절을 지키라 하매 사사가 이스라엘을 다스리던 시대부터 이스라엘의 여러 왕의 시대와 유다 여러 왕의 시대에 이렇게 유월절을 지킨 일이 없었더니 요시야 왕 열여덟째 해에 예루살렘에서 여호와 앞에 이 유월절을 지켰더라" 입니다. 이것이 한편으로는 유월절을 지켰다는 기쁜 소식이지만 반대로 하면 사사시대부터 지금까지 유월절을 지키지 않았다는 것입니다.

열왕기하 22, 23장의 사건을 대부분 '요시야의 종교개혁'이라고 합니다. 하지만 그것은 매우 왜곡된 표현입니다. 왜냐하면 이러한 종교의 현장에서 요시야는 여호와를 배울 기회도 없었고, 장소도 없었고, 가르침을 줄 선생도 없었기 때문입니다. 그 동안 성경의 인물들을 살펴보았지만 어떤 인물이 죄적 사고방식을 가지고 있다가 갑자기 특정한 사건을 통해 획기적으로 하나님의 사고방식을 배우고 행동하는 사례를 본 적이 없습니다. 하나님께서 직접 죄인을 변화시키실 때에도 아브라함의 경우도 최소 이십오 년 이상이 걸렸고, 모세도 수차례 이적과 기적을 보여주고 설득에 설득의 과정을 거쳤고, 이스라엘 백성은 출애굽과 광야 사십년 동안 전적인 하나님의 은혜를 받았지만 사사기에서 도무지 변화되지 못한 모습을 보여주었고, 다윗조차도 왕이 된 이후에 도무지 하나님이 기름 부은 왕이라는 사실이 믿어지지 않을 정도의 불신앙의 모습을 보여주었습니다.

이런 사실에 기초한다면 요시야의 행동이 가능했던 원인은 무엇일까요? 요시야의 결단일까요? 요시야의 믿음일까요? 가장 간단하게 설명하면 이것은 종교적인 조치이기 이전에 단지 정치적인 조치일 뿐이라고 할 수 있을 것입니다. 친앗수르 정책에서 반앗수르 정책 또는 친바벨론 정책으로 돌아설 때 자신들의 조치를 극적으로 표현하기 위한 의도적 행동이라고 할 수 있습니다. 아마도 그것이 옳은 분석일 것입니다. 그런데 성경은 비록 그런 정치적 의도에 따른 행동이라 할지라도 요시야가 '여호와께 물은 것'에 대해 '네가 내 말을 들었다'고 여겨주는 것입니다. 이것이 하나님의 사랑, 하나님의 은혜입니다.

한 사람의 인식, 사고방식, 가치, 기준, 원리를 바꾸는 것은 정말 어렵습니다. 어떤 사람이 다른 사람의 생각을 바꾸려는 시도는 가장 어리석은 시도이고 가장 폭력적인 행동입니다. 하나님이 말씀을 선포하고, 하나님이 말씀을 듣게 하시고, 하나님께서 사람을 변화시켜 주실 것입니다. 그 하나님의 은혜를 기대하는 것입니다. 복음을 더욱 바로 알고, 풍성히 알아 하나님으로 말미암은 자유와 평화와 안식의 삶을 풍성히 누리며 사시기를 주님의 이름으로 축원합니다.

29

사로잡아 가고

열왕기하 24 : 1 ~ 17

1 여호야김 시대에 바벨론의 왕 느부갓네살이 올라오매 여호야김이 삼 년간 섬기다가 돌아
서 그를 배반하였더니 2 여호와께서 그의 종 선지자들을 통하여 하신 말씀과 같이 갈대아
의 부대와 아람의 부대와 모압의 부대와 암몬 자손의 부대를 여호야김에게로 보내 유다를
쳐 멸하려 하시니 3 이 일이 유다에 임함은 곧 여호와의 말씀대로 그들을 자기 앞에서 물리
치고자 하심이니 이는 므낫세의 지은 모든 죄 때문이며 4 또 그가 무죄한 자의 피를 흘려 그
의 피가 예루살렘에 가득하게 하였음이라 여호와께서 사하시기를 즐겨하지 아니하시니라
5 여호야김의 남은 사적과 행한 모든 일은 유다 왕 역대지략에 기록되지 아니하였느냐 6 여
호야김이 그의 조상들과 함께 자매 그의 아들 여호야긴이 대신하여 왕이 되니라 7 애굽 왕
이 다시는 그 나라에서 나오지 못하였으니 이는 바벨론 왕이 애굽 강에서부터 유브라데 강
까지 애굽 왕에게 속한 땅을 다 점령하였음이더라 8 여호야긴이 왕이 될 때에 나이가 십팔
세라 예루살렘에서 석 달간 다스리니라 그의 어머니의 이름은 느후스다요 예루살렘 엘라단
의 딸이더라 9 여호야긴이 그의 아버지의 모든 행위를 따라서 여호와께서 보시기에 악을 행
하였더라 10 그 때에 바벨론의 왕 느부갓네살의 신복들이 예루살렘에 올라와서 그 성을 에
워싸니라 11 그의 신복들이 에워쌀 때에 바벨론의 왕 느부갓네살도 그 성에 이르니 12 유다
의 왕 여호야긴이 그의 어머니와 신복과 지도자들과 내시들과 함께 바벨론 왕에게 나아가
매 왕이 잡으니 때는 바벨론의 왕 여덟째 해이라 13 그가 여호와의 성전의 모든 보물과 왕궁
보물을 집어내고 또 이스라엘의 왕 솔로몬이 만든 것 곧 여호와의 성전의 금 그릇을 다 파괴
하였으니 여호와의 말씀과 같이 되었더라 14 그가 또 예루살렘의 모든 백성과 모든 지도자
와 모든 용사 만 명과 모든 장인과 대장장이를 사로잡아 가매 비천한 자 외에는 그 땅에 남
은 자가 없었더라 15 그가 여호야긴을 바벨론으로 사로잡아 가고 왕의 어머니와 왕의 아내
들과 내시들과 나라에 권세 있는 자도 예루살렘에서 바벨론으로 사로잡아 가고 16 또 용사
칠천 명과 장인과 대장장이 천 명 곧 용감하여 싸움을 할 만한 모든 자들을 바벨론 왕이 바

벨론으로 사로잡아 가고 17 바벨론 왕이 또 여호야긴의 숙부 맛다니야를 대신하여 왕으로 삼고 그의 이름을 고쳐 시드기야라 하였더라

사로잡혀 가고

요시야의 죽음

본문에 왕이 여러 명 등장하니까 잘 따라오시기 바랍니다. 요시야가 여덟 살에 왕위에 올라 삼십일 년을 통치하는데 성경에 기록된 사건은 딱 두건입니다. 하나는 열왕기하 22~3장에 나오는 성전 수리에 이은 종교 개혁이고 다른 하나는 23장 28절 이하에 나오는 전쟁에서 죽는 사건입니다. 종교개혁이 요시야 왕 열여덟째 해에 발생했고 요시야가 죽는 것이 삼십일 년째 해이니까 중간에 약 십여 년의 공백이 있는데 그 동안은 어떻게 살았는지 확인하기가 어렵습니다. 특히나 대대적인 종교개혁을 진행했으면 그 다음에는 하나님을 전폭적으로 신뢰하는 모습이 소개되어야 하는데 어떻게 된 일인지 성경에는 그런 모습이 전혀 없습니다. 요시야에 대한 내용을 분석하면 여러 우상들과 신전들을 제거했다는 것을 강조할 뿐 여호와를 섬겼다는 것을 강조하지 않는 것을 볼 수 있습니다.

여기서 잠깐 역사적 사실을 한두 가지 확인하시고 가야 합니다. 요시야의 선대 왕들 즉 므낫세와 아몬은 친앗수르 정책을 택했습니다. 그에 반해 요시야는 친바벨론 정책을 택했습니다. 결과적으로는 요시야가 선택을 잘한 셈이 됩니다. 왜냐하면 얼마 후에 앗수르가 망하기 때문입니다. 요시야가 종교개혁을 일으킨 것이 주전 621년입니다. 그리고 채 십년이 지나지 않은 주전 612년에 앗수르가 패망합니다. 이제 앗수르는 강대국이 아니라 나라는 망했고 그 잔존세력들이 겨우 명맥을 유지하고 있을 뿐이고 새로운 패권자는 바벨론이고 이런 혼란스러운 시대에 세력을 확장하려고 꿈틀거리는 나라가 애굽입니다. 유다로서는 생존하기가 더욱 힘들어 진 것입니다. 윗

쪽 지역에서는 한때는 앗수르가 위세를 떨쳤고 이어서 바벨론이 위세를 떨치고 있고, 그 동안에 아래 지역에서는 특별히 위협세력이 없었는데 이제는 애굽이 점점 강력해지고 있어서 유다로서는 위아래로 치이는 꼴이 되었습니다. 앗수르와 바벨론의 중간에서 줄타기를 했는데 이제는 애굽까지 끼어서 세 나라가운데 삼중 줄타기를 해야 할 처지입니다.

그 동안 요시야는 친바벨론 정책을 유지했는데 위기가 발생합니다. 23장 29절을 보시면 "요시야 당시에 애굽의 왕 바로 느고가 앗수르 왕을 치고자 하여 유브라데 강으로 올라가므로 요시야 왕이 맞서 나갔더니 애굽 왕이 요시야를 므깃도에서 만났을 때에 죽인지라"입니다. 이때가 주전 609년입니다. 앗수르가 주전 612년에 망했으니 그 후 삼년 정도 지난 때쯤에 남쪽의 애굽이 세력을 확장하려고 앗수르의 잔당을 치고 바벨론의 확장을 저지하려는 의도로 앗수르로 올라가는 것입니다. 친바벨론 정책을 사용하고 있는 요시야로서는 애굽을 그냥 묵과할 수가 없었을 것입니다. 당연히 애굽을 막으려고 전쟁에 나갔습니다. 불행하게도 그 전쟁에서 요시야가 죽습니다.

여호아하스

열여섯 번째 요시야 대신에 왕이 된 사람이 요시야의 아들 열일곱 번째 왕 여호아하스입니다. 그런데 여호아하스의 행적이 아버지와 다릅니다. 32절 "여호아하스가 그의 조상들의 모든 행위대로 여호와 보시기에 악을 행하였더니"입니다. 분명 요시야 시대에 성전을 수리하고 온갖 우상들을 모두 제거하고 수백 년 만에 유월절을 지키기도 해서 '요시야의 종교개혁'이라고 불리기까지 했는데 실제로는 여호와의 신앙이 별로 영향력을 끼치지 못한 것 같습니다. 한 세대도 이어지지 못했습니다. 일반적인 관점에서 충분이 예상이 된 것입니다. 수백 년 동안 우상 종교에 몰두하고 있었다면 여호와 신앙에 대해 아는 사람이 없는 것입니다. 우상 종교의 신상들과 신전을 제거하는 것은 쉽습니다. 기물들과 건물들을 철거하는 것은 쉽습니다.

그러나 여호와 신앙의 내용을 재건하는 것은 간단하지가 않습니다. 종교는 단순히 건물이나 형식이 아니라 인간의 사고, 가치, 기준, 원리, 방법과 관계가 있습니다. 우상 종교의 기물을 제거한다고 갑자기 여호와의 마음과 기준과 가치와 원리가 알아지는 것이 아닙니다. 더군다나 여호와의 신앙을 가르칠 사람도 없습니다. 비록 우상을 제거했지만 우상적 사고방식을 뿌리 뽑기는 어려웠을 것입니다.

여호아하스는 여호와를 의지하기보다는 여호와 보시기에 악을 행하기를 선택했습니다. 왜 그랬을까요? 죄인들의 기준에 근거해서 생각해보면 여호아하스의 입장을 충분히 이해할 수 있습니다. 죄인들의 기준에 근거하면, 신을 위해 대단한 일을 했으면 신으로부터 축복을 받아야 합니다. 그리고 그 축복은 당연히 가시적으로 나타나야 하고, 다른 사람들보다 크고 강한 것으로 드러나야 합니다. 여호아하스가 생각하기에 아버지 요시야는 나름대로 엄청난 결단을 했습니다. 여호와 이외에 그 많은 우상들을 모두 제거하였습니다. 신들이 각각 구별된 영역을 다스리고 각자가 맡은 기능을 담당한다고 생각하는 다신교 시대에, 가능한 많은 신을 섬기는 것이 당연하게 여겨지던 시대에 요시야가 이런저런 신들을 모두 제거한 것은 저와 여러분이 생각하기에는 신앙적 결단으로 여겨지지만 당시의 사람들에게는 매우 이상한 조치였습니다. 여호와를 믿으려면 이미 믿고 있던 신들에 하나를 더 추가하면 될 것으로 생각하는 사람들에게 다른 모든 신을 제거하고 오직 하나만 섬기겠다는 것은 매우 이상한 조치인 것입니다. 여러 신들을 제거하는 것은 각 신들이 주관하는 각 영역을 포기하는 것이요 각 기능을 포기하는 것으로 여겨졌습니다.

아마도 사람들은 요시야의 조치를 주의해서 살폈을 것입니다. 과연 다른 신들을 모두 제거하고 오직 여호와만을 섬기기로 했다면 여호와가 요시야를 얼마나 도와줄지 궁금해 하며 기대했을 것입니다. 그런데 요시야의 나라는 결코 강력해지지 않았습니다. 앗수르보다 커지지 못했고, 바벨론보다 강대국이 되지 못했습니다. 심지어는 그 동안 별로 힘이 없던 애굽보다도 세지지 못했습니다. 여호아하스가 생각하기에 아버지 요시야의 종교정책은 완벽히 실패한 것입니다. 여호아하스로서는 여호와의 뜻을 따라야 할 이유가 없는 것입니다. 여호아하스는 왕이 될 준비가 되어 있지 않았는데 아버지 요시야가 전쟁에서 갑자기 죽는 바람에 졸지에 왕이 되었습니다. 이십삼 세에 왕이 되었는데 통치 기간이 불과 석 달이고, 그 석 달에 조상들의 모든 행위대로 여호와 보시기에 악을 행한 것입니다. 아버지가 통치하는 기간에 이미 아버지의 정책에 대해 반감이 있었던 것 같습니다.

33절을 보시면 "바로 느고가 그를 하맛 땅 립나에 가두어 예루살렘에서 왕이 되지 못하게 하고 또 그 나라로 은 백 달란트와 금 한 달란트를 벌금으로 내게 하고 바로 느고가 요시야의 아들 엘리아김을 그의 아버지 요시야를 대신하여 왕으로 삼고 그의 이름을 고쳐 여호야김이라 하고 여호아하스는 애굽으로 잡아 갔더니 그가 거기서 죽으니라"입니다. 여러분이 여호아하스라면 어떤 생각이 드시겠습니까? 아주 억울하고 원통할 것입니다. 모든 잘못은 아버지 요시야가 했는데 모든 결과는 자신이 뒤집어쓰고 있다고 원망할 것입니다. 유다의 역사에서 주변 강대국에 조공을 바친 사례는 여러 번 있었습니다. 그러나 34절은 유다 역사에 최초로 일어난 사건입니다. 쉽게 말하면 내정간섭이고, 정치적으로 말하면 주권을 빼앗긴 것입니다. 유다의 왕을 유다가 선정하지 못하고 애굽의 바로가 결정을 한 것입니다. 유다 역사에 최초로 포로가 발생한 사건입니다. 아버지 요아스가 여러 우상들을 제거하고 여호와를 섬긴 것을 미련한 것으로 판단했던 여호아하스입니다. 그래서 불과 왕이 된지 석 달 동안 여호와 보시기에 악을 행했던 여호아하스입니다. 아마도 포로로 잡혀간 여호아하스는 평생에 아버지 요시야가 정말 바보같은 종교정책을 사용했다고 원망하고 살았을 것입니다.

여호야김

열일곱 번째 여호아하스 대신 왕이 된 사람은 여호아하스의 형제인 엘리아김입니다. 애굽에 의해서 왕이 된 엘리아김은 애굽에 의해서 이름도 여호야김으로 바뀌었습니다. 애굽에 의해 왕이 된 여호야김이 어떤 정책을 썼을지는 뻔합니다. 당연히 친애굽 정책을 썼습니다. 우선은 애굽의 바로 느고가 요청한 조공을 바쳐야만 했습니다. 그것이 35절 "여호야김이 은과 금을 바로에게 주니라 그가 바로 느고의 명령대로 그에게 그 돈을 주기 위하여 나라에 부과하되 백성들 각 사람의 힘대로 액수를 정하고 은금을 징수하였더라"입니다. 예나 지금이나 나랏님들이 하는 짓은 똑같습니다. 잘못은 위에서 하고 고생은 아랫사람이 합니다. 요시야의 두 아들인 여호아하스와 여호야김은 두 살 터울이었습니다. 나이를 계산해 보면 아버지 요시야가 열세 살이나 열네 살 때쯤에 아들을 낳은 것이 됩니다. 그리고 예상과는 다르게 먼저 왕이 된 여호아하스보다 나중에 왕이 된 여호야김이 형이었습니다. 이십 오세입니다.

두 형제의 행적이 똑같습니다. 32절을 보시면 "여호아하스가 그의 조상들의 모든 행위대로 여호와 보시기에 악을 행하엿더니"입니다. 37절을 보시면 "여호야김이 그의 조상들이 행한 모든 일을 따라서 여호와 보시기에 악을 행하였더라"입니다. 우리말로는 한 두 글자가 다르게 나옵니다만 히브리어로는 32절과 37절이 똑같습니다. 두 사람 모두 여호와 보시기에 악을 행하였습니다. 아마 평상시에 두 형제가 아버지의 정책에 대해 불평불만이 가득찼던 것 같습니다. 두 형제 모두 만약 자기들이 왕이 되면 아버지처럼 하지 않을 것이라고 맹세라도 했던 것 같습니다.

24장 1절을 보시면 "여호야김 시대에 바벨론의 왕 느부갓네살이 올라오매 여호야김이 삼 년간 섬기다가 돌아서 그를 배반하였더니"입니다. 이것이 참 애매합니다. 여호야김은 애굽에 의해서 왕이 된 사람입니다. 당연히 친애굽 정책을 사용했을 것입니다. 그런데 1절에 의하면 바벨론을 삼년간 섬겼다가 배반을 했다고 합니다. 그렇다면 친바벨론 정책을 사용한 것입니다. 어떻게 된 것일까요? 사실은 간단합니다. 이랬다저랬다 한 것입니다. 앗수르는 패망해서 거의 소멸되어 가고 있고 바벨론과 애굽이 서로 경쟁을 하니까 유다로서는 눈치를 보면서 상황에 따라 조금 유리해 보는 쪽에 붙었다가 상황이 바뀌면 다시 유리해 보이는 쪽에 붙은 것입니다. 약소국으로는 어쩔 수 없는 것입니다.

결과적으로는 바벨론을 배반한 것이 큰 판단착오였습니다. 역사 기록에 보면, 애굽과 바벨론이 당시의 패권을 두고 한바탕 전쟁을 벌이는데 주전 605년에 갈그미스라는 지역에서 전투를 해서 바벨론이 이기고 애굽이 패합니다. 바벨론을 배반했던 유다로서는 매우 비극적인 사건입니다. 성경이 이 전쟁을 직접 언급하지는 않지만 이 상황을 설명한 것이 24장 7절입니다. "애굽 왕이 다시는 그 나라에서 나오지 못하였으니 이는 바벨론 왕이 애굽 강에서부터 유브라데 강까지 애굽 왕에게 속한 땅을 다 점령하였음이더라" 입니다. 이후로부터 저와 여러분은 계속해서 바벨론 이야기만 듣게 될 것입니다.

여호야긴

그 사이에 또 왕이 바뀌었습니다. 유다에 총 스무 명의 왕이 있는데 이제 왕이 두 명밖에 안 남았으니까 다음 주까지만 견디시면 됩니다. 여러분이 알고 있는 사람을 기준으로 하면 히스기야가 열세 번째 왕이고 그 아들이 악명 높은 열네 번째 므낫세이고 그 다음이 열다섯 번째 아몬이고, 그 다음이 종교개혁을 행한 열여섯 번째 요시야입니다. 그 다음은 요시야의 두 아들로서 열일곱 번째가 여호아하스인데 불과 석 달을 통치하고 애굽으로 잡혀갔고, 그 다음이 유다에서 최초로 애굽에 의해 왕이 된 사람으로 열여덟 번째 여호야김이 십일 년을 통치했습니다. 그 다음이 열아홉 번째 왕으로 여호야긴입니다. 8절 "여호야긴이 왕이 될 때에 나이 십팔 세라 예루살렘에서 석 달간 다스리니라 그의 어머니의 이름은 느후스다요 예루살렘 엘라단의 딸이더라 여호야긴이 그의 아버지의 모든 행위를 따라서 여호와께서 보시기에 악을 행하였더라"입니다. 여호야긴이 왕이 되어 불과 석 달을 다스리는데 악하다고 합니다. 왕이 된 후 석 달 동안에 무슨 일을 했을까요? 왕이 되는 날부터 악한 일을 시작했을까요? 아니면 아버지가 악한 일을 했었는데 아버지가 하던 일을 그냥 그대로 유지하고 있는 것이 자동적으로 악한 일을 하는 왕으로 인정되는 것 같습니다.

유다에 스무 명의 왕이 있는데 가장 오래 통치한 왕은 므낫세 왕으로 오십오 년을 다스렸고 가장 짧게 통치한 왕은 두 명인데 불과 석 달입니다. 여호아하스가 왕이 된 지 불과 석 달만에 애굽에 의해서 폐위가 되고 애굽으로 포로가 되어 잡혀갔습니다. 그리고 또 한 사람이 여호야긴입니다. 이 왕도 여호아하스와 운명이 유사합니다. 15절을 보시면 "그가 여호야긴을 바벨론으로 사로잡아 가고"입니다. 여호야긴은 왕이 된지 불과 석 달만에 바벨론에 의해 폐위가 되고 바벨론으로 포로가 되어 잡혀갑니다. 애굽으로 잡혀간 여호아하스는 죽었다고만 하지 언제, 어떻게 되었는지 알려지지 않았습니다. 반면에 바벨론으로 사로잡혀 간 여호야긴에 대해서는 25장 27절에 정보가 있습니다. "유다의 왕 여호야긴이 사로잡혀 간 지 삼십칠 년 곧 바벨론의 왕 에윌므로닥이 즉위한 원년 십이월 그 달 이십칠일에 유다의 왕 여호야긴을 옥에서 내놓아 그 머리를 들게 하고 그에게 좋게 말하고 그의 지위를 바벨론에 그와 함께 있는 모든 왕의 지위보다 높이고 그 죄수의 의복을 벗게 하고 그의 일평생에 항상 왕의 앞에서 양식을 먹게 하였고 그가 쓸 것은 날마다 왕에게서 받는 양이 있어서 종신토록 끊이지 아니하였더라"입니다. 그리고 몇 살에 죽었는지는 모릅니다.

아직 유다라는 나라가 공식적으로 망한 것은 아닙니다. 이미 애굽이 유다의 내정을 간섭해서 왕을 사로잡아 가고 대신 새로운 왕을 자기들 마음대로 세운 적이 있습니다. 똑같은 사건이 이번에는 바벨론에 의해서 발생했습니다. 여호야긴은 왕이 된지 석달 만에 바벨론으로 잡혀 가고 바벨론에 의해 새로운 왕이 세워집니다. 17절 "바벨론 왕이 또 여호야긴의 숙부 맛다니야를 대신하여 왕으로 삼고 그의 이름을 고쳐 시드기야라 하였더라" 입니다. 정복자가 피정복자를 지배할 때 이름을 바꾸는 것은 매우 고대에서부터 발생했던 것 같습니다. 애굽이 엘리아김의 이름을 여호야김으로 바꾸었고, 바벨론이 맛다니야의 이름을 시드기야로 바꾸었습니다. 이름을 바꾼 것이 무슨 의미가 있는지는 정확히 알려져 있지 않습니다. 다른 나라가 왕을 마음대로 바꾸고 있으니 이미 주권을 상실한 것이나 마찬가지입니다.

누가 왕인가?

여호와께서

복잡한 왕의 이름을 나열하는 것을 중단하고 여기서 잠깐 이스라엘의 역사를 간략하게 관찰해 보겠습니다. 성경이 이스라엘의 역사를 어떻게 설명하고 있는 지를 파악하시면 아주 재미있습니다. 이스라엘이 국가 또는 민족 또는 공동체로서 역사에 등장하게 된 시초는 출애굽이었습니다. 애굽에서 약 사백여년 간 노예생활을 하다가 애굽을 벗어나면서부터 이스라엘이라는 집단이 시작된 것입니다. 그리고 이스라엘이 스스로 자신들이 나라를 지켜보고 다스려보겠다고 시작한 제도가 왕정이었습니다. 그런데 그 왕정의 끝이 이스라엘의 대표인 왕이 애굽으로 잡혀 가는 것입니다. 이스라엘을 출애굽하도록 진두지휘하신 분이 하나님이십니다. 결국 하나님은 이스라엘을 출出 애굽시켜 주셨는데 이스라엘은 하나님을 버리고 스스로 선택한 제도와 스스로 선택한 정책의 결과로 입入 애굽이 되어버렸습니다. 하나님은 애굽에서 노예된 백성들을 이끌어 내어 자유민을 만들어 주었는데 이스라엘은 애굽으로 끌려가서 포로가 되어버렸습니다.

조금 더 확장해서 보면, 이스라엘의 조상은 아브람입니다. 하나님께서 아브람에게 행하신 최초의 일이 본토 친척 아비 집을 떠나게 하신 것입니다. 아브라함의 본토 친척 아비 집이 바로 갈대아 우르였습니다. 지역적으로 따지자면 아브람은 갈대아 지역 즉 바벨론 지역을 떠나서 가나안 땅으로 들어온 것이었습니다. 아브라함이 가나안에서 터를 잡고 살 수 있도록, 아들을 낳고 민족을 형성할 수 있도록 하나님이 은혜에 은혜를 더하셨습니다. 그런데 이스라엘의 조상인 아브라함은 '갈대아를 떠나 가나안 땅으로' 들어왔는데 이스라엘의 후손은 정반대로 '가나안을 떠나 갈대아 땅으로' 즉 바벨론으로 사로잡혀 가고 있습니다. 성경이 이스라엘 역사의 앞과 뒤를 어떻게 대조하고 있는 지가 보이실 것입니다.

그런데 본문에는 아주 의미심장한 표현이 두 가지가 있습니다. 하나는 24장 2절 이하 "여호와께서 그의 종 선지자들을 통하여 하신 말씀과 같이 갈대아의 부대와 아람의 부대와 모압의 부대와 암몬 자손의 부대를 여호야김에게 보내 유다를 쳐 멸하려 하시니 이 일이 유다에 임함은 곧 여호와의 말씀대로 그들을 자기 앞에서 물리치고자 하심이니 이는 므낫세의 지은 모든 죄 때문이며 또 그가 무죄한 자의 피를 흘려 그의 피가 예루살렘에 가득하게 하였음이라 여호와께서 사하시기를 즐겨하지 아니하시니라" 입니다. 다른 하나가 10절 이하 "그 때에 바벨론의 왕 느부갓네살의 신복들이 예루살렘에 올라와서 그 성을 에워싸니라 그의 신복들이 에워쌀 때에 바벨론의 왕 느부갓네살도 그 성에 이르니 유다의 왕 여호야긴이 그의 어머니와 신복과 지도자들과 내시들과 함께 바벨론 왕에게 나아가매 왕이 잡으니 때는 바벨론의 왕 여덟 째 해이라 그가 여호와의 성전의 모든 보물과 왕궁 보물을 집어내고 또 이스라엘의 왕 솔로몬이 만든 것 곧 여호와의 성전의 금 그릇을 다 파괴하였으니 여호와의 말씀과 같이 되었더라 그가 또 예루살렘의 모든 백성과 모든 지도자와 모든 용사 만 명과 모든 장인과 대장장이를 사로잡아 가매 비천한 자 외에는 그 땅에 남은 자가 없었더라" 입니다.

두 구절이 강조하는 것은 이스라엘이 패망하는데 그 모든 것이 '여호와의 말씀과 같이 되었다'는 것입니다. 그렇다면 하나님께서 이스라엘을 패망하도록 유도하셨을까요? 이스라엘이 하나님의 말씀대로 행하지 않아서 하나님께서 진노하시고 형벌을 내리셔서 나라가 망하도록 하셨을까요? 전혀 그렇지 않습니다.

관계의 유지

여러분, 성경이 전체 스토리를 어떻게 구성하고 있는지를 파악하셔야 합니다. 앞서 하나님은 아브람을 갈대아 지역에서 떠나게 했는데 아브라함의 후손인 이스라엘은 스스로 갈대아 지역의 바벨론으로 사로잡혀 가는 것을 말씀드렸고, 하나님은 이스라엘을 출애굽시켜 주었는데 이스라엘은 스스로 애굽으로 사로잡혀 가는 것을 말씀드렸습니다. 성경이 이스라엘의 역사의 시작과 끝을 하나님이 하신 일과 이스라엘이 행한 일로 대조하여 구성하고 있는 것입니다. 이와 유사하게 또 하나 성경이 아주 비장하게 대조하고 있는 것이 바로 '왕' 또는 '왕정 제도'에 대한 것입니다.

하나님은 아브라함을 선택하시고 후손들로 하여금 민족을 이루게 하시어 이스라엘이 형성되게 하셨습니다. 그리고 이스라엘에게 수차에 걸쳐 반복하신 말씀이 '하나님은 이스라엘의 신이요, 이스라엘은 하나님의 백성'이라는 것입니다. 하나님은 이스라엘의 책임자요 보호자입니다. 그래서 하나님은 이스라엘의 신으로서, 이스라엘의 책임자요 보호자로서의 역할을 충실하게 이행하셨습니다. 하나님께서 출애굽을 행하신 것도 하나님의 백성에 대한 책임 때문이었습니다. 하나님의 백성이 압제를 받으며 힘들게 사는 것을 두고 볼 수가 없었기 때문입니다. 하나님은 친히 열 가지 이적을 행하시면서 이스라엘에게는 하나님을 알리심과 동시에 이스라엘을 애굽의 압제로부터 해방시켜 주셨습니다.

광야 생활 사십년 동안 이스라엘은 하나님의 말씀대로 행한 적이 거의 없습니다. 그럼에도 불구하고 하나님은 사십년 동안 이스라엘을 책임지셨습니다. 단 하루도 만나 내리시는 것을 중지하신 적이 없습니다. 도리어 백성들이 원망하는 모든 것을 다 들으시고 모든 문제를 해결해 주셨습니다. 하나님은 이스라엘의 신, 이스라엘의 보호자요 책임자였기 때문입니다. 하나님과 이스라엘의 관계에서 이스라엘 때문에 하나님에게 유익이 된 것이 없습니다. 이스라엘 때문에 하나님이 영광을 받으신 적이 없습니다. 정반대로 하나님 때문에 이스라엘은 유익이 있었고, 하나님 때문에 이스라엘은 평안한 삶을 살 수가 있었습니다. 이것이 여호와 신앙의 전형적인 모습입니다.

하나님은 이스라엘로 하여금 광야여정을 마치고 가나안 지역에 입성하고 정착하도록 역사하셨습니다. 친히 여리고 전투를 행하셨고, 이스라엘이 아이 성에서 패하였을 때에도 재차 아이 성을 정복할 수 있도록 도우셨습니다. 여호와의 군대장관까지 동원하여 가나안 지역을 차지하고 각 지파들이 기업을 얻을 수 있도록 하나님이 도우셨습니다. 그 이유는 오직 하나 하나님이 이스라엘의 신, 이스라엘의 책임자였기 때문입니다. 하나님과 이스라엘의 관계, 하나님과 인간의 관계는 인간의 행동 때문에 맺어지거나 유지되는 것이 아닙니다. 오직 하나님 때문에 가능한 것입니다. 만약 인간의 행동에 근거를 두었다면 하나님과 이스라엘의 관계는 진즉에 깨어졌을 것입니다.

이스라엘은 하나님의 말씀대로 행한 적이 없고, 하나님의 뜻을 따른 적이 없습니다. 사사기에서 저와 여러분은 이스라엘이 하나님을 향한 어떠한 일도 행하지 않은 것을 알고 있습니다. 이스라엘이 행한 일이라곤 '여호와를 버리고, 여호와를 떠나고'뿐입니다. 그럼에도 불구하고 하나님과 이스라엘의 관계는 변함없이 유지되어 왔습니다. 어떻게요? 하나님이 하나님의 책임을 소홀히 여기지 않았기 때문입니다. 하나님께서 하나님의 약속을 파기하지 않았기 때문입니다.

왕정 제도의 의미

사사기의 후반부에는 아주 의미 깊은 표현이 있습니다. 사사기 17장 1절 "그 때에 이스라엘에 왕이 없으므로 모든 사람이 각기 자기의 소견에 옳은 대로 행하였더라", 18장 1절 "그 때에 이스라엘에 왕이 없었고", 19장 1절 "이스라엘에 왕이 없을 그 때에", 21장 25절에 "그 때에 이스라엘에 왕이 없으므로 모든 사람이 각기 자기의 소견에 옳은 대로 행하였더라"입니다. 엄밀하게 말하면 이 표현은 틀린 것입니다. 왜냐하면 이스라엘에 왕이 없었던 것이 아니었기 때문입니다. 이스라엘에는 왕이 있었습니다. 아니 왕보다 더 한 존재가 있었습니다. 바로 하나님이 이스라엘의 신이었고, 하나님이 이스라엘의 왕이었습니다. 또 모든 사람이 각기 소견에 옳은 대로 행하였다고 했는데 이스라엘에는 모든 사람이 따라야 할 규례가 없었기 때문이 아니었습니다. 이미 출애굽할 때에 시내산에서 하나님께서는 이스라엘에게 율법을 주셨습니다. 모든 사람이 따라야 할 규례, 모든 백성이 행해야 할 법도, 자자손손 모든 이스라엘이 간직하고 가르치고 배우고 지켜야할 하나님의 율법이 있었습니다. 그러므로 사사시대에 이스라엘에 왕이 없었고, 공식적인 소견이 없었기에 각기 소견에 옳은 대로 행하였다는 표현은 사실이 아닙니다.

성경이 그렇게 기록한 것은 '이스라엘 백성의 마음 상태'를 표현한 것입니다. 하나님이 이스라엘의 신, 이스라엘의 왕이었지만 이스라엘 백성들은 하나님을 자신들의 신으로 인정하지 않았고, 하나님을 자신들의 왕으로 섬기지 않았습니다. 이스라엘이 하나님을 왕으로 인정하지 않으니 이스라엘에게는 왕이 없는 것으로 여겨진 것입니다. 이스라엘이 하나님의 토라를 따르지 않으니 이스라엘은 각기 자기의 소견에 옳은 대로 행한 것이 되는 것입니다. 그렇게 이스라엘은 자신들에게 왕이 없다고 생각하였기에 사무엘 시대에 '왕을 달라'고 요구하였습니다. 백성들의 이 요구가 하나님을 하나님으로 믿으면서 대신 인간 왕을 세워달라는 의미로 착각하시면 안 됩니다.

이스라엘은 사사 시대부터 이미 하나님을 버렸습니다. 그리고 더욱 구체적으로 아예 하나님 대신에 왕을 달라고 요구한 것입니다. 하나님께서는 그 의미를 아셨기 때문에 사무엘상 8장 7절에 “그들이 너를 버림이 아니요 나를 버려 자기들의 왕이 되지 못하게 함이니라”고 말씀하신 것입니다.

이스라엘 역사에서 왕정 시대는 종교적으로는 하나님을 섬기면서 정치적으로는 왕이 통치하던 시대라는 의미가 아닙니다. 왕에 대한 이해를 사사처럼 하시면 안 됩니다. 사사는 하나님이 세우셨습니다. 비록 이스라엘은 하나님을 버려도 하나님은 이스라엘을 버리지 않으시기에 이스라엘이 어려운 곤경에 처해있을 때 하나님이 사사를 세우셔서 이스라엘을 구원하셨습니다. 그러므로 사사는 하나님의 대행자이고, 사사들의 사역은 하나님이 행하신 사역입니다. 그러나 왕들은 완전히 의미가 다릅니다. 왕은 하나님이 제안하신 것도 아니요 하나님이 세우신 것도 아닙니다. 왕은 전적으로 인간이 선택, 결정한 것입니다. 단순히 제안하여 하나님의 재가를 받았다는 의미가 아니라 아예 하나님을 버리고 인간 왕으로 대체한 것입니다. 이스라엘 스스로 하나님을 자신들과의 관계에서 배제한 것입니다. 그리고는 자신들의 기준에 의하여, 자신들이 필요로 하는 사람을 왕으로 직접, 스스로 선출하였습니다. 그것이 이스라엘의 왕정제도의 의미입니다.

누가 왕인가?

이스라엘이 왕정 제도를 시행할 때 하나님이 행하신 것이 두 가지입니다. 하나는 이스라엘 백성이 스스로 선택한 왕을 왕이라고 하지 않고 ‘지도자’ 또는 ‘주권자’라고 호칭한 것입니다. 히브리어 단어에 왕이라는 단어가 따로 있는데 하나님은 사울이나 다윗을 기름 부을 때 왕으로 기름을 붓지 않고 ‘지도자나 주권자’로 기름을 붓습니다. 비록 이스라엘이 하나님을 왕으로서 거부할지라도 하나님은 여전히 이스라엘의 왕으로서의 지위와 역할을 포기하지 않으신다는 의미입니다. 또 하나가 이스라엘에게 왕정제도를 허용하시면서 '과연 누가 왕인가?'를 알게 하신 것입니다. 그래서 하나님은 이스라엘 백성이 선택하는 왕, 때로는 세습을 통해 이어지는 왕, 때로는 반역을 통해 이어지는 왕을 모두 허용하십니다. 이스라엘이 하고 싶은 대로 다 해보라는 것입니다. 자신들이 할 수 있는 최선의 선택, 자신들이 취할 수 있는 최상의 인물, 자신들이 행할 수 있는 가장 최고의 정책을 모두 해보라는 것입니다.

실제로 왕정시대에 이스라엘이 해보고 싶은 것을 하나님이 막아서 시도하지 못한 것이 없습니다. 온갖 우상을 숭배하는 것을 다 해 보았고, 이방나라들과 외교관계를 위해 혼인정책을 사용해 보았고, 주변 나라의 행정체계를 다 도입해 보았고, 자기들을 사백년 압제했던 애굽과도 화친해 보았고, 조상들이 나왔던 갈대아의 나라와도 연합을 해보았습니다. 하나님을 제외한 모든 조치를 다 해보았습니다. 그리고 결론이 본문입니다. 즉 한편으로는 애굽으로 사로잡혀 가고, 다른 한편으로는 바벨론으로 잡혀 가면서 나라가 패망하였다는 것입니다.

그럼 그동안 하나님은 무엇을 하셨습니까? 하나님은 계속하여 이스라엘을 도와주셨습니다. 자신을 버린 이스라엘을 위해 선지자를 보내시고, 이스라엘이 패할 수밖에 없는 수많은 전쟁에서 장수도 아니고 심지어는 군인도 아닌 예언자들을 통해 승리하게 해 주시기도 하고, 기근이 있으면 먹을 것을 공급하시고, 가뭄이 있으면 비를 내려 주시고, 병이 들면 고쳐주시기도 하시는 등 헌신적인 수고를 하셨습니다. 그러면서 계속하여 이스라엘에게 질문을 던지시는 것입니다. '과연 누가 이스라엘의 왕이냐? 너희가 세운 왕이 너희를 위해주느냐? 너희가 버린 내가 너희를 위해 주느냐? 과연 너희가 선택하고 결정한 대로 사는 것이 좋으냐 아니면 여호와의 말씀을 따르는 것이 좋으냐?'고 질문하는 것입니다.

하나님께서 아브라함을 부르시는 장면부터 여호수아가 가나안을 정복하는 장면까지를 바라볼 때 관점은 이스라엘이 어떻게 애굽에서 나오고, 이스라엘이 어떻게 광야를 거쳐 가고, 이스라엘이 어떻게 가나안을 차지하는가라는 이스라엘의 관점이 아니라 '과연 하나님은 약속을 성취하시는가?'라는 하나님 중심의 관점이어야 합니다. 마찬가지로 왕정시대를 볼 때에도 똑같습니다. 이스라엘이 어떻게 나라를 유지하는가, 왕들이 어떻게 영토를 확장하는가가 아니라 '과연 하나님은 이스라엘의 왕으로서의 책임과 역할을 다 하시는가?' 입니다. 비록 이스라엘이 하나님을 버릴지라도 하나님은 이스라엘의 왕으로서의 역할을 하시는가? 설령 이스라엘이 하나님을 무시하고 모욕하고 멸시할지라도 하나님은 이스라엘의 왕으로서 이스라엘을 책임지고 돌보는 직무를 성실하게 행하시는가? 동시에 하나님은 이스라엘에게 뿐만 아니라 저와 여러분에게 묻고 계십니다. '이 정도면 하나님으로서 자격이 있지 않느냐? 이 정도면 하나님의 책임과 역할을 성실하게 행하고 있지 않느냐?' 라고 물으십니다.

여러분은 어떤 평가를 내리시겠습니까? 만약 하나님이 이스라엘의 왕으로서의 책임과 역할을 하지 않았다면 이스라엘은 열왕기하 25장까지 존재할 수 없었습니다. 아마도 사울 시대에 아니면 사사시대에 이미 패망했을 것입니다. 이스라엘이 지금까지 존재한 것은 오직 한 가지 이유 즉 하나님이 왕의 책임과 역할을 해 오셨기 때문입니다. 물론 25장에서 이스라엘은 결국 패망합니다. 드디어 하나님이 왕으로서의 책임과 역할을 포기하는 것일까요? 전혀 그렇지 않습니다. 도무지 배우지 않는 이스라엘을 위해 하나님께서는 패망을 또 다른 계시의 사역으로 사용하고 계실 뿐입니다. 이스라엘의 범죄로 패망하지만 하나님은 은혜로 회복하실 것입니다. 하나님은 처음부터 영원토록 하나님의 책임과 역할을 절대로 소홀히 하지 않으십니다. 이런 하나님의 신실하심이 오늘날 저와 여러분이 하나님을 의지할 수 있는 근거입니다. 성경을 읽고 배워서 하나님을 알고 하나님으로 말미암은 평안과 안식의 삶을 더욱 풍성히 누리며 사시기를 주님의 이름으로 축원합니다.

30

여호와의 성전

열왕기하 25 : 1 ~ 30

1 시드기야 제구년 열째 달 십일에 바벨론의 왕 느부갓네살이 그의 모든 군대를 거느리고
예루살렘을 치러 올라와서 그 성에 대하여 진을 치고 주위에 토성을 쌓으매 2 그 성이 시드
기야 왕 제십일년까지 포위되었더라 3 그 해 넷째 달 구일에 성 중에 기근이 심하여 그 땅 백
성의 양식이 떨어졌더라 4 그 성벽이 파괴되매 모든 군사가 밤중에 두 성벽 사이 왕의 동산
곁문 길로 도망하여 갈대아인들이 그 성읍을 에워쌌으므로 그가 아라바 길로 가더니 5 갈대
아 군대가 그 왕을 뒤쫓아가서 여리고 평지에서 그를 따라 잡으매 왕의 모든 군대가 그를 떠
나 흩어진지라 6 그들이 왕을 사로잡아 그를 립나에 있는 바벨론 왕에게로 끌고 가매 그들
이 그를 심문하니라 7 그들이 시드기야의 아들들을 그의 눈앞에서 죽이고 시드기야의 두 눈
을 빼고 놋 사슬로 그를 결박하여 바벨론으로 끌고 갔더라 8 바벨론 왕 느부갓네살의 열아
홉째 해 오월 칠일에 바벨론 왕의 신복 시위대장 느부사라단이 예루살렘에 이르러 9 여호와
의 성전과 왕궁을 불사르고 예루살렘의 모든 집을 귀인의 집까지 불살랐으며 10 시위대장
에게 속한 갈대아 온 군대가 예루살렘 주위의 성벽을 헐었으며 11 성 중에 남아 있는 백성과
바벨론 왕에게 항복한 자들과 무리 중 남은 자는 시위대장 느부사라단이 모두 사로잡아 가
고 12 시위대장이 그 땅의 비천한 자를 남겨 두어 포도원을 다스리는 자와 농부가 되게 하였
더라 13 갈대아 사람이 또 여호와의 성전의 두 놋 기둥과 받침들과 여호와의 성전의 놋 바다
를 깨뜨려 그 놋을 바벨론으로 가져가고 14 또 가마들과 부삽들과 부집게들과 숟가락들과
섬길 때에 쓰는 모든 놋그릇을 다 가져갔으며 15 시위대장이 또 불 옮기는 그릇들과 주발들
곧 금으로 만든 것이나 은으로 만든 것이나 모두 가져갔으며 16 또 솔로몬이 여호와의 성전
을 위하여 만든 두 기둥과 한 바다와 받침들을 가져갔는데 이 모든 기구의 놋 무게를 헤아릴
수 없었으니 17 그 한 기둥은 높이가 열여덟 규빗이요 그 꼭대기에 놋 머리가 있어 높이가
세 규빗이요 그 머리에 둘린 그물과 석류가 다 놋이라 다른 기둥의 장식과 그물도 이와 같았
더라 18 시위대장이 대제사장 스라야와 부제사장 스바냐와 성전 문지기 세 사람을 사로잡

고 19 또 성 중에서 사람을 사로잡았으니 곧 군사를 거느린 내시 한 사람과 또 성 중에서 만
난 바 왕의 시종 다섯 사람과 백성을 징집하는 장관의 서기관 한 사람과 성 중에서 만난 바
백성 육십 명이라 20 시위대장 느부사라단이 그들을 사로잡아 가지고 립나 바벨론 왕에게
나아가매 21 바벨론 왕이 하맛 땅 립나에서 다 쳐죽였더라 이와 같이 유다가 사로잡혀 본토
에서 떠났더라 22 유다 땅에 머물러 있는 백성은 곧 바벨론 왕 느부갓네살이 남긴 자라 왕이
사반의 손자 아히감의 아들 그달리야가 관할하게 하였더라 23 모든 군대 지휘관과 그를 따
르는 자가 바벨론 왕이 그달리야를 지도자로 삼았다 함을 듣고 이에 느다니야의 아들 이스
마엘과 가레아의 아들 요하난과 느도바 사람 단후멧의 아들 스라야와 마아가 사람의 아들
야아사니야와 그를 따르는 사람이 모두 미스바로 가서 그달리야에게 나아가매 24 그달리
야가 그들과 그를 따르는 군사들에게 맹세하여 이르되 너희는 갈대아 인을 섬기기를 두려
워하지 말고 이 땅에 살며 바벨론 왕을 섬기라 그리하면 너희가 평안하리라 하니라 25 칠월
에 왕족 엘리사마의 손자 느다니야의 아들 이스마엘이 부하 열 명을 거느리고 와서 그달리
야를 쳐서 죽이고 또 그와 함께 미스바에 있는 유다 사람과 갈대아 사람을 죽인지라 26 노
소를 막론하고 백성과 군대 장관들이 다 일어나서 애굽으로 갔으니 이는 갈대아 사람을 두
려워함이었더라 27 유다의 왕 여호야긴이 사로잡혀 간 지 삼십칠 년 곧 바벨론의 왕 에윌므
로닥이 즉위한 원년 십이월 그 달 이십칠일에 유다의 왕 여호야긴을 옥에서 내놓아 그 머리
를 들게 하고 28 그에게 좋게 말하고 그의 지위를 바벨론에 그와 함께 있는 모든 왕의 지위
보다 높이고 29 그 죄수의 의복을 벗게 하고 그의 일평생에 항상 왕의 앞에서 양식을 먹게
하였고 30 그가 쓸 것은 날마다 왕에게서 받는 양이 있어서 종신토록 끊이지 아니하였더라

배반의 결과

시드기야

남 유다의 마지막 왕은 시드기야입니다. 아직 나라가 패망하지는 않았지만 이미 여호아하스 시대부터 나라의 주권은 이방의 손에 들어가 있습니다. 그래서 애굽이 여호아하스 왕을 애굽으로 잡아가고 대신 여호야김을 허수아비 왕으로 세워놓았습니다. 여호야김은 십일 년을 통치하고 죽는데 왕이 될 때의 나이가 이십 오였으니까 죽을 때의 나이가 삼십 육세밖에 안됩니다. 이어서 여호야긴이 십팔 세에 왕이 되는데 불과 석 달 만에 바벨론의 공격을 감당하지 못하고 바벨론으로 포로로 잡혀갑니다. 여호야긴은 포로생활 중에 많은 세월을 감옥에 있었던 것 같습니다. 그러다가 나중에 옥에서

풀려나와 비록 포로이기는 하나 약간의 지위를 회복하고 대접을 받은 것 같습니다. 하지만 여호야긴이 귀환했다는 기록이 없는 것으로 보아 포로지에서 죽은 것 같습니다.

바벨론이 여호야긴을 포로로 잡아가는 대신에 유다의 왕으로 세운 사람이 시드기야입니다. 24장 17절을 보시면 "바벨론 왕이 또 여호야긴의 숙부 맛다니야를 대신하여 왕으로 삼고 그의 이름을 고쳐 시드기야라 하였더라" 입니다. 이 시드기야가 유다가 패망할 때의 왕, 유다의 마지막 왕입니다. 시드기야 때 나라가 패망하는 것으로 보아 이 왕이 여호와 보시기에 어떻게 행동했는지 충분히 예상이 가실 것입니다. 아마 여호와 보시기에 선하게 행동했으면 나라가 망하지 않았을 것입니다. 그런데 나라가 망했으니 여호와 보시기에 악하게 행동한 것이 뻔합니다. 과연 24장 19절을 보시면 "그가 여호야김의 모든 행위를 따라 여호와 보시기에 악을 행한지라" 입니다. 바벨론의 간섭을 받았는지, 보호를 받았는지 여하튼 시드기야는 이십 일세에 왕이 되어 십일 년간을 다스립니다.

유다의 패망

시드기야는 바벨론에 의해서 왕이 되었으니 친바벨론 정책을 사용하고, 바벨론의 지시와 명령을 따라야 했을 것입니다. 그런데 24장 20절 끝을 보면 "시드기야가 바벨론 왕을 배반하니라" 입니다. 아마 처음에는 바벨론의 지배를 받았을 것인데 중간에 상황에 변화가 생기니까 시드기야로서는 새로운 도전을 시도한 것 같습니다. 국제정세가 혼란스러울 때에 가장 중요한 것이 정확한 정세분석과 현명한 판단일 것입니다. 여하튼 시드기야는 바벨론을 배반했는데 불행하게도 배반은 실패했고, 배반의 결과는 아주 혹독했습니다.

25장 1절부터 보시면 "시드기야 제구년 열째 달 십일에 바벨론의 왕 느부갓네살이 그의 모든 군대를 거느리고 예루살렘을 치러 올라와서 그 성에 대하여 진을 치고 주위에 토성을 쌓으매 그 성이 시드기야 왕 제십일년까지 포위되었더라"입니다. 시드기야로서는 용케도 삼년을 버텼습니다. 그러나 역부족이었는지 3절 이하를 보시면 "그 해 넷째 달 구일에 성 중에 기근이 심하여 그 땅 백성의 양식이 떨어졌더라 그 성벽이 파괴되매 모든 군사가 밤중에 두 성벽 사이 왕의 동산 곁문 길로 도망하여 갈대아인들이 그 성읍을 에워쌌으므로 그가 아라바 길로 가더니 갈대아 군대가 그 왕을 뒤 쫓아가서 여리고 평지에서 그를 따라 잡으매 왕의 모든 군대가 그를 떠나 흩어진지라 그들이 왕을 사로잡아 그를 립나에 있는 바벨론 왕에게로 끌고 가매 그들이 심문하니라"입니다. 꼴이 말이 아닙니다. 저는 전쟁을 겪어보지 않은 세대입니다. 그래서 실감이 나지 않습니다. 아마 전쟁을 겪어보신 어르신들은 이 장면이 한편으로는 실감이 나고 다른 한편으로는 아예 생각도 하기 싫으실 것입니다. 여하튼 왕이 도망가다가 잡혀 심문을 받습니다.

어차피 바벨론에 의해 왕이 되었으니 이미 바벨론의 속국이나 마찬가지였지만 그래도 아직 국가라는 명분은 있었는데 잠시 배반을 했고 바벨론에 의해 침략을 받고 전쟁에서 패하여 왕이 사로잡혔으니 이제부터는 공식으로 나라가 패망한 것입니다. 이제 남은 것은 점령군의 강포한 행위와 패한 백성의 험난한 삶입니다. 7절 "그들이 시드기야의 아들들을 그의 눈앞에서 죽이고 시드기야의 두 눈을 빼고 놋 사슬로 그를 결박하여 바벨론으로 끌고 갔더라"입니다. 시드기야의 선대 왕이 여호야긴이었는데 왕이 된지 석 달만에 바벨론으로 포로로 잡혀갔습니다. 그런데 시드기야 왕도 눈이 뽑혀진 상태로 포로로 잡혀갑니다. 왕 두 명이 연달아 모두 바벨론으로 잡혀간 것입니다. 앞에서 말씀드린 대로 여호야긴은 약 삼십칠 년간 감옥에 있다가 나중에 옥에서 나와 약간의 선대를 받았습니다. 시드기야는 배반하였다가 포로로 잡혀왔으니 선처를 받지는 못했을 것입니다. 예레미야 52장11절을 보시면 "시드기야의 두 눈을 빼고 놋사슬로 그를 결박하여 바벨론 왕이 그를 바벨론으로 끌고 가서 그가 죽는 날까지 옥에 가두었더라"고 나옵니다.

달라진 기준

여러분이 성경을 보실 때 세심하게 살피지 않으면 눈치를 채지 못하는 표현들이 자주 있습니다. 그 중에 하나가 8절 "바벨론 왕 느부갓네살의 열아홉째 해 오월 칠일에 바벨론 왕의 신복 시위대장 느부사라단이 예루살렘에 이르러"입니다. 이 구절이 뭐가 달라졌는지 알아채셨습니까? 바로 연도를 표현하는 기준이 달라졌습니다. 그 동안은 모두 유다의 왕의 통치가 기준이었습니다. 대표적으로 확인해보면 히스기야 왕이 통치할 때에 앗수르의 공격을 받은 적이 있습니다. 정확하게 언제냐면 열왕기하 18장 13절에 나오는 대로 "히스기야 왕 제십사년에 앗수르의 왕 산헤립이 올라와서 유다 모든 견고한 성읍들을 쳐서 점령하매"입니다. 당연히 히스기야가 기준입니다. 요시야가 율법책을 발견한 것은 22장 3절에 나오는대로 "요시야 왕 열여덟째 해에 왕이 므술람의 손자 아살리야의 아들 서기관 사반을 여호와의 성전에 보내며 이르되"입니다. 당연히 요시야가 기준입니다. 심지어 바벨론에 의해 왕이 된 시드기야도 마찬가지입니다. 25장 1절 "시드기야 제구년 열째 달 십일에", 2절 "그 성이 시드기야 왕 제십일년까지 포위되었더라"입니다.

그런데 전쟁에서 패하였고 왕이 사로잡혀갔습니다. 나라가 망한 것이요, 유다에 왕이 없는 것입니다. 이제는 유다를 기준으로 삼을 것이 없어졌습니다. 이제부터는 기준이 달라집니다. 그래서 8절부터는 모든 기준이 바벨론 왕의 통치년도입니다. "바벨론 왕 느부갓네살의 열아홉 째 해 월 칠일에", 동일한 패턴으로 27절을 보시면 "유다의 왕 여호야긴이 사로잡혀 간 지 삼십칠년 곧 바벨론의 왕 에윌므로닥이 즉위한 원년 십이월 그달 이십칠일에"입니다. 본문에 보면 '나라가 망했다, 주권을 이양했다, 항복문서에 서명했다'는 표현이 없습니다. 대신 사건을 표시하는 기준이 변한 것을 보고 나라가 망한 것을 파악하게 되는 것입니다. 성경이 역사책이 아닌 것은 분명합니다. 그래서 종종 역사 기록의 측면에서 정확하지 않은 것도 사실입니다. 하지만 성경은 꽤나 정교하고 나름의 표현양식이 있다는 것을 파악하시면 좋겠습니다.

배반의 결과

시드기야의 배반의 결과는 참혹했습니다. 시드기야의 아들들은 시드기야의 눈앞에서 죽었고, 본인은 눈이 뽑혀서 바벨론으로 잡혀갔고, 그 다음이 9절 이하입니다. 바벨론의 군대 장관이 예루살렘에 이르러 "여호와의 성전과 왕궁을 불사르고 예루살렘의 모든 집을 귀인의 집까지 불살랐으며 시위대장에게 속한 갈대아 온 군대가 예루살렘 주위의 성벽을 헐었으며"입니다. 점령군으로서는 당연한 조치입니다. 유다의 상징적인 건물을 파괴하는 것입니다. 그 다음이 11절 "성 중에 남아 있는 백성과 바벨론 왕에게 항복한 자들과 무리 중 남은 자는 시위대장 느부사라단이 모두 사로잡아 가고", 18절 "시위대장이 대제사장 스라야와 부제사장 스바냐와 성전 문지기 세 사람을 사로잡고 또 성 중에서 사람을 사로잡았으니 곧 군사를 거느린 내시 한 사람과 도성 중에서 만난 바 왕의 시종 다섯 사람과 백성을 징집하는 장관의 서기관 한 사람과 성 중에서 만난 바 백성 육십 명이라 시위대장 느부사라단이 그들을 사로잡아 가지고 립나 바벨론 왕에게 나아가매 바벨론 왕이 하맛 땅 립나에서 다 쳐죽였더라 이와 같이 유다가 사로잡혀 본토에서 떠났더라"입니다. 유다의 많은 사람들이 바벨론으로 포로로 잡혀갑니다. 이것을 성경에서는 '바벨론 포로'라고 표현하고, 사로잡혀간 사람들이 바벨론에서 사는 것을 '바벨론 유수幽囚'라고 합니다.

유다가 바벨론으로 포로로 잡혀가는 것은 한 번이 아닙니다. 적어도 세 번에 걸쳐 일어납니다. 1차 포로는 24장 2절에 기초합니다. 여호야김 삼년에 바벨론이 쳐들어와서 유다가 패하고 많은 사람이 포로로 잡혀갑니다. 여러분이 잘 아시는 다니엘이 이때 잡혀갑니다. 다니엘서 1장 1절을 보시면 "유다 왕 여호야김이 다스린지 삼 년이 되는 해에 바벨론 왕 느부갓네살이 예루살렘에 이르러 성을 에워쌌더니"이고 3절 "왕이 환관장 아스부나스에게 말하여 이스라엘 자손 중에서 왕족과 귀족 몇 사람 곧 흠이 없고 용모가 아름다우며 모든 지혜를 통찰하며 지식에 통달하며 학문에 익숙하여 왕궁에 설만한 소년을 데려오게 하였고"입니다. 이때가 주전 605년경입니다.

2차 포로는 24장 8절 이하입니다. 여호야긴이 통치하던 시기인데 10절부터 보시면 "그 때에 바벨론의 왕 느부갓네살의 신복들이 예루살렘에 올라와서 그 성을 에워쌌더라 그의 신복들이 에워쌀 때에 바벨론의 왕 느부갓네살도 그 성에 이르니 유다의 왕 여호야긴이 그의 어머니와 신복과 지도자들과 내시들과 함께 바벨론 왕에게 나아가매 왕이 잡으니", 14절 "그가 또 예루살렘의 모든 백성과 모든 지도자와 모든 용사 만 명과 모든 장인과 대장장이를 사로잡아 가매", 15절 "그가 여호야긴을 바벨론으로 사로잡아 가고 왕의 어머니와 왕의 내시들과 나라에 권세 있는 자도 예루살렘에서 바벨론으로 사로잡아 가고 또 용사 칠천 명과 장인과 대장장이 천 명 곧 용감하여 싸움을 할만한 모든 자들을 바벨론 왕이 바벨론으로 사로잡아 가고"입니다. 이때에 여러분이 잘 아시는 에스겔이 잡혀간 것으로 보입니다. 에스겔서 1장 2절을 보시면 "여호야긴 왕이 사로잡힌 지 오년 그달 초닷새라 갈대아 땅 그발 강가에서 여호와의 말씀이 부시의 아들 제사장 나 에스겔에게 특별히 임하고 여호와의 권능이 내 위에 있으니라"입니다. 이때가 주전 597년경입니다.

그리고 3차 포로가 25장 이하이고, 이때가 주전 586년경입니다. 나라가 패망하면서 많은 백성들이 자기 나라를 떠나 전리품으로 상대국으로 끌려간 것입니다. 역사의 아이러니가 하나 있는데 이스라엘이 3차에 걸쳐서 포로로 잡혀가는데 반대로 유다로 귀환하는 것도 3차에 걸쳐서 일어납니다. 1차가 스룹바벨의 인도로 주전 538년경에 돌아오고, 2차가 에스라의 인도로 주전 458년경에 돌아오고, 3차가 느헤미야의 인도로 주전 432년경에 돌아옵니다. 여하튼 흔히 바벨론 포로 기간을 칠십년이라고 말하는데 포로가 한번 발생한 것이 아니라 세 번을 발생했기 때문에 학자들이 과연 언제부터 언제까지를 칠십년으로 삼아야 하는지 아주 곤란해 합니다.

칠십년을 이해하는 방식에는 두 가지가 있습니다. 하나는 포로 귀환을 기준으로 삼는 것입니다. 첫 번째 포로 귀환이 스룹바벨의 인도 하에 주전 538

년경에 일어납니다. 주전 538년경에 돌아왔으니 여기에 칠십년을 더하면 포로로 잡혀간 것이 주전 608년경이 됩니다. 1차 포로 잡혀간 것이 605년경이니까 얼추 칠십년이 맞습니다. 다른 하나는 성전을 기준으로 삼는 것입니다. 성전이 파괴된 것이 주전 586년경입니다. 그리고 학개와 스가랴 시대에 성전이 재건되는 것이 주전 516년경으로 성전이 파괴되고 새로 지어지는데 칠십년이 경과됩니다. 그래서 바벨론 포로 칠십년은 몇 년부터 몇 년까지라고는 말하지 않고 단지 기간이 칠십년이었다고만 말합니다.

여호와를 배반

열왕기하 17장에서 북 왕국 이스라엘이 패망하고 25장에서 남 왕국 유다가 패망하는데 두 나라의 패망을 소개하는 본문에 유독 자주 등장하는 표현이 '배반'입니다. 17장 4절에 이스라엘의 마지막 왕 호세아가 나오는데 "그가 애굽의 왕 소에게 사자들을 보고 해마다 하던 대로 앗수르 왕에게 조공을 드리지 아니하매 앗수르 왕이 호세아가 배반함을 보고 그를 옥에 감금하여 두고"입니다. 호세아가 앗수르를 배반한 결과로 북 왕국이 망했습니다. 18장 7절을 보시면 유다의 히스기야 왕에 관한 이야기인데 "여호와께서 그와 함께 하시며 그가 어디로 가든지 형통하였더라 저가 앗수르 왕을 배반하고 섬기지 아니하였고"입니다. 이 배반으로 말미암아 히스기야는 앗수르에게 아주 곤란을 겪습니다. 화친을 위해 성전의 은금을 털어다 주기까지 했습니다. 그리고 24장 1절 "여호야김 시대에 바벨론의 왕 느부갓네살이 올라오매 여호야김이 삼 년간 섬기다가 돌아서 그를 배반하였더라"입니다. 이 배반으로 유다의 1차 포로가 사건이 일어납니다. 그 다음이 24장 20절 끝에 "시드기야가 바벨론 왕을 배반하니라"이고, 이 배반으로 유다가 패망하고 3차 포로 사건이 일어납니다.

이미 확인하신 대로 배반의 결과는 참으로 혹독하고 참담했습니다. 성경을 읽는 많은 분들이 참으로 오해하는 장면이 이 시점입니다. 제가 정확한 팩트를 말씀드리자면, 북 왕국이 앗수르를 배반했다가 앗수르에 의해 망했고, 남 왕국이 바벨론을 배반했다가 바벨론에 의해 망했습니다. 그런데 사람들은 이스라엘이 하나님의 말씀을 순종하지 않아서 하나님께서 북 왕국을 망하게 했고, 남 왕국을 망하게 했다고 말합니다. 전혀 그렇지 않습니다. 이스라엘이 하나님을 배반한 것은 한 두 번이 아니고, 어제 오늘이 아닙니다. 만약 하나님께서 앗수르처럼 행동하셨다면, 바벨론처럼 반응하셨다면, 즉 인간들이 배반자를 다루듯 이스라엘을 다루셨다면 이스라엘은 진즉에 망했어야 합니다. 왕정시대는 고사하고, 사사시대는 고사하고, 아예 광야에서 몰살당했어야 합니다.

이스라엘은 하나님을 수도 없이 배반했습니다. 툭하면 여호와를 버리고, 걸핏하면 여호와를 떠나고, 약간의 틈만 보이면 당장에 우상을 섬기고 수입하기를 반복하였습니다. 그러나 하나님은 이스라엘을 배반자 다루듯이 보복하지 않으셨습니다. 하나님은 이스라엘의 하나님이요, 이스라엘의 왕이요, 이스라엘의 책임자요, 이스라엘의 보호자이시기 때문입니다. 이스라엘이 자신들의 하나님이요 왕이신 여호와를 버리고 자신들이 스스로 여러 왕들을 선택하여 정치한 왕정시대는 패망으로 끝이 납니다. 열왕기는 이스라엘의 패역에도 불구하고 지속적으로 돌보시는 하나님의 모습을 통해 과연 누가 이스라엘의 왕이며, 과연 왕의 역할이 무엇인지 가르쳐 주고 있습니다. 하나님만이 우리의 왕이요 보호자이신 줄로 믿습니다.

이스라엘이 행한 대로

하나님께서는 이스라엘이 가나안에 진입할 때에 가나안을 진멸하라고 했습니다. 만약 진멸하지 않으면 가나안 족속이 나중에 이스라엘의 가시가 되고 화근이 될 것이라고 경고했었습니다. 그런데 이스라엘은 가나안 족속을 멸절하지 않고 남겨두었습니다. 그때 이스라엘이 가나안 족속을 멸절하지 않은 이유는 굳이 죽일 필요가 없고 대신 자신들을 위해 노역을 시키자는 생각이었습니다. 그래서 사사기 1장 28절 "이스라엘이 강성한 후에야 가나안 족속에게 노역을 시켰고", 30절 끝에 "가나안 족속이 그들 중에 거주하면서 노역을 하였더라", 33절 끝에 "벧세메스와 벧아낫 주민들이 그들에게 노역을 하였더라", 35절 중간에 "요셉의 가문의 힘이 강성하매 아모리 족속이 마침내는 노역을 하였으며"입니다.

이스라엘이 가나안에 들어오면서부터 하나님의 말씀에 순종하지 않고 나름대로 자신들이 지혜롭다고 생각하는 대로, 자신들이 똑똑하다고 생각하는 대로 행동했습니다. 그랬더니 이스라엘이 패망하여 많은 사람이 가나안을 떠나 바벨론으로 포로로 잡혀갔는데 가나안에 남아있는 사람들이 무엇을 했느냐면 열왕기하 25장 12절 "시위대장이 그 땅의 비천한 자를 남겨 두어 포도원을 다스리는 자와 농부가 되게 하였더라"입니다. 표현이 '포도원을 다스리는 자'라고 나온다고 해서 고위직이 아닙니다. 직설적으로 포도원 노역입니다. 지금 성경은 이스라엘이 가나안에 들어와서 했던 일을 나라가 패망할 때에 그대로 패러디하고 있는 것입니다. 자신들이 잘난 척하면서 하나님 말씀을 거부하고 가나안 족속에게 노역을 시키더니, 지금은 정반대로 하나님 말씀대로 살지 않더니 그 결과가 가나안 지역에서 노역을 하게 되었다는 것입니다. 성경이 얼마나 우아하게 이스라엘을 조롱하고 있는지 눈치를 채시면서 한편으로는 재미있어서 웃으셔야 하고, 다른 한편으로는 너무 적나라해서 매우 안타까워하셔야 합니다.

여호와의 성전

여호와의 신앙

유다의 패망을 묘사하면서 성경이 아무 의미심장하게 다루는 것이 바로 성전입니다. 9절 "여호와의 성전과 왕궁을 불사르고 예루살렘의 모든 집을 귀인의 집까지 불살랐으며 시위대장에게 속한 갈대아 온 군대가 예루살렘 주위의 성벽을 헐었으며"입니다. 그리고 13절 이하에 "갈대아 사람이 또 여호와의 성전의 두 놋 기둥과 받침들과 여호와의 성전의 놋 바다를 깨뜨려 그 놋을 바벨론으로 가져가고 또 가마들과 부삽들과 부집게들과 숟가락들과 섬길 때에 쓰는 모든 놋그릇을 다 가져갔으며 시위대장이 또 불 옮기는 그릇들과 주발들 곧 금으로 만든 것이나 은으로 만든 것이나 모두 가져갔으며 또 솔로몬이 여호와의 성전을 위하여 만든 두 기둥과 한 바다와 받침들을 가져갔는데 이 모든 기구의 놋 무게를 헤아릴 수 없었으니 그 한 기둥은 높이가 열여덟 규빗이요 그 꼭대기에 놋 머리가 있어 높이가 세 규빗이요 그 머리에 둘린 그물과 석류가 다 놋이라 다른 기둥의 장식과 그물도 이와 같았더라"입니다.

열왕기서는 나라가 패망한 것에 대해 독립을 잃었다는 것을 슬퍼하거나, 주권을 상실했다는 것을 애통해하거나, 영토를 빼앗긴 것을 탄식하거나 하지 않습니다. 나라가 패망한 것을 묘사할 때 세 가지를 중심으로 표현하고 있습니다. 하나는 지리적인 관점으로, 조상들이 애굽에서 나왔는데 후손들이 애굽으로 잡혀가고, 선조들이 갈대아 지역에서 나왔는데 후손들이 갈대아 지역으로 포로로 잡혀가는 것을 묘사해서 이스라엘의 어리석은 결과를 지적해 줍니다. 다른 하나는 제도적인 관점으로, 이스라엘의 대표, 이스라엘이 스스로 하나님을 대신하여 선택한 왕의 말로 즉 한 왕은 애굽으로 포로로 잡혀가고, 다른 왕은 바벨론으로 포로로 잡혀가고, 또 다른 왕은 눈이 뽑혀지는 모습을 통해서 왕이 얼마나 무기력하고, 왕이 백성을 위해 싸워주기를 바랬던 백성들의 기대가 얼마나 어리석었는지를 지적해 줍니다. 열왕기는 나라가 패망했다는 것에 초점을 맞추는 것이 아니라 이스라엘의 생각이 얼마나 틀렸는지를 밝혀주고 있는 것입니다.

마지막 하나는 종교적인 관점으로, 성전에 관한 것입니다. 단순하게 성전은 여호와를 위해 지은 집이니까 참으로 소중하다고 생각하시면 안 됩니다. 성경이 가르쳐주는 신앙양식을 잘 분별하셔야 합니다. 인간이 범죄 한 후 하나님께서 여호와를 알리시는 계시를 행하셨습니다. 그 내용이 창세기 12장부터 여호수아 24장까지입니다. 하나님에 대하여 정말 다양하고 자세하게 반복적으로 말씀하여 주셨고, 하나님을 섬기는 것에 대하여 하나님의 토라에 정확하고 분명하게 가르쳐주셨습니다. 창세기 12장에서 하나님이 약속하시고 여호수아 24장까지에서 하나님이 성취하신 내용이 여호와 신앙의 핵심, 여호와 신앙의 정석입니다. 하나님이 행하시는 일에는 부족함이 없고, 결함이 없습니다. 당연히 수정이 없고, 개선이 없고, 보완이 없습니다. 하나님이 약속을 다 이루신 후에 이스라엘에게 달리 이런 일을 하라고, 저런 일을 하라도 지시하거나 과업을 맡기신 것이 없습니다.

그래서 사사기에서 사사가 등장해서 새로이 행한 일이 없습니다. 하나님께서 사사를 동원해 새로운 규정, 새로운 신앙, 새로운 종교 양식을 만드신 것이 없습니다. 이스라엘이 이방의 압제를 받을 때에 하나님이 구원해 주셨습니다. 이것은 이미 하나님께서 출애굽을 통해 행하신 사역입니다. 왕정시대에 예언자들이 등장합니다. 예언자들이 등장해서 이미 하나님이 행하신 일을 변개하는 것이 없습니다. 예언을 하지만 이전에 하나님이 하신 말씀을 수정하지 않습니다. 여호와 신앙의 핵심은 이미 창세기 12장부터 여호수아 24장까지에 다 나와 있습니다. 사사시대와 왕정시대를 연결하는 사람이 사무엘입니다. 사무엘시대에 사무엘이 여호와 신앙을 수정하거나 추가한 것이 없습니다. 사무엘 시대에 성전이 없어서 여호와가 거주하기에 불편하신 적이 없습니다. 이스라엘도 성전이 없어서 여호와께 간구하기에 어려움을 겪은 적이 없습니다. 사무엘 시대에 블레셋이 이스라엘을 공격해서 곤경에 처한 적이 있습니다. 그때 사무엘상 7장 5절을 보시면 "사무엘이 이르되 온 이스라엘은 미스바로 모이라 내가 너희를 위하여 여호와께 기도하리라 하매"였고 그 결과 하나님께서 이스라엘의 간구를 들어주시고, 이스라엘을 도와주셔서 이스라엘이 승리했습니다. 성전이 없어도 모든 것이 가능했습니다.

이스라엘의 신앙

그런데 왕정시대에 들어서면서 상황이 달라집니다. 우선 왕정제도 자체가 하나님을 버리고, 하나님을 대신하여 왕을 자신들의 통치자로 세운 것입니다. 그러므로 왕정제도는 하나님을 버린 것의 상징입니다. 그렇게 하나님을 버린 사람들이 여호와의 신앙을 따르고, 여호와를 위한 종교를 가졌을 것이라고 생각하시면 큰 착각입니다. 그러므로 열왕기에 등장하는 이스라엘의 신앙은 바른 모습이 아니라 모두 변질된 모습, 왜곡된 모습입니다. 하나님이 계시를 통하여 가르쳐준 여호와 신앙의 정석을 떠나서 자신들이 생각하는 종교의 모습을 만든 것의 상징이 바로 성전이었습니다.

주변나라들은 다 신을 섬기고 있고, 왕이 신의 보호를 받고 있다는 상징으로 신전이 세워져있는데 이스라엘에는 그것이 없었습니다. 그 동안은 이스라엘이 나라다운 모습을 갖추지 않았기에 신전을 세울 시도를 안했는데, 왕이 세워지고 나라의 모습이 안정 되어가자 이방 나라들과 견주어 나라의 구색을 갖추려고 시도한 것이 바로 성전이었습니다. 만약 하나님께서 성전이 필요했다면 진즉에 하나님이 세우셨을 것입니다. 그러나 하나님은 성전을 언급하지 않으셨고, 성전없이도 이스라엘은 여호와를 섬기며 살 수 있었습니다. 그런데 이스라엘이, 왕정시대에, 왕이 여호와의 신앙, 여호와의 종교를 변질시켰습니다. 그 상징이 바로 성전입니다.

게다가 이스라엘은 성전을 지어놓고, 자신들이 의도한 성전의 기능을 전혀 사용하지 않았습니다. 가장 대표적인 것이 솔로몬의 봉헌 기도입니다. 열왕기상 8장에서 솔로몬이 성전을 봉헌 할 때 여덟 차례에 걸쳐 '성전을 향하여 기도하거든 하나님께서 들으시고 구원해 달라!'고 아주 멋진 기도를 했습니다. 그런데 이스라엘은 왕정 시대에 성전을 향하여 기도한 적이 거의 없습니다. 왕이 병이 들면 도리어 다른 신에게 찾아갔고, 이스라엘에 이방이 쳐들어오면 도리어 다른 이방나라를 찾아가 도움을 청했습니다. 이스라엘이 성전을 사용한 것은 딱 한 가지, 이방에게 조공을 드리기 위해 성전의 은금을 거두어간 것뿐입니다. 한 가지가 더 있기는 한데, 다른 이방의 신들을 수입했을 때 그 신들을 모실 곳이 없으면 여호와의 성전에 두었습니다. 여호와의 성전에는 여호와의 신상이 없으니 다른 신들을 모시기에 부담이 없었던 것입니다. 그러므로 여호와의 성전은 본의 아니게 여러 신들이 모셔져있는 만신전이 되어버렸습니다. 이것이 이스라엘 백성들에게 내재되어 있는 성전의 의미입니다.

다른 측면에서 본다면 이스라엘이 성전을 짓고 특별화한 것은 하나님의 원리와 원칙적으로 맞지 않았습니다. 하나님은 단 한 번도 특정한 지역이나 장소를 신성화하신 적이 없습니다. 대표적으로 도피성이 있지만 도피성 자체가 신성하거나, 도피성을 성역화하지 않았습니다. 그런데 이스라엘은 여호와가 가르쳐 준 것과는 무관하게 여호와의 성전을 지어놓고, 그 여호와의 성전에서 여호와를 향한 종교가 아니라 온갖 우상 종교의 행위를 시행하고 있었습니다. 이스라엘 타락의 증거, 이스라엘 변질의 증거가 바로 여호와의 성전입니다. 그래서 열왕기의 끝에, 이스라엘의 패망에 대해 성경이 강조하는 것이 바로 성전의 파괴입니다. 성전이 무너지는 것을 통해 이스라엘이 틀렸다는 것을 지적해 주시는 것입니다.

다시 한 번 정리하면, 열왕기하 25장의 핵심은 '여호와의 성전'이 파괴되는 것입니다. 하나님이 가르쳐주신 여호와 신앙의 원리, 토라에 담긴 하나님의 율례, 규례, 법도 등을 모두 버리고 자신들이 스스로 선택한 종교의 상징이 성전이었습니다. 왕들의 기록인 '열왕기'서가 왕의 죽음이나 왕족의 멸족을 언급하지 않고 여호와의 성전이 파괴되고 기물이 제거되는 것을 통해 이스라엘의 종교가 헛것이었음을 강조하고 있는 것입니다.

성전의 재건

여러분에게 여쭤보겠습니다. 여호와의 성전이 파괴되었을 때에 이스라엘 백성들이 슬퍼했을까요? 종교적인 관점에서 여호와 신앙의 중심, 여호와 종교의 중추인 성전이 무너졌다고 애통해 했을까요? 전혀 그렇지 않습니다. 예언서들을 살펴보시면 하나님께서 이스라엘이 바벨론에게 패하여 포로로 잡혀갈 것을 예언하시고 동시에 칠십년이 지나면 귀환할 것도 예언하셨습니다. 동시에 성전이 무너질 것도 예언하시고 칠십년이 지나면 성전이 재건될 것도 예언하셨습니다. 하나님께서 성전이 재건될 것을 예언하실 때에 백성들이 그것을 기뻐했을까요? 나라가 패망하였고 일부는 바벨론으로 사로잡혀 갔고, 일부는 제 발로 애굽으로 도망하였고, 이도저도 아닌 일부는 그냥 이스라엘 땅에 남아 노동을 하고 살았습니다. 그렇게 살면서 이스라엘 백성들의 소망이 무엇이었겠습니까? 여호와 성전의 재건일까요? 여호와 신앙의 회복일까요? 전혀 그렇지 않았습니다. 이스라엘이 기대한 것, 이스라엘이 소망한 것은 오직 하나 '이스라엘 나라의 회복'이었습니다.

그래서 하나님께서 예언자들을 통해서 성전이 재건될 것을 말씀하셨을 때에 사람들은 아무도 반가워하지 않았습니다. 그 증거가 학개서에 나옵니다. 학개서 1장 1절부터 보시면 "다리오 왕 제이년 여섯째 달 곧 그 달 초하루에 여호와의 말씀이 학개로 말미암아 스알디알의 아들 유다 총독 스룹바벨과 여호사닥의 아들 대제사장 여호수아에게 임하니라 만군의 여호와가 이같이 말하여 이르노라 이 백성이 말하기를 여호와의 전을 건축할 시기가 이르지 아니하였다 하느니라"입니다. 여기에 등장하는 왕이 다리오 왕입니다. 유다가 바벨론에게 망해서 바벨론으로 잡혀갔는데 그 바벨론이 바사에게 망하는데, 바사의 왕이 고레스입니다. 고레스가 바벨론을 정복하고 내린 조치가 유다 백성들 중에 본국으로 돌아가고 싶은 사람은 돌아가고, 가서 성전을 지어도 된다는 것이었습니다. 고레스만 성전 재건을 허락한 것이 아니고 여호와께서 성전을 재건하라고 말씀하셨습니다. 그런데 포로가 귀환하고 고레스 왕에 이어 다리오 왕 시대가 되었는데도 백성들은 성전을 짓지 않고, 심지어는 아예 '여호와의 성전을 건축할 시기가 이르지 아니하였다'고 합니다. 왜요? 짓고 싶은 마음이 없습니다.

이스라엘의 속내를 정확하게 보여주는 것이 열왕기하 25장 22절입니다. 시드기야 왕은 눈이 뽑혀서 바벨론으로 잡혀 간 후 이스라엘을 통치한 사람이 그달리야입니다. 그래서 23절을 보시면 모든 사람이 그달리야에게 나옵니다. 그때 그달리야가 하는 말이 24절 "그달리야가 그들과 그를 따르는 군사들에게 맹세하여 이르되 너희는 갈대아 인을 섬기기를 두려워하지 말고 이 땅에 살며 바벨론 왕을 섬기라 그리하면 너희가 평안하리라 하니라" 입니다. 그 동안 하나님께서 수 도 없이 반복에 반복을 더해서 하신 말씀이 '너희가 여호와를 섬기라 그리하면 너희가 평안하리라' 였습니다. 그런데 왕정시대에 그 말을 한 왕이 없습니다. 왕정시대에 단 한 번도 이 말이 선포된 적이 없습니다. 그러더니 나라가 패망한 뒤에 한다는 말이 여호와는 온데간데 없고, 여호와가 하신 말씀을 패러디해서 한다는 말이 '너희는 갈대아 인을 섬기기를 두려워하지 말고 이 땅에 살며 바벨론 왕을 섬기라 그리하면 너희가 평안하리라 하니라' 입니다. 이 말씀을 들으시는 하나님의 심정이 어떠실까요? 아마 많이 속상하셨을 것입니다.

왕정사가 끝나면 구약과 신약의 중간시대를 지나 복음서가 이어집니다. 과연 하나님께서 이스라엘에게 회복하시려는 것은 왕국일까요? 성전일까요? 하나님을 아는 것일까요? 예수님은 '성전을 지으라!'가 아니라 '성전을 헐라!'고 하시고, '유대교의 종교행위를 준수하라!'가 아니라 '하나님을 알고 마음과 뜻을 다하여 하나님을 알고 사랑하라!'고 하십니다. 성경을 통해 이스라엘의 어리석음을 보셨으니 이스라엘의 행동을 반복하지 않고 하나님을 알아 하나님으로 인해 자유롭고 즐겁고 행복한 신앙을 누리시기를 주님의 이름으로 축원합니다.